PARS
A
B
C
Cete
D
F
MARE GLACI
Vrsi albi
Gallea peregrina
Ostrafi
Quedefiord
Trondanes
Langanes
Duuanes
Rost
Xij·P.
Hœcesthorrenda caribdis
Losot
Vast
Nygauik
HEGALANDIA
terra nobilium
Horum pis
capitibus ut
loco lignoru
Fisca
300· pedum
Stek
Trondo
D. Henricus
Nielson
Æmora sperma Ceti
P
Sparabo
Castrā
Gilles
Dode
Nidrosia metropol
Tronden
Lesūger
Frosten
Salten
Adkrakau
Lada
Lerdo
KB138827

인류 역사를 새로 쓴

위대한 탐험가들의 탐험 이야기

시그마북스
Sigma Books

인류 역사를 새로 쓴

위대한 탐험가들의 탐험 이야기

인류 역사를 새로 쓴

위대한 탐험가들의 탐험 이야기

발행일 2012년 1월 2일 초판 1쇄 발행
편집자문 레이몬드 존 호지고
지은이 로버트 클랜시, 마이클 곤 외 10인
옮긴이 이미숙
발행인 강학경
발행처 시그마북스
마케팅 정제용, 김현경
에디터 권경자, 김진주, 김경림, 양정희
디자인 designBbook
등록번호 제10-965호
주소 서울특별시 마포구 성산동 210-13 한성빌딩 5층
전자우편 sigma@spress.co.kr
홈페이지 http://www.sigmabooks.co.kr
전화 (02) 323-4845~7(영업부), (02) 323-0658~9(편집부)
팩시밀리 (02) 323-4197

가격 50,000원
ISBN 978-89-8445-470-5(03900)

The Illustrated Atlas of the Exploration

* 시그마북스는 ㈜시그마프레스의 자매회사로 일반 단행본 전문 출판사입니다.

밧줄 다리

1820년대 프랑스의 대담한 탐험가 가스파르 몰리앙Gaspard Mollien은 콜롬비아를 두루 여행했다. 이 판화는 라플라타La Plata 밧줄 다리를 건너는 탐험대원들의 모습이 담겨 있다.

케이프 배로(2~3페이지)

에드워드 핀덴Edward Finden의 이 판화는 작은 오픈 보트 2척이 얼음장처럼 차갑고 거친 바다에서 케이프 배로Cape Barrow를 일주하는 모습을 담고 있다. 이는 1821년 존 프랭클린의 1차 북극 탐험의 한 장면이다.

P. Legrand Sculp.

편집자문

레이몬드 존 호지고Raymond John Howgego

레이몬드 호지고는 프리랜서 연구원이자 작가 겸 여행가이다. 그는 탐험가들의 자취를 좇아 중동, 중앙아시아, 인도, 서부 아프리카, 남아메리카를 두루 여행하면서 현지 정보원을 찾고 평생 동안 수많은 기행문을 수집했다. 그는 성인이 된 이후 대부분의 삶을 여행과 탐험 연구에 투자했다. 2003년부터 2008년까지 그가 단독으로 완성한 『탐험 백과사전Encyclopedia of Exploration』이 총 3,000페이지, 4권의 구성으로 출간되었다.

지은이

로버트 클랜시Robert Clancy

뉴캐슬 대학교Newcastle University, 오스트레일리아 병리학과 파운데이션 교수Foundation Professor로, 오스트레일리아와 극지방 지도 제작의 역사를 조사하는 연구원

마이클 곤Michael Gorn

스미스소니언 협회Smithsonian Institution 산하 국립 항공 우주 박물관National Air and Space Museum의 연구원

베티 헤그런드Betty Hagglund

영국 노팅엄 트렌트 대학교Nottingham Trent University 산하 기행 문학 연구센터Center for Travel Writing Studies의 연구원으로, 19세기 여행에 관한 몇 권의 책을 발표한 작가 겸 편집자

캐리 허버트Kari Herbert

작가, 극지방 여행가, 전문 서적 출판사 폴라월드Polarworld의 이사

존 키John Keay

유명한 아시아 학자로, 탐험 역사 관련 책을 여러 권 발표한 작가

휴 루이스 존스Huw Lewis-Jones

케임브리지 대학교Cambridge University 출신 사학자 겸 극지방 및 해양 전문가

피터 메레디스Peter Meredith

역사, 여행, 환경, 모험 전문 작가, 편집자 겸 기자

나이젤 릭비Nigel Rigby

런던 그리니치Greenwich 국립 해양 박물관National Maritime Museum 연구소장

존 롭슨John Robson

뉴질랜드 해밀턴Hamilton 와이카토 대학교Waikato University의 지도 전문 사서

두에인 W. 롤러Duane W. Roller

오하이오 주립 대학교Ohio State University 그리스 라틴학과 명예 교수로, 그리스 로마 역사와 고고학에 관한 책 10권을 발표한 작가

칼 톰슨Carl Thompson

노팅엄 트렌트 대학교 영어학 부교수 겸 『고통스러운 여행가와 낭만적인 상상The Suffering Traveller and the Romantic Imagination』의 작가

매티아스 톰작Matthias Tomczak

오스트레일리아 아들레이드 플린더스 대학교Flinders University 산하 환경 대학원의 해양학 명예 교수

차례

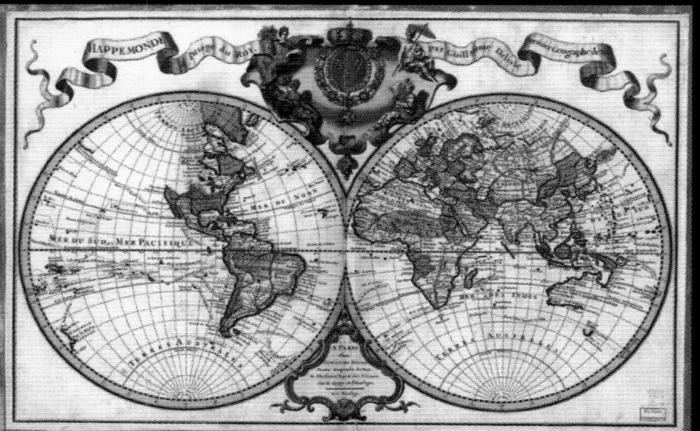

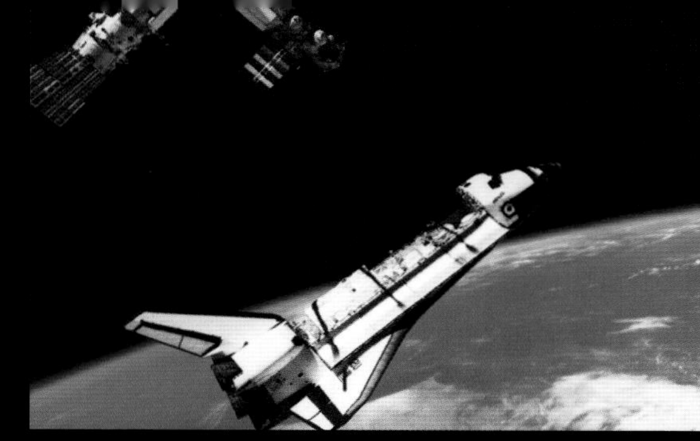

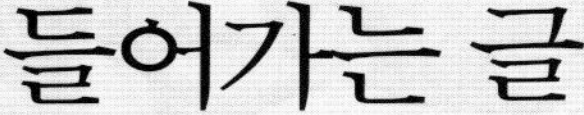

들어가는 글

장거리 여행과 매스 커뮤니케이션이 당연시되는 오늘날, 마음만 먹으면 못 갈 곳이 거의 없는 이 시대에는—고도로 발달하고 번성한 문명사회라 하더라도—고독한 변두리의 인간들이 서로의 존재를 모른 채 살았던 시절을 상상하기 어려울 것이다. 최초로 미국 대륙에 발을 내디뎠던 순간 유럽 사람들은 수천 년 만에 처음으로 먼 친척뻘이 되는 다른 인간 집단과 대면하게 되었다. 힘겨운 육로 여행 끝에 동양에 다다랐던 중세 상인들은 비록 자신들보다 우수하지 않다고 하더라도 그에 못지않은 업적을 이룩한 사회를 발견하고 놀라움을 금치 못했다. 그런가하면 울창한 열대 정글을 헤쳐 나간 탐험가들은 수세기 동안 지평선 너머의 다른 세상을 모른 채 고립 상태에서 더없이 행복하게 살았던 수많은 민족을 발견했다.

탐험의 역사는 우리가 알고 있는 지금의 세상을 이해하는 데 지대한 영향을 미친다(부의 추구, 무역과 종교의 확산, 제국 정복 또는 채워지지 않는 지식에 대한 갈증 등). 탐험가들의 숨은 동기가 무엇이든 그들의 노력과 고난이 없었다면 우리가 이 행성을 전체적으로 바라보면서 지리와 기후의 복잡성을 파악하고, 다양한 야생 동식물을 인식하며, 가장 후미진 지역에 거주하는 사람들의 생활 방식, 관습, 그리고 신념을 인정할 수 없었을 것이다. 탐험의 역사는 한편으로는 이롭고, 한편으로는 해로운 결단과 영웅주의, 생존과 만남의 매력적인 이야기다. 이 역사 속에는 가장 어두운 바다 깊은 곳, 태양계 행성의 색다른 광경, 그리고 이보다 더 먼 무한한 우주에 이르는 비범한 사람들이 가득하며, 무수한 사람들이 이들의 인상적인 업적과 모험 정신을 본받기 위해 노력한다.

이 『인류 역사를 새로 쓴 위대한 탐험가들의 탐험 이야기』에는 이 흥미로운 역사에 생명을 불어넣고 독자들의 눈길을 끌 만한 이야기가 담겨 있다. 여기에 실린 모든 글은 해당 분야에서 인정받고 있는 전문가들이 쓴 것이며, 일러스트레이션 역시 당대와 현대 상황에서 탐험의 중요성을 반영하기 위해 신중하게 선택한 작품이다. 아울러 완벽하게 주석을 단 지도에서는 탐험가들이 거쳐 간 경로를 이례적이라 할 정도로 정확하고, 명확하며, 상세하게 묘사했다. 이 책을 쓰고 구성하는 과정에서 한순간도 독자들을 고려하지 않은 적이 없다. 나는 이 책이 독자들의 자랑스러운 소장품이 되기를 바란다.

레이몬드 존 호지고Raymond John Howgego

이 책을 이용하는 방법

이 책은 크게 세 부분으로 구성되어 있다. 첫 번째 부분인 '고대부터 1500년대까지'는 고대 이집트부터 중세, 유럽 르네상스에 이르는 시대의 가장 유명한 탐험가들과 원정에 대해 다룬다. 두 번째 부분인 '1500년대부터 1900년대'는 지역별로 구분하여 각 장마다 아시아, 아프리카, 북아메리카, 중앙아메리카, 남아메리카, 그리고 오스트레일리아와 태평양 지역의 탐험가와 원정에 대해 다룬다. 세 번째 부분인 '최후의 영역'은 극지방, 대양, 그리고 우주 여행가들의 스릴 넘치는 여정에 대해 다룬다. 이 책의 마지막 부분에 있는 참고자료에는 탐험가 100명의 일대기와 흥미로운 타임라인, 그리고 찾아보기를 담았다.

탐험가의 여정
이 책의 핵심이라 할 수 있는 이 부분에서는 탐험가들이 거친 경로와 그 과정에서 그들이 얻은 경험을 묘사했다. 아울러 탐험가들의 여정에 생동감을 더해 주는 지도, 일러스트레이션, 사진을 덧붙였다. 흥미로운 사실들과 특이사항에서는 탐험가들의 생애와 여행에 대해 더 많은 지식을 얻을 수 있을 것이다.

풍부한 사진
탐험가들 및 그들의 원정과 관련된 여러 장소와 유물, 그리고 사람들의 모습을 총천연색 세피아 듀오톤 사진에 담았다.

주요 지도
특정 지역의 지도에서 산, 강, 호수, 그리고 현대의 도시는 물론 탐험가들이 거쳐 간 경로를 확인할 수 있다.

정보 게시판
탐험담의 전후 상황을 추가로 설명하는 배경 정보를 담았다.

아프리카
데이비드 리빙스턴
아프리카
선교사들

서문
이 부분에는 특정 지역과 그곳을 탐험한 사람들에 대한 명확하고 구체적인 개관을 실었다.

지도 설명
이 간략한 지도 설명에서는 탐험가가 여행하는 도중에 특정한 지점에서 발생한 사건을 묘사했다.

사진 설명
모든 사진과 삽화에 독자들이 알아 두면 유익할 만한 정보를 첨부했다.

일러스트레이션
간략화한 일러스트레이션으로 동물의 생태 및 환경과 관련된 다른 요소를 담았다.

특이사항 박스
특이사항 박스에서는 특별히 흥미로운 주제를, 이와 관련된 사진 한두 장을 곁들여 설명했다.

삽화
그림, 일러스트레이션, 에칭, 그리고 조각을 통해 역사적인 사건과 관련 인물들의 생생한 모습을 확인할 수 있다.

특이사항 페이지
이 도감 전체에 실린 특이사항 페이지는 탐험의 여정과 관련된 다양한 주제를 중점적으로 다루었다.

일반 지도
대부분의 일반지도 특이사항에는 여정과 지역 또는 제국의 영토를 확인할 수 있는 간략한 지도를 실었다.

회화적인 포커스
특이사항 페이지는 다양한 사진과 삽화에 주제와 관련된 자세한 설명을 덧붙여 매우 회화적으로 표현했다.

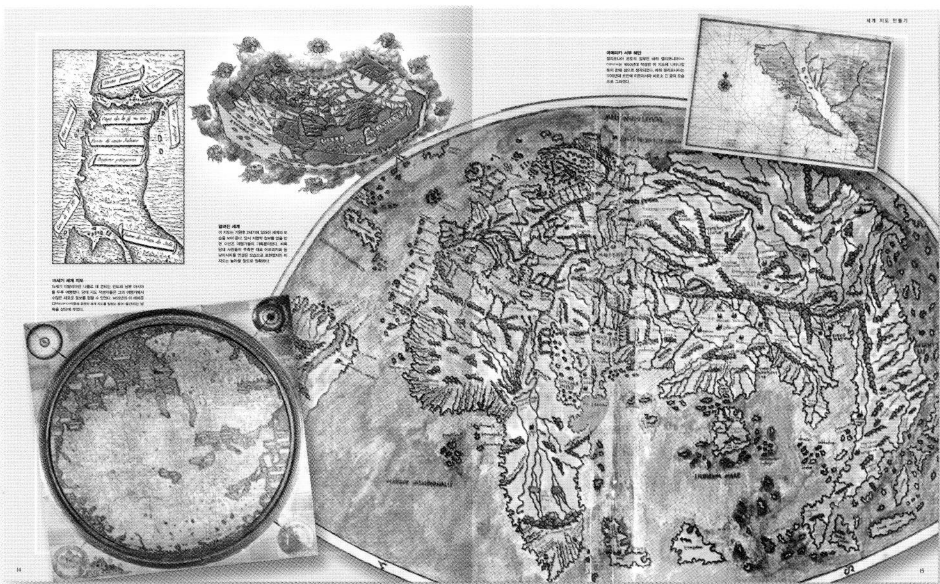

세계 지도 만들기
12~19페이지에는 지도 제작의 흥미진진한 역사에 대한 개관을 실었다. 고대의 초기 지도로부터 끊임없이 확대되는 탐험기의 지도에 이르기까지 다양한 지도를 통해 탐험가들의 지리학적 지식이 어떻게 점진적으로 증가했는지를 확인할 수 있다.

최후의 영역
극지방 탐험가들의 여정은 지도에 쉽게 담을 수 있는 반면 대양과 우주 여행가들의 여정을 상상하기는 그리 쉽지 않다. 무척 인상적인 이 부분에서는 역사적인 사진을 이용하여 대양 탐험과 우주 비행의 여정을 추적했다.

타임라인
무척 인상적이고 교육적인 타임라인에서는 중대한 사건과 발생 시기를 중점적으로 다루었다. 따라서 독자들은 새로운 경로를 개척하기 위한 시도를 통해 어떻게 탐험 지역이 점진적으로 확대되었는지를 확인할 수 있다. 별도로 실은 차트에는 세계 다양한 지역에서 동시에 일어난 여러 사건을 실었다.

시각 아이콘

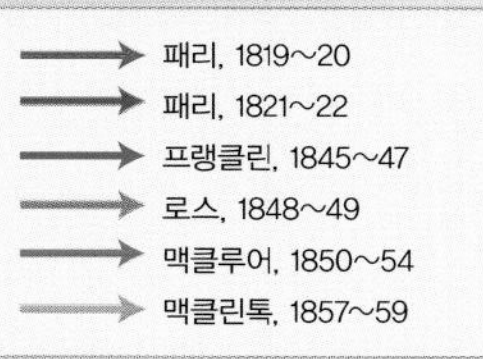
탐험가들의 경로
패리, 1819~20
패리, 1821~22
프랭클린, 1845~47
로스, 1848~49
맥클루어, 1850~54
맥클린톡, 1857~59

지도의 전설
탐험가의 경로는 각각 다른 색상으로 표시했다. 동일한 탐험가가 거쳐 간 여러 경로를 나타낼 경우에는 실선, 파선, 점선으로 구분했다.

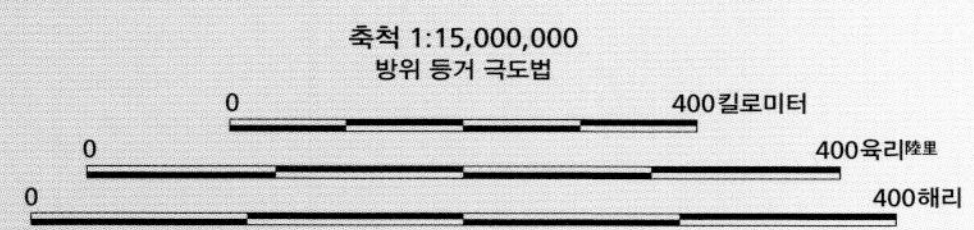
축척 1:15,000,000
방위 등거 극도법
0
400킬로미터
0
400육리陸里
0
400해리

축적과 투영도법
각 지도에는 킬로미터, 육리陸里, 해리를 나타내는 스케일 바와 지도의 세부적인 투영 도법을 담았다.

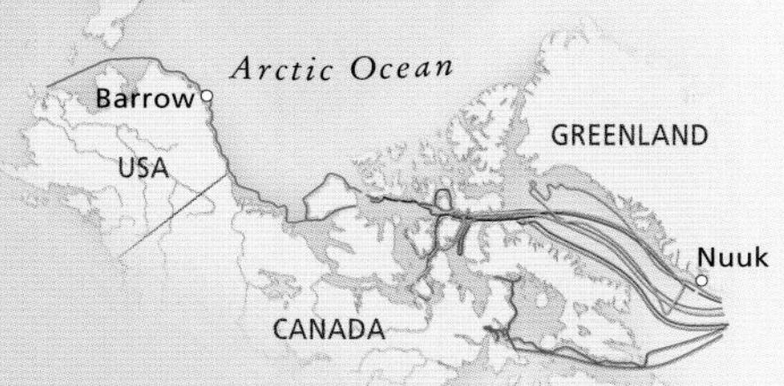
현대 지도상의 경로
Arctic Ocean
Barrow
USA
GREENLAND
Nuuk
CANADA

현대 지도
이 지도에서는 현대의 지명과 국경을 이용하여 여행 경로를 표시했다.

흥미로운 사실들	
프랭클린을 찾기 위해 파견된 배의 수	36척
공식적인 수색 기간	10년
1859년까지 해군이 수색에 투자한 비용	67만 5,000파운드
수색 기간 동안 해도로 만든 해안선의 길이	1만 2,875킬로미터
수색 기간 동안 썰매로 이동한 거리	6만 4,500킬로미터

흥미로운 사실들
탐험가의 생애와 여정 또는 탐험한 지역과 관련된 유익한 통계 자료를 도표 형태로 실어 흥미로운 세부 사실을 한눈에 볼 수 있도록 표현했다.

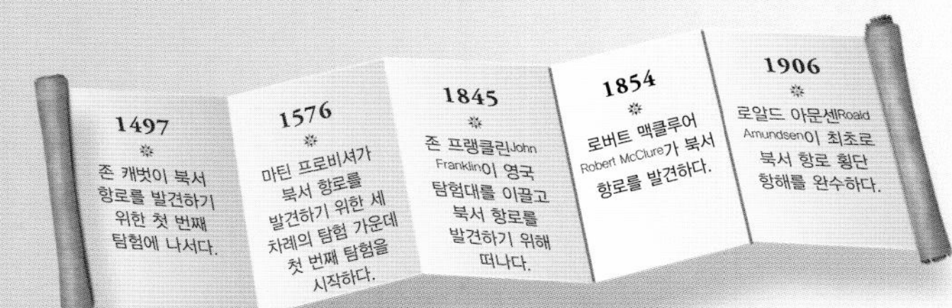
1497
존 캐벗이 북서 항로를 발견하기 위한 첫 번째 탐험에 나서다.
1576
마틴 프로비셔가 북서 항로를 발견하기 위한 세 차례의 탐험 가운데 첫 번째 탐험을 시작하다.
1845
존 프랭클린John Franklin이 영국 탐험대를 이끌고 북서 항로를 발견하기 위해 떠나다.
1854
로버트 맥클루어Robert McClure가 북서 항로를 발견하다.
1906
로알드 아문센Roald Amundsen이 최초로 북서 항로 횡단 항해를 완수하다.

타임라인 두루마리
타임라인에서 밝게 표현한 부분에는 탐험가가 여행하는 도중에 발생한 중대 사건을 수록한 반면, 이 밖의 부분에서는 탐험 전후에 그 특정 지역에서 발생한 사건을 수록했다.

세계 지도 만들기

지도 작성의 역사는 세계의 자세한 모습을 창조하는 점진적인 과정이며, 이 과정에서 탐험가들은 중대한 역할을 담당했다. 고대 문명 국가들의 여행이 증가하면서 이미 알려진 세상을 묘사하기 위한 초창기의 시도가 시작되었다. 이 가운데 주목할 만한 사례로는 지리학적인 좌표의 목록과 지도를 담은 프톨레마이오스Ptolemaeos의 『지리학Geographika』을 들 수 있다. 중세에는 마르코 폴로Marco Polo와 니콜로 데 콘티Nicolò dé Conti 같은 모험가들의 보고 덕분에 동양의 지도를 만드는 과정이 가속화되었고, 발견의 시대Age of Discovery에 이루어졌던 항해를 통해 처음에는 아프리카, 그리고 이후 아메리카의 윤곽이 드러났다. 헤르하르뒤스 메르카토르Gerhardus Mercator를 비롯한 16세기의 지도 제작자들은 여행 경로를 정확하게 계획할 수 있는 지도 투영 도법으로 선원들의 욕구를 충족시켰다. 그러나 여행을 하면서 지도를 만들 만한 지도 작성 기술을 스스로 습득하는 탐험가들이 증가했으며, 탐험가들이 손수 그린 지도는 정확도가 매우 높아 20세기까지 이용되었다.

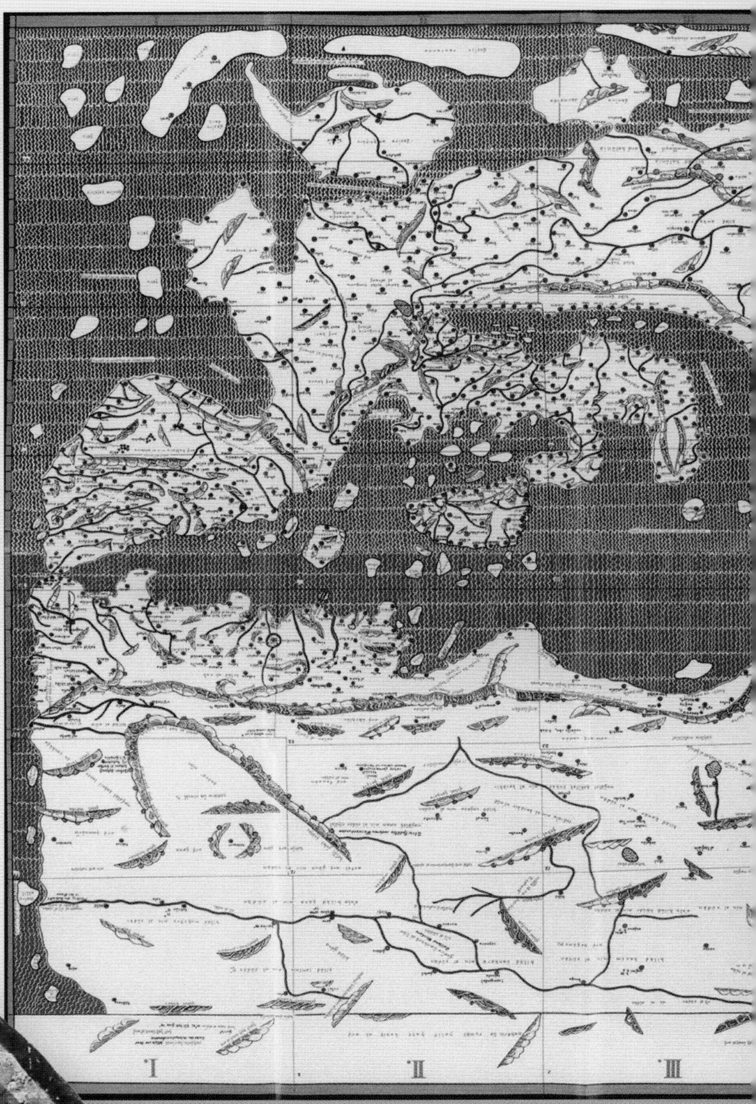

피에트로 베스콘테
제노바 출신의 지도 제작자이자 지리학자인 피에트로 베스콘테Pietro Vesconte는 1930년경에 그린 이 세계 지도에 동양을 상단에 놓았다. 그는 선원들이 사용했던 포르톨라노 해도를 최초로 제작한 장본인이기도 하다.

타불라 로제리아나
12세기에 아랍 지리학자 무하마드 알-이드리시Muhammad al-Idrisi가 작성한 초기 세계 지도는 시실리 왕 로제르 2세Roger II의 이름을 따서 타블라 로제리아나Tabula Rogeriana라고 불린다. 이 책에는 북쪽이 상단에 위치해 있지만 발표 당시에는 남쪽이 상단에 위치해 있었을 것이다.

아랍의 세계 지도
이 12세기의 세계 지도는 이븐 가자Ibn Gaza의 의학 서적인 아랍의 한 필사본에 실려 있다.

항해도

1325년 항구와 해안을 사실적으로 묘사한 항해도인 포르톨라노Portolano 해도. 이 해도를 가로지르는 직선은 특정 지점의 항해 나침반에 나타나 있는 32개의 방향을 의미한다.

Streto patagonico
Capo desendo
Mare oceano
Mare pacifico
Capo da le ij m. vir.
Porto di santo Juliano
Regione patagonia
Fiume de Johan de Solis
SCYTHIA
CASPIAN
LIBIA INTERIOR
ETHIOPIA INTERIOR
ARABIA FELIX
MARE INDICVM
EQUINOCTIAL CIRCLE
ZODIACAL CIRCLE
TERRA INCOGNITA
REGIO BARBA RICA
OCEANVS OCCIDENTALIS

마젤란 해협

1500년대에 안토니오 피가페타Antonio Pigafetta가 그린 이 지도에서 파타고니아Patagonia 남단에 위치한 마젤란 해협을 확인할 수 있다. 마젤란의 선박들은 대서양에서 태평양으로 통과할 때 이 해협을 지나갔다. 이 지도는 당시의 다른 지도와 마찬가지로 남단을 상단에 표시했다.

알려진 세계

이 지도는 기원후 2세기에 알려진 세계의 모습을 보여 준다. 당시 지형학 정보를 얻을 만한 수단은 여행가들의 기록뿐이었다. 비록 당대 사람들이 추측한 대로 아프리카와 동남아시아를 연결된 모습으로 표현했지만 이 지도는 놀라울 정도로 정확하다.

15세기 세계 지도

15세기 이탈리아인 니콜로 데 콘티는 인도와 남부 아시아를 두루 여행했다. 당대 지도 작성자들은 그의 여행기에서 수많은 새로운 정보를 접할 수 있었다. 1459년의 이 매파문디Mappamundi(중세 유럽의 세계 지도를 일컫는 용어—옮긴이)는 남쪽을 상단에 두었다.

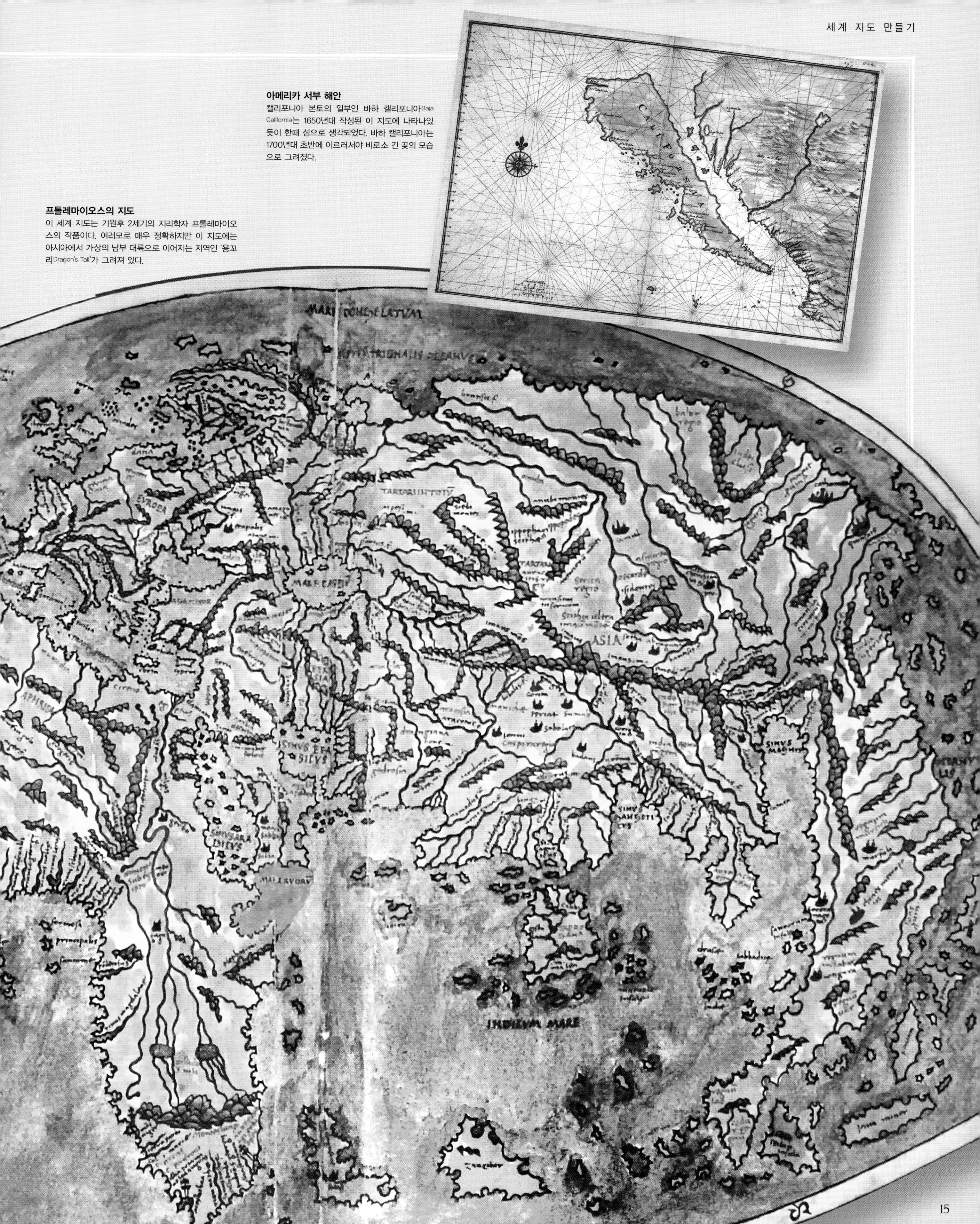
EVROPA
ASIA
INDICVM MARE

아메리카 서부 해안
캘리포니아 본토의 일부인 바하 캘리포니아Baja California는 1650년대 작성된 이 지도에 나타나있듯이 한때 섬으로 생각되었다. 바하 캘리포니아는 1700년대 초반에 이르러서야 비로소 긴 곶의 모습으로 그려졌다.

프톨레마이오스의 지도
이 세계 지도는 기원후 2세기의 지리학자 프톨레마이오스의 작품이다. 여러모로 매우 정확하지만 이 지도에는 아시아에서 가상의 남부 대륙으로 이어지는 지역인 '용꼬리Dragon's Tail'가 그려져 있다.

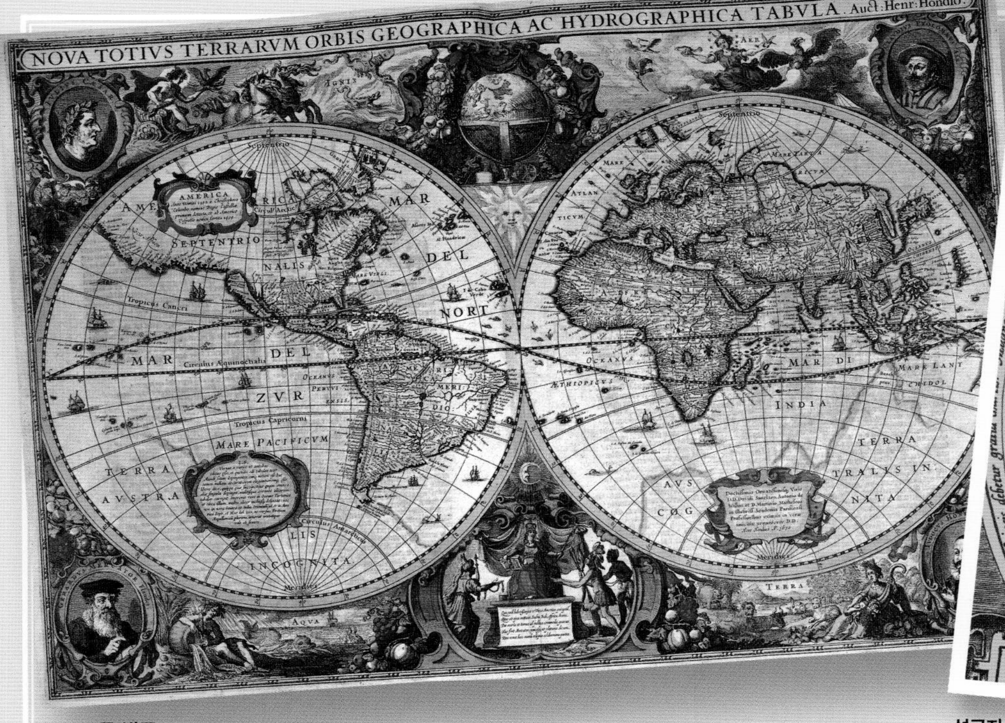
NOVA TOTIVS TERRARVM ORBIS GEOGRAPHICA AC HYDROGRAPHICA TABVLA. Auct: Henr: Hondio.

두 반구

16세기 동안 대륙의 모양과 대양의 상대적인 크기에 대한 지식이 점점 증가했다. 1538년에 제작된 이 지도에서 지구의 동반구와 서반구의 모습을 확인할 수 있다.

선구자

플랑드르 출신의 지도 제작자 헤르하르뒤스 메르카토르는 투영 도법으로 지도를 작성했으며, 현재 이 도법은 그의 이름을 따서 '메르카토르 도법'이라고 불린다. 선원들은 이 투영 도법으로 작성한 지도를 높이 평가했는데, 그것은 이 도법을 이용하면 지속적인 경로를 선으로 나타낼 수 있기 때문이다.

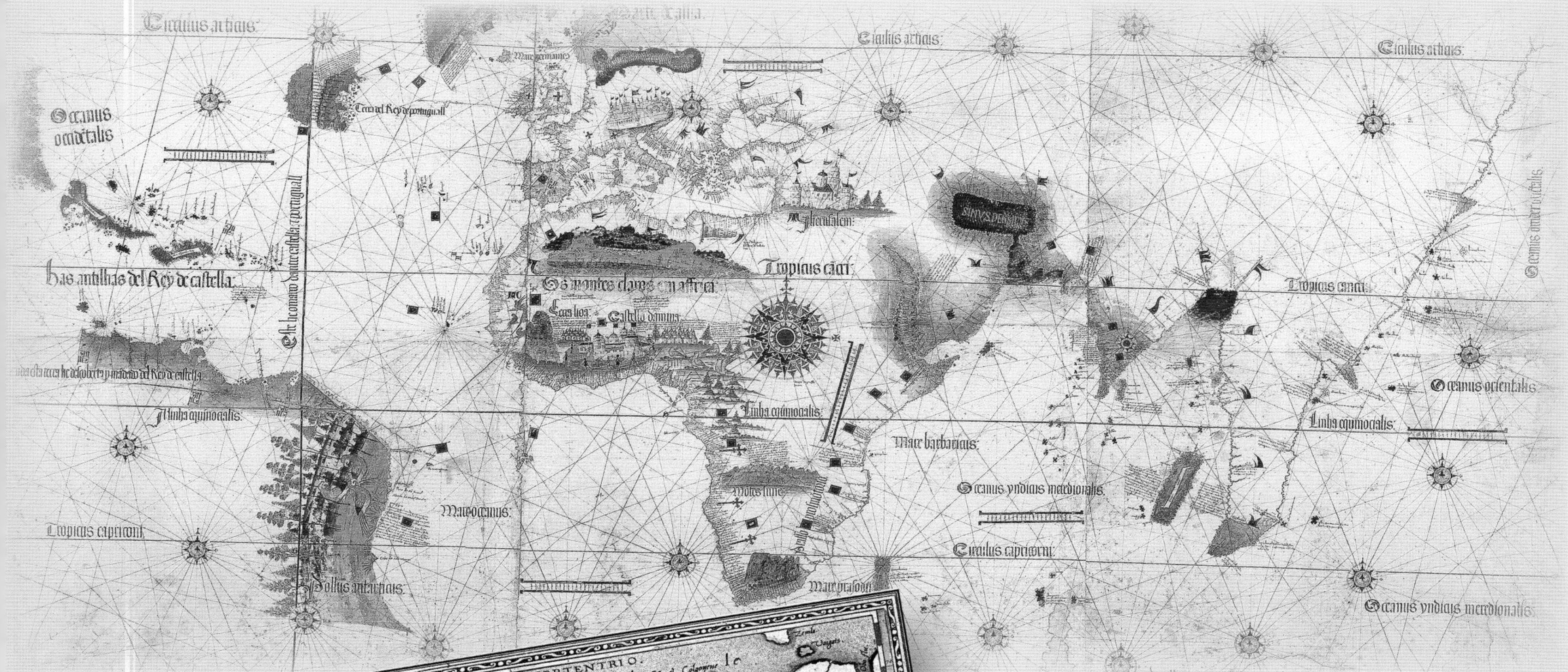

경계선

토르데시야스 조약 Treaty of Tordesillas에서 경계선이 제시되었고, 이에 따라 포르투갈과 스페인이 탐험을 하거나 식민지로 만들 수 있는 지역이 결정되었다. 1502년에 제작된 이 지도에는 대서양을 통과하는 이 경계선이 표시되어 있다.

러시아 지도(왼쪽)

이 지도에 나타난 16세기 러시아 영토는 동서로는 고작 발트 해Baltic Sea에서 우랄 산맥 Ural Mountains까지이고 남북으로는 백해White Sea에서 카스피 해Caspian Sea까지이다. 이 지도는 앤터니 젠킨스Anthony Jenkinson의 작품이다.

스칸디나비아 지도

가상의 바다 괴물을 그려 넣은 이 그림지도는 16세기 올라우스 마그누스Olaus Magnus가 만든 카르타 마리나Carta Marina(해양 지도)의 세부도이다. 스칸디나비아 지도는 당대에 가장 정확한 지도로 알려졌다.

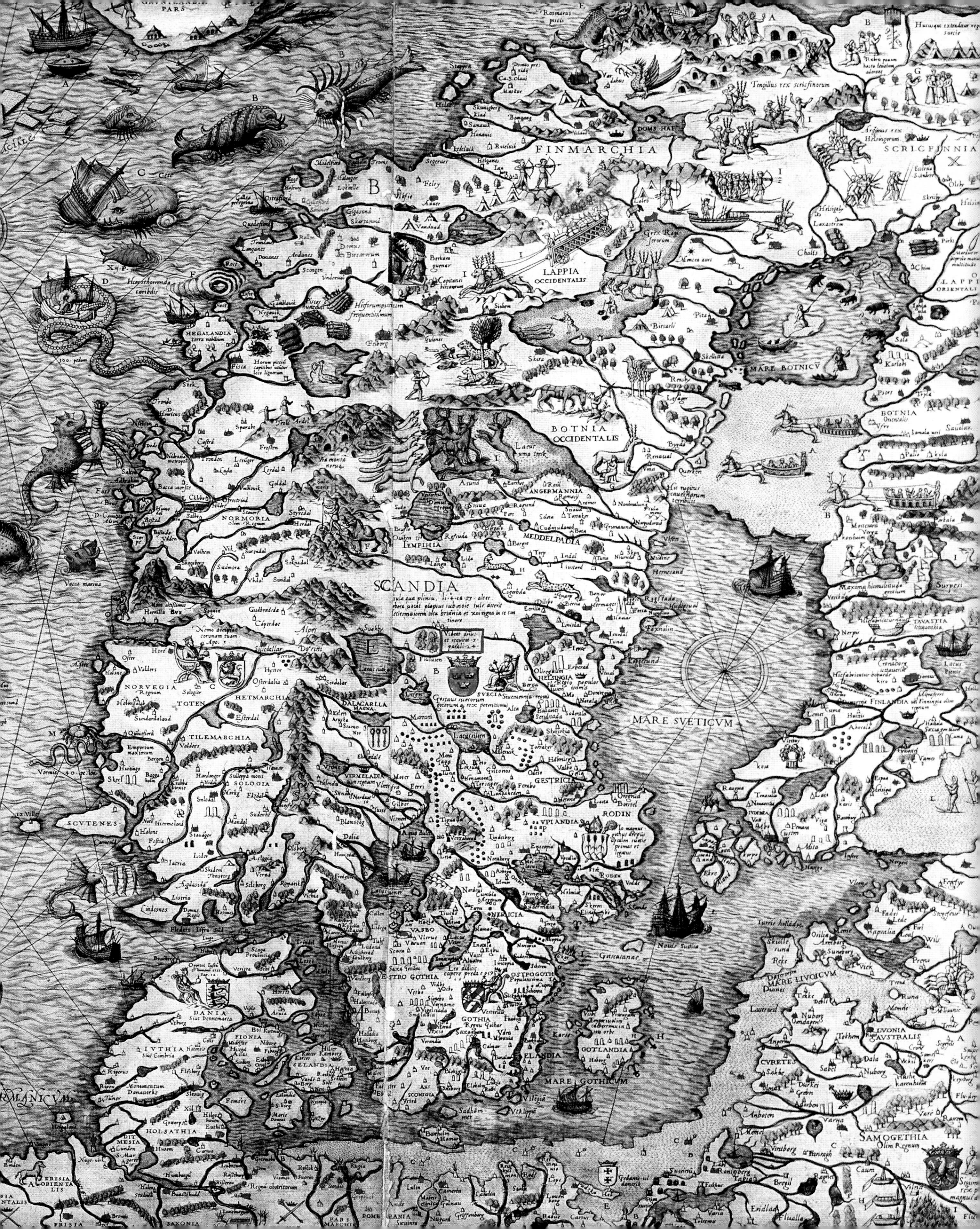

FINMARCHIA
SCRICFINNIA
LAPPIA OCCIDENTALIS
LAPPIA ORIENTALIS
MARE BOTNICV
BOTNIA OCCIDENTALIS
ANGERMANNIA
MEDDELPADIA
IEMPTHIA
HEGALANDIA
SCANDIA
NORVEGIA Regnum
TOTEN
HETMARCHIA
DALACARLIA MAGNA
TILEMARCHIA
SOLOGIA
VERMELADIA
HELSINGIA
GESTRICIA
SVECIA
VPLANDIA
RODIN
MARE SVETICVM
FINLANDIA
TAVASTIA
SCVTENES
NERICIA
VASBO
OSTROGOTHIA
GOTHIA
ELANDIA
GOTLANDIA
MARE GOTHICVM
MARE LIVOICVM
LIVONIA AVSTRALIS
CVRETES
SAMOGETHIA
DANIA
IVTHIA
FIONIA
SELANDIA
SCONGIA
HOLSATIA
DITMESIA

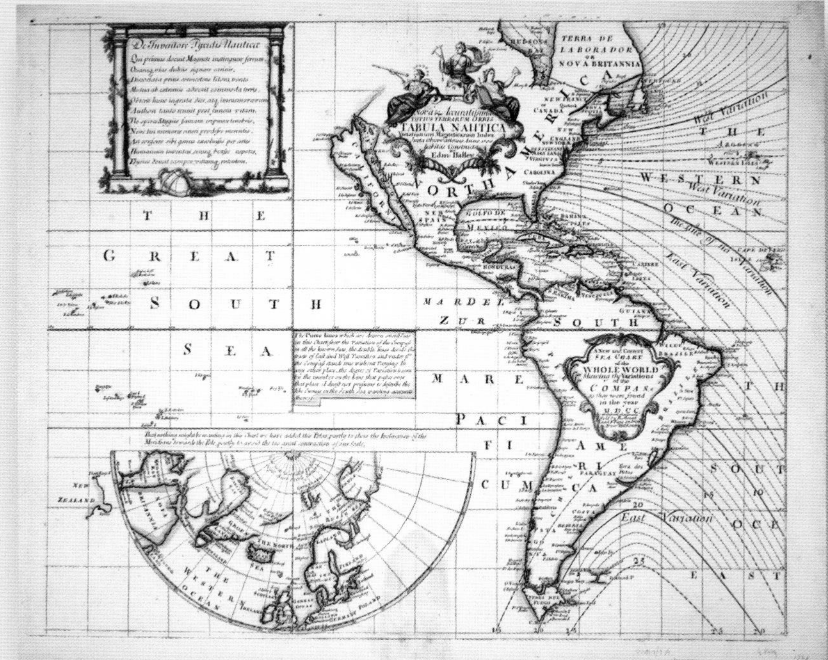
TABULA NAUTICA
THE GREAT SOUTH SEA
MAR DEL ZUR
MARE PACIFICUM
NORTH AMERICA
WESTERN OCEAN
SOUTH
NOVA BRITANNIA
TERRA DE LABORADOR
FREEDOM
DOMINION OF CANADA
BERING SEA
HUDSON BAY
NORTH AMERICA
PACIFIC OCEAN
SOUTH PACIFIC OCEAN

자북
영국의 천문학자 겸 수학자인 에드먼드 핼리Edmond Halley는 진북眞北과 자북磁北의 차이를 보여 주는 지도(위)를 그렸다. 이는 항해자들에게 귀중한 보조 기구로 쓰였다.

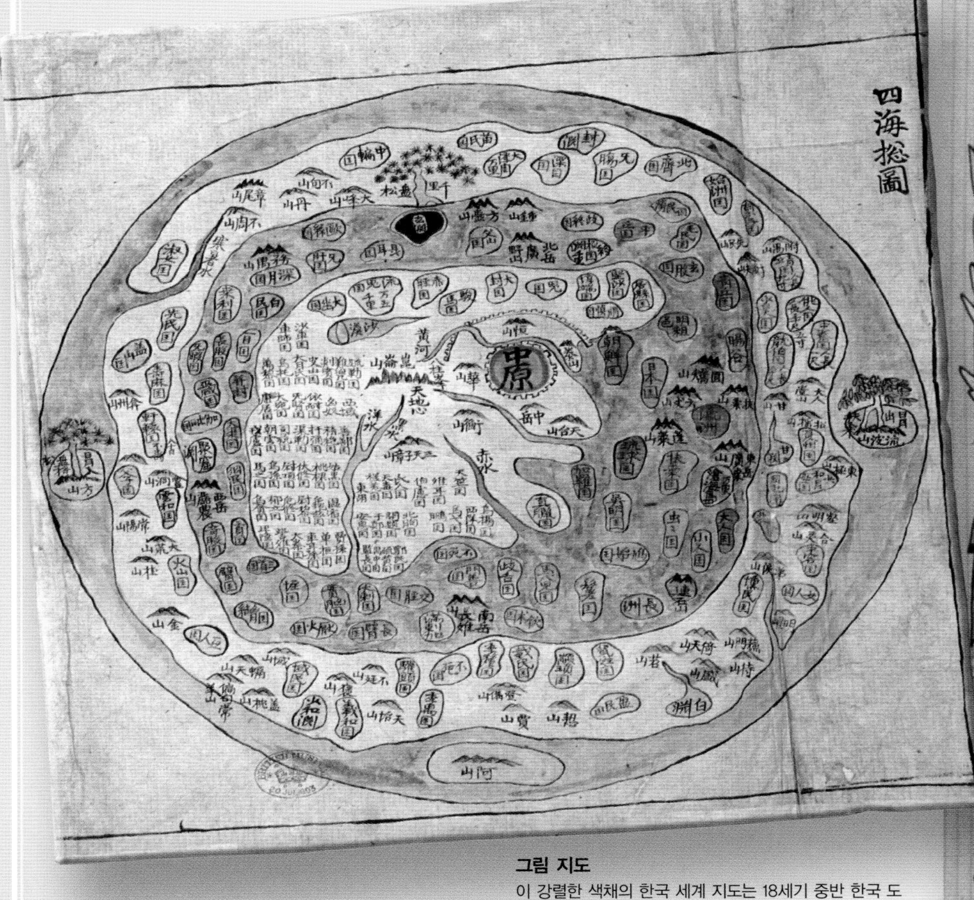
四海摠圖

그림 지도
이 강렬한 색채의 한국 세계 지도는 18세기 중반 한국 도감에 실린 것이다. 이 도감에는 중국, 일본, 류큐Ryuku의 지도도 포함되어 있었다.

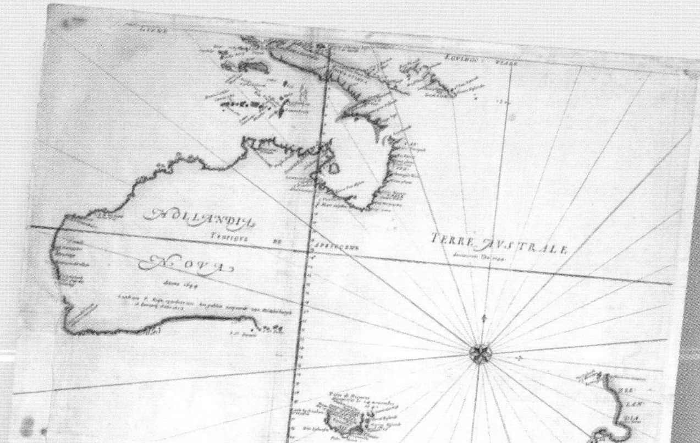
TERRE AUSTRALE

해안선이 모습을 드러내다
1642년 아벨 태즈먼Abel Tasman의 항해를 계기로 남부 지역의 해안선에 대한 새로운 지식이 알려졌다. 이 항해 이후 멜기세덱 테브노Melchisédech Thévenot가 제작한 이 지도에서 이전에는 해도에 실리지 않았던 해안선의 모습을 확인할 수 있다.

FRATERNITY
FEDERATION
MAP OF THE WORLD
SHOWING THE EXTENT OF THE BRITISH TERRITORIES IN 1786.
GREENLAND
ARCTIC OCEAN
NORTH ATLANTIC OCEAN
SOUTH ATLANTIC OCEAN
EUROPE
ASIA
AFRICA
INDIA
CHINA
AUSTRALIA
INDIAN OCEAN
NORTH PACIFIC OCEAN
SOUTH PACIFIC
BRITISH ISLANDS
CAPE COLONY
NEW ZEALAND
BERING SEA
WORLD
ATLAS

세계와 제국

당시 영국 제국의 영토를 부각시키기 위해 제작된 1886년의 지도는 바다와 육지의 전체 모습을 보여 준다. 초기 지도 제작자들의 노력과 탐험가들의 기록은 정확한 세계 제도를 제작하는 데 크게 기여했다.

이집트 룩소르Luxor의 디르 엘 바흐리Deir el-Bahri 절벽 아래에 위치한 장대한 하트셉수트 여왕Queen Hatshepsut의 장제전Mortuary Temple은 유명한 왕가 계곡Valley of the Kings의 입구에 있다. 하트셉수트는 기원전 15세기에 이역만리로 탐험 무역 원정대를 파견했다.

고대부터 1500년대까지

PART 1 고대부터 1500년대까지

고대의 여행

- 이집트인 하크후프와 하트셉수트
- 아프리카 해안
- 북대서양으로 향한 피테아스
- 알렉산더 대왕
- 로마의 아프리카 탐험
- 프톨레마이오스의 『지리학』
- 장건과 실크로드

고대의 여행

이집트인 하크후프와 하트셉수트

하크후프Harkhuf는 어퍼나일Upper Nile과 근동Near East 사이에 무역과 외교 통로가 확립되었던 제6 왕조Sixth Dynasty(기원전 2345~2181년경)의 고위 관리다. 그는 나일 강을 거슬러 올라 '얌의 땅land of Yam'에 이르는 탐험을 최소한 네 차례나 이끌었다. 그의 무덤에 새겨진 비문에는 방향, 흑단, 표범 가죽, 타조 알, 상아, 그 밖의 다른 사치품 등 '온갖 종류의 선물'을 가지고 돌아와 '큰 찬사를 받은' 사연이 담겨 있다. 약 800년이 흐른 뒤 하트셉수트 여왕은 페니키아Pheonicia, 시나이Sinai, 그리고 '푼트의 땅land of Punt'에 무역 원정대를 파견했다. 푼트의 위치는 정확히 알려지지 않았지만 일부 역사학자들은 하트셉수트의 벽화에 묘사된 푼트의 식물, 동물, 사람들의 모습을 바탕으로 오늘날의 앨버트 호Lake Albert 주변 지역일 것이라고 추정한다. 한편으로는 에티오피아의 홍해 연안에 위치했을 것이라고 주장하는 사람도 있다.

푼트 벽화
이것은 하트셉수트 사원에 있는 일련의 벽화 가운데 하나이다. 원정에서 획득한 몰약 나무와 다른 사치품을 들고 '푼트의 땅'으로부터 돌아오는 이집트 병사들의 모습이 담겨 있다.

흥미로운 사실들	
나일 강 유역에 최초로 부락이 형성된 시기	기원전 3,000년경
고대 이집트 문명의 존속 기간	약 3,000년
하크후프가 섬긴 국왕들	메렌레 넴티엠사프Merenre Nemtyemsaf와 페피 2세Pepi II
하트셉수트의 집권 기간	22년
하크후프와 하트셉수트의 무덤이 있는 장소	하크후프-아완, 하트셉수트-디르 엘 바흐리

디르 엘 바흐리
하트셉수트의 장대한 장제전은 나일 강 서안에 위치한 사막 절벽의 기슭에 세워졌다. 푼트 마을의 여러 모습과 푼트 국왕과 왕비의 초상화 등이 장식되어 있다.

하크후프와 피그미 족

'얌의 땅'으로 떠난 네 번째 여행에서 하크후프는 자신이 섬기는 젊은 왕, 페피 2세에게 배편으로 서신을 보냈으며, 이 서신에 동행하던 피그미 부족민에 대해 언급했다. 페피 2세는 이 편지를 읽고 답장을 보냈다. 왕의 편지를 받았다는 사실이 무척 자랑스러웠던 하크후프는 아완에 있는 자신의 무덤 정면에 이 사실을 새기라는 유언을 남겼다.

하크후프의 무덤 벽에 새겨진 지 4,000년이 넘었지만 지금도 페피 2세의 편지가 남아 있다.

붉은 화강암으로 만든 하트셉수트의 조각상
사람들은 파라오로서 하트셉수트를 여왕이 아니라 왕으로 여겼으며, 그녀의 조각상은 대부분 국왕의 전통적인 킬트와 줄무늬머리 수건으로 치장하고 남성의 머리 모양과 턱수염을 한 모습으로 표현되었다.

하트셉수트 스핑크스
다른 이집트의 왕과 마찬가지로 하트셉수트의 모습은 거대한 스핑크스에 담겨졌다. 스핑크스는 파라오의 머리에 사자의 몸을 가진 신화적인 창조물로서 왕권과 힘을 상징한다. 하트셉수트의 사원으로 이어지는 길에는 100여 개가 넘는 스핑크스가 줄지어 있다.

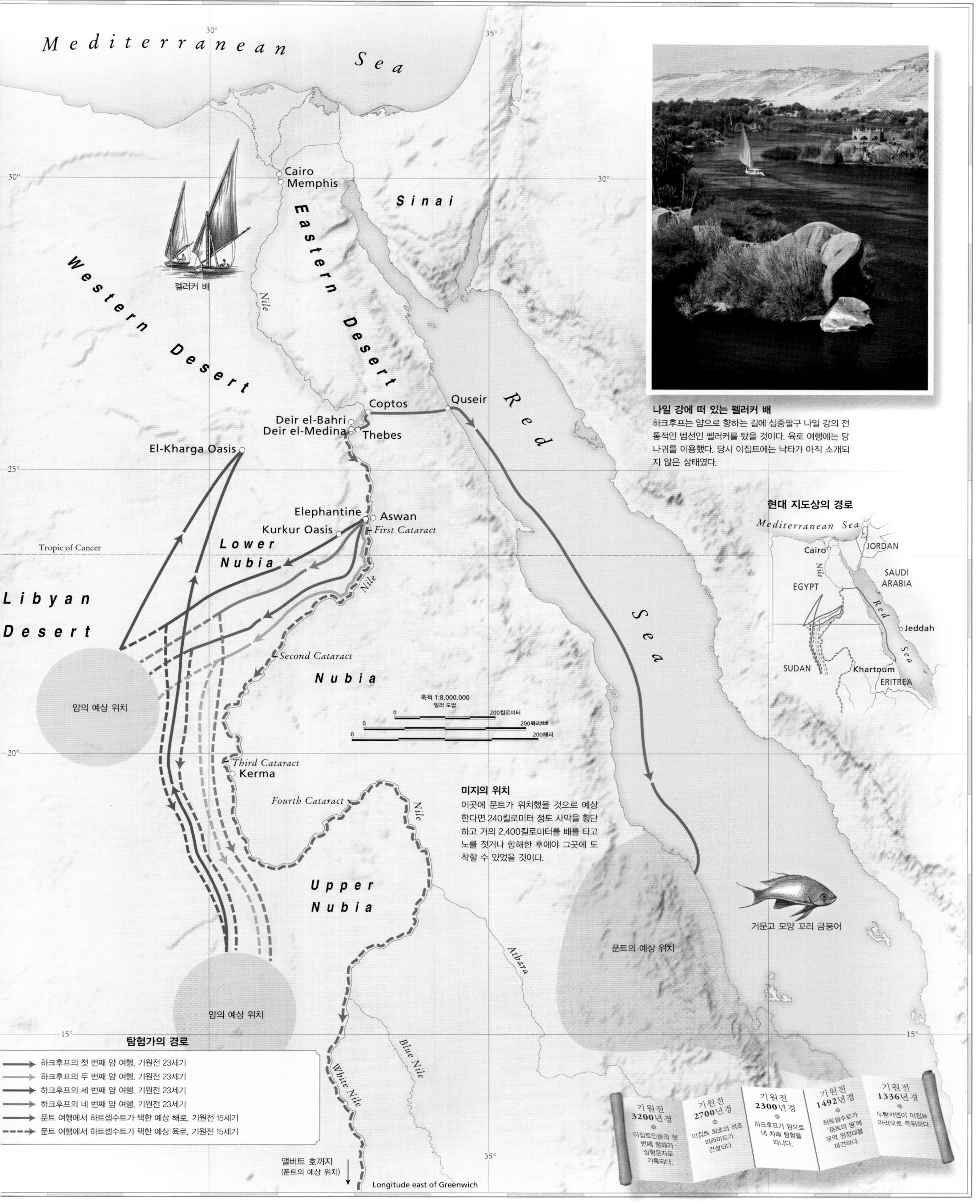
Mediterranean Sea
Cairo
Memphis
Sinai
Western Desert
Eastern Desert
펠러커 배
Nile
Coptos
Quseir
Red Sea
Deir el-Bahri
Deir el-Medina
Thebes
El-Kharga Oasis
Elephantine
Aswan
Kurkur Oasis
First Cataract
Tropic of Cancer
Lower Nubia
Libyan Desert
Second Cataract
Nubia
얌의 예상 위치
축척 1:8,000,000
밀러 도법
0 200킬로미터
0 200육리陸里
0 200해리
Third Cataract
Kerma
Fourth Cataract
Upper Nubia
Atbara
Blue Nile
White Nile
얌의 예상 위치
푼트의 예상 위치
거문고 모양 꼬리 금붕어
앨버트 호까지
(푼트의 예상 위치)
Longitude east of Greenwich
30°
35°
25°
20°
15°
현대 지도상의 경로
Mediterranean Sea
Cairo
JORDAN
SAUDI ARABIA
EGYPT
Nile
Red Sea
Jeddah
SUDAN
Khartoum
ERITREA
기원전 3200년경
이집트인들의 첫 번째 항해가 상형문자로 기록되다.
기원전 2700년경
이집트 최초의 석조 피라미드가 건설되다.
기원전 2300년경
하크후프가 얌으로 네 차례 탐험을 떠나다.
기원전 1492년경
하트셉수트가 '푼트의 땅'에 무역 원정대를 파견하다.
기원전 1336년경
투탕카멘이 이집트 파라오로 즉위하다.

나일 강에 떠 있는 펠러커 배
하크후프는 얌으로 향하는 길에 십중팔구 나일 강의 전통적인 범선인 펠러커를 탔을 것이다. 육로 여행에는 당나귀를 이용했다. 당시 이집트에는 낙타가 아직 소개되지 않은 상태였다.

미지의 위치
이곳에 푼트가 위치했을 것으로 예상한다면 240킬로미터 정도 사막을 횡단하고 거의 2,400킬로미터를 배를 타고 노를 젓거나 항해한 후에야 그곳에 도착할 수 있었을 것이다.

탐험가의 경로
- 하크후프의 첫 번째 얌 여행, 기원전 23세기
- 하크후프의 두 번째 얌 여행, 기원전 23세기
- 하크후프의 세 번째 얌 여행, 기원전 23세기
- 하크후프의 네 번째 얌 여행, 기원전 23세기
- 푼트 여행에서 하트셉수트가 택한 예상 해로, 기원전 15세기
- 푼트 여행에서 하트셉수트가 택한 예상 육로, 기원전 15세기

아프리카 해안

기원전 640년경 대서양에 다다른 최초의 그리스인은 사모스Samos 섬의 콜라이오스Kolaios였다. 기원전 500년 무렵 카르타고Carthage의 한노Hanno는 아프리카 해안 탐험에 나서 남쪽으로 멀게는 현재의 카메룬Cameroon까지 내려갔다. 이 일이 있은 직후 마살리아Massalia(고대 마르세유Marseille) 출신의 그리스인 에우티메네스Euthymenes는 한노의 여정을 그대로 되풀이했다. 당시에는 아프리카 대륙을 일주하기 위한 시도가 여러 차례 이루어졌는데, 이 가운데 기원전 600년경 페니키아인들이 시도했던 시계 방향의 일주는 성공한 반면 기원전 470년경 페르시아인 사타스페스Sataspes가 시도했던 시계 반대 방향의 일주는 실패했다. 헬레니즘 시대에 이르러 아프리카를 일주하면 인도에 도착해서 그 나라의 부를 손에 넣을 수 있다는 소식이 널리 퍼졌다. 기원전 100년 무렵 크니도스의 에우독소스Eudoxos가 인도 항해길에 올랐지만 세 번째 시도에서 그만 실종되고 말았다. 에우독소스가 실종된 후 르네상스가 시작될 때까지 서부 아프리카 해안에 대한 지식은 이렇다 할 만한 진전을 보이지 않았다.

열대 지방의 한노
기원전 500년 무렵 항해를 하는 동안 카르타고의 탐험가 한노는 고릴라이Gorilla라는 털투성이의 부족을 만났다. 훗날 이 부족의 이름은 한 유인원의 명칭에 사용된다.

흥미로운 사실들	
콜라이오스가 사모스의 헤라Hera에게 봉납한 비율	수익의 10퍼센트
한노의 항해에 동원된 함선과 인원의 수	60척과 3만 명
에우티메네스가 발견한 동물	악어와 하마
페니키아인이 아프리카를 일주하는 데 걸린 햇수	3년
아프리카 일주의 항해 거리	2만 4,000킬로미터

금의환향한 영웅
에우티메네스는 그리스인으로는 최초로 서부 아프리카 해안을 일주한 인물로, 아마도 이보다 앞선 한노의 항해로부터 영감을 얻었을 것이다. 프랑스 마르세유의 증권거래소Palais de la Bourse에는 그에게 바치는 조각상이 세워져 있었다.

헤라클레스의 기둥Pillars of Herakles

헤라클레스의 기둥은 고대부터 지리적인 요충지로 인식되었다. 이곳은 지중해가 끝나는 동시에 무시무시한 미지의 외양外洋이 시작되는 지점이다. '아틀라스의 기둥Pillars of Atlas' 또는 '가데스의 기둥Pillars of Gades'이라고도 일컬어지며, 대개는 지브롤터 해협Straits of Gibraltar 동단의 한 면에 접해 있는 산맥을 가리킨다.

위성 사진에 지중해에서 대서양으로 이어지는 좁은 하구의 모습이 보인다. 이곳이 헤라클레스의 기둥이 위치한 지점이다.

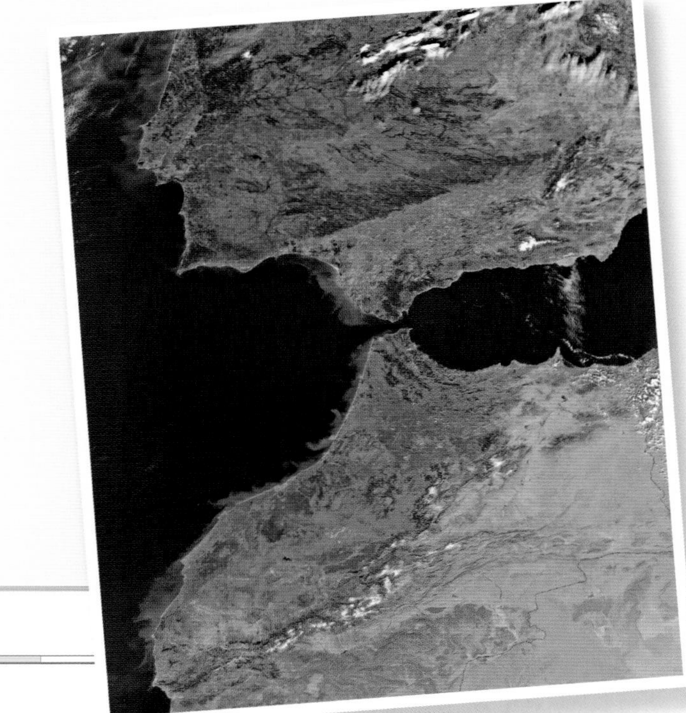

전성 시대의 카르타고
기원전 4~2세기 카르타고를 묘사한 이 현대적인 그림에는 이 도시 국가의 유명한 원형 항구의 모습이 담겨 있다. 한노는 물론 수많은 탐험대와 원정대가 이 항구를 출발지로 삼았다.

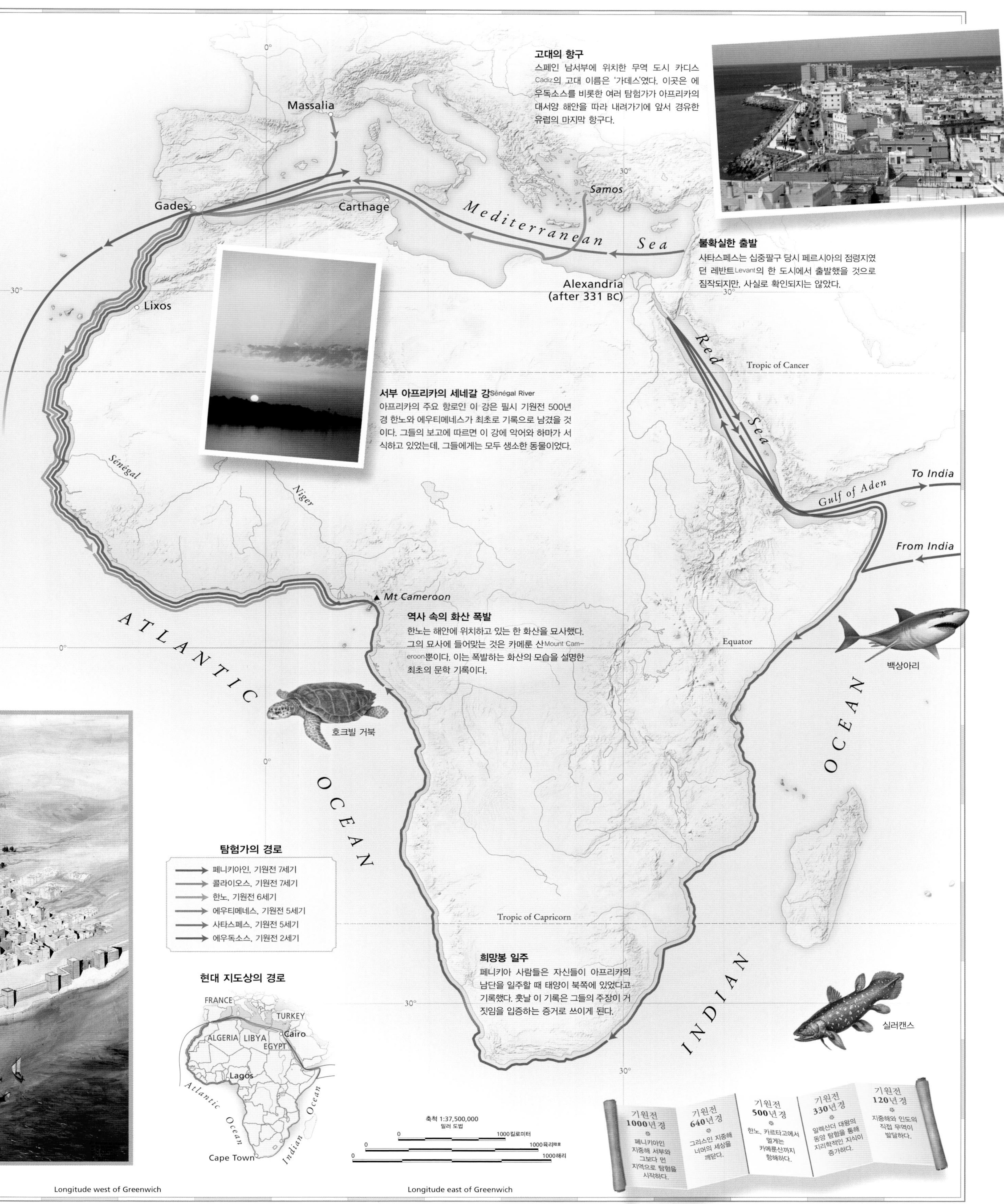
Massalia
Gades
Carthage
Samos
Mediterranean Sea
Alexandria (after 331 BC)
Lixos
Red Sea
Tropic of Cancer
Sénégal
Niger
Gulf of Aden
To India
From India
Mt Cameroon
ATLANTIC OCEAN
Equator
INDIAN OCEAN
Tropic of Capricorn
고대의 항구
스페인 남서부에 위치한 무역 도시 카디스Cadiz의 고대 이름은 '가데스'였다. 이곳은 에우독소스를 비롯한 여러 탐험가가 아프리카의 대서양 해안을 따라 내려가기에 앞서 경유한 유럽의 마지막 항구다.
불확실한 출발
사타스페스는 십중팔구 당시 페르시아의 점령지였던 레반트Levant의 한 도시에서 출발했을 것으로 짐작되지만, 사실로 확인되지는 않았다.
서부 아프리카의 세네갈 강Sénégal River
아프리카의 주요 항로인 이 강은 필시 기원전 500년경 한노와 에우티메네스가 최초로 기록으로 남겼을 것이다. 그들의 보고에 따르면 이 강에 악어와 하마가 서식하고 있었는데, 그들에게는 모두 생소한 동물이었다.
역사 속의 화산 폭발
한노는 해안에 위치하고 있는 한 화산을 묘사했다. 그의 묘사에 들어맞는 것은 카메룬 산Mount Cameroon뿐이다. 이는 폭발하는 화산의 모습을 설명한 최초의 문학 기록이다.
백상아리
호크빌 거북
실러캔스
탐험가의 경로
페니키아인, 기원전 7세기
콜라이오스, 기원전 7세기
한노, 기원전 6세기
에우티메네스, 기원전 5세기
사타스페스, 기원전 5세기
에우독소스, 기원전 2세기
희망봉 일주
페니키아 사람들은 자신들이 아프리카의 남단을 일주할 때 태양이 북쪽에 있었다고 기록했다. 훗날 이 기록은 그들의 주장이 거짓임을 입증하는 증거로 쓰이게 된다.
현대 지도상의 경로
FRANCE
TURKEY
Cairo
ALGERIA
LIBYA
EGYPT
Lagos
Atlantic Ocean
Indian Ocean
Cape Town
축척 1:37,500,000
일러 도법
1000킬로미터
1000육리해로
1000해리
기원전 1000년경 페니키아인 지중해 서부와 그보다 먼 지역으로 탐험을 시작하다.
기원전 640년경 그리스인 지중해 너머의 세상을 깨닫다.
기원전 500년경 한노, 카르타고에서 멀게는 카메룬산까지 항해하다.
기원전 330년경 알렉산더 대왕의 동양 탐험을 통해 지리학적인 지식이 증가하다.
기원전 120년경 지중해와 인도의 직접 무역이 발달하다.
Longitude west of Greenwich
Longitude east of Greenwich

북대서양으로 향한 피테아스

카르타고의 탐험가 히밀코Himilco가 영국 제도에 도달했을 것이라 짐작되던 때로부터 200여 년이 지난 기원전 320년 무렵 마살리아의 피테아스Pytheas는 영국을 지나 북극해와 발트 해까지 이어지는 대장정을 시작했다. 당시로서는 매우 드물게도 피테아스의 주된 관심사는 무역이나 상업이 아니라 과학이었다. 그는 프랑스 남서부 변두리 지역까지 육로를 이용한 다음 영국 제도로 건너갔다. 그곳에서 1년 넘게 머물면서 주민들을 관찰하고 조수를 연구했으며, 아울러 위도와 거리를 계산했다. 이후 북쪽으로 방향을 잡고 페로 제도Faeroes를 거쳐 마침내 툴레Thule에 이르렀다. 툴레는 피테아스의 가장 유명한 발견으로 손꼽힌다. 그는 다시 노르웨이 해안을 횡단하고 발트 해에 진입해 동단으로 향했다. 그런 다음 짐작컨대 육로를 통해 지중해에 다다랐을 것이다. 고국으로 돌아온 그는 자신의 연구 결과를 발표했다. 이 가운데 일부는 후세의 지리학 교재에 실려 보존되고 있다.

흥미로운 사실들	
피테아스가 추정한 영국의 둘레	약 6400킬로미터
피테아스가 계산한 북단의 위도	북위 61도 17분에 해당(페로 제도)
피테아스가 추정한 영국 연안에 있는 섬의 수	78군데
피테아스가 만난 최고 파도의 높이	약 12미터
피테아스가 영국에서 툴레까지 가는 데 소요된 기간	6일

보무당당한 조각상
마르세유 증권 거래소에 있는 피테아스의 조각상은 고대의 가장 위대한 탐험가에게 바친 보기 드문 기념물이다. 물론 그의 실제 외모에 대해서는 알려진 바가 없다.

클릭하이민Clickhimin, 셔틀랜드
기원전 6세기 또는 5세기 무렵부터 이 지역은 지중해로부터 영향을 받은 것으로 보인다. 이 지역은 문화적인 면에서 피테아스가 묘사한 북부 지역의 모습과 유사한데, 피테아스는 아마도 클릭하이민을 직접 방문했을 것으로 추정된다.

선박 복원
기원전 4세기에 건조된 것으로 추정되는 유트스피링 배Hjortspring Boat는 덴마크에서 발견되었으며, 그 길이가 19미터에 이른다. 이것은 피테아스가 북대서양 항해에 이용했던 배와 유사하다.

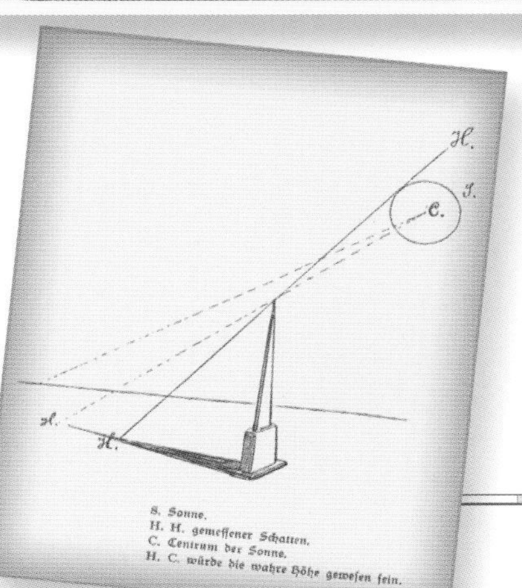
H.
J.
C.
A.
H.
S. Sonne.
H. H. geworfener Schatten.
C. Centrum der Sonne.
H. C. würde die wahre Höhe gewesen sein.

노먼 다이어그램
노먼은 천체의 높이와 그 결과 대략적인 위도를 추정할 수 있는 단순한 도구로서 피테아스를 비롯한 수많은 고대 탐험가들이 이를 이용했다.

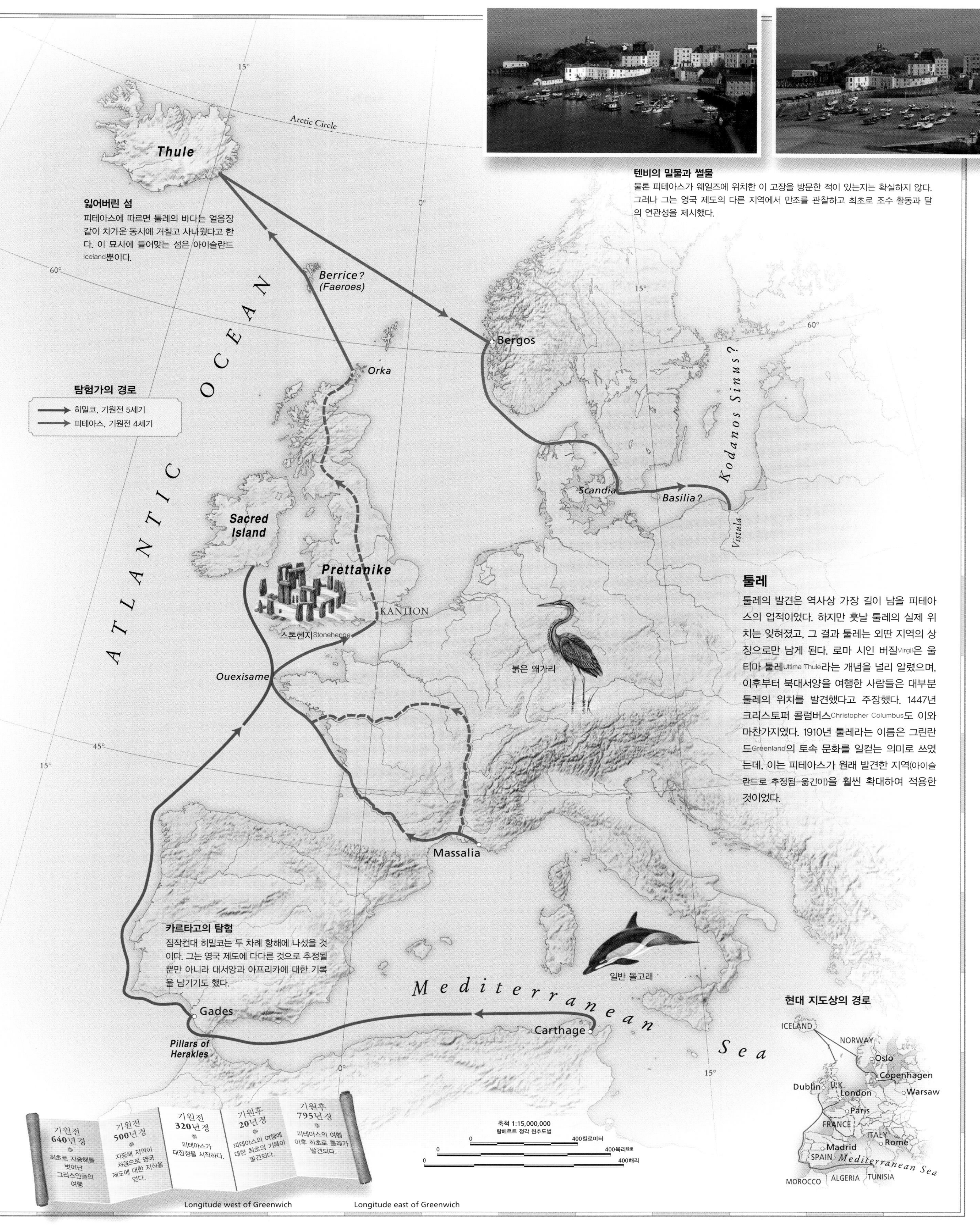
Thule
Arctic Circle
Berrice?
(Faeroes)
Bergos
Orka
ATLANTIC OCEAN
Kodanos Sinus?
Scandia
Basilia?
Vistula
Sacred Island
Prettanike
KANTION
스톤헨지Stonehenge
Ouexisame
붉은 왜가리
Massalia
일반 돌고래
Mediterranean Sea
Gades
Carthage
Pillars of Herakles
15°
0°
60°
45°
탐험가의 경로
히밀코, 기원전 5세기
피테아스, 기원전 4세기
현대 지도상의 경로
ICELAND
NORWAY
Oslo
Copenhagen
Dublin
U.K.
London
Warsaw
Paris
FRANCE
ITALY
Rome
Madrid
SPAIN
Mediterranean Sea
MOROCCO
ALGERIA
TUNISIA
기원전 640년경
최초로 지중해를 벗어난 그리스인들의 여행
기원전 500년경
지중해 지역이 처음으로 영국 제도에 대한 지식을 얻다.
기원전 320년경
피테아스가 대장정을 시작하다.
기원후 20년경
피테아스의 여행에 대한 최초의 기록이 발견되다.
기원후 795년경
피테아스의 여행 이후 최초로 툴레가 발견되다.
축척 1:15,000,000
람베르트 정각 원추도법
0
400킬로미터
0
400육리陸里
0
400해리
Longitude west of Greenwich
Longitude east of Greenwich

텐비의 밀물과 썰물

물론 피테아스가 웨일즈에 위치한 이 고장을 방문한 적이 있는지는 확실하지 않다. 그러나 그는 영국 제도의 다른 지역에서 만조를 관찰하고 최초로 조수 활동과 달의 연관성을 제시했다.

잃어버린 섬

피테아스에 따르면 툴레의 바다는 얼음장같이 차가운 동시에 거칠고 사나웠다고 한다. 이 묘사에 들어맞는 섬은 아이슬란드Iceland뿐이다.

카르타고의 탐험

짐작컨대 히밀코는 두 차례 항해에 나섰을 것이다. 그는 영국 제도에 다다른 것으로 추정될 뿐만 아니라 대서양과 아프리카에 대한 기록을 남기기도 했다.

툴레

툴레의 발견은 역사상 가장 길이 남을 피테아스의 업적이었다. 하지만 훗날 툴레의 실제 위치는 잊혀졌고, 그 결과 툴레는 외딴 지역의 상징으로만 남게 된다. 로마 시인 버질Virgil은 울티마 툴레Ultima Thule라는 개념을 널리 알렸으며, 이후부터 북대서양을 여행한 사람들은 대부분 툴레의 위치를 발견했다고 주장했다. 1447년 크리스토퍼 콜럼버스Christopher Columbus도 이와 마찬가지였다. 1910년 툴레라는 이름은 그린란드Greenland의 토속 문화를 일컫는 의미로 쓰였는데, 이는 피테아스가 원래 발견한 지역(아이슬란드로 추정됨-옮긴이)을 훨씬 확대하여 적용한 것이었다.

고대의 여행

알렉산더 대왕

알렉산더 대왕Alexander the Great이라고 널리 알려진 마케도니아Macedon의 알렉산더 3세Alexander III는 기원전 356년 강건한 성왕 필립 2세Philip II의 아들로 태어났다. 부왕이 서거할 무렵 20살이던 알렉산더는 이미 노련한 군인이자 카리스마가 넘치는 수장의 모습을 갖추었다. 부왕의 왕국을 수호하고 훗날에는 이를 넓히겠다는 뜻을 품고 알렉산더는 동쪽과 남쪽으로 군사를 이끌어 지금의 시리아와 이집트까지 진출했다. 군사적으로 성공을 거두면서 그는 존경과 두려움의 대상이 되었다. 특히 이집트는 그를 대단히 존경스러운 태도로 환영했다. 6개월 후 알렉산더는 이집트에서 파라오로 인정받으며 병사들을 이끌고 동쪽으로 진출하여 아시아 전역을 휩쓰는 10년간의 정벌에 나섰다. 페르시아를 물리친 이후 정복자로서 명성을 드높였다. 고대 도시 바빌론Babylon과 페르세폴리스Persepolis 역시 그의 지배를 받았다. 알렉산더의 군대는 힌두쿠시Hindu Kush 산맥을 넘어 인도까지 진출한 뒤 수많은 전투에서 승리했다.

모자이크 속의 모습
이 세부 묘사는 폼페이의 파우누스 저택House of the Faun 바닥에 그려진 모자이크의 일부로, 페르시아의 다리우스 3세Darius III와 전투를 치르는 알렉산더 대왕을 묘사하고 있다. 페르시아 왕을 물리치고 승리한 덕분에 알렉산더는 존경과 두려움을 한몸에 받았다.

Pella
Thessalonika
Mediterranean
30°

흥미로운 사실들	
군사 정벌에 투자한 햇수	11년
알렉산더 군대의 병사 수	약 4만 5,000명
대전투를 치른 연도	기원전 334, 333, 331, 326년
알렉산더가 세운 도시의 수	70군데
귀향하기 위해 건조한 선박 수	800척

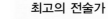

부케팔라스
「알렉산더 대왕의 역사Histoire du Grand Alexandre」에 실린 15세기의 일러스트레이션에는 자신의 애마 부케팔라스Bucephalas를 타고 있는 알렉산더의 모습이 담겨 있다. 알렉산더 이외에는 그의 잘생긴 검은 종마를 길들일 수 있는 사람이 없었는데 알렉산더는 어린 나이에 부케팔라스를 길들이는 데 성공했다.

최고의 전술가

군대 배치에 능했던 알렉산더 3세는 수적으로 불리한 전투에서도 승리를 거둘 수 있었다. 그의 보병대는 방패를 서로 겹친 채 빈틈없는 '밀집phalanx' 대형으로 전진했다. 적군이 전진하는 군대를 뚫기 위해 안간힘을 쓰는 동안 알렉산더는 대개 'V자flying wedge' 대형으로 정예 기병대를 이끌고 적의 측면을 공격했다. 그는 또한 포위 공격의 대가로서 가히 전설적이라고 일컬을 만한 성공을 거두었으며, 특히 티레Tyre의 포위 공격이 유명하다.

히다스페스 전투
17세기의 한 유화는 히다스페스 전투Battle of Hydaspes가 끝난 다음 인도 국왕 포루스Porus와 알렉산더의 모습을 묘사했다. 전투에서 패배한 쪽은 포루스였지만 알렉산더 군대에서도 많은 사상자가 발생했다. 인도의 전투 코끼리가 마케도니아 기병대에 맞서 가공할 만한 힘을 과시했다.

사막 해안
알렉산더는 수천 명의 부하를 이끌고 아라비아 해안에 인접한 사막을 가로질러 바빌론으로 회군했다. 모든 것을 태워 버릴 기세의 고온과 딱딱하게 굳은 점토지가 계속되는 혹독한 환경이 그들을 기다리고 있었고, 이 행군에서 수많은 병사가 목숨을 잃었다.

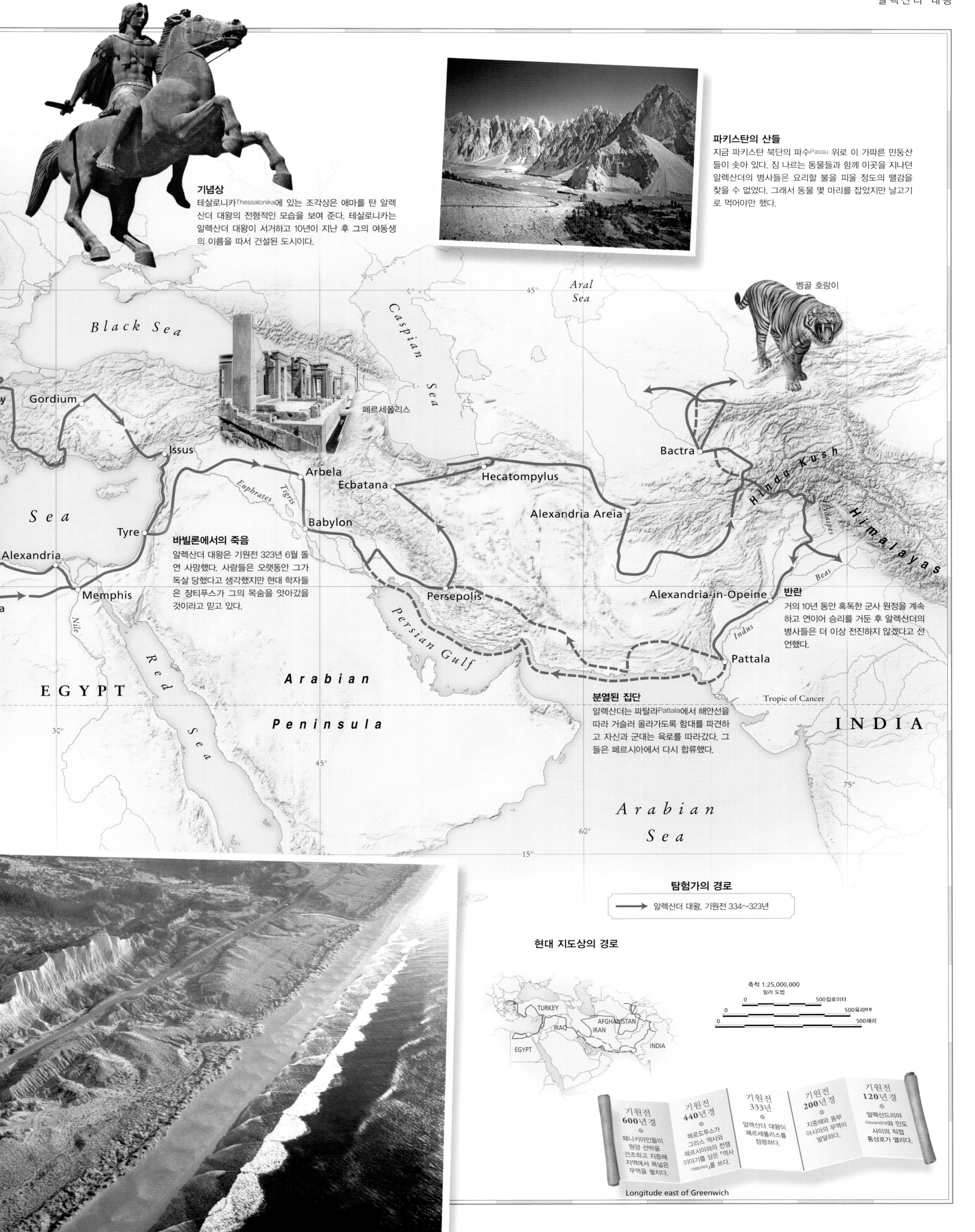
Black Sea
Caspian Sea
Aral Sea
페르세폴리스
벵골 호랑이
Gordium
Issus
Arbela
Ecbatana
Hecatompylus
Bactra
Hindu Kush
Himalayas
Hydaspes
Beas
Alexandria Areia
Euphrates
Tigris
Babylon
Tyre
Sea
Alexandria
Memphis
Nile
Persepolis
Persian Gulf
Alexandria-in-Opeine
Indus
Pattala
EGYPT
Red Sea
Arabian Peninsula
Tropic of Cancer
INDIA
Arabian Sea
45°
30°
60°
75°
15°
탐험가의 경로
알렉산더 대왕, 기원전 334~323년
현대 지도상의 경로
TURKEY
IRAQ
IRAN
AFGHANISTAN
EGYPT
INDIA
축척 1:25,000,000
밀러 도법
0 500킬로미터
0 500육리陸里
0 500해리
기원전 600년경 페니키아인들이 원양 선박을 건조하고 지중해 지역에서 폭넓은 무역을 펼치다.
기원전 440년경 헤로도투스가 그리스 역사와 페르시아와의 전쟁 이야기를 담은 『역사Histories』를 쓰다.
기원전 333년 알렉산더 대왕이 페르세폴리스를 점령하다.
기원전 200년경 지중해와 동부 아시아의 무역이 발달하다.
기원전 120년경 알렉산드리아Alexandria와 인도 사이의 직접 통상로가 열리다.
Longitude east of Greenwich

기념상
테살로니카Thessalonika에 있는 조각상은 애마를 탄 알렉산더 대왕의 전형적인 모습을 보여 준다. 테살로니카는 알렉산더 대왕이 서거하고 10년이 지난 후 그의 여동생의 이름을 따서 건설된 도시이다.

파키스탄의 산들
지금 파키스탄 북단의 파수Passu 위로 이 가파른 민둥산들이 솟아 있다. 짐 나르는 동물들과 함께 이곳을 지나던 알렉산더의 병사들은 요리할 불을 피울 정도의 땔감을 찾을 수 없었다. 그래서 동물 몇 마리를 잡았지만 날고기로 먹어야만 했다.

바빌론에서의 죽음
알렉산더 대왕은 기원전 323년 6월 돌연 사망했다. 사람들은 오랫동안 그가 독살 당했다고 생각했지만 현대 학자들은 장티푸스가 그의 목숨을 앗아갔을 것이라고 믿고 있다.

반란
거의 10년 동안 혹독한 군사 원정을 계속하고 연이어 승리를 거둔 후 알렉산더의 병사들은 더 이상 전진하지 않겠다고 선언했다.

분열된 집단
알렉산더는 파탈라Pattala에서 해안선을 따라 거슬러 올라가도록 함대를 파견하고 자신과 군대는 육로를 따라갔다. 그들은 페르시아에서 다시 합류했다.

로마의 아프리카 탐험

로마의 탐험은 대개 군사적인 필요성에서 비롯되었다. 지방 관리나 제휴 관계를 맺은 군주들이 자신들의 영향권에서 벗어나는 지역에 어떤 위험이 도사리고 있는지 확인하려고 나섰기 때문이었다. 서부 아프리카에 진출한 마우레타니아Mauretania의 유바 2세Juba II는 나일 강의 원천을 발견했다고 자부했다. 카나리아 제도Canary Islands를 발견하고 그 이름을 붙인 장본인 또한 유바 2세였다. 기원후 42년에 수에토니우스 파울리누스Suetonius Paulinus는 로마인으로는 최초로 사하라를 횡단해 서부 아프리카의 적도 지방에 도달했다. 기원후 80~90년 무렵 율리우스 마테르누스Julius Maternus는 차드 호수Lake Chad 인접 지역에 다다랐다. 아프리카 북부에서 발트 해(호박琥珀 무역), 그리고 동부에서 중국(비단 무역)과 인도(향신료 무역)까지 통상로가 열렸고, 그 결과 무역상들을 통해 이역만리의 문화에 대한 지식이 전해졌다. 로마 시대에 가장 이국적인 탐험가들을 꼽자면 분명 기원후 100년 무렵에 활동했던 디오스코우로스Dioskouros와 디오게네스Diogenes일 것이다. 전자는 아프리카 해안을 따라 모잠비크Mozambique까지 내려갔으며, 후자는 내륙으로 진출하여 나일 강의 원천 근처에서 달의 산맥Mountains of the Moon을 발견했다.

무역의 중심지
로마 시대에 라프타Raphta(잔지바르Zanzibar)의 위상이 어떠했는지는 정확히 알 수 없지만, 이 지역은 기원후 1세기 무렵부터 지중해 세계에 알려졌다. 유바 2세는 라프타의 존재를 알고 있었던 것으로 보이며, 디오게네스는 실제로 라프타에 방문했을 가능성이 높다.

흥미로운 사실들	
지중해에서 차드 호까지의 거리	2,100킬로미터
홍해에서 인도까지 왕복하는 데 걸린 기간	5개월
로마의 유물이 발견된 가장 먼 장소	아이슬란드, 메콩 델타 Mekong Delta
나일 강의 원천이 발견된 연도	1858년
그리스 로마의 문헌에서 중국이 최초로 언급된 시기	기원후 40~70년

유바 2세의 청동 흉상
마우레타니아의 박식한 국왕 유바 2세는 북서부 아프리카를 원정한 중요한 탐험가로, 북아프리카와 아라비아에 대한 상세한 논문을 발표하기도 했다.

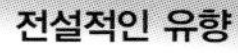
BOSWELLIA CARTERII. Birdwood.

전설적인 유향
방향芳香 덕분에 고대 사람들에게 무척 사랑받았던 이 향나무의 원산지는 홍해 어귀 주변 지역이다. 고대에 동부 아프리카와 아라비아를 향한 탐험의 목적은 이 나무를 찾는 일이었다.

지즈 강, 나일 강의 원천인가?

나일 강의 원천은 오랫동안 그리스와 로마의 지적 호기심을 자극했던 문제였다. 유바 2세는 강의 원천이 아프리카 북서부에 위치한다고 판단하고, 지즈 강과 같은 거대한 하천을 자신의 이론을 뒷받침할 수단으로 이용했다. 그는 지즈 강이 사하라 사막의 여러 호수와 하천을 통해 나일 강과 연결된다고 믿었다.

사람들은 아프리카 북서부의 수많은 주요 하천 가운데 하나인 지즈 강이 나일 강으로 이어진다고 생각했다. 사실 지즈 강은 대서양으로 흘러든다.

사하라 사막의 오아시스
비록 건조 지역의 대명사로 쓰이지만 사실 사하라 사막에는 수많은 호수와 하천이 존재한다. 율리우스 마테르누스를 비롯한 로마의 여러 여행가들에게 도움을 준 것은 이러한 물의 원천들이었다.

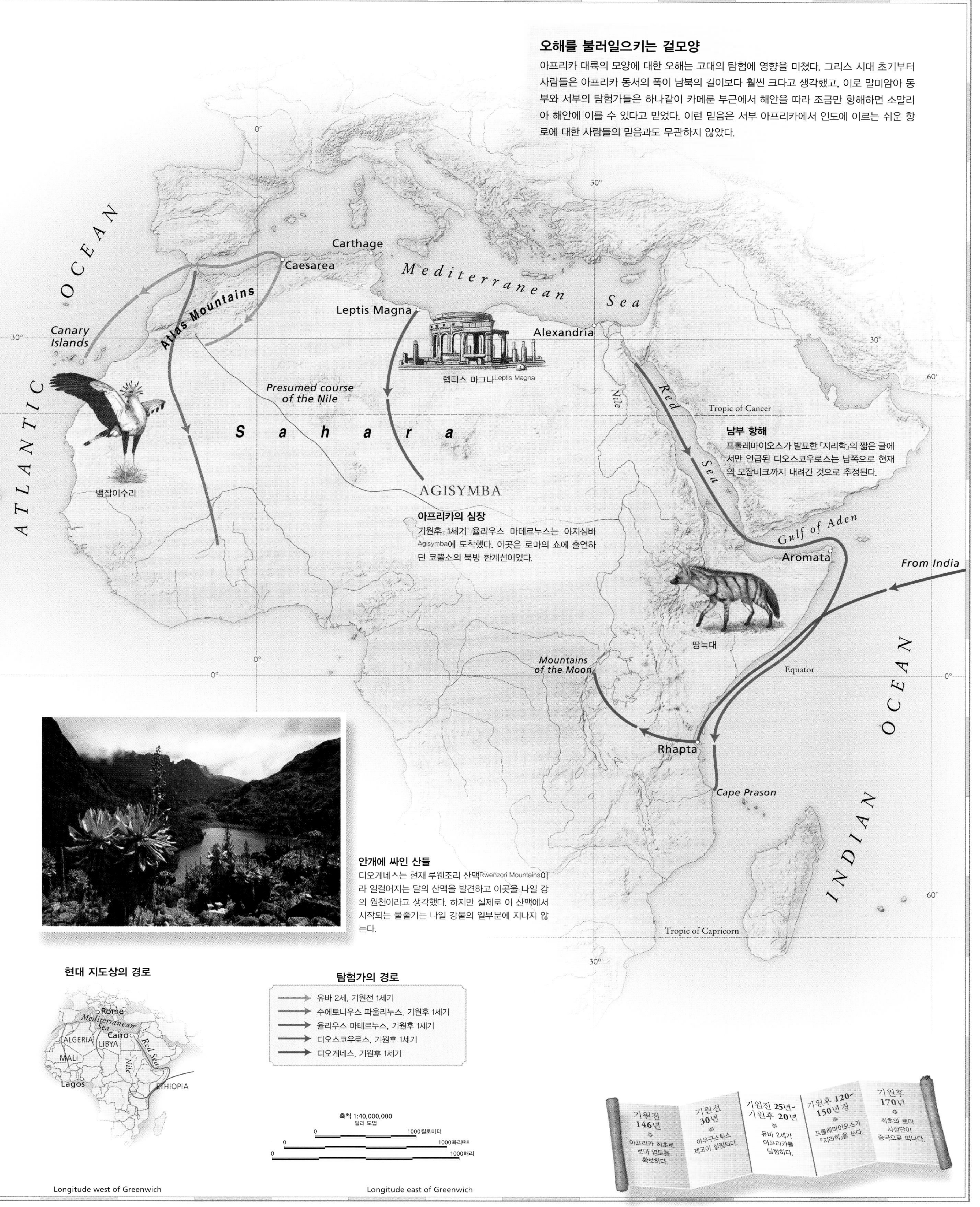

Carthage
Caesarea
Atlas Mountains
Canary Islands
ATLANTIC OCEAN
Mediterranean Sea
Leptis Magna
Alexandria
Presumed course of the Nile
Sahara
Nile
Red Sea
Tropic of Cancer
AGISYMBA
Gulf of Aden
Aromata
From India
Mountains of the Moon
Equator
Rhapta
Cape Prason
INDIAN OCEAN
Tropic of Capricorn
30°
0°
60°
Longitude west of Greenwich
Longitude east of Greenwich
Rome
Mediterranean Sea
Cairo
ALGERIA
LIBYA
Red Sea
MALI
Nile
Lagos
ETHIOPIA
축척 1:40,000,000
밀러 도법
0 1000킬로미터
0 1000육리陸里
0 1000해리

오해를 불러일으키는 겉모양

아프리카 대륙의 모양에 대한 오해는 고대의 탐험에 영향을 미쳤다. 그리스 시대 초기부터 사람들은 아프리카 동서의 폭이 남북의 길이보다 훨씬 크다고 생각했고, 이로 말미암아 동부와 서부의 탐험가들은 하나같이 카메룬 부근에서 해안을 따라 조금만 항해하면 소말리아 해안에 이를 수 있다고 믿었다. 이런 믿음은 서부 아프리카에서 인도에 이르는 쉬운 항로에 대한 사람들의 믿음과도 무관하지 않았다.

렙티스 마그나Leptis Magna

뱀잡이수리

남부 항해

프톨레마이오스가 발표한 『지리학』의 짧은 글에 서만 언급된 디오스코우로스는 남쪽으로 현재의 모잠비크까지 내려간 것으로 추정된다.

아프리카의 심장

기원후 1세기 율리우스 마테르누스는 아지심바Agisymba에 도착했다. 이곳은 로마의 쇼에 출연하던 코뿔소의 북방 한계선이었다.

땅늑대

안개에 싸인 산들

디오게네스는 현재 루웬조리 산맥Rwenzori Mountains이라 일컬어지는 달의 산맥을 발견하고 이곳을 나일 강의 원천이라고 생각했다. 하지만 실제로 이 산맥에서 시작되는 물줄기는 나일 강물의 일부분에 지나지 않는다.

현대 지도상의 경로

탐험가의 경로

- 유바 2세, 기원전 1세기
- 수에토니우스 파울리누스, 기원후 1세기
- 율리우스 마테르누스, 기원후 1세기
- 디오스코우로스, 기원후 1세기
- 디오게네스, 기원후 1세기

기원전 146년	기원전 30년	기원전 25년~기원후 20년	기원후 120~150년경	기원후 170년
아프리카 최초로 로마 영토를 확보하다.	아우구스투스 제국이 설립되다.	유바 2세가 아프리카를 탐험하다.	프톨레마이오스가 『지리학』을 쓰다.	최초의 로마 사절단이 중국으로 떠나다.

고대의 여행

프톨레마이오스의 『지리학』

고대 지리학의 정점은 알렉산드리아의 프톨레마이오스가 쓴 『지리학』이다. 이는 지리학 분야에서는 유일하게 현존하는 작품으로, 기원후 2세기 중반 이전에 완성되었을 것으로 짐작된다. 이 책의 주된 바탕은 티레의 한 선원이 쓴 보고서인데, 이 보고서는 기원후 100년경에 널리 알려졌지만 이후 분실되었다. 프톨레마이오스의 작품은 두 부분으로 뚜렷이 구분된다. 한 부분은 사람들이 거주하는 이 세상의 지도를 제작할 때 도움이 될 만한 기술적인 부분이며, 다른 부분은 8,000여 개의 장소와 지리적인 좌표를 나열한 목록이다. 책 전반에 지리학과 탐험의 역사와 관련된 여러 가지 특이사항들이 산재되어 있다. 이 작품의 중세 필사본에는 지도가 첨부되어 있지만, 이것이 프톨레마이오스가 원본에 실었을 것으로 추정되는 지도와 어떤 관련이 있는지는 확실하지 않다. 이 작품에는 북서부 지역에 있는 툴레를 기점으로 중국의 한 지역인 세라Sera에 이르기까지 놀라울 정도로 수많은 지역의 이름이 담겨 있다. 이 작품은 무척 이해하기 어렵지만, 르네상스 시대 탐험의 기틀을 제공했다.

프톨레마이오스의 초상화
자신의 전문 분야에서 쓰는 도구를 든 프톨레마이오스의 모습을 담은 르네상스 시대의 이 그림을 보면 당대에 그가 얼마나 존경받는 인물이었는지를 알 수 있다.

프톨레마이오스의 세계 지도
1472년 프톨레마이오스의 자료를 바탕으로 그린 지도는 2세기에 알려진 광활한 세계의 모습을 보여 준다. 주로 여행가들의 보고와 기본적인 조사를 바탕으로 지형도를 작성하던 시대라는 점을 고려할 때 매우 정확하다. 비록 아프리카와 동남아시아가 연결된 것으로 표현했지만 동반구 전체의 모습을 담고 있다.

프톨레마이오스의 『지리학』의 재발견

1406년 자코포 다젤로Jacopo d'Angelo의 라틴어 번역본 『지리학』이 발견되었다. 이후 1475년 다시 출간되면서 『지리학』은 비로소 서부 유럽에 알려졌다. 그리스어 번역본은 1533년에 발간되었다. 르네상스 시대에 『지리학』은 수학적인 지리학과 지도 제작법의 시초로 인정받았다. 새로운 자료가 등장하기 전까지 이 작품은 콜럼버스부터 시작하여, 이후 수많은 탐험가들에게 광범위하게 이용되었다.

Armenie minoris pars
CIPRVS
·MARE·SIRIACVM·
Palestina·iudea
Arabia petrea

프톨레마이오스의 북부 유럽 지도

1482년에 그려진 이 지도에는 알려진 세계의 북단이었기 때문에 매우 한정적이었던 북부 유럽에 대한 정보가 담겨 있다. 프톨레마이오스의 자료는 지중해 지도만큼 정확하지 않지만 매우 세부적이며, 키랜드Keland, 페로 제도를 비롯해 스칸디나비아와 발트 해 내부의 여러 지역까지 기록되어 있다.

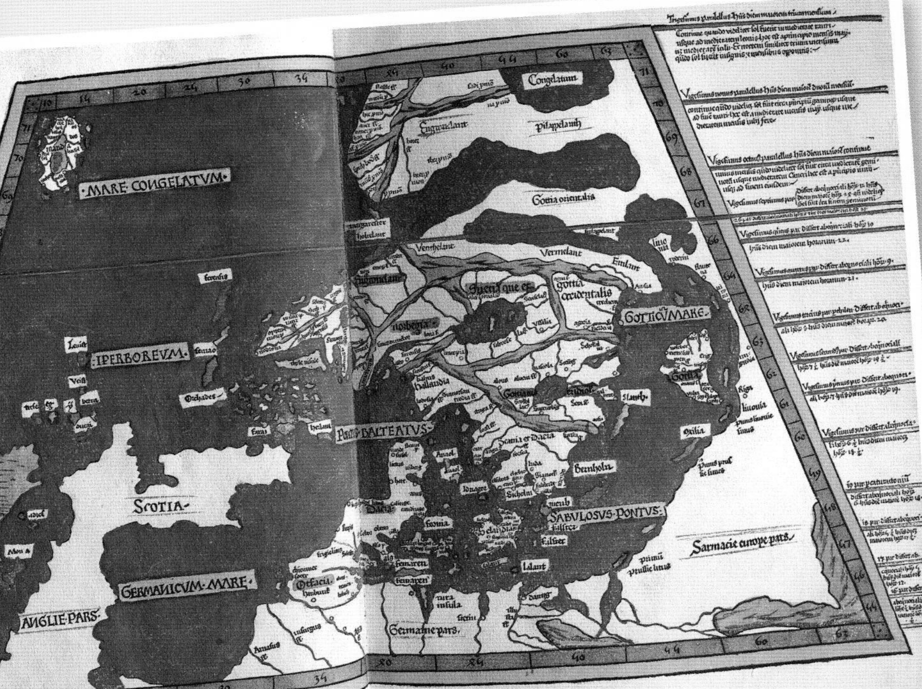
MARE CONGELATVM
IPERBOREVM
SCOTIA
GERMANICVM MARE
ANGLIE PARS
GOTTICVM MARE
SABVLOSVS PONTVS
Sarmacie europe pars

프톨레마이오스와 천문학

프톨레마이오스는 또한 『수학적 집대성Mathematical Syntaxis』로 유명하다. 이는 현존하는 고대 작품 가운데 가장 중요한 수학적인 천문학 편람이다. 천동설—그런 체계 내에서 행성 운동을 파악하려는 거의 불가능한 노력과 함께—과 항성 1,000여 개의 목록이 실려 있는 이 책은 16세기에 지동설이 등장하기까지 관련 분야의 기본 서적이었다.

ANIMVS
Tropicus
Cancri
Zodiacus
Equinoctialis
Tropicus
Capricorni
PTOLEMEVS
IOHANES DE MONTE

1543년에 제작된 이 판화는 프톨레마이오스와 15세기 독일 학자 요하네스 레기오몬타누스Johannes Regomontanus의 모습을 담고 있다. 레기오몬타누스는 프톨레마이오스의 우주관을 능가한 최초의 인물이었다.

GANGETICVS SINVS
INDICVM PELAGVS
MAGNVS SINVS

프톨레마이오스의 동남아시아 지도

알려진 세계의 동남쪽 말단의 모습을 담은 것으로, 15세기에 다시 제작된 이 지도는 인도와 스리랑카를 각각 지나칠 정도로 북단과 서단에 확대된 모습으로 표시했다. 그 바람에 벵골 만Bay of Bengal 동쪽 지역이 인도양 동부를 둘러싼 대륙의 시발점처럼 보인다.

프톨레마이오스의 동부 지중해 지도

프톨레마이오스의 자료를 바탕으로 1482년에 그린 이 지도에서 레반트Levant, 메소포타미아, 사이프러스Cyprus와 그 인접 지역을 볼 수 있다. 엄청나게 많은 도시와 강의 정확한 위치를 기록함으로써 지리학자들에게 유용한 세부 정보를 제공하였다.

고대의 여행

장건과 실크로드

중국과 서양을 잇는 통상로는 고대부터 존재했다. 기원전 2세기 유력한 부족이었던 흉노Xiongnu 족은 자신들의 영토가 아닌 땅, 그 중에서도 특히 간쑤성Gansu의 월지Yenzhi의 땅을 정복하기 시작했고, 이로 말미암아 무역은 차단되었다. 기원전 138년 중국 한나라 황제 무제Wu는 사신 장건Zhang Qian을 서쪽으로 파견함으로써 월지와 동맹을 맺으려고 노력했다. 흉노 족의 영토를 지나던 장건은 체포되어 10년 동안 투옥되었다. 이후 그는 도망쳐 월지에 도착해서 그들이 한나라와 싸울 의사가 전혀 없다는 사실을 확인했다. 돌아오는 길에도 흉노 족에게 1년 동안 붙잡혔다가 또 다시 도망쳐 창안Chang'an에 당도했다. 그의 경험담을 통해 중국인은 더 넓은 세상에 대한 눈을 뜨고 훗날 실크로드Silk Road로 알려진 길을 따라 무역과 탐험을 증진시키기 위한 토대를 쌓았다.

고대 중국의 비단 생산

고고학 증거에 따르면 중국의 비단 직조 기술의 역사는 5,000년이 넘는다. 중국 비단은 기원후 2세기 무렵 지중해에 전해진 것으로 짐작되며, 이는 동양에서 서양으로 수출된 최초의 주요 일상 용품이었다. 중국인들은 비단 제조법을 비밀로 간직함으로써 비단 무역으로부터 지속적인 수익을 거두었다.

EUROPE
Genoa
Black Sea
Byzantium
ANATOLIA
Mediterranean Sea
Alexandria
축척 1:45,000,000
1000킬로미터
1000해리

로마 시장
실크로드는 멀게는 이탈리아까지 이어졌는데 로마 제국 시절 중국 비단에 대한 이탈리아의 수요는 매우 높았다.

짐 나르는 동물
중국 당나라의 이 테라코타 모형에서 볼 수 있는 쌍봉낙타는 실크로드에서 짐을 나를 때 가장 흔히 이용했던 동물이다.

타클라마칸 사막
실크로드는 무시무시한 타클라마칸 사막Taklamakan Desert을 에두르는 길이었다. 세계에서 가장 건조한 지역으로 손꼽히는 이 사막은 온통 얼음장처럼 차갑고 황폐한 산으로 둘러싸인 변화무쌍하고 높은 모래 언덕 투성이였다.

흥미로운 사실들	
장건의 여행을 명한 사람	한 왕조의 무제
여행 기간	13년
장건이 돌아오는 길에 동반한 일행의 수	100명, 그리고 장건과 그의 아내, 또 다른 한 사람
장건이 투옥되어 있던 햇수	11년
실크로드의 길이	7,240킬로미터

길가의 숙소

실크로드에 있는 카라반세라이caravanserai는 여행객들이 하룻밤을 묵을 수 있는 숙소였다. 대개 널찍한 안마당을 가운데 두고 지은 큰 사각 건물이었는데, 상인들과 여행객들이 만나 친분을 쌓으며 정보를 주고받는 장소 겸 숙소의 역할을 했다.

19세기에 그려진 이 일러스트레이션에는 아스파한Isfahan과 쉬라스Shiraz 사이에 있는 한 카라반세라이의 모습이 담겨 있다.

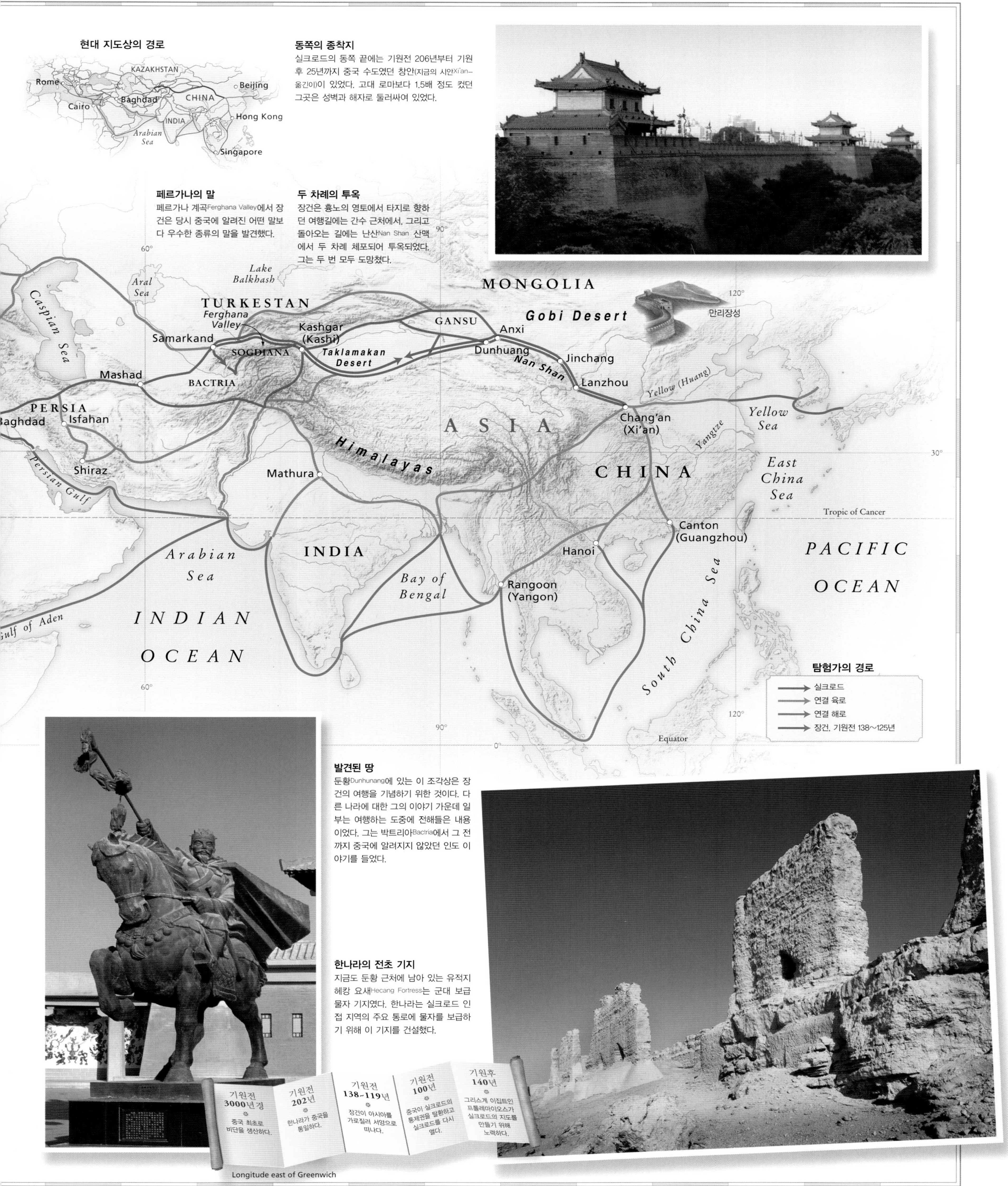
현대 지도상의 경로
Rome
KAZAKHSTAN
Beijing
Cairo
Baghdad
CHINA
INDIA
Hong Kong
Arabian Sea
Singapore
MONGOLIA
TURKESTAN
Ferghana Valley
Lake Balkhash
Aral Sea
Caspian Sea
Samarkand
SOGDIANA
Kashgar (Kashi)
Taklamakan Desert
GANSU
Gobi Desert
만리장성
Anxi
Dunhuang
Nan Shan
Jinchang
Lanzhou
Mashad
BACTRIA
PERSIA
Baghdad
Isfahan
Shiraz
Persian Gulf
Himalayas
ASIA
Chang'an (Xi'an)
Yellow (Huang)
Yellow Sea
Yangtze
CHINA
East China Sea
Mathura
Tropic of Cancer
Canton (Guangzhou)
Hanoi
INDIA
Arabian Sea
Bay of Bengal
Rangoon (Yangon)
PACIFIC OCEAN
South China Sea
INDIAN OCEAN
Gulf of Aden
Equator
60°
90°
120°
30°
0°
탐험가의 경로
실크로드
연결 육로
연결 해로
장건, 기원전 138~125년
기원전 3000년경 중국 최초로 비단을 생산하다.
기원전 202년 한나라가 중국을 통일하다.
기원전 138~119년 장건이 아시아를 가로질러 서양으로 떠나다.
기원전 100년 중국이 실크로드의 통제권을 탈환하고 실크로드를 다시 열다.
기원후 140년 그리스계 이집트인 프톨레마이오스가 실크로드의 지도를 만들기 위해 노력하다.
Longitude east of Greenwich

동쪽의 종착지
실크로드의 동쪽 끝에는 기원전 206년부터 기원후 25년까지 중국 수도였던 창안(지금의 시안Xi'an—옮긴이)이 있었다. 고대 로마보다 1.5배 정도 컸던 그곳은 성벽과 해자로 둘러싸여 있었다.

페르가나의 말
페르가나 계곡Ferghana Valley에서 장건은 당시 중국에 알려진 어떤 말보다 우수한 종류의 말을 발견했다.

두 차례의 투옥
장건은 흉노의 영토에서 타지로 향하던 여행길에는 간수 근처에서, 그리고 돌아오는 길에는 난산Nan Shan 산맥에서 두 차례 체포되어 투옥되었다. 그는 두 번 모두 도망쳤다.

발견된 땅
둔황Dunhunang에 있는 이 조각상은 장건의 여행을 기념하기 위한 것이다. 다른 나라에 대한 그의 이야기 가운데 일부는 여행하는 도중에 전해들은 내용이었다. 그는 박트리아Bactria에서 그 전까지 중국에 알려지지 않았던 인도 이야기를 들었다.

한나라의 전초 기지
지금도 둔황 근처에 남아 있는 유적지 헤캉 요새Hecang Fortress는 군대 보급 물자 기지였다. 한나라는 실크로드 인접 지역의 주요 통로에 물자를 보급하기 위해 이 기지를 건설했다.

용감한 뱃사람이었던 바이킹은 모험과 새로운 땅을 찾아 이역만리로 떠났다. 10세기 바이킹을 묘사한 「바이킹에스네크, 반갑판 전함을 탄 노르웨이의 전사들Vikingesnekke, Norwegian Warriors in a Half-decked Warship」라는 이 일러스트레이션은 덴마크 화가 앵커

중세 시대

- 불교 순례자들의 여행
- 바이킹 모험가들
- 초기 이슬람 여행가들
- 아시아의 초기 유럽 여행가들
- 마르코 폴로
- 이븐 바투타
- 정화의 원정
- 중국 보물선

중세 시대

불교 순례자들의 여행

불교가 중국에 전파된 것은 기원후 1세기 무렵이다. 세월이 흐르면서 중국의 불교 신자들은 불교의 원천인 '정도true path'에서 벗어날까봐 두려워했다. 기록으로 남은 최초의 순례는 기원후 399년 파셴Faxian의 인도 순례였다. 그가 몇 달 동안 육로를 통해 도중에 있는 성지와 수도원에 머물면서 육로로 여행한 다음, 해로로 돌아오기까지 15년이 걸렸다. 기원후 629년 젊은 승려 현장Xuanzang은 중국으로 번역할 산스크리트 경전을 수집하기 위해 중국을 떠났다. 그는 북부 실크로드를 따라 톈산Tien Shan 산맥을 넘어 남쪽으로 아프가니스탄까지 여행했다. 그리고 16년 후 인도를 두루 탐험하고 중국으로 돌아와 두 나라가 외교와 무역 관계를 수립하는 데 일조했다.

마귀 조상
사람들은 둔황 서쪽의 사막이 '여행객들을 죽음으로 이끄는 사악한 마귀들의 소굴'이라고 생각했다. 이와 같은 마귀 조상이 사막의 동굴에서 발견되었다.

Aral
Caspian Sea
PERSIA
30°

흥미로운 사실들	
현장의 여행 기간	16년
출발 당시 현장의 나이	26세
현장이 넘은 큰 산맥의 수	3개
현장이 가지고 돌아온 경전 수	644권
현장이 사망한 연도	기원후 664년

귀중한 꾸러미
기원후 645년 현장은 방대한 양의 조상, 유물, 식물 표본, 서적을 가지고 고국으로 돌아와 큰 환호를 받았다. 그의 여행기는 3년 후에 완성되었다.

바미얀 부처상

각 상들을 보고 경외심을 느꼈다. 그것은 최소한 열 개의 수도원이 위치한 불교의 중심지였다. 바미얀 계곡의 절벽에 새겨진 것으로 높이가 최대 53미터에 이르는 이 조각상들은 금으로 덮여 있고, 색유리와 보석이 점점이 박혀 있었다. 2001년 탈레반Taliban은 이 조각상을 고의로 파괴해 국제 사회로부터 많은 비난을 받았다.

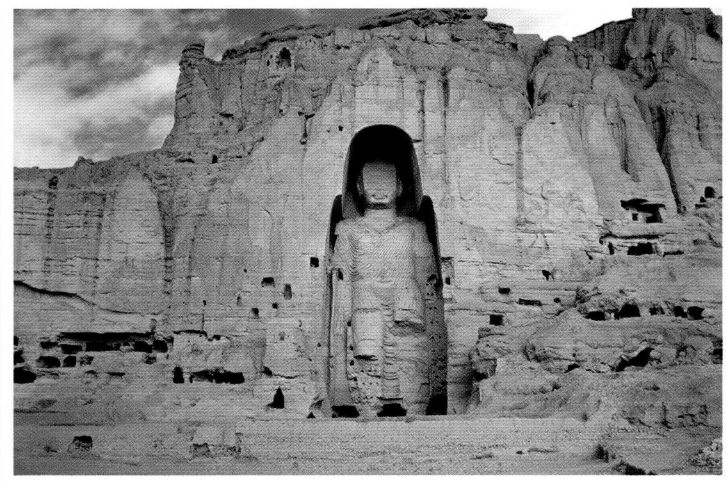

과거 불교 승려들은 바미얀 조각상 옆에 있는 동굴에서 살았다.

불교의 성장

불교의 창시자는 싯다르타 가우타마Siddhartha Gautama이다. 기원전 623년 왕자로 태어난 그는 세속적인 것을 버리고 금욕과 명상을 통해 깨달음을 얻었다. 불교는 점차 인도 전역과 이후 아마도 상인들의 카라반을 통해 아시아 다른 지역에 전해졌으며, 기원후 1세기에 중국에 다다랐을 것이다.

불교의 보고

창안(시안)의 대거위탑Big Wild Goose Pagoda은 기원후 652년 현장이 수집한 서적과 조각상들을 보관하기 위해 건설된 것이다. 산스크리트 경전을 한문으로 번역하는 학자들의 본거지 역할을 하기도 했다.

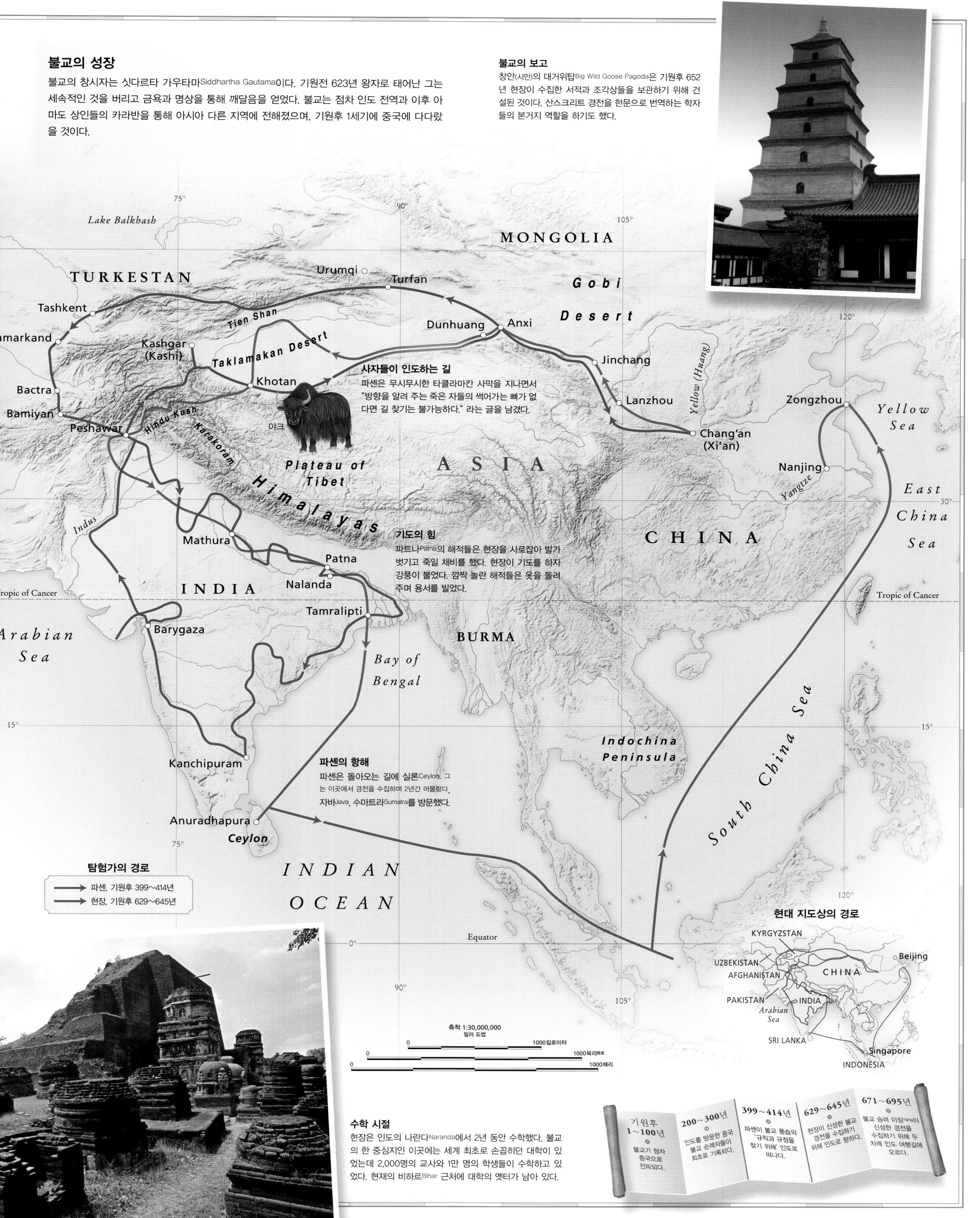
Lake Balkhash
MONGOLIA
TURKESTAN
Urumqi
Turfan
Gobi
Desert
Tashkent
Tien Shan
Dunhuang
Anxi
Samarkand
Kashgar (Kashi)
Taklamakan Desert
Jinchang
Khotan
Yellow (Huang)
Bactra
Lanzhou
Zongzhou
Yellow Sea
Bamiyan
Hindu Kush
Peshawar
Karakoram
야크
Chang'an (Xi'an)
Plateau of Tibet
ASIA
Nanjing
Yangtze
East China Sea
Himalayas
Indus
Mathura
CHINA
Patna
Nalanda
INDIA
Tropic of Cancer
Tamralipti
Arabian Sea
Barygaza
BURMA
Bay of Bengal
South China Sea
Indochina Peninsula
Kanchipuram
Anuradhapura
Ceylon
INDIAN OCEAN
Equator
탐험가의 경로
파센, 기원후 399~414년
현장, 기원후 629~645년
현대 지도상의 경로
KYRGYZSTAN
UZBEKISTAN
AFGHANISTAN
CHINA
Beijing
PAKISTAN
INDIA
Arabian Sea
SRI LANKA
Singapore
INDONESIA
축척 1:30,000,000
밀러 도법
1000킬로미터
1000육리陸里
1000해리

사자들이 인도하는 길

파센은 무시무시한 타클라마칸 사막을 지나면서 "방향을 알려 주는 죽은 자들의 썩어가는 뼈가 없다면 길 찾기는 불가능하다."라는 글을 남겼다.

기도의 힘

파트나Patna의 해적들은 현장을 사로잡아 발가벗기고 죽일 채비를 했다. 현장이 기도를 하자 강풍이 불었다. 깜짝 놀란 해적들은 옷을 돌려주며 용서를 빌었다.

파센의 항해

파센은 돌아오는 길에 실론Ceylon. 그는 이곳에서 경전을 수집하며 2년간 머물렀다, 자바Java, 수마트라Sumatra를 방문했다.

수학 시절

현장은 인도의 나란다Naranda에서 2년 동안 수학했다. 불교의 한 중심지인 이곳에는 세계 최초로 손꼽히던 대학이 있었는데 2,000명의 교사와 1만 명의 학생들이 수학하고 있었다. 현재의 비하르Bihar 근처에 대학의 옛터가 남아 있다.

기원후 1~100년 — 불교가 점차 중국으로 전파되다.

200~300년 — 인도를 방문한 중국 불교 순례자들이 최초로 기록되다.

399~414년 — 파센이 불교 풍습의 '규칙과 규정을 찾기 위해' 인도로 떠나다.

629~645년 — 현장이 신성한 불교 경전을 수집하기 위해 인도로 향하다.

671~695년 — 불교 승려 이징Yijing이 신성한 경전을 수집하기 위해 두 차례 인도 여행길에 오르다.

중세 시대

바이킹 모험가들

8~11세기에 전통적으로 지금의 덴마크, 노르웨이, 스웨덴에 거주하던 바이킹은 탐험, 무역, 정복을 목적으로 과감히 해외로 나아갔다. 그들은 남쪽으로 유럽 본토, 지중해 북아프리카, 동쪽으로 핀란드와 러시아, 그리고 서쪽으로는 대서양 너머까지 진출했다. 영국과 프랑스의 일부와 이보다는 면적이 좁았지만 러시아를 점령했고, 무인도였던 페로 제도, 아이슬란드, 그린란드, 그리고 뉴펀들랜드Newfoundland에 잠시 정착하며 그곳을 빈랜드Vinland라고 일컬었다. 아울러 바이킹 사냥꾼과 무역상들은 얼음장 같이 차가운 백해를 탐험했다. 이 초기 탐험가들의 이야기는 수세대에 걸쳐 구전되었고, 12~14세기에 무용담이라는 산문 역사의 형태로 기록되었다.

유배 중인 에리크 라우디
이 초상화의 주인공 에리크 라우디Erik Raudi는 이웃의 아들을 살해한 죄로 아이슬란드에서 추방되었다. 이후 982년 서쪽으로 항해를 떠났다. 그린란드에 상륙한 그는 정착지를 발견하고 그곳을 '에리크 피요르드'라고 명명했다.

금세 사라진 정착지
1009년부터 1012년까지 빈랜드에는 토르핀 칼세프니Thorfinn Karlsefni가 통치하던 바이킹 정착지가 있었다. 원주민과 끊임없이 충돌한 끝에 결국 주민들은 정착지를 떠났다.

레이프 에릭손
에리크 라우디의 아들 레이프 에릭손Leif Eriksson은 그린란드와 오크니 섬Orkney Islands 사이의 무역 항해를 개척한 인물이다. 1001년 그는 뉴펀들랜드 해안에 상륙함으로써 유럽인으로는 최초로 북아메리카 대륙을 밟았다.

흥미로운 사실들	
바이킹 롱십의 길이	30미터
바이킹 롱십의 최대 속도	시속 22킬로미터
아이슬란드에서 에리크 피요르드Eriksfjord까지의 거리	해로로 약 1,679킬로미터
에리크 피요르드에서 랑스 오 메도스L'anse aux Meadows의 거리	해로로 약 3,069킬로미터
아이슬란드에서 기독교를 받아들인 연도	기원후 100년

그린란드로의 귀환
추방 기간이 끝나자 에리크 라우디는 자신의 발견을 알리기 위해 잠시 아이슬란드로 돌아갔다. 986년 아내와 450명의 정착민을 대동하고 그린란드로 돌아왔다. 일부 사람들은 에리크 피요르드에 더 큰 정착지를 세웠으며, 다른 사람들은 북쪽으로 더 올라간 지역에 정착했다.

랑스 오 메도스
뉴펀들랜드 해안의 랑스 오 메도스에 있는 고고학 유적지를 보면 과거 그곳에 바이킹의 야영지가 있었음을 확인할 수 있다. 레이프 에릭손의 겨울 야영지였을 가능성이 있다. 그 유적지에 노르웨이의 전형적인 토탄 건물이 재건되었다.

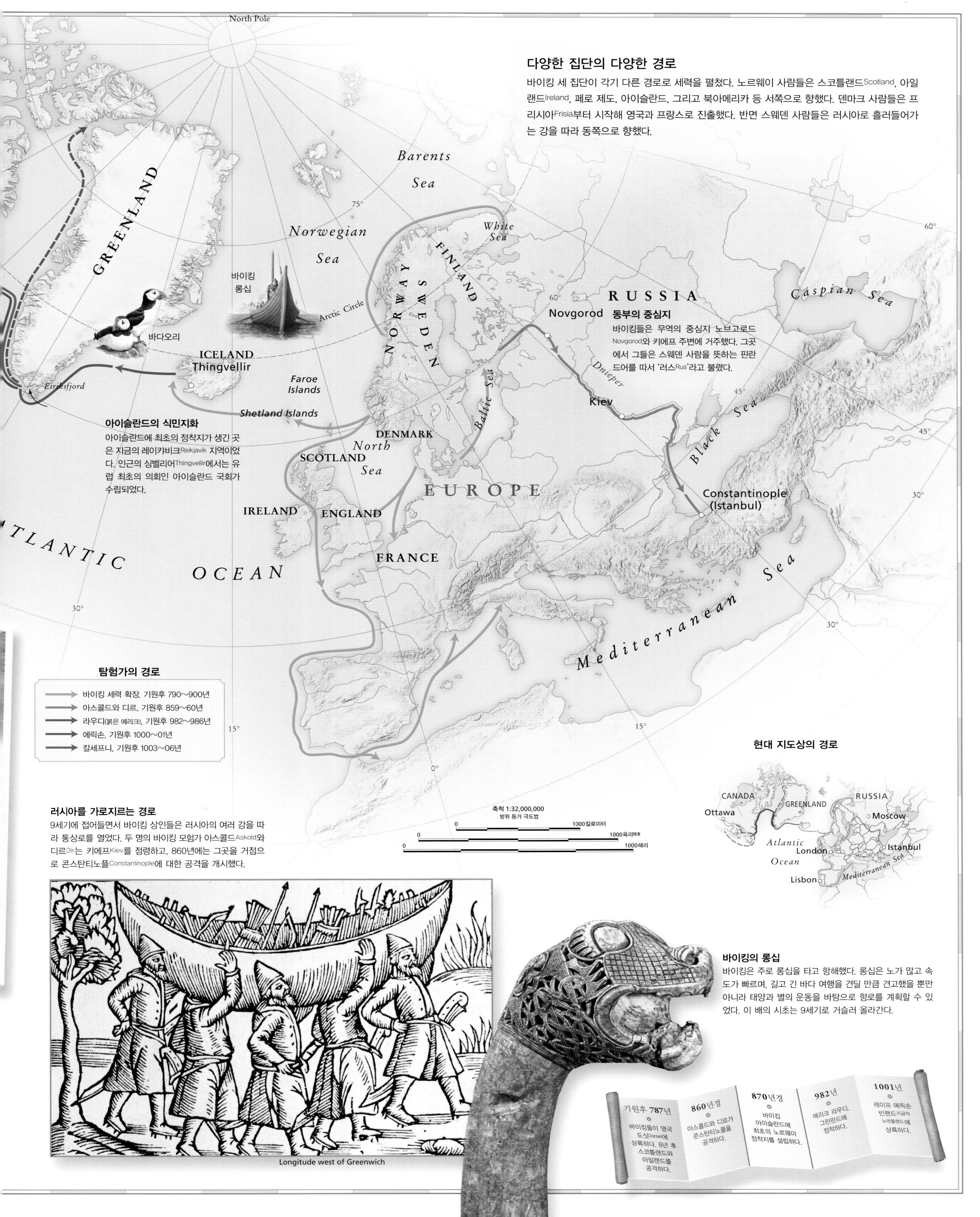
North Pole
Barents Sea
Norwegian Sea
White Sea
GREENLAND
FINLAND
NORWAY
SWEDEN
RUSSIA
Caspian Sea
바이킹 롱십
바다오리
Arctic Circle
Novgorod
ICELAND
Thingvellir
Eiriksfjord
Faroe Islands
Shetland Islands
Dnieper
Baltic Sea
Kiev
Black Sea
DENMARK
North Sea
SCOTLAND
EUROPE
Constantinople (Istanbul)
IRELAND
ENGLAND
ATLANTIC OCEAN
FRANCE
Mediterranean Sea
75°
60°
45°
30°
15°
0°
탐험가의 경로
바이킹 세력 확장, 기원후 790~900년
아스콜드와 디르, 기원후 859~60년
라우디(붉은 에리크), 기원후 982~986년
에릭손, 기원후 1000~01년
칼세프니, 기원후 1003~06년
축척 1:32,000,000
방위 등거 극도법
0 1000킬로미터
0 1000육리陸里
0 1000해리
현대 지도상의 경로
CANADA
Ottawa
GREENLAND
RUSSIA
Moscow
Atlantic Ocean
London
Istanbul
Lisbon
Mediterranean Sea
Longitude west of Greenwich
기원후 787년
바이킹들이 영국 도싯Dorset에 상륙하다. 8년 후 스코틀랜드와 아일랜드를 공격하다.
860년경
아스콜드와 디르가 콘스탄티노플을 공격하다.
870년경
바이킹 아이슬란드에 최초의 노르웨이 정착지를 설립하다.
982년
에리크 라우디, 그린란드에 정착하다.
1001년
레이프 에릭손 빈랜드지금의 뉴펀들랜드에 상륙하다.

다양한 집단의 다양한 경로

바이킹 세 집단이 각기 다른 경로로 세력을 펼쳤다. 노르웨이 사람들은 스코틀랜드Scotland, 아일랜드Ireland, 페로 제도, 아이슬란드, 그리고 북아메리카 등 서쪽으로 향했다. 덴마크 사람들은 프리시아Frisia부터 시작해 영국과 프랑스로 진출했다. 반면 스웨덴 사람들은 러시아로 흘러들어가는 강을 따라 동쪽으로 향했다.

동부의 중심지

바이킹들은 무역의 중심지 노브고로드Novgorod와 키에프 주변에 거주했다. 그곳에서 그들은 스웨덴 사람을 뜻하는 핀란드어를 따서 '러스Rus'라고 불렸다.

아이슬란드의 식민지화

아이슬란드에 최초의 정착지가 생긴 곳은 지금의 레이캬비크Reikjavik 지역이었다. 인근의 싱벨리어Thingvellir에서는 유럽 최초의 의회인 아이슬란드 국회가 수립되었다.

러시아를 가로지르는 경로

9세기에 접어들면서 바이킹 상인들은 러시아의 여러 강을 따라 통상로를 열었다. 두 명의 바이킹 모험가 아스콜드Askold와 디르Dir는 키에프Kiev를 점령하고, 860년에는 그곳을 거점으로 콘스탄티노플Constantinople에 대한 공격을 개시했다.

바이킹의 롱십

바이킹은 주로 롱십을 타고 항해했다. 롱십은 노가 많고 속도가 빠르며, 길고 긴 바다 여행을 견딜 만큼 견고했을 뿐만 아니라 태양과 별의 운동을 바탕으로 항로를 계획할 수 있었다. 이 배의 시초는 9세기로 거슬러 올라간다.

초기 이슬람 여행가들

632년 예언자 무하마드Muhammad가 세상을 떠난 후 이슬람 문명이 중동에서 북아프리카 전역과 인도 접경 지역까지 전파되었다. 초기 이슬람 통치자인 아바스 왕조 칼리프들Abbasid Caliphs(기원후 750~1258년)은 이 지역을 통일했고, 9세기 무렵 무역업자들은 육로를 누빈 반면 상인들은 무역을 위해 다우를 타고 인도양을 건넜다. 순례자들은 매년 하지(이슬람교의 성지 메카 순례-옮긴이)를 위해 메카Mecca에 몰려들었고, 네 차례 순례를 했던 시인 나시르 이 쿠스라우Nasir-i Khusraw와 전도사로 여행을 다녔던 스페인의 무어 인 이븐 주바이르Ibn Jubayr를 포함한 일부 사람들이 자신들의 여행담을 남겼다. 이븐 파들란Ibn Fadhland과 같은 다른 이슬람교도들은 전도사로서 여행을 다녔다. 방랑 학자들이 직접 전하는 경험담 덕분에 지리학적인 지식 또한 한층 발전했다. 이들 가운데 압둘 하산 알 마수디Abu'l-Hasan al-Mas'udi는 넓은 지역을 여행하면서 이슬람 세계를 뛰어넘는 지리학과 역사에 관한 30권을 포함해 수많은 책을 썼다.

여행과 탐험의 자극 요인
메카 순례를 뜻하는 하지는 이슬람의 다섯 기둥 가운데 하나이다. 다섯 기둥이란, 이슬람교도라면 누구나 평생 적어도 한 번은 수행해야 할 종교적 의무를 의미한다. 하지는 수많은 사람들이 뜻깊은 장거리 여행을 떠나도록 자극한 요인 중의 하나였다.

EUROPE

45°

알람브라 궁전

Granada

Tangier

30°

0°

15°

탐험가의 경로

- 알 마수디, 기원후 914~956년
- 이븐 파들란, 기원후 921~922년
- 쿠스라우, 기원후 1046~52년
- 이븐 주바이르, 기원후 1183~85년

흥미로운 사실들	
압둘 하산 알 마수디가 태어난 연도	기원후 890년경
압둘 하산 알 마수디의 출신	무하마드와 함께 메카에서 도망쳤던 가문의 후손
여행 기간	914~956년
발표한 책의 수	34권
사망한 연도	957년

이슬람 학문의 황금기

8세기부터 14세기까지 이슬람 세계는 수많은 세계 일류의 과학자, 기술자, 지리학자들을 배출했다. 그들은 초기 그리스 로마 시대 과학 서적의 번역본을 바탕으로 천문학, 항해술, 지도 제작법, 의학, 공학, 수역학, 수학, 그리고 자연 과학의 발전을 선도했다.

이슬람의 발전

이슬람 여행가와 선원들은 항해술의 발전에 지대한 공헌을 했다. 그들은 그리스와 인도의 도구를 향상시키고 새로운 도구를 설계했다. 위도를 정확히 측정하고 월식을 관찰함으로써 경도를 파악하는 방법을 발견했다. 중세 항해 지도와 항해 과학 편람, 그리고 항해 도구를 보면 그들의 공헌을 확인할 수 있다.

9세기의 아스트롤라베(과거 천문 관측에 쓰이던 장치-옮긴이)는 항해를 하고 메카의 위치를 파악하는 데 이용되었다.

PHAROS

잃어버린 기적
이븐 주바이르는 고대 세계의 일곱 가지 불가사의 가운데 하나인 알렉산드리아의 파로스Pharos(등대)를 묘사했다. 파로스는 1183년 그가 방문할 당시에는 건재했지만 14세기 지진으로 파괴되었다.

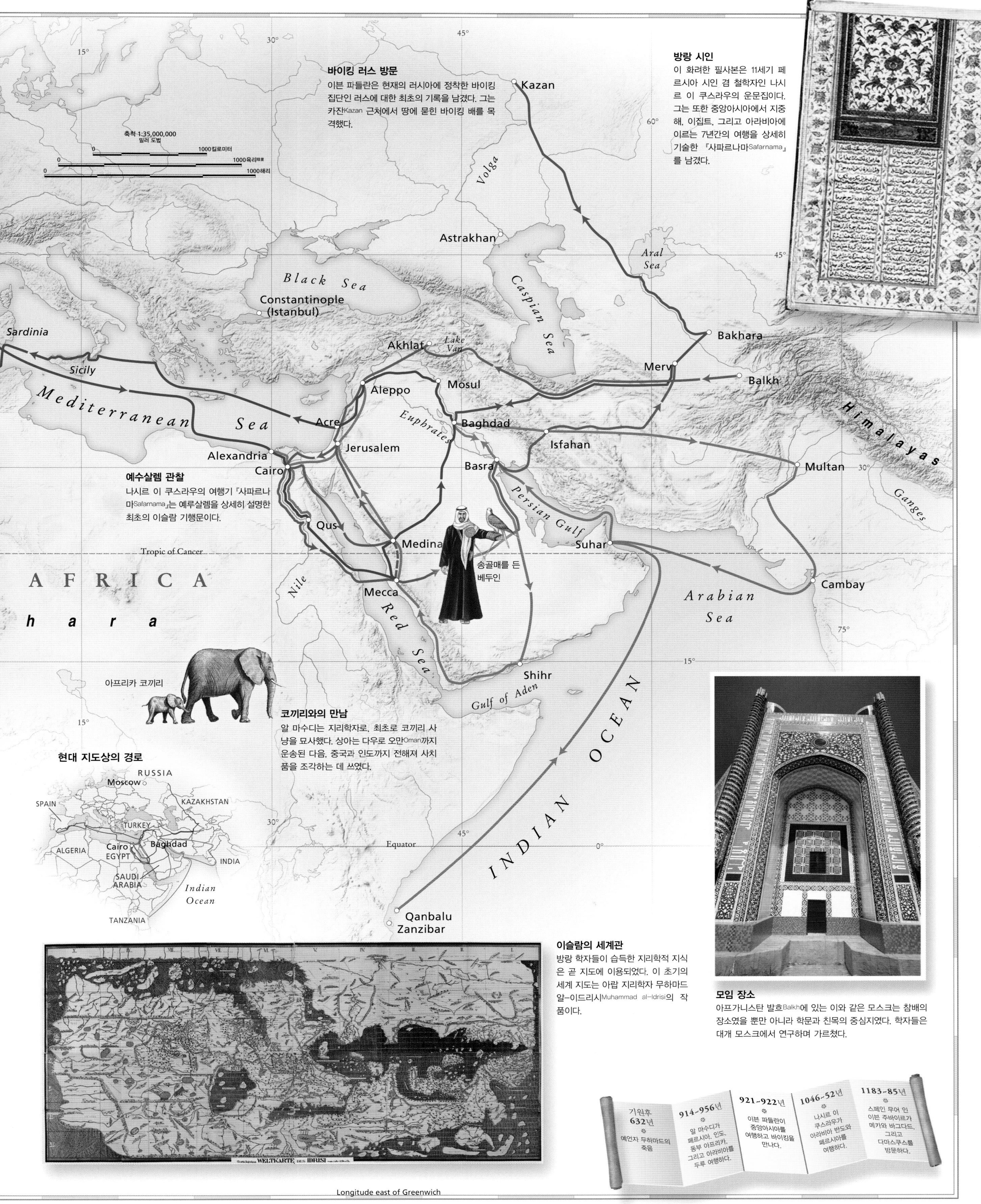
축척 1:35,000,000
밀러 도법
1000킬로미터
1000해리
Kazan
Volga
Astrakhan
Aral Sea
Caspian Sea
Black Sea
Constantinople (Istanbul)
Sardinia
Sicily
Mediterranean Sea
Akhlat
Lake Van
Mosul
Aleppo
Acre
Jerusalem
Alexandria
Cairo
Euphrates
Baghdad
Basra
Isfahan
Merv
Bakhara
Balkh
Himalayas
Multan
Ganges
Persian Gulf
Suhar
Cambay
Arabian Sea
Qus
Medina
Mecca
Tropic of Cancer
A F R I C A
h a r a
Nile
Red Sea
Shihr
Gulf of Aden
INDIAN OCEAN
Equator
Qanbalu
Zanzibar
송골매를 든 베두인
아프리카 코끼리
현대 지도상의 경로
RUSSIA
Moscow
SPAIN
KAZAKHSTAN
TURKEY
ALGERIA
Cairo
EGYPT
Baghdad
INDIA
SAUDI ARABIA
Indian Ocean
TANZANIA
WELTKARTE DES IDRISI
Longitude east of Greenwich
기원후 632년 ※ 예언자 무하마드의 죽음
914~956년 ※ 알 마수디가 페르시아, 인도, 동부 아프리카, 그리고 아라비아를 두루 여행하다.
921~922년 ※ 이븐 파들란이 중앙아시아를 여행하고 바이킹을 만나다.
1046~52년 ※ 나시르 이 쿠스라우가 아라비아 반도와 페르시아를 여행하다.
1183~85년 ※ 스페인 무어 인 이븐 주바이르가 메카와 바그다드, 그리고 다마스쿠스를 방문하다.

바이킹 러스 방문
이븐 파들란은 현재의 러시아에 정착한 바이킹 집단인 러스에 대한 최초의 기록을 남겼다. 그는 카잔Kazan 근처에서 땅에 묻힌 바이킹 배를 목격했다.

방랑 시인
이 화려한 필사본은 11세기 페르시아 시인 겸 철학자인 나시르 이 쿠스라우의 운문집이다. 그는 또한 중앙아시아에서 지중해, 이집트, 그리고 아라비아에 이르는 7년간의 여행을 상세히 기술한 『사파르나마Safarnama』를 남겼다.

예수살렘 관찰
나시르 이 쿠스라우의 여행기 『사파르나마Safarnama』는 예루살렘을 상세히 설명한 최초의 이슬람 기행문이다.

코끼리와의 만남
알 마수디는 지리학자로, 최초로 코끼리 사냥을 묘사했다. 상아는 다우로 오만Oman까지 운송된 다음, 중국과 인도까지 전해져 사치품을 조각하는 데 쓰였다.

이슬람의 세계관
방랑 학자들이 습득한 지리학적 지식은 곧 지도에 이용되었다. 이 초기의 세계 지도는 아랍 지리학자 무하마드 알-이드리시Muhammad al-Idrisi의 작품이다.

모임 장소
아프가니스탄 발흐Balkh에 있는 이와 같은 모스크는 참배의 장소였을 뿐만 아니라 학문과 친목의 중심지였다. 학자들은 대개 모스크에서 연구하며 가르쳤다.

중세 시대

아시아의 초기 유럽 여행가들

13세기까지 유럽 사람들의 동양에 대한 지식은 전무에 가까운 상태였다. 하지만 1223~1240년 몽골의 침입으로 동부 유럽 대부분의 지역이 멸망하고 파괴된 이후 안정기가 찾아오면서 여행객들의 이동이 더욱 자유로워졌다. 몽골의 위대한 칸Great Khan 귀위크Guyuk가 기독교로 개종할 가능성을 믿은 교황 이노센트 4세Innocent IV는 1245년 이탈리아 프란체스코회의 수도사 지오반니 다 피안 델 카르피네Giovanni da Pian del Carpine를 동양으로 파견했다. 그러나 칸은 개종에 전혀 관심이 없었다. 1253년 또 다른 프란체스코회 수도사 뤼브뤼크의 윌리엄William of Rubruck이 몽골리아를 향해 떠났다. 황소가 끄는 짐마차를 타고 비교적 편안하게 여행을 한 그와 일행은 몽케Möngke 칸과 거의 1년 동안 함께 지냈다. 두 수도사는 모두 빈틈이 없고 공감하는 태도로 몽골리아를 관찰하고 유럽인으로는 최초로 몽골리아에 대한 글을 남겼다.

신성한 책들
카르피네와 뤼브뤼크는 여행길에 성경과 제의는 물론 이처럼 아름답게 채색한 시편을 가지고 갔다. 뤼브뤼크는 자신의 주둔지에 머물렀던 칭기즈칸의 증손자 사르타크Sartach에게 시편을 건네 주었다.

Kracow
EUROPE
Lyon
Mediterranean Se

탐험가의 경로
- 카르피네, 1245~47년
- 뤼브뤼크, 1253~55년

흥미로운 사실들	
국적	카르피네–이탈리아 뤼브뤼크–프랑스
탐험을 명한 사람	카르피네–교황 이노센트 4세, 뤼브뤼크–프랑스 루이 9세
주요 운송 수단	카르피네–말 뤼브뤼크–황소가 끄는 짐마차
여행의 동반자	카르피네–보헤미아의 스티븐, 폴란드 사람 베네딕트 뤼브뤼크–크레모나의 바르톨로뮤

실망스러운 반응
카르피네가 교황 이노센트 4세에게 전달한 이 편지에서 귀위크 칸은 기독교로 개종할 가능성을 일축한 것은 물론 교황과 유럽의 공자들에게 그의 권위에 복종하도록 요구했다.

가상의 개념
중세의 기행문은 대개 사실과 가상이 혼합된 글이었다. 카르피네는 개의 머리와 날카로운 이를 가졌으며, 두 번째 마디는 인간처럼 말하는 반면 세 번째 마디는 개처럼 짖는 몽골족의 이야기를 기록했다.

스텝을 가로질러
헝가리 평원Hungarian Plain에서 시작해 만주에 이르기까지 아시아의 드넓은 지역에 스텝 초원이 펼쳐져 있다. 뤼브뤼크의 윌리엄은 이 지역에 도착하는 즉시 '마치 다른 세계로 들어온 것 같다.'고 썼다.

Longitude east of Greenwich

몽골 제국

13세기 중반 무렵 몽골리아는 아시아의 대부분을 지배했다. 그들은 상업을 육성하기 위해 통상로를 보호하고 여행을 장려했다. 또 몽골 사람들은 다양한 종교를 수용해 백성들이 몽골의 지배에 충성을 바칠 것을 맹세하는 한 종교의 자유를 허용했다.

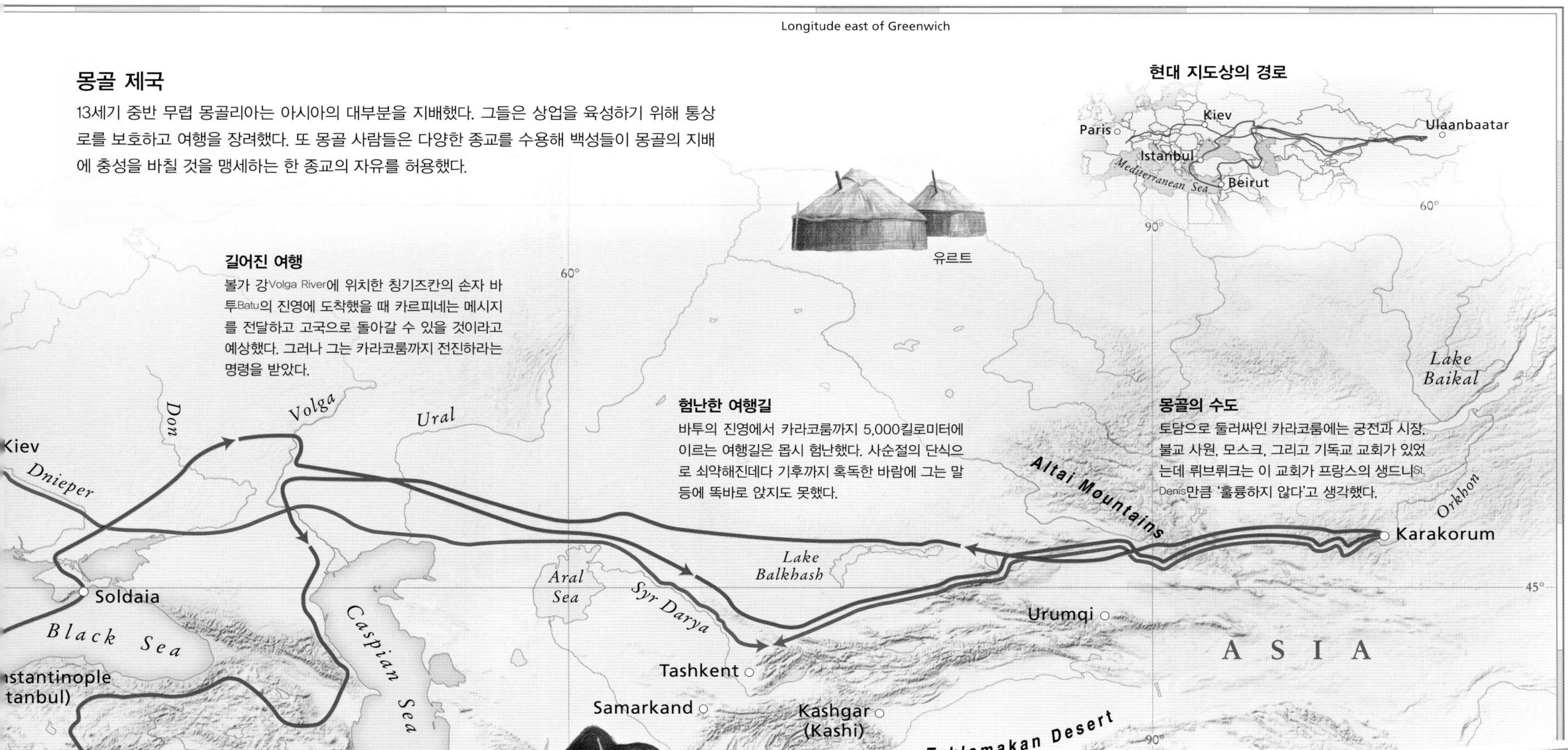

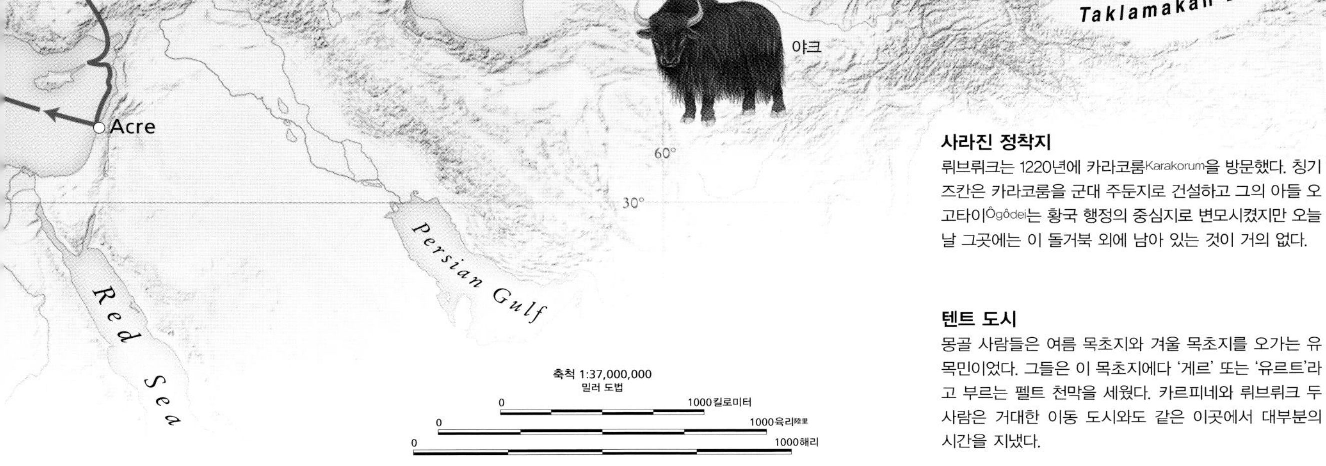

현대 지도상의 경로

Paris, Kiev, Istanbul, Mediterranean Sea, Beirut, Ulaanbaatar, 60°, 90°

유르트

길어진 여행

볼가 강Volga River에 위치한 칭기즈칸의 손자 바투Batu의 진영에 도착했을 때 카르피네는 메시지를 전달하고 고국으로 돌아갈 수 있을 것이라고 예상했다. 그러나 그는 카라코룸까지 전진하라는 명령을 받았다.

험난한 여행길

바투의 진영에서 카라코룸까지 5,000킬로미터에 이르는 여행길은 몹시 험난했다. 사순절의 단식으로 쇠약해진데다 기후까지 혹독한 바람에 그는 말 등에 똑바로 앉지도 못했다.

몽골의 수도

토담으로 둘러싸인 카라코룸에는 궁전과 시장, 불교 사원, 모스크, 그리고 기독교 교회가 있었는데 뤼브뤼크는 이 교회가 프랑스의 생드니St. Denis만큼 '훌륭하지 않다'고 생각했다.

Kiev, Dnieper, Don, Volga, Ural, Lake Baikal, Altai Mountains, Orkhon, Karakorum, Lake Balkhash, Aral Sea, Syr Darya, Soldaia, Black Sea, Caspian Sea, Urumqi, ASIA, Constantinople (Istanbul), Tashkent, Samarkand, Kashgar (Kashi), Taklamakan Desert, Acre, Persian Gulf, Red Sea, 60°, 45°, 30°, 90°

야크

사라진 정착지

뤼브뤼크는 1220년에 카라코룸Karakorum을 방문했다. 칭기즈칸은 카라코룸을 군대 주둔지로 건설하고 그의 아들 오고타이Ögödei는 황국 행정의 중심지로 변모시켰지만 오늘날 그곳에는 이 돌거북 외에 남아 있는 것이 거의 없다.

텐트 도시

몽골 사람들은 여름 목초지와 겨울 목초지를 오가는 유목민이었다. 그들은 이 목초지에다 '게르' 또는 '유르트'라고 부르는 펠트 천막을 세웠다. 카르피네와 뤼브뤼크 두 사람은 거대한 이동 도시와도 같은 이곳에서 대부분의 시간을 지냈다.

축척 1:37,000,000
밀러 도법
0 1000킬로미터
0 1000육리陸里
0 1000해리

1223~40년
몽골인들이 동부 유럽을 침략했지만 오고타이 칸의 죽음으로 동쪽으로 돌아가다.

1245년
도미니크의 중동 사절단이 몽고의 군대와 마주치다.

1245~47년
지오반니 디 피안 델 카르피네는 카라코룸 근처에 있던 몽골의 칸 귀위크를 방문하다.

1247년
교황 이노센트 4세가 몽골에 세 번째 사절단을 보내다.

1253~55년
뤼브뤼크의 윌리엄은 카라코룸에 있는 몽골 칸의 궁정을 방문하다.

마르코 폴로

마르코 폴로Marco Polo는 1254년경 베니스에서 태어났다. 1262년 무렵 부유한 무역 상인이었던 마르코 폴로의 아버지 니콜로Niccolò와 숙부 마페오Maffeo 폴로는 베니스에서 크리미아Creamia까지 여행했다. 교전 중인 몽골 군대가 그들의 귀향길을 가로막는 바람에 부하라Bukhara를 거쳐 중국까지 갔다가 1269년에 이탈리아로 돌아왔다. 2년 뒤 두 사람은 다시 육로로 중국 여행길에 올랐는데 이번에는 십대 소년이었던 마르코를 데려갔다. 1275년 무렵 쿠빌라이 칸Kublai Khan은 칸발리크Khanbaliq(현재의 베이징)에 도착한 그들을 고용했다. 이후 17년 동안 마르코는 쿠빌라이 칸의 사신으로 여행을 다녔다. 1295년 고국으로 돌아온 후 제노바 군대에 체포되어 투옥되었다. 그는 감방 친구를 시켜 자신의 여행담을 기록했고, 이렇게 하여 탄생한 『일 밀리오네Il Milione』는 즉시 인기를 얻어 널리 퍼졌다. 200년이 흐른 뒤 이 작품에서 영감을 얻은 콜럼버스는 동양을 찾아 대서양을 건넜다.

지폐
마르코 폴로는 중국에서 사용하는 지폐에 매료되었다. 유럽에서는 17세기 중반이 되어서야 비로소 지폐가 등장했다.

EUROPE
Paris
Venice
Genoa
Naples
Soldaia
Black Sea
Constantinople (Istanbul)
Mediterranean Sea
Acre
Jerusalem
Dnieper

흥미로운 사실들	
마페오와 니콜로의 첫 여행이 지속된 기간	약 7년
마페오, 니콜로, 마르코가 함께 떠난 여행의 기간	24년
마르코가 쿠빌라이 칸의 외교관으로 활약한 기간	17년
바르 사우마의 여행 기간	8년
마르코 폴로가 투옥된 기간	2년

형제 집단
마르코 폴로는 직접 지도를 만들지 않은 것으로 짐작되지만 1375년 『카탈루냐 지도Catalan Atlas』의 지도 제작자는 폴로의 글에 실린 그림을 이 지도책에 실었다. 이 그림은 아마 폴로의 카라반을 묘사했을 것이다.

무역의 중심지
13세기 베니스는 유럽에서 가장 아름다운 도시로 손꼽히는 한편 강력한 상업 제국을 지배하는 무역의 중심지이며, 동서양이 만나는 장소였다.

라반 바르 사우마

마르코 폴로 가족이 여행을 하는 동안 중국에서 태어난 기독교 사제 라반 바르 사우마는 서양 방문길에 올랐다. 그는 중국을 떠나 페르시아에 도착해 몇 년 동안 체류했다. 이후 지중해를 건너 로마를 거쳐 파리에 다다랐고, 그곳에서 여러 국왕과 교황을 알현한 후 바그다드로 돌아갔다.

바르 사우마는 콘스탄티노플(이스탄불Istanbul)의 비잔틴 성당 아야 소피아Hagia Sophia를 방문하고 몹시 놀랐다.

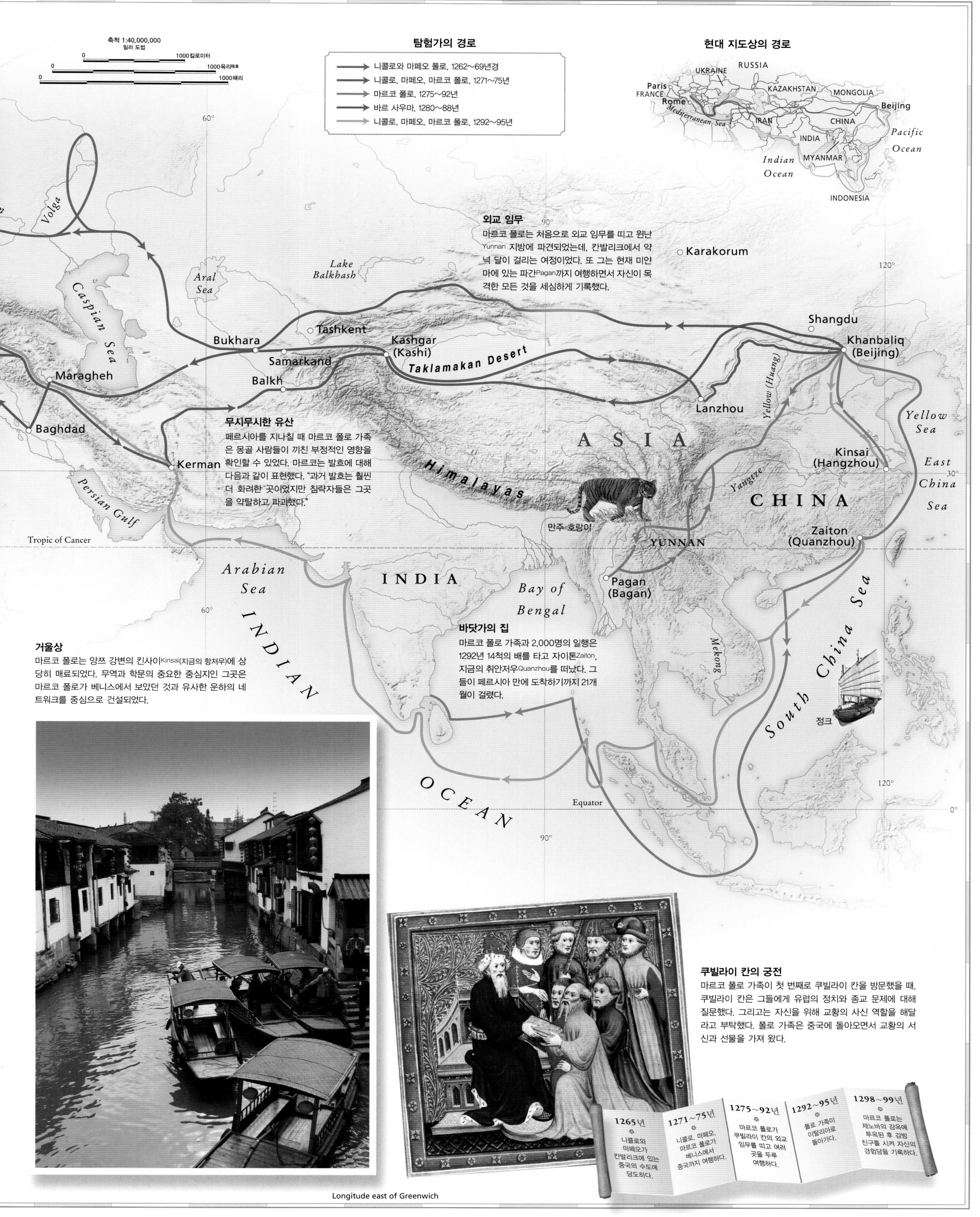
축척 1:40,000,000
밀러 도법
0 1000킬로미터
0 1000육리陸里
0 1000해리
탐험가의 경로
니콜로와 마페오 폴로, 1262~69년경
니콜로, 마페오, 마르코 폴로, 1271~75년
마르코 폴로, 1275~92년
바르 사우마, 1280~88년
니콜로, 마페오, 마르코 폴로, 1292~95년
현대 지도상의 경로
RUSSIA
UKRAINE
Paris
FRANCE
Rome
Mediterranean Sea
KAZAKHSTAN
MONGOLIA
Beijing
IRAN
CHINA
INDIA
MYANMAR
Pacific Ocean
Indian Ocean
INDONESIA
외교 임무
마르코 폴로는 처음으로 외교 임무를 띠고 윈난Yunnan 지방에 파견되었는데, 칸발리크에서 약 넉 달이 걸리는 여정이었다. 또 그는 현재 미얀마에 있는 파간Pagan까지 여행하면서 자신이 목격한 모든 것을 세심하게 기록했다.
Volga
Caspian Sea
Aral Sea
Lake Balkhash
Karakorum
Tashkent
Bukhara
Samarkand
Kashgar (Kashi)
Taklamakan Desert
Shangdu
Khanbaliq (Beijing)
Maragheh
Balkh
Lanzhou
Yellow (Huang)
Yellow Sea
Baghdad
무시무시한 유산
페르시아를 지나칠 때 마르코 폴로 가족은 몽골 사람들이 끼친 부정적인 영향을 확인할 수 있었다. 마르코는 발흐에 대해 다음과 같이 표현했다. "과거 발흐는 훨씬 더 화려한 곳이었지만 침략자들은 그곳을 약탈하고 파괴했다."
Kerman
A S I A
Himalayas
Kinsai (Hangzhou)
East China Sea
Persian Gulf
Yangtze
C H I N A
만주 호랑이
Tropic of Cancer
YUNNAN
Zaiton (Quanzhou)
Arabian Sea
I N D I A
Bay of Bengal
Pagan (Bagan)
South China Sea
Mekong
INDIAN OCEAN
바닷가의 집
마르코 폴로 가족과 2,000명의 일행은 1292년 14척의 배를 타고 자이톤Zaiton, 지금의 취안저우Quanzhou를 떠났다. 그들이 페르시아 만에 도착하기까지 21개월이 걸렸다.
거울상
마르코 폴로는 양쯔 강변의 킨사이Kinsai(지금의 항저우)에 상당히 매료되었다. 무역과 학문의 중요한 중심지인 그곳은 마르코 폴로가 베니스에서 보았던 것과 유사한 운하의 네트워크를 중심으로 건설되었다.
정크
Equator
쿠빌라이 칸의 궁전
마르코 폴로 가족이 첫 번째로 쿠빌라이 칸을 방문했을 때, 쿠빌라이 칸은 그들에게 유럽의 정치와 종교 문제에 대해 질문했다. 그리고는 자신을 위해 교황의 사신 역할을 해달라고 부탁했다. 폴로 가족은 중국에 돌아오면서 교황의 서신과 선물을 가져 왔다.
1265년
니콜로와 마페오가 칸발리크에 있는 중국의 수도에 당도하다.
1271~75년
니콜로, 마페오, 마르코 폴로가 베니스에서 중국까지 여행하다.
1275~92년
마르코 폴로가 쿠빌라이 칸의 외교 임무를 띠고 여러 곳을 두루 여행하다.
1292~95년
폴로 가족이 이탈리아로 돌아가다.
1298~99년
마르코 폴로는 제노바의 감옥에 투옥된 후 감방 친구를 시켜 자신의 경험담을 기록하다.
Longitude east of Greenwich

중세 시대

이븐 바투타

역사상 단독 여행가로서 가장 유명한 인물로 손꼽히는 아부 압달라 이븐 바투타Abu Abdallah Ibn Battuta는 1304년 탕헤르Tangier에서 법률학자의 가문의 자녀로 태어났다. 법률을 공부한 후 그는 1325년 메카로 순례 여행을 떠났다. 여행길에 이집트, 팔레스타인, 시리아, 이라크, 그리고 페르시아를 방문했다. 하지만 이 순례는 놀라운 여정의 서곡에 지나지 않았다. 이후 29년 동안 이븐 바투타는 계속해서 이슬람 지역을 돌아다녔는데, 이슬람 문명은 서쪽의 스페인과 모로코부터 동쪽의 동남아시아와 중국까지 세력을 펼쳤다. 그의 동기는 본디 순례였지만 분명 카이로Cairo와 바그다드 같은 학문의 중심지에서 법률과 종교를 계속 공부하고 싶다는 욕구 때문에 여행을 계속했을 것이다. 이븐 바투타의 여행기인 『여행Travels』은 아랍 세계에서 꾸준히 읽혀졌지만 유럽에는 19세기에 이르러서야 비로소 알려졌다.

정확한 예언
이븐 바투타는 여행 초기에 수피교의 신비주의자를 만났다. 그는 이븐 바투타에게 인도와 중국으로 가야 한다고 말했는데, 이는 이븐 바투타가 전혀 떠올리지 못한 생각이었다.

EUROPE
Venice
Genoa
Tunis
Mediterran
Tangier
Tropic of Cancer
MALI
AFRICA
Timbuktu
Equator

다시 길을 떠나다
이븐 바투타는 1351년 모로코로 돌아왔지만 정착하지 못했다. 다시 여행길에 오른 그는 사하라 사막을 건너 말리Mali 왕국에 다다랐다. 그리고 1354년 영구 귀국했다.

흥미로운 사실들	
모로코에서 메카까지의 거리	약 4,800킬로미터
여행 기간	29년
총 여행 거리	약 12만 킬로미터
방문한 현대 국가의 수	44개국
『여행Travels』이 최초로 영어로 번역된 연도	1829년

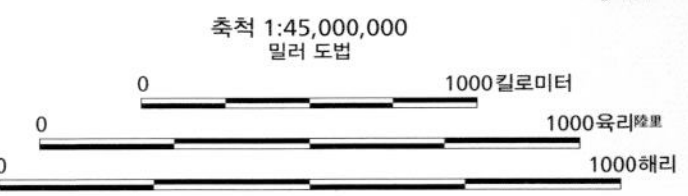
축척 1:45,000,000
밀러 도법
1000킬로미터
1000육리마로
1000해리

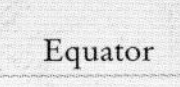
Niger

빙글빙글 도는 데르비시
이 세밀화에 묘사된 데르비시dervishes는 신비주의자들이다. 일부 데르비시들은 종교적인 희열의 상태를 경험하기 위해 춤을 추며 빙글빙글 돈다. '움 우바이다Umm Ubaida'라는 페르시아의 한 마을에서 이븐 바투타는 모닥불 주변에서 춤을 추는 데르비시 사람들을 지켜보았다.

동양의 진주
다마스쿠스에 매료된 이븐 바투타는 그 도시와 우마이야 모스크Umayyad Mosque를 각각 '동양의 진주'와 '지구상에서 가장 큰 규모의 모스크'라고 표현했다.

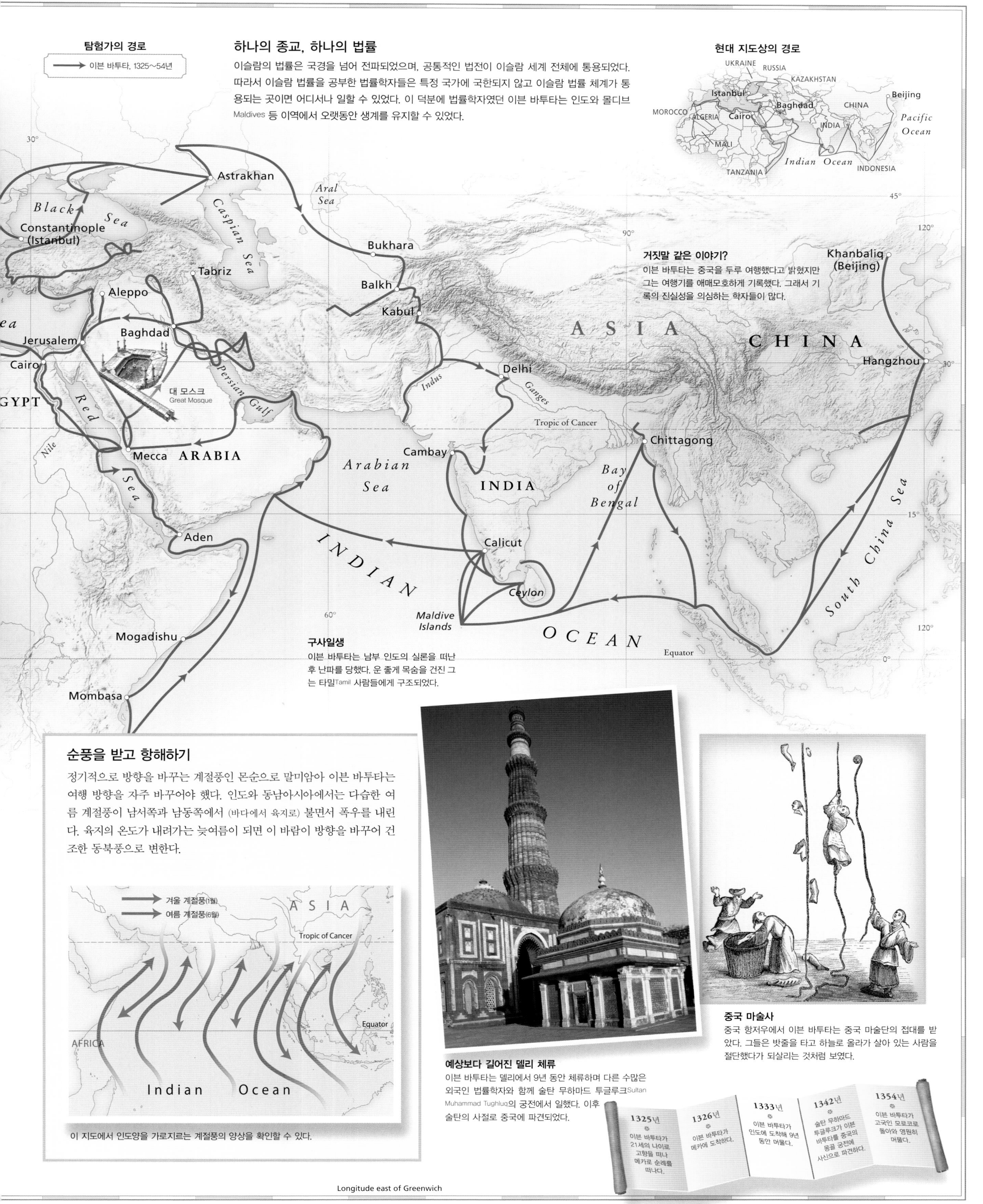
탐험가의 경로
이븐 바투타, 1325~54년
현대 지도상의 경로
UKRAINE
RUSSIA
KAZAKHSTAN
Istanbul
Beijing
MOROCCO
ALGERIA
Cairo
Baghdad
CHINA
INDIA
Pacific Ocean
MALI
Indian Ocean
TANZANIA
INDONESIA
Astrakhan
Aral Sea
Black Sea
Caspian Sea
Constantinople (Istanbul)
Bukhara
Tabriz
Balkh
Kabul
Aleppo
Baghdad
Jerusalem
Cairo
EGYPT
대 모스크
Great Mosque
Persian Gulf
Red Sea
Nile
Mecca
ARABIA
Indus
Delhi
Ganges
ASIA
CHINA
Khanbaliq (Beijing)
Hangzhou
Tropic of Cancer
Chittagong
Cambay
Arabian Sea
INDIA
Bay of Bengal
Aden
Calicut
INDIAN OCEAN
Ceylon
Maldive Islands
South China Sea
Mogadishu
Mombasa
Equator
30°
45°
60°
90°
120°
15°
0°
1325년 이븐 바투타가 21세의 나이로 고향을 떠나 메카로 순례를 떠나다.
1326년 이븐 바투타가 메카에 도착하다.
1333년 이븐 바투타가 인도에 도착해 9년 동안 머물다.
1342년 술탄 무하마드 투글루크가 이븐 바투타를 중국의 몽골 궁전에 사신으로 파견하다.
1354년 이븐 바투타가 고국인 모로코로 돌아와 영원히 머물다.
겨울 계절풍(1월)
여름 계절풍(6월)
Tropic of Cancer
AFRICA
Indian Ocean
Longitude east of Greenwich

하나의 종교, 하나의 법률

이슬람의 법률은 국경을 넘어 전파되었으며, 공통적인 법전이 이슬람 세계 전체에 통용되었다. 따라서 이슬람 법률을 공부한 법률학자들은 특정 국가에 국한되지 않고 이슬람 법률 체계가 통용되는 곳이면 어디서나 일할 수 있었다. 이 덕분에 법률학자였던 이븐 바투타는 인도와 몰디브 Maldives 등 이역에서 오랫동안 생계를 유지할 수 있었다.

거짓말 같은 이야기?
이븐 바투타는 중국을 두루 여행했다고 밝혔지만 그는 여행기를 애매모호하게 기록했다. 그래서 기록의 진실성을 의심하는 학자들이 많다.

구사일생
이븐 바투타는 남부 인도의 실론을 떠난 후 난파를 당했다. 운 좋게 목숨을 건진 그는 타밀Tamil 사람들에게 구조되었다.

순풍을 받고 항해하기

정기적으로 방향을 바꾸는 계절풍인 몬순으로 말미암아 이븐 바투타는 여행 방향을 자주 바꾸어야 했다. 인도와 동남아시아에서는 다습한 여름 계절풍이 남서쪽과 남동쪽에서 (바다에서 육지로) 불면서 폭우를 내린다. 육지의 온도가 내려가는 늦여름이 되면 이 바람이 방향을 바꾸어 건조한 동북풍으로 변한다.

이 지도에서 인도양을 가로지르는 계절풍의 양상을 확인할 수 있다.

예상보다 길어진 델리 체류
이븐 바투타는 델리에서 9년 동안 체류하며 다른 수많은 외국인 법률학자와 함께 술탄 무하마드 투글루크Sultan Muhammad Tughluq의 궁전에서 일했다. 이후 술탄의 사절로 중국에 파견되었다.

중국 마술사
중국 항저우에서 이븐 바투타는 중국 마술단의 접대를 받았다. 그들은 밧줄을 타고 하늘로 올라가 살아 있는 사람을 절단했다가 되살리는 것처럼 보였다.

중세 시대

정화의 원정

1402년 중국 명나라의 3대 황제 주체Zhu Di(일명 영락제)는 즉위하자마자 중국의 세력을 확장하기 위해 아시아 전 지역과 그보다 먼 지역에 사신을 파견했다. 1405년부터 이슬람교도 장군인 정화의 지휘하에 탐험, 외교, 무역을 목적으로 일곱 차례 원정을 시작했다. 이 원정은 남중국해South China Sea와 인도양의 주요 항구를 빠짐없이 거쳤으며 인도네시아, 실론, 인도, 아라비아 반도, 그리고 동부 아프리카를 방문했다. 비록 모든 원정에 동참하지는 않았지만 정화는 모든 원정을 지휘하고 선단을 세분해 다방면으로 수많은 배를 파견했다. 다른 민족과 대부분 평화로운 관계를 유지했지만 실론, 소말리아Somalia, 아라비아에서는 무력 충돌이 일어났다. 지금의 말레이시아Malaysia와 인도네시아 근처에서는 해적들에게 몇 차례 공격을 받기도 했다.

세력 강화
명나라 황제인 주체는 베이징에 자금성Forbidden City을 건설하고 만리장성Great Wall의 상당 부분을 보수하고 재건하라는 명을 내렸으며, 서쪽과 남쪽으로 중국의 세력을 확장했다.

표범

아라비아 오릭스

흥미로운 사실들	
원정 기간	28년
첫 항해에 동원한 배의 수	317척(보물선 62척 포함)
첫 항해에 동원한 인원의 수	2만 7,780명
마지막 항해에 동원한 배의 수	300척
마지막 항해에 동원한 인원의 수	2만 7,550명

Beijing
CHINA
IRAN
New Dehi
SAUDI ARABIA
INDIA
OMAN
YEMEN
Bangkok
SRI LANKA
SOMALIA
KENYA
MALAYSIA
Jakarta
INDONESIA
Pacific Ocean
Indian Ocean

현대 지도상의 경로

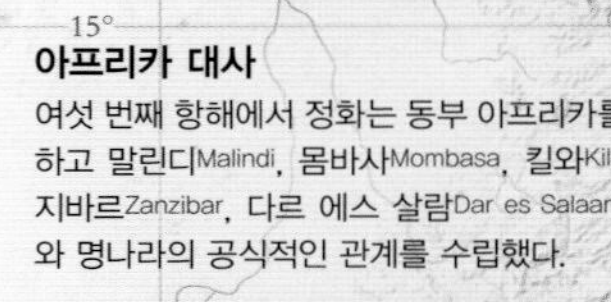

Red Sea
Persian Gulf
Horm
Jiddah
Mecca
ARABIA
Mukalla
Aden
Gulf of Aden
AFRICA
1417–19
Mogadishu
Equator
1421–22
Malindi
Mombasa
Zanzibar
Dar es Salaam
Kilwa
30°
45°
15°
0°

아프리카 대사
여섯 번째 항해에서 정화는 동부 아프리카를 방문하고 말린디Malindi, 몸바사Mombasa, 킬와Kilwa, 잔지바르Zanzibar, 다르 에스 살람Dar es Salaam 등지와 명나라의 공식적인 관계를 수립했다.

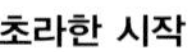

초라한 시작
이 그림에서 첫 항해의 출발을 지휘하고 있는 정화는 위난 지방의 한 이슬람 지역 출신으로 배경은 초라하기 그지없었다. 이처럼 배경이 초라한데다 환관의 신분이었던 그는 외교관, 궁전 관리, 그리고 해양 전략가로 거듭났다.

가장 먼 여행
다섯 번째와 여섯 번째 항해에서는 동부 아프리카 해안의 여러 지역을 방문했다. 이곳에서 15세기에 만들어진 중국 유물이 발견되었는데, 이는 정화가 가져간 물건이었을지도 모른다.

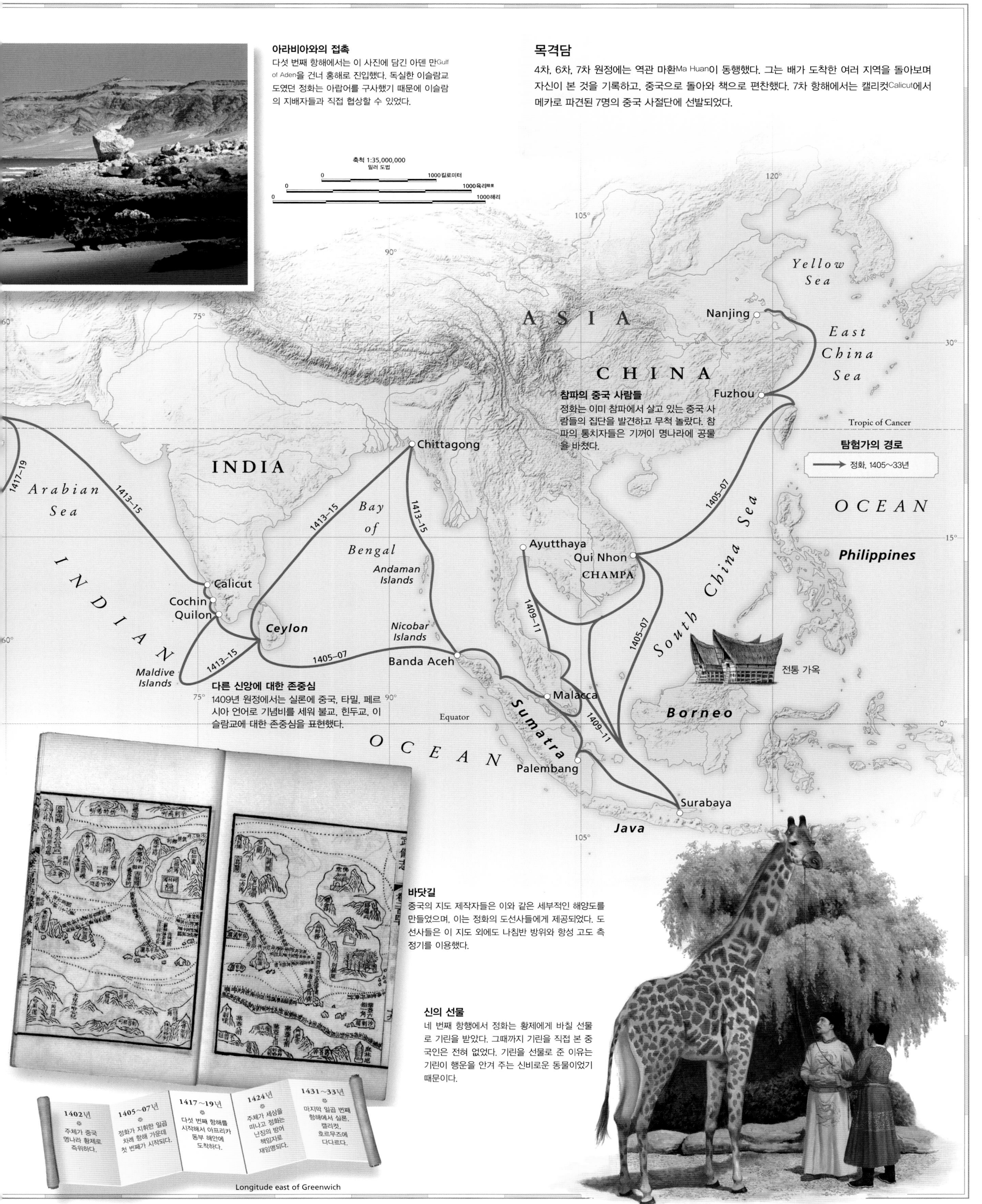
축척 1:35,000,000
밀러 도법
0 1000킬로미터
0 1000육리陸里
0 1000해리
ASIA
CHINA
INDIA
Yellow Sea
East China Sea
Tropic of Cancer
OCEAN
Philippines
South China Sea
Arabian Sea
Bay of Bengal
INDIAN OCEAN
Nanjing
Fuzhou
Chittagong
Ayutthaya
Qui Nhon
CHAMPA
Calicut
Cochin
Quilon
Ceylon
Andaman Islands
Nicobar Islands
Maldive Islands
Banda Aceh
Malacca
Sumatra
Palembang
Borneo
Surabaya
Java
Equator
1417–19
1413–15
1405–07
1409–11
120°
105°
90°
75°
60°
30°
15°
0°
탐험가의 경로
정화, 1405~33년
전통 가옥
1402년
주체가 중국 명나라 황제로 즉위하다.
1405~07년
정화가 지휘한 일곱 차례 항해 가운데 첫 번째가 시작되다.
1417~19년
다섯 번째 항해를 시작해서 아프리카 동부 해안에 도착하다.
1424년
주체가 세상을 떠나고 정화는 난징의 방어 책임자로 재임명되다.
1431~33년
마지막 일곱 번째 항해에서 실론, 캘리컷, 호르무즈에 다다르다.
Longitude east of Greenwich

아라비아와의 접촉
다섯 번째 항해에서는 이 사진에 담긴 아덴 만Gulf of Aden을 건너 홍해로 진입했다. 독실한 이슬람교도였던 정화는 아랍어를 구사했기 때문에 이슬람의 지배자들과 직접 협상할 수 있었다.

목격담
4차, 6차, 7차 원정에는 역관 마환Ma Huan이 동행했다. 그는 배가 도착한 여러 지역을 돌아보며 자신이 본 것을 기록하고, 중국으로 돌아와 책으로 편찬했다. 7차 항해에서는 캘리컷Calicut에서 메카로 파견된 7명의 중국 사절단에 선발되었다.

참파의 중국 사람들
정화는 이미 참파에서 살고 있는 중국 사람들의 집단을 발견하고 무척 놀랐다. 참파의 통치자들은 기꺼이 명나라에 공물을 바쳤다.

다른 신앙에 대한 존중심
1409년 원정에서는 실론에 중국, 타밀, 페르시아 언어로 기념비를 세워 불교, 힌두교, 이슬람교에 대한 존중심을 표현했다.

바닷길
중국의 지도 제작자들은 이와 같은 세부적인 해양도를 만들었으며, 이는 정화의 도선사들에게 제공되었다. 도선사들은 이 지도 외에도 나침반 방위와 항성 고도 측정기를 이용했다.

신의 선물
네 번째 항해에서 정화는 황제에게 바칠 선물로 기린을 받았다. 그때까지 기린을 직접 본 중국인은 전혀 없었다. 기린을 선물로 준 이유는 기린이 행운을 안겨 주는 신비로운 동물이었기 때문이다.

중국 보물선

1403년에서 1407년까지 중국 명 왕조의 황제인 주체는 1,600척이 넘는 원양 선박을 건조하고 수리하도록 명했다. 이 가운데 거대한 '보물선' 선단이 포함되었는데, 이 가운데 대다수는 정화의 선단에 배정되었다. 고대 선박 가운데 최대 규모인 보물섬은 지금도 역사상 가장 큰 목조 선박으로 손꼽힌다. 사람들에게 중국 제국의 권력과 힘을 전달하기 위해 의도적으로 붉은 돛에 동물의 머리와 번뜩이는 용의 눈, 그리고 호화로운 장식품을 새겨 넣었다. 무역을 목적으로 막대한 양의 값비싼 비단과 도자기를 실었으며, 돌아오는 길에는 중국에 바치는 막대한 공물을 가져왔다. 보물선에 대한 현대의 지식은 주로 1962년 난징의 명나라 조선소 유적지에서 발견된 방향타 기둥 등 고고학적인 증거를 바탕으로 얻은 것이다.

보물선

가장 큰 보물선의 규모는 길이가 122미터, 폭이 최대 51미터에 이르렀을 것으로 짐작된다. 정화와 함께 떠난 사람은 사신, 황제의 대리인, 군대, 지휘관, 비서관, 역관, 의관, 방문한 나라에서 약초를 수집하는 약초학자, 천문학자, 흙 점술가, 요리사, 항해 중에 배를 수리할 수 있는 선공을 포함해 수천 명에 이른다.

바다의 거인
보물선에 비하면 훗날 유럽 탐험가들이 이용한 카라벨caravel(16세기경 스페인 등에서 사용한 작은 범선–옮긴이)과 카라크carrack(14~16세기 스페인 등의 무장 상선–옮긴이)도 왜소해 보였다. 정화의 지휘하에 항해했던 선단의 배는 갑판에다 콜럼버스와 바스코 다 가마Vasco da Gama가 탄 배를 전부 실을 수 있을 정도로 거대했다.

현대의 복제품
난징에는 원래 보물선을 건조하는 조선소가 있다. 이곳의 중국 조선회사들은 60미터에 이르는 복제품을 재건했는데, 이 배도 400명을 태울 정도로 규모가 컸다.

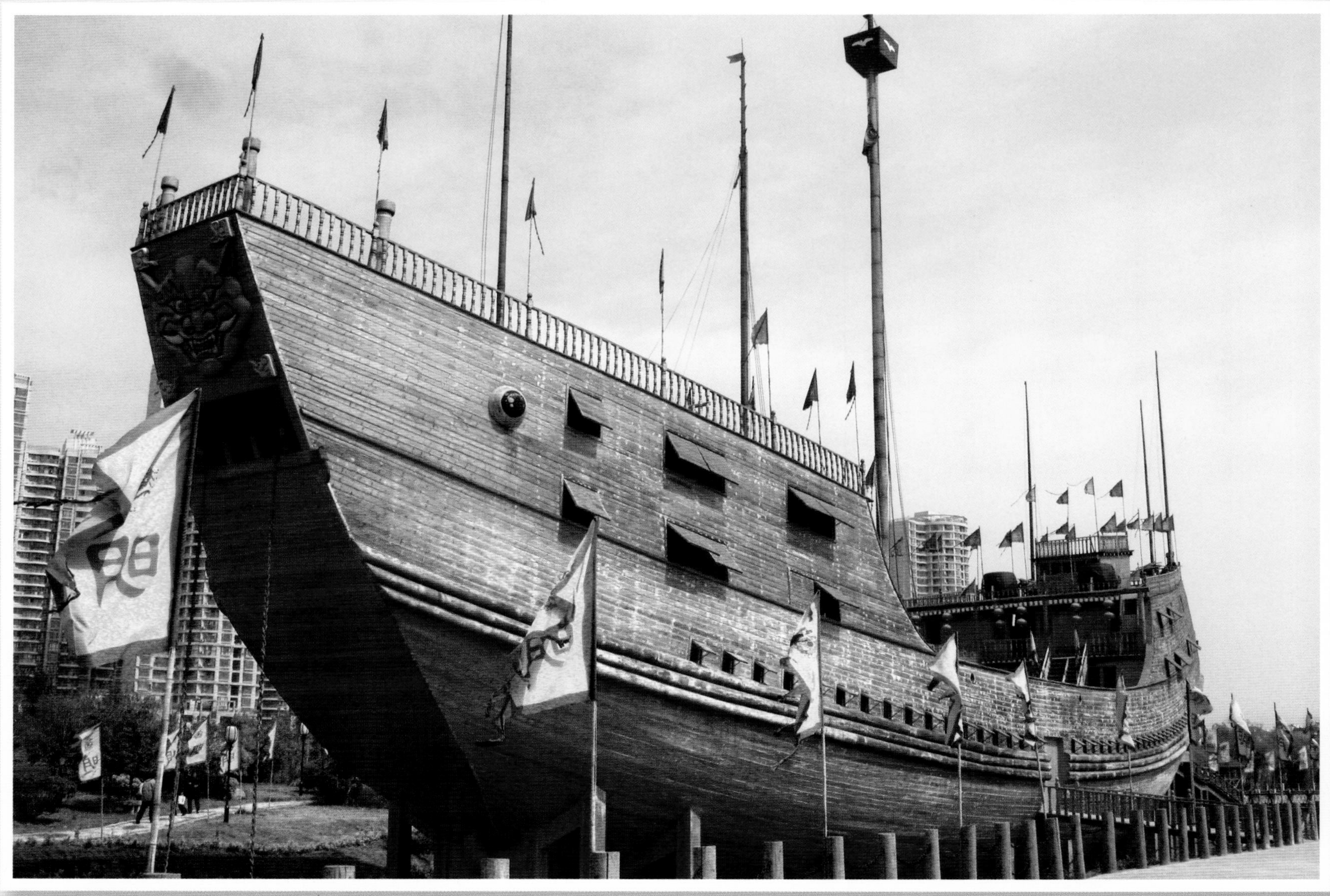

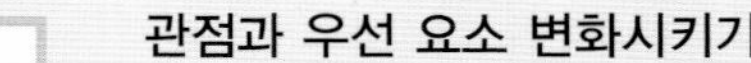

중국 나침반과 지도

중국 선원들은 물에다 자기화한 침을 띄워 만든 물 나침반과 지도를 이용해 방위를 확인하고 육상 목표를 표시했다. 키안싱반qianxingban이라는 단순한 자를 이용해 지평선을 기준으로 북극성의 고도를 측정함으로써 위도를 가늠했는데, 이 자는 보물선 항해에서 처음으로 사용되었다.

16세기 중국의 세계 지도는 정화의 선단이 남긴 기록을 부분적으로 참고했다. 중국 물 나침반은 파도가 거세게 몰아치는 바다에서도 이용할 수 있었다.

중국 물 나침반은 파도가 거센 바다에서도 이용할 수 있었다.

관점과 우선 요소 변화시키기

1424년 주체가 세상을 떠나고 아들 주고지Zhu Gaozhi가 황제가 되었다. 주고지가 최초로 취한 조치는 보물선의 항해를 취소하고 선원과 선공들을 즉시 고국으로 돌아오라고 명령하는 일이었다. 1426년 주고지가 서거한 뒤 그의 아들 주첨기Zhu Zhanji는 선왕의 결정을 번복하고 항해를 재개했다. 정화는 1431~33년에 300척이 넘는 선단과 함께 마지막으로 항해를 떠났지만 이후 항해는 완전히 중단되었다.

학파
주체가 세상을 떠난 후 무역 증진과 보물선의 항해를 지지했던 환관과 이 그림에서 볼 수 있는 유학파 관리들 사이에 긴장이 고조되었다. 유학파 관리들은 일반적으로 보수적인 견해를 고수하고 사치스러운 해양 모험에 반대했다.

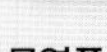

전수된 기술
정크(밑이 평평한 중국의 범선–옮긴이)는 11세기 중국에서 개발된 거대하고 안정된 배이다. 정화의 보물선은 전통적인 정크의 설계도와 건조 공법을 바탕으로 만들어졌으며, 이 기술은 모두 오늘날 중국 조선 분야에서 이용되고 있다.

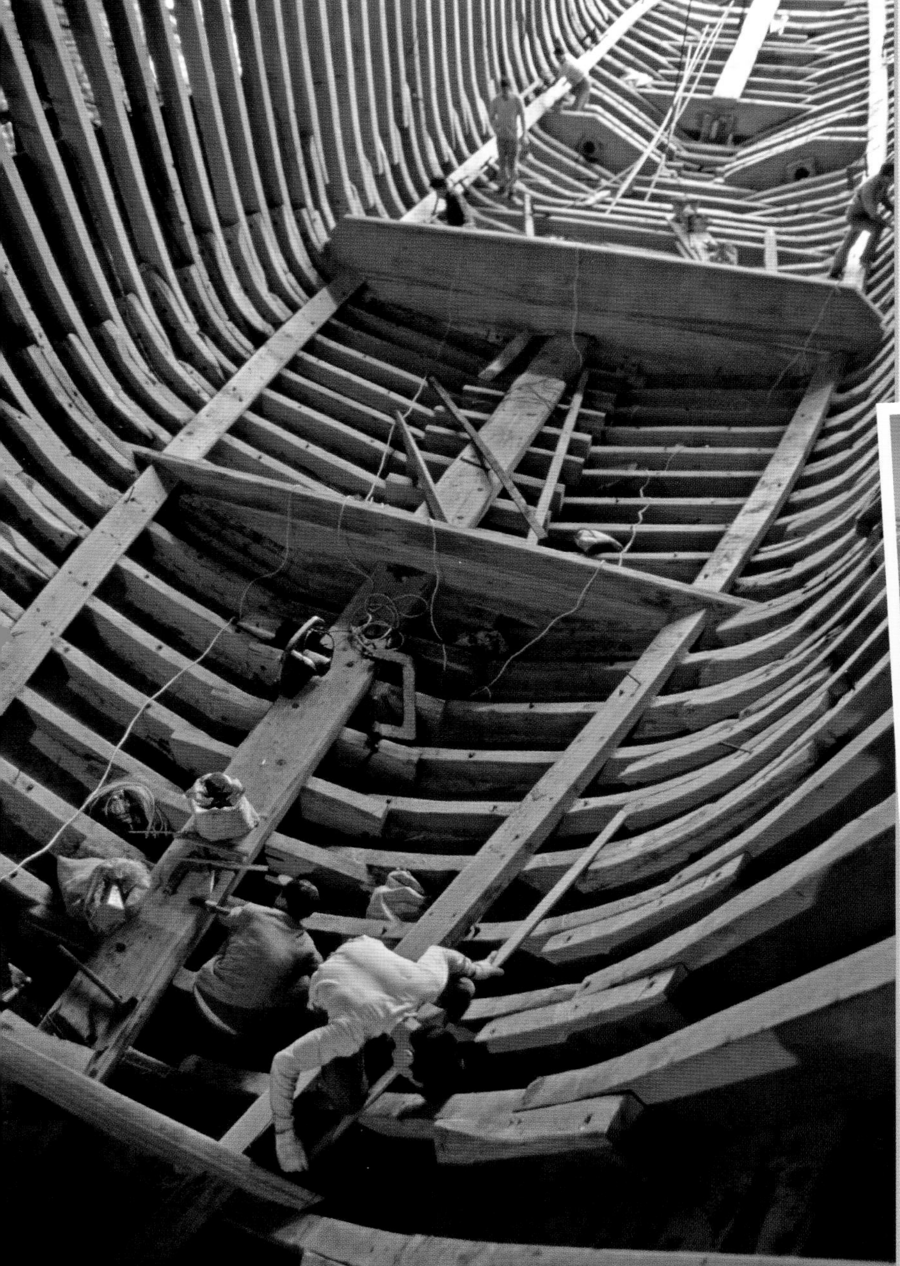

무역품
보물선은 비단, 면화, 사진의 항아리와 같은 명나라의 도자기, 철제품, 칠기, 소금, 포도주, 기름 등 동남아시아와 중동에서 점점 수요가 높아지는 다양한 중국의 물품을 운반했다.

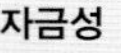

자금성
보물 선단이 항해하던 시절, 주체는 중국의 수도를 난징에서 베이징으로 옮겼다. 그리고 궁전, 정원, 사원, 궁정을 합친 호화로운 자금성을 건설했다.

크리스토퍼 콜럼버스Christopher Columbus는 1492년 바하마 군도Bahamas의 산살바도르San Salvador 섬에 도착했다. 이는 신세계New World에서 그가 처음으로 발견한 곳이었다. 『새로운 나라를 점유하는 콜럼버스Columbus Taking possession of the new country』에는 손에 칼을 든 채 무릎을 꿇고 산살바도르 섬이 스페인령이라고 선언하는 콜럼버스의 모습이 담겨 있다.

유럽 르네상스 시대

- 아프리카 서부 해안의 포르투갈 사람들
- 디아스와 희망봉
- 바스코 다 가마
- 콘티와 코빌라의 여행
- 크리스토퍼 콜럼버스
- 토르데시야스 조약
- 존 캐벗과 뉴펀들랜드
- 남아메리카의 베스푸치
- 페드로 알바레스 카브랄
- 바르테마의 인도 여행

아프리카 서부 해안의 포르투갈 사람들

15세기 포르투갈 군주들은 영토 확장의 야심을 품었고, 주앙 1세João I의 아들 항해가 헨리 왕자Prince Henry the Navigator는 탐험, 지도 제작, 항해, 조선을 지지하기 위해 자국의 자원을 투자하면서 이 야심을 실천에 옮겼다. 헨리는 길 에안네스Gil Eannes와 디오고 고메스Diogo Gómes가 지휘하는 아프리카 서부 해안 탐험을 후원했다. 1460년 헨리가 세상을 떠날 무렵 포르투갈 사람들은 대서양의 주요 군도 네 군데, 즉 아조레스Azores, 카나리아, 마데이라Madeira와 케이프베르데를 자국의 영토로 선언했다. 헨리가 서거한 후에도 포르투갈 선원들은 계속해서 서부 아프리카를 탐험하고, 기니 만Gulf of Guinea에 무역소를 설립했으며, 동양으로 이어질 남부 항로를 개척하기 위해 노력했다. 1486년 디오고 캉Diogo Cão은 콩고 강을 발견해 남쪽으로 멀게는 나미비아Namibia까지 항해함으로써 희망봉과 인도양에 다다를 길을 닦았다.

항해가 헨리
포르투갈의 왕자 헨리(1394~1460)는 아량이 넓고 신앙심이 깊으며 검소한 사람으로 알려져 있었다. 그는 과학을 장려하고 항해 학교를 설립했으며, 최초의 카라벨을 개발하기 위한 자금을 지원했다.

흥미로운 사실들

디오고 캉의 탄생	1450년
디오고 캉의 사망	나미비아 연안에서 1486년
캉이 1482~86년의 여행에서 도착한 최남단	케이프 산타 마리아, 앙골라
캉이 1485~86년의 여행에서 도착한 최남단	케이프 크로스, 나미비아
유럽인으로서 최초로 발견한 곳	콩고 강, 앙골라, 나미비아

부의 상징
가나의 아산티Asante 궁전 대신들은 이 황금 원반을 몸에 걸쳤다.

해안선이 형성되다
이 지도는 페르낭 고메스Fernão Gómes의 활약을 그린 작품에 실린 것이다. 기니 무역의 독점권을 보유했던 이 상인은 1470년부터 1474년까지 기니 만을 탐험하고 무역소를 설립하기 위해 몇 척의 배를 파견했다.

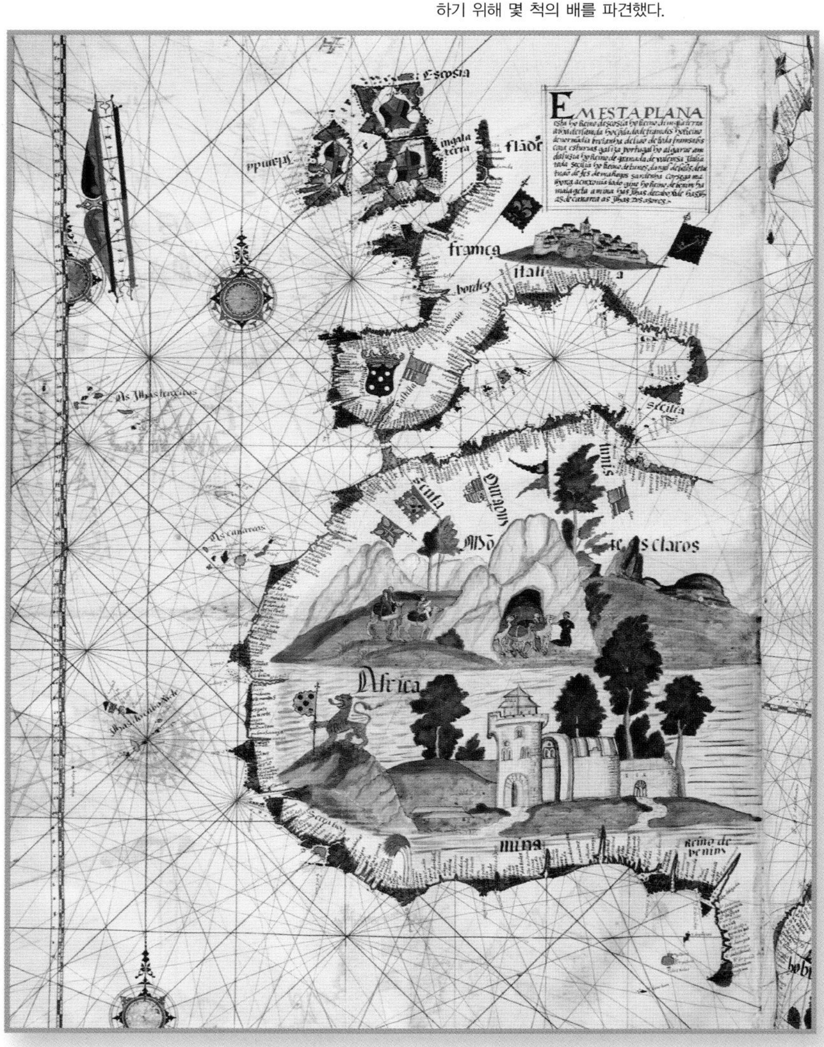

항해술의 발전

포르투갈 사람들은 항해가 헨리의 지휘하에 새로운 범선인 카라벨을 개발했다. 카라벨은 규모가 작고 기동성이 뛰어나며, 바람과 가까운 곳에서 항해할 수 있었다. 또 지도 제작법이 발전했으며 선원들이 항해 위치를 더욱 정확히 파악할 수 있는 다양한 도구가 개발되었다. 그러나 경도를 정확히 계산하는 일은 여전히 불가능했다.

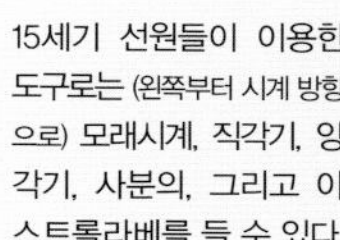

15세기 선원들이 이용한 도구로는 (왼쪽부터 시계 방향으로) 모래시계, 직각기, 양각기, 사분의, 그리고 아스트롤라베를 들 수 있다.

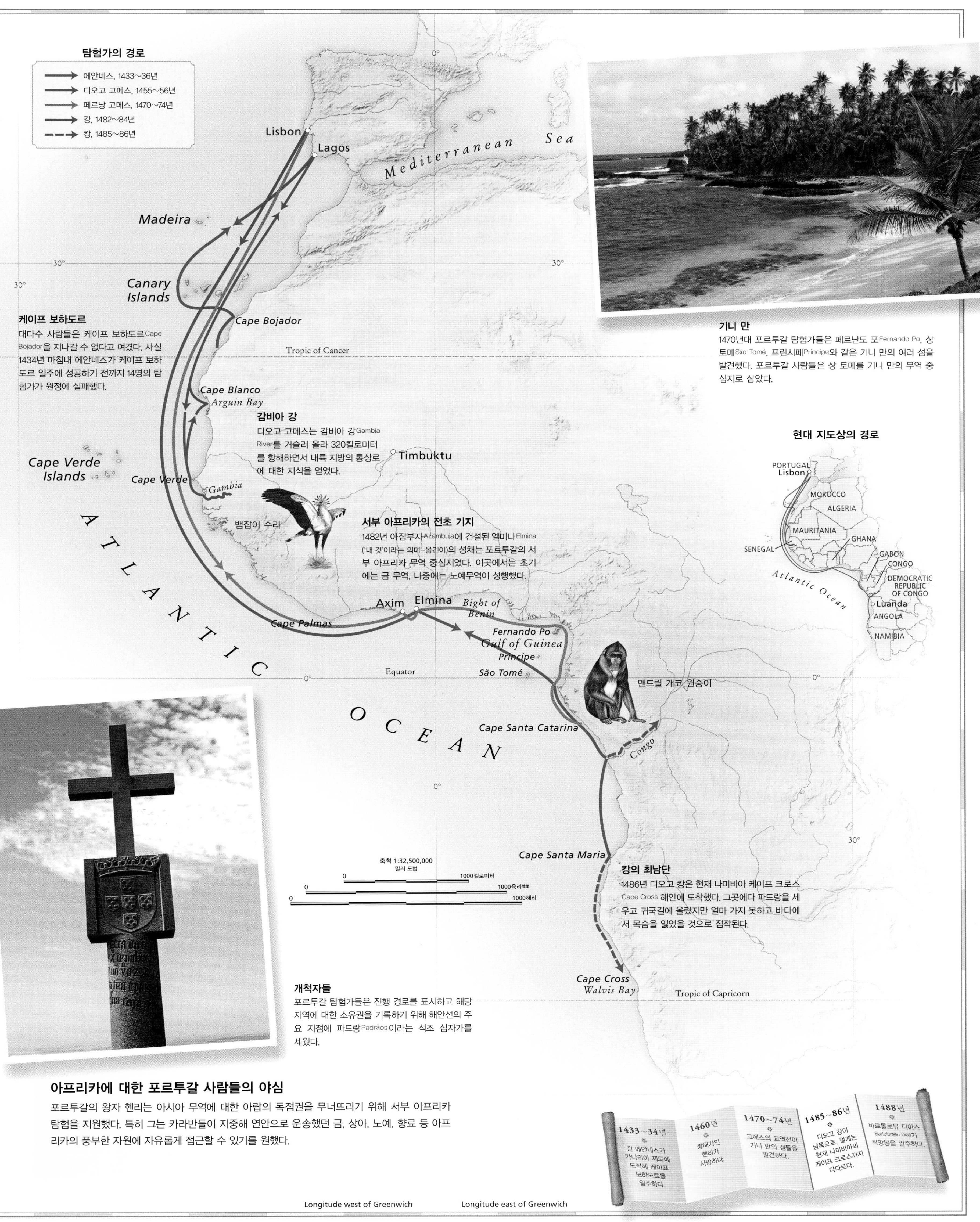
탐험가의 경로
에안네스, 1433~36년
디오고 고메스, 1455~56년
페르낭 고메스, 1470~74년
캉, 1482~84년
캉, 1485~86년
Lisbon
Lagos
Mediterranean Sea
Madeira
Canary Islands
Cape Bojador
Tropic of Cancer
Cape Blanco
Arguin Bay
Cape Verde Islands
Cape Verde
Gambia
Timbuktu
뱀잡이 수리
ATLANTIC OCEAN
Axim
Elmina
Bight of Benin
Cape Palmas
Fernando Po
Gulf of Guinea
Príncipe
São Tomé
Equator
맨드릴 개코 원숭이
Cape Santa Catarina
Congo
Cape Santa Maria
Cape Cross
Walvis Bay
Tropic of Capricorn
축척 1:32,500,000
밀러 도법
1000킬로미터
1000육리
1000해리
현대 지도상의 경로
PORTUGAL
Lisbon
MOROCCO
ALGERIA
MAURITANIA
SENEGAL
GHANA
GABON
CONGO
DEMOCRATIC REPUBLIC OF CONGO
Luanda
ANGOLA
NAMIBIA
Atlantic Ocean
1433~34년 길 에안네스가 카나리아 제도에 도착해 케이프 보하도르를 일주하다.
1460년 항해가인 헨리가 사망하다.
1470~74년 고메스의 교역선이 기니 만의 섬들을 발견하다.
1485~86년 디오고 캉이 남쪽으로, 멀게는 현재 나미비아의 케이프 크로스까지 다다르다.
1488년 바르톨로뮤 디아스Bartolomeu Dias가 희망봉을 일주하다.
Longitude west of Greenwich
Longitude east of Greenwich

케이프 보하도르
대다수 사람들은 케이프 보하도르Cape Bojador를 지나갈 수 없다고 여겼다. 사실 1434년 마침내 에안네스가 케이프 보하도르 일주에 성공하기 전까지 14명의 탐험가가 원정에 실패했다.

감비아 강
디오고 고메스는 감비아 강Gambia River를 거슬러 올라 320킬로미터를 항해하면서 내륙 지방의 통상로에 대한 지식을 얻었다.

서부 아프리카의 전초 기지
1482년 아잠부자Azambuja에 건설된 엘미나Elmina('내 것'이라는 의미-옮긴이)의 성채는 포르투갈의 서부 아프리카 무역 중심지였다. 이곳에서는 초기에는 금 무역, 나중에는 노예무역이 성행했다.

기니 만
1470년대 포르투갈 탐험가들은 페르난도 포Fernando Po, 상 토메São Tomé, 프린시페Príncipe와 같은 기니 만의 여러 섬을 발견했다. 포르투갈 사람들은 상 토메를 기니 만의 무역 중심지로 삼았다.

캉의 최남단
1486년 디오고 캉은 현재 나미비아 케이프 크로스Cape Cross 해안에 도착했다. 그곳에다 파드랑을 세우고 귀국길에 올랐지만 얼마 가지 못하고 바다에서 목숨을 잃었을 것으로 짐작된다.

개척자들
포르투갈 탐험가들은 진행 경로를 표시하고 해당 지역에 대한 소유권을 기록하기 위해 해안선의 주요 지점에 파드랑Padrãos이라는 석조 십자가를 세웠다.

아프리카에 대한 포르투갈 사람들의 야심

포르투갈의 왕자 헨리는 아시아 무역에 대한 아랍의 독점권을 무너뜨리기 위해 서부 아프리카 탐험을 지원했다. 특히 그는 카라반들이 지중해 연안으로 운송했던 금, 상아, 노예, 향료 등 아프리카의 풍부한 자원에 자유롭게 접근할 수 있기를 원했다.

디아스와 희망봉

1481년 포르투갈의 왕위에 오른 항해가 헨리의 조카 주앙 2세João II는 탐험을 계속하기로 결정했다. 그리고 1487년 바르톨로뮤 디아스를 남쪽 서부 아프리카 해안으로 파견했다. 디아스는 캉의 마지막 파드랑을 지나가면서 거센 폭풍을 만났고 어쩔 수 없이 먼 바다로 방향을 돌렸다. 그 와중에 희망봉을 발견하지 못하고 지나쳐 버렸다. 동쪽 해안의 그레이트 피시 강Great Fish River에 이르렀을 때 피곤에 지친 일행은 돌아가자며 디아스를 설득했다. 디아스의 원정으로 아프리카 연안 바다를 인도양과 그보다 먼 곳까지 항해하는 경로로 인도와 향료 제도Spice Islands까지 통상로를 개설할 수 있음이 확인되었다. 이후 1497년 디아스는 바스코 다 가마와 함께 케이프베르데까지 항해했다. 1500년 그는 페드로 알바레스 카브랄Fedro Álvares Cabral과 함께 브라질까지 항해했지만 희망봉 앞바다에서 폭풍을 만나 익사했다.

일행의 구성원들
이 현대 초상화에 그려진 디아스는 3명의 아프리카 포로를 항해에 동참시켰다. 남쪽으로 항해할 때 한 번에 한 사람씩 향료와 금속의 표본을 채취하는 임무를 맡겨 육지로 보내고 그의 원천을 확인하도록 명령했다.

천수 항해
카라벨은 크기가 작았지만 속도가 빨랐고 흘수(배가 물 위에 떠 있을 때 물에 잠겨 있는 부분의 깊이–옮긴이)가 얕았기 때문에 연안수에 이상적인 배였다. 남아프리카 공화국 모셀 베이Mossel Bay의 바르톨로뮤 박물관Bartolomeu Museum에 디아스가 탔던 카라벨의 복제품이 소장되어 있다.

흥미로운 사실들	
디아스 선단에 속한 배의 수	3척
항해 기간	16개월
최동단	동경 27도의 그레이트 피시 강
세워진 파드랑의 개수	3군데
디아스 덕분에 지도상에 늘어난 해안의 길이	2,030킬로미터

물자 수송선

발견을 목적으로 삼은 항해의 범위가 점점 확대되면서 선단의 선장들은 더욱 오랜 기간 동안 선원들에게 식량, 물, 장비를 공급해야 했고, 따라서 배 1척으로는 장거리 항해를 할 수 없다는 사실이 분명해졌다. 따라서 디아스는 카라벨 2척과 이보다 큰 물자 수송선 1척 등 총 3척의 배를 동원했으며, 공급 물자를 모두 소진한 다음에는 수송선을 버렸다.

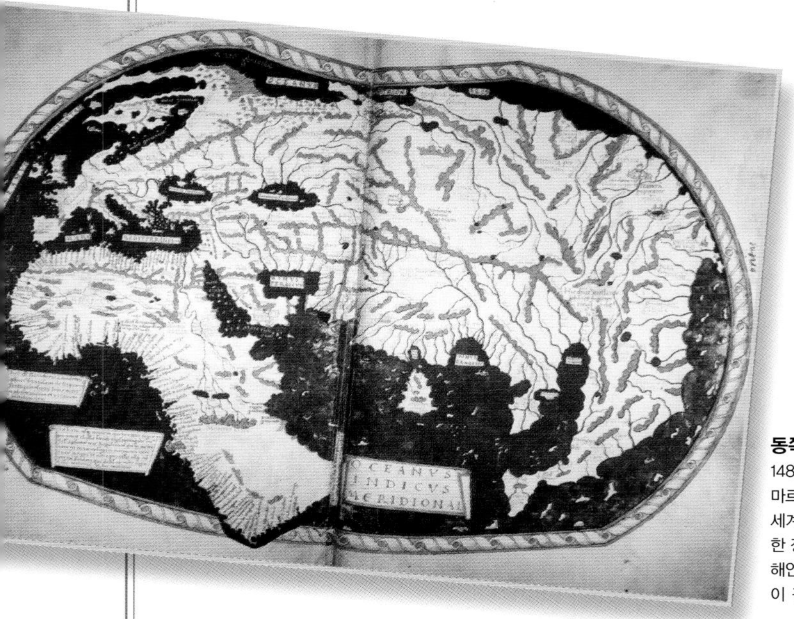
OCEANUS
INDICUS
MERIDIONA

동쪽 항로
1489년 독일의 지도 제작자 헨리쿠스 마르텔루스Henricus Martellus가 그린 이 세계 지도를 살펴보면 디아스가 발견한 장소들을 확인할 수 있다. 아프리카 해안의 지명들은 디아스와 그의 일행이 귀항한 지점에서 돌연 끊어진다.

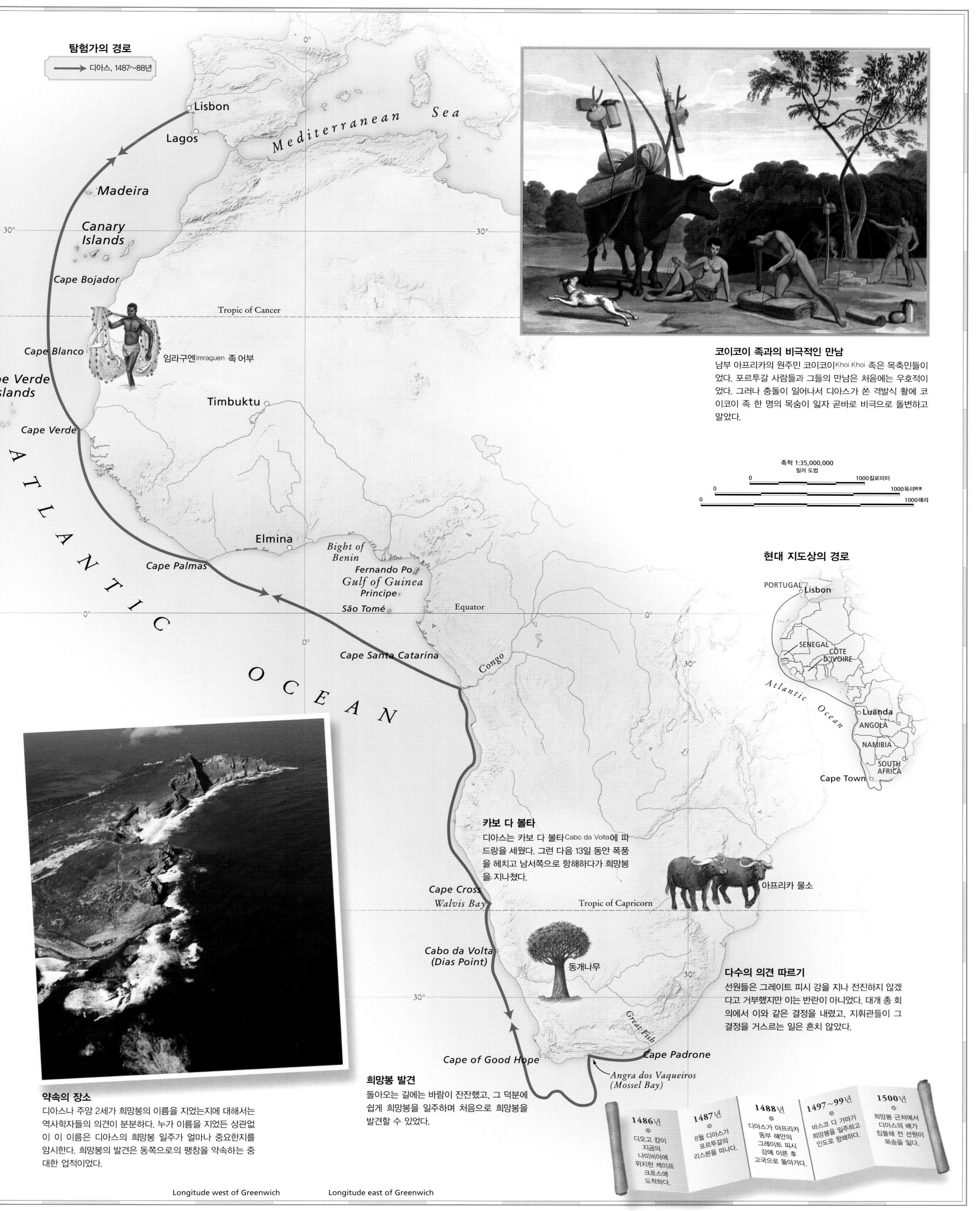
탐험가의 경로
디아스, 1487~88년
Lisbon
Lagos
Mediterranean Sea
Madeira
Canary Islands
Cape Bojador
Tropic of Cancer
Cape Blanco
임라구엔Imraguen 족 어부
Cape Verde Islands
Timbuktu
Cape Verde
ATLANTIC OCEAN
Elmina
Bight of Benin
Cape Palmas
Fernando Po
Gulf of Guinea
Principe
São Tomé
Equator
Cape Santa Catarina
Congo
축척 1:35,000,000
밀러 도법
0 1000킬로미터
0 1000육리陸里
0 1000해리
현대 지도상의 경로
PORTUGAL
Lisbon
SENEGAL
COTE D'IVOIRE
Atlantic Ocean
Luanda
ANGOLA
NAMIBIA
SOUTH AFRICA
Cape Town
아프리카 물소
Cape Cross
Walvis Bay
Tropic of Capricorn
Cabo da Volta (Dias Point)
동개나무
Great Fish
Cape Padrone
Cape of Good Hope
Angra dos Vaqueiros (Mossel Bay)
1486년 디오고 캉이 지금의 나미비아에 위치한 케이프 크로스에 도착하다.
1487년 8월 디아스가 포르투갈의 리스본을 떠나다.
1488년 디아스가 아프리카 동부 해안의 그레이트 피시 강에 이른 후 고국으로 돌아가다.
1497~99년 바스코 다 가마가 희망봉을 일주하고 인도로 항해하다.
1500년 희망봉 근처에서 디아스의 배가 침몰해 전 선원이 목숨을 잃다.
Longitude west of Greenwich
Longitude east of Greenwich

코이코이 족과의 비극적인 만남

남부 아프리카의 원주민 코이코이Khoi Khoi 족은 목축민들이었다. 포르투갈 사람들과 그들의 만남은 처음에는 우호적이었다. 그러나 충돌이 일어나서 디아스가 쏜 격발식 활에 코이코이 족 한 명의 목숨이 잃자 곧바로 비극으로 돌변하고 말았다.

카보 다 볼타

디아스는 카보 다 볼타Cabo da Volta에 파드랑을 세웠다. 그런 다음 13일 동안 폭풍을 헤치고 남서쪽으로 항해하다가 희망봉을 지나쳤다.

다수의 의견 따르기

선원들은 그레이트 피시 강을 지나 전진하지 않겠다고 거부했지만 이는 반란이 아니었다. 대개 총 회의에서 이와 같은 결정을 내렸고, 지휘관들이 그 결정을 거스르는 일은 흔치 않았다.

약속의 장소

디아스나 주앙 2세가 희망봉의 이름을 지었는지에 대해서는 역사학자들의 의견이 분분하다. 누가 이름을 지었든 상관없이 이 이름은 디아스의 희망봉 일주가 얼마나 중요한지를 암시한다. 희망봉의 발견은 동쪽으로의 팽창을 약속하는 중대한 업적이었다.

희망봉 발견

돌아오는 길에는 바람이 잔잔했고, 그 덕분에 쉽게 희망봉을 일주하며 처음으로 희망봉을 발견할 수 있었다.

유럽 르네상스 시대

바스코 다 가마

1488년 바르톨로뮤 디아스가 희망봉을 일주하고 포르투갈로 돌아왔다. 이후 그의 보고서 덕분에 인도로 가는 항로가 존재한다는 사실이 증명되었다. 하지만 새로운 탐험이 시작된 것은 거의 10년이 흐른 후였다. 1497~98년 바스코 다 가마Vasco da Gama의 지휘하에 훌륭한 설비를 갖춘 선박 4척이 동쪽으로 항해를 떠나 아프리카 남단을 일주했다. 그런 다음 동쪽 해안을 따라 북쪽으로 올라갔다. 무시무시한 폭풍과 강한 해류 때문에 항해하기가 몹시 어려웠지만 선단은 마침내 말린디에 도착했다. 그곳에서 바스코 다 가마는 도선사를 고용해 인도양까지 선박을 인도하는 임무를 맡겼다. 23일이 지난 후 인도의 서부 해안에 도착했다. 캘리컷의 향료 무역에 합류하려던 포르투갈의 시도는 저항에 부딪혔고, 바스코 다 가마는 확실한 통상 협정을 맺지 못한 채 귀향길에 올랐다. 그러나 그는 유럽과 인도의 항로를 발견했으며, 그 결과 고국에서 큰 환영을 받았다.

거대한 업적
포르투갈 리스본Lisbon의 벨렘 탑Belem Tower은 1515년 마누엘 왕King Manuel이 다 가마의 항해를 기념하기 위해 건설한 것이다.

카라벨

안개 속으로 사라지다
카나리아 제도를 떠난 후 바스코 다 가마의 선단에 속한 선박들은 짙은 안개 탓에 서로를 시야에서 놓쳐 버렸다. 그들은 케이프베르데 제도에서 다시 만나 식량을 보충했다.

흥미로운 사실들	
바스코 다 가마의 기함	상 가브리엘 호São Gabriel
선단의 선박 수	4척(물자 수송선을 포함)
항해 거리	3만 8,600킬로미터
항해 일수	300일
포르투갈로 돌아온 선박 수	2척

선물과 칭호
이 초상화에 그려진 바스코 다 가마가 고국으로 돌아왔을 때 국왕은 그에게 '돔Dom'이라는 칭호를 내렸다. 아울러 인도와의 무역 허가권과 함께 많은 연금을 수여하고, 그를 인도양 사령관으로 임명했다.

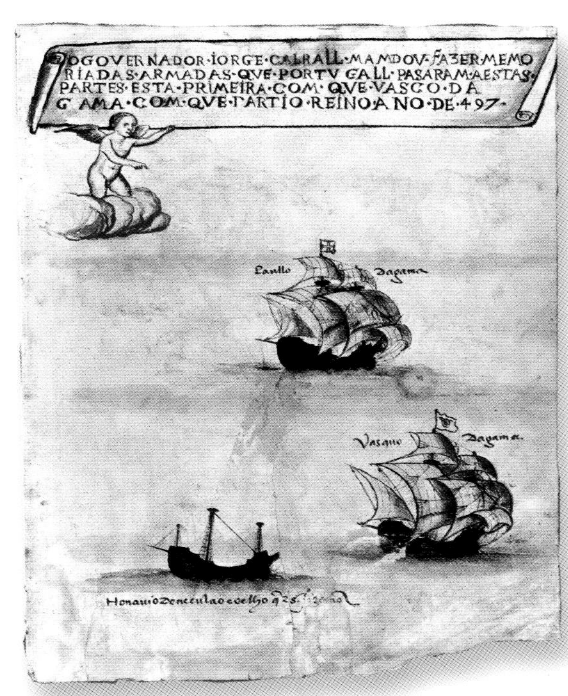
DOGOVERNADOR·IORGE·CALRALL·MAMDOV·FAZERMEMO
RIADAS·ARMADAS·QVE·PORTV GALL·PASARAM·AESTAS·
PARTES·ESTA·PRIMEIRA·COM·QVE·VASCO·DA·
G AMA·COM·QVE·PARTIO·REINO·ANO·DE·497·

항해 중인 선단
바스코 다 가마는 3척의 선박(자신이 선장을 맡은 상 가브리엘 호, 상 라파엘 호São Rafael, 그리고 베리오 호Berrio로 구성된 선단)과 물자 수송선을 인솔했으며, 물자 수송선은 쓸모가 없어졌을 때 버렸다.

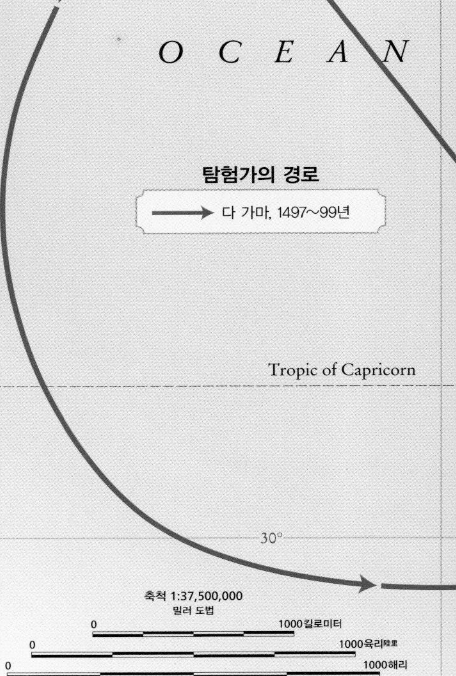
Lisbon
Azores
30°
Canary Islands
Cape Verde Islands
Equator
ATLANTIC
OCEAN
탐험가의 경로
다 가마, 1497~99년
Tropic of Capricorn
30°
축척 1:37,500,000
밀러 도법
0
1000킬로미터
1000육리마일
1000해리

희망봉의 쌀쌀한 바람
바스코 다 가마는 귀향길에서 희망봉을 지나치면서 다음과 같은 글을 남겼다. '강풍이 일으키는 추위 때문에 초죽음이 되었다. 몹시 더운 지역을 지나온 터라 바람이 더욱 세차게 느껴졌다.'

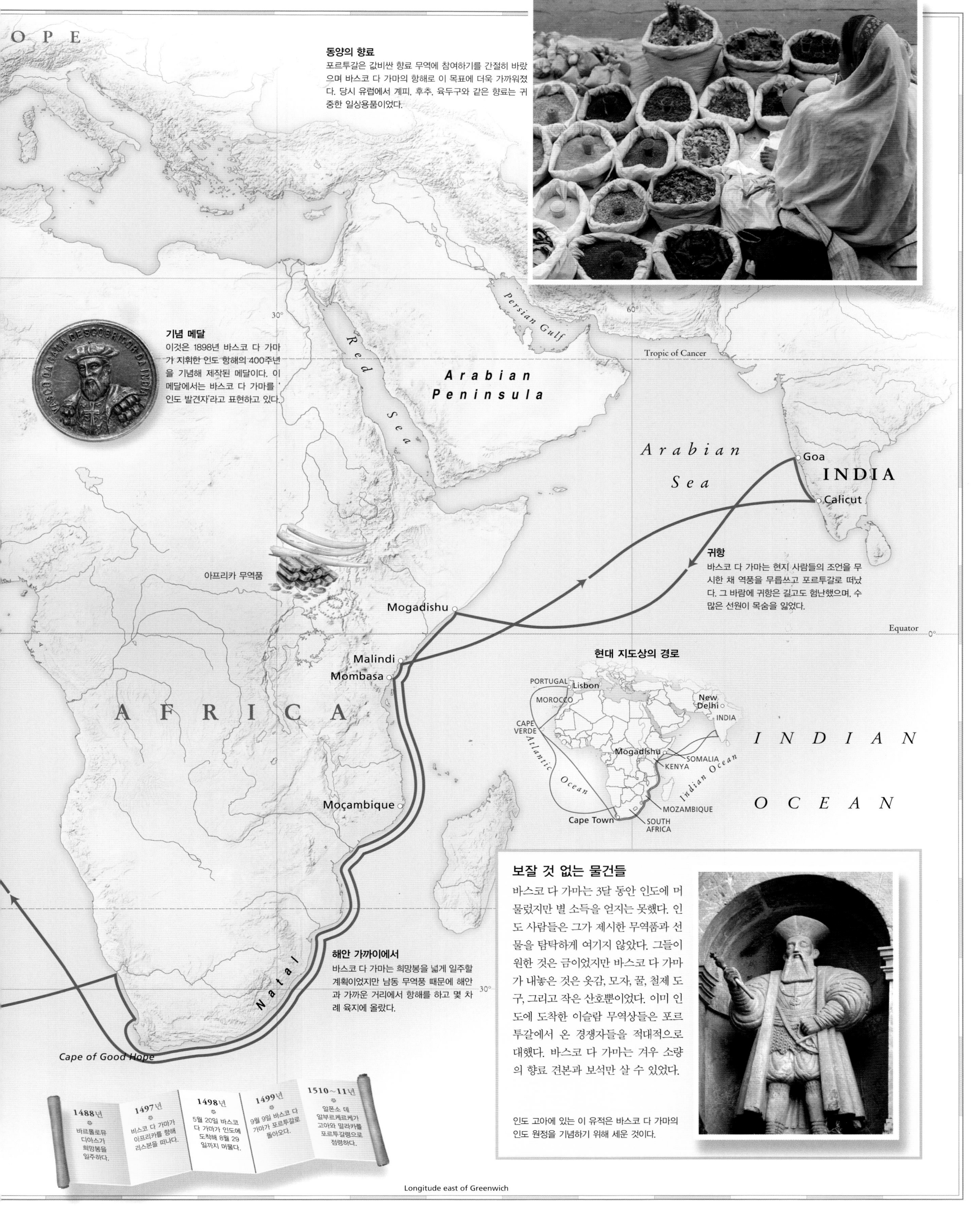
OPE
Persian Gulf
Red Sea
Arabian Peninsula
Tropic of Cancer
30°
60°
Arabian Sea
Goa
INDIA
Calicut
Mogadishu
Equator
0°
Malindi
Mombasa
AFRICA
Moçambique
Natal
Cape of Good Hope
INDIAN OCEAN
30°
Longitude east of Greenwich
현대 지도상의 경로
PORTUGAL
Lisbon
MOROCCO
CAPE VERDE
Atlantic Ocean
New Delhi
INDIA
Mogadishu
SOMALIA
KENYA
Indian Ocean
MOZAMBIQUE
Cape Town
SOUTH AFRICA
1488년
바르톨로뮤 디아스가 희망봉을 일주하다.
1497년
바스코 다 가마가 아프리카를 향해 리스본을 떠나다.
1498년
5월 20일 바스코 다 가마가 인도에 도착해 8월 29일까지 머물다.
1499년
9월 9일 바스코 다 가마가 포르투갈로 돌아오다.
1510~11년
알폰소 데 알부르케르케가 고아와 말라카를 포르투갈령으로 점령하다.

동양의 향료

포르투갈은 값비싼 향료 무역에 참여하기를 간절히 바랐으며 바스코 다 가마의 항해로 이 목표에 더욱 가까워졌다. 당시 유럽에서 계피, 후추, 육두구와 같은 향료는 귀중한 일상용품이었다.

기념 메달

이것은 1898년 바스코 다 가마가 지휘한 인도 항해의 400주년을 기념해 제작된 메달이다. 이 메달에서는 바스코 다 가마를 '인도 발견자'라고 표현하고 있다.

아프리카 무역품

귀항

바스코 다 가마는 현지 사람들의 조언을 무시한 채 역풍을 무릅쓰고 포르투갈로 떠났다. 그 바람에 귀항은 길고도 험난했으며, 수많은 선원이 목숨을 잃었다.

해안 가까이에서

바스코 다 가마는 희망봉을 넓게 일주할 계획이었지만 남동 무역풍 때문에 해안과 가까운 거리에서 항해를 하고 몇 차례 육지에 올랐다.

보잘 것 없는 물건들

바스코 다 가마는 3달 동안 인도에 머물렀지만 별 소득을 얻지는 못했다. 인도 사람들은 그가 제시한 무역품과 선물을 탐탁하게 여기지 않았다. 그들이 원한 것은 금이었지만 바스코 다 가마가 내놓은 것은 옷감, 모자, 꿀, 철제 도구, 그리고 작은 산호뿐이었다. 이미 인도에 도착한 이슬람 무역상들은 포르투갈에서 온 경쟁자들을 적대적으로 대했다. 바스코 다 가마는 겨우 소량의 향료 견본과 보석만 살 수 있었다.

인도 고아에 있는 이 유적은 바스코 다 가마의 인도 원정을 기념하기 위해 세운 것이다.

유럽 르네상스 시대

콘티와 코빌라의 여행

수세기에 걸쳐 기독교와 이슬람교가 서로 반목한 결과 15세기에는 유럽 사람들이 육로로 이슬람 지역을 여행하는 것이 위험해졌다. 따라서 여행이나 무역을 위해 동양으로 가려면 은밀하게 이 지역을 지나가야 했다. 베네치아 출신 무역업자 니콜로 데 콘티는 1419년 고향을 떠나 아랍어를 배우고 이슬람 상인처럼 가장한 뒤 시리아, 페르시아, 인도, 수마트라Sumatra, 미얀마, 베트남, 아라비아, 이집트를 거치는 22년간의 원정길에 올랐다. 그의 여행기 덕분에 유럽 사람들의 지리학적 지식은 크게 증가했다. 1487년 포르투갈의 주앙 2세는 또 다른 선구적인 여행가 페로 다 코빌라Pêro de Covilha에게 지중해와 인도양의 통상로를 탐험하라는 비밀 임무를 맡겼다. 역시 아랍어를 구사할 수 있었던 덕분에 아랍 무역업자로 변장한 코빌라는 37년 동안 여행하면서 동쪽으로 인도와 남쪽으로 멀게는 아프리카의 소팔라Sofala에 다다랐다.

중대한 원천

1441년 콘티가 이탈리아로 돌아온 후 학자 포지오 브라치올리니Poggio Bracciolini가 그의 여행담을 기록했다. 이는 1459년 프라 마우로Fra Mauro의 세계 지도(Mappamundi, 이 지도는 남쪽을 상단에 표시했다.)를 포함한 당대 지도에 직접적인 영향을 미쳤다.

EUROPE
Venice
Barcelona
Naples
Santarém
Lisbon
Mediterranea
0°
30°

D. JOÃO II

포르투갈의 주앙 2세

주앙 2세(1481~95년 집권)는 아프리카 항해와 중동과 인도의 육로 원정에 자금을 지원했다. 무역 경쟁이 무척 치열했기 때문에 코빌라의 원정을 포함해 이들이 파견된 사실은 대부분 비밀에 부쳐졌다.

만의 관문

콘티와 코빌라는 모두 페르시아 만의 어귀인 호르무즈 해협Strait of Hormuz을 통과했다. 16세기 들어 포르투갈 사람들은 오만의 카사브Khasab에 이 튼튼한 성채를 건설하고 만을 드나드는 접근 권한을 통제했다.

흥미로운 사실들	
콘티가 출발한 연도	1419년
콘티의 여행 기간	약 22년
코빌라가 출발한 연도	1487년
코빌라가 해외에서 보낸 기간	37년
코빌라가 에티오피아에서 억류되어 있던 기간	약 30년

산악 지대의 요새

1493년 무렵 코빌라는 내륙 산악 지대에 위치한 기독교 신자인 에티오피아 통치자들의 궁정에 도착했다. 고국으로 돌아가지 못하도록 발목이 잡힌 그는 궁정의 한곳에 정착하여 아내를 맞이하고 자녀를 낳으면서 여생의 대부분을 보냈다.

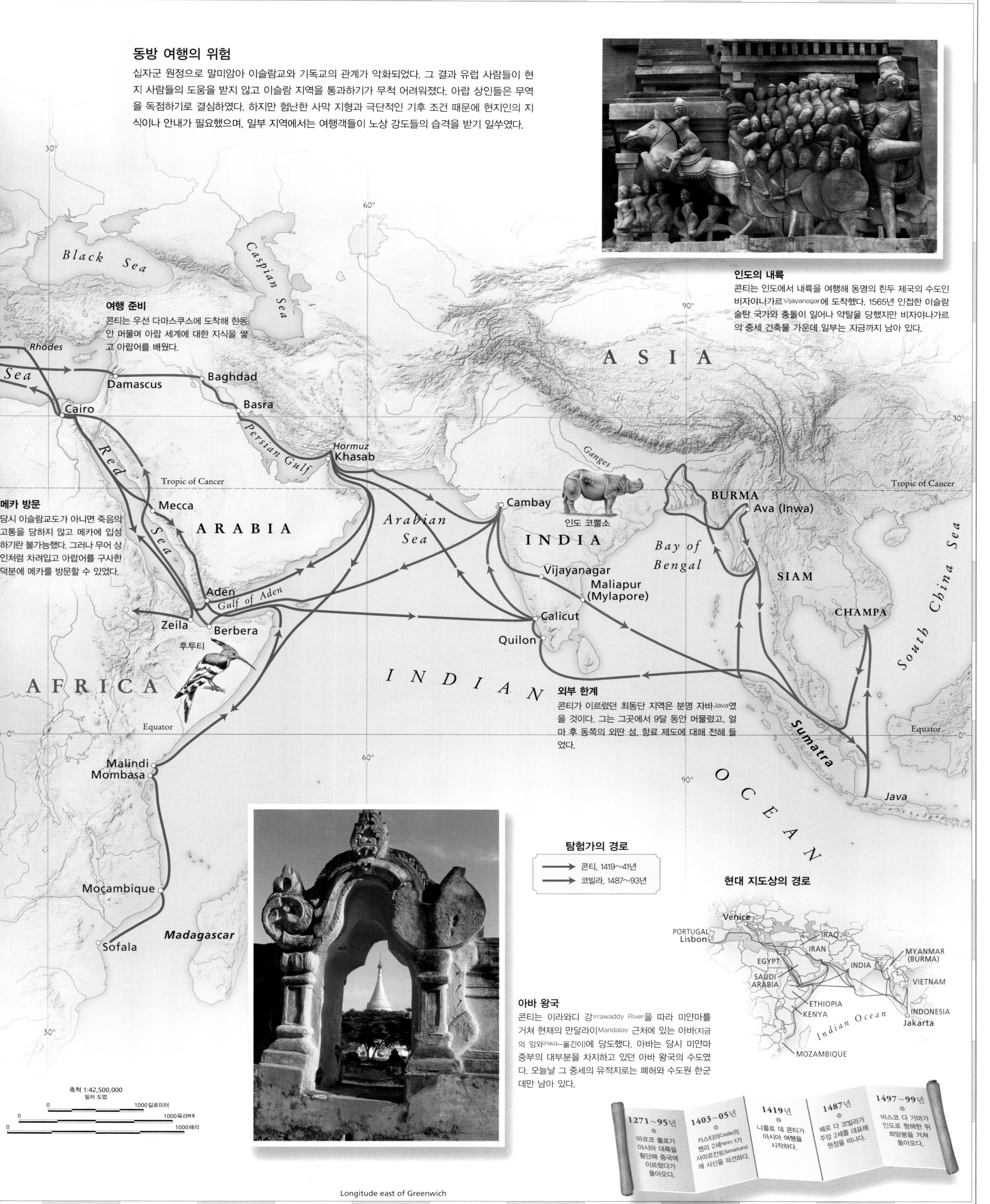
Black Sea
Caspian Sea
Rhodes
Sea
Damascus
Baghdad
Cairo
Basra
Persian Gulf
Red Sea
Hormuz
Khasab
Tropic of Cancer
Mecca
ARABIA
Arabian Sea
Cambay
인도 코뿔소
INDIA
Ganges
Bay of Bengal
BURMA
Ava (Inwa)
SIAM
CHAMPA
South China Sea
ASIA
Vijayanagar
Maliapur (Mylapore)
Aden
Gulf of Aden
Zeila
Berbera
후투티
Calicut
Quilon
AFRICA
INDIAN OCEAN
Sumatra
Java
Equator
Malindi
Mombasa
Moçambique
Sofala
Madagascar
30°
60°
90°
0°
탐험가의 경로
콘티, 1419~41년
코빌라, 1487~93년
현대 지도상의 경로
Venice
PORTUGAL
Lisbon
IRAQ
IRAN
EGYPT
SAUDI ARABIA
INDIA
MYANMAR (BURMA)
VIETNAM
ETHIOPIA
KENYA
Indian Ocean
INDONESIA
Jakarta
MOZAMBIQUE
축척 1:42,500,000
밀러 도법
1000킬로미터
1000육리해로
1000해리
Longitude east of Greenwich

동방 여행의 위험

십자군 원정으로 말미암아 이슬람교와 기독교의 관계가 악화되었다. 그 결과 유럽 사람들이 현지 사람들의 도움을 받지 않고 이슬람 지역을 통과하기가 무척 어려워졌다. 아랍 상인들은 무역을 독점하기로 결심하였다. 하지만 험난한 사막 지형과 극단적인 기후 조건 때문에 현지인의 지식이나 안내가 필요했으며, 일부 지역에서는 여행객들이 노상 강도들의 습격을 받기 일쑤였다.

인도의 내륙

콘티는 인도에서 내륙을 여행해 동명의 힌두 제국의 수도인 비자야나가르Vijayanagar에 도착했다. 1565년 인접한 이슬람 술탄 국가와 충돌이 일어나 약탈을 당했지만 비자야나가르의 중세 건축물 가운데 일부는 지금까지 남아 있다.

여행 준비

콘티는 우선 다마스쿠스에 도착해 한동안 머물며 아랍 세계에 대한 지식을 쌓고 아랍어를 배웠다.

메카 방문

당시 이슬람교도가 아니면 죽음의 고통을 당하지 않고 메카에 입성하기란 불가능했다. 그러나 무어 상인처럼 차려입고 아랍어를 구사한 덕분에 메카를 방문할 수 있었다.

외부 한계

콘티가 이르렀던 최동단 지역은 분명 자바Java였을 것이다. 그는 그곳에서 9달 동안 머물렀고, 얼마 후 동쪽의 외딴 섬, 향료 제도에 대해 전해 들었다.

아바 왕국

콘티는 이라와디 강Irrawaddy River을 따라 미얀마를 거쳐 현재의 만달라이Mandalay 근처에 있는 아바(지금의 잉와Inwa—옮긴이)에 당도했다. 아바는 당시 미얀마 중부의 대부분을 차지하고 있던 아바 왕국의 수도였다. 오늘날 그 중세의 유적지로는 폐허와 수도원 한군데만 남아 있다.

1271~95년 — 마르코 폴로가 아시아 대륙을 횡단해 중국에 이르렀다가 돌아오다.

1403~05년 — 카스티야Castile의 헨리 2세Henry II가 사마르칸트Samarkand에 사신을 파견하다.

1419년 — 니콜로 데 콘티가 아시아 여행을 시작하다.

1487년 — 페로 다 코빌라가 주앙 2세를 대표해 원정을 떠나다.

1497~99년 — 바스코 다 가마가 인도로 항해한 뒤 희망봉을 거쳐 돌아오다.

크리스토퍼 콜럼버스

15세기 유럽 사람들은 유럽과 아시아가 거의 지구 전체에 펼쳐진 한 대륙의 일부이며, 대륙의 서단과 동단(각각 유럽과 케세이Cathay), 즉 중국 사이에 비교적 좁은 물줄기인 '대양Ocean Sea'이 있다고 믿었다. 크리스토퍼 콜럼버스Christopher Columbus는 이 믿음을 바탕으로 네 차례에 걸쳐 동양에 이르기 위해 대서양을 건너 서쪽으로 항해를 떠났다. 1492년 스페인의 페르디난드Ferdinand와 이사벨라Isabella의 후원으로 시작한 첫 번째 항해에서 그는 바하마 제도Bahamas, 쿠바Cuba, 그리고 히스파니올라Hispaniola에 도착했다. 스위스로 돌아와 환영을 받은 뒤 곧이어 17척의 선박과 약 1,200명의 정착민으로 구성된 선단을 이끌고 다시 히스파니올라로 항해를 떠났다. 세 번째 항해에서 트리니다드Trinidad를 발견하고 베네수엘라Venezuela에 이르렀으며, 마지막 항해에서는 중앙아메리카 해안을 탐험했다. 비록 이처럼 여러 지역을 발견했지만 콜럼버스는 자신이 아시아에 다다르지 못했다는 사실을 끝내 깨닫지 못했던 것처럼 보인다.

크리스토발 콜론
이탈리아 제노바의 크리스토발 콜론Cristóbal Colón에서 태어난 콜럼버스는 십대 시절부터 항해를 시작했다. 초창기에 서부 아프리카, 지중해 섬 키오스Chios, 스페인, 포르투갈, 영국, 아일랜드를 여행했으며, 아이슬란드까지 항해했을 것으로 짐작된다.

최초로 발견된 신세계
1492년 서쪽으로 항해를 떠난 콜럼버스는 얼 수평선 위로 불빛이 보였다고 여겼지만 선원 은 아무것도 보지 못했다. 그러나 이튿날 새벽 시 망을 보던 선원이 현재 바하마로 알려진 섬 발견했다.

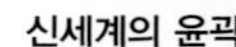
Sargasso Sea
Gulf of Mexico
Tropic of Cancer
San Salvador (Bahamas)
Cuba
Santiago (Jamaica)
Hispaniola
Puerto R
Caribbean Sea
Trinidad
VENEZUELA
SOUTH AMERIC
Equato
30°
90°

히스파니올라 정착
1492년 12월 6일 콜럼버스는 문명이 고도로 발달한 섬에 도착해 '히스파니올라'라고 명명했다. 콜럼버스가 그 섬에 남긴 39명은 스페인 최초의 아메리카 정착민이 되었다.

흥미로운 사실들	
첫 선단의 선박 수	3척
선원 수	약 90명
콜럼버스가 받은 보상	자신의 항해를 포함해 이후 모든 항해에서 발생하는 수익의 10퍼센트
콜럼버스가 생각한 서양과 중국과의 거리	5,300킬로미터
실제 거리	2만 3,000킬로미터

3척의 배
첫 항해에서는 두 척의 카라벨(니냐 호Niña와 핀타 호Pinta), 그리고 이보다 크기가 크고 속도가 느린 기함 산타마리아 호Santa Maria로 구성된 소규모 함대가 동원되었다. 산타마리아 호의 주 돛에는 페르디난드와 이사벨라의 모노그램이 담겨 있었다.

신세계의 윤곽
1, 2차 항해에 동참했던 후안 데 라 코사Juan de la Cosa가 1500년에 그린 지도는 신세계 지역을 그린 최초의 유럽 지도이다. 카리브 제도Caribbean islands(서쪽이 상단에 위치해 있다.) 옆으로 해안선이 길게 이어져 있다.

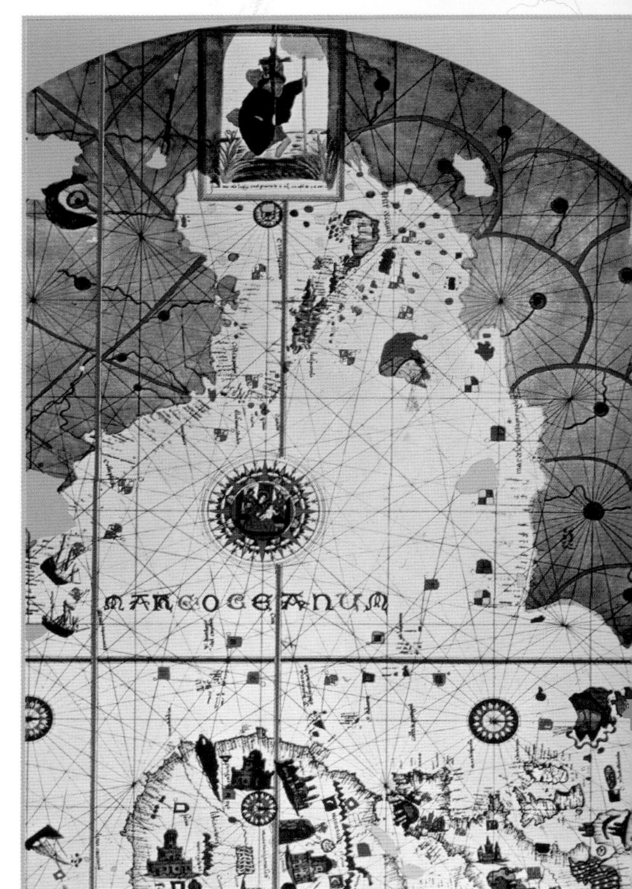
MARE OCEANUM

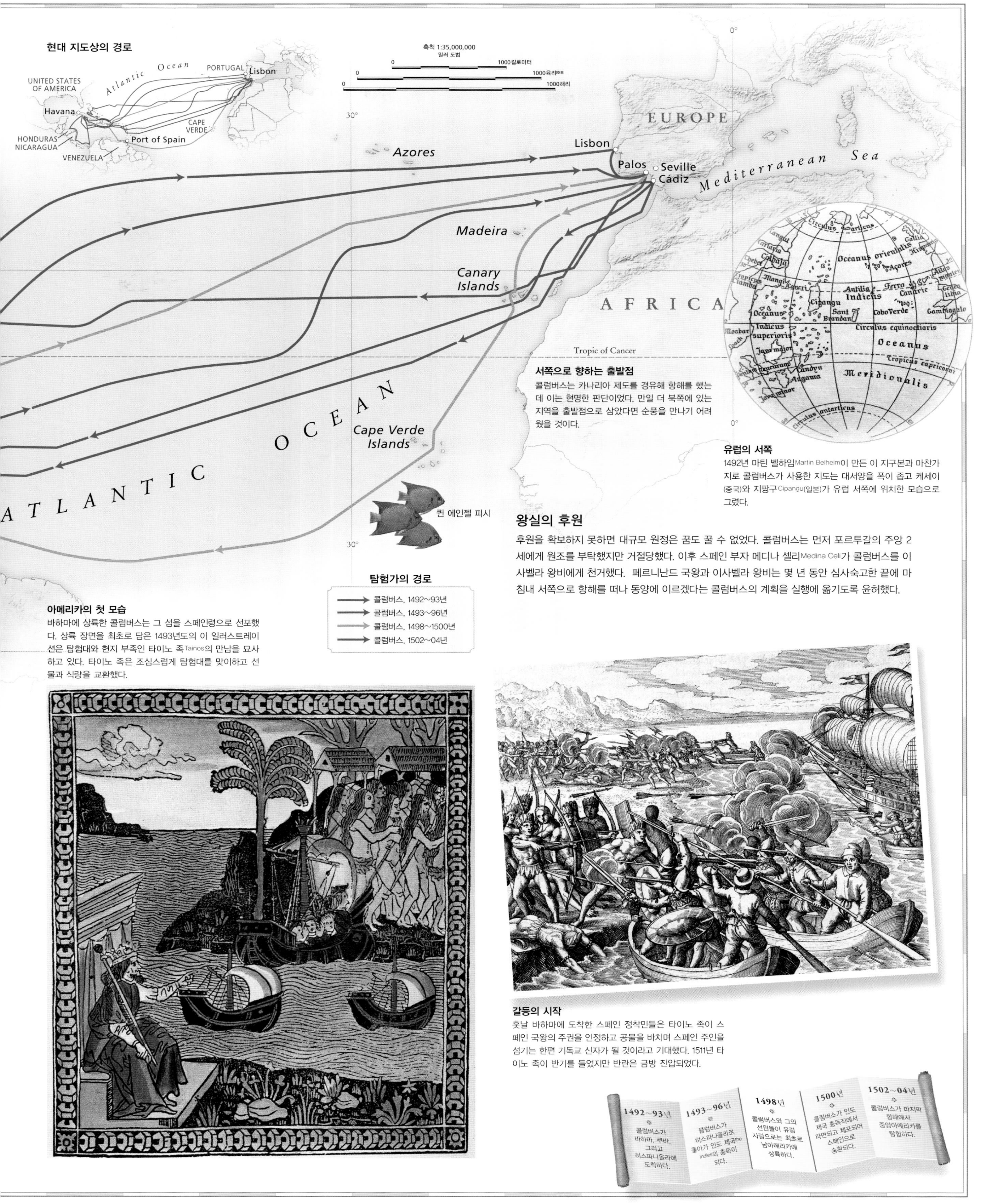

현대 지도상의 경로
UNITED STATES OF AMERICA
Atlantic Ocean
PORTUGAL
Lisbon
Havana
HONDURAS
NICARAGUA
VENEZUELA
Port of Spain
CAPE VERDE
축척 1:35,000,000
밀러 도법
1000킬로미터
1000육리해로
1000해리
EUROPE
Lisbon
Palos
Seville
Cádiz
Mediterranean Sea
Azores
Madeira
Canary Islands
AFRICA
Tropic of Cancer
Cape Verde Islands
ATLANTIC OCEAN
퀸 에인젤 피시
탐험가의 경로
콜럼버스, 1492~93년
콜럼버스, 1493~96년
콜럼버스, 1498~1500년
콜럼버스, 1502~04년
1492~93년
콜럼버스가 바하마, 쿠바, 그리고 히스파니올라에 도착하다.
1493~96년
콜럼버스가 히스파니올라로 돌아가 인도 제국the Indies의 총독이 되다.
1498년
콜럼버스와 그의 선원들이 유럽 사람으로는 최초로 남아메리카에 상륙하다.
1500년
콜럼버스가 인도 제국 총독직에서 파면되고 체포되어 스페인으로 송환되다.
1502~04년
콜럼버스가 마지막 항해에서 중앙아메리카를 탐험하다.

서쪽으로 향하는 출발점

콜럼버스는 카나리아 제도를 경유해 항해를 했는데 이는 현명한 판단이었다. 만일 더 북쪽에 있는 지역을 출발점으로 삼았다면 순풍을 만나기 어려웠을 것이다.

유럽의 서쪽

1492년 마틴 벨하임Martin Belheim이 만든 이 지구본과 마찬가지로 콜럼버스가 사용한 지도는 대서양을 폭이 좁고 케세이(중국)와 지팡구Cipangu(일본)가 유럽 서쪽에 위치한 모습으로 그렸다.

왕실의 후원

후원을 확보하지 못하면 대규모 원정은 꿈도 꿀 수 없었다. 콜럼버스는 먼저 포르투갈의 주앙 2세에게 원조를 부탁했지만 거절당했다. 이후 스페인 부자 메디나 셀리Medina Celi가 콜럼버스를 이사벨라 왕비에게 천거했다. 페르디난드 국왕과 이사벨라 왕비는 몇 년 동안 심사숙고한 끝에 마침내 서쪽으로 항해를 떠나 동양에 이르겠다는 콜럼버스의 계획을 실행에 옮기도록 윤허했다.

아메리카의 첫 모습

바하마에 상륙한 콜럼버스는 그 섬을 스페인령으로 선포했다. 상륙 장면을 최초로 담은 1493년도의 이 일러스트레이션은 탐험대와 현지 부족인 타이노 족Tainos의 만남을 묘사하고 있다. 타이노 족은 조심스럽게 탐험대를 맞이하고 선물과 식량을 교환했다.

갈등의 시작

훗날 바하마에 도착한 스페인 정착민들은 타이노 족이 스페인 국왕의 주권을 인정하고 공물을 바치며 스페인 주인을 섬기는 한편 기독교 신자가 될 것이라고 기대했다. 1511년 타이노 족이 반기를 들었지만 반란은 금방 진압되었다.

토르데시야스 조약

1492년 스페인의 페르디난드 국왕과 이사벨라 왕비가 후원한 크리스토퍼 콜럼버스의 카리브 해 탐험은 결국 대서양 서부의 무역과 식민화 권한을 둘러싼 스페인과 포르투갈의 분쟁으로 이어졌다. 포르투갈은 카리브 해가 자국의 영토인 아조레스 제도의 일부라고 주장했다. 중재에 나선 교황 알렉산더 6세Alexander VI는 1493년 교황 칙서를 발표해 경계선을 제시했다. 그러나 포르투갈 사람들은 이 때문에 스페인의 접근 지역이 증가했다고 생각했고, 그 결과 협상은 끝나지 않았다. 결국 1494년 토르데시야스 조약이 체결되어 케이프베르데 제도의 서쪽에 분리선이 그어졌다. 비록 당시 새로 발견된 지역의 크기는 확인되지 않았지만 이로써 포르투갈과 스페인은 각각 아프리카와 인도, 그리고 아메리카의 대부분 지역을 얻었다. 이 조약은 두 가맹국에게만 구속력이 있었으며, 영국과 프랑스를 포함한 다른 국가들은 이를 무시할 수 있다고 생각했다.

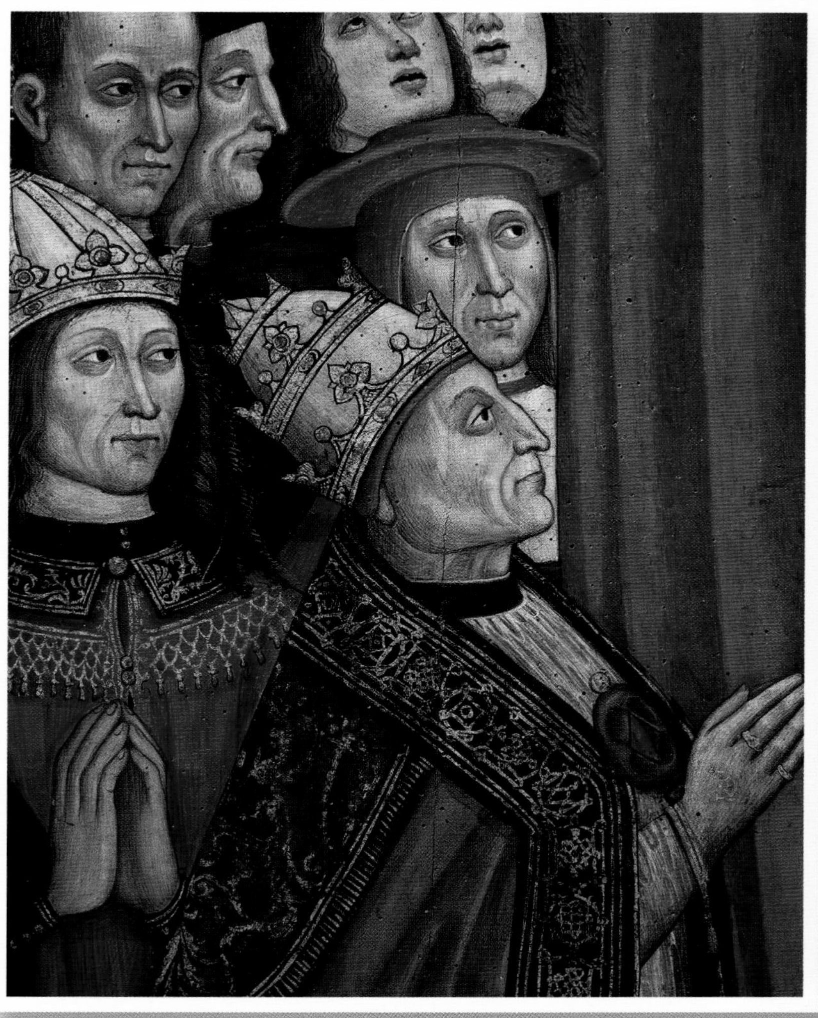

교황의 권위
교황 알렉산더 6세는 세력을 팽창하고 있는 오스만투르크 제국에 맞서 유럽이 단결하기를 간절히 바랐다. 그래서 그는 교황의 권위를 이용해 무역과 식민지에 대한 야심을 둘러싼 스페인과 포르투갈의 갈등을 최소한으로 줄이기 위해 노력했다.

토르데시야스로 향하는 길

1493년 스페인과 포르투갈은 이미 왕위 계승, 식민지, 그리고 무역을 둘러싼 분쟁을 벌이고 있었다. 콜럼버스의 발견에 관한 소식을 접하자마자 포르투갈의 주앙 2세는 카리브 해에 대한 자국의 권리를 행사하기 위해 대서양 반대편에 함대를 파견하겠다고 위협했다. 결국 양측은 교황이 파견한 중재자와 함께 스페인의 도시 토르데시야스에서 만났다.

경계선
1502년에 제작된 이 지도는 토르데시야스 조약에 따라 결정된 경계선을 나타낸 최초의 지도로 알려져 있다. 이는 알베르토 칸티노Alberto Cantino가 이탈리아의 페라라 공작Duke of Ferrara을 위해 포르투갈의 지도 제작자로부터 입수한 것이다.

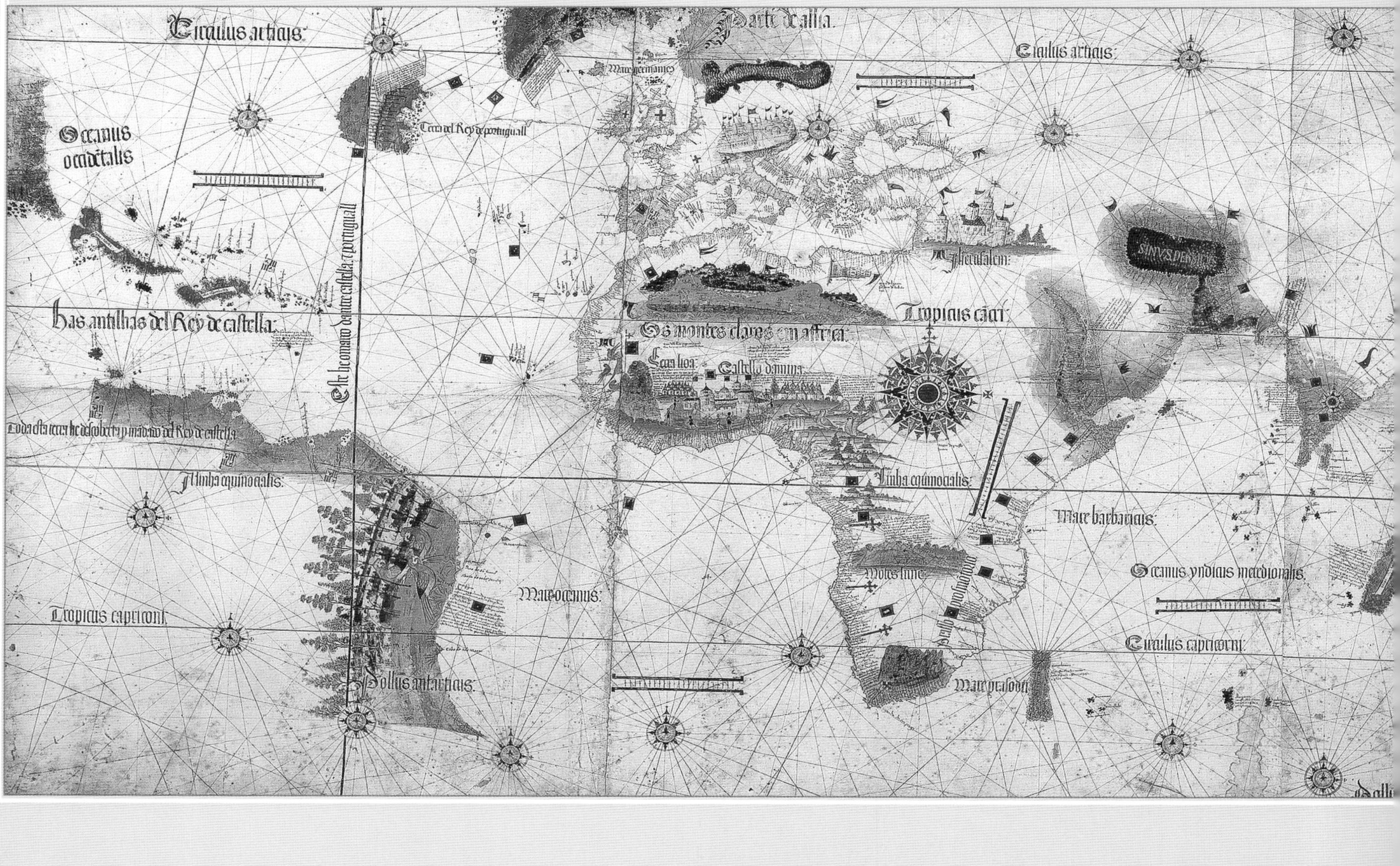

세부 사항들

이 조약에 따라 대서양 케이프베르데 제도 서쪽에 약 2,250킬로미터에 이르는 경계선이 결정되었다. 스페인 사람들은 경계선의 서쪽에 위치한 신대륙을 차지한 반면 포르투갈은 경계선의 오른쪽의 위치한 지역의 소유권을 얻었다. 이로 말미암아 훗날 포르투갈은 브라질을 자국의 영토로 삼을 수 있었다.

토르데시야스에 있는 조약 기념관에 조약의 복사본이 소장되어 있다.

NORTH AMERICA
EUROPE
ASIA
PORTUGAL
AFRICA
Moluccas
Equator
SPAIN
SOUTH AMERICA
사라고자 조약에 따른 경계선
토르데시야스 조약에 따른 경계선

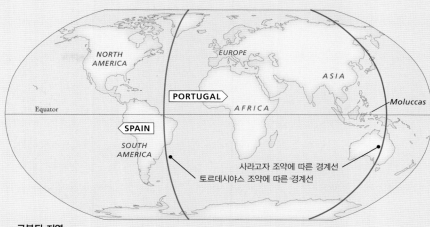

구분된 지역
이 지도에는 토르데시야스 조약과 사라고자 조약에 따라 결정된 경계선이 나타나 있다. 다른 유럽 국가들은 어떤 조약도 구속력이 없다고 생각했고 따라서 스페인과 포르투갈의 영토로 간주된 지역에 무역소와 식민지를 건설하는 국가가 점점 많아졌다.

사라고자의 수정안

1512년 포르투갈이 몰루카 제도Moluccas의 소유권을 주장했을 때 스페인은 토르데시야스 조약은 전 세계에 적용되어야 하며, 따라서 몰루카 제도는 자국의 영토라고 주장했다. 이후 협상을 계속한 끝에 1529년 사라고자Zaragoza 조약에서 태평양에 새로운 경계선이 결정되었다. 그 결과 포르투갈은 스페인에게 보상금을 지불해야 했지만 몰루카 제도의 소유권은 지킬 수 있었다.

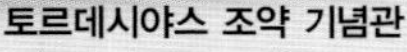

토르데시야스 조약 기념관
1494년 6월 7일 스페인 서북부 중심에 위치한 토르데시야스의 이 건물에서 조약이 체결되었다. 포르투갈과 스페인 군주들의 대리인과 교황이 모두 참석했다.

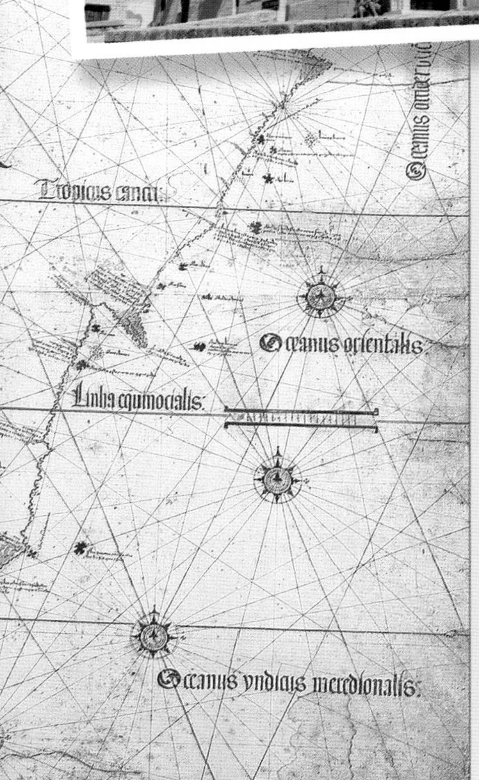
Tropicus cancri
Oceanus orientalis
Linha equinocialis
Oceanus yndicus meridionalis

동양의 발화점
몰루카 제도에서는 과거 유럽 사람들이 매우 귀중하게 여겼던 육두구, 정향, 계피, 그 밖의 향료들이 생산되었다. 훗날 수익성이 높은 이 생산품의 무역을 둘러싼 경쟁으로 말미암아 포르투갈, 스페인, 영국, 네덜란드 사이에 이른바 향료 전쟁이 일어났다.

유럽 르네상스 시대

존 캐벗과 뉴펀들랜드

1400년대 후반 영국의 도시 브리스틀Bristol은 대구 무역의 중심지였으며, 그곳의 부유한 상인들은 새로운 영역으로 자신들의 사업을 확장할 방법을 끊임없이 모색하고 있었다. 콜럼버스가 당시 아시아라고 착각했던 곳으로 항해를 떠났다는 소식이 영국에 전해지자 브리스틀에 거주하던 이탈리아 항해가 존 캐벗은 좀 더 북쪽으로 대서양을 횡단하면 거리를 크게 단축할 수 있을 것이라고 주장했다. 영국 국왕 헨리 7세Henry VII는 캐벗과 브리스틀의 상인들이 자금을 지원한다는 조건으로 항해를 허락했다. 1497년 출항한 캐벗은 대서양을 건너 뉴펀들랜드 또는 인근 지역에 상륙했고, 약 한 달 동안 주변 지역을 일주했다. 영국으로 돌아와 환영을 받고 1498년 더 큰 규모로 2차 항해를 떠났다. 그러나 폭풍 속에서 5척 가운데 4척을 잃은 이후 캐벗의 소식은 다시 들을 수 없었다.

베니스의 항해가
1455년경 이탈리아 지오반니 카보토Giovanni Caboto에서 태어난 캐벗은 베니스 선단과 함께 사이프러스Cyprus, 이집트, 그리고 레반트로 항해를 떠났다. 그리고 1495년경 가족과 영국 브리스틀에 정착했다.

캐나다 기러기

브리스틀의 뱃사람들

캐벗이 탐험을 시작하기 전부터 이미 대서양 탐험 항해가 시작되었다는 일부 증거가 존재한다. 대구 무역에 종사하던 부유한 브리스틀 상인들이 자금을 제공했을 것이다. 1480년 존 로이드John Lloyd의 탐험과 상인 토머스 크로프트Thomas Croft가 후원한 1483년의 항해를 예로 들 수 있다. 1498년 스페인의 한 사절이 영국에서 보낸 편지를 보면 탐험 선박들이 정기적으로 브리스틀을 떠나 북대서양으로 향했음을 알 수 있다.

흥미로운 사실들	
캐벗의 배	매튜Matthew 호
선원의 수	약 18명
뉴펀들랜드까지 가는 데 걸린 기간	약 35일
돌아오는 데 걸린 기간	약 15일
새로운 섬을 발견한 공로에 대한 국왕의 보상	10파운드

작은 배
캐벗은 최대 5척까지 동원할 권한을 얻었지만 매튜라는 작은 배 1척만 동원했다. 이는 아마도 브리스틀 상인들이 지원한 자금이 그리 넉넉하지 않았기 때문일 것이다. 캐벗의 배를 복제한 이 배는 1997년 그의 항해를 재현했다.

항해
어네스트 보드Earnest Board는 이 1906년 작품에서 브리스틀을 떠나는 캐벗의 모습을 상상했다. 캐벗은 아일랜드를 거쳐 대서양을 횡단한 후 뉴펀들랜드를 발견했다. 그는 아시아라고 굳게 믿었던 그곳을 헨리 7세의 영토라고 선언했다.

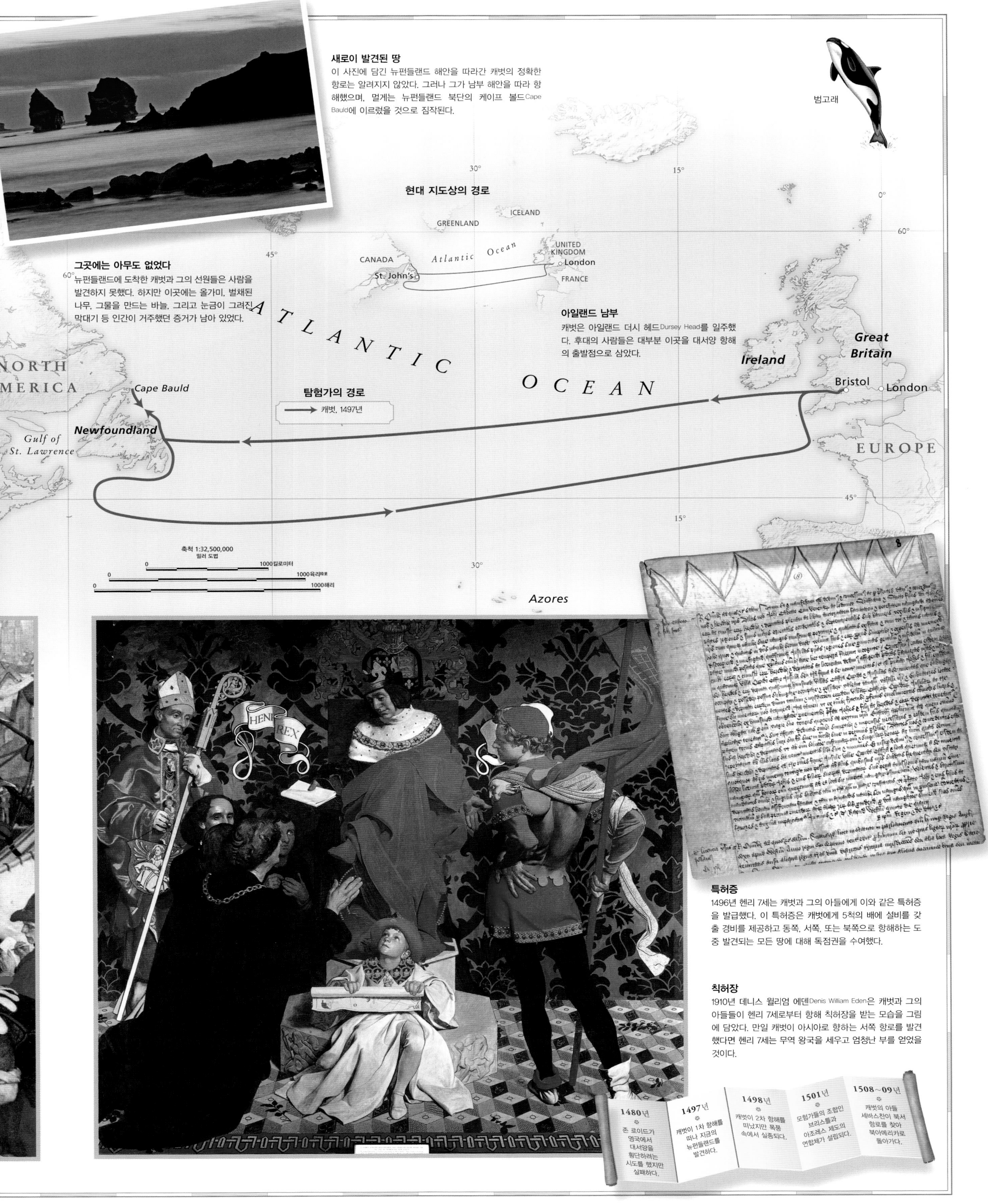
범고래
현대 지도상의 경로
GREENLAND
ICELAND
CANADA
Atlantic Ocean
UNITED KINGDOM
London
St. John's
FRANCE
ATLANTIC OCEAN
NORTH AMERICA
Cape Bauld
Newfoundland
Gulf of St. Lawrence
Ireland
Great Britain
Bristol
London
EUROPE
Azores
탐험가의 경로
캐벗, 1497년
축척 1:32,500,000
밀러 도법
1000킬로미터
1000육리마일
1000해리
HENRY REX
1480년
존 로이드가 영국에서 대서양을 횡단하려는 시도를 했지만 실패하다.
1497년
캐벗이 1차 항해를 떠나 지금의 뉴펀들랜드를 발견하다.
1498년
캐벗이 2차 항해를 떠났지만 폭풍 속에서 실종되다.
1501년
모험가들의 조합인 브리스톨과 아조레스 제도의 연합체가 설립되다.
1508~09년
캐벗의 아들 세바스찬이 북서 항로를 찾아 북아메리카로 돌아가다.

새로이 발견된 땅
이 사진에 담긴 뉴펀들랜드 해안을 따라간 캐벗의 정확한 항로는 알려지지 않았다. 그러나 그가 남부 해안을 따라 항해했으며, 멀게는 뉴펀들랜드 북단의 케이프 볼드Cape Bauld에 이르렀을 것으로 짐작된다.

그곳에는 아무도 없었다
뉴펀들랜드에 도착한 캐벗과 그의 선원들은 사람을 발견하지 못했다. 하지만 이곳에는 올가미, 벌채된 나무, 그물을 만드는 바늘, 그리고 눈금이 그려진 막대기 등 인간이 거주했던 증거가 남아 있었다.

아일랜드 남부
캐벗은 아일랜드 더시 헤드Dursey Head를 일주했다. 후대의 사람들은 대부분 이곳을 대서양 항해의 출발점으로 삼았다.

특허증
1496년 헨리 7세는 캐벗과 그의 아들에게 이와 같은 특허증을 발급했다. 이 특허증은 캐벗에게 5척의 배에 설비를 갖출 경비를 제공하고 동쪽, 서쪽, 또는 북쪽으로 항해하는 도중 발견되는 모든 땅에 대해 독점권을 수여했다.

칙허장
1910년 데니스 윌리엄 에덴Denis William Eden은 캐벗과 그의 아들들이 헨리 7세로부터 항해 칙허장을 받는 모습을 그림에 담았다. 만일 캐벗이 아시아로 향하는 서쪽 항로를 발견했다면 헨리 7세는 무역 왕국을 세우고 엄청난 부를 얻었을 것이다.

남아메리카의 베스푸치

콜럼버스의 항해 이후 남부 유럽의 모험가들이 대서양 저편의 땅을 탐험하기 위해 항해를 떠났다. 알론소 데 오제다Alonso de Ojeda, 후안 데 라 코사, 그리고 빈센테 야녜스 핀존Vicente Yáñez Pinzón 등 콜럼버스의 항해에 동참했던 사람들이 제각기 탐험대를 지휘했다. 1499년 천문학에 조예가 깊었던 이탈리아 사람 아메리고 베스푸치Amerigo Vespucci가 오제다와 라 코사의 항해에 합류해 남아메리카로 떠났다. 이들은 스페인 왕을 대표한 이 항해에서 기아나Guianas, 브라질, 그리고 베네수엘라 해안을 탐험했다. 몇 달 뒤 프린존 또한 브라질에 도착함으로써 남아메리카 해안에 대한 유럽의 지식이 더욱 증가했다. 1501년 이번에는 포르투갈 국기를 달고 돌아온 베스푸치가 멀게는 리우데자네이루Rio de Janeiro까지 항해했다. 그는 이 항해에서 십중팔구 탐험가로서 처음으로 아시아가 아니라 '신세계'를 발견했다는 사실을 깨달았을 것이다. 이 '신세계'는 훗날 그의 이름을 따서 명명되었다.

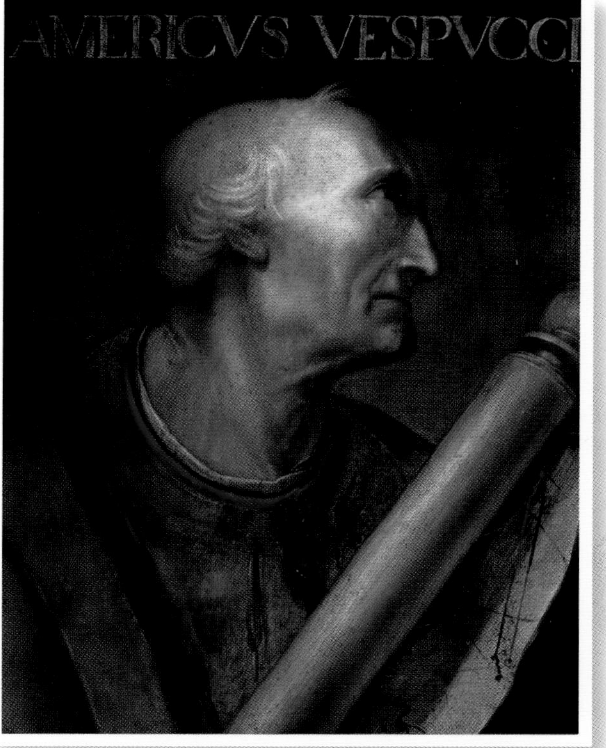
AMERICVS VESPVCCI

메디치 가문의 사람
1492년 메디치Medici 가문은 베스푸치를 스페인으로 파견해 가문의 재산을 관리하는 임무를 맡겼다. 그곳에서 베스푸치는 콜럼버스의 항해에 매료되었고, 1499년 오제다와 라 코사의 남아메리카 원정대에 합류했다.

흥미로운 사실들	
1499~1500년 베스푸치가 동참한 항해의 지휘자들	알론소 데 오제다와 후한 데 라 코사
출발 지점	카디스, 스페인
선박 수	3척
방문한 지역	기아나, 베네수엘라, 브라질
주요 성과	아마존 어귀를 탐험함.

아메리카라는 이름의 유래

1507년 독일 지도 제작자 마르틴 발트제뮐러Martin Waldseemüller는 세계 지도에 베스푸치의 '신세계'를 그린 후 '아메리카'라고 명명했다. 이는 베스푸치의 세례명을 여성 형태로 바꾼 라틴어였다. 뿐만 아니라 이 지도에는 양각기를 들고 있는 베스푸치의 초상화도 포함되어 있었다. 남아메리카 전역에는 '카스티야 국왕의 명령 때문에 이 땅이 발견되었다'는 이야기가 퍼졌다.

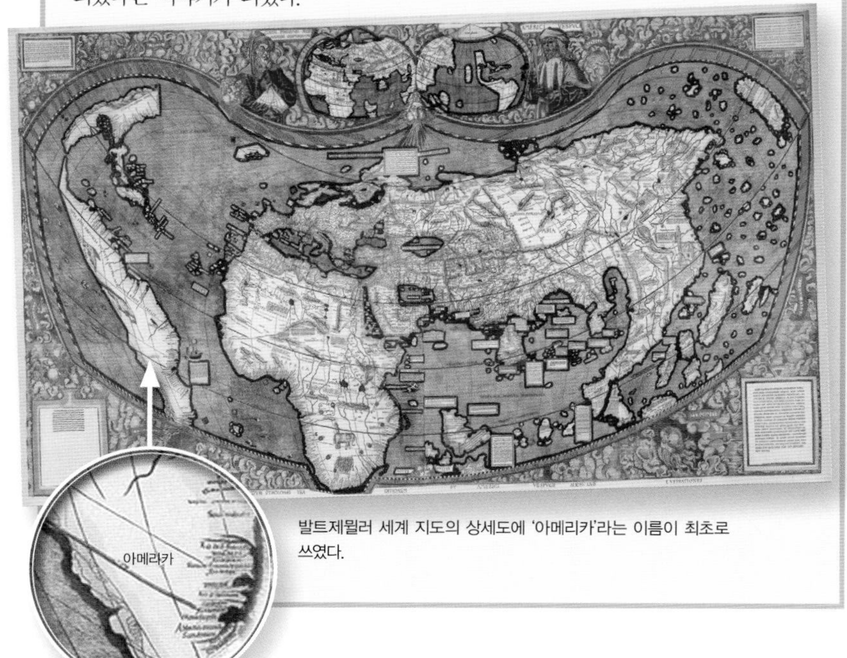
아메리카

발트제뮐러 세계 지도의 상세도에 '아메리카'라는 이름이 최초로 쓰였다.

Le ciel que j'ai contemplé chaque nuit lors de mon
troisième voyage était orné de planètes que j'
ai pris soin de relever attentivement. Il est donc
aujourd'hui manifeste que nous avons mesuré la—
quatrième partie de la voute céleste et découvert un
e terre ferme: il s'agit d'un continent jusqu'ici mé
connu des Européens, et qui les sépare des In
des contrairement aux croyances entretenues-
de nos jours.

유능한 항해가
베스푸치는 물리학, 기하학, 그리고 천문학을 공부했다. 그는 1499~1500년의 항해에서 화성과 달의 위치를 관찰함으로써 경도를 계산했다고 주장했다. 훗날 그는 스페인의 수석 항해사로 임명되었다.

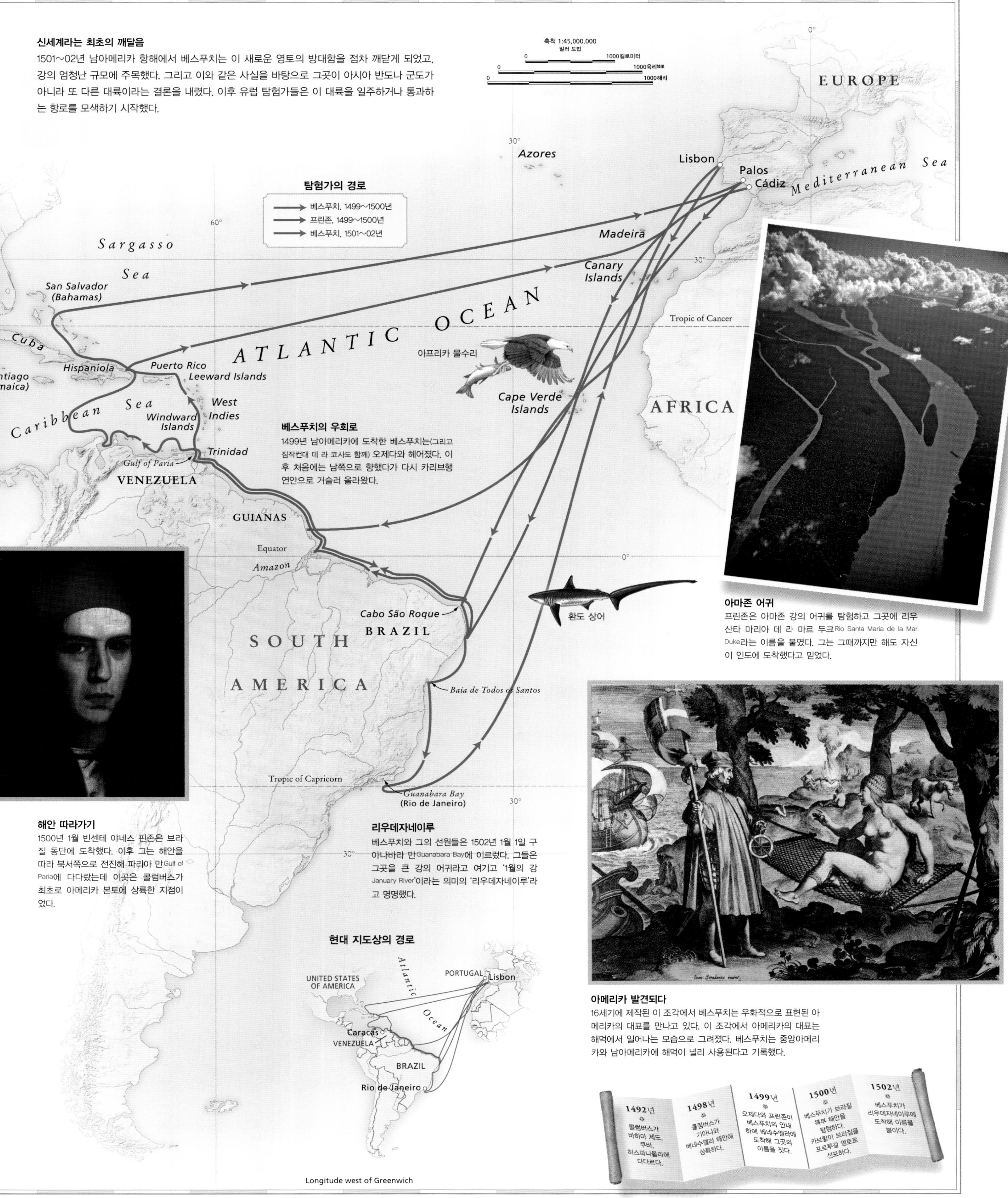
축척 1:45,000,000
밀러 도법
1000킬로미터
1000육리해로
1000해리
탐험가의 경로
베스푸치, 1499~1500년
프린존, 1499~1500년
베스푸치, 1501~02년
EUROPE
Azores
Lisbon
Palos
Cádiz
Mediterranean Sea
Madeira
Canary Islands
Tropic of Cancer
Sargasso Sea
San Salvador (Bahamas)
Cuba
Hispaniola
Puerto Rico
Leeward Islands
ATLANTIC OCEAN
아프리카 물수리
Cape Verde Islands
AFRICA
Caribbean Sea
Windward Islands
West Indies
Trinidad
Gulf of Paria
VENEZUELA
GUIANAS
Equator
Amazon
Cabo São Roque
BRAZIL
SOUTH AMERICA
환도 상어
Baia de Todos os Santos
Tropic of Capricorn
Guanabara Bay (Rio de Janeiro)
현대 지도상의 경로
UNITED STATES OF AMERICA
PORTUGAL
Lisbon
Atlantic Ocean
Caracas
VENEZUELA
BRAZIL
Rio de Janeiro
Longitude west of Greenwich
1492년 콜럼버스가 바하마 제도, 쿠바, 히스파니올라에 다다르다.
1498년 콜럼버스가 기아나와 베네수엘라 해안에 상륙하다.
1499년 오제다와 프린존이 베스푸치의 안내 하에 베네수엘라에 도착해 그곳의 이름을 짓다.
1500년 베스푸치가 브라질 북부 해안을 탐험하다. 카브랄이 브라질을 포르투갈 영토로 선포하다.
1502년 베스푸치가 리우데자네이루에 도착해 이름을 붙이다.

신세계라는 최초의 깨달음

1501~02년 남아메리카 항해에서 베스푸치는 이 새로운 영토의 방대함을 점차 깨닫게 되었고, 강의 엄청난 규모에 주목했다. 그리고 이와 같은 사실을 바탕으로 그곳이 아시아 반도나 군도가 아니라 또 다른 대륙이라는 결론을 내렸다. 이후 유럽 탐험가들은 이 대륙을 일주하거나 통과하는 항로를 모색하기 시작했다.

베스푸치의 우회로

1499년 남아메리카에 도착한 베스푸치는(그리고 짐작컨대 데 라 코사도 함께) 오제다와 헤어졌다. 이후 처음에는 남쪽으로 향했다가 다시 카리브행 연안으로 거슬러 올라왔다.

아마존 어귀

프린존은 아마존 강의 어귀를 탐험하고 그곳에 리우 산타 마리아 데 라 마르 두크Rio Santa Maria de la Mar Duke라는 이름을 붙였다. 그는 그때까지만 해도 자신이 인도에 도착했다고 믿었다.

해안 따라가기

1500년 1월 빈센테 야녜스 핀존은 브라질 동단에 도착했다. 이후 그는 해안을 따라 북서쪽으로 전진해 파리아 만Gulf of Paria에 다다랐는데 이곳은 콜럼버스가 최초로 아메리카 본토에 상륙한 지점이었다.

리우데자네이루

베스푸치와 그의 선원들은 1502년 1월 1일 구아나바라 만Guanabara Bay에 이르렀다. 그들은 그곳을 큰 강의 어귀라고 여기고 '1월의 강January River'이라는 의미의 '리우데자네이루'라고 명명했다.

아메리카 발견되다

16세기에 제작된 이 조각에서 베스푸치는 우화적으로 표현된 아메리카의 대표를 만나고 있다. 이 조각에서 아메리카의 대표는 해먹에서 일어나는 모습으로 그려졌다. 베스푸치는 중앙아메리카와 남아메리카에 해먹이 널리 사용된다고 기록했다.

유럽 르네상스 시대

페드로 알바레스 카브랄

바스코 다 가마가 희망봉을 경유해 동방 경로를 개척하고 몇 년이 지난 1500년 페드로 알바레스 카브랄은 수익성이 높은 향료 무역을 개설하기 위한 인도 원정대의 지휘자로 임명되었다. 그의 선단은 처음에는 서쪽으로 항해해서 대서양으로 진출한 다음 브라질에 상륙했다. 카브랄은 토르데시야 조약이 정한 경계선에서 동쪽에 위치한 브라질을 포르투갈의 영토로 선포했다. 이후 그는 바르톨로뮤 디아스가 지휘했던 배를 포함해 몇 척의 배를 잃었다. 캘리컷에 도착한 뒤 포르투갈 국왕의 통상권을 확보했다. 하지만 곧이어 현지 아랍 무역상들이 독점권을 상실한 것에 분개하면서 충돌이 일어났다. 카브랄은 코친Cochin으로 항해해 그곳에서 귀중한 향료를 싣고 유럽으로 돌아왔다. 배와 선원들을 잃었지만 그 항해에서 얻은 수익으로 포르투갈은 더욱 부강한 나라가 되었다.

PEDRO ALVARES CABRAL

총애를 잃다
귀족의 자제였던 페드로 알바레스 카브랄은 궁정에서 교육을 받고 국왕 마누엘 1세Manuel I의 사령관으로 임명되었다. 그러나 인도 항해를 마친 다음 그는 왕실의 총애를 잃고 다른 임무를 부여받지 못했다.

카브랄의 함대
카브랄이 이끌던 13척의 배 가운데 7척은 여정을 마쳤다. 이 가운데 4척은 카브랄과 함께 돌아왔고, 1척은 브라질에서 귀항했으며, 따른 1척은 항로에서 벗어났다가 다른 항로를 통해 고국으로 돌아왔다. 그리고 소팔라 베이에 파견되었던 나머지 1척 또한 홀로 귀항했다.

흥미로운 사실들	
페드로 알바레스 카브랄의 탄생과 사망	1497년에 탄생해 1520년 무렵 사망한 것으로 추정됨.
원정에 동원된 선박 수	13척
선원 수	약 1,200~1,500명
돌아온 선박 수	배 4척과 다른 배 3척
향료를 팔아 거둔 수익	항해 비용의 8배

하나님과 국왕의 땅으로 선포하다
카브랄은 브라질을 섬으로 착각하고 일라 데 베라크루스, 즉 진정한 십자가의 섬Island of the True Cross이라고 이름지었다. 카브랄은 스스로 하나님과 국왕의 신하라고 믿고 브라질을 포르투갈과 전 세계 기독교 교도들의 땅으로 선포했다.

VARES·CAbRAL·ANO·DE·500
Nicolao coelho
Jão fiz
Pedralvez cabral
Symao
Bertolameu diaz

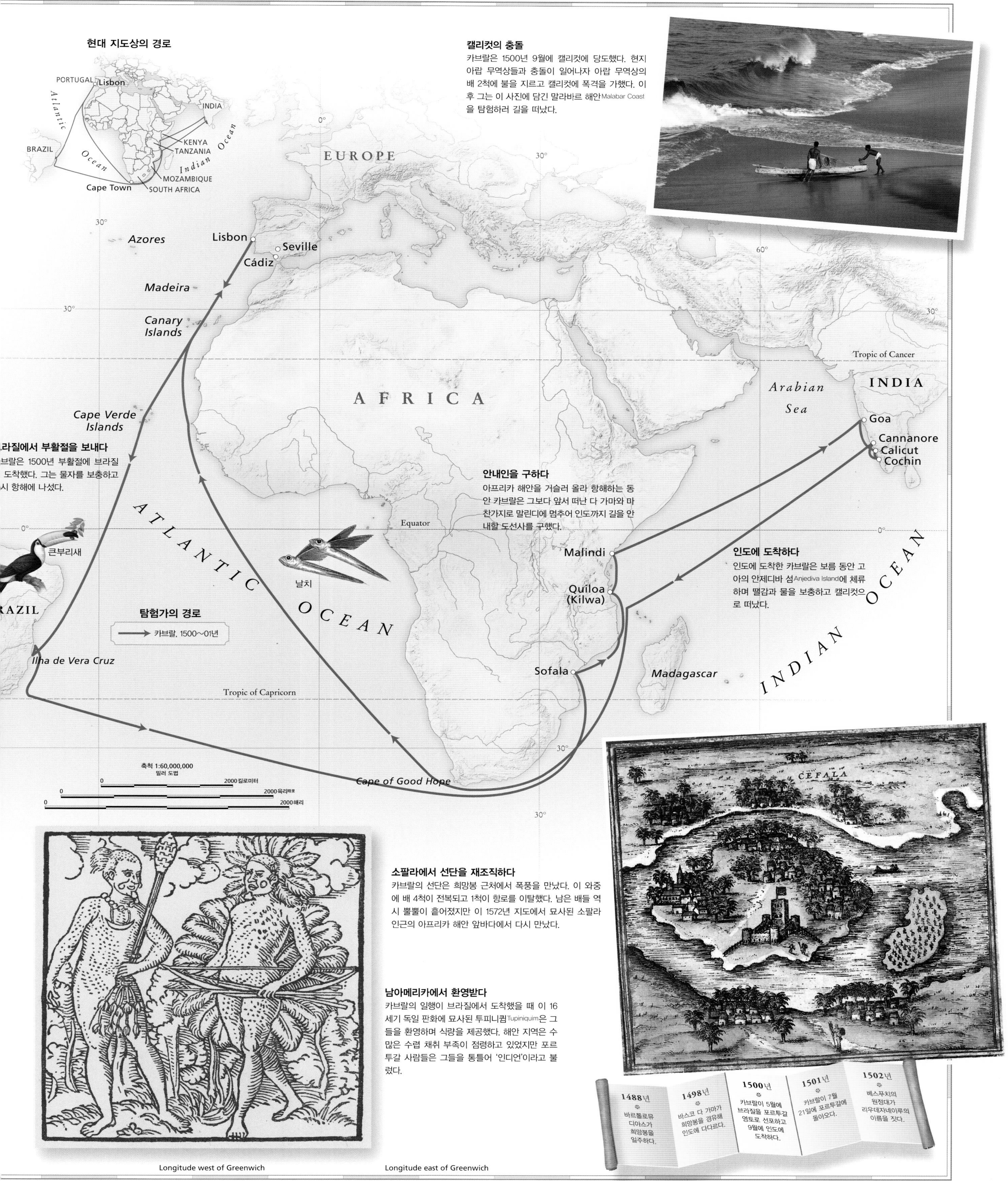
현대 지도상의 경로
PORTUGAL
Lisbon
Atlantic
Ocean
INDIA
Indian
Ocean
KENYA
TANZANIA
BRAZIL
MOZAMBIQUE
Cape Town
SOUTH AFRICA
EUROPE
Azores
Lisbon
Seville
Cádiz
Madeira
Canary Islands
Cape Verde Islands
AFRICA
ATLANTIC OCEAN
Equator
큰부리새
날치
RAZIL
탐험가의 경로
카브랄, 1500~01년
Ilha de Vera Cruz
Tropic of Capricorn
Cape of Good Hope
축척 1:60,000,000
밀러 도법
2000 킬로미터
2000 육리
2000 해리
Tropic of Cancer
INDIA
Arabian Sea
Goa
Cannanore
Calicut
Cochin
Malindi
Quiloa (Kilwa)
Sofala
Madagascar
INDIAN OCEAN
CEFALA
Longitude west of Greenwich
Longitude east of Greenwich

캘리컷의 충돌
카브랄은 1500년 9월에 캘리컷에 당도했다. 현지 아랍 무역상들과 충돌이 일어나자 아랍 무역상의 배 2척에 불을 지르고 캘리컷에 폭격을 가했다. 이후 그는 이 사진에 담긴 말라바르 해안Malabar Coast을 탐험하러 길을 떠났다.

라질에서 부활절을 보내다
브랄은 1500년 부활절에 브라질 도착했다. 그는 물자를 보충하고 시 항해에 나섰다.

안내인을 구하다
아프리카 해안을 거슬러 올라 항해하는 동안 카브랄은 그보다 앞서 떠난 다 가마와 마찬가지로 말린디에 멈추어 인도까지 길을 안내할 도선사를 구했다.

인도에 도착하다
인도에 도착한 카브랄은 보름 동안 고아의 안제디바 섬Anjediva Island에 체류하며 땔감과 물을 보충하고 캘리컷으로 떠났다.

소팔라에서 선단을 재조직하다
카브랄의 선단은 희망봉 근처에서 폭풍을 만났다. 이 와중에 배 4척이 전복되고 1척이 항로를 이탈했다. 남은 배들 역시 뿔뿔이 흩어졌지만 이 1572년 지도에서 묘사된 소팔라 인근의 아프리카 해안 앞바다에서 다시 만났다.

남아메리카에서 환영받다
카브랄의 일행이 브라질에서 도착했을 때 이 16세기 독일 판화에 묘사된 투피니큄Tupiniquim은 그들을 환영하며 식량을 제공했다. 해안 지역은 수많은 수렵 채취 부족이 점령하고 있었지만 포르투갈 사람들은 그들을 통틀어 '인디언'이라고 불렀다.

1488년 바르톨로뮤 디아스가 희망봉을 일주하다.

1498년 바스코 다 가마가 희망봉을 경유해 인도에 다다르다.

1500년 카브랄이 5월에 브라질을 포르투갈 영토로 선포하고 9월에 인도에 도착하다.

1501년 카브랄이 7월 21일에 포르투갈에 돌아오다.

1502년 베스푸치의 원정대가 리우데자네이루의 이름을 짓다.

바르테마의 인도 여행

15세기와 16세기의 탐험이라고 해서 모두 정부나 무역 회사로부터 후원을 받은 것은 아니다. 일부 탐험가들은 독자적으로 활동했다. 그런 여행가 가운데 가장 두각을 나타낸 인물은 로도비코 데 바르테마Lodovico de Varthema이다. 그는 1502년 베니스에서 알렉산드리아와 다마스쿠스를 향해 떠났다. 그는 이슬람교도로 변장했는데 짐작컨대 유럽 사람으로는 최초로 메카로 향하는 하지 카라반에 합류했을 것이다. 아덴에서 기독교 스파이로 체포되었지만 가까스로 도망쳤다. 이후 동부 아프리카 해안을 거쳐 대서양을 횡단한 다음 인도에 도착해 몇 년 동안 체류했다. 서부 아프리카 대륙에 대한 그의 묘사는 상세하고 정확한 반면 동부 아프리카에 대한 묘사는 이에 미치지 못했다. 바르테마의 주장에 따르면 그는 쉬라스에서 만난 페르시아 무역상인 코지아조노르Cogiazonor와 함께 실론, 미얀마, 말라카, 수마트라, 자바, 보르네오, 그리고 몰루카 제도를 방문했다.

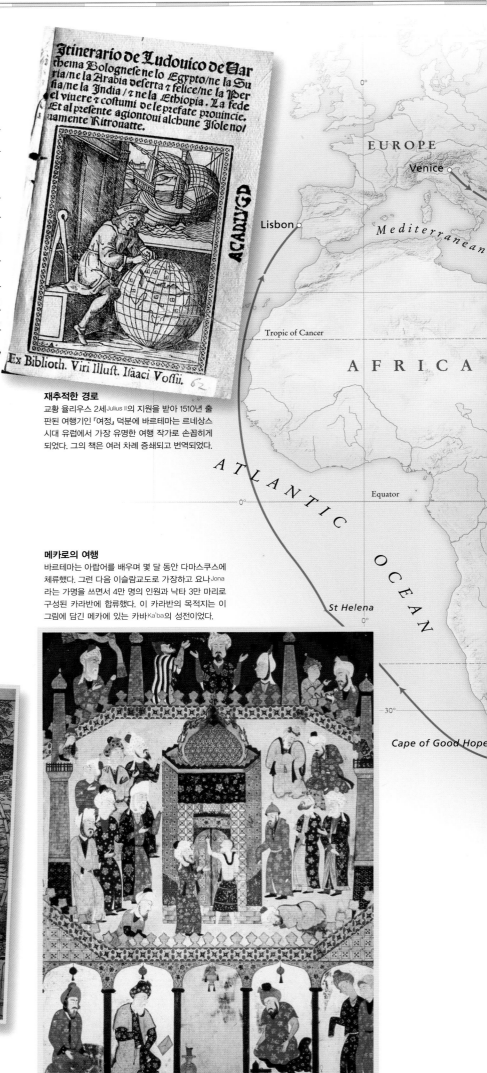

재추적한 경로
교황 율리우스 2세Julius II의 지원을 받아 1510년 출판된 여행기인 『여정』 덕분에 바르테마는 르네상스 시대 유럽에서 가장 유명한 여행 작가로 손꼽히게 되었다. 그의 책은 여러 차례 증쇄되고 번역되었다.

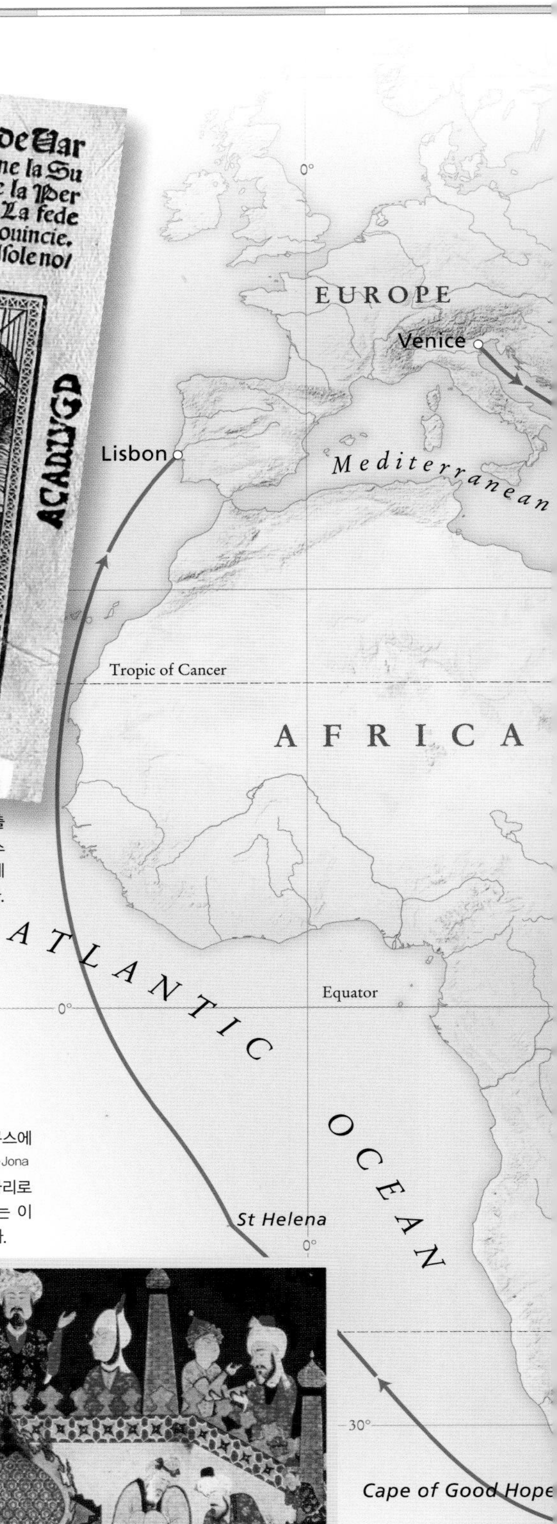

흥미로운 사실들

바르테마의 생애	1458~1517년
바르테마의 가족	이탈리아에 남겨 둔 아내와 자녀
여행 기간	6년
바르테마의 여행기 『여정 ITINERARIE』이 출판된 연도	1510년
16세기에 출판된 『여정』 번역본	6가지

메카로의 여행
바르테마는 아랍어를 배우며 몇 달 동안 다마스쿠스에 체류했다. 그런 다음 이슬람교도로 가장하고 요나Jona라는 가명을 쓰면서 4만 명의 인원과 낙타 3만 마리로 구성된 카라반에 합류했다. 이 카라반의 목적지는 이 그림에 담긴 메카에 있는 카바Ka'ba의 성전이었다.

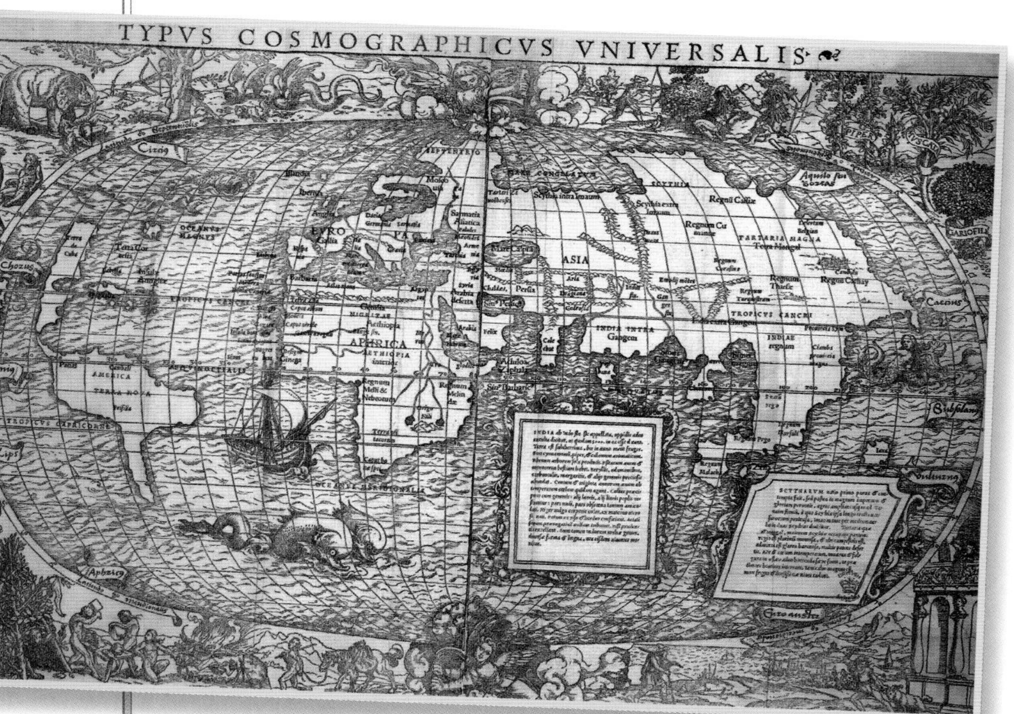
TYPVS COSMOGRAPHICVS VNIVERSALIS

지도 제작에 공헌하다
마르틴 발트제뮐러, 헤르하르뒤스 메르카토르, 세바스티안 뮌스터를 비롯한 16세기의 일부 지도 제작자는 바르테마의 여행기를 참고했다. 여기에 실린 세바스티안 뮌스터의 1532년 지도에는 바르테마의 초상화가 그려져 있다(아래, 오른쪽 가운데).

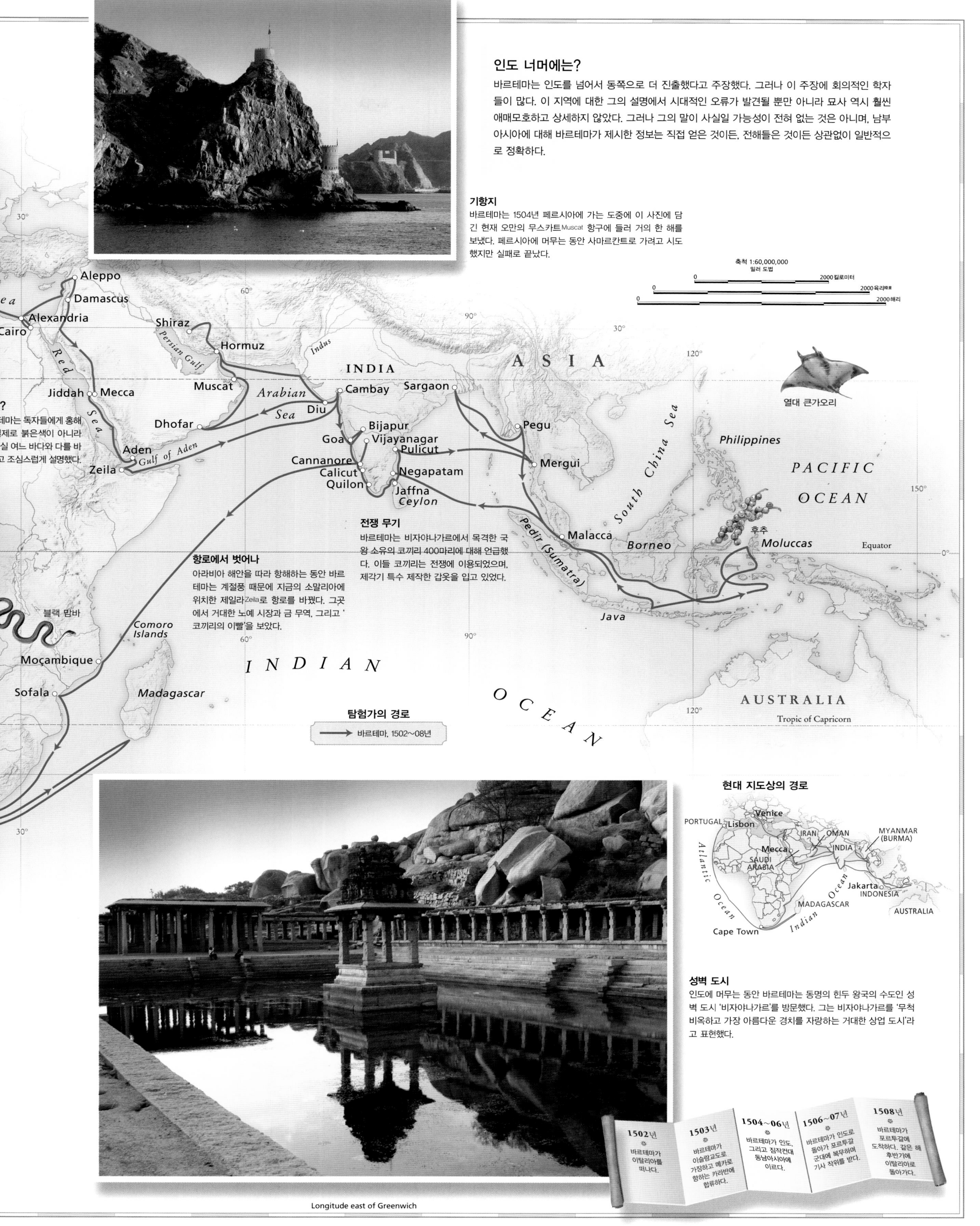
Aleppo
Damascus
Alexandria
Cairo
Red Sea
Jiddah
Mecca
Shiraz
Persian Gulf
Hormuz
Muscat
Dhofar
Aden
Gulf of Aden
Zeila
Arabian Sea
Indus
INDIA
Cambay
Diu
Sargaon
Bijapur
Goa
Vijayanagar
Pulicut
Cannanore
Calicut
Quilon
Negapatam
Jaffna
Ceylon
ASIA
Pegu
Mergui
Malacca
Pedir (Sumatra)
Java
Borneo
South China Sea
Philippines
Moluccas
후추
PACIFIC OCEAN
열대 큰가오리
Equator
블랙 맘바
Comoro Islands
Moçambique
Sofala
Madagascar
INDIAN OCEAN
AUSTRALIA
Tropic of Capricorn
축척 1:60,000,000
일러 도법
2000킬로미터
2000육리마일
2000해리
탐험가의 경로
바르테마, 1502~08년
Longitude east of Greenwich

인도 너머에는?

바르테마는 인도를 넘어서 동쪽으로 더 진출했다고 주장했다. 그러나 이 주장에 회의적인 학자들이 많다. 이 지역에 대한 그의 설명에서 시대적인 오류가 발견될 뿐만 아니라 묘사 역시 훨씬 애매모호하고 상세하지 않았다. 그러나 그의 말이 사실일 가능성이 전혀 없는 것은 아니며, 남부 아시아에 대해 바르테마가 제시한 정보는 직접 얻은 것이든, 전해들은 것이든 상관없이 일반적으로 정확하다.

기항지
바르테마는 1504년 페르시아에 가는 도중에 이 사진에 담긴 현재 오만의 무스카트Muscat 항구에 들러 거의 한 해를 보냈다. 페르시아에 머무는 동안 사마르칸트로 가려고 시도했지만 실패로 끝났다.

전쟁 무기
바르테마는 비자야나가르에서 목격한 국왕 소유의 코끼리 400마리에 대해 언급했다. 이들 코끼리는 전쟁에 이용되었으며, 제각기 특수 제작한 갑옷을 입고 있었다.

항로에서 벗어나
아라비아 해안을 따라 항해하는 동안 바르테마는 계절풍 때문에 지금의 소말리아에 위치한 제일라Zeila로 항로를 바꿨다. 그곳에서 거대한 노예 시장과 금 무역, 그리고 '코끼리의 이빨'을 보았다.

현대 지도상의 경로
PORTUGAL
Lisbon
Venice
IRAN
OMAN
Mecca
SAUDI ARABIA
INDIA
MYANMAR (BURMA)
Atlantic Ocean
Indian Ocean
Jakarta
INDONESIA
MADAGASCAR
Cape Town
AUSTRALIA

성벽 도시
인도에 머무는 동안 바르테마는 동명의 힌두 왕국의 수도인 성벽 도시 '비자야나가르'를 방문했다. 그는 비자야나가르를 '무척 비옥하고 가장 아름다운 경치를 자랑하는 거대한 상업 도시'라고 표현했다.

1502년 바르테마가 이탈리아를 떠나다.

1503년 바르테마가 이슬람교도로 가장하고 메카로 향하는 카라반에 합류하다.

1504~06년 바르테마가 인도, 그리고 짐작컨대 동남아시아에 이르다.

1506~07년 바르테마가 인도로 돌아가 포르투갈 군대에 복무하며 기사 작위를 받다.

1508년 바르테마가 포르투갈에 도착하다. 같은 해 후반기에 이탈리아로 돌아가다.

타히티 언어로 '노란 도마뱀'를 뜻하는 무레아Moorea는 프랑스령 폴리네시아French Polynesia에 있는 험준한 화산섬이다. 산호 보초에 둘러싸인 이곳은 제임스 쿡James Cook과 루이 앙투안 드 부갱빌Louis Antoine de Bougainville을 비롯한 18세기의 여러 유럽 탐험가들에게 안전한 정박지를 제공했다.

150

년대부터 1900년대까지

아시아

- 동남아시아의 알부르케르케
- 필리핀으로 향한 마젤란
- 험준한 산길, 험난한 사막
- 머스커비 컴퍼니 원정대
- 코사크의 아시아 전역 원정
- 중국과 티베트의 선교사들
- 정글과 숲
- 위대한 북방 원정대
- 인도의 대규모 삼각 측량 조사
- 메콩 강 탐험
- 고비 사막 횡단
- 아라비아의 유럽 모험가들
- 중앙아시아의 스벤 헤딘
- 트래킹, 브라마푸트라 강

동남아시아의 알부르케르케

흔히 '동양의 시저'라고 일컬어지는 알폰소 데 알부르케르케Alfonso de Alburquerque는 유럽 최초의 바다 제국을 세웠다. 포르투갈 출신으로 1497~98년 바스코 다 가마에 이어 임시 주둔지를 건설했다. 거의 13년 동안 항해와 전투를 거듭한 알부르케르케는 이 주둔지를 홍해와 동부 아프리카에서 남중국해와 향료 제도(몰루카 제도)에 이르는 바다 제국 에스타도 다 인디아estado da india로 변모시켰다. 1507년에는 페르시아 만 어귀에 위치한 오르무즈Ormuz, 그리고 1510년과 1511년에는 각각 인도 서부 해안의 고아와 지금의 싱가포르 근처에 있는 거대 항구 말라카를 점령했다. 그곳에서 안토니오 데 아브레우António de Abreu와 프란시스코 세랑Francisco Serrão을 유럽인들에게 발견되지 않은 향료 제도로 파견했다. 대부분의 사령관들은 이슬람교도를 잔인하게 대했던 그를 싫어했다. 그러나 알부르케르크는 뛰어난 전략가, 대담무쌍한 사령관, 그리고 선견지명이 있는 행정관이었다.

포르투갈의 아스트롤라베
알부르케르케와 아브레우는 아스트롤라베를 이용해 위도를 측정했다. 정오의 수평선과 태양이 이루는 각도를 눈금이 새겨진 원주로 측정한 다음, 기록된 도표를 바탕으로 확인함으로써 배의 위치를 파악했다.

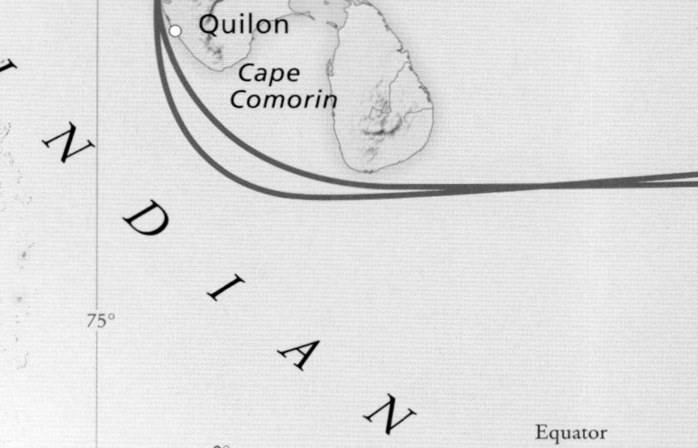

Tropic of Cancer
Arabian Sea
Bay of Benga
푸른 공작
Goa
Vijayanagar
Cannanore
Calicut
Cochin
Quilon
Cape Comorin
INDIAN
Equator
75°
15°
0°

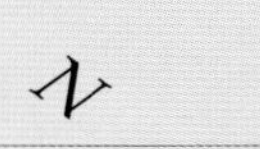

탐험가의 경로
알부르케르케, 1511~12년
아브레우, 1511~12년
세랑, 1512년

최초의 항해
알부르케르케는 1503년 처음으로 동쪽으로 항해를 떠나 인도양을 건넜다. 그의 임무는 후추 항구인 코친과 퀼론에 요새를 건설하는 일이었다.

흥미로운 사실들	
포르투갈이 고아를 통치한 기간	451년(1510~1961년)
세계 유일의 육두구의 원산지	반다 제도Banda Islands
1크루자도에 산 소구근을 리스본에서 판매하는 가격	700크루자도
알부르케르케가 인도를 통치한 기간	1509~1515년
말라카 공격에서 아브레우가 입은 부상	얼굴과 혀의 절반을 잃었다.

알부르케르케의 초상화
콘스탄티노플이 오스만투르크 제국에게 함락될 무렵 태어난 알부르케르케는 십자군 정신에 고취되었다. 모로코에서 이슬람 지배에 항쟁하던 그는 50세에 이르러 '메카 제국'에 대한 투쟁을 인도양으로 확대했다.

말라카의 성문
알부르케르케가 말라카에 건설한 성채 가운데 현존하는 유적지는 포르타 데 산티아고Porta de Santiago뿐이다. 말라카는 그 포르투갈 사람에게 중국이나 향료 제도(몰루카 제도)와 무역을 통제할 권한을 제공했다.

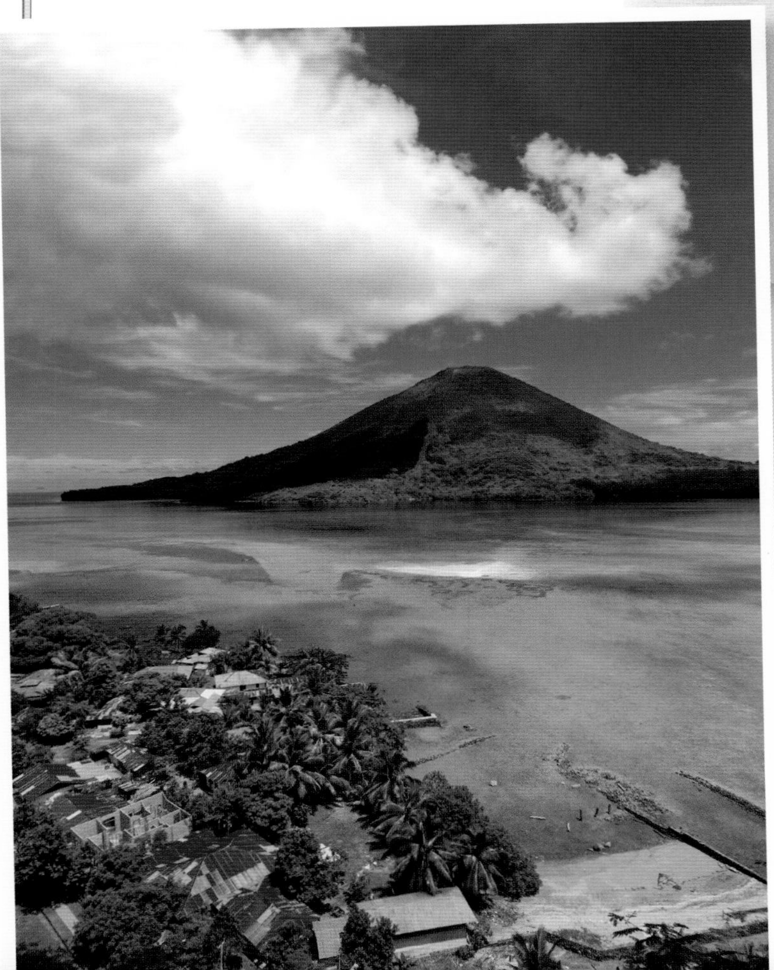

구눙 아피
말 그대로 '불의 산fire mountain'인 구눙 아피Gunung Api의 화산은 반다 제도의 여섯 섬 가운데 하나이다. 1511년 메이스mace(육두구 껍질을 말린 향료)와 육두구로 유명한 반다 제도를 최초로 발견한 것은 알부르케르케가 말라카에 파견한 안토니오 데 아브레우의 함대였다.

테마테 섬
1512년 프랜시스 세랑은 반다 해Banda Sea에서 난파했다. 그는 현지에서 강탈한 배를 타고 향료 제도에 속한 소구근의 산지 테마테Temate에 도착했다. 그리고 그곳에서 세상을 떠나던 1520년까지 행복하게 살았다.

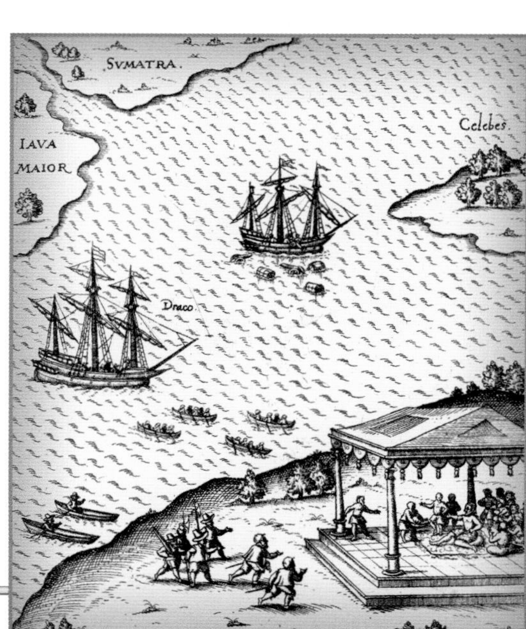

SVMATRA
Celebes
IAVA MAIOR
Draco

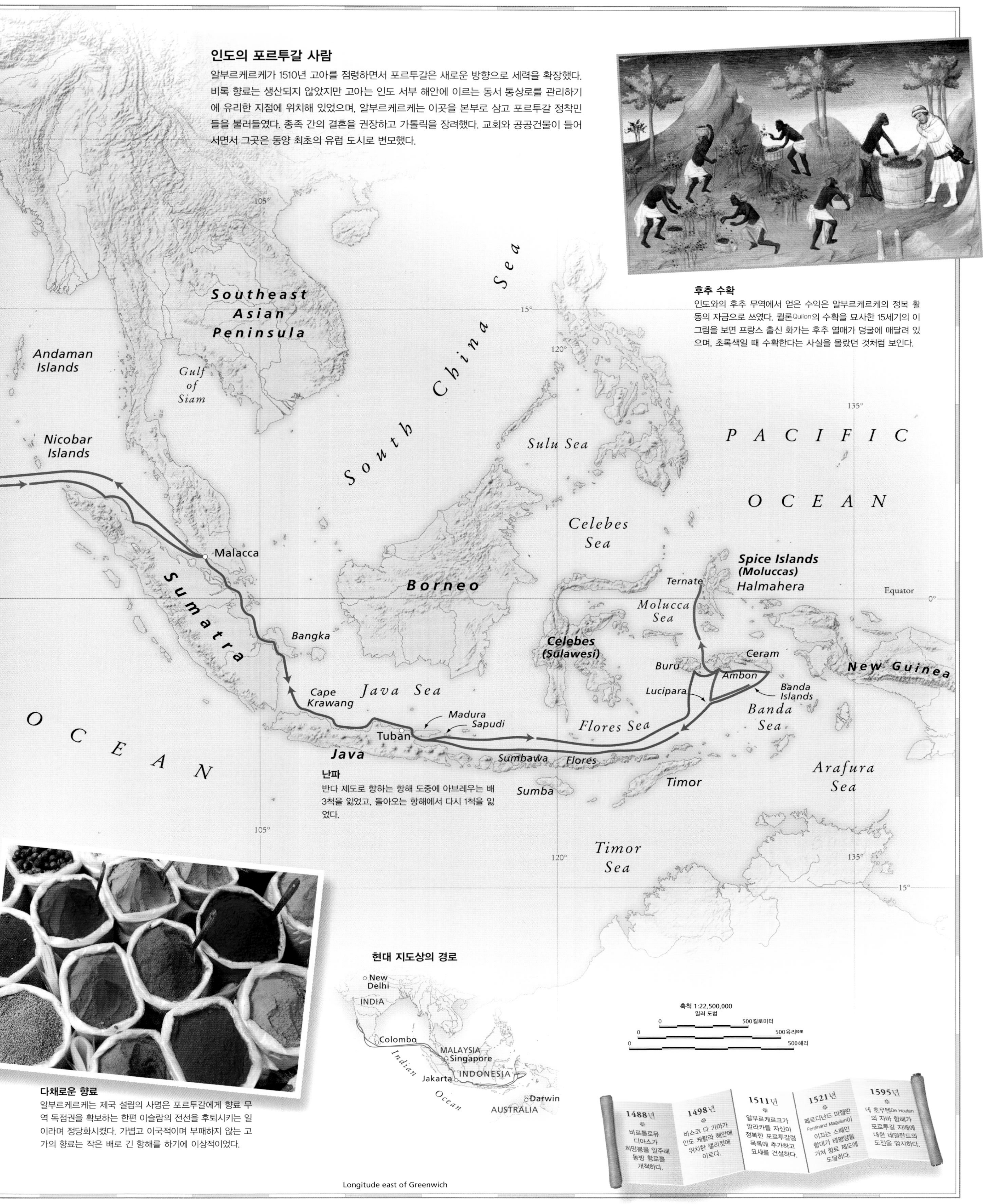

Southeast Asian Peninsula
Andaman Islands
Gulf of Siam
Nicobar Islands
South China Sea
Sulu Sea
PACIFIC OCEAN
Celebes Sea
Malacca
Sumatra
Borneo
Spice Islands (Moluccas)
Ternate
Halmahera
Equator
Molucca Sea
Bangka
Celebes (Sulawesi)
Ceram
Buru
Ambon
New Guinea
Banda Islands
Lucipara
Banda Sea
Cape Krawang
Java Sea
Madura
Sapudi
Flores Sea
Tuban
Java
Sumbawa
Flores
Timor
Arafura Sea
Sumba
OCEAN
Timor Sea
105°
120°
135°
15°
0°
Longitude east of Greenwich
현대 지도상의 경로
New Delhi
INDIA
Colombo
MALAYSIA
Singapore
INDONESIA
Jakarta
Indian Ocean
Darwin
AUSTRALIA
축척 1:22,500,000
밀러 도법
0 500킬로미터
0 500육리陸里
0 500해리
1488년 바르톨로뮤 디아스가 희망봉을 일주해 동방 항로를 개척하다.
1498년 바스코 다 가마가 인도 케랄라 해안에 위치한 캘리컷에 이르다.
1511년 알부르케르크가 말라카를 자신이 정복한 포르투갈령 목록에 추가하고 요새를 건설하다.
1521년 페르디난드 마젤란Ferdinand Magellan이 이끄는 스페인 함대가 태평양을 거쳐 향료 제도에 도달하다.
1595년 데 호우텐De Houten의 자바 항해가 포르투갈 지배에 대한 네덜란드의 도전을 암시하다.

인도의 포르투갈 사람

알부르케르케가 1510년 고아를 점령하면서 포르투갈은 새로운 방향으로 세력을 확장했다. 비록 향료는 생산되지 않았지만 고아는 인도 서부 해안에 이르는 동서 통상로를 관리하기에 유리한 지점에 위치해 있었으며, 알부르케르케는 이곳을 본부로 삼고 포르투갈 정착민들을 불러들였다. 종족 간의 결혼을 권장하고 가톨릭을 장려했다. 교회와 공공건물이 들어서면서 그곳은 동양 최초의 유럽 도시로 변모했다.

후추 수확

인도와의 후추 무역에서 얻은 수익은 알부르케르케의 정복 활동의 자금으로 쓰였다. 퀼론Quilon의 수확을 묘사한 15세기의 이 그림을 보면 프랑스 출신 화가는 후추 열매가 덩굴에 매달려 있으며, 초록색일 때 수확한다는 사실을 몰랐던 것처럼 보인다.

난파

반다 제도로 향하는 항해 도중에 아브레우는 배 3척을 잃었고, 돌아오는 항해에서 다시 1척을 잃었다.

다채로운 향료

알부르케르케는 제국 설립의 사명은 포르투갈에게 향료 무역 독점권을 확보하는 한편 이슬람의 전선을 후퇴시키는 일이라며 정당화시켰다. 가볍고 이국적이며 부패하지 않는 고가의 향료는 작은 배로 긴 항해를 하기에 이상적이었다.

아시아

필리핀으로 향한 마젤란

1519년부터 1521년까지 계속된 페르낭 데 마갈량이스Fernão de Magalhães(페르디난드 마젤란)의 위대한 항해는 크리스토퍼 콜럼버스의 업적을 능가하는 것이었고, 따라서 그는 역사상 가장 위대한 항해가로 인정받는다. 배와 선원들의 생명을 잃은 대가는 대단히 컸지만 원주민 부족을 대하는 그의 태도는 인도주의에 가까웠다. 항해 연대기 편찬자들에 따르면 '마젤란은 매우 위험하고 중대한 일이 일어났을 때 어떤 사람보다도 더 일관적인 태도로 재치와 대담함, 그리고 세계 항해에 대한 지식'을 발휘했다. 하지만 필리핀에서 세상을 떠나는 바람에 이런 업적은 묻히고 말았다. 하지만 마젤란은 앞서 말라카 항해를 마쳤으며, 이는 그가 실제로 360도 중에서 10도만 제외하고 세계를 일주했다는 뜻이다. 마젤란이 사망한 이후 후안 세바스티안 델 카노Juan Sebastián del Cano가 지휘했던 마젤란 선단의 최후의 배는 최초로 세계 일주에 성공했다.

빅토리아 호
마젤란의 함대에 속한 5척 가운데 2척이 향료 제도(몰루카 제도)의 티도레Tidore에 도착했다. 후안 세바스티안 델 카노가 지휘하던 빅토리아Victoria 호만이 서쪽으로 항해를 계속해 인도양을 횡단하고 아프리카를 일주한 다음 스페인으로 돌아갔다.

마젤란의 프레스코
포르투갈 태생인 마젤란은 말라카를 점령할 당시 알부르케르케의 부하였다. 그러나 1518년 포르투갈의 눈 밖에 나는 바람에 스페인 왕실에 자신의 계획을 전했다. 그의 계획은 향료 제도로 가는 동양 항로를 개척하려던 콜럼버스의 임무를 완수하는 일이었다.

마젤란의 나침반
아스트롤라베와 더불어 자석 나침반은 16세기의 주요 항해 도구였다. 아랍 선원들은 2세기 이후 중국에서 등장한 나침반을 입수했으며, 마젤란을 비롯한 여러 항해가가 이를 이용했다.

흥미로운 사실들

마젤란이 직접 세계를 일주했다.	거짓
그의 선단에서 세계를 일주한 배의 수	1척(5척 가운데)
이 배의 지휘관	후안 세바스티안 델 카노
사망하거나 버림받은 마젤란 부하의 수	239명 중 219명
필리핀이라는 이름이 지어진 이유	스페인과 포르투갈의 필립 2세Phillip II의 이름을 따서

마젤란의 죽음

원정대는 괌을 출발해 필리핀으로 항해했다. 이곳 주민들은 마젤란이 대동한 말레이어 통역관의 말을 이해하고 스페인의 포술을 높이 평가하는 한편 침례교에 우호적이었다. 어리석게도 마젤란은 개종한 세부Cebu 추장을 도와 이웃의 이교도들을 공격하겠다고 약속했다. 이 전투에서 '우리의 거울, 빛, 위안, 그리고 진정한 안내자' 마젤란 자신을 포함해 8명이 목숨을 잃었다.

마젤란은 1521년 4월 21일 세상을 떠났다. 그는 해안으로 상륙하는 도중에 창에 맞아 물속에 엎어졌다. 이 채색 조각에서 묘사했듯이 창과 곤봉을 휘두르는 섬 주민들에게 찔려 목숨을 잃었다.

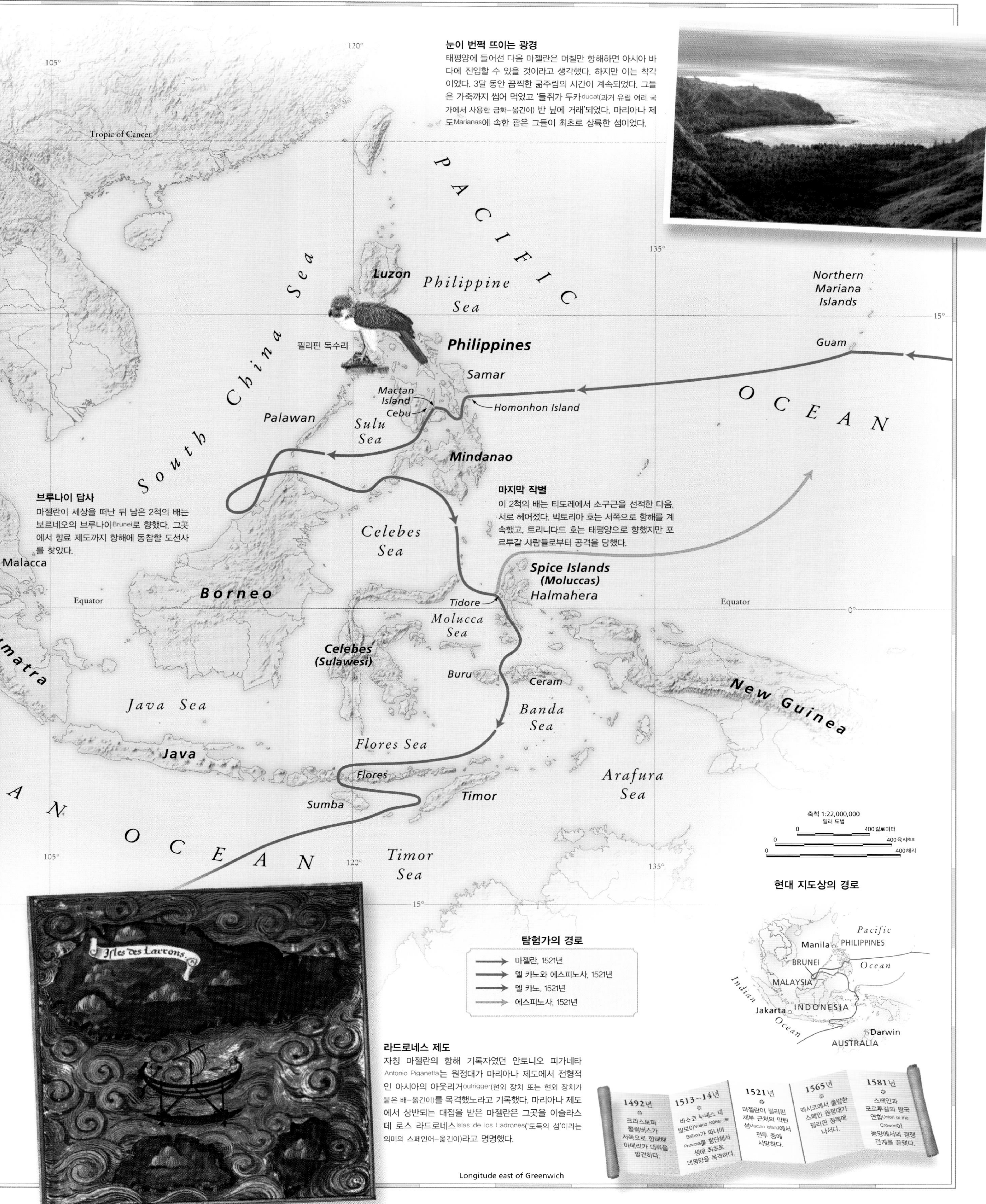
눈이 번쩍 뜨이는 광경
태평양에 들어선 다음 마젤란은 며칠만 항해하면 아시아 바다에 진입할 수 있을 것이라고 생각했다. 하지만 이는 착각이었다. 3달 동안 끔찍한 굶주림의 시간이 계속되었다. 그들은 가죽까지 씹어 먹었고 '들쥐가 두카ducat(과거 유럽 여러 국가에서 사용한 금화-옮긴이) 반 닢에 거래'되었다. 마리아나 제도Marianas에 속한 괌은 그들이 최초로 상륙한 섬이었다.
105°
120°
135°
15°
0°
Tropic of Cancer
PACIFIC
OCEAN
Luzon
Philippine Sea
South China Sea
필리핀 독수리
Philippines
Northern Mariana Islands
Guam
Samar
Mactan Island
Cebu
Homonhon Island
Palawan
Sulu Sea
Mindanao
브루나이 답사
마젤란이 세상을 떠난 뒤 남은 2척의 배는 보르네오의 브루나이Brunei로 향했다. 그곳에서 향료 제도까지 항해에 동참할 도선사를 찾았다.
마지막 작별
이 2척의 배는 티도레에서 소구근을 선적한 다음, 서로 헤어졌다. 빅토리아 호는 서쪽으로 항해를 계속했고, 트리니다드 호는 태평양으로 향했지만 포르투갈 사람들로부터 공격을 당했다.
Celebes Sea
Malacca
Spice Islands (Moluccas)
Halmahera
Borneo
Equator
Tidore
Molucca Sea
Celebes (Sulawesi)
Sumatra
Buru
Ceram
New Guinea
Java Sea
Banda Sea
Flores Sea
Java
Flores
Arafura Sea
Sumba
Timor
INDIAN OCEAN
Timor Sea
축척 1:22,000,000
밀러 도법
0 400킬로미터
0 400육리陸里
0 400해리
현대 지도상의 경로
Pacific Ocean
Manila
PHILIPPINES
BRUNEI
MALAYSIA
Indian Ocean
Jakarta
INDONESIA
Darwin
AUSTRALIA
Isles des Larrons
탐험가의 경로
마젤란, 1521년
델 카노와 에스피노사, 1521년
델 카노, 1521년
에스피노사, 1521년
라드로네스 제도
자칭 마젤란의 항해 기록자였던 안토니오 피가네타Antonio Piganetta는 원정대가 마리아나 제도에서 전형적인 아시아의 아웃리거outrigger(현외 장치 또는 현외 장치가 붙은 배-옮긴이)를 목격했노라고 기록했다. 마리아나 제도에서 상반되는 대접을 받은 마젤란은 그곳을 이슬라스 데 로스 라드로네스Islas de los Ladrones('도둑의 섬'이라는 의미의 스페인어-옮긴이)라고 명명했다.
1492년
크리스토퍼 콜럼버스가 서쪽으로 항해해 아메리카 대륙을 발견하다.
1513~14년
바스코 누녜스 데 발보아Vasco Núñez de Balboa가 파나마Panama를 횡단해서 생애 최초로 태평양을 목격하다.
1521년
마젤란이 필리핀 세부 근처의 막탄 섬Mactan Island에서 전투 중에 사망하다.
1565년
멕시코에서 출발한 스페인 원정대가 필리핀 정복에 나서다.
1581년
스페인과 포르투갈의 왕국 연합Union of the Crowns이 동양에서의 경쟁 관계를 끝맺다.
Longitude east of Greenwich

아시아

험준한 산길, 험난한 사막

실크로드에서 발견된 중국 경화

내륙 아시아의 황무지는 극지방을 제외하면 탐험가들에게 가장 고통스러운 시험 무대였다. 78만 제곱킬로미터에 이르는 척박한 지형을 가로지르는 길은 빠짐없이 사막, 스텝, 툰드라, 빙하, 또는 높은 산으로 가로막혀 있었다. 하지만 도무지 가망이 없을 것 같은 이 지역은 세계 각국의 여행가와 학자들에게는 소우주나 다름없었다. 벤토 데 고에스Bento de Goës와 이폴리토 데시데리 Ippolito Desideri 같은 선교사들에게 불교 신자들과 가톨릭교도들이 조화를 이룰지도 모른다는 가능성은 이 지역이 주는 매력이었다. 니콜라이 프르제발스키Nikolai Przhevalskii와 프랜시스 영허즈번드Francis Younghusband 같은 제국주의자들은 영국과 러시아 경쟁 관계의 전략 지정학적인 필요성을 가장 중요시했다. 아우렐 스타인Aurel Stein, 폴 펠리오Paul Pelliot 등 골동품 수집가들에게 실크로드에 묻혀 있는 유물들은 계시와도 같았다. 그리고 모든 사람에게 '세계의 지붕Roof of the World'을 횡단하는 위험은 그 자체로 매력이었다.

히말라야 동부의 식물

식물 수집가들의 행렬은 조셉 후커 경Sir Joseph Hooker의 뒤를 따라 히말라야 산맥Humalayas의 동단으로 향했다. 베일리Bailey, 워드Ward, 맥클린Macklin, 모스헤드Morshead, 셰리프Sherriff, 테일러Taylor 등 수집가들의 이름은 식물이 발견된 지역과 함께 식물 목록에 실렸다. 이 지역에서는 새로운 수십 종의 철쭉 속屬 식물뿐만 아니라 목련, 프리뮬러, 백합, 클레마티스, 용담, 인동, 양귀비의 일부 변종들이 발견되었다.

후커가 그린 철쭉 속 식물들은 1854년에 출판되었다.

야크의 행렬

조랑말보다 튼튼하고 헛걸음이 적은 야크는 고지대에서 짐을 나르기에 이상적인 동물이었다. 그러나 야크와 같은 계통이었지만 길을 들이지 않은 야크의 사촌은 그렇지 않았다. 스웨덴 탐험가 스벤 헤딘은 그를 특히 싫어했던 한 동물에게 옆구리를 받쳐 결국 목숨을 잃었다.

고산병
영국에서 후원을 받은 학자 겸 탐험가 사라트 찬드라 다스Sarat Chandra Das는 1879년과 1881년 히말라야에 올라 티베트에 도착했다. 그는 새파랗게 변한 얼굴로 의식을 잃은 채 야크를 옮겨 타며 5,500미터의 산길을 넘어야 했다.

눈표범
내륙 아시아에 널리 퍼져 있지만 그 수는 많지 않은 눈표범은 가장 깊이 숨어 사는 가장 희귀한 '대형 고양이과 동물'이다. 목동들의 말에 따르면 눈표범은 사람을 공격한다. 그러나 3,000미터 이하로는 거의 내려오지 않기 때문에 지나가는 탐험가들의 눈에 띄는 일은 드물다.

몽골의 축사
중국은 고비 사막 주변의 스텝 지대에서 발견된 튼튼한 몽골의 말을 찾아 서부의 간쑤Gansu와 신장Xinjang으로 모여들었다. 그 결과 중앙아시아와의 통상로(실크로드)가 열렸고, 이로 말미암아 16세기 이후 탐험의 발길이 끊이지 않았다.

카라코람의 낙타들
1889년 프랜시스 영허즈번드는 라다크Ladakh를 출발해 훈자Hunza에 이르기 위해 거친 샥스감 강Shaksgam River을 여러 차례 건넜다. 그 바람에 조랑말들은 고드름에 뒤덮이곤 했다. 1970년대 카라코람 하이웨이Karakoram Highway가 건설될 때까지 이 길을 닦은 것은 낙타의 행렬이었다.

높고 건조한
티베트, 몽골리아, 그리고 중국의 칭하이Qinghai, 간쑤, 신장 지방은 '내륙 아시아'라고 일컬어졌다. (히말라야 동부만 제외하고) 높이가 해발 1,800~6,000미터에 이르며 건조한 이 지역은 지구상에서 온도 변화가 가장 심한 곳이다.

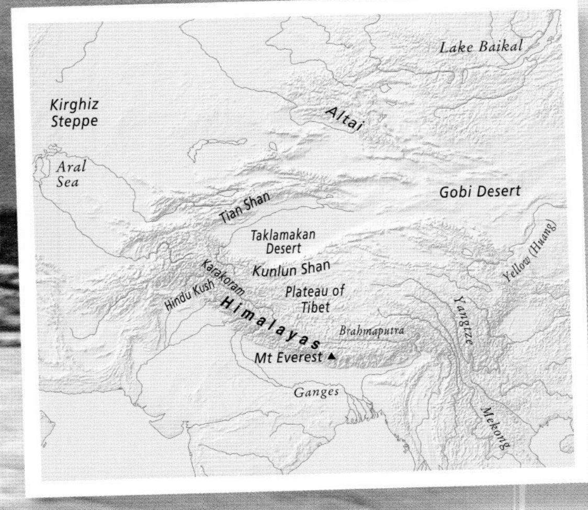
Lake Baikal
Kirghiz Steppe
Altai
Aral Sea
Gobi Desert
Tian Shan
Taklamakan Desert
Kunlun Shan
Karakoram
Hindu Kush
Plateau of Tibet
Yellow (Huang)
Yangtze
Himalayas
Brahmaputra
Mt Everest
Ganges
Mekong

머스커비 컴퍼니 원정대

1550년대에 이르러 유럽인들이 북극을 경유해 중국에 이를 수 있는 가능성은 매우 높아 보였다. 런던 머스커비 컴퍼니Muscovy Company의 창립자들은 북부 항로가 남부 항로에 못지않게 수익성이 높다는 사실이 증명될 것이라고 믿었다. 1553년 휴 윌로비Hugh Willoughby와 리처드 챈슬러Richard Chancellor는 3척의 배를 이끌고 중국으로 떠났다. 그러나 윌로비는 돌아오지 못했고, 챈슬러는 모스크바를 벗어나지 못했다. 비록 1556년 스티븐 보로Stephen Borough가 카라 해Kara Sea에 다다랐지만 북동 항로 개척은 이후 322년 동안 성공하지 못했다. 그러나 머스커비 컴퍼니 덕분에 영국 튜더 왕조와 제정 러시아 간의 직접 교역이 시작되었다. 이 회사의 앤터니 젠킨스Anthony Jenkinson는 중앙아시아의 카라반 무역을 이용하기 위해 무척 노력했다. 훗날 일부 사람들이 런던의 동인도 회사East India Company를 설립하라며 엘리자베스 1세Elizabeth I를 설득했던 것은 젠킨스의 탐험 때문이었다.

영국의 코트하우스
챈슬러가 영국–러시아 간의 무역을 희망한다는 뜻을 전달하자 머스커비 컴퍼니는 '신세계를 찾는 상인 모험가 회사The Company of Merchant Adventurers to New Lands'로 이름을 바꾸었다. 현재 모스크바 바르바카 스트리트Varvaka Street에는 이 회사의 야드하우스와 코트하우스만 남아 있다.

샤 모스크, 이스파한
젠킨스가 카스빈Kasvin에서 섬겼던 샤 타마스프Shah Thamasp는 인도 무굴 제국의 두 번째 황제에게 신전을 바쳤다. 그의 손자 샤 아바스Shah Abbas는 수도를 사파비드Safavid에서 이스파한Isfahan으로 옮기고 머스커비 컴퍼니 대신 동인도 회사와 거래했다.

Norwegian Sea
ATLANTIC OCEAN
Faeroe Islands
Shetland Islands
North Sea
London
Lubeck
0°
60°

탐험가의 경로
- 챈슬러, 1553~54년
- 윌로비, 1553~55년
- 보로, 1556년
- 젠킨스, 1557~64년

흥미로운 사실들	
머스커비 컴퍼니의 주요 발기인	세바스찬 캐벗Sebastian Cabot
최초로 카라 해에 도달한 사람	스티븐 보로(1556년)
젠킨스가 러시아로 항해한 횟수	4번(1557, 1561, 1566, 1571년)
1561년 젠킨스의 목적지였던 부하라Bukhara의 위치	우즈베키스탄Uzbekistan
북동 항로를 최초로 발견한 사람	1878~79년 A. E. 노르덴스크욜드A. E. Nordenskiöld

영국–러시아 무역

1560년 머스커비 컴퍼니의 이사들은 모스크바 상인들에게 다음과 같은 편지를 보냈다. '여러분에게 공급받고 싶은 물품은 밀초, 수지, 어유(고래 기름), 아마, 케이블, 밧줄, 그리고 모피입니다.' 그 대신 머스커비 컴퍼니는 주로 모직 '커지kersey'(옷감)를 수출했다. 그러나 '대양으로 이어지는 통상로는 모두 포르투갈이 장악했기' 때문에 동양의 산물을 얻고 싶다는 젠킨스의 희망은 좌절되었다.

알렉산더 리토브첸코Alexander Litovchenk가 그린 작품에서 러시아 황제 이반 4세Ivan IV가 제롬 호즈니Jerome Hosney 같은 머스커비 컴퍼니 직원들에게 자신의 부를 과시하며 흐뭇해하고 있다.

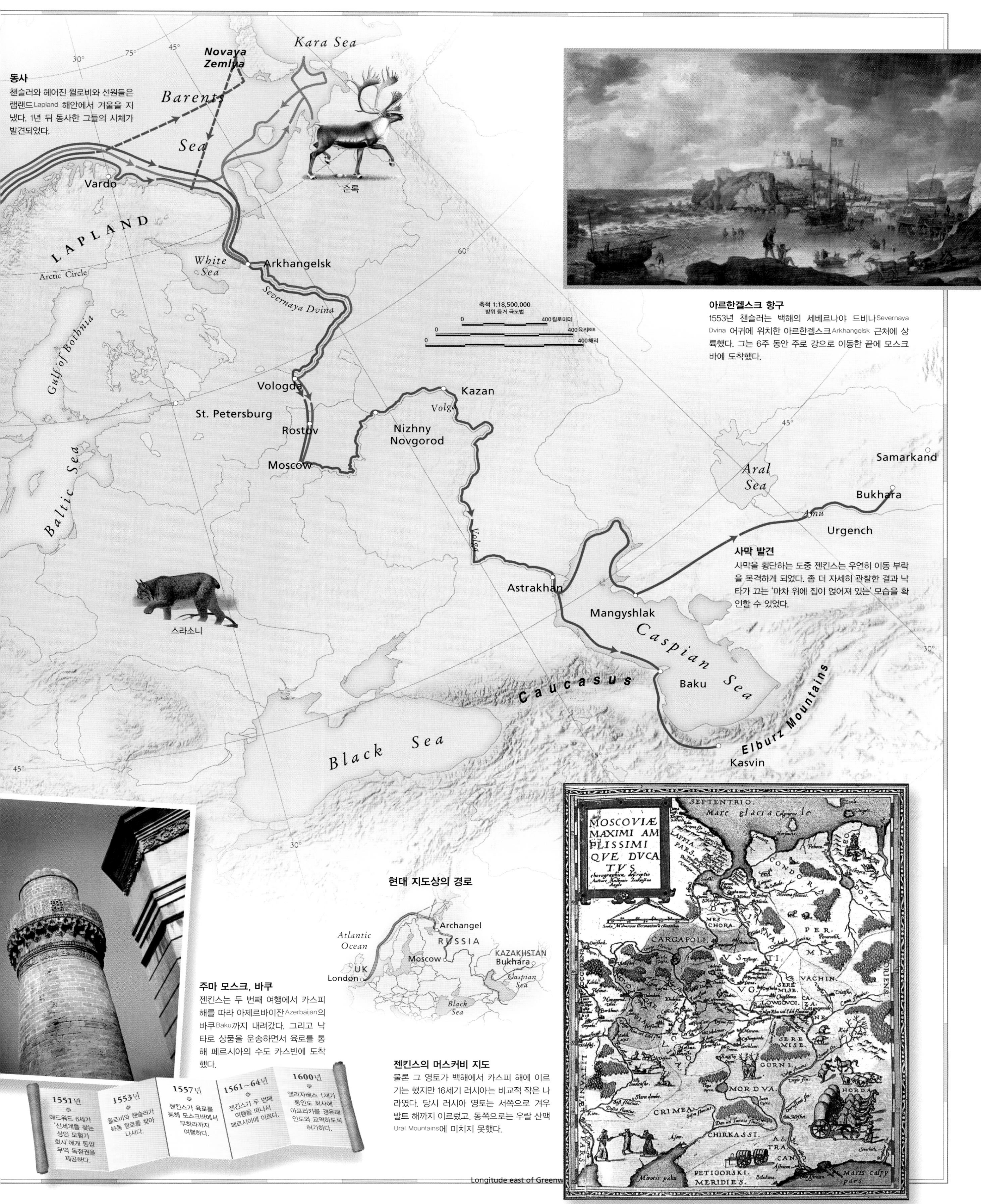

Kara Sea
Novaya Zemlya
Barents Sea
Vardo
순록
LAPLAND
White Sea
Arkhangelsk
Arctic Circle
Severnaya Dvina
Gulf of Bothnia
축척 1:18,500,000
방위 등거 극도법
0 400킬로미터
0 400육리陸里
0 400해리
Vologda
St. Petersburg
Rostov
Moscow
Kazan
Volga
Nizhny Novgorod
Baltic Sea
Samarkand
Aral Sea
Bukhara
Amu
Urgench
Astrakhan
Mangyshlak
Caspian Sea
스라소니
Caucasus
Baku
Elburz Mountains
Black Sea
Kasvin
현대 지도상의 경로
Atlantic Ocean
Archangel
RUSSIA
Moscow
KAZAKHSTAN
Bukhara
UK
London
Caspian Sea
Black Sea
MOSCOVIÆ MAXIMI AMPLISSIMIQVE DVCATVS
SEPTENTRIO.
Mare glaciale
CARGAPOLI
CRIMEA
CHIRKASSI
MORDVA
MERIDIES
Longitude east of Greenwich
1551년
에드워드 6세가 '신세계를 찾는 상인 모험가 회사'에게 동양 무역 독점권을 제공하다.
1553년
윌로비와 챈슬러가 북동 항로를 찾아 나서다.
1557년
젠킨스가 육로를 통해 모스크바에서 부하라까지 여행하다.
1561~64년
젠킨스가 두 번째 여행을 떠나서 페르시아에 이르다.
1600년
엘리자베스 1세가 동인도 회사에 아프리카를 경유해 인도와 교역하도록 허가하다.

동사
챈슬러와 헤어진 윌로비와 선원들은 랩랜드Lapland 해안에서 겨울을 지냈다. 1년 뒤 동사한 그들의 시체가 발견되었다.

아르한겔스크 항구
1553년 챈슬러는 백해의 세베르나야 드비나Severnaya Dvina 어귀에 위치한 아르한겔스크Arkhangelsk 근처에 상륙했다. 그는 6주 동안 주로 강으로 이동한 끝에 모스크바에 도착했다.

사막 발견
사막을 횡단하는 도중 젠킨스는 우연히 이동 부락을 목격하게 되었다. 좀 더 자세히 관찰한 결과 낙타가 끄는 '마차 위에 집이 얹어져 있는' 모습을 확인할 수 있었다.

주마 모스크, 바쿠
젠킨스는 두 번째 여행에서 카스피 해를 따라 아제르바이잔Azerbaijan의 바쿠Baku까지 내려갔다. 그리고 낙타로 상품을 운송하면서 육로를 통해 페르시아의 수도 카스빈에 도착했다.

젠킨스의 머스커비 지도
물론 그 영토가 백해에서 카스피 해에 이르기는 했지만 16세기 러시아는 비교적 작은 나라였다. 당시 러시아 영토는 서쪽으로 겨우 발트 해까지 이르렀고, 동쪽으로는 우랄 산맥Ural Mountains에 미치지 못했다.

코사크의 아시아 전역 원정

금 매장량, 모피, 아무도 살지 않는 시베리아의 광활한 숲과 인적이 드문 황무지는 개척자들의 탐험 욕구를 자극하기에 충분했다. 그러나 16세기에 들어 우랄 산맥 반대쪽의 땅으로 진출하려던 러시아의 시도는 몽골 사람들에게 가로막혀 좌절되었다. 차르 이반 4세Ivan IV는 소금 광산 업자들의 코머셜 하우스인 스트로가노프Stroganovs에게 식민화 독점권을 수여했다. 1574년 이 독점권은 더욱 확대되어 '시베리아 우크라이나Siberian Ukraine'까지 적용되었다. 1581년 스트로가보노프 가문은 우랄 산맥 반대편으로 중무장한 돈 코사크(러시아의 돈 강 중·하류 지방에 사는 동부 계통의 코사크 족―옮긴이) 원정대를 파견하고 예르마크 티모페예비치Yermak Timofeyevich에게 지휘권을 맡겼다. 예르마크는 쿠춤 칸Khan Kuchum을 물리치고 시베리아 본토를 횡단할 길을 닦았다. 17세기 후반 바실리 포야르코프Vasily Poyarkov는 아무르 강Amur River에 이르렀고, 세미온 데흐네브Semyon Dezhnev는 이 강을 기점으로 시베리아와 아메리카가 분리된다고 선언했다. 예로페이 하바로프Yerofey Khabarov는 만주 지방의 중국 제국까지 다다랐으며, 블라디미르 아틀라소프Bladimir Atlasov는 캄차카 반도Kamchatka Peninsula를 탐험했다.

데흐네프 기념탑
1648년 세미온 데흐네프는 북극해에서 태평양까지 항해했지만 그의 여행기는 1736년이 되어서야 비로소 발견되었다. 데흐네프를 기리기 위해 유라시아 동단의 케이프를 그의 이름을 따서 명명함으로써 여행기를 일부 수정하고 그곳에 기념탑을 세웠다.

예니세이 강
오브, 예니세이, 그리고 레나 강은 예르마크와 포야르코프와 같은 시베리아 개척자들의 고속도로나 다름없었다. 여름에는 뗏목, 겨울에는 썰매를 이용해 이동할 수 있었을 뿐만 아니라 강의 측면 지류가 무척 길었기 때문에 육로 운송 거리를 최대한 줄일 수 있었다.

Perm
Ural Mountai
Tura
Tyumen
Tobolsk
Irtysh
60°

우랄 산맥에서
강을 이용해 이동하던 예르마크의 원정대에는 말이 부족했다. 그래서 우랄 산맥을 넘을 때 식량과 장비를 모두 사람들이 운반했다.

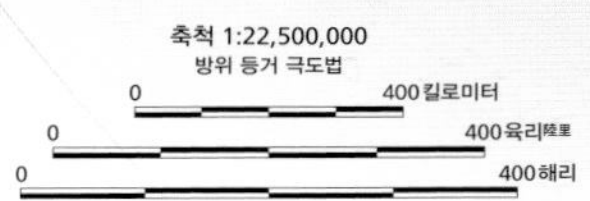
축척 1:22,500,000
방위 등거 극도법
0 400킬로미터
0 400육리陸里
0 400해리

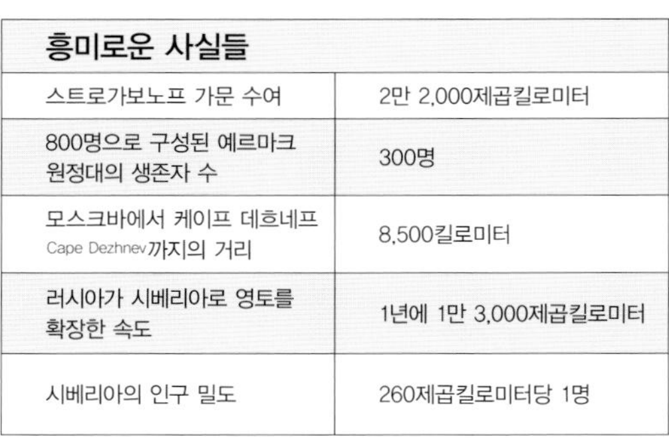

흥미로운 사실들	
스트로가보노프 가문 수여	2만 2,000제곱킬로미터
800명으로 구성된 예르마크 원정대의 생존자 수	300명
모스크바에서 케이프 데흐네프Cape Dezhnev까지의 거리	8,500킬로미터
러시아가 시베리아로 영토를 확장한 속도	1년에 1만 3,000제곱킬로미터
시베리아의 인구 밀도	260제곱킬로미터당 1명

예르마크의 코사크 침략
1582년 지금의 토볼스크Tobolsk 인근 지역을 수로로 이동하던 예르마크와 쿠춤 칸 군대의 결정적인 충돌이 일어났다. 바실리 수리코프Vasily Surikov의 유화에는 코사크 공격대의 핵심 요소(사람이 아니라 성능이 좋은 총―옮긴이)를 빼앗기는 모습이 담겨 있다.

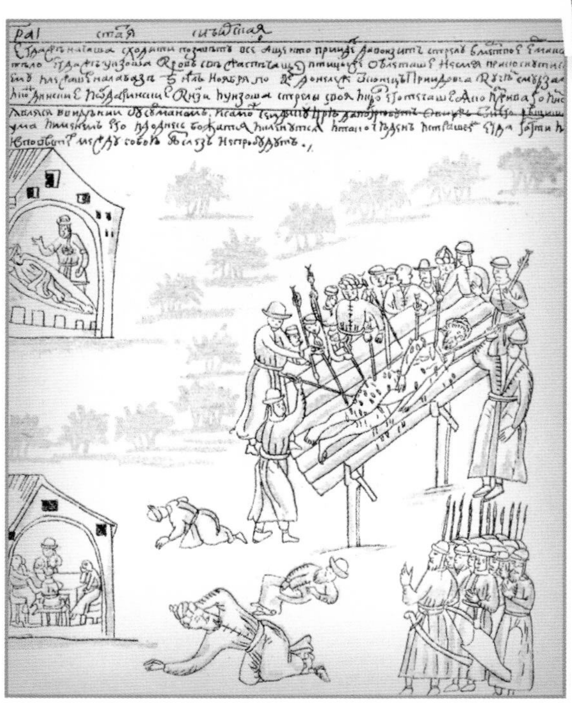

레메조프 연대기
편찬물이나 '연대기'는 러시아의 시베리아 진출을 찬양했다. 17세기 후반 세미온 레메조프의 연대기는 예르마크의 공적을 설득력 있게 설명하고 있으며, 이 사진의 부상당한 예르마크의 모습처럼 이따금 잔인한 목판화를 실었다.

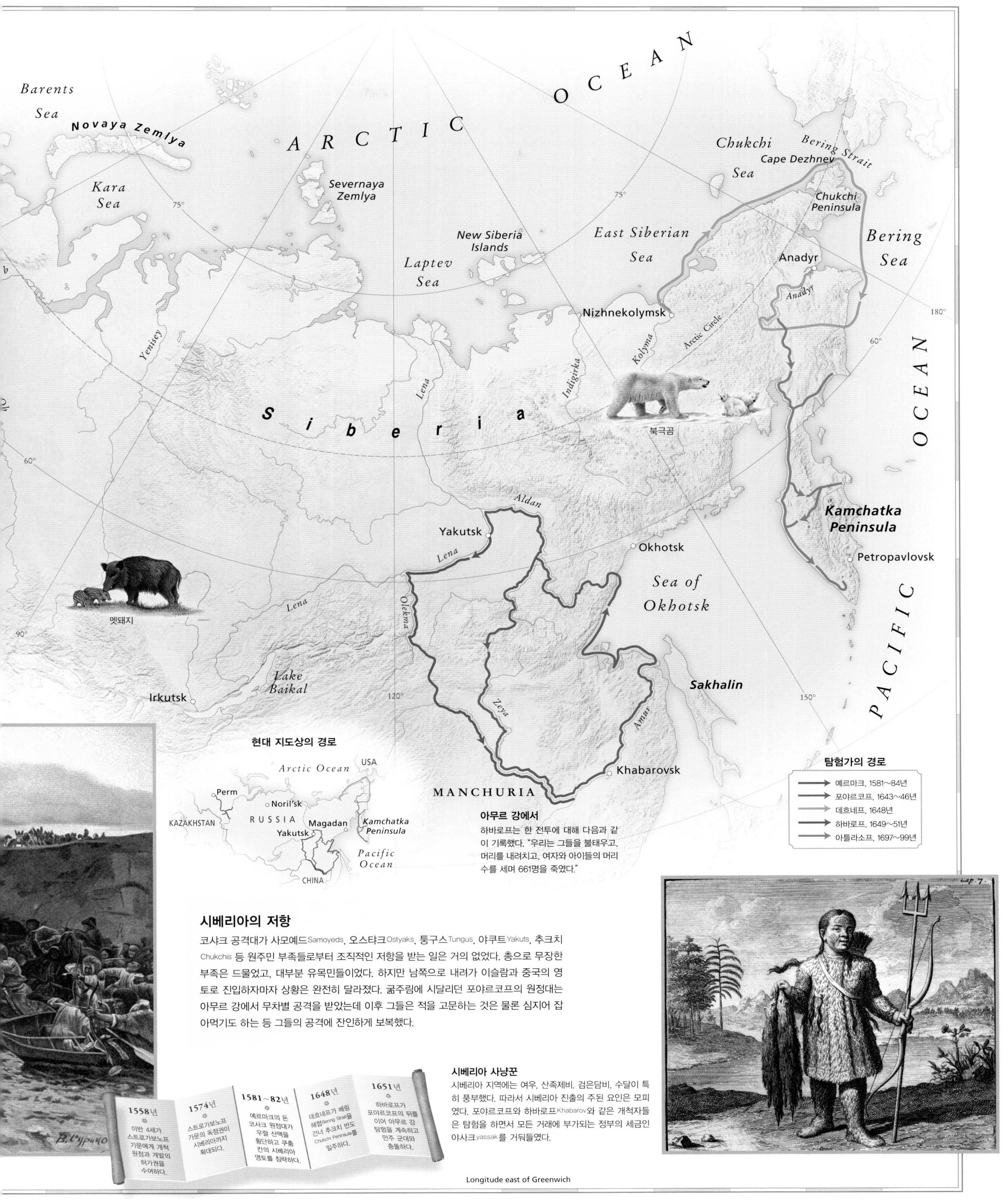
Barents Sea
Novaya Zemlya
ARCTIC OCEAN
Kara Sea
Severnaya Zemlya
New Siberia Islands
Laptev Sea
East Siberian Sea
Chukchi Sea
Bering Strait
Cape Dezhnev
Chukchi Peninsula
Bering Sea
Anadyr
Nizhnekolymsk
Arctic Circle
Kolyma
Indigirka
Yenisey
Lena
Siberia
북극곰
PACIFIC OCEAN
Kamchatka Peninsula
Petropavlovsk
Aldan
Yakutsk
Okhotsk
Sea of Okhotsk
Olekma
멧돼지
Lake Baikal
Irkutsk
Zeya
Amur
Sakhalin
Khabarovsk
MANCHURIA
75°
60°
90°
120°
150°
180°
현대 지도상의 경로
Arctic Ocean
USA
Perm
Noril'sk
RUSSIA
KAZAKHSTAN
Magadan
Yakutsk
Kamchatka Peninsula
Pacific Ocean
CHINA
탐험가의 경로
예르마크, 1581~84년
포야르코프, 1643~46년
데흐네프, 1648년
하바로프, 1649~51년
아틀라소프, 1697~99년
Longitude east of Greenwich

아무르 강에서

하바로프는 한 전투에 대해 다음과 같이 기록했다. "우리는 그들을 불태우고, 머리를 내려치고, 여자와 아이들의 머리 수를 세며 661명을 죽였다."

시베리아의 저항

코사크 공격대가 사모예드Samoyeds, 오스탸크Ostyaks, 퉁구스Tungus, 야쿠트Yakuts, 추크치Chukchis 등 원주민 부족들로부터 조직적인 저항을 받는 일은 거의 없었다. 총으로 무장한 부족은 드물었고, 대부분 유목민들이었다. 하지만 남쪽으로 내려가 이슬람과 중국의 영토로 진입하자마자 상황은 완전히 달라졌다. 굶주림에 시달리던 포야르코프의 원정대는 아무르 강에서 무차별 공격을 받았는데 이후 그들은 적을 고문하는 것은 물론 심지어 잡아먹기도 하는 등 그들의 공격에 잔인하게 보복했다.

1558년 — 이반 4세가 스트로가보노프 가문에게 개척 원정과 개발의 허가권을 수여하다.

1574년 — 스트로가보노프 가문의 독점권이 시베리아까지 확대되다.

1581~82년 — 예르마크의 돈 코사크 원정대가 우랄 산맥을 횡단하고 쿠춤 칸의 시베리아 영토를 침략하다.

1648년 — 데흐네프가 베링 해협Bering Strait을 건너 추크치 반도Chukchi Peninsula를 일주하다.

1651년 — 하바로프가 포야르코프의 뒤를 이어 아무르 강 탐험을 계속하고 만주 군대와 충돌하다.

시베리아 사냥꾼

시베리아 지역에는 여우, 산족제비, 검은담비, 수달이 특히 풍부했다. 따라서 시베리아 진출의 주된 요인은 모피였다. 포야르코프와 하바로프Khabarov와 같은 개척자들은 탐험을 하면서 모든 거래에 부가되는 정부의 세금인 야사크yassak를 거둬들였다.

아시아

중국과 티베트의 선교사들

널리 알려졌듯이 16세기 포르투갈 제국을 고무시킨 요인은 '기독교도와 향료'였으며, 로마 역시 포르투갈에 못지않게 관심이 많았다. 프랜시스 자비에르 경Sir Francis Xavier은 포르투갈령 고아에서 일본으로 진출했다. 그는 그곳에서 예수회Jesuit 선교회를 결성한 이후 중국에서 세상을 떠났다. 반면 그의 후계자 마테오리치 신부Father Matteo Ricci는 학식으로 중국 사람들에게 감명을 주었고, 그 덕분에 페킹Peking(베이징) 황실로부터 특별 대우를 받았다. 그러나 고아와 페킹의 관계를 좌우한 것은 점점 쇠약해지는 포르투갈의 해상력이었다. 육상 경로를 찾기 위한 노력이 계속되었는데 성공한다면 티베트에서 선교 활동을 시작할 수 있을 터였다. 벤토 데 고에스Bento de Goës는 인도를 출발해 1607년 실크로드에서 세상을 떠났다. 요한 그뤼버Johann Grueber와 알베르 도르빌Albert d'Orville 신부는 반대 방향으로 길을 떠나 1661년 라사Lhasa를 통과했다. 이폴리토 데시데리 신부는 1716년부터 1721년까지 라사에 머물렀다. 1846년 선교 사제회Lazarist 신부인 레지스-에바리스트 윅Regis-Evariste Huc과 조제프 가베Joseph Gabet는 라사를 방문했다. 이들은 1904년 프랜시스 영허즈번드가 탐험하기까지 이곳을 방문한 최후의 유럽인이었다.

레지스-에바리스트 윅 신부
19세기 라마를 찾은 유럽인은 단 세 사람이었는데 이 가운데 두 사람은 윅과 선교 사제회의 동료 신부인 조셉 가베였다. 그들이 성공을 거둔 것은 오랫동안 라마교 신자 행세를 한 경험과 독특하게도 몽골로부터 진입했다는 사실 덕분이었다.

탐험가의 경로
데 고에스, 1603~07년
그뤼버와 도르빌, 1661년
데리데시, 1714~16년
윅과 가베, 1844~46년

현대 지도상의 경로

흥미로운 사실들

리치가 추정한 중국 대운하 Grand Canal의 길이	1,700킬로미터
데 고에스가 태어난 곳	아조레스 제도
데 고에스가 여행한 기간	4년
데시데리가 라사에 머문 기간	5년
윅과 가베가 여행한 거리	5,600킬로미터

리치의 세계 지도
예수교가 100년 동안(1600~1700년) 페킹에 진출해 영향을 미칠 수 있었던 요인은 서양의 과학과 학문이었다. 리치는 중국 황제를 위해 직접 이 지도를 만들었다. 그의 후계자들은 도구를 만들고, 대포를 발사하고, 요새를 설계했다.

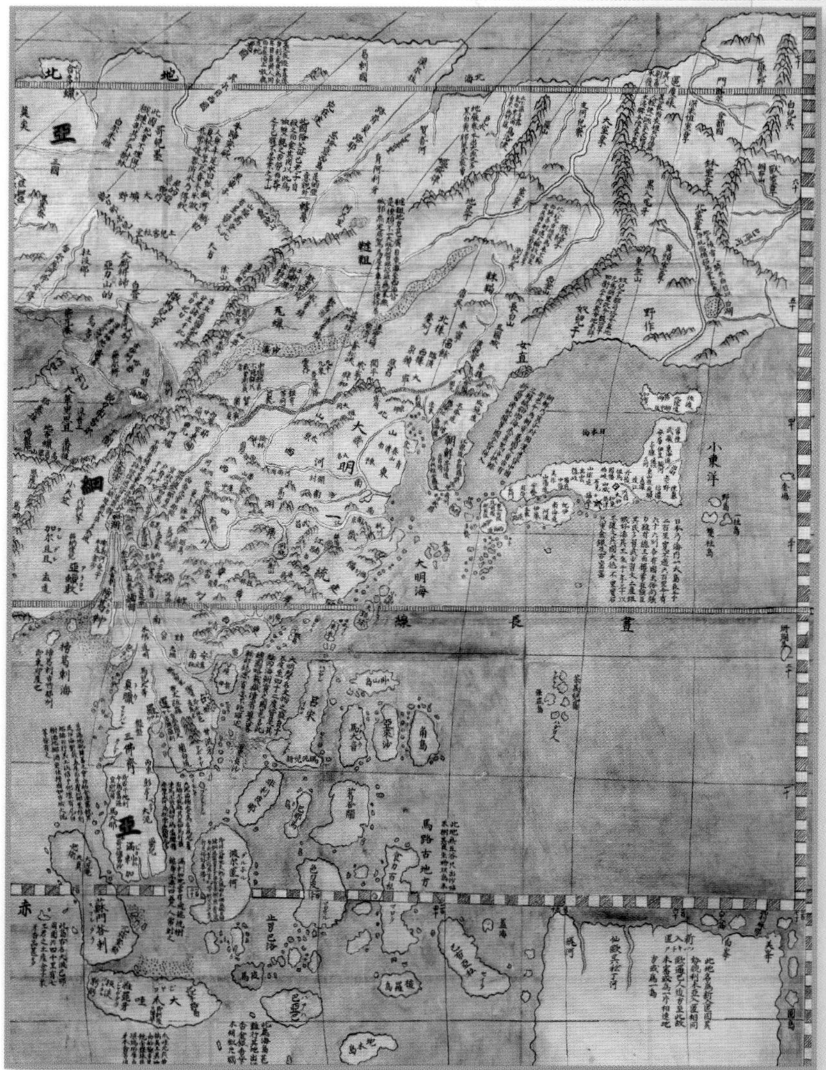

불교

티베트의 수도원에 대한 소문이 퍼지면서 아시아 한복판에 기독교 왕국을 건설할 수 있다는 희망이 높아졌다. 마르코 폴로는 네스토리우스 기독교 단체에 대한 소식을 전했으며 그와 똑같은 왕국이 에티오피아에서 발견되었다. 비록 리치와 데 고에스는 불교 신자처럼 라마교를 전했지만 1844~46년까지 윅과 가베가 계속했던 원정의 밑바탕에는 신정에 익숙한 민족이라면 기독교로 개종할 수 있다는 생각이 깔려 있었다.

티베트 남부 간체Gyantse의 쿰붐Kumbum 유적에 있는 만물을 꿰뚫어보는 부처가 1721년 티베트를 떠나는 데시데리의 모습을 지켜보았다.

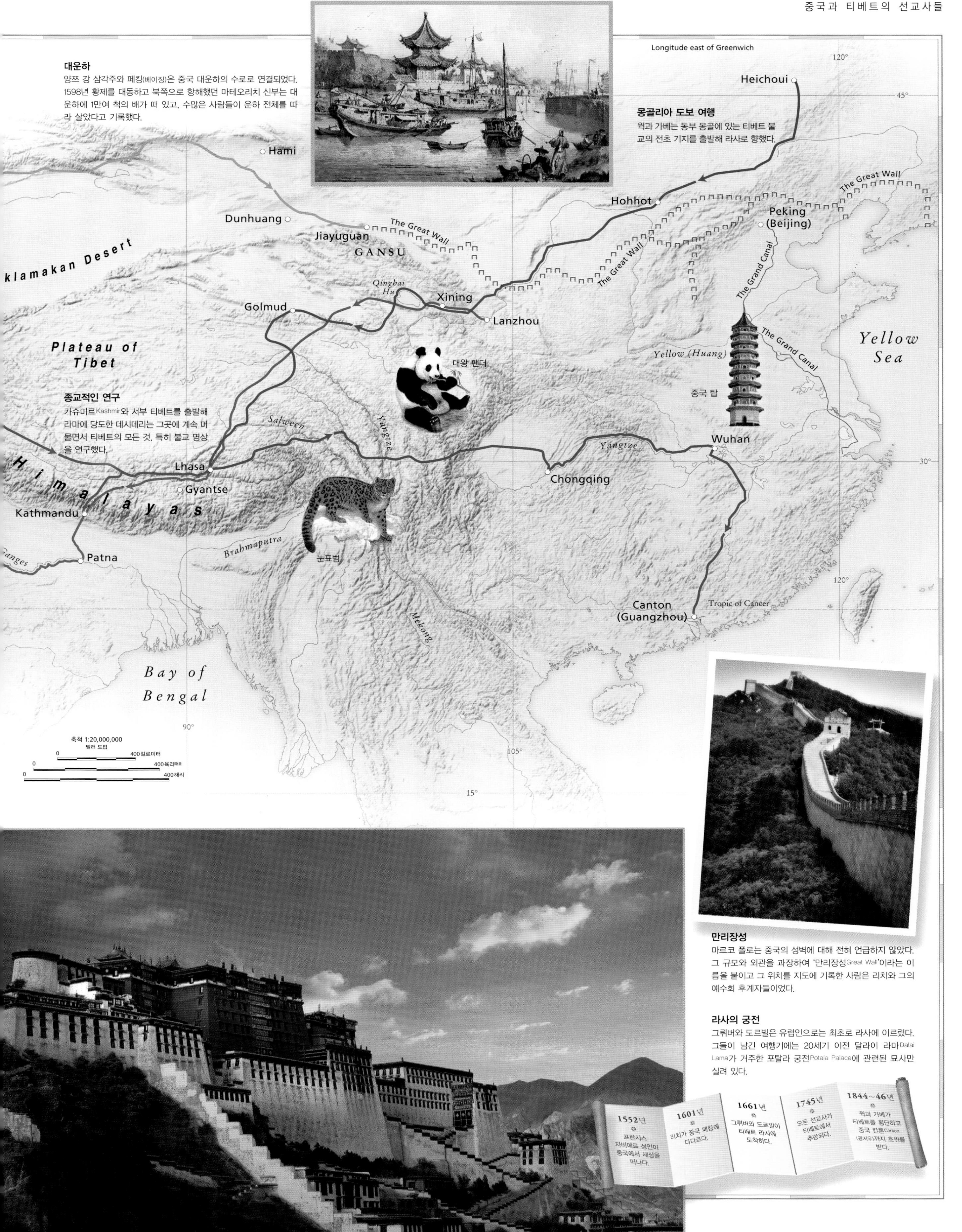
Longitude east of Greenwich
Heichoui
Hami
Hohhot
Dunhuang
Jiayuguan
The Great Wall
GANSU
Peking (Beijing)
The Great Wall
The Grand Canal
klamakan Desert
Qinghai Hu
Xining
Golmud
Lanzhou
Plateau of Tibet
대왕 팬더
Yellow Sea
Yellow (Huang)
중국 탑
Salween
Yangtze
Wuhan
Lhasa
Gyantse
Chongqing
Himalayas
Kathmandu
Patna
Ganges
Brahmaputra
눈표범
Canton (Guangzhou)
Tropic of Cancer
Mekong
Bay of Bengal
축척 1:20,000,000
밀러 도법
0 400킬로미터
0 400육리陸里
0 400해리
90°
105°
120°
45°
30°
15°
1552년 프란시스 자비에르 성인이 중국에서 세상을 떠나다.
1601년 리치가 중국 페킹에 다다르다.
1661년 그뤼버와 도르빌이 티베트 라사에 도착하다.
1745년 모든 선교사가 티베트에서 추방되다.
1844~46년 윅과 가베가 티베트를 횡단하고 중국 칸톤Canton(광저우)까지 호위를 받다.

대운하

양쯔 강 삼각주와 페킹(베이징)은 중국 대운하의 수로로 연결되었다. 1598년 황제를 대동하고 북쪽으로 항해했던 마테오리치 신부는 대운하에 1만여 척의 배가 떠 있고, 수많은 사람들이 운하 전체를 따라 살았다고 기록했다.

몽골리아 도보 여행

윅과 가베는 동부 몽골에 있는 티베트 불교의 전초 기지를 출발해 라사로 향했다.

종교적인 연구

카슈미르Kashmir와 서부 티베트를 출발해 라마에 당도한 데시데리는 그곳에 계속 머물면서 티베트의 모든 것, 특히 불교 명상을 연구했다.

만리장성

마르코 폴로는 중국의 성벽에 대해 전혀 언급하지 않았다. 그 규모와 외관을 과장하여 '만리장성Great Wall'이라는 이름을 붙이고 그 위치를 지도에 기록한 사람은 리치와 그의 예수회 후계자들이었다.

라사의 궁전

그뤼버와 도르빌은 유럽인으로는 최초로 라사에 이르렀다. 그들이 남긴 여행기에는 20세기 이전 달라이 라마Dalai Lama가 거주한 포탈라 궁전Potala Palace에 관련된 묘사만 실려 있다.

정글과 숲

유럽 사람들을 인도양으로 이끌었던 향료(후추, 계피, 육두구, 다양한 방향 등)는 대부분 숲의 산물이었다. 이 가운데 가장 귀중한 향료는 분명 라오스와 베트남 정글의 거대한 아퀼라리아Aquilaria 나무에서 나오는 수지가 풍부한 침향이었을 것이다. 스리랑카에서 뉴기니까지 펼쳐져 있던 아시아의 우림은 탐험대를 유혹하는 동시에 물리치는 곳이었다. 그칠 줄 모르는 비, 발을 들여놓을 없을 정도로 빽빽이 들어선 식물, 거머리, 그리고 무엇보다 말라리아로 말미암아 정글은 백인들의 무덤이나 다름없었다. 그러나 정글이 주는 보상은 긴 탐험에 필요한 자금을 충당하기에 충분했다. 알프레드 러셀 윌리스Alfred Russel Wallace는 인도네시아 군도에서 8년 동안 오랑우탄 가죽과 극락조 등 그때껏 알려지지 않았거나 희귀한 수천 종의 표본을 수집했고, 이는 모두 유럽의 박물관에 필요한 것이었다. 프랭크 킹던 워드Frank Kingdon Ward의 미얀마와 아삼Assam 여행에 자금을 지원한 것은 종자 회사였다. 그러나 탁월한 식물 수집가인 워드의 최대 관심사는 탐험이었으며, 식물은 탐험을 위한 훌륭한 수단이었다고 시인했다.

보르네오의 우림
아시아 열대 우림이 받은 축복은 단단한 목재들이다. 거대한 이엽시과 나무들로 이루어진 수목 구조물이 자루와 버팀목을 댄 뿌리 부분에서 40~80미터에 이르는 닫집 위로 솟아 있다. 리아나가 대롱대롱 매달려 있고, 그 위로 만발한 난초들이 보인다.

탐험이 숲 사람들에게 미친 영향

원주민들에게 탐험은 은총이자 저주였다. 탐험대는 의약품에서 씨감자와 휴대용 토치에 이르기까지 진기한 물건을 제공하는 한편 풍부한 물자와 연구 자료를 얻었고, 그 결과 무역과 거래가 이루어질 수 있었다. 그러나 탐험대가 지도를 제작하면서 식민지를 세우겠다는 욕구가 고개를 들었고, 화기는 야생 생물과 원주민에게 악영향을 미쳤다.

이 일러스트레이션에는 중국 윈난 지방의 메콩 강Mekong River 상류에서 프랜시스 가르니에가 위도를 살피는 동안 그를 지켜보는 원주민들의 모습이 담겨 있다.

동식물 연구가 겸 자연주의자
빅토리아 시대 사람들은 원주민들이라면 모두 벌거숭이라고 생각했고, 다야크 족과 이반 족은 이런 기대를 저버리지 않았다. 하지만 '숲 여행에서는 옷을 입을 필요가 없었기 때문에' 윌리스 역시 이 풍습을 따르고 싶은 유혹을 느꼈다.

사람 사냥꾼

식인 풍습과 마찬가지로 사람 사냥의 풍습이 있다는 소문이 난무했지만 진실로 입증된 것은 그리 많지 않았다. 아시아에서는 이런 풍습이 존재하는 곳은 대개 인도네시아 북동부와 인도네시아 군도뿐이었다. 보르네오의 다야크족과 이반족은 두개골을 보관하고 장식했는데 이는 통과의례였을 뿐 부족 간의 전쟁 때문에 생긴 풍습은 아니었다.

다야크 부족 사람들은 등나무 줄기를 이용해 롱하우스의 대들보에 두개골을 매달지만 사진 촬영을 위해 잠시 내려주었다.

열대우림

아시아의 우림

인도네시아와 필리핀을 포함해 동남아시아 전역을 덮고 있는 열대우림이 중국의 윈난과 쓰촨Sichuan, 그리고 인도 북동부까지 펼쳐져 있다. 인도 남서부와 스리랑카의 다습한 지역에서도 우림이 발견된다.

바타크족의 귀고리

수마트라 북부 고지대에 살았던 바타크족은 1850년대에 들어서야 비로소 탐험가들의 연구 대상이 되었다. 당시 많은 사람들이 기독교로 개종했다. 이후 독립한 인도네시아에서 전통적인 문화와 기술을 보존하며 더욱 발전했다.

오랑우탄 일족

보르네오와 수마트라에 서식하는 오랑우탄'숲 사람'이라는 의미은 과거에는 비교적 흔한 동물이었다. 월리스는 사라와크Sarawak에서 수십 마리를 총으로 잡고 부모를 잃은 새끼 오랑우탄 한 마리를 키웠다. 월리스의 턱수염에 매달리기를 좋아하던 이 오랑우탄은 결국 영양실조로 죽고 말았다.

낭상엽 식물

벌레잡이 식물네펜시스Nepenthes 종은 동남아시아의 다습한 운무림 전역에서 무성하게 자란다. 이들의 먹이는 대개 큰 곤충이지만 거대한 네펜시스 라플레시아나Nepenthes rafflesiana는 이따금 개구리, 도마뱀, 들쥐를 잡아먹는다.

위대한 북방 원정대

18세기 초반까지 시베리아와 알래스카 사이에 무엇이 있는지는 여전히 오리무중이었다. 이 문제에 관심이 많았던 피터 대제Tsar Peter the Great는 1725년 유언에서 '아시아와 아메리카가 연결되어 있는지'를 확인할 원정대를 구성하라는 명을 내렸다. 러시아에서 근무하던 덴마크 장교 비투스 베링Vitus Bering이 지휘하고 알렉세이 치리코프Alexei Chirikov가 부관을 맡았던 원정대는 육로로 캄차카까지 여행해서 배를 건조한 다음 북극해로 항해했다. 그러나 아메리카의 해안선을 목격하거나 북극해 연안에 있는 러시아인의 정착지에 이르지는 못했다. 1741년 일곱 차례 원정 가운데 2차 원정이 시작되었다. 베링의 세인트 피터St. Peter 호는 6주 동안 항해한 끝에 알래스카 산맥을 목격하게 되었다. 잠시 육지에 오른 후 돌아오는 길에 올랐지만 귀항은 결국 참사로 끝나고 말았다. 한편 세인트 폴St. Paul 호에 승선했던 치리코프는 알래스카 해안에 도착한 다음 캄차카로 돌아왔다.

베링 섬에 있는 베링의 무덤
코만도르 제도Commander Islands에서 난파한 뒤 결국 괴혈병과 동상으로 사망한 베링은 다른 선원들 곁에 묻혔다. 77명 가운데 생존자 46명은 가까스로 새로 배를 만들어 나흘 후에 캄차카에 도착했다.

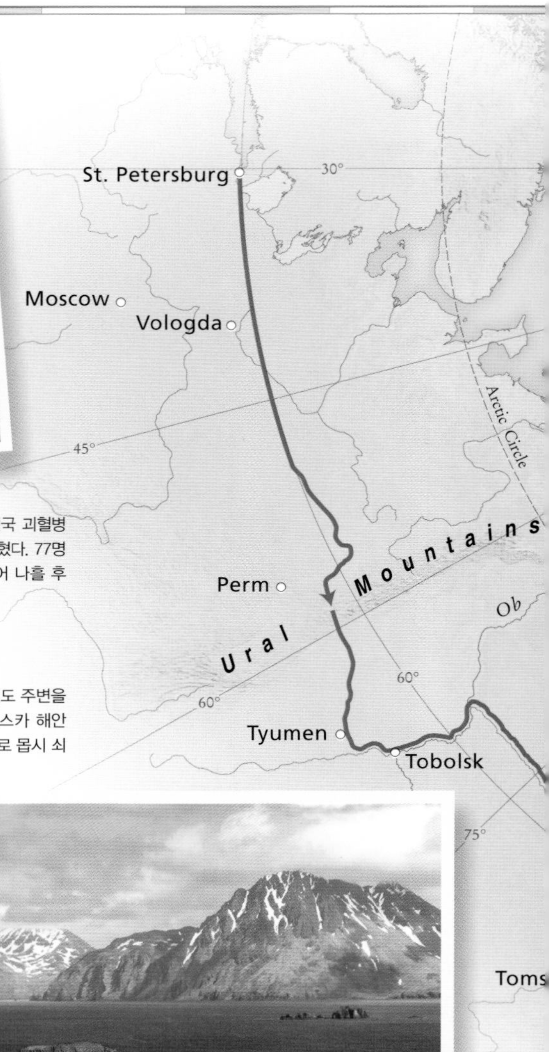

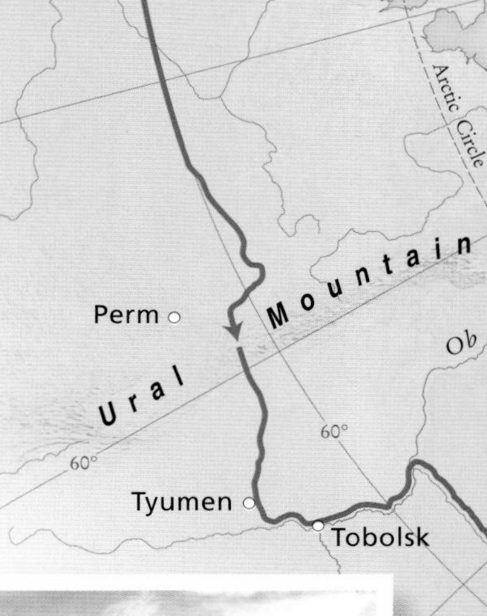
St. Petersburg
30°
Moscow
Vologda
Arctic Circle
45°
Perm
Ural Mountains
Ob
60°
Tyumen
Tobolsk
75°

알류샨 열도의 에이댁Adak
베링과 치리코프 두 사람은 모두 알류샨Aleutian 열도 주변을 지나쳤지만 상륙하지는 않았다. 치리코프는 알래스카 해안에서 착륙선을 잃었고, 베링의 선원들은 괴혈병으로 몹시 쇠약한 상태였다.

흥미로운 사실들	
상트페테르부르크St. Peters burg 에서 캄차카까지 거리	1만 1,400킬로미터
베링 해협의 폭	약 80킬로미터
1741년 원정대를 결성하기까지 걸린 기간	8년
1741년 원정대의 사망률	3명 중 1명
미국이 매입할 당시 알래스카의 가격	0.4제곱킬로미터당 2.3센트

페트로파블로프스크에서
이고르 파블로비치 프셰니치니Igor Pavlovich Pshenichny는 1741년 원정대의 출발을 기념하는 작품을 남겼다. 세인트 폴 호를 타고 항해하던 치리코프(왼쪽)는 얼마 후 베링과 헤어졌다. 하지만 프린스 오브 웨일스 섬Prince of Wales Island 근처 알래스카 해안에 다다른 다음, 페트로파블로브스크Petropavlovsk로 안전하게 돌아왔다.

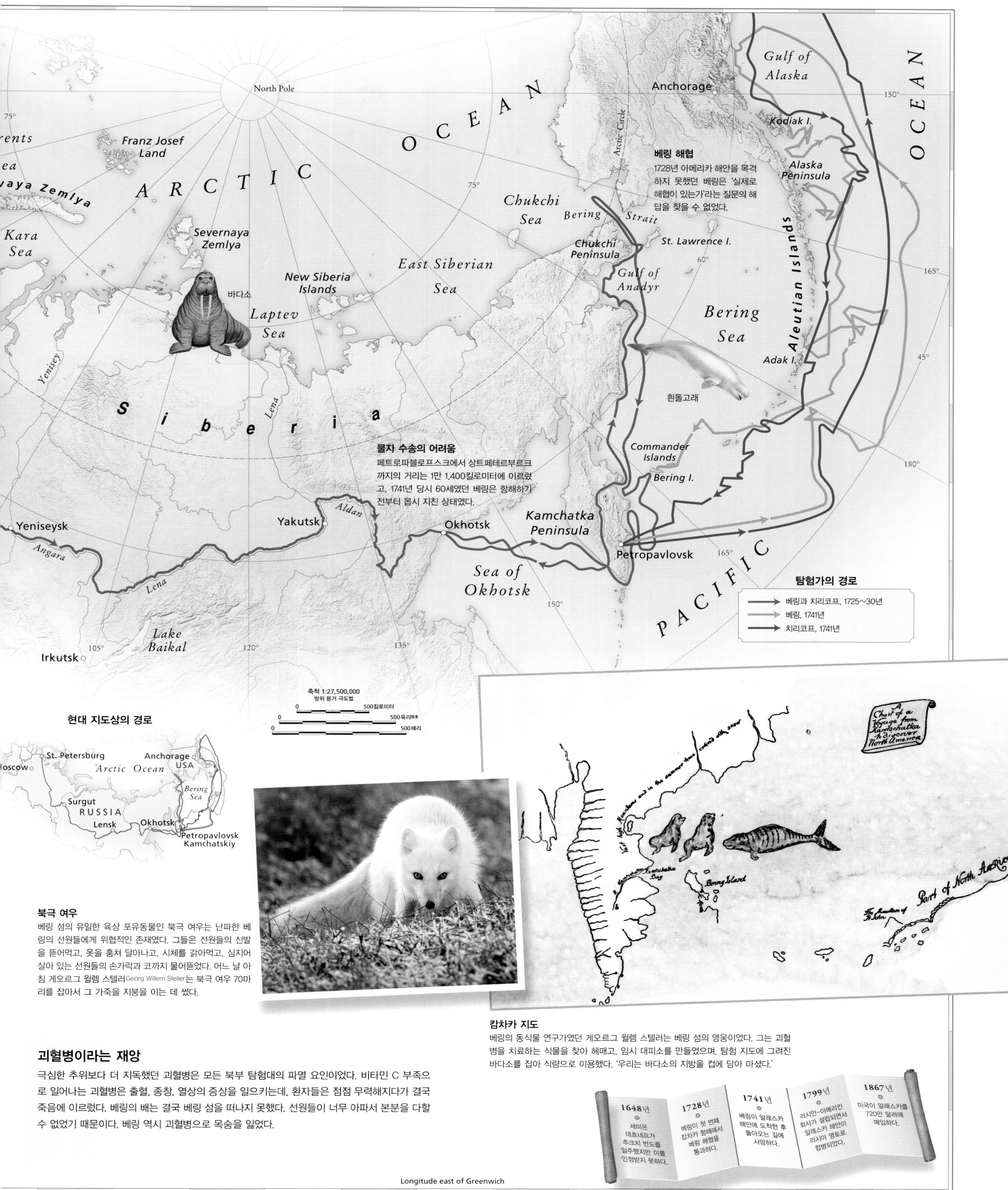
North Pole
ARCTIC OCEAN
Franz Josef Land
Kara Sea
Severnaya Zemlya
바다소
Laptev Sea
New Siberia Islands
East Siberian Sea
Chukchi Sea
Bering Strait
Chukchi Peninsula
Gulf of Anadyr
St. Lawrence I.
Arctic Circle
Anchorage
Gulf of Alaska
Kodiak I.
Alaska Peninsula
Aleutian Islands
Adak I.
Bering Sea
흰돌고래
Commander Islands
Bering I.
Siberia
Yenisey
Lena
Aldan
Angara
Yeniseysk
Yakutsk
Okhotsk
Kamchatka Peninsula
Petropavlovsk
Sea of Okhotsk
Lake Baikal
Irkutsk
PACIFIC OCEAN
105°
120°
135°
150°
165°
180°
75°
60°
45°
축척 1:27,500,000
방위 등거 극도법
500킬로미터
500육리
500해리
탐험가의 경로
베링과 치리코프, 1725~30년
베링, 1741년
치리코프, 1741년
현대 지도상의 경로
St. Petersburg
Moscow
Arctic Ocean
Anchorage
USA
Bering Sea
Surgut
RUSSIA
Lensk
Okhotsk
Petropavlovsk Kamchatskiy
A Chart of a Voyage from Kamtschatka to discover North America
Bering Island
Part of North America
Longitude east of Greenwich
1648년
세미온 데흐네프가 추크치 반도를 일주했지만 이를 인정받지 못하다.
1728년
베링이 첫 번째 캄차카 항해에서 베링 해협을 통과하다.
1741년
베링이 알래스카 해안에 도착한 후 돌아오는 길에 사망하다.
1799년
러시안-아메리칸 회사가 설립되면서 알래스카 해안이 러시아 영토로 합병되었다.
1867년
미국이 알래스카를 720만 달러에 매입하다.

베링 해협

1728년 아메리카 해안을 목격하지 못했던 베링은 '실제로 해협이 있는가'라는 질문의 해답을 찾을 수 없었다.

물자 수송의 어려움

페트로파블로프스크에서 상트페테르부르크까지의 거리는 1만 1,400킬로미터에 이르렀고, 1741년 당시 60세였던 베링은 항해하기 전부터 몹시 지친 상태였다.

북극 여우

베링 섬의 유일한 육상 포유동물인 북극 여우는 난파한 베링의 선원들에게 위협적인 존재였다. 그들은 선원들의 신발을 뜯어먹고, 옷을 훔쳐 달아나고, 시체를 갉아먹고, 심지어 살아 있는 선원들의 손가락과 코까지 물어뜯었다. 어느 날 아침 게오르그 윌렘 스텔러Georg Willem Steller는 북극 여우 70마리를 잡아서 그 가죽을 지붕을 이는 데 썼다.

캄차카 지도

베링의 동식물 연구가였던 게오르그 윌렘 스텔러는 베링 섬의 영웅이었다. 그는 괴혈병을 치료하는 식물을 찾아 헤매고, 임시 대피소를 만들었으며, 탐험 지도에 그려진 바다소를 잡아 식량으로 이용했다. '우리는 바다소의 지방을 컵에 담아 마셨다.'

괴혈병이라는 재앙

극심한 추위보다 더 지독했던 괴혈병은 모든 북부 탐험대의 파멸 요인이었다. 비타민 C 부족으로 일어나는 괴혈병은 출혈, 종창, 열상의 증상을 일으키는데, 환자들은 점점 무력해지다가 결국 죽음에 이르렀다. 베링의 배는 결국 베링 섬을 떠나지 못했다. 선원들이 너무 아파서 본분을 다할 수 없었기 때문이다. 베링 역시 괴혈병으로 목숨을 잃었다.

아시아

인도의 대규모 삼각 측량 조사

탐험가들이 여행 과정을 지도로 그리기 위해서는 출발점의 정확한 위치를 파악해야 했다. 1825년 윌리엄 무어크로프트William Moorcroft는 히말라야 산맥에서 5년을 지낸 후 실종되었다. 그가 제시한 거리와 높이는 추측에 지나지 않았기 때문에 업적을 인정받지 못했다. 출발점 위치를 경도와 위도, 그리고 고도로 미리 확인해야 했다. 윌리엄 램턴William Lambton과 조지 에베레스트George Everest는 그런 고정된 '삼각점trig point'으로 인도 전체를 측량하겠다는 목표를 세웠다. 그리고 인도 끝부분에서 북쪽으로 경도 78도를 따라 그 인도 대륙을 측량할 기구, 즉 자오선 그레이트 아크Great Arc of the Meridian로 인도의 삼각 측량 조사를 시작했다. 그 결과 최초로 히말라야 최정상의 높이를 정확히 측정했으며 이로써 나인과 키센 싱Nain and Kishen Singh 같은 푼디트pundit(현지 조사관)들의 안내를 받던 탐험가들은 티베트의 지도를 그릴 때 이용할 고정점을 얻었다.

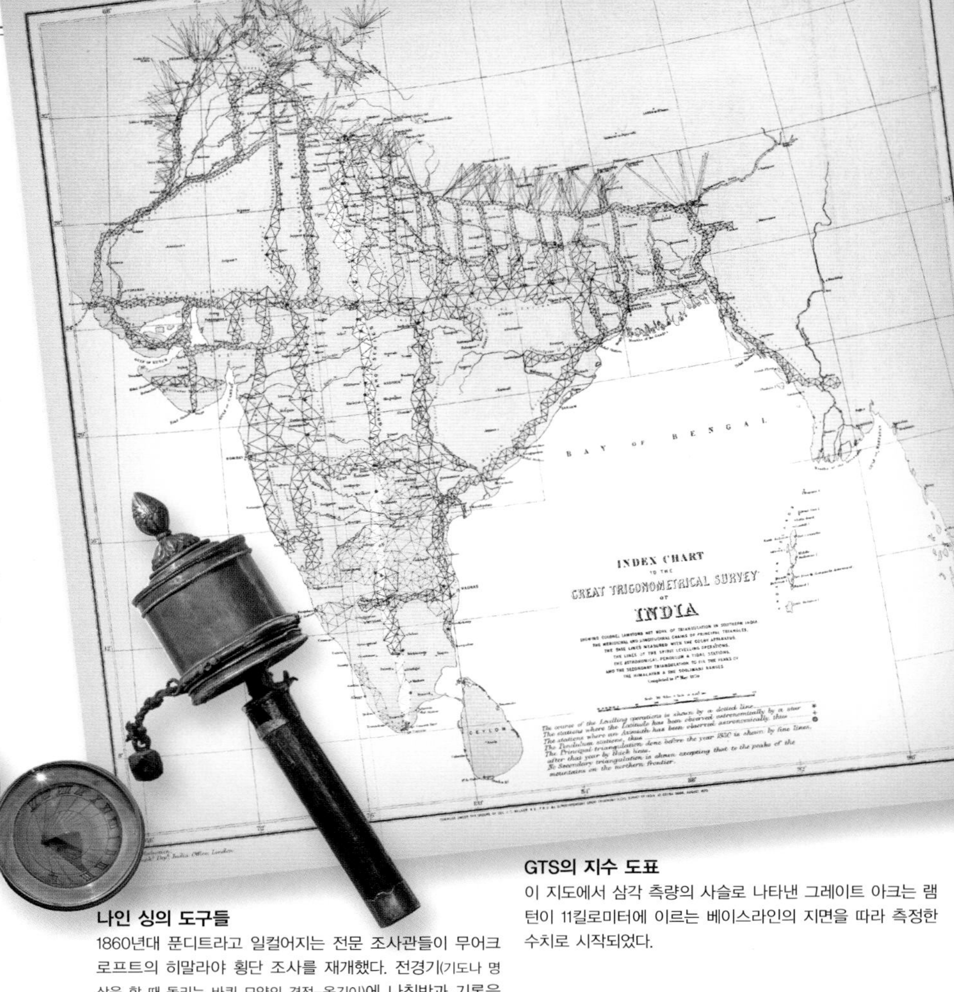
BAY OF BENGAL
INDEX CHART
TO THE
GREAT TRIGONOMETRICAL SURVEY
OF
INDIA

나인 싱의 도구들
1860년대 푼디트라고 일컬어지는 전문 조사관들이 무어크로프트의 히말라야 횡단 조사를 재개했다. 전경기(기도나 명상을 할 때 돌리는 바퀴 모양의 경전-옮긴이)에 나침반과 기록을 숨기면서 나인 싱과 키센 싱은 차례로 라사에 도착했고, 티베트를 두루 돌아보았다.

GTS의 지수 도표
이 지도에서 삼각 측량의 사슬로 나타낸 그레이트 아크는 램턴이 11킬로미터에 이르는 베이스라인의 지면을 따라 측정한 수치로 시작되었다.

흥미로운 사실들	
무어크로프트가 탐험한 지역	티베트, 라다크, 아프가니스탄, 투르크메니스탄, 우즈베키스탄
자오선 그레이트 아크의 길이	2,575킬로미터
그레이트 아크를 만들기 위해 투자한 대략적인 비용	15만 파운드
1856년에 계산한 에베레스트 산의 높이	8,840미터
키센 싱이 티베트를 조사한 거리	4,800킬로미터

중요한 다리
토마스와 윌리엄 다니엘Thomas and William Daniell이 그린 이 알라카난다 강Alakananda River, 갠지스 강Ganges River 상류의 밧줄 다리는 티베트로 이어지는 몇몇 경로의 출발점이었다. 1813년 무어크로프트는 푼디트나 히말라야 정상의 높이를 측량했던 사람들처럼 이 다리를 건넜다.

램턴의 그레이트 데오돌라이트

이 기구는 수평환과 수직환으로 방위를 측정하기 위해 삼발 위에 올려놓은 망원경으로, 무게가 거의 0.45톤에 달한다. 이것은 인도 전역으로 수송되어 그레이트 아크 삼각 측량에 이용되었다. 한번은 사원 탑의 꼭대기에서 땅바닥으로 떨어지는 바람에 거의 부서질 뻔했다.

램턴의 그레이트 데오돌라이트는 결국 데라 둔Dehra Dun에 있는 조사 본부에 보관되었다. 이 기구 뒤편으로 램턴과 에베레스트의 초상화가 보인다.

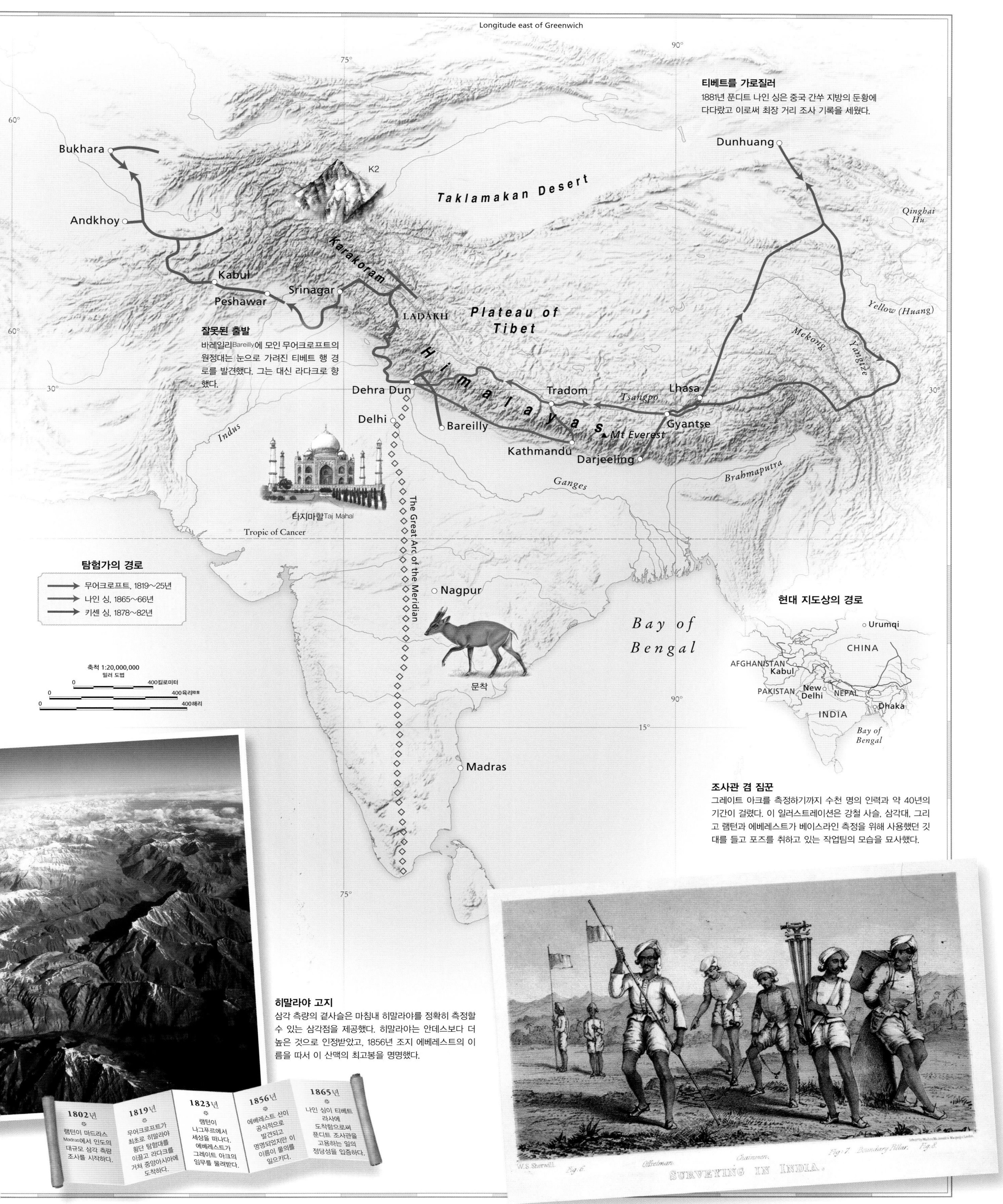
Longitude east of Greenwich
75°
90°
60°
30°
15°
Bukhara
Andkhoy
K2
Taklamakan Desert
Karakoram
Kabul
Peshawar
Srinagar
LADAKH
Plateau of Tibet
Himalayas
Dehra Dun
Delhi
Bareilly
Tradom
Tsangpo
Lhasa
Gyantse
Mt Everest
Kathmandu
Darjeeling
Dunhuang
Qinghai Hu
Yellow (Huang)
Mekong
Yangtze
Brahmaputra
Ganges
Indus
Tropic of Cancer
The Great Arc of the Meridian
Nagpur
Madras
Bay of Bengal
탐험가의 경로
무어크로프트, 1819~25년
나인 싱, 1865~66년
키센 싱, 1878~82년
축척 1:20,000,000
일러 도법
400킬로미터
400육리마일
400해리
현대 지도상의 경로
Urumqi
CHINA
AFGHANISTAN
Kabul
PAKISTAN
New Delhi
NEPAL
Dhaka
INDIA
Bay of Bengal
W.S. Sherwill
Fig. 6
Officelman
Chainmen
Fig. 7. Boundary Pillar.
Fig. 8
SURVEYING IN INDIA.
1802년
랩턴이 마드라스 Madras에서 인도의 대규모 삼각 측량 조사를 시작하다.
1819년
무어크로프트가 최초로 히말라야 횡단 탐험대를 이끌고 라다크를 거쳐 중앙아시아에 도착하다.
1823년
램턴이 나그푸르에서 세상을 떠나다. 에베레스트가 그레이트 아크의 임무를 물려받다.
1856년
에베레스트 산이 공식적으로 발견되고 명명되었지만 이 이름이 물의를 일으키다.
1865년
나인 싱이 티베트 라사에 도착함으로써 푼디트 조사관을 고용하는 일의 정당성을 입증하다.

티베트를 가로질러
1881년 푼디트 나인 싱은 중국 간쑤 지방의 둔황에 다다랐고 이로써 최장 거리 조사 기록을 세웠다.

잘못된 출발
바레일리Bareilly에 모인 무어크로프트의 원정대는 눈으로 가려진 티베트 행 경로를 발견했다. 그는 대신 라다크로 향했다.

타지마할Taj Mahal

문착

조사관 겸 짐꾼
그레이트 아크를 측정하기까지 수천 명의 인력과 약 40년의 기간이 걸렸다. 이 일러스트레이션은 강철 사슬, 삼각대, 그리고 램턴과 에베레스트가 베이스라인 측정을 위해 사용했던 깃대를 들고 포즈를 취하고 있는 작업팀의 모습을 묘사했다.

히말라야 고지
삼각 측량의 결사슬은 마침내 히말라야를 정확히 측정할 수 있는 삼각점을 제공했다. 히말라야는 안데스보다 더 높은 것으로 인정받았고, 1856년 조지 에베레스트의 이름을 따서 이 산맥의 최고봉을 명명했다.

아시아

메콩 강 탐험

인도와 중국에서 모두 영국에게 패배한 프랑스는 동남아시아에서 아시아 지배권을 확보하려 애를 썼다. 1859년 프랑스의 한 해군 소함대가 베트남 메콩 강 어귀 인근에 위치한 사이공Saigon을 점령했다. 이후 1866년 아담한 체격의 프랜시스 가르니에를 포함해 프랑스 장교 6명으로 구성된 '메콩 탐험대 Mekong Exploration Commission'가 작은 증기선 두 척에 나누어 타고 미지의 오지로 사라졌다. 그들은 2년 동안 (캄보디아, 라오스, 태국, 미얀마, 중국 윈난 등지의 울창한 숲에서 길을 잃고) 실종되었으며, 지휘관 두다르 드 라그레Doudart de Lagrée는 윈난에서 사망했다. 메콩 강은 중국으로 이어지는 수로를 제공하기는커녕 세계에서 항해하기에 가장 적합지 않은 강으로 판명이 났다. 그러나 프랑스는 훗날 이 탐험대의 발견을 바탕으로 인도차이나 제국을 세운다. 영국의 왕립 지리학회 Royal Geographical Society조차도 이들을 '19세기에 가장 큰 성공을 거둔 뛰어난 탐험대'라고 인정했다.

흥미로운 사실들	
메콩 강의 길이	4,780킬로미터
메콩 강의 중국 이름	란캉 강Lankang River
메콩 강변의 수도들	프놈펜Phnom Penh(캄보디아)과 비엔티안Vientiane(라오스)
총 탐험 거리	9,960킬로미터
가르니에의 정식 이름	마리 조제프 프랑스와 프랜시스 가르니에

하얀 강
탐험대의 증기선은 캄보디아 크라티에Kratie 근처에서 최초로 만난 급류에 휘말리고 말았다. 항해에 적합한 수로를 찾기 위해 카누를 타고 있던 가르니에는 가까스로 목숨을 건졌다. '귀가 먹먹할 정도로 소음이 심했지만 마치 꿈을 꾸는 듯한 경치가 펼쳐졌다.'

만발한 수관
탐험대는 우림의 잠재력을 탐구하기 위해 광물학자와 식물학자를 각각 1명씩 포함시켰다. 이따금 금과 은이 발견되기도 했지만 (가르니에가 그린 이 난초 같은) 동식물이 훨씬 더 매력적이었다.

메콩 삼각주에서
탐험대는 증기선을 타고 사이공에서 캄보디아 앙코르를 향해 삼각주로 향했다. 라그레와 가르니에는 잔잔한 역수를 만나 희망에 부풀었기에(다량의 브랜디와 와인에서 힘을 얻었기에) 앞으로 닥칠 공포를 전혀 짐작하지 못했다.

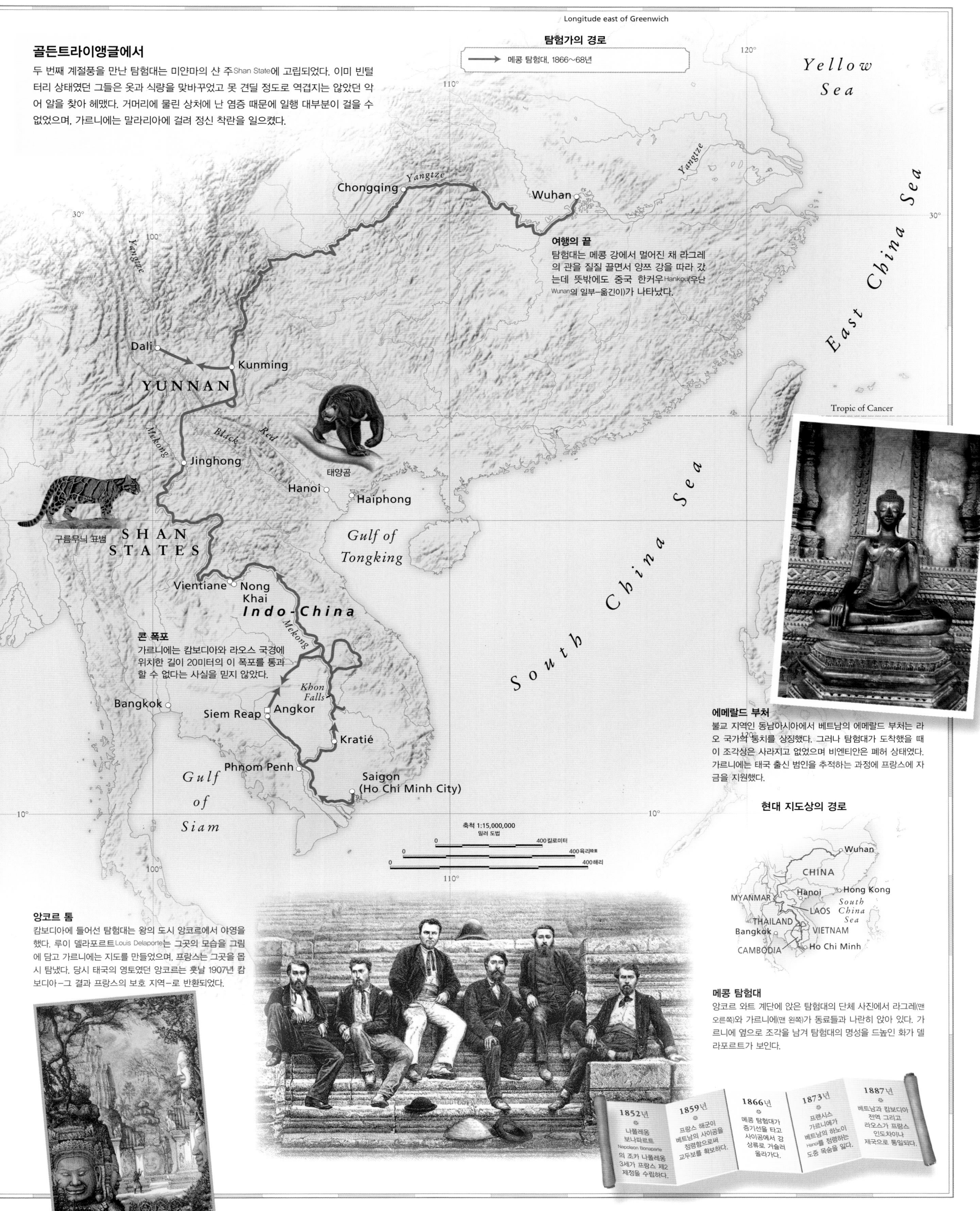

골든트라이앵글에서
두 번째 계절풍을 만난 탐험대는 미얀마의 산 주Shan State에 고립되었다. 이미 빈털터리 상태였던 그들은 옷과 식량을 맞바꾸었고 못 견딜 정도로 역겹지는 않았던 악어 알을 찾아 헤맸다. 거머리에 물린 상처에 난 염증 때문에 일행 대부분이 걸을 수 없었으며, 가르니에는 말라리아에 걸려 정신 착란을 일으켰다.
Longitude east of Greenwich
탐험가의 경로
메콩 탐험대, 1866~68년
Yellow Sea
East China Sea
South China Sea
Tropic of Cancer
Yangtze
Chongqing
Wuhan
여행의 끝
탐험대는 메콩 강에서 멀어진 채 라그레의 관을 질질 끌면서 양쯔 강을 따라 갔는데 뜻밖에도 중국 한커우Hankou(우한Wunan의 일부–옮긴이)가 나타났다.
Dali
Kunming
YUNNAN
Mekong
Black
Red
태양곰
Jinghong
Hanoi
Haiphong
구름무늬 표범
SHAN STATES
Gulf of Tongking
Vientiane
Nong Khai
Indo-China
콘 폭포
가르니에는 캄보디아와 라오스 국경에 위치한 길이 20미터의 이 폭포를 통과할 수 없다는 사실을 믿지 않았다.
Khon Falls
Bangkok
Siem Reap
Angkor
Kratié
Phnom Penh
Saigon (Ho Chi Minh City)
Gulf of Siam
축척 1:15,000,000
일러 도법
400 킬로미터
400 육리
400 해리
에메랄드 부처
불교 지역인 동남아시아에서 베트남의 에메랄드 부처는 라오 국가의 통치를 상징했다. 그러나 탐험대가 도착했을 때 이 조각상은 사라지고 없었으며 비엔티안은 폐허 상태였다. 가르니에는 태국 출신 범인을 추적하는 과정에 프랑스에 자금을 지원했다.
현대 지도상의 경로
Wuhan
CHINA
Hanoi
Hong Kong
MYANMAR
LAOS
South China Sea
THAILAND
Bangkok
VIETNAM
CAMBODIA
Ho Chi Minh
앙코르 톰
캄보디아에 들어선 탐험대는 왕의 도시 앙코르에서 야영을 했다. 루이 델라포르트Louis Delaporte는 그곳의 모습을 그림에 담고 가르니에는 지도를 만들었으며, 프랑스는 그곳을 몹시 탐냈다. 당시 태국의 영토였던 앙코르는 훗날 1907년 캄보디아–그 결과 프랑스의 보호 지역–로 반환되었다.
메콩 탐험대
앙코르 와트 계단에 앉은 탐험대의 단체 사진에서 라그레(맨 오른쪽)와 가르니에(맨 왼쪽)가 동료들과 나란히 앉아 있다. 가르니에 옆으로 조각을 남겨 탐험대의 명성을 드높인 화가 델라포르트가 보인다.
1852년
나폴레옹 보나파르트Napoleon Bonaparte의 조카 나폴레옹 3세가 프랑스 제2 제정을 수립하다.
1859년
프랑스 해군이 베트남의 사이공을 점령함으로써 교두보를 확보하다.
1866년
메콩 탐험대가 증기선을 타고 사이공에서 강 상류로 거슬러 올라가다.
1873년
프랜시스 가르니에가 베트남의 하노이Hanoi를 점령하는 도중 목숨을 잃다.
1887년
베트남과 캄보디아 전역 그리고 라오스가 프랑스 인도차이나 제국으로 통일되다.

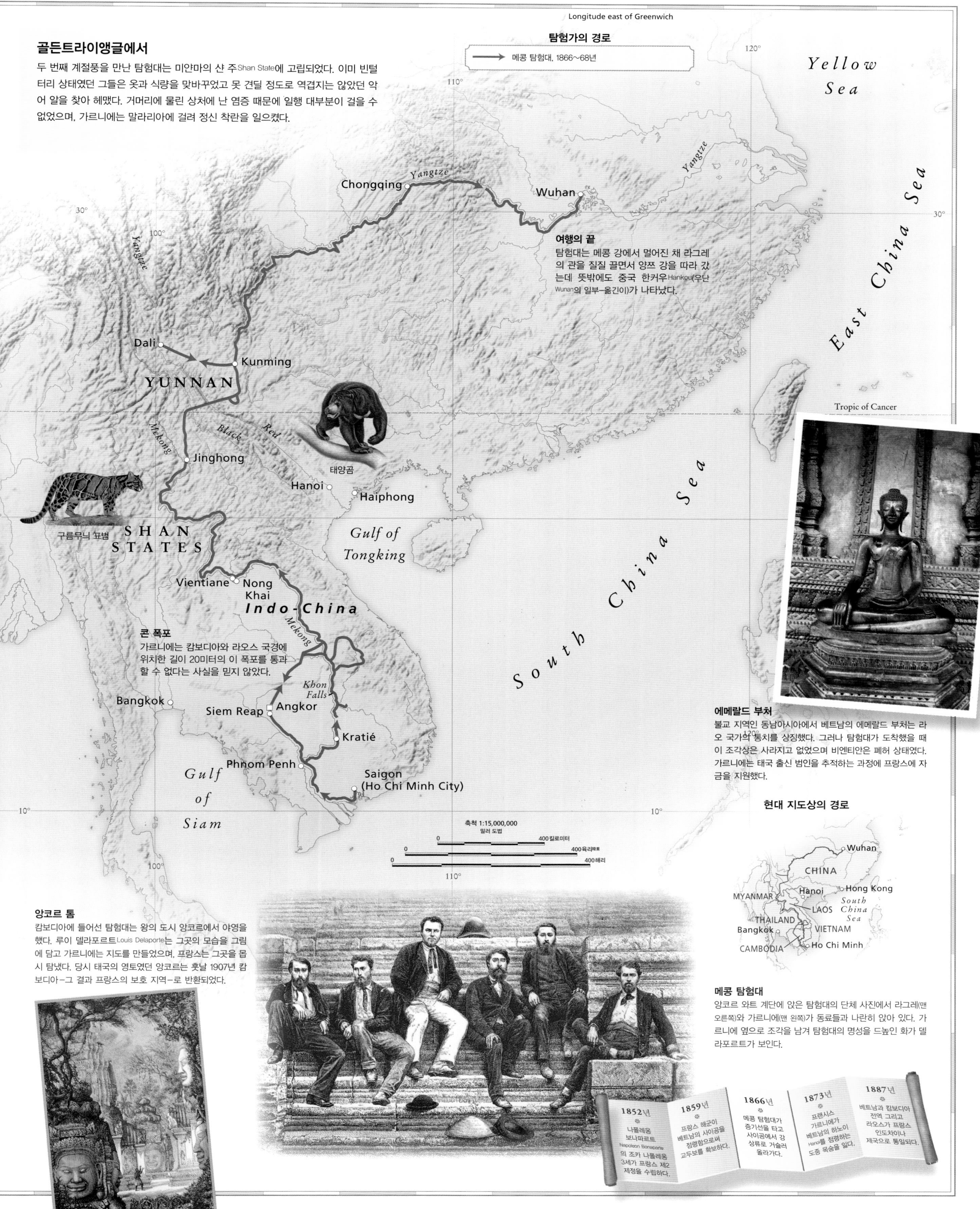
Longitude east of Greenwich
탐험가의 경로
메콩 탐험대, 1866~68년
Yellow Sea
East China Sea
South China Sea
Gulf of Tongking
Gulf of Siam
Tropic of Cancer
Chongqing
Yangtze
Wuhan
Dali
Kunming
YUNNAN
Mekong
Black
Red
Jinghong
태양곰
Hanoi
Haiphong
구름무늬 표범
SHAN STATES
Vientiane
Nong Khai
Indo-China
Khon Falls
Bangkok
Siem Reap
Angkor
Kratié
Phnom Penh
Saigon (Ho Chi Minh City)
축척 1:15,000,000
일러 도법
400 킬로미터
400 육리
400 해리
현대 지도상의 경로
Wuhan
CHINA
Hanoi
Hong Kong
MYANMAR
LAOS
South China Sea
THAILAND
Bangkok
VIETNAM
CAMBODIA
Ho Chi Minh

골든트라이앵글에서

두 번째 계절풍을 만난 탐험대는 미얀마의 샨 주Shan State에 고립되었다. 이미 빈털터리 상태였던 그들은 옷과 식량을 맞바꾸었고 못 견딜 정도로 역겹지는 않았던 악어 알을 찾아 헤맸다. 거머리에 물린 상처에 난 염증 때문에 일행 대부분이 걸을 수 없었으며, 가르니에는 말라리아에 걸려 정신 착란을 일으켰다.

여행의 끝

탐험대는 메콩 강에서 멀어진 채 라그레의 관을 질질 끌면서 양쯔 강을 따라 갔는데 뜻밖에도 중국 한커우Hankou(우난Wunan의 일부–옮긴이)가 나타났다.

콘 폭포

가르니에는 캄보디아와 라오스 국경에 위치한 길이 20미터의 이 폭포를 통과할 수 없다는 사실을 믿지 않았다.

에메랄드 부처

불교 지역인 동남아시아에서 베트남의 에메랄드 부처는 라오 국가의 통치를 상징했다. 그러나 탐험대가 도착했을 때 이 조각상은 사라지고 없었으며 비엔티안은 폐허 상태였다. 가르니에는 태국 출신 범인을 추적하는 과정에 프랑스에 자금을 지원했다.

앙코르 톰

캄보디아에 들어선 탐험대는 왕의 도시 앙코르에서 야영을 했다. 루이 델라포르트Louis Delaporte는 그곳의 모습을 그림에 담고 가르니에는 지도를 만들었으며, 프랑스는 그곳을 몹시 탐냈다. 당시 태국의 영토였던 앙코르는 훗날 1907년 캄보디아–그 결과 프랑스의 보호 지역–로 반환되었다.

메콩 탐험대

앙코르 와트 계단에 앉은 탐험대의 단체 사진에서 라그레(맨 오른쪽)와 가르니에(맨 왼쪽)가 동료들과 나란히 앉아 있다. 가르니에 옆으로 조각을 남겨 탐험대의 명성을 드높인 화가 델라포르트가 보인다.

1852년 나폴레옹 보나파르트Napoleon Bonaparte의 조카 나폴레옹 3세가 프랑스 제2제정을 수립하다.

1859년 프랑스 해군이 베트남의 사이공을 점령함으로써 교두보를 확보하다.

1866년 메콩 탐험대가 증기선을 타고 사이공에서 강 상류로 거슬러 올라가다.

1873년 프랜시스 가르니에가 베트남의 하노이Hanoi를 점령하는 도중 목숨을 잃다.

1887년 베트남과 캄보디아 전역 그리고 라오스가 프랑스 인도차이나 제국으로 통일되다.

고비 사막 횡단

중앙아시아 탐험만큼 비밀과 의문에 가득한 탐험은 없었다. 시베리아의 러시아와 인도의 영국이 서로 상대방을 의심하면서 테헤란Tehran에서 페킹(베이징) 사이의 모든 지역이 이른바 '그레이트 게임Great Game'의 현장이 되었다. 이 지역 한가운데 위치한 고비 사막은 마르코 폴로가 등장하기 전까지 거의 주목받지 못했다. 그러나 러시아의 니콜라이 프르제발스키와 영국의 프랜시스 영허즈번드의 탐험으로 상황은 180도 바뀌었다. 프르제발스키는 1870년부터 1885년까지 고비 사막과 타클라마칸 사막을 방황하며 티베트의 수도 라사에 이르기 위해 애를 썼다. 2년 뒤 영허즈번드는 고비 사막을 횡단하고 서부 히말라야의 북쪽 주변을 등반했으며, 1904년 천신만고 끝에 마침내 라사에 도착했다. 두 사람은 당대의 제국주의를 단적으로 보여 주는 예였다. 프르제발스키는 아시아 사람들을 모욕한 반면, 영허즈번드는 그들을 후원했다.

고비 사막의 낙타 카라반
프르제발스키와 영허즈번드는 모두 고비 사막을 여행할 때 쌍봉낙타를 이용했다. 영허즈번드는 안장에 앉아 몇 시간씩 책을 읽었다고 밝혔다. 프르제발스키는 '한 손에는 카빈총을 다른 한 손에는 채찍을 들고' 낙타를 탔다.

흥미로운 사실들	
프르제발스키가 고비 사막을 횡단한 횟수	5번
영허즈번드가 고비 사막을 횡단하는 데 걸린 기간	70일
고비 사막의 연간 평균 강우량	193밀리미터
고비 사막의 겨울 평균 최저 온도	섭씨 영하 40도
고비 사막의 여름 평균 최고 온도	섭씨 50도

1903년의 영허즈번드
체격이 작고 완고했던 영허즈번드는 상관들의 화를 돋우곤 했다. 그는 여행가로서 찬사를 받았지만 46세에 은퇴하고 33년의 여생을 영적 연구에 바쳤다. 고비 사막에서의 묵상과 히말라야의 경관을 경험한 영허즈번드는 신비주의자로 변모했다.

영허즈번드의 부처상
영허즈번드는 1904년 라사를 떠나기 직전 이 청동 부처상을 받았다. 이보다 앞서 티베트의 수도승들이 그가 이끄는 탐험대의 기관총에 쓰러졌는데 이제 그들이 평화의 상징을 그에게 선사한 것이다. 그의 얼굴은 '형언할 수 없는 기쁨'으로 빨갛게 달아올랐다.

프르제발스키 말

세 번째 탐험에서 등가리아Dzungaria의 서부 고비 사막을 에두르는 동안 프르제발스키는 야생마에 대한 보고서를 검토했다. 거칠기 짝이 없는 길들이지 않은 말의 마지막 상징인 이 야생마는 머지않아 원래 서식지에서 멸종할 위기에 처했다. 프르제발스키의 이름을 따서 명명된 그 종류는 이후 동물원 표본으로 다시 소개되었다.

프르제발스키의 이름에서 철자를 바꿔 명칭을 만든 에쿠우스 페루스 프르제발스키Equus ferus przewalskii는 붓 솔 같은 갈기, 긴 이빨, 길들일 수 없는 성향을 가진 땅딸막한 말과의 동물이다.

마침내 라사
1904년 8월 3일 영허즈번드의 탐험 부대는 라사에 당도했다. 달라이라마는 자신이 머물던 포탈라 궁전에서 도망쳤고, 사람들의 예상과는 달리 러시아 고문관들은 존재하지 않았던 것으로 판명되었다. 탐험대원 40명과 티베트 사람 2,700명이 공연히 목숨을 잃었다.

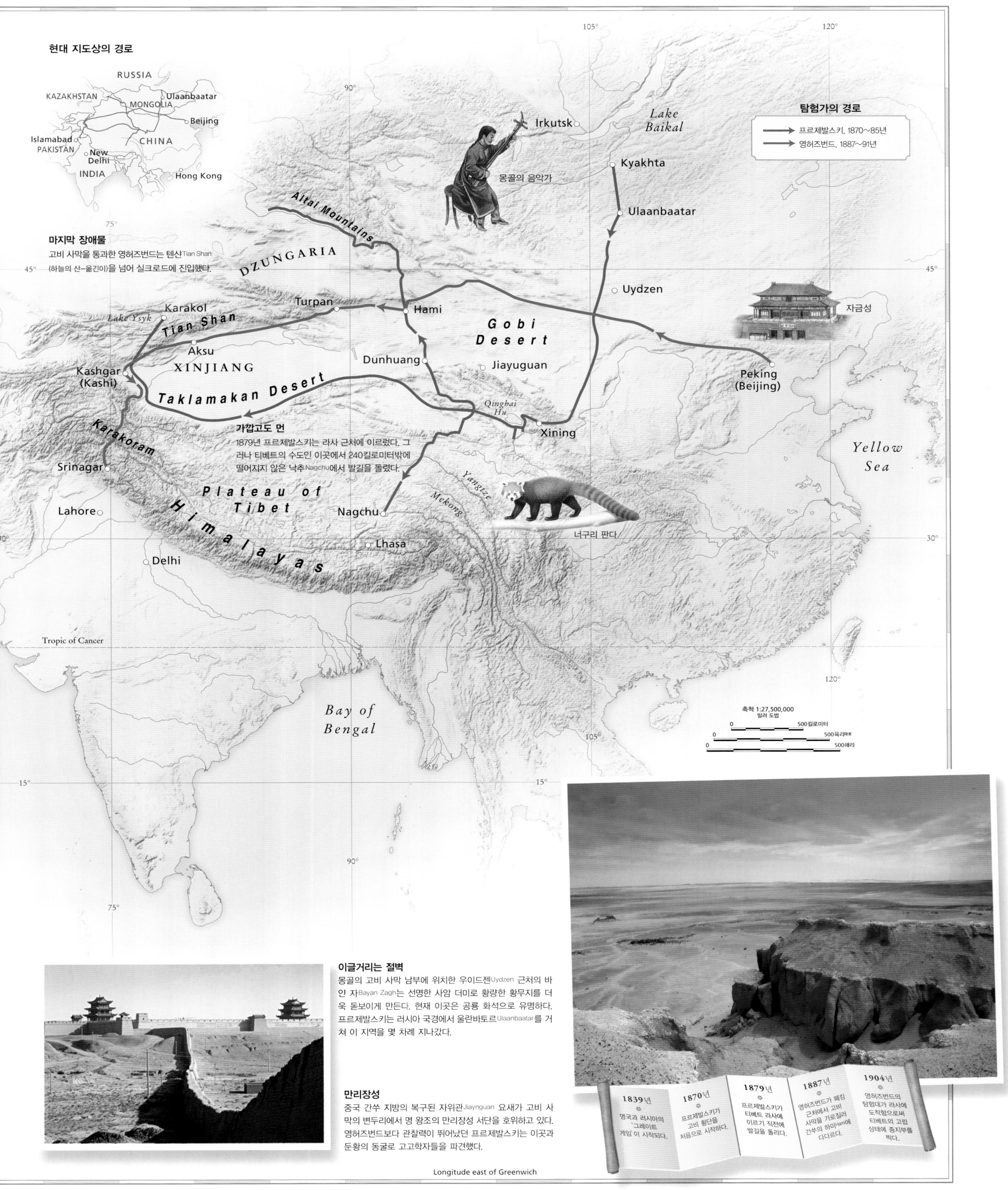

현대 지도상의 경로
RUSSIA
KAZAKHSTAN
MONGOLIA
Ulaanbaatar
Beijing
Islamabad
PAKISTAN
CHINA
New Delhi
INDIA
Hong Kong
탐험가의 경로
프르제발스키, 1870~85년
영허즈번드, 1887~91년
Irkutsk
Lake Baikal
Kyakhta
Ulaanbaatar
Uydzen
몽골의 음악가
Altai Mountains
DZUNGARIA
Turpan
Hami
Karakol
Lake Ysyk
Tian Shan
Aksu
XINJIANG
Gobi Desert
Dunhuang
Jiayuguan
자금성
Peking (Beijing)
Kashgar (Kashi)
Taklamakan Desert
Qinghai Hu
Xining
Karakoram
Srinagar
Yellow Sea
Yangtze
Mekong
Plateau of Tibet
Nagchu
너구리 판다
Lahore
Himalayas
Lhasa
Delhi
Tropic of Cancer
Bay of Bengal
축척 1:27,500,000
밀러 도법
500킬로미터
500육리
500해리
Longitude east of Greenwich
1839년 영국과 러시아의 '그레이트 게임'이 시작되다.
1870년 프르제발스키가 고비 횡단을 처음으로 시작하다.
1879년 프르제발스키가 티베트 라사에 이르기 직전에 발길을 돌리다.
1887년 영허즈번드가 페킹 근처에서 고비 사막을 가로질러 간쑤의 하미Hami에 다다르다.
1904년 영허즈번드의 탐험대가 라사에 도착함으로써 티베트의 고립 상태에 종지부를 찍다.

마지막 장애물
고비 사막을 통과한 영허즈번드는 텐산Tian Shan(하늘의 산-옮긴이)을 넘어 실크로드에 진입했다.

가깝고도 먼
1879년 프르제발스키는 라사 근처에 이르렀다. 그러나 티베트의 수도인 이곳에서 240킬로미터밖에 떨어지지 않은 낙추Nagchu에서 발길을 돌렸다.

이글거리는 절벽
몽골의 고비 사막 남부에 위치한 우이드젠Uydzen 근처의 바얀 자그Bayan Zagh는 선명한 사암 더미로 황량한 황무지를 더욱 돋보이게 만든다. 현재 이곳은 공룡 화석으로 유명하다. 프르제발스키는 러시아 국경에서 울란바토르Ulaanbaatar를 거쳐 이 지역을 몇 차례 지나갔다.

만리장성
중국 간쑤 지방의 복구된 자위관Jiayuguan 요새가 고비 사막의 변두리에서 명 왕조의 만리장성 서단을 호위하고 있다. 영허즈번드보다 관찰력이 뛰어났던 프르제발스키는 이곳과 둔황의 동굴로 고고학자들을 파견했다.

아시아

아라비아의 유럽 모험가들

1852년에 이르러 영국 탐험가 리처드 버튼 경Sir Richard Button은 아라비아를 '우리 지도의 거대한 흰 공간huge white blot in our maps'이라고 묘사했다. 아라비아 사막은 아시아 탐험의 마지막 장소였다. 이슬람의 성지였던 이 지역은 대부분 이교도들에게 금지된 땅이었기 때문이다. 탐험가들은 이리외 아우쿠스티 월린Yrjö Aukusti Wallin처럼 이슬람교도가 되거나 버튼처럼 이슬람교도인 척 가장했다. 윌리엄 팰그레이브William Palgrave는 변장을 하고 여행한 반면 찰스 다우티Charles Doughty는 변장한 것이나 다름없이 가난한 천민 행세를 했다. 공식적인 지위 또한 한 가지 보호책이었다. 유럽 사람으로는 최초로 아라비아 반도를 횡단한 조지 새들레어George Sadleir는 외교 사절로서 보호를 받았다. 60년 후 윌프리드와 앤 블런트Wilfrid and Anne Blunt는 영국 외교 관계의 덕을 톡톡히 보았다. 20세기 들어 버트람 토마스Bertram Thomas와 윌프레드 테시거Wilfred Thesiger는 엠프티 쿼터Empty Quarter를 공격함으로써 – 그들의 선임자들과 마찬가지로 – 거대한 마지막 황무지의 거부할 수 없는 매력에 무릎을 꿇었다.

흥미로운 사실들

아라비아 사막의 면적	최소 233만 제곱킬로미터
아라비아 낙타의 물 섭취 능력	한 번에 57리터
엠프티 쿼터의 면적	약 65만 제곱킬로미터
이리외 아우쿠스티 월린의 가명	게오르그 아우구스트, 조지, 아브드 알 왈리
윌프레드 테시거가 사망한 연도	2003년

윌리엄 팰그레이브
팰그레이브는 아라비아를 횡단하면서 다음과 같은 기록을 남겼다. '아직도 전해야 할 것이 많다. 무척 많다.' 의사 겸 옥스퍼드의 학자였던 팰그레이브는 봄베이Bombay의 보병이자 가톨릭 사제, 그리고 나폴레옹의 스파이였다.

윌프리드와 앤 블런트
귀족이었던 블런트 부부가 아라비아에 매료된 것은 그곳이 아라비아 말의 번식지였기 때문이었다. 그들은 순종을 찾아 안-나푸드An-Nafud를 건너 하일Ha'il에 이르렀다. 윌프리드는 경로를 계획하고 앤은 통역사 역할을 했다.

현지 동반자
테시거(가운데)는 최후의 위대한 아라비아 탐험가라고 자처했다. 비록 최초는 아니었지만 – 버트람 토마스가 테시거나 세인트 존 필비St. John Pilby보다 앞섰다. – 그가 마지막으로 엠프티 쿼터를 횡단함으로써 지도에 남아 있던 '흰 공간'은 사라졌다.

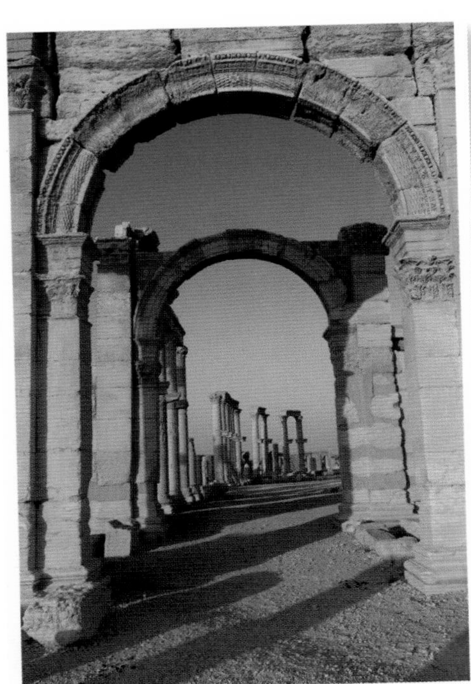

시리아 사막의 팔미라
팔미라(타드모르Tadmor)에 있는 이곳과 같은 그레코로만 유적지는 블런트 부부의 필수 방문지였다. 테시거는 여행 도중에 고고학적으로 중대한 발견을 했으며 T. E. 로렌스T. E. Lawrence가 아라비아로 향한 최초의 목적도 '고고학적인 발굴'이었다.

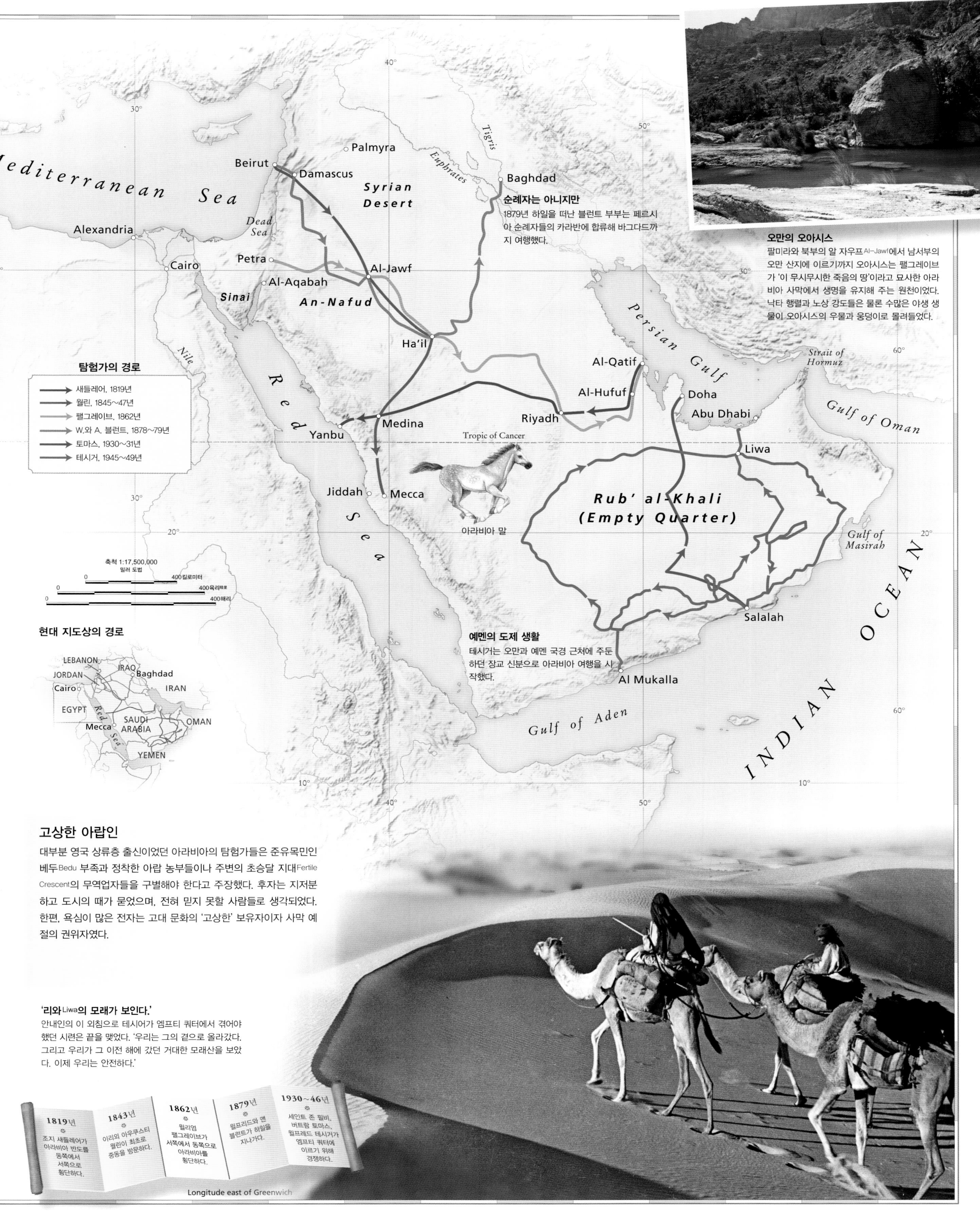
Mediterranean Sea
Beirut
Damascus
Palmyra
Tigris
Euphrates
Baghdad
Syrian Desert
Alexandria
Dead Sea
Cairo
Petra
Al-Jawf
Al-Aqabah
Sinai
An-Nafud
Persian Gulf
Ha'il
Nile
Red Sea
Al-Qatif
Al-Hufuf
Doha
Abu Dhabi
Strait of Hormuz
Gulf of Oman
Riyadh
Medina
Yanbu
Tropic of Cancer
Liwa
Jiddah
Mecca
Rub' al-Khali (Empty Quarter)
아라비아 말
Gulf of Masirah
Salalah
Al Mukalla
Gulf of Aden
INDIAN OCEAN
탐험가의 경로
새들레어, 1819년
월린, 1845~47년
팰그레이브, 1862년
W.와 A. 블런트, 1878~79년
토마스, 1930~31년
테시거, 1945~49년
축척 1:17,500,000
밀러 도법
400킬로미터
400육리마일
400해리
현대 지도상의 경로
LEBANON
IRAQ
Baghdad
JORDAN
Cairo
IRAN
EGYPT
SAUDI ARABIA
OMAN
Mecca
Red Sea
YEMEN
1819년
조지 새들레어가 아라비아 반도를 동쪽에서 서쪽으로 횡단하다.
1843년
이리외 아우쿠스티 월린이 최초로 중동을 방문하다.
1862년
윌리엄 팰그레이브가 서쪽에서 동쪽으로 아라비아를 횡단하다.
1879년
윌프리드와 앤 블런트가 하일을 지나가다.
1930~46년
세인트 존 필비, 버트람 토마스, 윌프레드 테시거가 엠프티 쿼터에 이르기 위해 경쟁하다.
Longitude east of Greenwich

오만의 오아시스
팔미라와 북부의 알 자우프Al-Jawf에서 남서부의 오만 산지에 이르기까지 오아시스는 팰그레이브가 '이 무시무시한 죽음의 땅'이라고 묘사한 아라비아 사막에서 생명을 유지해 주는 원천이었다. 낙타 행렬과 노상 강도들은 물론 수많은 야생 생물이 오아시스의 우물과 웅덩이로 몰려들었다.

순례자는 아니지만
1879년 하일을 떠난 블런트 부부는 페르시아 순례자들의 카라반에 합류해 바그다드까지 여행했다.

예멘의 도제 생활
테시거는 오만과 예멘 국경 근처에 주둔하던 장교 신분으로 아라비아 여행을 시작했다.

고상한 아랍인

대부분 영국 상류층 출신이었던 아라비아의 탐험가들은 준유목민인 베두Bedu 부족과 정착한 아랍 농부들이나 주변의 초승달 지대Fertile Crescent의 무역업자들을 구별해야 한다고 주장했다. 후자는 지저분하고 도시의 때가 묻었으며, 전혀 믿지 못할 사람들로 생각되었다. 한편, 욕심이 많은 전자는 고대 문화의 '고상한' 보유자이자 사막 예절의 권위자였다.

'리와Liwa의 모래가 보인다.'
안내인의 이 외침으로 테시어가 엠프티 쿼터에서 겪어야 했던 시련은 끝을 맺었다. '우리는 그의 곁으로 올라갔다. 그리고 우리가 그 이전 해에 갔던 거대한 모래산을 보았다. 이제 우리는 안전하다.'

중앙아시아의 스벤 헤딘

스웨덴 탐험가 스벤 헤딘은 40년이 넘도록 힘겨운 여행을 한 끝에 누구보다도 더 넓은 중앙아시아 지역의 지도를 만들었다. 1890년대 그는 신장의 무시무시한 타클라마칸 사막을 정복하고 1900년대 초반 티베트 남부의 '트랜스히말라야transhimalaya' 산맥의 이름을 짓고 소유권을 주장했다('미지의 트랜스히말라야가 수백만 년 동안 내가 오기를 기다렸다.'). 한 번은 사막에서 식량이나 물도 없이 일주일을 건넜다. 그런가하면 야생 야크를 다루기 위해 투우 기술을 발휘한 적도 있었다. 창의적이고 용감하며 지적인 그는 국제적으로 명성을 얻었다. 그러나 명예에 대한 욕구에 사로잡혀 지지자들을 희생시키고 경쟁자들을 비방하는가 하면 무분별하게 지원을 받았다. 급기야 히틀러가 이끌던 나치 독일을 지지하는 일까지 불사하자 세계 다른 지역으로부터 배척을 당했다. 그는 1952년 사람들에게 거의 잊혀진 채 세상을 떠났다.

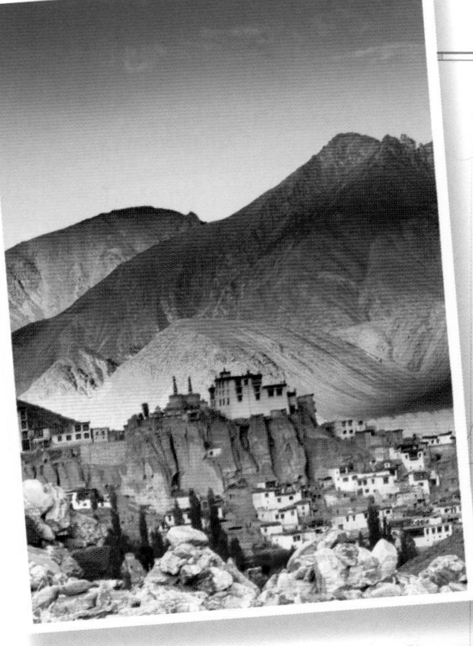

라마유루 곰파 Ramayuru gompa
인도 라다크의 이 거대한 수도원은 티베트 불교가 전파된 서쪽 한계선에 위치하고 있다. 1906년 헤딘은 다음과 같은 글을 남겼다. '수도승들이 액막이 춤으로 우리에게 즐거움을 선사했다.' 그것은 그가 티베트에 진입할 허가를 얻기 위해 4개국(영국, 인도, 티베트, 그리고 중국)의 정부와 맞서 싸웠기 때문이었다.

60°
Aral Sea
45°
Caspian Sea
Baku
Tehran
30°
Persian Gulf
60°

낙타를 탄 헤딘
헤딘은 간편한 행장으로 여행한 적이 거의 없다. 그는 기구, 식량, 무기, 돈, 심지어 배를 운반하기 위해 타클라마칸 사막과 라다크, 티베트, 고비 사막에서 각각 낙타, 말, 야크, 트럭을 이용했고, 어디를 가든 노새를 동원했다.

흥미로운 사실들	
헤딘이 최초로 신장에 도착한 연도	1891년
헤딘이 마지막으로 신장을 방문한 연도	1935년
『트랜스히말라야』 여행기에 실은 지도	1,149장
헤딘의 1906~08년 탐험에서 살아남은 노새의 수	90마리 가운데 6마리
헤딘이 받은 메달의 수	40개

티베트의 헤딘
헤딘은 라사에 입성하지 못하자 스스로 '트랜스히말라야'라고 칭했던 산맥과 인더스 강Indus과 창포 강Tsangpo에 집중했다. 헤딘의 스케치를 바탕으로 한 이 일러스트레이션은 그를 장신으로 묘사했지만 실제 그의 키는 매우 작았다.

스벤 헤딘의 그림과 사진

헤딘은 펜과 카메라를 이용해 당대의 다른 여행가들보다도 더욱 상세하게 여행담을 전달했다. 강단에서 즉흥적으로 그림을 그리면서 강의에 생기를 불어넣었고, 과학 서적 시리즈에서 『소년 독본Boy's Own』 모험담에 이르기까지 다양한 책을 발표했다. 또 뛰어난 소질을 발휘하여 이국적인 분위기를 불러일으키고 고난을 극적으로 표현했다.

헤딘은 1908년 '트랜스 히말라야'를 탐험하는 동안 캠프에 있는 티베트인 두 명의 모습을 그렸다.

S. Hn.
1908

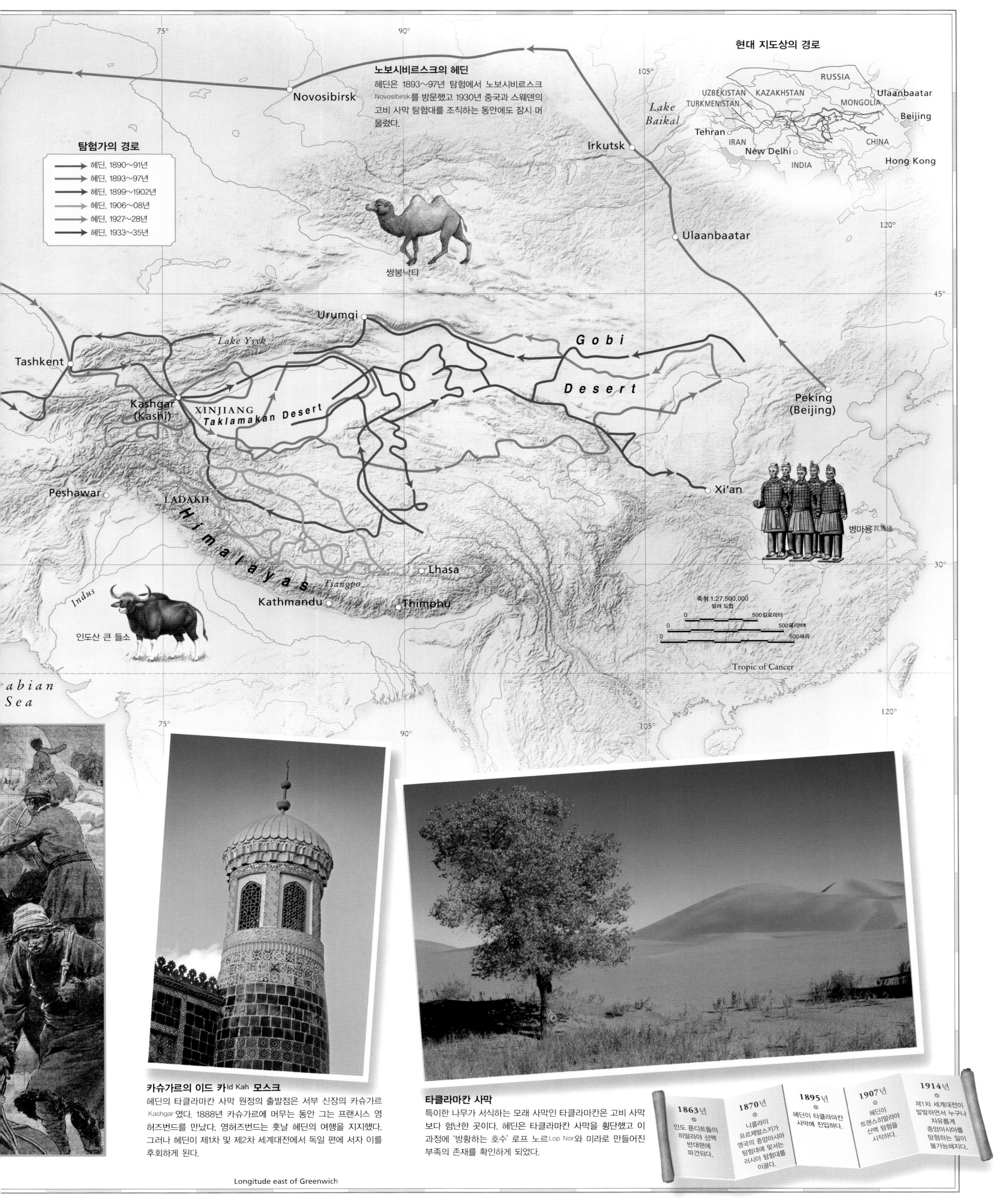

75°
90°
105°
120°
45°
30°
노보시비르스크의 헤딘
헤딘은 1893~97년 탐험에서 노보시비르스크 Novosibirsk를 방문했고 1930년 중국과 스웨덴의 고비 사막 탐험대를 조직하는 동안에도 잠시 머물렀다.
탐험가의 경로
헤딘, 1890~91년
헤딘, 1893~97년
헤딘, 1899~1902년
헤딘, 1906~08년
헤딘, 1927~28년
헤딘, 1933~35년
현대 지도상의 경로
RUSSIA
UZBEKISTAN
KAZAKHSTAN
TURKMENISTAN
MONGOLIA
Ulaanbaatar
Beijing
Tehran
IRAN
New Delhi
INDIA
CHINA
Hong Kong
Novosibirsk
Lake Baikal
Irkutsk
Ulaanbaatar
쌍봉낙타
Urumqi
Lake Ysyk
Gobi Desert
Tashkent
Kashgar (Kashi)
XINJIANG
Taklamakan Desert
Peking (Beijing)
Xi'an
병마용兵馬俑
Peshawar
LADAKH
Himalayas
Lhasa
Tsangpo
Kathmandu
Thimphu
Indus
인도산 큰 들소
축척 1:27,500,000
500킬로미터
500해리
Tropic of Cancer
Arabian Sea

카슈가르의 이드 카Id Kah 모스크
헤딘의 타클라마칸 사막 원정의 출발점은 서부 신장의 카슈가르 Kashgar였다. 1888년 카슈가르에 머무는 동안 그는 프랜시스 영허즈번드를 만났다. 영허즈번드는 훗날 헤딘의 여행을 지지했다. 그러나 헤딘이 제1차 및 제2차 세계대전에서 독일 편에 서자 이를 후회하게 된다.

타클라마칸 사막
특이한 나무가 서식하는 모래 사막인 타클라마칸은 고비 사막보다 험난한 곳이다. 헤딘은 타클라마칸 사막을 횡단했고 이 과정에 '방황하는 호수' 로프 노르Lop Nor와 미라로 만들어진 부족의 존재를 확인하게 되었다.

1863년
인도 푼디트들이 히말라야 산맥 반대편에 파견되다.

1870년
니콜라이 프르제발스키가 영국의 중앙아시아 탐험대에 맞서는 러시아 탐험대를 이끌다.

1895년
헤딘이 타클라마칸 사막에 진입하다.

1907년
헤딘이 트랜스히말라야 산맥 탐험을 시작하다.

1914년
제1차 세계대전이 발발하면서 누구나 자유롭게 중앙아시아를 탐험하는 일이 불가능해지다.

Longitude east of Greenwich

트래킹, 브라마푸트라 강

창포 강은 티베트 전역을 가로지른 뒤 동부 히말라야의 험준한 협곡으로 자취를 감춘다. '창포 강의 발원지는 과연 어디인가(양쯔 강, 메콩 강, 샐윈 강), 이라와디 강Irawaddy, 또는 브라마푸트라 강Brahmaputra인가'라는 문제는 한 세대 동안 사람들의 호기심을 자극했다. 이 '창포 협곡의 수수께끼'에 의문을 품고 수많은 원정대가 길을 떠났으며, 그 가운데 세 원정대가 이 의문에 해답을 제시했다. 1870년대 후반 인도 조사단Indian Survey의 푼디트 킨투프Kinthup는 최초로 그 무시무시한 골짜기를 횡단하고 거대한 폭포의 존재를 알렸다. 30년이 훌쩍 지나 창포 강이 브라마푸트라 강의 지류라고 생각되던 시절 F. M. '에릭' 베일리F. M. 'Eric' Bailey는 두 강의 관계와 그 거대한 폭포의 존재를 확인하기 위해 노력했다. 1924년에서 1925년 사이 식물 수집가 프랭크 킹던 워드는 마침내 창포 강의 복잡한 경로를 추적하고 그 가운데 16킬로미터를 제외한 전체 경로를 지도로 그렸다. 그러나 마지막 비밀은 여전히 풀리지 않았다. 창포 강의 최대 폭포는 1998년이 되어서야 발견되었다.

흥미로운 사실들	
창포 강의 다른 이름	얄룽, 창포, 디항, 브라마푸트라, 파드마
창포-브라마푸트라 강의 총 길이	약 2,900킬로미터
티베트에 있는 이 강의 평균 고도	약 4,000미터
창포 협곡에서 강물이 떨어지는 높이와 길이	40킬로미터에 걸쳐 2,400미터
창포 강 최고 폭포의 높이	30.5미터

프랭크 킹던 워드
물론 수많은 산의 높이에 압도되기도 했지만 워드는 일생의 대부분을 중국 서부, 티베트, 북동부 인도의 산에서 다양한 식물 표본을 수집하며 보냈다. 그는 1924~25년에 쓴 창포 강 탐험 기행문에서 양귀비, 백합, 난초, 철쭉 속 식물 등을 묘사했다.

현명한 킨투프
1879년 킨투프는 꼬리표로 표시한 통나무를 창포 협곡으로 내려보내는 임무를 맡았다. 아삼의 브라만푸트라에서 이 통나무들을 회수하게 되면 두 강이 연결되었다는 사실이 입증되는 셈이었다. 그러나 그가 통나무를 내려보낸 후에 통나무 감시자들이 일을 그만두고 말았다.

창포 협곡
워드는 협곡에서 내려오는 길에 다음과 같은 글을 남겼다. '마치 우리가 땅속으로 내려가고 또 내려가는……것처럼 보였다.' 창포 강은 깊이 400미터에 폭은 겨우 30미터에 이르는 틈으로 거품을 일으키며 흘러 내려갔다.

수집가의 낙원

베일리의 전문 분야는 나비였던 반면 킹던 워드는 식물학 전문가였다. 동부 히말라야의 풍부한 자연사는 과학과 상업 분야로부터 지대한 관심을 받았다. 그 다습한 언덕 중턱에 무성한 식물과 목재들은 고도는 낮지만 위도가 더 높은 영국 서부 등 다른 온대 지역에도 이식할 수 있었다.

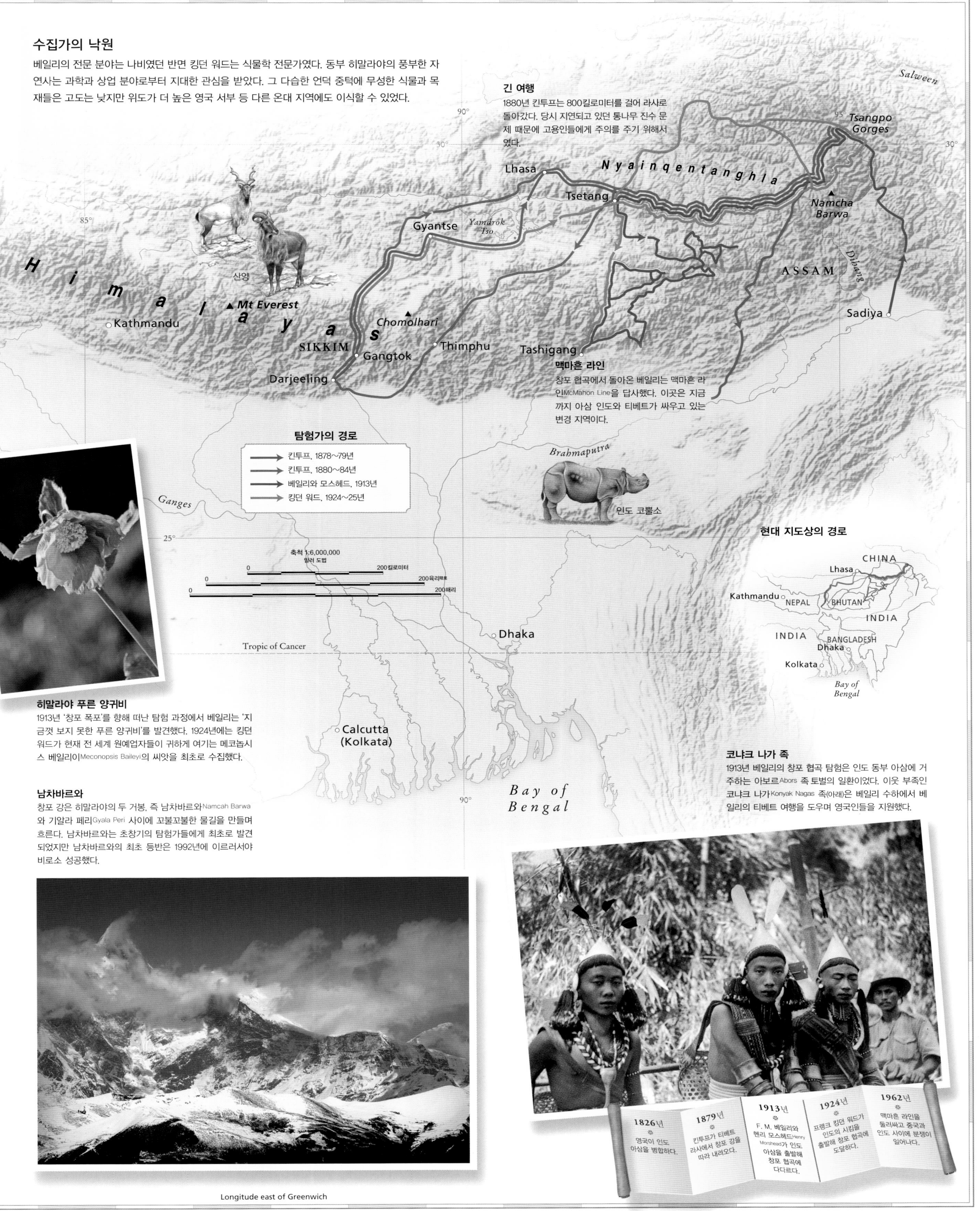

Salween
Tsangpo Gorges
Lhasa
Nyainqentanghla
Tsetang
Namcha Barwa
Gyantse
Yamdrok Tso
ASSAM
Dibang
Himalayas
산양
Mt Everest
Kathmandu
Chomolhari
Sadiya
SIKKIM
Gangtok
Thimphu
Tashigang
Darjeeling
Brahmaputra
인도 코뿔소
Ganges
축척 1:6,000,000
0
200킬로미터
200육리
200해리
Dhaka
Tropic of Cancer
Calcutta (Kolkata)
Bay of Bengal
90°
85°
95°
30°
25°
Longitude east of Greenwich

긴 여행

1880년 킨투프는 800킬로미터를 걸어 라사로 돌아갔다. 당시 지연되고 있던 통나무 진수 문제 때문에 고용인들에게 주의를 주기 위해서였다.

맥마혼 라인

창포 협곡에서 돌아온 베일리는 맥마혼 라인McMahon Line을 답사했다. 이곳은 지금까지 아삼 인도와 티베트가 싸우고 있는 변경 지역이다.

탐험가의 경로

- 킨투프, 1878~79년
- 킨투프, 1880~84년
- 베일리와 모스헤드, 1913년
- 킹던 워드, 1924~25년

현대 지도상의 경로

CHINA
Lhasa
Kathmandu
NEPAL
BHUTAN
INDIA
INDIA
BANGLADESH
Dhaka
Kolkata
Bay of Bengal

히말라야 푸른 양귀비

1913년 '창포 폭포'를 향해 떠난 탐험 과정에서 베일리는 '지금껏 보지 못한 푸른 양귀비'를 발견했다. 1924년에는 킹던 워드가 현재 전 세계 원예업자들이 귀하게 여기는 메코놉시스 베일리이Meconopsis Baileyi의 씨앗을 최초로 수집했다.

남차바르와

창포 강은 히말라야의 두 거봉, 즉 남차바르와Namcah Barwa와 기알라 페리Gyala Peri 사이에 꼬불꼬불한 물길을 만들며 흐른다. 남차바르와는 초창기의 탐험가들에게 최초로 발견되었지만 남차바르와의 최초 등반은 1992년에 이르러서야 비로소 성공했다.

코냐크 나가 족

1913년 베일리의 창포 협곡 탐험은 인도 동부 아삼에 거주하는 아보르Abors 족 토벌의 일환이었다. 이웃 부족인 코냐크 나가Konyak Nagas 족(아래)은 베일리 수하에서 베일리의 티베트 여행을 도우며 영국인들을 지원했다.

1826년
영국이 인도 아삼을 병합하다.
1879년
킨투프가 티베트 라사에서 창포 강을 따라 내려오다.
1913년
F. M. 베일리와 헨리 모스헤드Henry Morshead가 인도 아삼을 출발해 창포 협곡에 다다르다.
1924년
프랭크 킹던 워드가 인도의 시킴을 출발해 창포 협곡에 도달하다.
1962년
맥마흔 라인을 둘러싸고 중국과 인도 사이에 분쟁이 일어나다.

Compton

이 그림은 1853년 길고 길었던 사하라 사막 횡단 여행을 마치고 팀북투Timbuktu에 도착하는 용맹스러운 독일 탐험가 하인리히 바르트Heinrich Barth의 모습을 담고 있다. 팀북투는 이교도에게는 출입이 금지된 도시였기 때문에 바르트는 무슬림 상인으로 변장했다.

PART 2 1500년대부터 1900년대까지

아프리카

- '아비시니안' 브루스와 블루 나일
- 유럽의 북동부 아프리카 탐험
- 니제르 강 탐험하기
- 부르크하르트의 아프리카와 아라비아 모험
- 북서부 아프리카와 팀북투
- 데이비드 리빙스턴
- 선교사들
- 동부 해안에서 내륙으로 탐험하기
- 나일 강 원천에 대한 탐구
- 나미비아의 갤턴과 안데르손
- 화이트 나일
- 아프리카 여행하기
- 스탠리 : 대륙 횡단하기
- 마사이 부족의 땅에서

아프리카

'아비시니안' 브루스와 블루 나일

수세기 동안 유럽 사람들에게 고대 아비시니아Abyssinia(현재 에티오피아) 지역은 신비와 신화의 땅이었다. 아비시니아는 기독교 국가로 전설적인 기독교 신자 군주인 프레스터 존Prester John이 통치한다고 알려져 있었다. 그러나 15~16세기에 포르투갈에서 파견한 사절들은 곧 이와 같은 신화를 일소시켰다. 아비시니아는 또한 나일 강의 두 지류 가운데 작은 강인 블루 나일의 원천이라고 전해졌다. 1770년대 스코틀랜드 탐험가 제임스 브루스James Bruce는 블루 나일의 원천에 이르렀다. 비록 예수회 사제인 페드로 파에스Pedro Paez와 제로니모 로보Jeronimo Lobo가 먼저 도착한 것이 거의 확실하지만 브루스는 자신이 최초라고 선언했다. 아울러 아비시니아의 지리, 문화, 동식물에 대한 중요한 정보를 수집했다. 그러나 유럽의 전문가들은 그의 관찰 결과를 수년 동안 인정하지 않았다.

이집트의 브루스
아비시니아로 떠나기 전 브루스는 이집트를 두루 여행하면서 고고학 유적지를 연구했다. 그는 고대 이집트 사람들이 썼던 악기에 대한 새로운 정보를 포함해 수많은 연구 결과를 발표했다.

흥미로운 사실들

블루 나일의 원천	타나 호수Lake Tana로 흘러가는 기시 아바이Gish Abbai의 한 샘
(화이트 나일과 합류하는 지점까지) 블루 나일의 길이	1,400킬로미터
아비시니아 교회 설립 시기	기원후 330년경
에티오피아 고원 지대의 면적	72만 5,000제곱킬로미터
에티오피아 고지대의 평균 고도	1,680미터

탐험가의 신뢰도

사람들은 대개 고국에서는 결코 볼 수 없는 것을 보았다는 여행가들의 목격담을 믿지 않았다. 제임스 브루스도 예외가 아니었다. 사자를 잡아먹는 베르베르 부족과 아직 살아 있는 암소를 잘라 먹는 아비시니아 사람에 대한 이야기는 당시 사람들에게 터무니없는 소리처럼 들렸고, 그래서 그들은 브루스를 '대단한 거짓말쟁이'라며 비아냥거렸다. 그러나 이후 탐험가들은 그의 보고가 대부분 사실이라는 것을 확인했다.

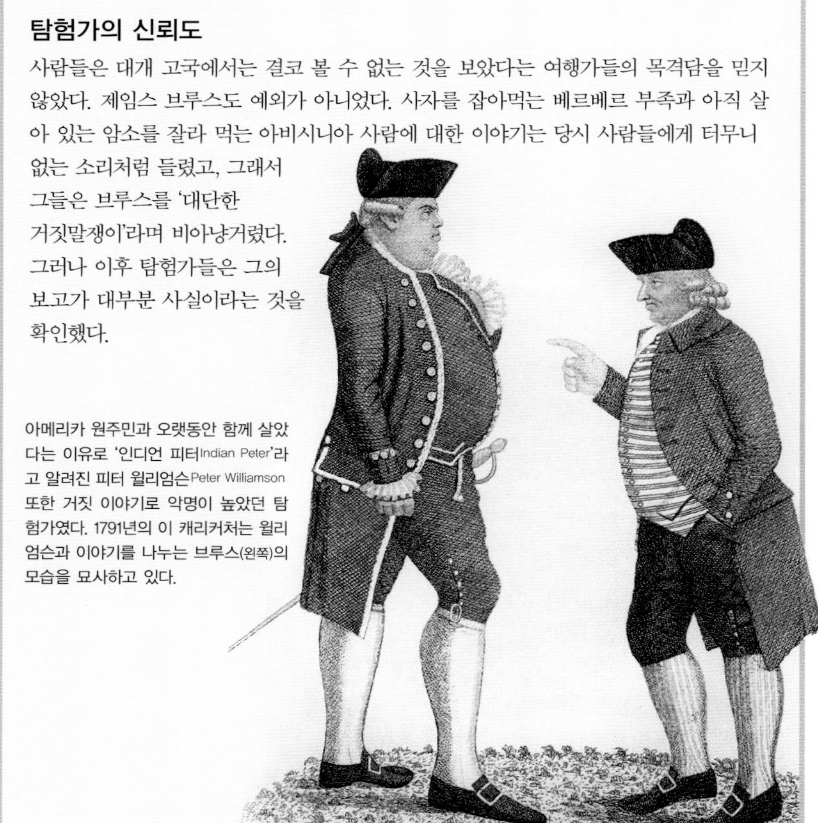

아메리카 원주민과 오랫동안 함께 살았다는 이유로 '인디언 피터Indian Peter'라고 알려진 피터 윌리엄슨Peter Williamson 또한 거짓 이야기로 악명이 높았던 탐험가였다. 1791년의 이 캐리커처는 윌리엄슨과 이야기를 나누는 브루스(왼쪽)의 모습을 묘사하고 있다.

타나 호수
블루 나일은 에티오피아의 타나 호수에서 흘러나온다. 몇몇 지류가 타나 호수로 흘러들어가지만 브루스는 기시 아바이의 한 샘에서 흘러나오는 지류를 발견했다. 사람들은 전통적으로 이 샘을 블루 나일의 원천이라고 생각했다.

과학적인 연구
브루스는 사분의, 망원경(예를 들면 사진에 있는 망원경), 시계, 작은 별장 크기와 맞먹는 카메라 옵스큐라 등 수많은 과학 도구를 가지고 다녔다.

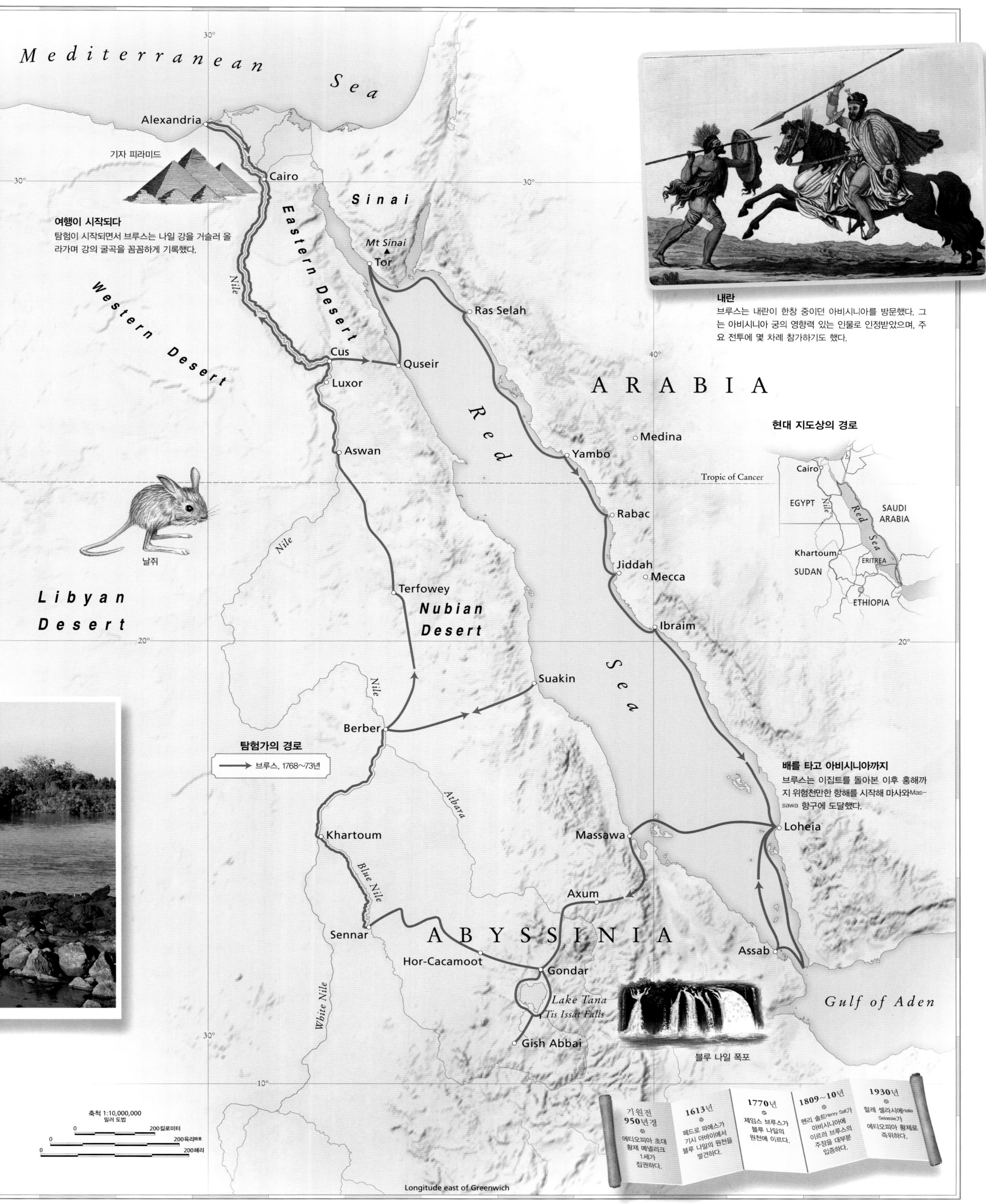
Mediterranean Sea
Alexandria
기자 피라미드
Cairo
Sinai
Mt Sinai
Tor
Eastern Desert
Western Desert
Nile
Cus
Quseir
Luxor
Aswan
Ras Selah
ARABIA
Red Sea
Medina
Yambo
Rabac
Jiddah
Mecca
Ibraim
날쥐
Libyan Desert
Terfowey
Nubian Desert
Suakin
Berber
Atbara
Khartoum
Blue Nile
White Nile
Sennar
ABYSSINIA
Hor-Cacamoot
Gondar
Lake Tana
Tis Issat Falls
Gish Abbai
Axum
Massawa
Loheia
Assab
Gulf of Aden
블루 나일 폭포
여행이 시작되다
탐험이 시작되면서 브루스는 나일 강을 거슬러 올라가며 강의 굴곡을 꼼꼼하게 기록했다.
내란
브루스는 내란이 한창 중이던 아비시니아를 방문했다. 그는 아비시니아 궁의 영향력 있는 인물로 인정받았으며, 주요 전투에 몇 차례 참가하기도 했다.
현대 지도상의 경로
Tropic of Cancer
Cairo
EGYPT
Nile
Red Sea
SAUDI ARABIA
Khartoum
SUDAN
ERITREA
ETHIOPIA
배를 타고 아비시니아까지
브루스는 이집트를 돌아본 이후 홍해까지 위험천만한 항해를 시작해 마사와Massawa 항구에 도달했다.
탐험가의 경로
브루스, 1768~73년
기원전 950년경 에티오피아 초대 황제 메넬리크 1세가 집권하다.
1613년 페드로 파에스가 기시 아바이에서 블루 나일의 원천을 발견하다.
1770년 제임스 브루스가 블루 나일의 원천에 이르다.
1809~10년 헨리 솔트Henry Salt가 아비시니아에 이르러 브루스의 주장을 대부분 입증하다.
1930년 할레 셀라시에Halle Selassie가 에티오피아 황제로 즉위하다.
축척 1:10,000,000
밀러 도법
0 200킬로미터
0 200육리陸里
0 200해리
Longitude east of Greenwich

아프리카

유럽의 북동부 아프리카 탐험

19세기와 20세기 초반 계속되는 탐험 덕분에 북동부 아프리카에 대한 유럽 사람들의 지식은 꾸준히 증가했다. 프랑스의 형제 아르노와 앙투안 다바디에Arnaud and Antoine d'Abbadie는 1838년부터 1848년까지 아비시니아에서 거주했다. 아르노가 주로 아비시니아 궁전에서 지낸 반면, 앙투안은 대부분 현재 에티오피아의 중부 지역을 두루 탐험했다. 네덜란드 출신 주안 마리아 슈베르Juan Maria Schuver는 1881년부터 1883년까지 화이트 나일과 블루 나일 주변 지역의 지도를 만들었다. 1890년대에 들어서는 이탈리아 탐험가 비토리오 보테고Vittorio Bottego가 현재의 소말리아와 에티오피아를 여러 차례 탐험했다. 당시 이 지역은 유럽 제국주의 열망의 중심지로 자리 잡았다. 1868년 황제 테오드로스 2세Emperor Tewodros II가 영국 시민 몇 명을 투옥하자 영국 군대는 아비시니아의 수도 막달라Magdala에 보복성 공격을 감행했다. 그리고 1895년 이탈리아는 아비시니아를 정복하려고 시도했지만 1896년 아드와 전투Battle of Adwa에서 대패하는 모욕을 당했다.

슈베르의 초상화
네덜란드 탐험가 주안 마리아 슈베르는 1883년 사망하기에 앞서 블루 나일 주변 지역의 지형과 현지 부족의 관습에 대한 중요한 정보를 수집했다.

아드와 전투
이탈리아 군대는 중포와 최신 군사 기술로 무장했지만 1898년 아드와에서 아비시니아 군대에 패배했다. 이 그림에는 아비시니아의 황제 메넬리크 2세Emperor Menelik II가 자국 군대의 승리를 지켜보고 있는 모습을 담고 있다.

흥미로운 사실들	
1870~1914년 유럽이 획득한 해외 식민지의 면적	2,300만 제곱킬로미터
1914년 유럽 국가들이 지배했던 면적	세계 대륙의 85퍼센트
북동 아프리카 그레이트 리프트 밸리의 길이	6,400미터
그레이트 리프트 밸리가 넓어지는 속도	1년에 6밀리미터
아바야 호수의 표면적	1,160제곱킬로미터

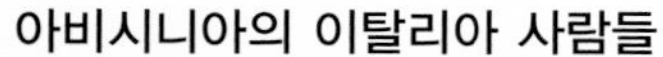

이탈리아 포로 석방
아드와 전투에서 이탈리아 군대의 사상자 비율은 19세기에 일어난 유럽의 다른 전투에 비해 높았다. 그러나 아비시니아 사람들이 생포한 포로는 전반적으로 좋은 대접을 받았고, 결국 대부분 석방되었다.

아비시니아의 이탈리아 사람들

아비시니아는 19세기 후반 '아프리카 쟁탈전Scramble for Africa'를 성공적으로 물리친 유일한 아프리카 국가이다. 당시 유럽 열강들은 아프리카 대륙의 영토를 점령하기 위해 몰려들었다. 그러나 1935년 이탈리아 독재자 무솔리니Mussolini는 1896년 아드와에서 당했던 이탈리아의 패배에 대해 끔찍한 보복을 감행했다. 그는 무장 상태가 형편없었던 부족민들을 급강하 폭격기와 독가스로 공격했고, 그 결과 에티오피아, 에리트레아Eritrea, 그리고 소말리아는 단숨에 이탈리아의 식민지가 되었다.

테오드로스 2세의 왕관
1868년 영국 군대는 아비시니아의 수도 막달라에서 수많은 중요한 보물과 공예품을 몰수했다. 이 가운데 테오드로스 2세의 왕관도 포함되었지만 1925년에 반환되었다.

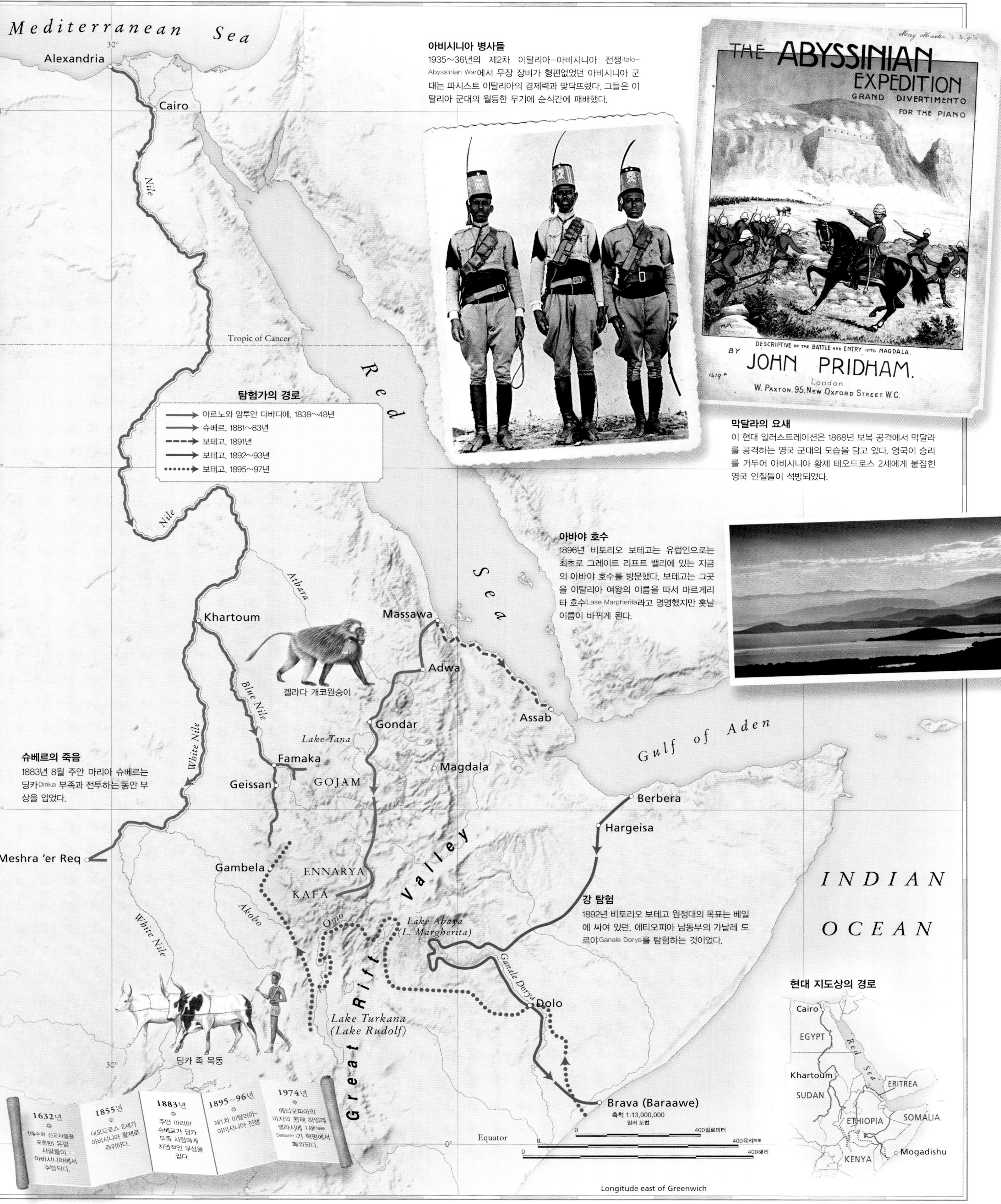
Mediterranean Sea
Alexandria
Cairo
Nile
Tropic of Cancer
Red Sea
Atbara
Khartoum
Massawa
Adwa
Assab
Blue Nile
White Nile
Lake Tana
Gondar
Famaka
Geissan
GOJAM
Magdala
Gulf of Aden
Berbera
Hargeisa
Meshra 'er Req
Gambela
ENNARYA
KAFA
Great Rift Valley
Akobo
Omo
Lake Abaya (L. Margherita)
Ganale Dorya
Dolo
Lake Turkana (Lake Rudolf)
Brava (Baraawe)
INDIAN OCEAN
Equator
Longitude east of Greenwich
축척 1:13,000,000
밀러 도법
400킬로미터
400육리
400해리
탐험가의 경로
아르노와 앙투안 다바디에, 1838~48년
슈베르, 1881~83년
보테고, 1891년
보테고, 1892~93년
보테고, 1895~97년
겔라다 개코원숭이
딩카 족 목동
1632년 (예수회 선교사들을 포함한) 유럽 사람들이 아비시니아에서 추방되다.
1855년 데오드로스 2세가 아비시니아 황제로 즉위하다.
1883년 주안 마리아 슈베르가 딩카 부족 사람에게 치명적인 부상을 입다.
1895~96년 제1차 이탈리아-아비시니아 전쟁
1974년 에티오피아의 마지막 황제 하일레 셀라시에 1세Haile Selassie I가 혁명에서 폐위되다.
THE ABYSSINIAN EXPEDITION
GRAND DIVERTIMENTO FOR THE PIANO
DESCRIPTIVE OF THE BATTLE AND ENTRY INTO MAGDALA.
BY JOHN PRIDHAM.
London.
W. PAXTON. 95, NEW OXFORD STREET, W.C.
현대 지도상의 경로
Cairo
EGYPT
Red Sea
Khartoum
SUDAN
ERITREA
ETHIOPIA
SOMALIA
KENYA
Mogadishu

아비시니아 병사들
1935~36년의 제2차 이탈리아-아비시니아 전쟁Italo-Abyssinian War에서 무장 장비가 형편없었던 아비시니아 군대는 파시스트 이탈리아의 경제력과 맞닥뜨렸다. 그들은 이탈리아 군대의 월등한 무기에 순식간에 패배했다.

막달라의 요새
이 현대 일러스트레이션은 1868년 보복 공격에서 막달라를 공격하는 영국 군대의 모습을 담고 있다. 영국이 승리를 거두어 아비시니아 황제 테오드로스 2세에게 붙잡힌 영국 인질들이 석방되었다.

아바야 호수
1896년 비토리오 보테고는 유럽인으로는 최초로 그레이트 리프트 밸리에 있는 지금의 아바야 호수를 방문했다. 보테고는 그곳을 이탈리아 여왕의 이름을 따서 마르게리타 호수Lake Margherita라고 명명했지만 훗날 이름이 바뀌게 된다.

슈베르의 죽음
1883년 8월 주안 마리아 슈베르는 딩카Dinka 부족과 전투하는 동안 부상을 입었다.

강 탐험
1892년 비토리오 보테고 원정대의 목표는 베일에 싸여 있던, 에티오피아 남동부의 가날레 도르야Ganale Dorya를 탐험하는 것이었다.

니제르 강 탐험하기

18세기 후반과 19세기 초반 유럽, 그 중에서도 영국과 프랑스 원정의 초점은 서부 아프리카였다. 이들의 바람은 서부 아프리카 내륙에 통상로를 개척하는 일이었으며, 이 과정을 지원하기 위해 니제르 강Niger River의 경로를 확인하도록 탐험가들을 파견했다. 대단히 풍요로운 도시로 소문이 자자한 팀북투 또한 지대한 관심의 대상이었다. 그러나 아프리카 탐험은 매우 위험했으며 일부 탐험가들은 니제르로 향하는 도중에 목숨을 잃었다. 마침내 스코틀랜드 탐험가 멍고 파크Mungo Park는 탐험에 성공해 1797년 유익한 정보를 가지고 돌아왔다. 파크는 1806년 두 번째 탐험에서 세상을 떠났고, 다음 10년 동안 서부 아프리카는 '백인의 무덤white man's grave'이라는 그 명성에 부응했다. 휴 클래퍼턴Hugh Clapperton과 리처드 랜더Richard Lander도 역시 니제르의 비밀을 밝히려다 목숨을 잃었다.

클래퍼턴의 초상화
휴 클래퍼턴 사령관은 1820년대 서부 아프리카에서 두 차례 탐험을 지휘했다. 그는 두 번째 탐험 도중에 이질로 사망했지만 살아돌아온 부하 리처드 랜더가 그의 일지를 출판했다.

니제르 강
니제르 강은 나일 강과 콩고 강에 이어 아프리카에서 세 번째로 긴 강이다. 경제적인 측면에서 무척 중요한 이 강은 나이지리아 앞바다의 대서양으로 흘러 들어가 오늘날 인구 밀도가 방대한 삼각주를 형성한다.

흥미로운 사실들	
니제르 강의 원천	기니의 고지대
니제르 강의 길이	4,180킬로미터
니제르 강이 흐르는 국가의 수	5개국(기니, 말리, 니제르, 베닌, 나이지리아)
니제르 삼각주가 펼쳐진 면적	7만 제곱킬로미터
니제르 삼각주에서 나이지리아 국토가 차지하는 비율	7.5퍼센트

JOHN LANDER
JOURNAL
OF
AN EXPEDITION TO EXPLORE THE COURSE AND TERMINATION
OF
THE NIGER;
WITH A
NARRATIVE OF A VOYAGE DOWN THAT RIVER TO ITS TERMINATION.
BY
RICHARD AND JOHN LANDER.
IN THREE VOLUMES.
ILLUSTRATED WITH ENGRAVINGS AND MAPS.
VOL. II.
LONDON:
JOHN MURRAY, ALBEMARLE STREET.
MDCCCXXXII.

랜더 형제들
1825~28년 클래퍼턴 탐험에서 살아남은 후 리처드 랜더는 1930년 동생 존을 데리고 다시 니제르를 찾았다. 이후 그들은 이 사진에 담긴 책을 출판했다. 리처드는 세 번째로 이 지역을 탐험하던 도중 세상을 떠났다.

토마스와 사라 보우디치

동시대 사람들은 여성을 '탐험가'라는 칭호로 부르지 않았다. 하지만 그들은 남성에 못지 않게 유럽인의 탐험에 중대한 공헌을 했다. 1823년 사라 보우디치Sarah Bowdich는 남편 토마스와 함께 감비아 탐험을 떠났고, 직접 중대한 여러 사실을 발견했다. 더욱이 토마스가 말라리아로 세상을 떠난 후에는 세 자녀와 함께 혼자 살아남아야 했다.

아샨티Ashanti 부족의 모습을 담은 이 일러스트레이션은 토마스 보우디치의 책 「케이프 코스트 캐슬에서 아샨티까지의 임무Mission from Cape Coast Castle to Ashantee」에 실린 것이다.

카말리아Kamalia 시
아프리카 내륙 지방이 황폐하고 미개한 곳이라고 생각하는 유럽 사람들이 많았다. 하지만 멍고 파크는 탄탄하게 건설된 도시와 무역망을 갖추고 있으며, 많은 사람들이 거주하는 정착지를 발견했다.

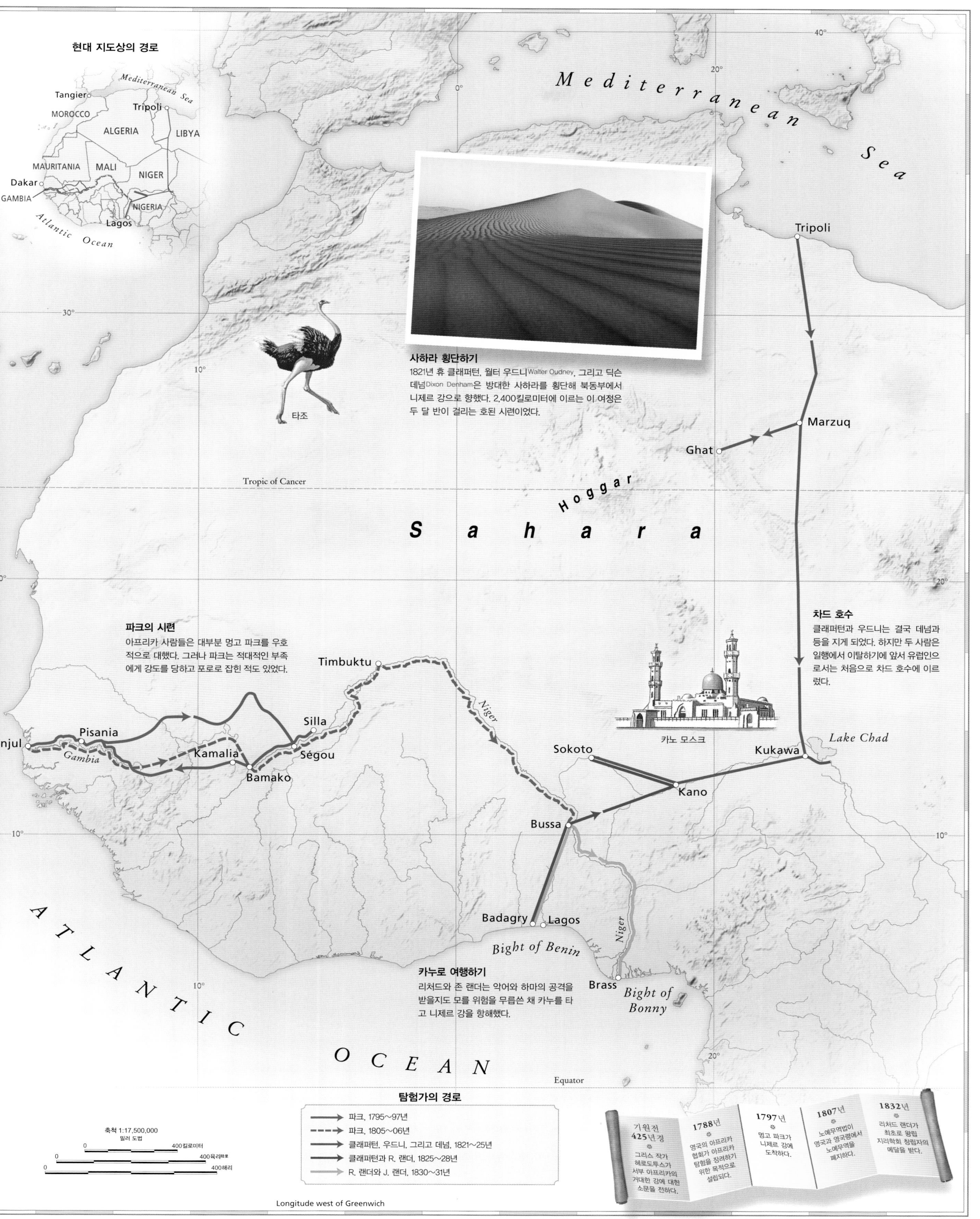
현대 지도상의 경로
Mediterranean Sea
Tangier
MOROCCO
Tripoli
ALGERIA
LIBYA
MAURITANIA
MALI
NIGER
Dakar
GAMBIA
NIGERIA
Lagos
Atlantic Ocean
Mediterranean Sea
Tripoli
사하라 횡단하기
1821년 휴 클래퍼턴, 월터 우드니Walter Oudney, 그리고 딕슨 데넘Dixon Denham은 방대한 사하라를 횡단해 북동부에서 니제르 강으로 향했다. 2,400킬로미터에 이르는 이 여정은 두 달 반이 걸리는 혹된 시련이었다.
타조
Marzuq
Ghat
Tropic of Cancer
Hoggar
Sahara
차드 호수
클래퍼턴과 우드니는 결국 데넘과 등을 지게 되었다. 하지만 두 사람은 일행에서 이탈하기에 앞서 유럽인으로서는 처음으로 차드 호수에 이르렀다.
파크의 시련
아프리카 사람들은 대부분 멍고 파크를 우호적으로 대했다. 그러나 파크는 적대적인 부족에게 강도를 당하고 포로로 잡힌 적도 있었다.
Timbuktu
Niger
카노 모스크
Lake Chad
Pisania
Silla
Sokoto
Kukawa
njul
Gambia
Kamalia
Ségou
Bamako
Kano
Bussa
ATLANTIC
Badagry
Lagos
Bight of Benin
Niger
카누로 여행하기
리처드와 존 랜더는 악어와 하마의 공격을 받을지도 모를 위험을 무릅쓴 채 카누를 타고 니제르 강을 항해했다.
Brass
Bight of Bonny
OCEAN
Equator
탐험가의 경로
파크, 1795~97년
파크, 1805~06년
클래퍼턴, 우드니, 그리고 데넘, 1821~25년
클래퍼턴과 R. 랜더, 1825~28년
R. 랜더와 J. 랜더, 1830~31년
축척 1:17,500,000
밀러 도법
0 400킬로미터
0 400육리陸里
0 400해리
Longitude west of Greenwich
기원전 425년경 그리스 작가 헤로도투스가 서부 아프리카의 거대한 강에 대한 소문을 전하다.
1788년 영국의 아프리카 협회가 아프리카 탐험을 장려하기 위한 목적으로 설립되다.
1797년 멍고 파크가 니제르 강에 도착하다.
1807년 노예무역법이 영국과 영국령에서 노예무역을 폐지하다.
1832년 리처드 랜더가 최초로 왕립 지리학회 창립자의 메달을 받다.

아프리카

부르크하르트의 아프리카와 아라비아 모험

요한 루드빅 부르크하르트Johann Ludwig Burckhardt는 스위스의 동양학자 겸 탐험가로 현대 유럽인으로 최초로 요르단Jordan의 도시 유적 페트라Petra와 이집트 아부심벨Abu Simbel의 여러 사원을 발견했다. 1784년 스위스에서 태어난 부르크하르트는 독일과 영국 캠브리지 대학교에서 아랍어와 중동 문화를 공부했다. 영국에 머무는 동안 아프리카 협회로부터 이집트로부터 중앙아프리카를 탐험하라는 임무를 받았다. 1809년 시리아에 도착하여 알레포Aleppo에서 이슬람교를 공부한 다음, 남쪽으로 떠나서 1812년 카이로에 이르렀다. 서쪽으로 향하는 카라반을 기다리며, 멀게는 티나레Tinare까지 나일 강을 탐험했다. 1814년 셴디Shendi에서 온 카라반에 합류해서 누비안 사막Nubian Desert을 횡단한 뒤 홍해를 건너 메카에 이르렀다. 이후 1815년 시나이Sinai를 거쳐 카이로로 돌아왔다. 1816년에는 시나이를 좀 더 탐험한 다음, 중앙아프리카 탐험이라는 원래 목표를 까맣게 잊은 채 1817년 카이로에서 사망했다.

변장한 여행가
부르크하르트는 알레포에서 셰이크 이브라힘 이븐 압둘라Sheikh Ibrahim Ibn Abjullah로 변장하고 시리아를 탐험했다. 그는 다마스쿠스와 고대 도시 팔미라까지 여행했을 뿐만 아니라 알레포 북서부에 거주하는 터키 부족 사람들과도 어울렸다.

흥미로운 사실들

부르크하르트가 아랍어를 구사하기까지 걸린 기간	2년 6개월
카이로에서 셴디까지의 거리	1,700킬로미터
메카에 머문 기간	3개월
부르크하르트가 쓴 필사본	800권
자국에서의 중요도	가장 위대한 스위스 탐험가로 인정받다.

학문의 전당
부르크하르트는 세계에서 가장 오래된 도시로 손꼽히는 알레포에 머물면서 아랍어와 코란Qur'an을 배웠다. 그는 그 성전의 해설서를 배우고 이슬람 율법의 권위자로 인정받게 되었다.

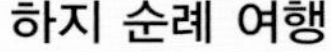

하지 순례 여행

하지는 해마다 사우디아라비아 메카로 떠나는 순례 여행으로, 이슬람교도라면 누구나 일생에 적어도 한 번은 수행해야 할 의무이다. 메카에 도착한 순례자들은 그레이트 모스크Great Mosque에 있는 카바Kab'ah(성전)를 7번 도는 의식을 치러야 한다. 순례를 마친 남자 신자들은 하지라는 칭호를 얻는다.

가난한 시리아의 상인으로 변장한 부르크하르트는 오픈 보트(갑판이 없는 배-옮긴이)를 타고 홍해를 건너 수아킨Suakin에서 지다Jiddah로 갔다. 이 배에는 하지를 위해 메카로 향하는 아프리카 순례자들로 가득했다.

아부심벨
아부심벨Abu Simbel의 신전들은 기원전 1279년부터 1213년까지 재위했던 파라오 람세스 2세Rameses II와 그의 아내 네페르타리Nefertari에게 바쳐진 곳이다. 이들 신전은 1813년 부르크하르트에게 우연히 발견되기 전까지 사람들의 기억에서 지워졌으며, 일부는 땅에 묻혀 있었다.

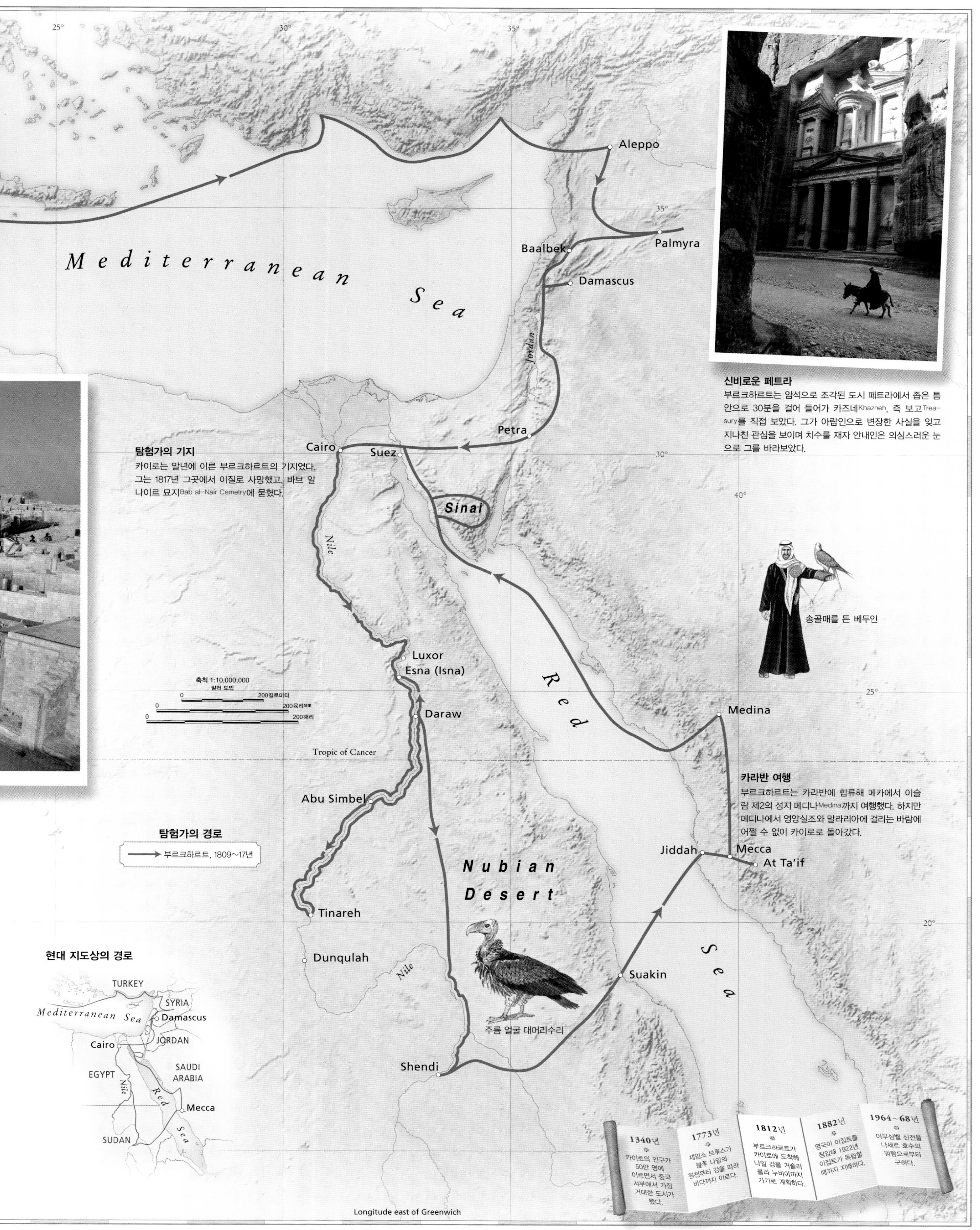
Mediterranean Sea
Aleppo
Palmyra
Baalbek
Damascus
Jordan
Petra
Cairo
Suez
Sinai
Nile
Luxor
Esna (Isna)
Daraw
Tropic of Cancer
Abu Simbel
Tinareh
Dunqulah
Nile
Red Sea
Medina
Jiddah
Mecca
At Ta'if
Nubian Desert
Suakin
Shendi
송골매를 든 베두인
주름 얼굴 대머리수리
축척 1:10,000,000
0 200킬로미터
0 200육리마일
0 200해리
탐험가의 경로
부르크하르트, 1809~17년
현대 지도상의 경로
TURKEY
SYRIA
Mediterranean Sea
Damascus
Cairo
JORDAN
EGYPT
SAUDI ARABIA
Nile
Red Sea
Mecca
SUDAN
1340년 카이로의 인구가 50만 명에 이르면서 중국 서부에서 가장 거대한 도시가 됐다.
1773년 제임스 브루스가 블루 나일의 원천부터 강을 따라 바다까지 이르다.
1812년 부르크하르트가 카이로에 도착해 나일 강을 거슬러 올라 누비아까지 가기로 계획하다.
1882년 영국이 이집트를 침입해 1922년 이집트가 독립할 때까지 지배하다.
1964~68년 아부심벨 신전을 나세르 호수의 범람으로부터 구하다.
Longitude east of Greenwich

신비로운 페트라

부르크하르트는 암석으로 조각된 도시 페트라에서 좁은 틈 안으로 30분을 걸어 들어가 카즈네Khazneh, 즉 보고Treasury를 직접 보았다. 그가 아랍인으로 변장한 사실을 잊고 지나친 관심을 보이며 치수를 재자 안내인은 의심스러운 눈으로 그를 바라보았다.

탐험가의 기지

카이로는 말년에 이른 부르크하르트의 기지였다. 그는 1817년 그곳에서 이질로 사망했고, 바브 알 나이르 묘지Bab al-Nair Cemetry에 묻혔다.

카라반 여행

부르크하르트는 카라반에 합류해 메카에서 이슬람 제2의 성지 메디나Medina까지 여행했다. 하지만 메디나에서 영양실조와 말라리아에 걸리는 바람에 어쩔 수 없이 카이로로 돌아갔다.

북서부 아프리카와 팀북투

탐험가들은 오랫동안 소문으로 전해지는 팀북투의 부에 마음을 빼앗겼다. 멍고 파크의 탐험에 고무된 사람들이 그 전설적인 도시를 찾는 동시에 베일에 가려진 니제르 강의 경로를 파악하기 위해 그의 뒤를 따랐다. 1789~1800년 독일 신학자 프리드리히 호르네만Friedrich Hornemann은 사하라 사막을 횡단했다. 그러나 니제르 강을 목전에 두고 카트시나Katsina에서 남서부로 약 500킬로미터 떨어진 곳에서 이질로 세상을 떠났다. 영국 육군 소령 알렉산더 고든 랭Alexander Gordon Lang은 1826년 8월 투아레그Tuareg 부족에게 중상을 입은 채 팀북투에 이르렀다. 그는 회복하자마자 서쪽으로 길을 떠났지만 얼마 가지 못해 살해당하고 말았다. 2년 뒤 프랑스인 르네-아우구스트 카이예René-Auguste Caillié가 팀북투에 이르렀고, 프랑스 지리학회French Geographical Society는 이 업적을 인정해 포상금 1만 프랑을 수여했다. 1867년 프리드리히 로플스Friedrich Rohlfs는 유럽 최초로 트리폴리Tripoli부터 라고스Lagos까지 아프리카를 동서로 횡단하는 데 성공했다. 1869~75년 구스타프 나흐티갈Gustav Nachtigal은 트리폴리를 출발했다. 그리고 차드 호수 인근의 보르누 제국Bornu Empire에 다다른 다음, 동쪽으로 아프리카를 횡단했다.

궁전의 의사
독일의 내과 의사 겸 외교관인 구스타프 나흐티갈은 사하라 사막을 횡단하기에 앞서 5년 동안 튀니스Tunis에서 지역 통치자의 어의御醫로 일했다. 1875년 대장정을 마치고 카이로로 돌아와 이곳에서 사진을 찍었다.

현대 지도상의 경로

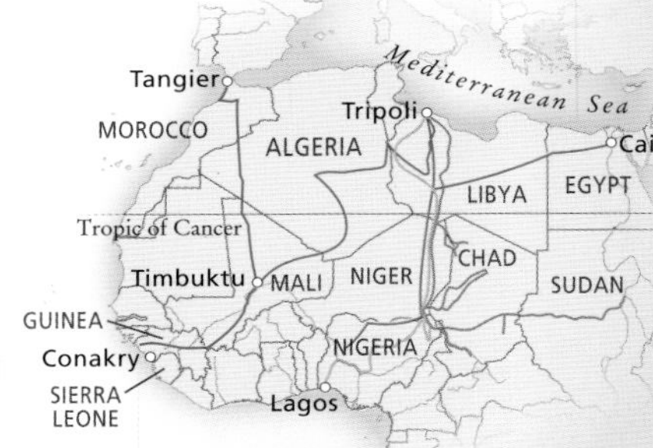
Tangier
Mediterranean Sea
Tripoli
MOROCCO
ALGERIA
LIBYA
EGYPT
Tropic of Cancer
Timbuktu
MALI
NIGER
CHAD
SUDAN
GUINEA
Conakry
NIGERIA
SIERRA LEONE
Lagos

사막의 대가
베르베르 족의 한 부족인 투아레그 족은 사하라 사막 여행객에게 골칫거리였다. 1826년 랭의 일행은 팀북투 북동부에서 투아레그 부족 약 20명에게 공격을 받았다. 일행 가운데 세 명이 목숨을 잃었고, 랭은 골절상과 무수한 자상을 입었다.

흥미로운 사실들	
사하라 사막의 면적	최하 900만 제곱킬로미터
아프리카 협회로부터 호르네만이 받은 보수	연봉 200파운드
랭이 살해당하기 전 팀북투에 머문 기간	5주
랭의 사망이 확인된 연도	1910년
나흐티갈의 선물을 나르기 위해 동원된 낙타의 수	8마리

집을 떠나
팀북투에서 랭이 머물던 이 집의 현관에는 왕립 아프리카 협회Royal African Society가 1963년에 설치한 기념 현판이 걸려 있다. 팀북투 사람들은 외국인을 혐오했지만 랭은 필사본을 연구하고 학자들과 담화를 나누며 도시의 기록을 옮겨 쓸 수 있었다.

희미해진 영광
카이예는 팀북투의 모습을 보고 몹시 실망했다. 그의 눈에 비친 것은 화려함이 아니라 '보기 흉한' 진흙집이었다. 카이예가 그린 이 그림은 후대의 탐험가 하이리히 바르트에게 비난을 받았다. 바르트는 중단되지 않고 끊임없이 줄지어 서있는 팀북투 가옥의 실제 모습과는 달리 버팀목이 없는 건물을 그렸다고 주장했다.

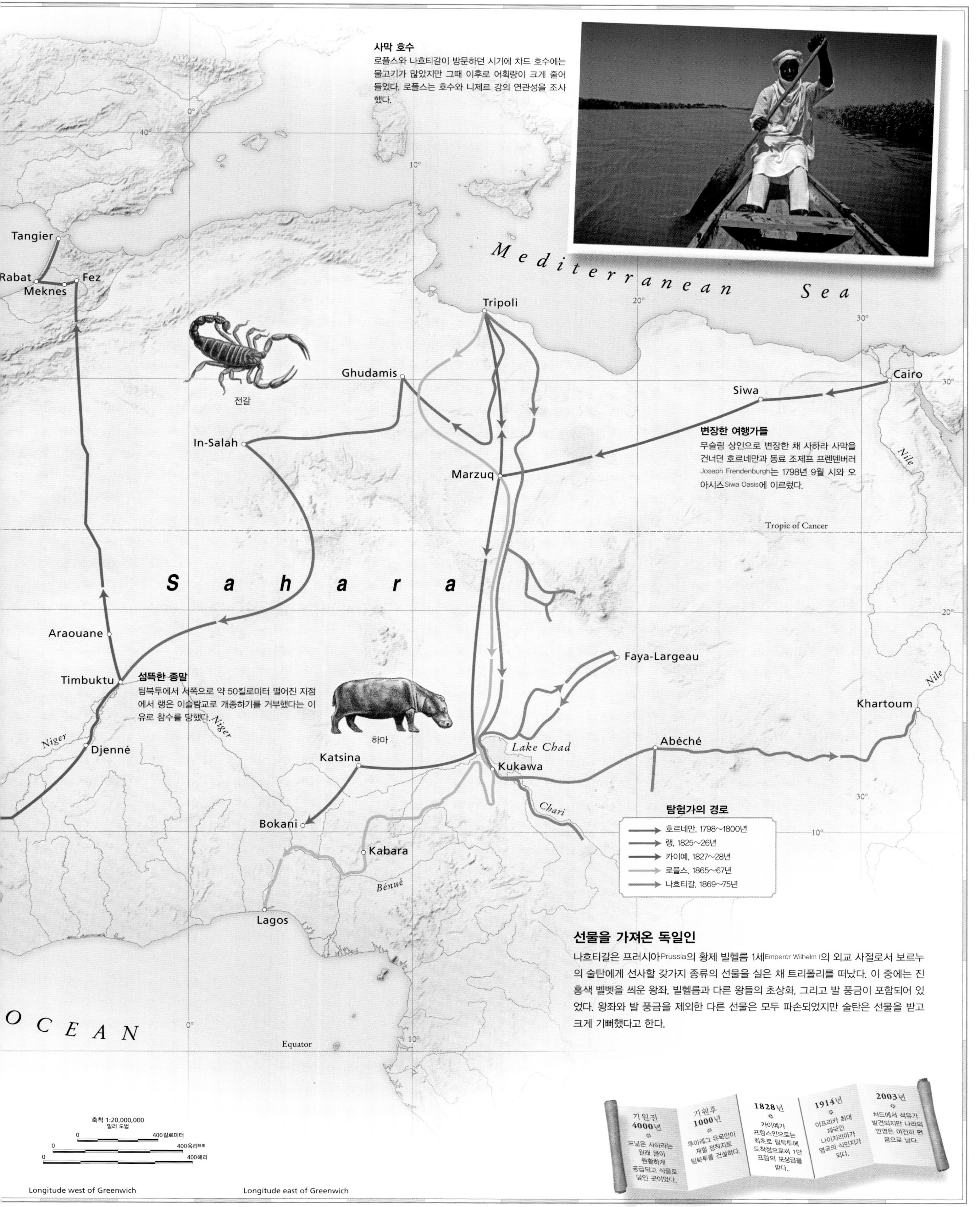
Mediterranean Sea
Tangier
Rabat
Fez
Meknes
Tripoli
Ghudamis
Cairo
Siwa
In-Salah
Marzuq
Nile
Tropic of Cancer
Sahara
Araouane
Timbuktu
Niger
Djenné
Katsina
Faya-Largeau
Khartoum
Lake Chad
Abéché
Kukawa
Chari
Bokani
Kabara
Bénué
Lagos
OCEAN
Equator
전갈
하마
탐험가의 경로
호르네만, 1798~1800년
랭, 1825~26년
카이에, 1827~28년
로플스, 1865~67년
나흐티갈, 1869~75년
기원전 4000년 드넓은 사하라는 원래 물이 원활하게 공급되고 식물로 덮인 곳이었다.
기원후 1000년 투아레그 유목민이 계절 정착지로 팀북투를 건설하다.
1828년 카이에가 프랑스인으로는 최초로 팀북투에 도착함으로써 1만 프랑의 포상금을 받다.
1914년 아프리카 최대 제국인 나이지리아가 영국의 식민지가 되다.
2003년 차드에서 석유가 발견되지만 나라의 번영은 여전히 먼 꿈으로 남다.
축척 1:20,000,000
밀러 도법
0 400킬로미터
0 400육리陸里
0 400해리
Longitude west of Greenwich
Longitude east of Greenwich

사막 호수
로플스와 나흐티갈이 방문하던 시기에 차드 호수에는 물고기가 많았지만 그때 이후로 어획량이 크게 줄어들었다. 로플스는 호수와 니제르 강의 연관성을 조사했다.

변장한 여행가들
무슬림 상인으로 변장한 채 사하라 사막을 건너던 호르네만과 동료 조제프 프렌덴버러Joseph Frendenburgh는 1798년 9월 시와 오아시스Siwa Oasis에 이르렀다.

섬뜩한 종말
팀북투에서 서쪽으로 약 50킬로미터 떨어진 지점에서 랭은 이슬람교로 개종하기를 거부했다는 이유로 참수를 당했다.

선물을 가져온 독일인

나흐티갈은 프러시아Prussia의 황제 빌헬름 1세Emperor Wilhelm I의 외교 사절로서 보르누의 술탄에게 선사할 갖가지 종류의 선물을 실은 채 트리폴리를 떠났다. 이 중에는 진홍색 벨벳을 씌운 왕좌, 빌헬름과 다른 왕들의 초상화, 그리고 발 풍금이 포함되어 있었다. 왕좌와 발 풍금을 제외한 다른 선물은 모두 파손되었지만 술탄은 선물을 받고 크게 기뻐했다고 한다.

아프리카

데이비드 리빙스턴

1841년 선교사의 신분으로 남부 아시아에 도착한 데이비드 리빙스턴David Livingstone은 새로운 선교 지역을 찾아 북쪽으로 더 떨어진 미지의 땅으로 과감히 들어갔다. 응가미 호수Lake Ngami와 그 물길을 발견한 그는 항해할 수 있는 수로로써 아프리카 대륙의 관문이 열릴 수 있다는 가능성에 몹시 흥분했다. 훗날 그는 중앙아프리카의 잠베지 강Zambezi River에 이르렀고 1853~56년에 루안다Luanda에서 켈리마네Quelimane까지 여행했다. 이로써 그는 서부 해안에서 동부 해안까지 중앙아프리카를 횡단하여 빅토리아 폭포Victoria Falls를 목격한 최초의 유럽인이 되었다. 영국으로 돌아온 후 잠베지를 탐험할 기금을 확보했다. 1858년부터 1864년까지 내륙으로 흐르는 항해 가능한 강을 찾으려 노력했지만 실패했다. 1866년 내륙의 통상로를 개척하는 한편 개인적으로 탕가니카 호수Lake Tanganyka라고 믿었던 나일 강의 원천에 대한 논란을 잠재우기 위해 또 다시 중앙아프리카 탐험길에 올랐다. 그리고 1873년 세상을 떠날 때까지 그 지역을 탐험했다.

빅토리아 호수
절벽에서 좁은 수렁까지 물의 낙차가 110미터에 이르는, 잠베지 강의 이 폭포는 원래 모시-오아-투야Mosi-oa-Tunya(천둥치는 연기)로 일컬어졌다. 리빙스턴은 빅토리아 여행의 이름을 따서 폭포의 이름을 바꾸었다.

흥미로운 사실들	
리빙스턴의 생몰 연대	1813년 스코틀랜드에서 탄생 1873년 잠비아Zambia에서 사망
아프리카에서 지낸 기간	29년
아이들의 수	6명
탐험한 아프리카 국가들	앙골라, 보츠와나, 브룬디, 콩고 민주공화국, 말라위, 모잠비크, 나미비아, 남아프리카 공화국, 탄자니아, 잠비아, 짐바브웨
유럽인으로서 최초로 목격한 곳	빅토리아 호수, 응가미 호수, 니아사 호수, 방궤울루 호수

사자에게 공격당하다
1844년 리빙스턴은 사자에게 공격을 당했지만 아프리카 교사 메발웨Mebalwe가 사자의 주의를 딴 데로 돌린 덕분에 목숨을 구했다. 두 사람 모두 부상을 입었고 리빙스턴은 여생 동안 팔의 통증을 느꼈다.

리빙스턴과 노예무역

리빙스턴이 아프리카에 도착했을 때 아프리카 문명은 노예무역으로 말미암아 이미 위태로운 지경에 이른 상태였다. 그는 노예무역이 미치는 영향을 상세히 설명했고, 이 덕분에 영국 국민들은 노예무역에 반대하고 나섰다. 1873년 결국 잔지바르의 노예시장은 폐쇄되었다. 탐험에 대한 그의 열정은 노예무역을 막아야만 합법적으로 아프리카와의 합법적인 형태의 통상이 발전한다는 믿음으로 더욱 불타올랐다.

노예무역업자들은 버려진 마을과 시체 더미를 뒤로 한 채 대륙 반대편으로 노예들을 몰아갔다.

강 위의 골칫거리
증기선 마 로버트Ma Robert는 1858년 리빙스턴의 잠베지 강 탐험을 위해 특별히 건조되어 아프리카로 수송되었다. 하지만 이 배는 연료가 많이 들고 툭하면 좌초하는 골칫거리였다.

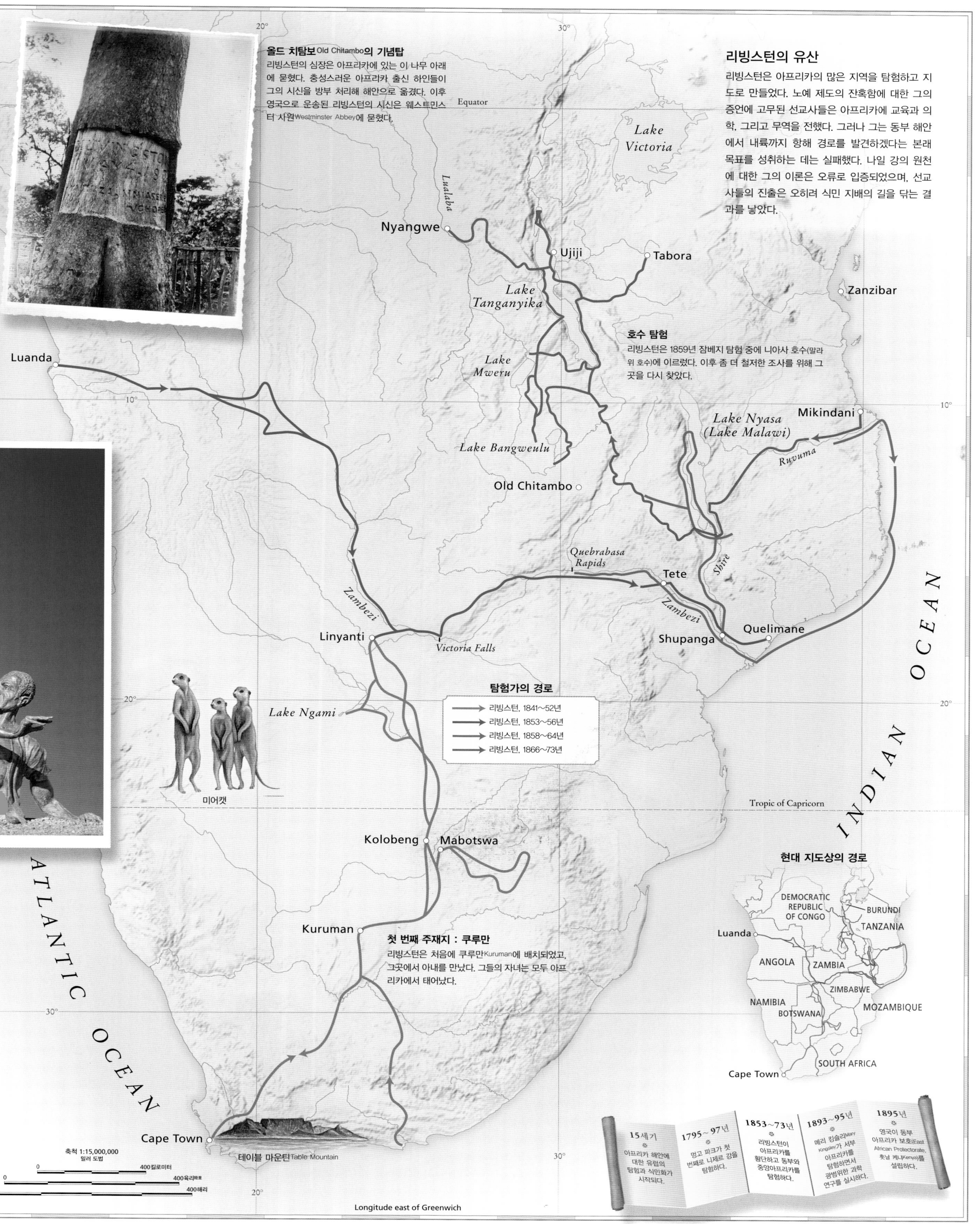
올드 치탐보Old Chitambo의 기념탑
리빙스턴의 심장은 아프리카에 있는 이 나무 아래에 묻혔다. 충성스러운 아프리카 출신 하인들이 그의 시신을 방부 처리해 해안으로 옮겼다. 이후 영국으로 운송된 리빙스턴의 시신은 웨스트민스터 사원Westminster Abbey에 묻혔다.
리빙스턴의 유산
리빙스턴은 아프리카의 많은 지역을 탐험하고 지도로 만들었다. 노예 제도의 잔혹함에 대한 그의 증언에 고무된 선교사들은 아프리카에 교육과 의학, 그리고 무역을 전했다. 그러나 그는 동부 해안에서 내륙까지 항해 경로를 발견하겠다는 본래 목표를 성취하는 데는 실패했다. 나일 강의 원천에 대한 그의 이론은 오류로 입증되었으며, 선교사들의 진출은 오히려 식민 지배의 길을 닦는 결과를 낳았다.
호수 탐험
리빙스턴은 1859년 잠베지 탐험 중에 니아사 호수(말라위 호수)에 이르렀다. 이후 좀 더 철저한 조사를 위해 그 곳을 다시 찾았다.
첫 번째 주재지 : 쿠루만
리빙스턴은 처음에 쿠루만Kuruman에 배치되었고, 그곳에서 아내를 만났다. 그들의 자녀는 모두 아프리카에서 태어났다.
탐험가의 경로
리빙스턴, 1841~52년
리빙스턴, 1853~56년
리빙스턴, 1858~64년
리빙스턴, 1866~73년
미어캣
현대 지도상의 경로
DEMOCRATIC REPUBLIC OF CONGO
BURUNDI
TANZANIA
Luanda
ANGOLA
ZAMBIA
ZIMBABWE
NAMIBIA
BOTSWANA
MOZAMBIQUE
SOUTH AFRICA
Cape Town
Equator
Lake Victoria
Lualaba
Nyangwe
Ujiji
Tabora
Zanzibar
Lake Tanganyika
Lake Mweru
Lake Bangweulu
Old Chitambo
Luanda
Mikindani
Lake Nyasa (Lake Malawi)
Ruvuma
Quebrabasa Rapids
Tete
Shire
Zambezi
Linyanti
Victoria Falls
Quelimane
Shupanga
Lake Ngami
Tropic of Capricorn
INDIAN OCEAN
ATLANTIC OCEAN
Kolobeng
Mabotswa
Kuruman
Cape Town
테이블 마운틴Table Mountain
축척 1:15,000,000
밀러 도법
0
400킬로미터
0
400육리陸里
400해리
20°
30°
10°
Longitude east of Greenwich
15세기
아프리카 해안에 대한 유럽의 탐험과 식민화가 시작되다.
1795~97년
멍고 파크가 첫 번째로 니제르 강을 탐험하다.
1853~73년
리빙스턴이 아프리카를 횡단하고 동부와 중앙아프리카를 탐험하다.
1893~95년
메리 킹슬리Mary Kingsley가 서부 아프리카를 탐험하면서 광범위한 과학 연구를 실시하다.
1895년
영국이 동부 아프리카 보호(East African Protectorate, 훗날 케냐Kenya)를 설립하다.

선교사들

아프리카에서 탐험과 전도는 떼려야 뗄 수 없었고 대부분의 경우 같은 일이나 다름없었다. 기독교는 기독교 시대가 시작될 무렵부터 아프리카 북동부 지역에 진출했지만 에티오피아에서만 콥트 교회 수도원 제도의 형태로 살아남았다. 19세기 전까지 아프리카 대륙의 다른 지역으로 복음을 전하려는 시도의 결과는 그리 만족스럽지 않았다. 그러나 19세기에 들어 수많은 유럽 탐험가들이 아프리카 심장부를 뚫고 들어감으로써 프로테스탄트 전도는 부활기를 맞이했다. 식민주의의 비인간적인 면에 반대하는 선교사들이 있었던 반면 다른 선교사들은 이를 선교 활동의 길을 닦는 일로 여겼다. 일부 선교사는 탐험가의 뒤를 따랐고, 그들 중에는 개종자를 얻기 위해 긴 여행에 나설 준비를 갖추고 직접 탐험가가 되는 선교사도 있었다. 탐험은 위험천만한 일이었다. 1825년 한 해만 해도 아프리카 서부에서 50여 명의 선교사들이 목숨을 잃었다.

그리콰 부족민 사이에서
1812년 생애 최초의 남부 아프리카 탐험에서 스코틀랜드 선교사 존 캠벨John Campbell은 그리콰Griquas 부족의 부락에 기독교 기지를 세웠는데, 이들은 칼라하리 사막Kalahari Desert 남부에 거주하는 혼혈 종족이다.

부창부수
선교사들의 아내들은 남편들을 돕는 것은 물론 그들의 고난까지 함께 나누었다. 메리 모팻Mary Moffat은 현지 언어로 성경을 번역하면서 남편과 함께 활동하고, 남편이 먹을 식량을 재배하고, 10명의 자녀를 키웠다. 이 가운데 맏딸 메리는 데이비드 리빙스턴과 결혼했다. 나마Nama 출신인 요한 하인리히 슈멜렌Johann Heinrich Schmelen의 아내 자라Zara는 성경을 나마 어로 번역하는 일을 도왔다. 요한 크라프Johann Krapf의 아내인 로시나Rosina는 1844년 갓 태어난 딸과 함께 몸바사Mombasa에서 말라리아로 세상을 떠났다.

사막 끝자락에서
스코틀랜드의 정원사 출신 선교사 로버트 모팻Robert Moffat은 지금의 보츠와나를 탐험한 최초의 유럽인으로 손꼽힌다. 1820~70년 그와 아내 메리는 남부 칼라하리 사막에 선교회를 세우고 운영했다.

나미비아로
독일 출생이지만 런던 선교회London Missionary Society에서 일했던 요한 하인리히 슈멜렌은 1814년 베타니Bethanie(어떤 번역에 따르면 '빈민들의 집house of misery')라는 의미의 선교회를 세웠다. 슈멜렌의 집(왼쪽)은 나미비아에서 가장 오래된 유럽 건물로 손꼽힌다.

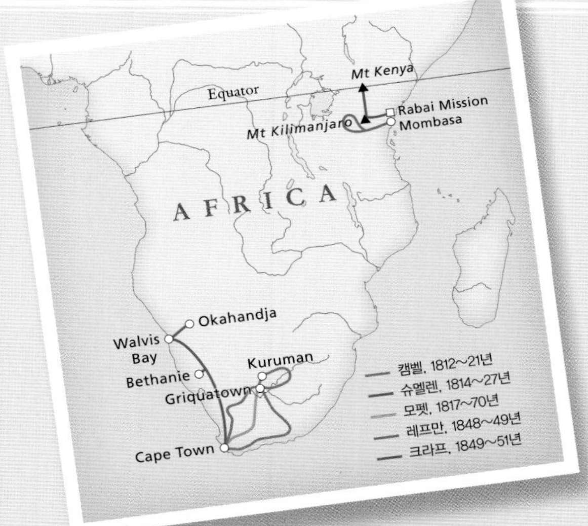
Equator
Mt Kenya
Rabai Mission
Mombasa
Mt Kilimanjaro
AFRICA
Okahandja
Walvis Bay
Bethanie
Kuruman
Griquatown
Cape Town
캠벨, 1812~21년
슈멜렌, 1814~27년
모팻, 1817~70년
레프만, 1848~49년
크라프, 1849~51년

원주민들에게 정보를 얻다
요한 크라프는 한 원정에서 코뿔소에게 짓밟힐 뻔했던 위기를 넘겼다. 크라프는 이와 같은 야생 생물뿐만 아니라 원주민들과도 마주쳤으며, 그들로부터 내륙에 거대한 호수들이 있다는 소식을 전해 들었다. 그의 보고를 받은 왕립 지리학회는 곧바로 조사에 착수했다.

개종자들을 위한 노력
캠벨, 슈멜렌, 모팻, 레프만, 그리고 크라프가 선교로 세운 공적은 가톨릭에서 프로테스탄트는 물론이고, 이슬람에서 기독교로 개종시키기 위한 범대륙적인 활동에서 거둔 수확이었다. 이와 같은 활동은 아프리카를 기점으로 해서 남부로 꾸준히 진행되었다.

봉우리를 목격하다
1849년 일련의 선교 활동을 계획한 요한 크라프는 케냐 해안에서 내륙을 향해 탐험을 떠났다. 그리고 유럽인으로는 최초로 케냐 산Mount Kenya을 목격했다. 뿐만 아니라 1848년 동료 선교사 요한 레프만Johann Rebmann이 발견한 킬리만자로 산Mountain Kilimanjaro을 재차 목격했다.

런던 선교회

1795년 성공회 교회, 장로교 교회, 그리고 독자적인 교회 리더들이 설립한 런던 선교회LMS는 '이교도와 몽매한 여러 나라에 그리스도의 지혜를 전하는' 일을 목표로 삼았다. LMS의 회원 수는 한때 최고 250명에 이르렀다. 이 선교회는 리빙스턴, 모팻, 캠벨, 슈멜렌, 그리고 크라프 같은 탐험가 겸 선교사를 현지에 파견하는 일을 지휘했다.

전 세계 선교 활동으로 얻은 유물은 이따금 지도자 회의가 열렸던 선교회 건물에 보관되었다. 이 가운데는 기독교가 말살시킨 전통 종교의 우상들도 포함되어 있었다. 한 작가가 표현했듯이 그것들은 '기독교의 전리품'이었다.

동부 해안에서 내륙으로 탐험하기

데이비드 리빙스턴의 탐험에 힘입어 일부 중대한 미스터리가 풀렸지만 여전히 남은 미스터리가 많았다. 탐험가들은 특히 그레이트 레이크Great Lakes, 그리고 이 호수들과 주요 강의 관계에 관심을 기울였다. 헨리 모턴 스탠리Henry Morton Stanley가 우지지Ujiju에서 리빙스턴을 찾은 이듬해인 1872년 왕립 지리학회는 리빙스턴이 필요로 할 만한 지원을 제공하기 위해 버니 러벳 캐머런Verney Lovett Cameron을 파견했다. 캐머런은 리빙스턴의 임무를 이어받기로 결심하고, 그때껏 전대 미답의 땅이었던 탕가니카 호수Lake Tanganyika의 지도를 만들었다. 그리고 서부 해안으로 이동했다가 다시 서부로 방향을 바꾸었다. 그는 콩고 지역과 현재 앙골라의 일부를 여행한 후, 1875년에 아프리카 서부 해안에 도착했다. 이로서 그는 최초로 아프리카 대륙의 동서 횡단에 성공한 유럽인이 되었다. 5년 뒤 조셉 톰슨Joseph Thompson은 호수 지역을 탐험하는 두 차례 원정 가운데 1차 원정에서 유럽 사람으로는 처음으로 루크와 호수Lake Rukwa를 발견했다.

매력적인 스코틀랜드인
스코틀랜드 출신 지질학자 톰슨은 매력적인 인물로 여행 중에 그를 만난 사람들은 누구나 그에게 매료되었다. 그는 거울로 묘기를 부리거나 자신의 의치를 빼거나 과일 소금을 물에 풀어 거품을 일으킴으로써 적대적인 현지인의 환심을 사고 위험한 상황을 진정시켰다.

유력한 무역업자
아프리카계 아랍인 상인 하메드 빈 무하마드Hamed bin Muhammad, 일명 티푸 팁Tippu Tip은 노예와 상아를 거래하던 강력한 무역 제국을 건설했다. 이 제국을 바탕으로 캐머런과 같은 유럽 탐험가들이 내륙으로 진출할 수 있도록 돕는다는 팽창주의 목표를 훌륭하게 수행했다.

흥미로운 사실들	
탕가니카 호수의 길이와 면적	673킬로미터, 3만 2,900제곱킬로미터
캐머런의 카라반에 동원된 짐꾼과 무장 아스카리askari	각 192명과 34명
캐머런의 원정에 소요된 비용	1,200파운드
톰슨 원정대가 이동한 거리	31개월 동안 4,800킬로미터
톰슨이 경험했던 가장 위험한 사건	거의 목숨을 잃을 뻔했던 악어의 공격

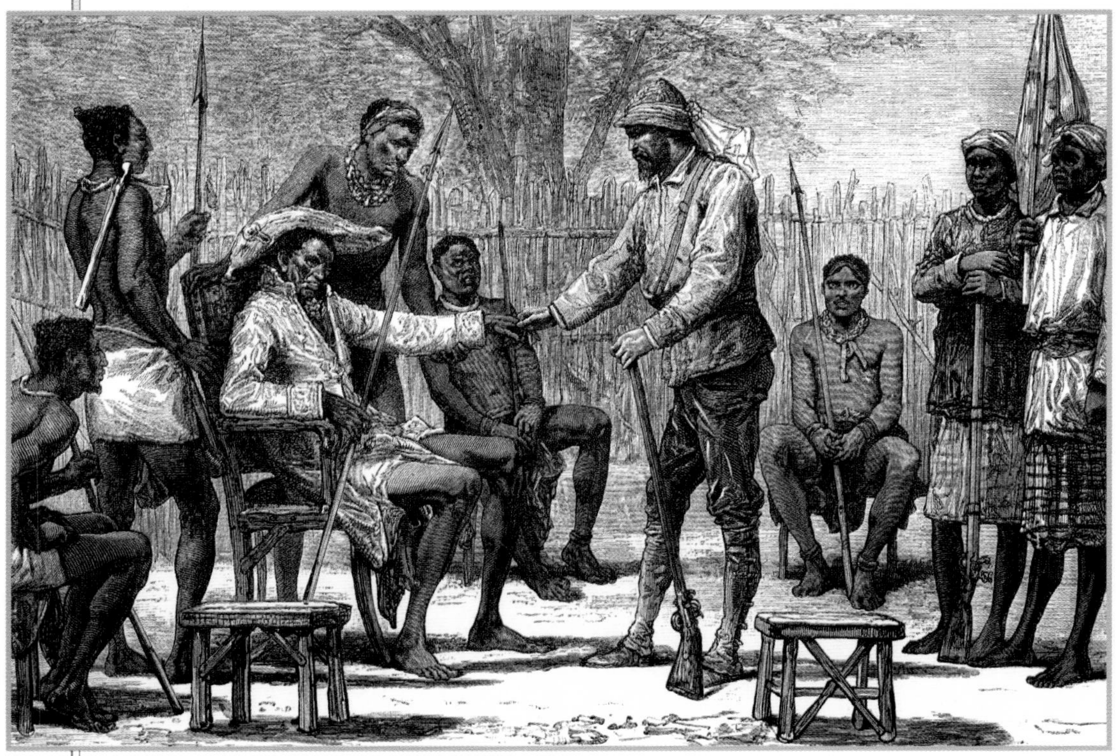

콩고의 통치자
노예무역을 혐오했던 해군 장교 캐머런은 탕가니카 호수를 떠나면서 그 유명한 티푸 팁을 비롯한 노예 및 상아 상인들의 도움을 받아야 한다는 사실을 깨달았다. 이 일러스트레이션에서 그는 비협조적인 콩고의 통치자와 협상을 벌이고 있다.

ATLANTIC
OCEAN
Catumbela
Benguela

그림 도구
캐머런은 탐험하는 동안 100장이 넘는 스케치를 그렸는데 이따금 인종 집단의 모습을 담았다. 이 사진은 그의 그림 도구 상자이다. 영국으로 가져온 고고학, 지리학, 정치학 정보 덕분에 그는 수많은 표창을 받았다.

조직의 대가

1879년 조셉 톰슨과 알렉산더 키스 존스턴Alexander Keith Johnston이 탐험대를 위해 모집한 카라반은 조직의 최대 걸작이었다. 탐험가들은 데이비드 리빙스턴과 함께 일했던 아프리카 출신 안내인 추마Chuma를 책임자로 고용했다. 훌륭한 관리자이자 엄격한 원칙주의자였던 추마는 카라반을 다섯 부분으로 나누고 각 부분마다 리더를 두었다. 이와 같은 체계는 각 부분의 사람들을 면밀히 감독할 수 있었기 때문에 매우 효과적이었다.

출발점

1800년대에 성황을 이루었던 노예와 상아 무역의 중심지 잔지바르는 캐머런, 톰슨, 그리고 그 밖의 여러 탐험가들의 출발점이었다. 그 섬은 부유한 상인들의 거주지였기 때문에 원정대에 식량과 인력을 제공하는 데 적격이었다.

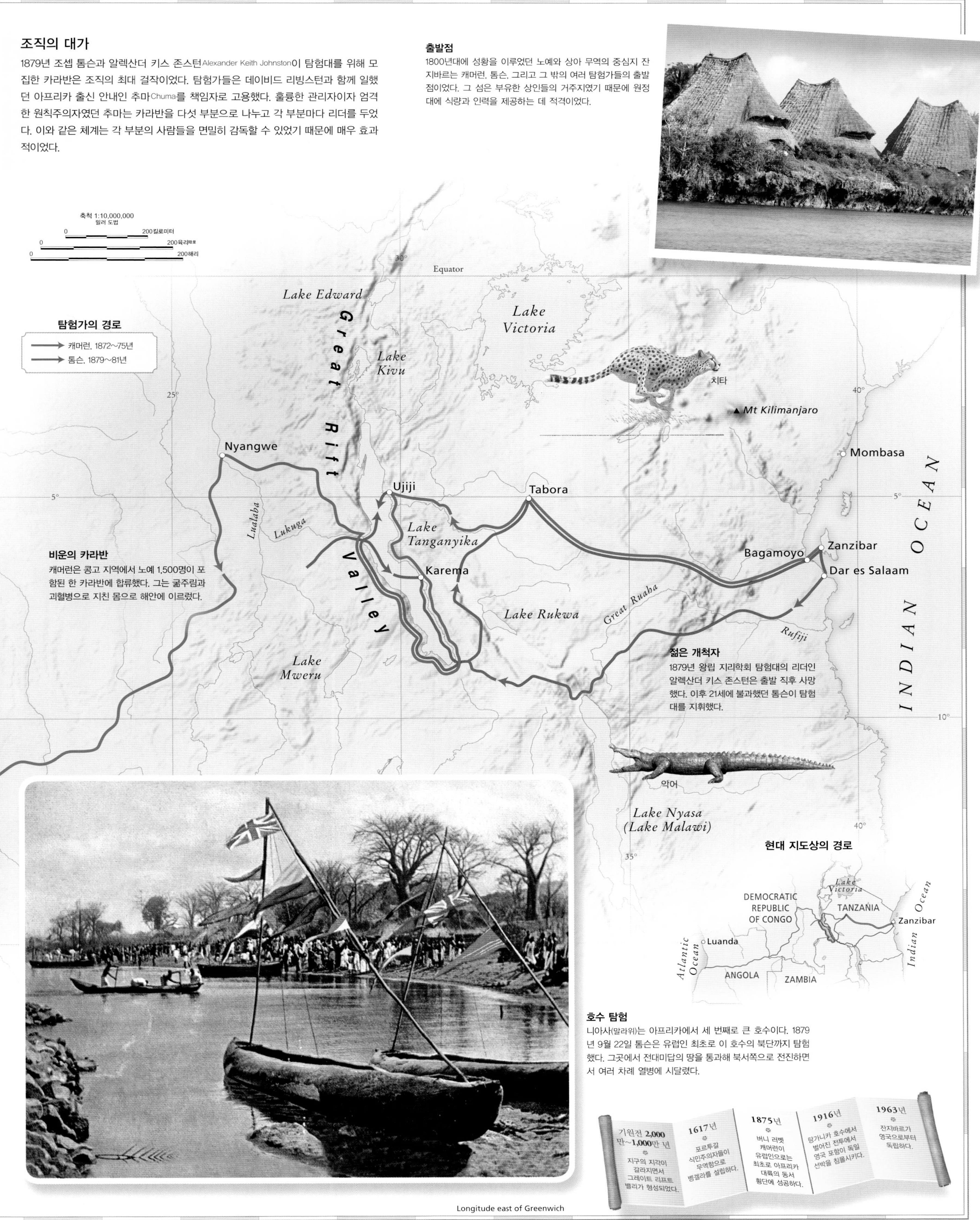

축척 1:10,000,000
밀러 도법
0
200킬로미터
0
200육리마일
0
200해리
탐험가의 경로
캐머런, 1872~75년
톰슨, 1879~81년
Equator
Lake Edward
Great Rift Valley
Lake Victoria
Lake Kivu
치타
Mt Kilimanjaro
Nyangwe
Mombasa
Ujiji
Tabora
Lualaba
Lukuga
Lake Tanganyika
Zanzibar
Bagamoyo
Dar es Salaam
Karema
Lake Rukwa
Great Ruaha
Rufiji
Lake Mweru
INDIAN OCEAN
악어
Lake Nyasa (Lake Malawi)
현대 지도상의 경로
DEMOCRATIC REPUBLIC OF CONGO
Lake Victoria
TANZANIA
Zanzibar
Luanda
Atlantic Ocean
Indian Ocean
ANGOLA
ZAMBIA
Longitude east of Greenwich

비운의 카라반

캐머런은 콩고 지역에서 노예 1,500명이 포함된 한 카라반에 합류했다. 그는 굶주림과 괴혈병으로 지친 몸으로 해안에 이르렀다.

젊은 개척자

1879년 왕립 지리학회 탐험대의 리더인 알렉산더 키스 존스턴은 출발 직후 사망했다. 이후 21세에 불과했던 톰슨이 탐험대를 지휘했다.

호수 탐험

니아사(말라위)는 아프리카에서 세 번째로 큰 호수이다. 1879년 9월 22일 톰슨은 유럽인 최초로 이 호수의 북단까지 탐험했다. 그곳에서 전대미답의 땅을 통과해 북서쪽으로 전진하면서 여러 차례 열병에 시달렸다.

기원전 2,000만~1,000만 년 — 지구의 지각이 갈라지면서 그레이트 리프트 밸리가 형성되었다.

1617년 — 포르투갈 식민주의자들이 무역항으로 벵겔라를 설립하다.

1875년 — 버니 러벳 캐머런이 유럽인으로는 최초로 아프리카 대륙의 동서 횡단에 성공하다.

1916년 — 탕가니카 호수에서 벌어진 전투에서 영국 포함이 독일 선박을 침몰시키다.

1963년 — 잔지바르가 영국으로부터 독립하다.

아프리카

나일 강 원천에 대한 탐구

19세기 후반 영국 탐험가들은 앞을 다투어 나일 강의 원천을 찾아 나섰다. 리처드 버튼과 데이비드 리빙스턴은 나일 강이 탕가니카 호수에서 흘러나온다고 믿었지만 존 해닝 스피크John Hanning Speke는 1858년 거대한 빅토리아 호수가 나일 강의 원천이라고 생각했다. 그러나 스피크는 1862년 나일 강의 경로를 대부분 추적했음에도 불구하고 자신의 견해를 입증하지 못했다. 1864년 화이트 나일 남부를 추적하던 사무엘과 플로렌스 베이커Samuel and Florence Baker는 어쩔 수 없이 카루마 폭포Karuma Falls에서 발길을 돌렸다. 마침내 1875년 헨리 모턴 스탠리가 스피크의 이론이 옳았음을 확인하고 화이트 나일이 리폰 폭포Ripon Falls에 있는 빅토리아 호수에서 흘러나온다는 사실을 증명했다. 빅토리아 호수로 흘러들어오는 강은 무척 많다. 이후 탐험대들은 계속해서 더 깊숙한 나일 강의 원천을 찾았으며 르완다의 루카라라 강Rukarara River으로 흐르는 한 샘이 나일 강의 원천이라고 믿었다.

SPEKE
DISCOVERED THIS
SOURCE OF THE
NILE
ON THE 28 JULY 1862

리처드 버튼
버튼과 스피크는 1856년 동부 아프리카의 여러 호수를 탐험하고 나일 강의 원천을 추적하기 위해 길을 떠났다. 스피크는 병에 걸린 버튼과 헤어져 탐험을 계속한 끝에 빅토리아 호수에 이르렀다. 그리고 그곳을 나일 강의 원천이라고 주장했지만 버튼은 이에 동의하지 않았다.

리폰 폭포
스피크는 빅토리아 호수의 리폰 폭포를 화이트 나일의 원천이라고 주장했으며 1875년 스탠리는 이 주장을 입증했다. 1954년 댐이 건설되면서 이 폭포는 수몰되었다.

흥미로운 사실들	
나일 강의 길이	6,700킬로미터
나일 강의 최대 폭	8킬로미터
나일 강의 주요 지류	화이트 나일(전체의 15퍼센트) 블루 나일(전체의 86퍼센트)
블루 나일의 원천	에티오피아의 타나 호수
화이트 나일의 원천	르완다의 늉웨 숲Nyungwe Forest

가장 깊숙한 나일 강의 원천

2006년 3명으로 구성된 영국-뉴질랜드 팀은 바다를 출발해 나일 강을 따라 이동했다. 그들은 급류, 악어의 공격, 그리고 질병을 이겨내고 마침내 나일 강의 궁극적인 원천이라고 알려진 르완다 늉웨 숲의 한 지점에 도착했다. 길이 4미터의 배 3척을 타고 떠난 이 여정을 마치기까지 80일이 걸렸지만 이들의 업적은 현대적인 통신에 힘입어 단 며칠 만에 외부 세계로 전달되었다.

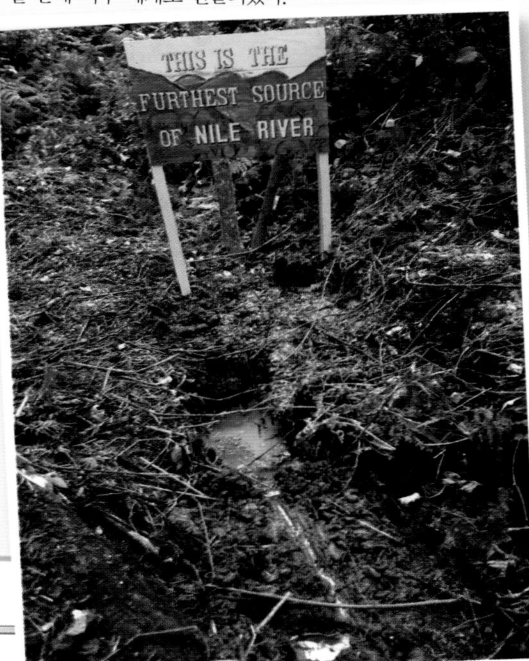
THIS IS THE
FURTHEST SOURCE
OF NILE RIVER

오늘날 이 진흙투성이의 샘이 나일 강의 깊은 원천으로 인정받고 있다. 이는 루카라라 강의 원천이며 루카라라 강은 빅토리아 호수를 흘러들어가는 카게라 강Kagera River의 지류이다.

나일 강 원천 탐구의 역사

고대 이집트인에게 나일 강의 원천은 미스터리였다. 기원후 60년경 로마의 나일 탐험대는 수단 남부 늪지대에 가로막혔다. 그러나 다른 여행가들로부터 내륙에서 2개의 호수와 눈으로 덮인 산을 발견했다는 소식이 전해졌다. 지리학자 프톨레마이오스의 지도는 산기슭에 있는 두 호수에서 나일 강이 흘러나오는 것으로 묘사하고 있다.

사무엘과 플로렌스 베이커
베이커 부부는 카이로를 출발한 다음 3년 동안 질병과 험준한 지형, 그리고 원주민 추장들의 방해를 극복하고 나일 강을 따라 상류로 올라갔다. 그리고 앨버트 호수Lake Albert와 카루마 호수에 다다랐지만 열병 및 현지인들과의 갈등으로 더 이상 전진하지 못했다.

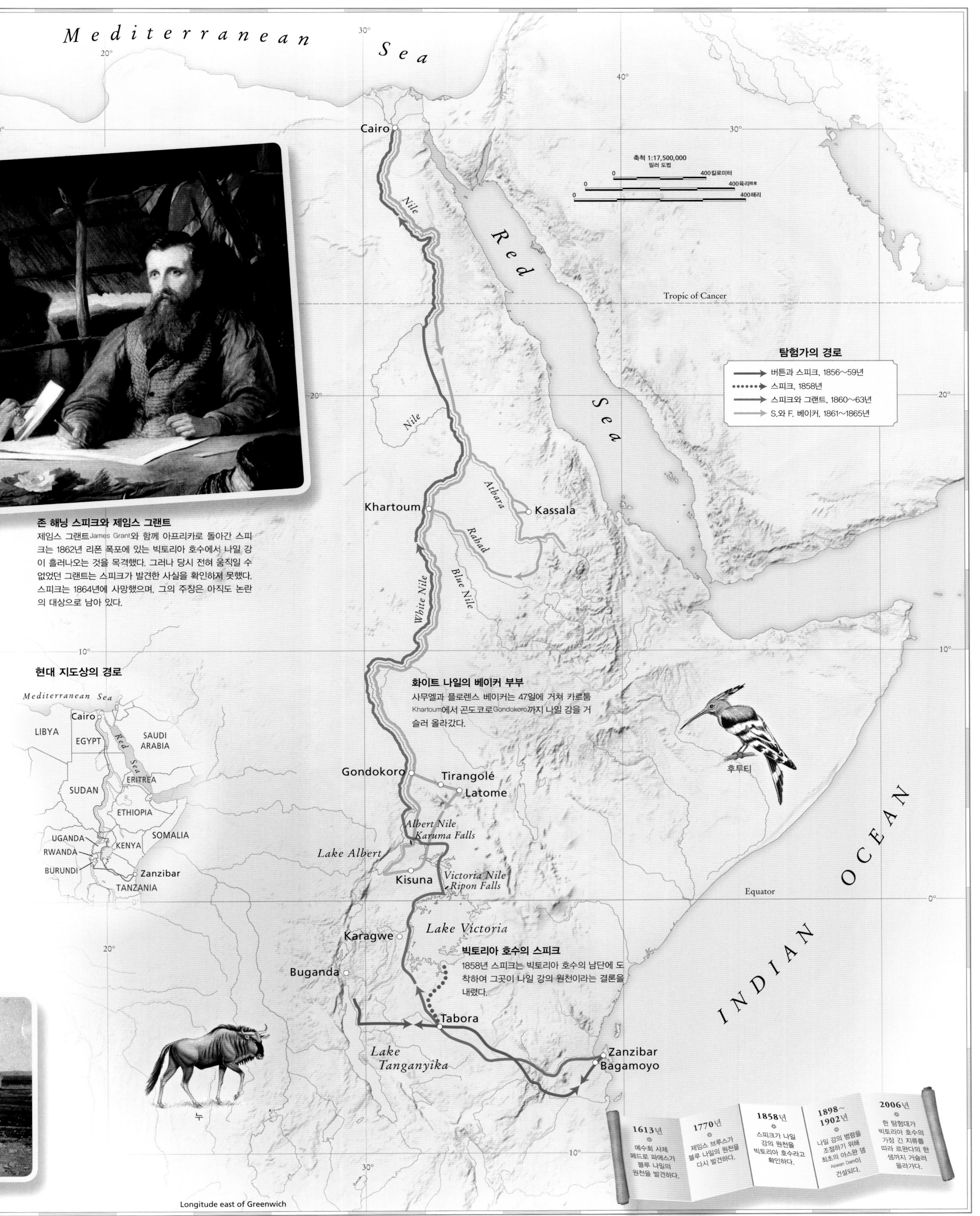

Mediterranean Sea
Cairo
Nile
Red Sea
축척 1:17,500,000
밀러 도법
0 400킬로미터
0 400육리陸里
0 400해리
Tropic of Cancer
탐험가의 경로
버튼과 스피크, 1856~59년
스피크, 1858년
스피크와 그랜트, 1860~63년
S.와 F. 베이커, 1861~1865년
Nile
Atbara
Khartoum
Kassala
Rabad
Blue Nile
White Nile
후투티
Gondokoro
Tirangolé
Latome
Albert Nile
Karuma Falls
Lake Albert
Kisuna
Victoria Nile
Ripon Falls
Equator
Lake Victoria
Karagwe
Buganda
Tabora
Lake Tanganyika
Zanzibar
Bagamoyo
INDIAN OCEAN
누
Longitude east of Greenwich
현대 지도상의 경로
Mediterranean Sea
Cairo
LIBYA
EGYPT
SAUDI ARABIA
Red Sea
SUDAN
ERITREA
ETHIOPIA
SOMALIA
UGANDA
KENYA
RWANDA
BURUNDI
Zanzibar
TANZANIA
1613년
예수회 사제 페드로 파에스가 블루 나일의 원천을 발견하다.
1770년
제임스 브루스가 블루 나일의 원천을 다시 발견하다.
1858년
스피크가 나일 강의 원천을 빅토리아 호수라고 확인하다.
1898~1902년
나일 강의 범람을 조절하기 위해 최초의 아스완 댐Aswan Dam이 건설되다.
2006년
한 탐험대가 빅토리아 호수의 가장 긴 지류를 따라 르완다의 한 샘까지 거슬러 올라가다.

존 해닝 스피크와 제임스 그랜트

제임스 그랜트James Grant와 함께 아프리카로 돌아간 스피크는 1862년 리폰 폭포에 있는 빅토리아 호수에서 나일 강이 흘러나오는 것을 목격했다. 그러나 당시 전혀 움직일 수 없었던 그랜트는 스피크가 발견한 사실을 확인하지 못했다. 스피크는 1864년에 사망했으며, 그의 주장은 아직도 논란의 대상으로 남아 있다.

화이트 나일의 베이커 부부

사무엘과 플로렌스 베이커는 47일에 거쳐 카르툼Khartoum에서 곤도코로Gondokoro까지 나일 강을 거슬러 올라갔다.

빅토리아 호수의 스피크

1858년 스피크는 빅토리아 호수의 남단에 도착하여 그곳이 나일 강의 원천이라는 결론을 내렸다.

나미비아의 갤턴과 안데르손

프랜시스 갤턴Francis Galton과 찰스(칼) 안데르손Charles(Carl) Andersson은 현재 나미비아의 지도에 남았던 큰 공간 가운데 일부를 채웠다. 1850~51년 찰스 다윈Charles Darwin의 사촌 과학자 프랜시스 갤턴과 스웨덴 동식물 연구가 안데르손은 월비스베이Walvis Bay에서 에토샤 판Etosha Pan까지 도보로 여행했다. 그런 다음, 자신들의 자취를 재추적한 뒤 응가미 호수를 목표로 하여 동쪽으로 방향을 바꾸었다. 그들은 멀게는 오늘날의 보츠와나 국경에 이르렀다가 월비스베이로 돌아왔으며, 갤턴은 이곳에서 영국으로 떠났다. 1853년 안데르손은 오트짐빙웨Otjimbingwe를 출발해 응가미 호수에 이른 것은 물론 쿠방고 강Cubango River을 찾아 북쪽으로 올라갔다. 그는 1857년과 1858년에 두 차례 탐험을 떠났는데, 에토샤로 다시금 떠났던 한 탐험에서 결국 쿠방고 강을 찾는 데 성공했다. 1867년 쿠네네 강Cunene River에 이르렀지만 몹시 쇠약해진 터라 강을 건너지 못했다. 1867년 앙골라에서 말라리아와 이질에 걸려 향년 40세로 사망했다.

주기적인 홍수
쿠방고 강이 오카방고 삼각주로 범람하면 이런 형태의 석호가 형성된다. 그러나 안데르손이 이 삼각주의 남서부 경계에 이르렀을 때, 그는 수심이 낮고 '맛이 역겨운' 물을 발견하고 적잖이 실망했다.

젊은 천재
이 초상화는 18세의 갤턴으로, 이 무렵 의학에서 수학으로 전공을 바꾸었다. 신동이었던 그는 훗날 차이 심리학을 확립하고 유용한 지문 분류 체계를 개발했다.

관찰 도구
갤턴은 1850년 탐험에서 이 망원경을 사용했다. 훗날 그가 남긴 글에 따르면 열대 아프리카에서 망원경은 그다지 쓸모가 없었다. '열기로 말미암아 언제나 공기가 부글거리고 아른거려서 영상이 그다지 뚜렷하지 않았기' 때문이다.

흥미로운 사실들	
아프리카 최대의 염호 에토샤 판의 면적	4,800제곱킬로미터
매년 오카방고 삼각주로 흘러들어가는 물의 양	11세제곱킬로미터
칼라하리 사막의 면적	90만 제곱킬로미터
프랜시스 갤턴이 발표한 『여행의 기술The Art of Travel』의 판 수	8판
현대 나미비아의 주요 산업	우라늄과 다이아몬드 광업

안데르손의 조류 연구

탐험을 하는 동안 안데르손은 수많은 새와 동물 표본을 수집하고 유럽과 남아프리카의 박물관으로 보냈다. 그는 쇠종다리Calandrella cinerea anderssoni와 노란 동박새 Zosterops senegalensis anderssoni를 포함해 5가지 조류의 아종을 발견했다. 1872년 안데르손이 사망한 후 그를 매료시켰던 이 지역의 새에 대한 책이 발간되었다.

나미비아와 칼라하리 사막 등 안데르손이 여행했던 지역에서는 목걸이흰비둘기를 흔히 볼 수 있다.

아프리카 노랑부리저어새는 안데르손이 1853~54년의 탐험에서 도착했던 응가미 호수처럼 물이 있는 곳이면 어디에나 모여든다.

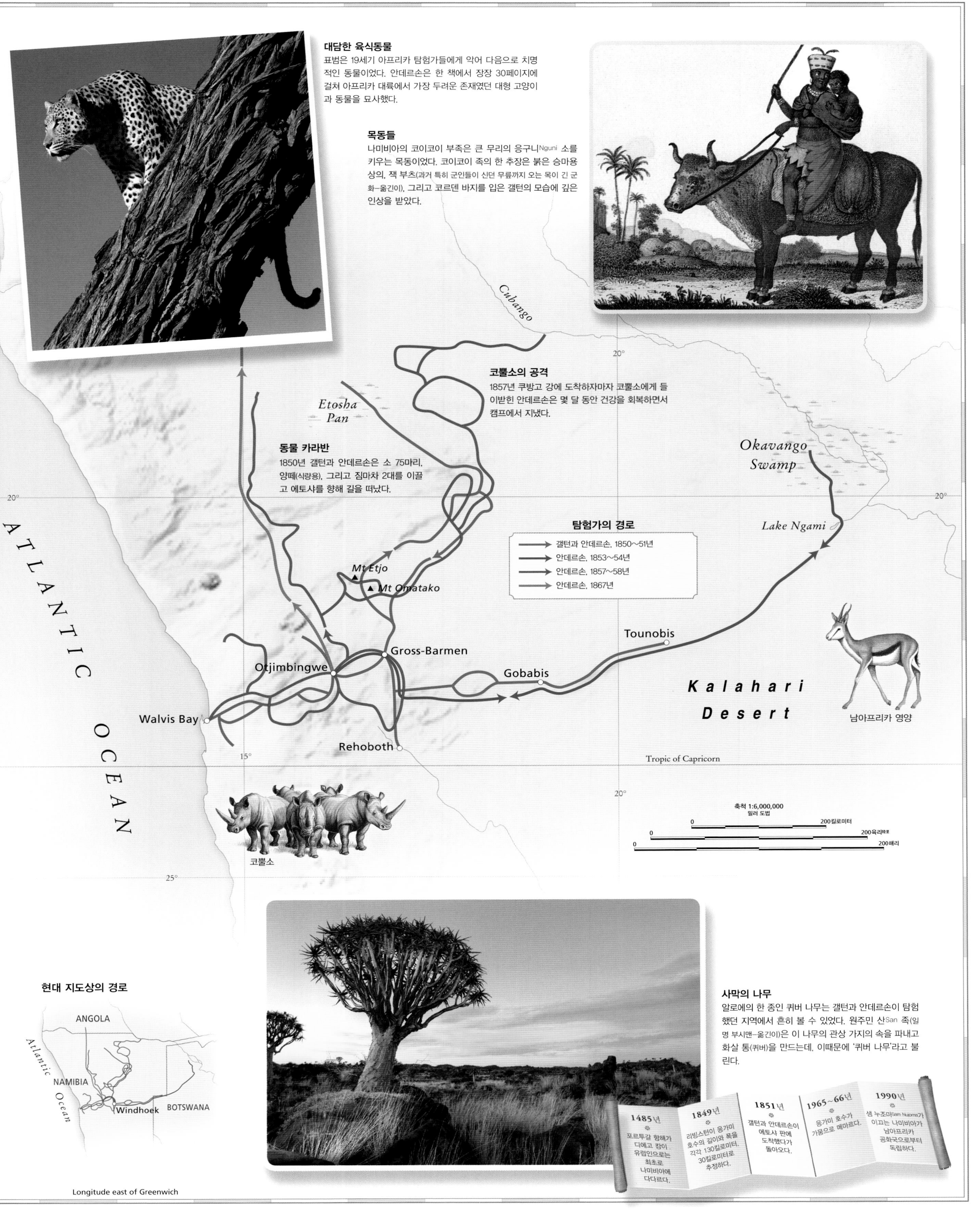
Cubango
20°
Etosha Pan
Okavango Swamp
Lake Ngami
20°
20°
ATLANTIC OCEAN
탐험가의 경로
갤턴과 안데르손, 1850~51년
안데르손, 1853~54년
안데르손, 1857~58년
안데르손, 1867년
Mt Etjo
Mt Omatako
Tounobis
Gross-Barmen
Otjimbingwe
Gobabis
Kalahari Desert
Walvis Bay
Rehoboth
15°
Tropic of Capricorn
20°
축척 1:6,000,000
밀러 도법
0
200킬로미터
0
200육리陸里
0
200해리
25°
현대 지도상의 경로
ANGOLA
Atlantic Ocean
NAMIBIA
Windhoek
BOTSWANA
Longitude east of Greenwich
1485년
포르투갈 항해가 디에고 캉이 유럽인으로는 최초로 나미비아에 다다르다.
1849년
리빙스턴이 응가미 호수의 길이와 폭을 각각 130킬로미터, 30킬로미터로 추정하다.
1851년
갤턴과 안데르손이 에토샤 판에 도착했다가 돌아오다.
1965~66년
응가미 호수가 가뭄으로 메마르다.
1990년
샘 누조마Sam Nujoma가 이끄는 나미비아가 남아프리카 공화국으로부터 독립하다.

대담한 육식동물
표범은 19세기 아프리카 탐험가들에게 악어 다음으로 치명적인 동물이었다. 안데르손은 한 책에서 장장 30페이지에 걸쳐 아프리카 대륙에서 가장 두려운 존재였던 대형 고양이과 동물을 묘사했다.

목동들
나미비아의 코이코이 부족은 큰 무리의 응구니Nguni 소를 키우는 목동이었다. 코이코이 족의 한 추장은 붉은 승마용 상의, 잭 부츠(과거 특히 군인들이 신던 무릎까지 오는 목이 긴 군화–옮긴이), 그리고 코르덴 바지를 입은 갤턴의 모습에 깊은 인상을 받았다.

코뿔소의 공격
1857년 쿠방고 강에 도착하자마자 코뿔소에게 들이받힌 안데르손은 몇 달 동안 건강을 회복하면서 캠프에서 지냈다.

동물 카라반
1850년 갤턴과 안데르손은 소 75마리, 양떼(식량용), 그리고 짐마차 2대를 이끌고 에토샤를 향해 길을 떠났다.

남아프리카 영양

코뿔소

사막의 나무
알로에의 한 종인 퀴버 나무는 갤턴과 안데르손이 탐험했던 지역에서 흔히 볼 수 있었다. 원주민 산San 족(일명 부시맨–옮긴이)은 이 나무의 관상 가지의 속을 파내고 화살 통(퀴버)을 만드는데, 이때문에 '퀴버 나무'라고 불린다.

화이트 나일

아프리카에서 유리한 거점을 확보하기 위해 서로 겨루던 유럽의 열강들은 19세기 후반에 이르러 지금까지 접근하기 어려워 탐험하지 않았던 지역으로 눈길을 돌렸다. 이 가운데 한 지역은 수단 남부 화이트 나일의 방대한 습지인 수드Sudd였다. 이 시기에 수드를 통과하려던 두 탐험대는 많은 어려움을 겪었다. 1868~71년 탐험에서 독일 식물학자 겸 인종학자 게오르그 슈바인푸르트Georg Schweinfurth는 나일 강 서부 지류의 식물을 조사할 계획을 세웠다. 그는 수드 남부를 출발해 콩고 강의 원류에 도착한 후 콩고 우림으로 진입했다. 1896년 프랑스 육군 대위 장 바티스트 마르샹Jean Baptist Marchand은 서쪽으로부터 아프리카 대륙을 횡단해 수드를 지난 후 남부 수단을 프랑스에 병합하겠다는 목표를 세웠다. 물론 이 탐험은 눈부신 성과를 거두었지만 프랑스의 영토 확장 계획은 파쇼다Fashoda에서 영국 군대와 만나 좌절되었다.

흥미로운 사실들	
슈바인푸르트 탐험대의 인원 수	23명
마르샹 탐험대의 인원 수	1만 2,000명
키치너Kitchener 군대의 구성	포함 5척, 2개 대대, 맥심 대포 4정
수드의 면적	강우량에 따라 3~13만 제곱킬로미터
수드의 중요성	아프리카 최대의 습지대

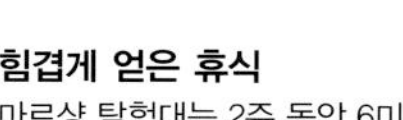

힘겹게 얻은 휴식
마르샹 탐험대는 2주 동안 6미터 높이로 빽빽이 들어선 갈대를 헤치며 배와 수송 물자를 직접 끌어왔다. 그들은 바르 엘 가잘Bahr el Ghazai 근처에서 휴식을 취했다.

파쇼다의 키치너와 마르샹

2년 동안 5,500킬로미터를 탐험한 마르샹은 1898년 7월 파쇼다에 프랑스 국기를 올렸다. 호레이쇼 키치너Horatio Kitchener는 옴두르만Omdurman의 성공으로 한껏 들떠 있던 중에 이 소식을 접했다. 그는 군대를 이끌고 나일 강을 거슬러 올라가 마르샹과 대면했다. 마르샹은 정부의 압력에 못 이겨 항복을 선언하고, 지부티Djibouti를 향해 떠났다.

이 신문의 삽화에는 하단의 보트에 서있는 마르샹과 파쇼다에 영국 국기를 올리고 있는 키치너의 모습이 그려져 있다.

사치품
마르샹은 수송 물자와 함께 현지 추장들
게 선사하기 위한 직물 7만 미터와 베니
산 진주를 실었다.

ATLANTIC OCEAN
Loango
Brazzaville
Congo

교양 있는 여행가
일기를 열심히 썼을 뿐만 아니라 성품이 온화하고 교양이 있었던 슈바인푸르트는 유럽 최초로 우방기 강Ubangi River의 지류 우엘레 강Uele River의 강둑에 이르렀고 콩고의 아카Akka 피그미 족과 마주쳤다.

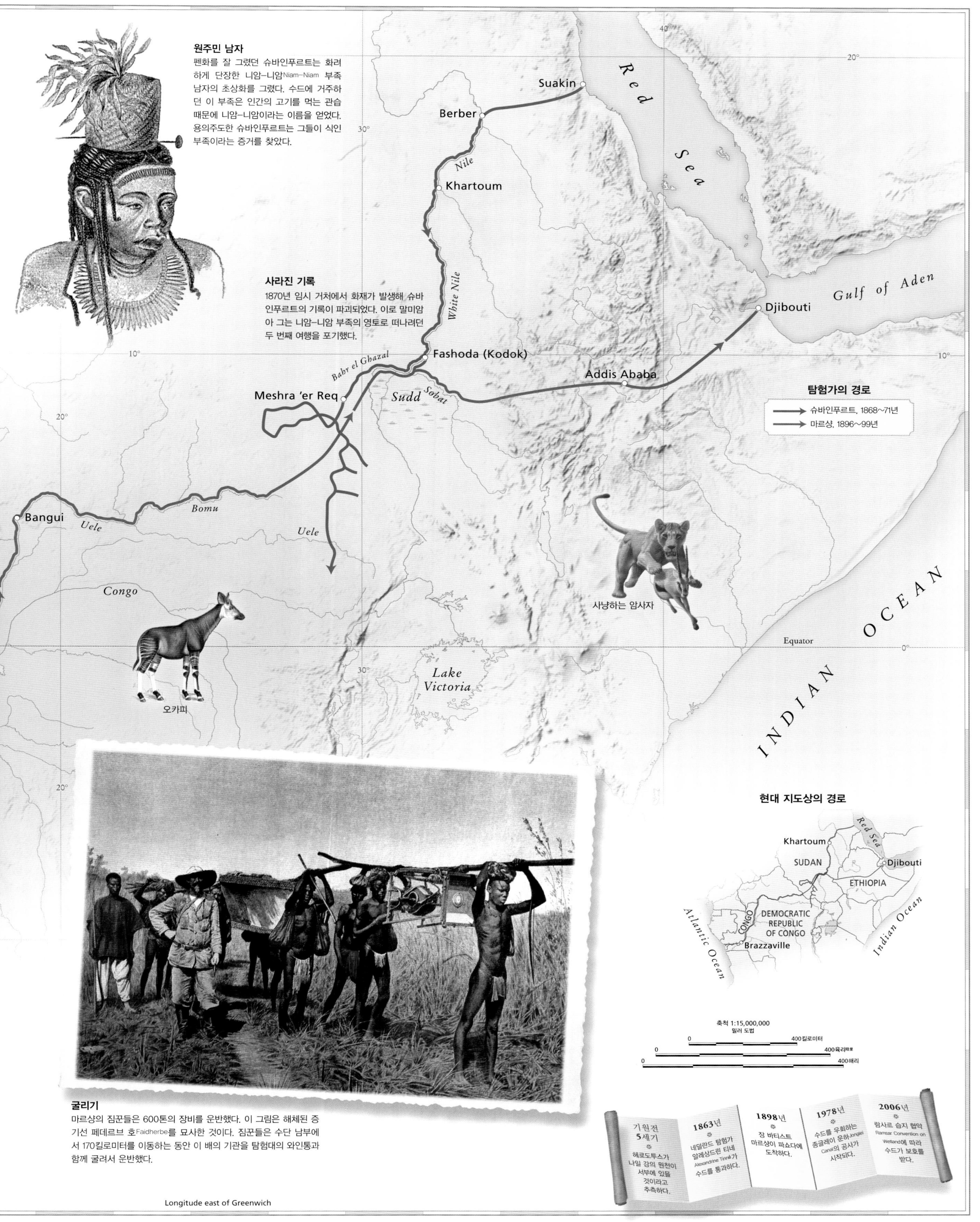
Red Sea
Suakin
Berber
Nile
Khartoum
White Nile
Gulf of Aden
Djibouti
Fashoda (Kodok)
Bahr el Ghazal
Addis Ababa
Meshra 'er Req
Sudd
Sobat
탐험가의 경로
슈바인푸르트, 1868~71년
마르샹, 1896~99년
Bangui
Uele
Bomu
Uele
Congo
Lake Victoria
Equator
INDIAN OCEAN
현대 지도상의 경로
Khartoum
Red Sea
SUDAN
Djibouti
ETHIOPIA
Atlantic Ocean
CONGO
DEMOCRATIC REPUBLIC OF CONGO
Brazzaville
Indian Ocean
축척 1:15,000,000
밀러 도법
0
400킬로미터
0
400육리陸里
0
400해리
기원전 5세기 헤로도투스가 나일 강의 원천이 서부에 있을 것이라고 추측하다.
1863년 네덜란드 탐험가 알레상드린 티네Alexandrine Tinné가 수드를 통과하다.
1898년 장 바티스트 마르샹이 파쇼다에 도착하다.
1978년 수드를 우회하는 종글레이 운하Jonglei Canal의 공사가 시작되다.
2006년 람사르 습지 협약 Ramsar Convention on Wetland에 따라 수드가 보호를 받다.
Longitude east of Greenwich

원주민 남자
펜화를 잘 그렸던 슈바인푸르트는 화려하게 단장한 니암-니암Niam-Niam 부족 남자의 초상화를 그렸다. 수드에 거주하던 이 부족은 인간의 고기를 먹는 관습 때문에 니암-니암이라는 이름을 얻었다. 용의주도한 슈바인푸르트는 그들이 식인 부족이라는 증거를 찾았다.

사라진 기록
1870년 임시 거처에서 화재가 발생해 슈바인푸르트의 기록이 파괴되었다. 이로 말미암아 그는 니암-니암 부족의 영토로 떠나려던 두 번째 여행을 포기했다.

사냥하는 암사자

오카피

굴리기
마르샹의 짐꾼들은 600톤의 장비를 운반했다. 이 그림은 해체된 증기선 페데르브 호Faidherbe를 묘사한 것이다. 짐꾼들은 수단 남부에서 170킬로미터를 이동하는 동안 이 배의 기관을 탐험대의 와인통과 함께 굴려서 운반했다.

아프리카 여행하기

어떤 탐험가는 간편하게 여행을 떠났지만 어떤 탐험가는 거대한 카라반을 조직했다. 과학자 겸 탐험가인 프랜시스 갤턴은 1854년『여행의 기술』이라는 책에서 탐험대의 규모는 여러 가지 변수에 따라 달라진다고 밝혔다. 상인 카라반과 여러 사막을 횡단한 요한 루드빅 부르크하르트는 대부분 낙타 한 마리가 자신을 태우고 운반할 수 있는 정도로 짐을 제한했다. 한 번은 여분의 셔츠, 잠자리로 쓸 카펫, 그리고 가방을 싣기 위해 낙타에서 내린 적도 있었다. 이와 대조적으로 장 바티스트 마르샹이 운반했던 600톤의 장비와 물자에는 푸아그라, 와인, 술 등이 포함되어 있었다. 헨리 모턴 스탠리는 풍부한 자금 덕분에 편안하게 여행을 했다. 데이비드 리빙스턴은 헨리를 만났을 때 "이 분은 호사스러운 여행가가 분명하군요."라고 말했다고 한다. 대규모 탐험대는 어마어마한 양의 물자를 운반했다. 그러나 식량과 장비보다 더 중요한 것은 탐험대에 고용될 현지 사람들이었다.

총과 총 관리인
스탠리는 사람과 야생 동물로부터의 방어와 사냥을 목적으로 라이플총, 산탄총, 머스캣총, 권총 등의 무기를 가지고 다녔다. 이 사진에서 그는 그의 충성스러운 총 관리인 카룰루Kalulu와 포즈를 취하고 있다. 카룰루는 1877년 콩고 강에서 일어난 카누 사고에서 목숨을 잃었다.

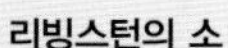

리빙스턴의 소
리빙스턴은 '건강에 탁월한' 우차 여행을 극구 칭찬했다. 이 일러스트레이션은 1849년 그의 가족과 함께 응가미 호수에 이른 리빙스턴의 모습이다. 탐험가들은 소 이외에도 당나귀, 말, 보트, 그리고 낙타를 이용했지만 도보 여행이 유일한 방법인 경우가 많았다.

호수와 강에서

호수와 강이 있는 지역에서 보트는 여행의 가장 좋은 수단이었다. 이따금 탐험가들은 현지에서 카누 같은 작은 배를 얻었다. 또는 현장에서 뗏목이나 보트를 만들 수도 있었다. 자금 사정이 나은 탐험대는 이따금 증기선이나 보트를 직접 사기도 했다. 폭포와 급류 같은 위험 지역에서는 보트를 들고 이동하거나 버리고 떠났다.

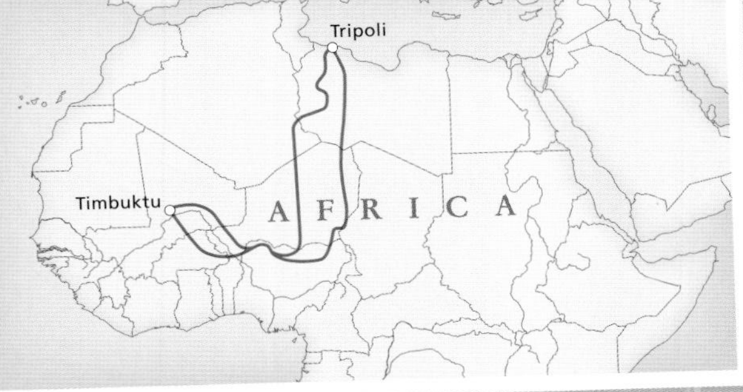
Tripoli
Timbuktu
AFRICA

사막의 보트
아프리카 대륙의 유능한 탐험가로 손꼽히는 독일 지리학자 하인리히 바르트는 1850~55년의 탐험에서 낙타 카라반과 함께 거대한 사하라 사막을 건넜다. 그는 차드 호수를 항해할 계획으로 보트 1척을 2등분하여 떠났다.

이동할 때
이동 중인 장애물을 만났을 때 운반하기가 더 용이하도록 분해할 수 있는 배를 특수 제작했다. 이런 방식을 통해 비교적 규모가 큰 보트를 탐험에 이용할 수 있었다.

혹을 단 기적의 동물
북부 아프리카를 여행하는 유럽 탐험가들은 하나같이 낙타를 이용했다. 물이 없어도 장기간을 견딜 수 있는 전설적인 낙타는 최대 180킬로그램을 싣고 하루에 60킬로미터 이상 걸을 수 있다.

급류로 이동하기
급류 타기는 이따금 목숨까지 앗아가는 위험천만한 일이었다. 이 삽화에는 레이디 앨리스Lady Alice에서 흰색의 콩고 강물을 가로질러 스탠리를 안내하고 있는 아프리카 노잡이들의 모습이 담겨 있다. 잔지바르의 한 목수는 육상 운송을 용이하게 만들기 위해 레이디 앨리스를 여러 부분으로 나누었다.

상비약

아프리카를 여행할 때 구급 상자는 중대한 장비였다. 구급 상자에는 모르핀, 하제, 구토제, 연고, 알코올, 붕대, 드레싱, 그리고 메스, 핀셋, 바늘, 실과 같은 도구를 담았다. 19세기 유럽 탐험가들의 가장 중대한 사망 원인은 말라리아였다. 메스꺼움, 구토, 청력 상실 등 불쾌한 부작용이 따랐지만 말라리아 예방약인 키니네는 당연히 구급 상자의 한 자리를 당당히 차지했다. 데이비드 리빙스턴은 감홍, 장군풀, 아편, 잘롭jalop 에센스 등으로 만든 '잠베지 라우저Zambezi Rouser'에 키니네를 섞어 넣었다.

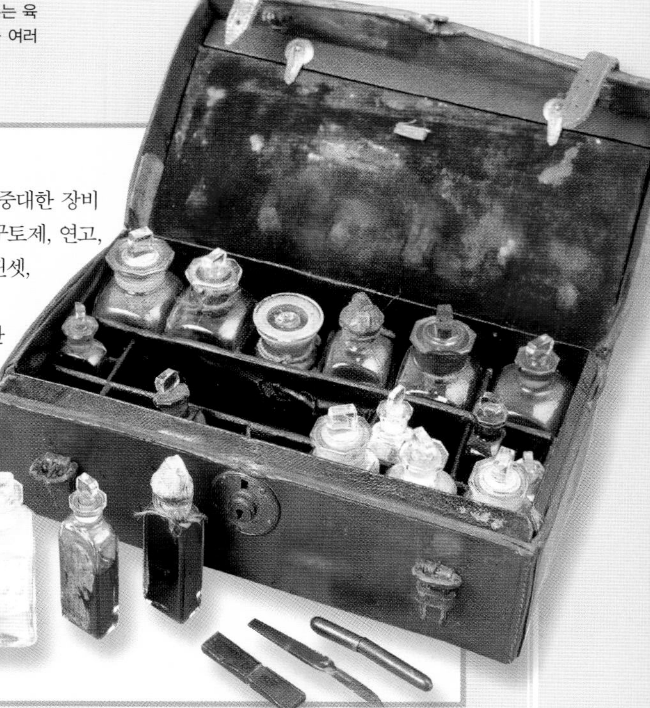

스탠리 : 대륙 횡단하기

데이비드 리빙스턴을 찾기 위한 헨리 모턴 스탠리의 아프리카 모험은 1871년 3월 바가모요Bagamoyo에서 시작되어 7개월에 걸친 힘겨운 여정 끝에 성공했다. 리빙스턴은 고국으로 돌아가지 않기로 결정했지만 스탠리는 1872년 영국으로 돌아가 탐험에 대한 강연을 하고 글을 썼다. 그리고 다시금 후원을 확보한 다음 아프리카 횡단 탐험에 나섰다. 빅토리아, 에드워드, 탕가니카 호수를 거치고 루알라바 강Lualaba River과 콩고 강을 따라 보마Boma에 이른 다음, 지도에도 없는 지역으로 들어갔다. 마지막 탐험에서는 에콰토리아Equatoria의 이집트령 총독 에민 파샤Emin Pasha를 구하기 위해 콩고 강과 이투리 숲Ituri Forest을 탐험했다. 물론 이는 우회적이고 위험한 경로였지만 스탠리는 지역 폭동으로부터 에민 파샤를 구했을 뿐만 아니라 새로운 지리학적 사실을 발견했다.

헨리 모턴 스탠리
1841년 서자로 태어났다. 본명은 존 롤런스였지만 1859년 미국으로 이주한 후 고용주였던 헨리 호프 스탠리Henry Hope Stanley의 성을 따라 개명했다. 기자가 된 그는 〈뉴욕 헤럴드New York Herald〉로부터 '리빙스턴을 찾으라'는 임무를 받았다.

아프리카 회색 앵무새/앙무

흥미로운 사실들

헨리 모턴 스탠리의 생몰 연대	1841년 웨일즈에서 출생 1904년 영국에서 사망
본명	존 롤런스John Rowlands
중대한 업적	빅토리아 호수가 나일 강의 원천임을 확인함. 콩고 강의 경로를 추적함.
정치 생활	1895~1900년 램버스 노스 Lambeth North 의원
자녀의 수	1남입양함

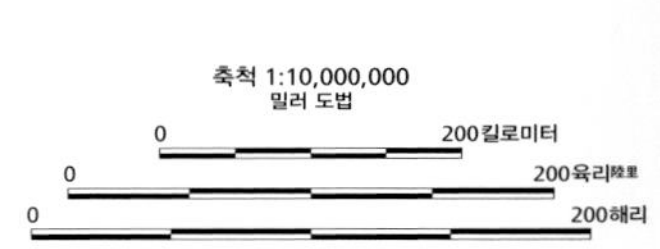

축척 1:10,000,000
0
200킬로미터
0
0
200해리
ATLANTIC OCEAN
Congo
Leopoldville
(Kinshasa)
Isangila
Boma

명성이 드높거나 악명이 높거나
스탠리의 공헌 덕분에 중앙아프리카와 콩고 강의 지형에 대한 현대의 지식이 크게 증가했다. 아프리카 횡단 탐험과 에민 파샤 구출 원정에서 그는 지도에도 없는 척박한 땅으로 대원들을 이끌며 엄청난 고난을 견뎌냈다. 그러나 그는 아프리카 짐꾼들을 혹독하게 대하고 반대자들에게는 무자비한 것으로 알려졌다. 탐험의 성공은 많은 인명을 희생한 결과였다.

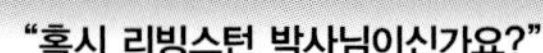

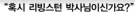

"혹시 리빙스턴 박사님이신가요?"
1871년 10월 우지지에서 리빙스턴을 만난 스탠리는 지금은 유명해진 이 말을 건넸다. 리빙스턴은 약 5년 동안 외부 세계와 연락이 두절된 상태였고, 따라서 그를 찾아낸 스탠리는 국제적인 명성을 얻었다.

보호 장비
열대 지방의 대다수 탐험가들이 즐겨 썼던 스탠리의 차양 모자는 아프리카의 뜨거운 태양으로부터 그의 눈과 얼굴, 그리고 머리를 보호해 주었다. 그의 구두를 보면 아프리카 여행을 하는 동안 얼마나 여러 번 수선했는지를 알 수 있다.

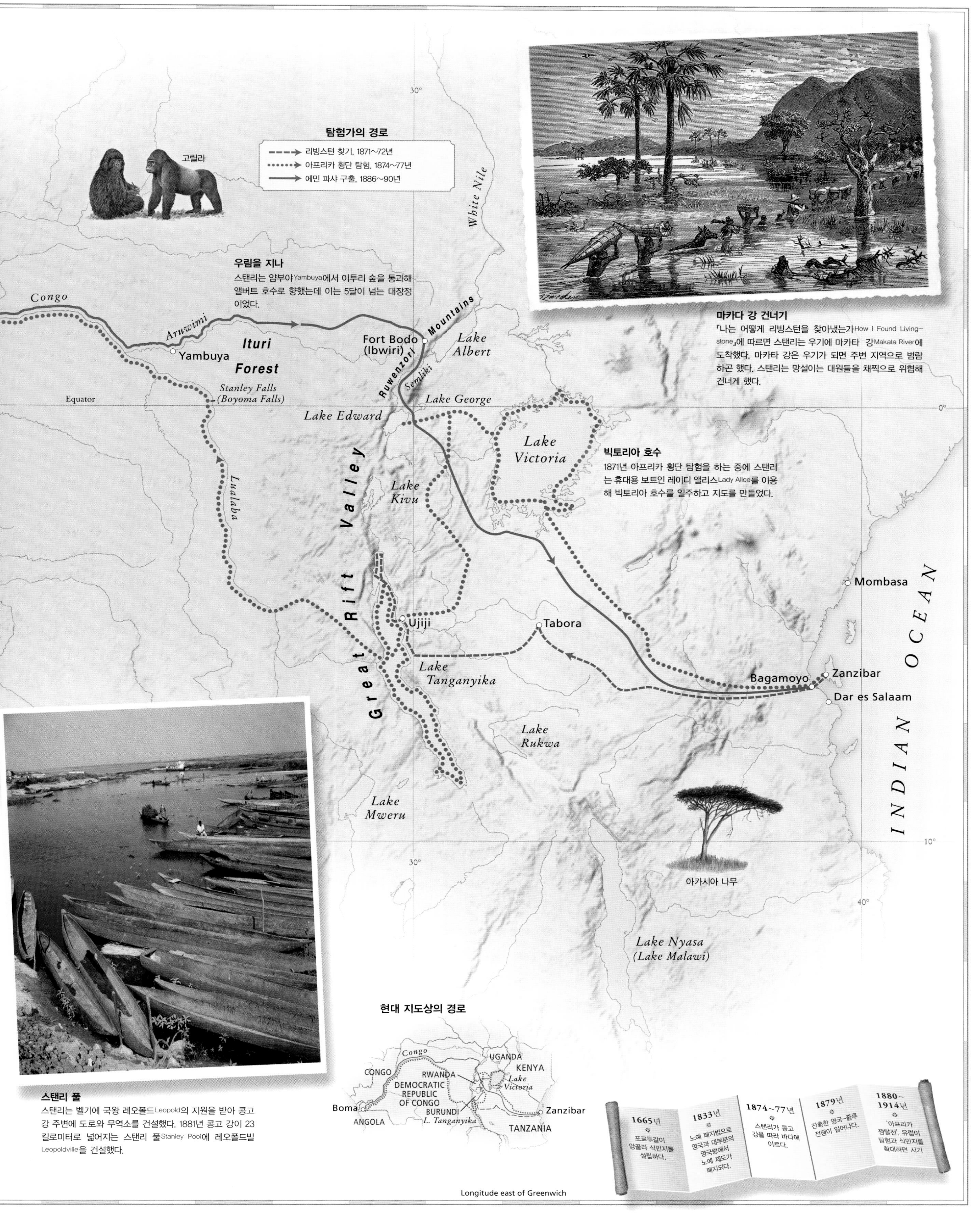
탐험가의 경로
리빙스턴 찾기, 1871~72년
아프리카 횡단 탐험, 1874~77년
에민 파샤 구출, 1886~90년
고릴라
White Nile
Congo
Aruwimi
Yambuya
Ituri Forest
Fort Bodo (Ibwiri)
Mountains
Ruwenzori
Semliki
Lake Albert
Lake George
Lake Edward
Equator
Stanley Falls (Boyoma Falls)
Lualaba
Great Rift Valley
Lake Victoria
Lake Kivu
Ujiji
Tabora
Lake Tanganyika
Lake Rukwa
Lake Mweru
Mombasa
Zanzibar
Bagamoyo
Dar es Salaam
INDIAN OCEAN
아카시아 나무
Lake Nyasa (Lake Malawi)
30°
0°
10°
40°
Longitude east of Greenwich
현대 지도상의 경로
Congo
CONGO
UGANDA
KENYA
RWANDA
Lake Victoria
DEMOCRATIC REPUBLIC OF CONGO
BURUNDI
L. Tanganyika
Boma
Zanzibar
ANGOLA
TANZANIA
1665년 포르투갈이 앙골라 식민지를 설립하다.
1833년 노예 폐지법으로 영국과 대부분의 영국령에서 노예 제도가 폐지되다.
1874~77년 스탠리가 콩고 강을 따라 바다에 이르다.
1879년 잔혹한 영국-줄루 전쟁이 일어나다.
1880~1914년 '아프리카 쟁탈전', 유럽이 탐험과 식민지를 확대하던 시기

우림을 지나
스탠리는 얌부야Yambuya에서 이투리 숲을 통과해 앨버트 호수로 향했는데 이는 5달이 넘는 대장정이었다.

마카다 강 건너기
『나는 어떻게 리빙스턴을 찾아냈는가How I Found Livingstone』에 따르면 스탠리는 우기에 마카타 강Makata River에 도착했다. 마카타 강은 우기가 되면 주변 지역으로 범람하곤 했다. 스탠리는 망설이는 대원들을 채찍으로 위협해 건너게 했다.

빅토리아 호수
1871년 아프리카 횡단 탐험을 하는 중에 스탠리는 휴대용 보트인 레이디 앨리스Lady Alice를 이용해 빅토리아 호수를 일주하고 지도를 만들었다.

스탠리 풀
스탠리는 벨기에 국왕 레오폴드Leopold의 지원을 받아 콩고 강 주변에 도로와 무역소를 건설했다. 1881년 콩고 강이 23킬로미터로 넓어지는 스탠리 풀Stanley Pool에 레오폴드빌Leopoldville을 건설했다.

아프리카

마사이 부족의 땅에서

1800년대 후반 유럽의 열강들은 이른바 '아프리카 쟁탈전'에서 자기들끼리 아프리카 대륙을 나누어 점령했다. 이런 상황에서 몇몇 나라의 탐험가들은 그레이트 레이크 지역을 계속 탐사했다. 그들은 빅토리아 호수 동쪽에서 마사이 족을 만났다. 소를 치는 목동 부족인 그들은 외부인들을 의심스러워했다. 1883년 독일인 의사 구스타프 피셔Gustave Fischer는 유럽 사람으로는 최초로 나이바샤 호수Lake Naivasha에 이르렀다. 그러나 공격적인 피셔의 태도에 마사이 족이 저항하는 바람에 더 이상 전진하지 못했다. 조셉 톰슨은 두 번째 탐험에서 마사이 부족을 존중했고, 그 결과 간신히 바링고 호수Lake Baringo에 이르렀다. 헝가리 탐험가 사무엘 텔레키Samuel Teleki는 마사이 족을 혹독하게 대했음에도 불구하고 1888년 투르카나 호수Lake Turkana에 도착할 수 있었다. 1889년 산악인 한스 마이어Hans Meyer는 역사상 최초로 킬리만자로 산 정상에 올랐다. 오스트리아 지리학자 오스카 바우만Oscar Baumann은 1892~93년 탕가니카 호수 북쪽의 전대미답의 땅을 탐험했다.

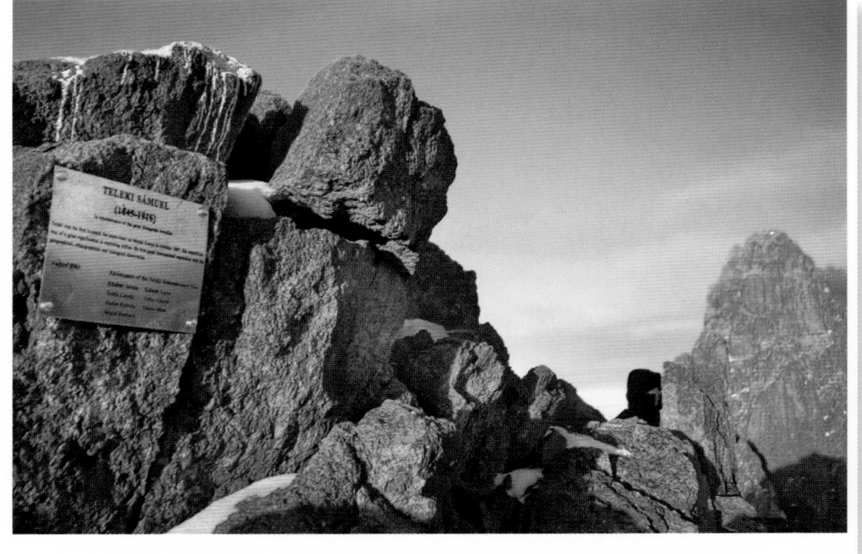
TELEKI SÁMUEL
(1845-1916)

정상의 기념 명판

높이가 5,199미터에 이르는 케냐 산의 포인트 레나나Point Lenana에는 사무엘 텔레키를 기념하는 명판이 있다. 1887년 그와 루드빅 폰 회넬Ludwig von Höhnel과 함께 유럽인으로는 최초로 이 산에 올랐다. 그들은 4,300미터를 등반한 후 돌아왔다.

흥미로운 사실들	
바우만이 고용한 짐꾼의 수	200명
빅토리아 호수의 수량	2,750제곱킬로미터
톰슨이 선물로 가져간 구슬의 수	6만 개
아프리카 최고봉 킬리만자로 산의 높이	5,895미터
투카나의 연간 증발 비율	2.3미터

야생동물의 공격

아프리카의 야생동물들에게는 탐험가의 활동을 방해하는 나름대로의 방법이 있었다. 코뿔소는 함부르크 지리학회를 위해 나이바샤 호수를 탐험하던 피셔의 카라반을 공격했고, 그 바람에 250명의 짐꾼이 뿔뿔이 흩어졌다.

탐험가들의 이름을 따서 명명된 동식물

역사책은 물론 그들이 발견한 동식물의 이름으로 길이 기억되는 탐험가들이 많다. 톰슨가젤Edorcas thompson은 톰슨의 이름을 딴 동물이며, 작은 동아프리카 앵무새 피셔 모란앵무Agapornis Fischeri는 피셔의 이름을 땄다. 텔레키는 동아프리카 산악 지대 식물 로벨리아 텔레키의 이름으로 기억되고 있다.

톰슨가젤의 최고 속도는 시속 65킬로미터에 이른다. 이런 특성은 몸집도 크고 재빠른 육식동물이 서식하는 환경에서 무척 유리하다. 비록 동아프리카의 가젤 가운데 가장 흔하기는 하지만 톰슨가젤의 수는 점점 줄어들고 있다.

소금 호수

투르카나 호수는 그레이트 레이크 가운데 염도가 가장 높다. 텔레키는 이 호수를 보고 비취 바다Jade Sea라고 불렀다. 훗날 텔레키의 후원자였던 오스트리아의 황태자 루돌프Crown Prince Rudolf의 이름을 따서 루돌프 호수Lake Rudolf로 불렸다. 1990년대에 이르러 투르카나 호수로 개명되었다.

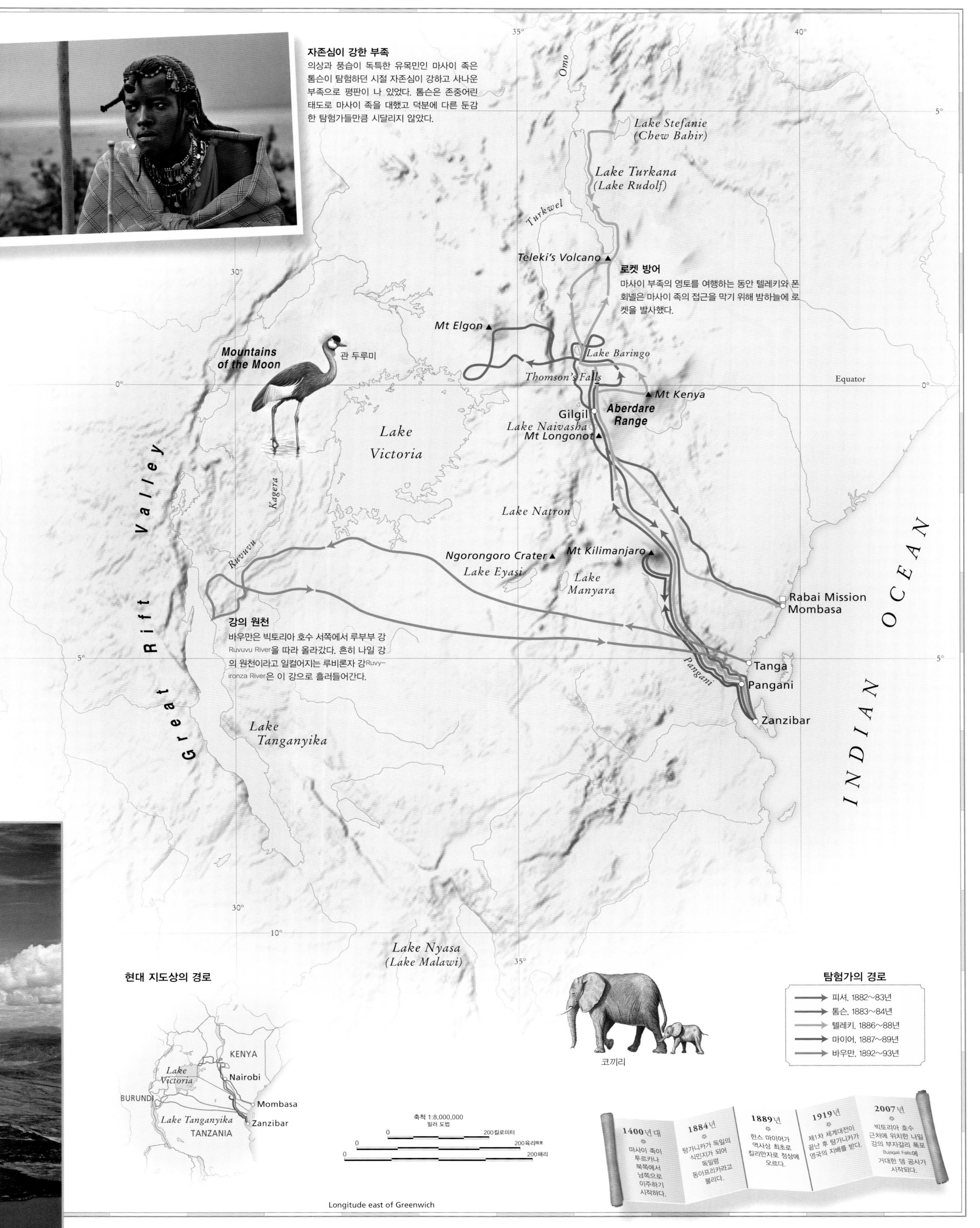
자존심이 강한 부족
의상과 풍습이 독특한 유목민인 마사이 족은 톰슨이 탐험하던 시절 자존심이 강하고 사나운 부족으로 평판이 나 있었다. 톰슨은 존중어린 태도로 마사이 족을 대했고 덕분에 다른 둔감한 탐험가들만큼 시달리지 않았다.
로켓 방어
마사이 부족의 영토를 여행하는 동안 텔레키와 폰 회넬은 마사이 족의 접근을 막기 위해 밤하늘에 로켓을 발사했다.
강의 원천
바우만은 빅토리아 호수 서쪽에서 루부부 강Ruvuvu River을 따라 올라갔다. 흔히 나일 강의 원천이라고 일컬어지는 루비론자 강Ruvyironza River은 이 강으로 흘러들어간다.
관 두루미
코끼리
Omo
Lake Stefanie (Chew Bahir)
Lake Turkana (Lake Rudolf)
Turkwel
Teleki's Volcano
Mt Elgon
Mountains of the Moon
Lake Baringo
Thomson's Falls
Mt Kenya
Equator
Gilgil
Aberdare Range
Lake Naivasha
Mt Longonot
Lake Victoria
Kagera
Lake Natron
Ngorongoro Crater
Mt Kilimanjaro
Lake Eyasi
Lake Manyara
Ruvuvu
Rabai Mission
Mombasa
Tanga
Pangani
Zanzibar
Great Rift Valley
INDIAN OCEAN
Lake Tanganyika
Lake Nyasa (Lake Malawi)
35°
40°
30°
5°
0°
10°
현대 지도상의 경로
KENYA
Lake Victoria
Nairobi
BURUNDI
Mombasa
Lake Tanganyika
Zanzibar
TANZANIA
축척 1:8,000,000
밀러 도법
200킬로미터
200육리마일
200해리
Longitude east of Greenwich
탐험가의 경로
피셔, 1882~83년
톰슨, 1883~84년
텔레키, 1886~88년
마이어, 1887~89년
바우만, 1892~93년
1400년대 마사이 족이 투르카나 북쪽에서 남쪽으로 이주하기 시작하다.
1884년 탕가니카가 독일의 식민지가 되어 독일령 동아프리카라고 불리다.
1889년 한스 마이어가 역사상 최초로 킬리만자로 정상에 오르다.
1919년 제1차 세계대전이 끝난 후 탕가니카가 영국의 지배를 받다.
2007년 빅토리아 호수 근처에 위치한 나일 강의 부자갈리 폭포Bujagali Falls에 거대한 댐 공사가 시작되다.

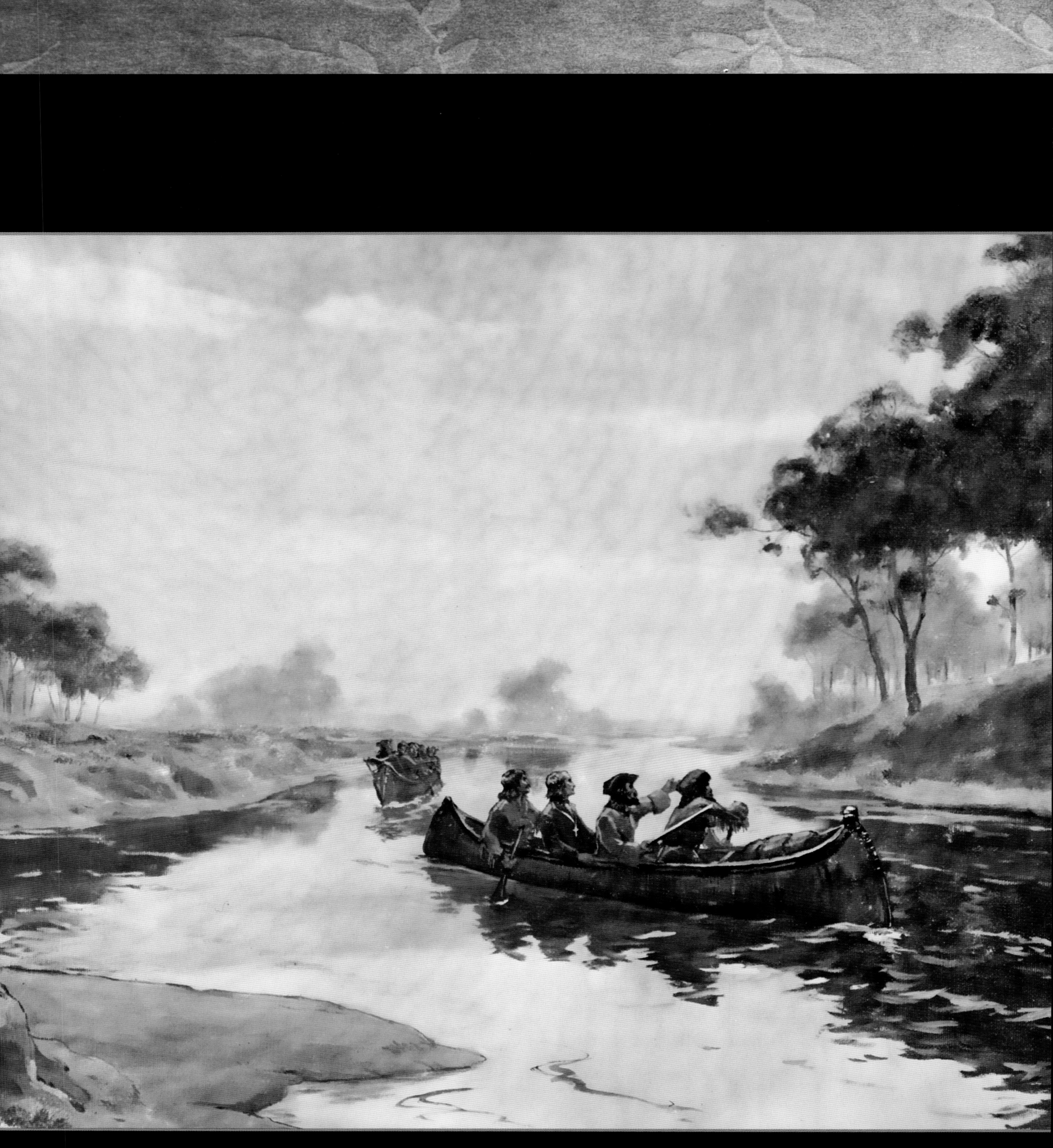

이 그림에는 다른 두 사람과 함께 카누를 타고 있는 예수회 사제 자크 마르케크Jacque Marquette와 모피상인 루이 졸리에Louis Jolliet의 모습이 담겨 있다. 그들은 1673년에 있었던 발견과 탐험 원정에서 미시시피 강을 따라 내려갔다.

북아메리카

- 동부 해안 탐험하기
- 캐나다와 세인트로렌스
- 북서 항로 개척하기
- 정복과 탐험
- 서부 해안도 만들기
- 스페인의 남서부 탐험
- 아메리카 원주민과의 관계
- 오대호의 선교회
- 뉴프랑스에서 루이지애나까지
- 애팔래치아 산맥을 넘어 서부로
- 상인과 사냥꾼들
- 허드슨 베이에서 북극까지
- 북태평양 해안도 만들기
- 서부 개척

북아메리카

동부 해안 탐험하기

콜럼버스가 북아메리카를 발견한 이후 1세기 동안 북아메리카에 대한 관심은 꾸준히 증가했지만 알려진 바는 여전히 많지 않았다. 일부 지리학자는 북아메리카가 대륙이라는 사실을 깨닫기 시작했지만 일부 학자는 그것이 단순히 열도일 뿐이며 아시아에 이르는 데 있어 서부 항로의 작은 장애물이라고 여겼다. 유럽 열강들은 새로운 통상로를 장악할 수 있다는 기대를 품고 꾸준히 대서양 건너편으로 탐험가를 파견했다. 1513년 콜럼버스와 항해했던 후안 폰세 데 레온Juan Ponce de León은 플로리다를 스페인 국왕의 영토로 선포하고 해안을 탐험했다. 하지만 식민지 설립에는 실패했다. 1520년대 지오반니 다 베라짜노Giovanni da Verrazzano와 에스테방 고메스Estêvão Gómes는 모두 항로를 개척하면서 해안을 항해하고, 이름을 짓고, 기록하고, 해도를 만들었다. 16세기 후반 장 리보Jean Ribault는 사우스캐롤라이나South Carolina에 식민지를 건설했다. 한편 영국은 로어노크 섬Roanoke Island에 식민지를 세웠지만 그리 오래가지 못했다.

해안 조사
1524년 프랑스의 후원을 받고 북아메리카로 떠난 이탈리아 출신 지오반니 다 베라짜노는 캘리포니아 북부 케이프피어Cape Fear에 도착했다. 그는 해안을 따라 뉴펀들랜드까지 올라간 후 프랑스로 돌아왔다.

흥미로운 사실들	
베라짜노 선단의 선박 수	4척
북아메리카에 도착한 선박 수	1척(라 다우핀 호La Dophine)
라 다우핀 호의 선원 규모	50명
출항 여정의 길이	7,885킬로미터
탐험 기간	13개월

바다를 넘어?
베라짜노는 노스캐롤라이나 아우터 뱅크스North Carolina Outer Banks를 바라보면서 서쪽 바다가 태평양이며, 따라서 이곳이 동양으로 이어지는 경로라고 판단했다. 다음 세기의 지도 제작자들도 이와 똑같은 오류를 범했다.

젊음의 샘
정복자 후안 폰세 데 레온은 기적 같은 치유력이 있다는 젊음의 샘에 대한 소문을 듣고 1513년 푸에르토리코에서 북아메리카를 향해 출발했다. 플로리다에 착륙한 그는 그곳이 섬이라고 생각했다.

위그노 교도의 새로운 집
장 리보는 위그노 교도를 가득 태우고 프랑스의 디페Dieppe를 출발하여 플로리다에 도착했다. 그는 플로리다의 북부 해안을 탐험하고 사우스캐롤라이나의 찰스포트Charlesfort에 식민지를 세웠다.

Prom Gallicum
F. Delfinum
I.

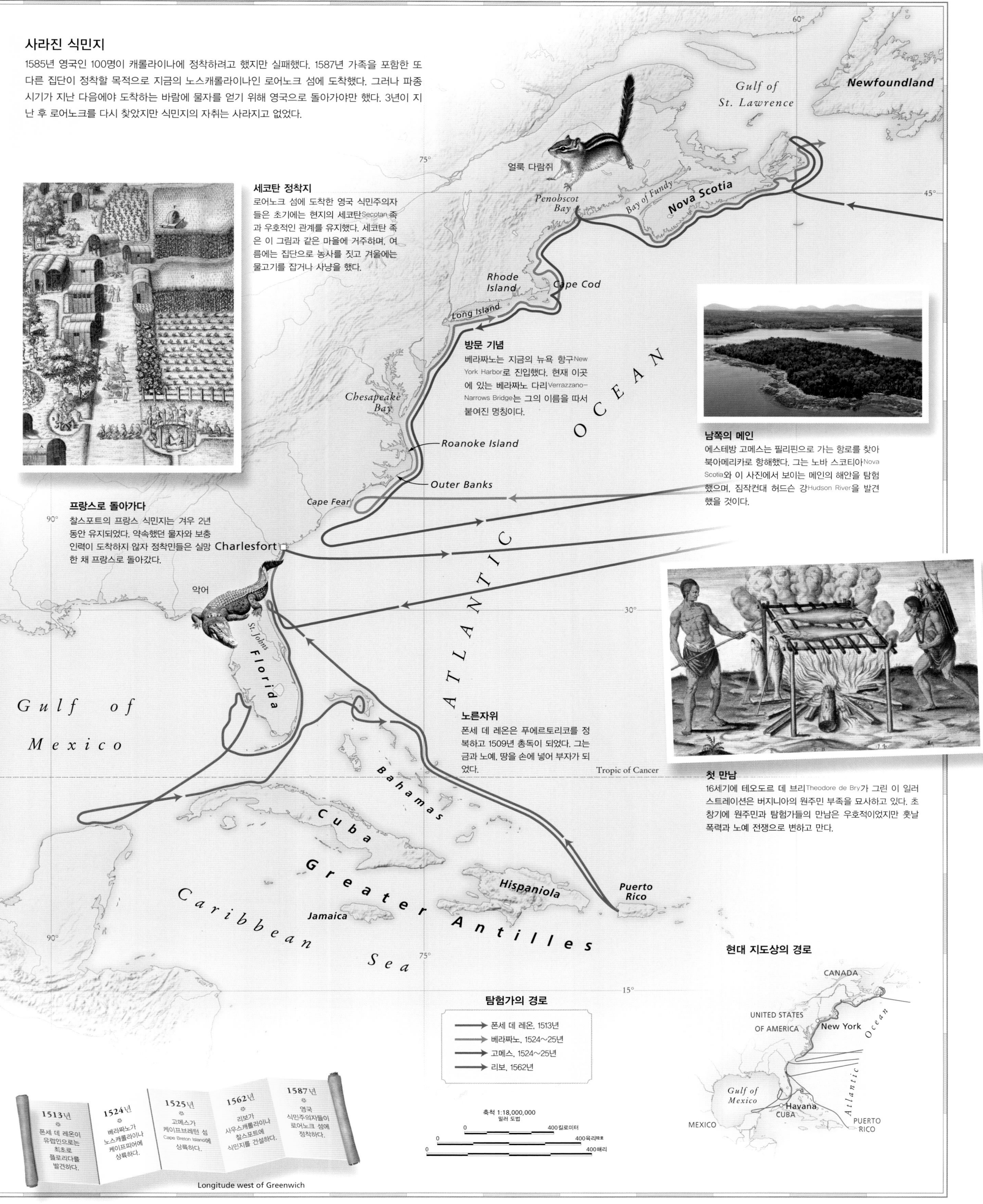
사라진 식민지
1585년 영국인 100명이 캐롤라이나에 정착하려고 했지만 실패했다. 1587년 가족을 포함한 또 다른 집단이 정착할 목적으로 지금의 노스캐롤라이나인 로어노크 섬에 도착했다. 그러나 파종 시기가 지난 다음에야 도착하는 바람에 물자를 얻기 위해 영국으로 돌아가야만 했다. 3년이 지난 후 로어노크를 다시 찾았지만 식민지의 자취는 사라지고 없었다.
세코탄 정착지
로어노크 섬에 도착한 영국 식민주의자들은 초기에는 현지의 세코탄Secotan 족과 우호적인 관계를 유지했다. 세코탄 족은 이 그림과 같은 마을에 거주하며, 여름에는 집단으로 농사를 짓고 겨울에는 물고기를 잡거나 사냥을 했다.
얼룩 다람쥐
Gulf of St. Lawrence
Newfoundland
60°
75°
45°
Penobscot Bay
Bay of Fundy
Nova Scotia
Rhode Island
Cape Cod
Long Island
방문 기념
베라짜노는 지금의 뉴욕 항구New York Harbor로 진입했다. 현재 이곳에 있는 베라짜노 다리Verrazzano-Narrows Bridge는 그의 이름을 따서 붙여진 명칭이다.
Chesapeake Bay
Roanoke Island
Outer Banks
Cape Fear
O C E A N
A T L A N T I C
남쪽의 메인
에스테방 고메스는 필리핀으로 가는 항로를 찾아 북아메리카로 항해했다. 그는 노바 스코티아Nova Scotia와 이 사진에서 보이는 메인의 해안을 탐험했으며, 짐작컨대 허드슨 강Hudson River을 발견했을 것이다.
프랑스로 돌아가다
찰스포트의 프랑스 식민지는 겨우 2년 동안 유지되었다. 약속했던 물자와 보충 인력이 도착하지 않자 정착민들은 실망한 채 프랑스로 돌아갔다.
Charlesfort
90°
악어
30°
St. Johns
Florida
Gulf of Mexico
노른자위
폰세 데 레온은 푸에르토리코를 정복하고 1509년 총독이 되었다. 그는 금과 노예, 땅을 손에 넣어 부자가 되었다.
Tropic of Cancer
첫 만남
16세기에 테오도르 데 브리Theodore de Bry가 그린 이 일러스트레이션은 버지니아의 원주민 부족을 묘사하고 있다. 초창기에 원주민과 탐험가들의 만남은 우호적이었지만 훗날 폭력과 노예 전쟁으로 변하고 만다.
Bahamas
Cuba
Greater Antilles
Hispaniola
Puerto Rico
Jamaica
Caribbean Sea
90°
75°
15°
현대 지도상의 경로
CANADA
UNITED STATES OF AMERICA
New York
Atlantic Ocean
Gulf of Mexico
Havana
CUBA
MEXICO
PUERTO RICO
탐험가의 경로
폰세 데 레온, 1513년
베라짜노, 1524~25년
고메스, 1524~25년
리보, 1562년
축척 1:18,000,000
밀러 도법
0 400킬로미터
0 400육리陸里
0 400해리
1513년 폰세 데 레온이 유럽인으로는 최초로 플로리다를 발견하다.
1524년 베라짜노가 노스캐롤라이나 케이프피어에 상륙하다.
1525년 고메스가 케이프브레턴 섬Cape Breton Island에 상륙하다.
1562년 리보가 사우스캐롤라이나 찰스포트에 식민지를 건설하다.
1587년 영국 식민주의자들이 로어노크 섬에 정착하다.
Longitude west of Greenwich

북아메리카

캐나다와 세인트로렌스

16세기 초반 포르투갈, 프랑스, 영국의 선원들은 주기적으로 캐나다 해안을 드나들었다. 1520년 포르투갈의 선주 주앙 알베레스 파군데스João Alvares Fagundes는 포르투갈에서 세인트로렌스 만Gulf of Saint Lawrence까지 항해했다. 프랑스인 자크 카르티에Jacque Cartier는 1530~40년대에 세 차례 항해를 떠났다. 그는 뉴펀들랜드 해안을 탐험하고 세인트로렌스 강과 오대호를 경유해 내륙으로 들어가는 경로를 개척했다. 카르티에의 발견은 훗날 프랑스가 그 지역을 점령하는 데 일조했지만 엄청나게 많은 황금과 아시아 항로를 발견하고자 하는 그의 원래 목표는 달성하지 못했다. 프랑스의 모피상 사무엘 드 샹플랭Samuel de Champlain은 펀디베이Bay of Fundy에서 케이프코드Cape Cod에 이르는 해안의 해도를 만들고 내륙을 돌아보았다. 프랑스의 영향력을 확장하고 싶었던 그는 퀘벡을 발견하고 무역소를 세우는 데 공헌했으며, 이 덕분에 '새로운 프랑스의 아버지'라 일컬어진다.

케이프브레턴 식민지

1520년 후앙 알베레스 파군데스는 이 사진에 담긴 험준한 뉴펀들랜드 해안을 항해하고 세인트로렌스 만을 일주했다. 1521~25년 사이에 케이프브레턴 섬으로 돌아와 잠시 식민지를 세웠다.

자크 카르티에

1534년 자크 카르티에의 첫 번째 원정대는 케이프 보나비스타Cape Bonavista에 상륙하고 뉴펀들랜드 해안을 탐험했다. 1535년 두 번째 항해에서는 세인트로렌스 강을 따라 더 깊숙이 들어갔다. 1541~43년 이 강변에 프랑스 정착지를 건설하려던 그의 세 번째 시도는 실패로 끝났다.

흥미로운 사실들	
카르티에의 첫 항해에 동원된 배의 수	2척
배의 크기	각 54톤
선원	각 61명
브리타니Brittany에서 뉴펀들랜드까지 걸린 기간	20일
탐험 기간	4.5개월

Lake Huron
Lake Ontario
Lake Erie
큰 어치
80°

따뜻한 환영

카르티에와 아메리카 원주민과의 관계는 전반적으로 우호적이었다. 지금의 몬트리올 지역에 50채의 롱하우스가 늘어서 있던 도시 호첼레가Hochelaga에서는 1,000여 명의 이로쿼이Iroquois 족이 그를 맞이했다. 이 도시의 지도는 카르티에의 묘사를 바탕으로 만든 것이다.

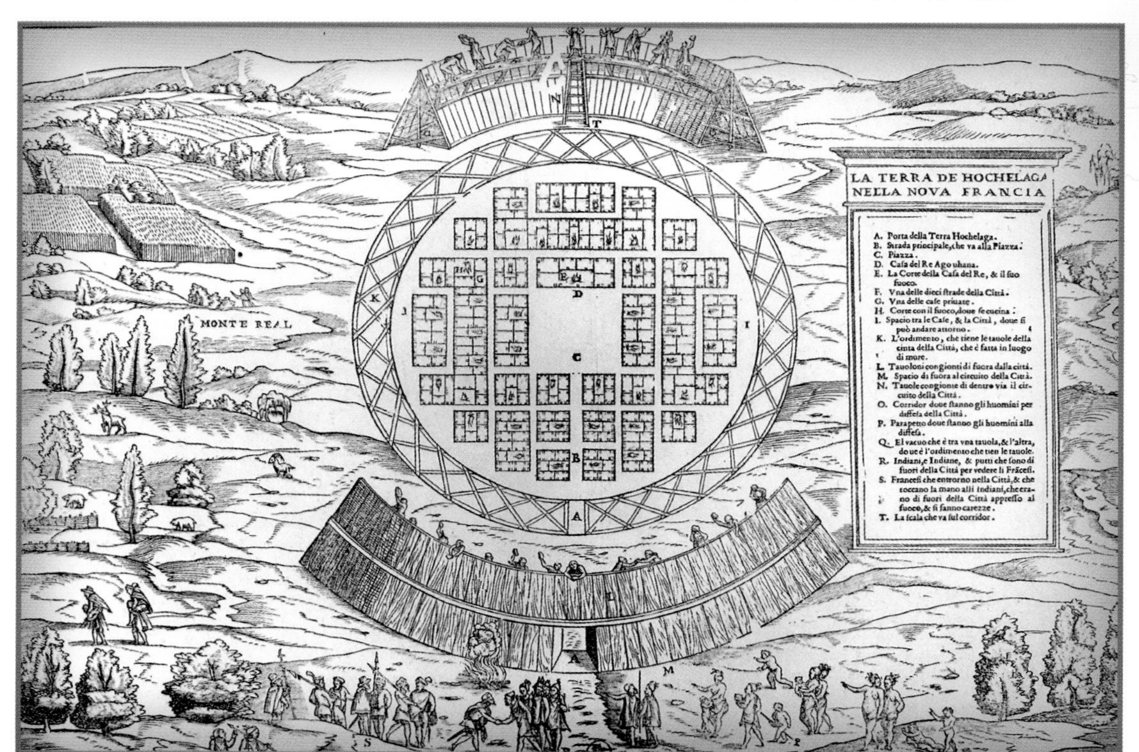
LA TERRA DE HOCHELAGA NELLA NOVA FRANCIA
MONTE REAL

모피를 찾아

오타와Ottawa에 있는 이 조각상은 사무엘 드 샹플랭을 기념한 것이다. 그는 1603년 모피 무역을 위한 원정에서 최초로 캐나다를 방문했는데 이곳에 머무는 동안 세인트로렌스 강과 사게네이Saguenay 강을 탐험했다.

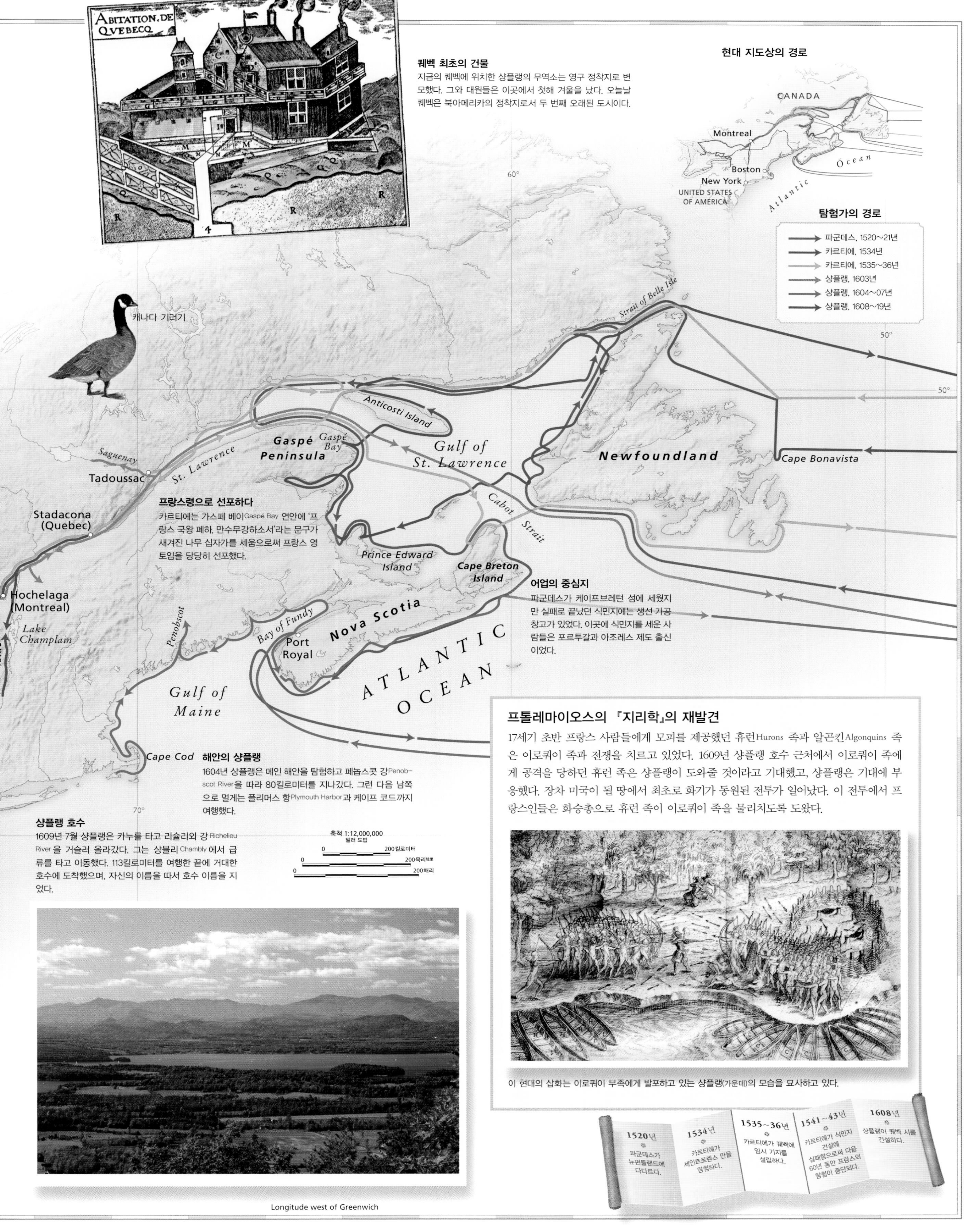
ABITATION.DE QVEBECQ
현대 지도상의 경로
CANADA
Montreal
Boston
New York
UNITED STATES OF AMERICA
Atlantic Ocean
탐험가의 경로
파군데스, 1520~21년
카르티에, 1534년
카르티에, 1535~36년
샹플랭, 1603년
샹플랭, 1604~07년
샹플랭, 1608~19년
캐나다 기러기
Strait of Belle Isle
Anticosti Island
Gaspé Peninsula
Gaspé Bay
Gulf of St. Lawrence
Newfoundland
Cape Bonavista
Saguenay
Tadoussac
St. Lawrence
Stadacona (Quebec)
Cabot Strait
Prince Edward Island
Cape Breton Island
Hochelaga (Montreal)
Lake Champlain
Mountains
Penobscot
Bay of Fundy
Port Royal
Nova Scotia
ATLANTIC OCEAN
Gulf of Maine
Cape Cod
60°
50°
70°
축척 1:12,000,000
밀러 도법
0 200킬로미터
0 200육리마일
0 200해리
Longitude west of Greenwich

퀘벡 최초의 건물
지금의 퀘벡에 위치한 샹플랭의 무역소는 영구 정착지로 변모했다. 그와 대원들은 이곳에서 첫해 겨울을 났다. 오늘날 퀘벡은 북아메리카의 정착지로서 두 번째 오래된 도시이다.

프랑스령으로 선포하다
카르티에는 가스페 베이Gaspé Bay 연안에 '프랑스 국왕 폐하, 만수무강하소서'라는 문구가 새겨진 나무 십자가를 세움으로써 프랑스 영토임을 당당히 선포했다.

어업의 중심지
파군데스가 케이프브레턴 섬에 세웠지만 실패로 끝났던 식민지에는 생선 가공 창고가 있었다. 이곳에 식민지를 세운 사람들은 포르투갈과 아조레스 제도 출신이었다.

해안의 샹플랭
1604년 샹플랭은 메인 해안을 탐험하고 페놉스콧 강Penobscot River을 따라 80킬로미터를 지나갔다. 그런 다음 남쪽으로 멀게는 플리머스 항Plymouth Harbor과 케이프 코드까지 여행했다.

샹플랭 호수
1609년 7월 샹플랭은 카누를 타고 리슐리외 강Richelieu River을 거슬러 올라갔다. 그는 샹블리Chambly에서 급류를 타고 이동했다. 113킬로미터를 여행한 끝에 거대한 호수에 도착했으며, 자신의 이름을 따서 호수 이름을 지었다.

프톨레마이오스의 『지리학』의 재발견

17세기 초반 프랑스 사람들에게 모피를 제공했던 휴런Hurons 족과 알곤킨Algonquins 족은 이로쿼이 족과 전쟁을 치르고 있었다. 1609년 샹플랭 호수 근처에서 이로쿼이 족에게 공격을 당하던 휴런 족은 샹플랭이 도와줄 것이라고 기대했고, 샹플랭은 기대에 부응했다. 장차 미국이 될 땅에서 최초로 화기가 동원된 전투가 일어났다. 이 전투에서 프랑스인들은 화승총으로 휴런 족이 이로쿼이 족을 물리치도록 도왔다.

이 현대의 삽화는 이로쿼이 부족에게 발포하고 있는 샹플랭(가운데)의 모습을 묘사하고 있다.

1520년 파군데스가 뉴펀들랜드에 다다르다.

1534년 카르티에가 세인트로렌스 만을 탐험하다.

1535~36년 카르티에가 퀘벡에 임시 기지를 설립하다.

1541~43년 카르티에가 식민지 건설에 실패함으로써 다음 60년 동안 프랑스의 탐험이 중단되다.

1608년 샹플랭이 퀘벡 시를 건설하다.

북아메리카

북서 항로 개척하기

16세기 후반 아시아로 이어지는 북부의 경로, 이른바 북서 항로 개척에 대한 영국인의 관심이 점점 커졌다. 북서 항로를 개척하면 스페인과 포르투갈이 이용하는 남부 경로보다 거리가 단축될 것이라는 바람 때문이었다. 1576년 마틴 프로비셔Martin Frobisher는 그린란드와 바핀 섬Baffine Island 사이의 데이비스 해협을 건넜다. 그러나 1587년 존 데이비스John Davis와 마찬가지로 서쪽 항로를 발견하는 데 실패했으며, 이후 두 차례 항해에서도 마찬가지였다. 헨리 허드슨Henry Hudson은 지금의 허드슨 해협Hudson Strait을 횡단하고 대원들과 함께 유럽인으로는 최초로 캐나다 북극해에서 겨울을 났다. 곧이어 윌리엄 바핀William Baffin과 로버트 바이럿Robert Bylot이 두 차례 항해에서 바핀 베이의 지도를 만들고 다른 탐험가들보다 더 북쪽으로 올라갔다. 그리고 루크 폭스Luke Foxe와 토머스 제임스Thomas James는 각자 허드슨 베이의 서부 해안에 이르렀다. 그러나 이보다 먼 지역의 항로는 여전히 오리무중이었다.

흥미로운 사실들

바핀과 바이럿의 1666년 탐험에 동원된 배	디스커버리Discovery 호
탐원 대원 수	17명
항해의 후원자	런던의 컴퍼니 오브 머천트Company of Merchants, 북서 항로 발견자들
항해 기간	5개월
최북단 기록	북위 77도 45분

항해 발전에 공헌하다
유능한 항해가 존 데이비스는 해상에서 위도를 측정하는 '데이비스 사분의'라는 이 도구를 발명했다. 그뿐만 아니라 『뱃사람의 비밀Seaman's Secret』이라는 항해 입문서를 썼다.

표류하는 허드슨
1610년 허드슨과 대원들은 제임스 베이의 얼음장 같은 바다에서 끔찍한 겨울을 보냈다. 허드슨은 서쪽으로 계속 항해할 것을 제안했지만 선원들이 폭동을 일으켰다. 그들은 허드슨과 그의 아들, 그리고 선원 7명을 갑판이 없는 배에 태워 쫓아 버렸다. 그들의 모습은 다시 볼 수 없었다.

전시되는 이뉴잇 족
유럽 사람들은 이뉴잇 족에게 매료되었다. 동시대의 여러 사람들과 마찬가지로 프로비셔는 수많은 이뉴잇 부족 사람을 영국으로 납치해 전시했다. 하지만 이뉴잇 족은 영국에서 오래 살지 못했다.

데이비스 해협
바핀 섬과 그린란드 사이에 있는 바다로, 래브라도 해Labrador Sea의 일부는 존 데이비스의 이름을 따서 데이비스 해협이라고 불린다.

황철광
이 초상화의 주인공인 마틴 프로비셔는 1576년 첫 번째 항해에서 특정한 종류의 금이라 여기고 '검은 돌' 표본을 사들고 왔다. 총 1,360톤에 이르는 검은 돌을 모았지만 아무런 가치가 없는 쇠붙이로 판명되었다.

북극 겨울의 어려움

다섯 달 동안이나 눈과 얼음이 사라지지 않는 캐나다 황야의 겨울은 혹독하다. 헨리 허드슨과 토머스 제임스는 비타민 C 부족으로 발생하는 괴혈병으로 많은 대원들을 잃었다. 제임스는 눈으로 거의 뒤덮인 선실, 내벽에 매달린 고드름, 서리로 덮인 침대, 그리고 얼어버린 기름, 식초, 와인 통을 묘사한 글을 남겼다.

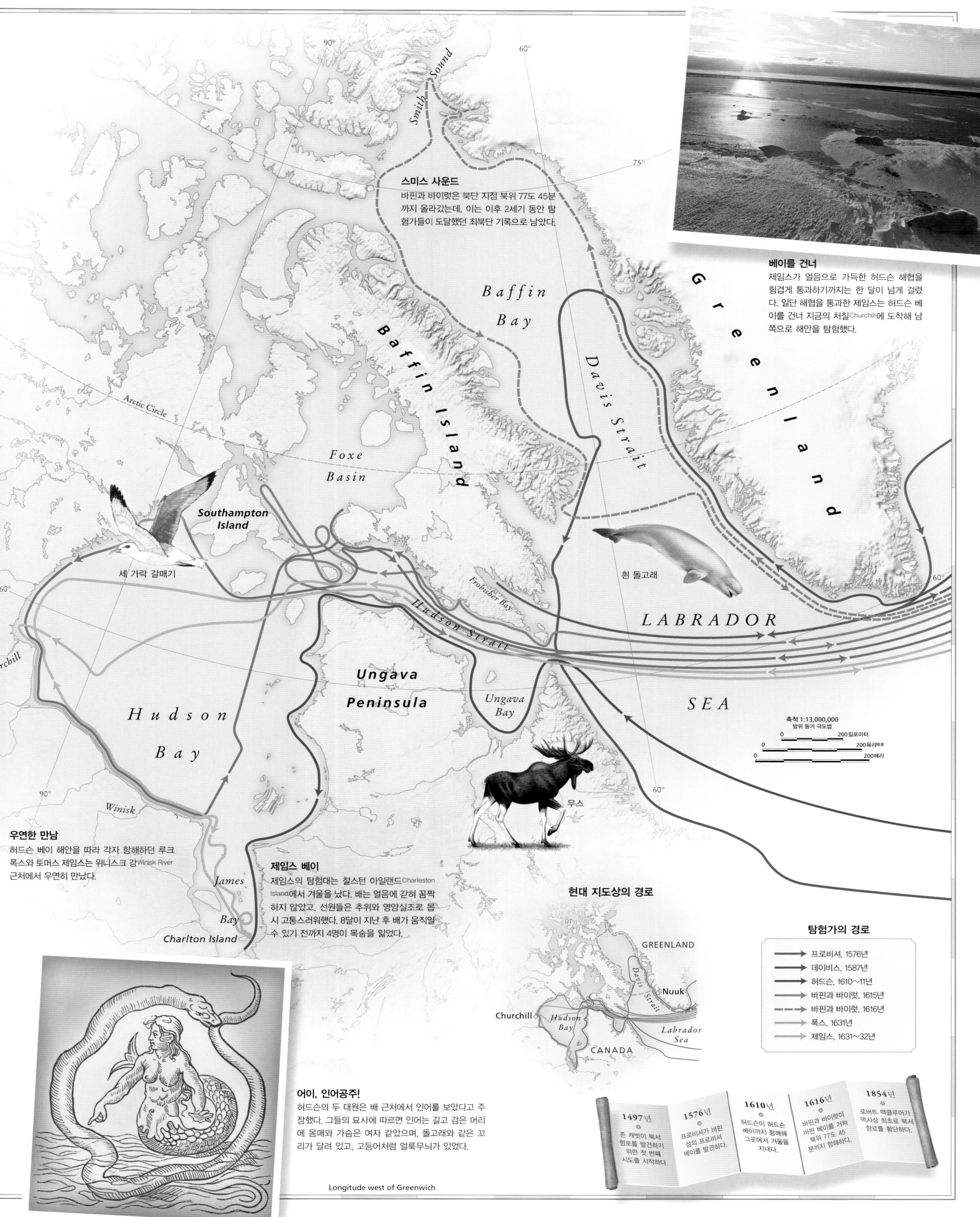

90°
60°
75°
Smith Sound
스미스 사운드
바핀과 바이럿은 북단 지점 북위 77도 45분까지 올라갔는데, 이는 이후 2세기 동안 탐험가들이 도달했던 최북단 기록으로 남았다.
베이를 건너
제임스가 얼음으로 가득한 허드슨 해협을 힘겹게 통과하기까지는 한 달이 넘게 걸렸다. 일단 해협을 통과한 제임스는 허드슨 베이를 건너 지금의 처칠Churchill에 도착해 남쪽으로 해안을 탐험했다.
Baffin Bay
Greenland
Baffin Island
Davis Strait
Arctic Circle
Foxe Basin
Southampton Island
세 가락 갈매기
흰 돌고래
Frobisher Bay
Hudson Strait
LABRADOR
SEA
60°
urchill
Ungava Peninsula
Ungava Bay
Hudson Bay
축척 1:13,000,000
방위 등거 극도법
0 200킬로미터
0 200육리陸里
0 200해리
90°
Winisk
무스
우연한 만남
허드슨 베이 해안을 따라 각자 항해하던 루크 폭스와 토머스 제임스는 위니스크 강Winisk River 근처에서 우연히 만났다.
제임스 베이
제임스의 탐험대는 찰스턴 아일랜드Charleston Island에서 겨울을 났다. 배는 얼음에 갇혀 꼼짝하지 않았고, 선원들은 추위와 영양실조로 몹시 고통스러워했다. 8달이 지난 후 배가 움직일 수 있기 전까지 4명이 목숨을 잃었다.
James Bay
Charlton Island
현대 지도상의 경로
GREENLAND
Davis Strait
Nuuk
Churchill
Hudson Bay
Labrador Sea
CANADA
탐험가의 경로
프로비셔, 1576년
데이비스, 1587년
허드슨, 1610~11년
바핀과 바이럿, 1615년
바핀과 바이럿, 1616년
폭스, 1631년
제임스, 1631~32년
어이, 인어공주!
허드슨의 두 대원은 배 근처에서 인어를 보았다고 주장했다. 그들의 묘사에 따르면 인어는 길고 검은 머리에 몸매와 가슴은 여자 같았으며, 돌고래와 같은 꼬리가 달려 있고, 고등어처럼 얼룩무늬가 있었다.
1497년 존 캐벗이 북서 항로를 발견하기 위한 첫 번째 시도를 시작하다.
1576년 프로비셔가 바핀 섬의 프로비셔 베이를 발견하다.
1610년 허드슨이 허드슨 베이까지 항해해 그곳에서 겨울을 지내다.
1616년 바핀과 바이럿이 바핀 베이를 거쳐 북위 77도 45분까지 항해하다.
1854년 로버트 맥클루어가 역사상 최초로 북서 항로를 횡단하다.
Longitude west of Greenwich

북아메리카

정복과 탐험

16세기 초반 황금에 눈이 먼 스페인은 현재 멕시코 북쪽의 아메리카를 일컫는 멀고먼 '라 플로리다La Florida'까지 탐험가들을 파견하기 시작했다. 1528년 탬파 베이Tampa Bay 북서쪽을 향하던 판필로 데 나르바에스Pánfilo de Nárvaez는 곧 아메리카 원주민들과 충돌했다. 굶주림에 시달리던 그의 군대는 바다로 후퇴했다. 하지만 그들의 배가 폭풍을 만나 침몰하면서 나르바에스를 포함한 대원 대부분이 목숨을 잃었다. 알바르 누네스 카베자 드 바카Alvar Núñez Cabeza de Vaca가 이끌던 한 탐험대는 북아메리카 해안에 도착했다. 그러나 이후 8년 동안 방황한 끝에야 비로소 안전지대인 뉴스페인New Spain(멕시코)에 당도했다. 에르난도 데 소토Hernando de Soto 역시 황금을 찾아 탬파 베이에서 북쪽으로 향했다. 그는 황금을 찾는 데는 실패했지만, 그 대신 미시시피 강Mississippi River을 발견했다. 20년 후 후안 파르도Juan Pardo는 캘리포니아에 최초의 스페인 기지를 설립했지만 오래 가지 못했다. 이로써 이 지역에 대한 스페인의 야심은 종지부를 찍었다.

바이유Bayou의 고장
나르바에스는 탬파 베이에서 늪과 모기, 그리고 독뱀으로 가득찬 지역을 통과하느라 애를 먹었다. 탐험대의 전진 속도가 무척 느렸기 때문에 해안으로 뒤따라오던 지원 함대는 그들이 실종되었다고 판단하고 쿠바로 돌아갔다.

난파당한 후에
카베자 드 바카의 일행은 당시 맨발에다 누더기를 걸친 원주민들과 5년 동안 함께 생활한 후, 사막과 산을 넘어 멕시코에 도착했다. 카베자 드 바카는 자신의 경험담과 토착 문화에 대해 귀중한 자료를 남겼다.

잉카 정복
1530년 에르난도 데 소토는 태평양 항로를 찾기 위해 탐험대를 이끌고 유카탄Yucatan 해안을 여행했다. 곧이어 피사로Pizarro의 페루 원정대에 합류했는데, 이곳에서 그는 소규모 군대를 지휘해 1532년 잉카 부족을 물리쳤다.

미시시피 강의 발견
데 소토는 애팔래치아 산맥 서쪽 기슭에서 아메리카 원주민과 치열한 전투를 치른 후, 1541년 미시시피 강에 도착했다. 그곳에서 병사들은 강을 건너기 위해 한 달 동안 뗏목을 만들었다.

흥미로운 사실들	
에르난도 데 소토의 생몰 연대	1496년 스페인에서 출생, 1542년 루이지애나에서 사망
데 소토 탐험대의 인원 수	620명
탐험대에 동원된 말의 수	223마리
탐험 기간	4년 6개월
탐험에서 살아남은 사람의 수	311명

리콰리미엔토

북미 사람들을 기독교로 개종시키려고 했던 스페인 군주는 리콰리미엔토Riquerimiento라는 문서를 만들었다. 이는 원주민들에게 스페인의 통치를 수용하고 종교적인 가르침을 따르도록 요구하는 문서였다. 원주민들이 이 요구를 수용하면 국왕의 통치하에 자유를 얻지만, 거부하면 전쟁 선포나 다름없었다. 원주민 추장들은 그 '협정'의 의미조차 이해하지 못했기 때문에 정복자들은 마음대로 땅을 차지하고 그들을 노예로 삼았다.

스페인 군인들은 황금의 원천을 밝히라면서 원주민들을 고문했다.

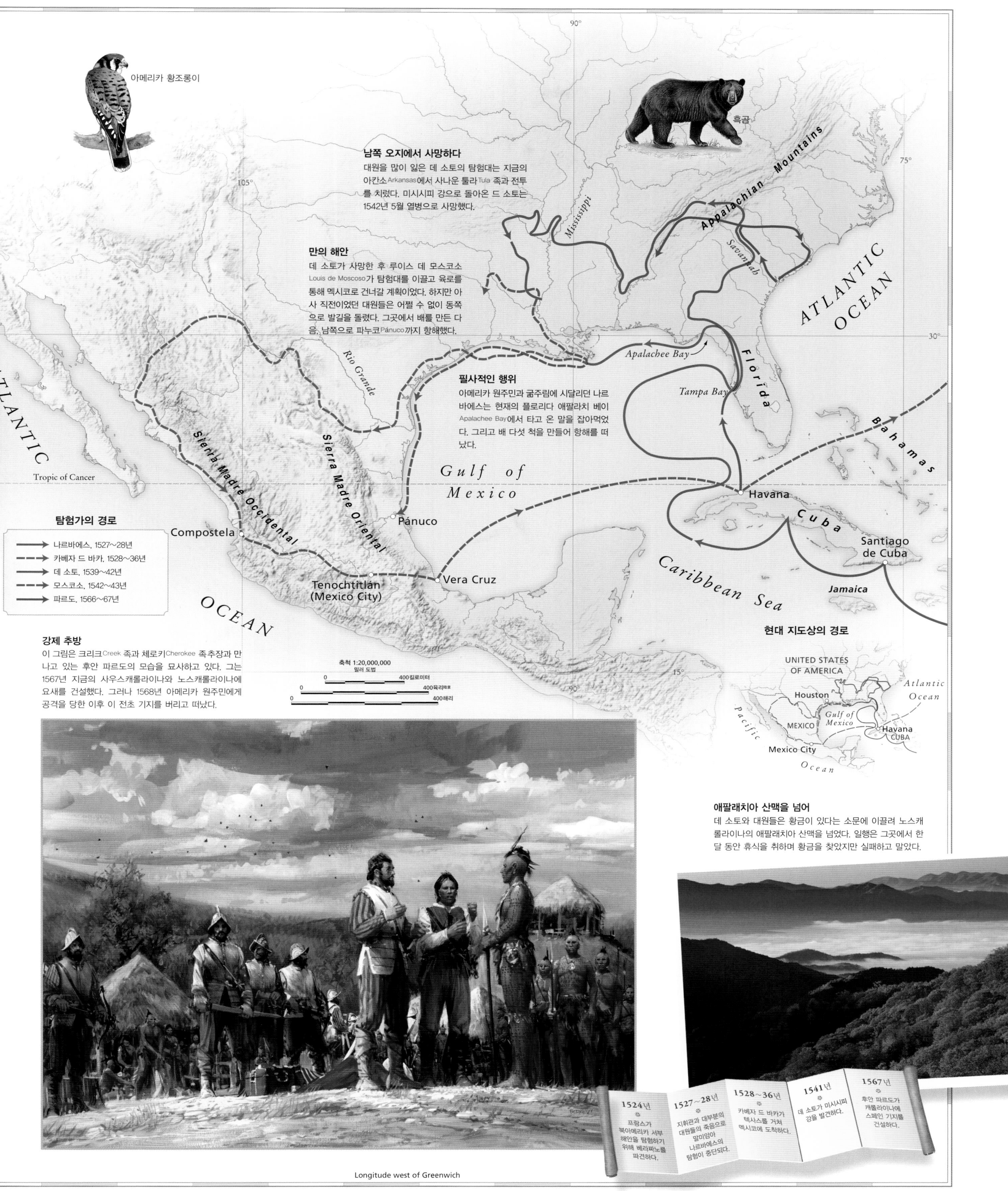

아메리카 황조롱이
흑곰
90°
75°
105°
30°
15°
Mississippi
Appalachian Mountains
Savannah
ATLANTIC OCEAN
ATLANTIC
Rio Grande
Apalachee Bay
Tampa Bay
Florida
Bahamas
Sierra Madre Occidental
Sierra Madre Oriental
Gulf of Mexico
Tropic of Cancer
Havana
Cuba
Santiago de Cuba
Pánuco
Compostela
Vera Cruz
Tenochtitlan (Mexico City)
Caribbean Sea
Jamaica
OCEAN
탐험가의 경로
나르바에스, 1527~28년
카베자 드 바카, 1528~36년
데 소토, 1539~42년
모스코소, 1542~43년
파르도, 1566~67년
축척 1:20,000,000
밀러 도법
0
400킬로미터
400육리마로
400해리
현대 지도상의 경로
UNITED STATES OF AMERICA
Houston
Atlantic Ocean
Pacific Ocean
MEXICO
Gulf of Mexico
Havana
CUBA
Mexico City
1524년
프랑스가 북아메리카 서부 해안을 탐험하기 위해 베라짜노를 파견하다.
1527~28년
지휘관과 대부분의 대원들의 죽음으로 말미암아 나르바에스의 탐험이 중단되다.
1528~36년
카베자 드 바카가 텍사스를 거쳐 멕시코에 도착하다.
1541년
데 소토가 미시시피 강을 발견하다.
1567년
후안 파르도가 캐롤라이나에 스페인 기지를 건설하다.
Longitude west of Greenwich

남쪽 오지에서 사망하다
대원을 많이 잃은 데 소토의 탐험대는 지금의 아칸소Arkansas에서 사나운 툴라Tula 족과 전투를 치렀다. 미시시피 강으로 돌아온 드 소토는 1542년 5월 열병으로 사망했다.

만의 해안
데 소토가 사망한 후 루이스 데 모스코소Louis de Moscoso가 탐험대를 이끌고 육로를 통해 멕시코로 건너갈 계획이었다. 하지만 아사 직전이었던 대원들은 어쩔 수 없이 동쪽으로 발길을 돌렸다. 그곳에서 배를 만든 다음, 남쪽으로 파누코Pánuco까지 항해했다.

필사적인 행위
아메리카 원주민과 굶주림에 시달리던 나르바에스는 현재의 플로리다 애팔래치 베이Apalachee Bay에서 타고 온 말을 잡아먹었다. 그리고 배 다섯 척을 만들어 항해를 떠났다.

강제 추방
이 그림은 크리크Creek 족과 체로키Cherokee 족추장과 만나고 있는 후안 파르도의 모습을 묘사하고 있다. 그는 1567년 지금의 사우스캐롤라이나와 노스캐롤라이나에 요새를 건설했다. 그러나 1568년 아메리카 원주민에게 공격을 당한 이후 이 전초 기지를 버리고 떠났다.

애팔래치아 산맥을 넘어
데 소토와 대원들은 황금이 있다는 소문에 이끌려 노스캐롤라이나의 애팔래치아 산맥을 넘었다. 일행은 그곳에서 한 달 동안 휴식을 취하며 황금을 찾았지만 실패하고 말았다.

북아메리카

서부 해안도 만들기

16세기 중반 스페인은 멕시코를 중심으로 건설한 뉴스페인을 북부로 확장하기 위해 노력했다. 1540년 프란시스코 바스케스 데 코로나도Francisco Vázques de Coronado가 지금의 미국 남서부를 탐험할 임무를 띠고 파견되었을 때 에르난도 데 알라르콘Hernando de Alarcón은 탐험대를 위한 물자를 싣고 멕시코에서 캘리포니아 만의 북단까지 항해했다. 하지만 코르난도와 만나지 못했고, 바하 로어 캘리포니아Baja Lower California가 반도라는 사실도 깨닫지 못했다. 몇 년 후 후안 로드리게스 카브릴로Juan Rodriquez Cabrillo와 바르톨로메 페렐로Bartholomé Ferrelo는 유럽인으로는 최초로 알타 어퍼 캘리포니아Alta Upper California에 이르렀으며, 1602~1603년 세바스티안 비스카이노Sebastián Vizcaíno는 이곳의 해도를 만들었다. 1769년 러시아가 캘리포니아에 눈독을 들이자 스페인은 북부를 합병하기 위해 가스파르 데 포르톨라Gaspar de Portolá를 육로로 파견했다. 포르톨라는 역사상 최초로 캘리포니아 해안에 스페인 정착지를 건설하고, 이곳을 바탕으로 식민지를 확대했다.

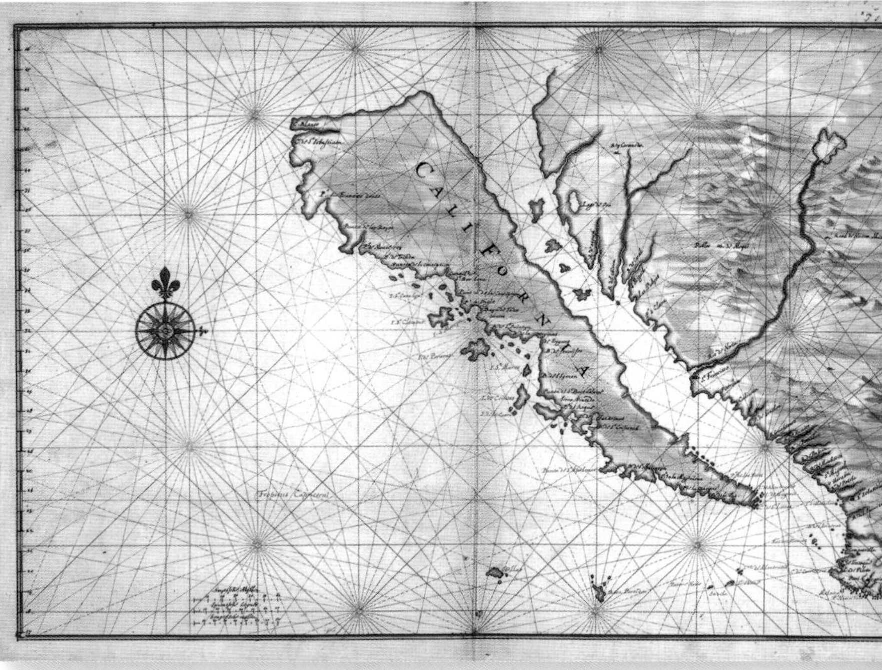
CALIFORNIA

캘리포니아 섬
1650년 네덜란드에서 제작된 이 지도에서 볼 수 있듯이 초기 탐험가들은 바하 캘리포니아가 섬이라고 믿었다. 그러나 1702년 예수회 수사 에우세비오 키노Eusebio Kino는 콜로라도 강Colorado River을 따라 캘리포니아 만에 도착함으로써 캘리포니아가 본토의 일부라는 사실을 증명했다.

육로로 샌디에고까지
현대의 이 일러스트레이션은 샌디에고에 다다른 포르톨라의 탐험대를 묘사하고 있다. 포르톨라와 함께 탐험하던 샌프란시스코 교회 신부 주니페로 세라Juniperro Serra(왼쪽에서 두 번째)는 1769년 샌디에고에 선교회를 세웠다.

흥미로운 사실들	
1542~43년 카브릴로와 페렐로의 항해에 걸린 기간	9개월
항해에 동원된 배의 수	2척
항해 거리	8,000킬로미터
카브릴로의 사망 원인	괴저
탐험한 북단 지점	케이프 멘도시노Cape Mendocino, 캘리포니아

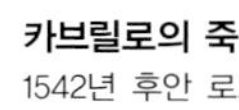

카브릴로의 죽음
1542년 후안 로드리게스 카브릴로는 샌디에고 베이로 항해했다. 로마 포인트Loma Point 근처에 건설된 이 기념탑은 이 사건을 기념하기 위한 것이다. 카브릴로는 1543년 부상으로 사망했으며, 그의 도선사였던 바르톨로메 페렐로는 항해를 계속해 북쪽으로 케이프 멘도시노까지 이른 이후 돌아갔다.

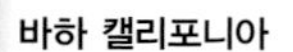

바하 캘리포니아
바하 캘리포니아는 대부분 물, 식물 또는 그늘이 거의 없는 척박하고 건조한 지역이다. 포르톨라와 대원들은 동물들을 먹일 풀과 물을 찾아 헤매느라 시간과 에너지를 많이 소비했다.

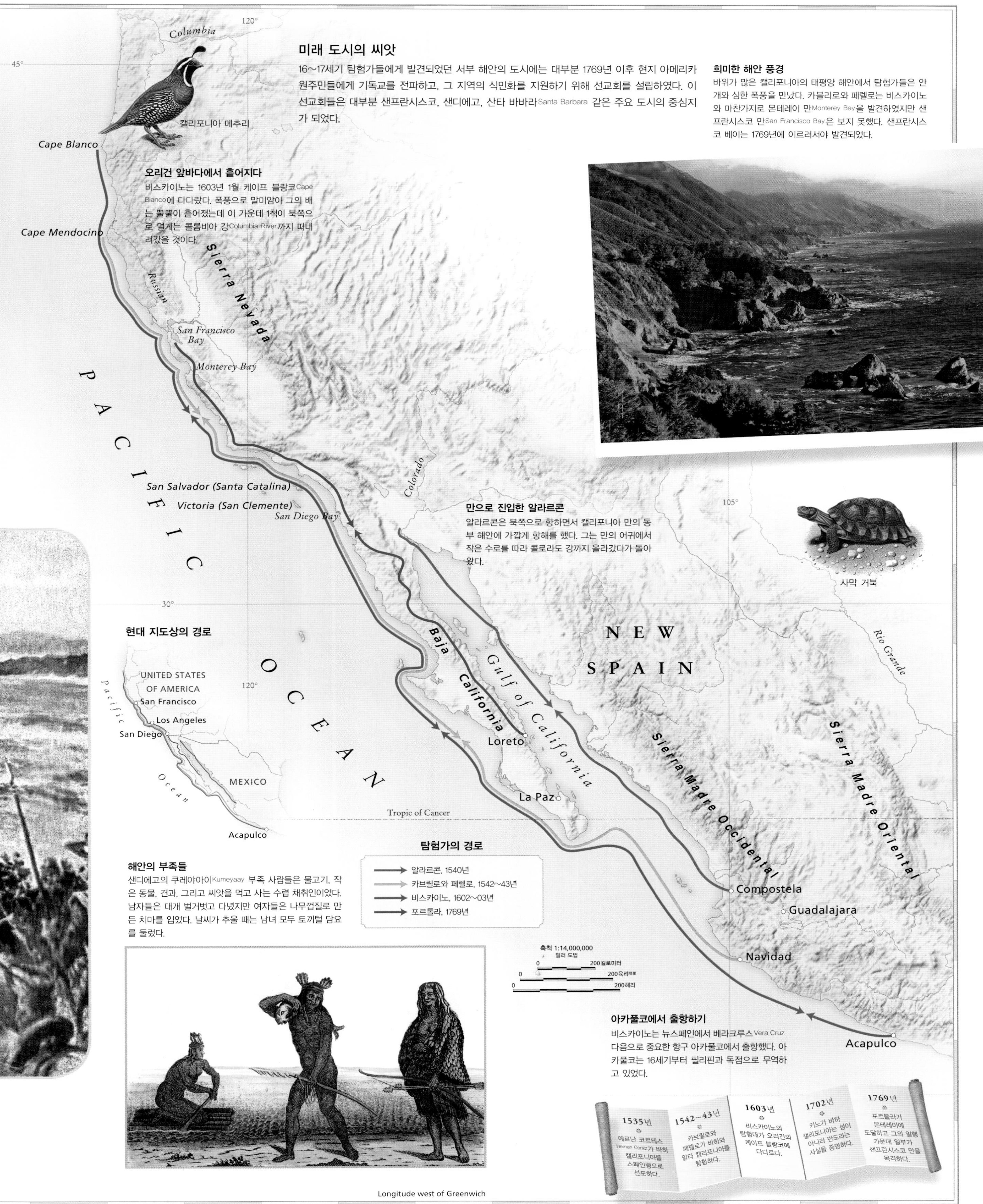

Columbia
120°
45°
캘리포니아 메추리
Cape Blanco
Cape Mendocino
Russian
Sierra Nevada
San Francisco Bay
Monterey Bay
PACIFIC OCEAN
Colorado
San Salvador (Santa Catalina)
Victoria (San Clemente)
San Diego Bay
105°
사막 거북
30°
NEW SPAIN
Rio Grande
Baja California
Gulf of California
Loreto
La Paz
Sierra Madre Occidental
Sierra Madre Oriental
Tropic of Cancer
Compostela
Guadalajara
Navidad
Acapulco
현대 지도상의 경로
UNITED STATES OF AMERICA
San Francisco
Los Angeles
San Diego
Pacific Ocean
120°
MEXICO
Acapulco
탐험가의 경로
알라르콘, 1540년
카브릴로와 페렐로, 1542~43년
비스카이노, 1602~03년
포르톨라, 1769년
축척 1:14,000,000
밀러 도법
200킬로미터
200육리마트
200해리
Longitude west of Greenwich

미래 도시의 씨앗

16~17세기 탐험가들에게 발견되었던 서부 해안의 도시에는 대부분 1769년 이후 현지 아메리카 원주민들에게 기독교를 전파하고, 그 지역의 식민화를 지원하기 위해 선교회를 설립하였다. 이 선교회들은 대부분 샌프란시스코, 샌디에고, 산타 바바라Santa Barbara 같은 주요 도시의 중심지가 되었다.

희미한 해안 풍경

바위가 많은 캘리포니아의 태평양 해안에서 탐험가들은 안개와 심한 폭풍을 만났다. 카브릴로와 페렐로는 비스카이노와 마찬가지로 몬테레이 만Monterey Bay을 발견하였지만 샌프란시스코 만San Francisco Bay은 보지 못했다. 샌프란시스코 베이는 1769년에 이르러서야 발견되었다.

오리건 앞바다에서 흩어지다

비스카이노는 1603년 1월 케이프 블랑코Cape Blanco에 다다랐다. 폭풍으로 말미암아 그의 배는 뿔뿔이 흩어졌는데 이 가운데 1척이 북쪽으로 멀게는 콜롬비아 강Columbia River까지 떠내려갔을 것이다.

만으로 진입한 알라르콘

알라르콘은 북쪽으로 향하면서 캘리포니아 만의 동부 해안에 가깝게 항해를 했다. 그는 만의 어귀에서 작은 수로를 따라 콜로라도 강까지 올라갔다가 돌아왔다.

해안의 부족들

샌디에고의 쿠레야아이Kumeyaay 부족 사람들은 물고기, 작은 동물, 견과, 그리고 씨앗을 먹고 사는 수렵 채취인이었다. 남자들은 대개 벌거벗고 다녔지만 여자들은 나무껍질로 만든 치마를 입었다. 날씨가 추울 때는 남녀 모두 토끼털 담요를 둘렀다.

아카풀코에서 출항하기

비스카이노는 뉴스페인에서 베라크루스Vera Cruz 다음으로 중요한 항구 아카풀코에서 출항했다. 아카풀코는 16세기부터 필리핀과 독점으로 무역하고 있었다.

1535년
에르난 코르테스Hernan Cortéz가 바하 캘리포니아를 스페인령으로 선포하다.

1542~43년
카브릴로와 페렐로가 바하와 알타 캘리포니아를 탐험하다.

1603년
비스카이노의 탐험대가 오리건의 케이프 블랑코에 다다르다.

1702년
키노가 바하 캘리포니아는 섬이 아니라 반도라는 사실을 증명하다.

1769년
포르톨라가 몬테레이에 도달하고 그의 일행 가운데 일부가 샌프란시스코 만을 목격하다.

스페인의 남서부 탐험

황금이 풍부한 거대 도시에 대한 소문이 전해지자 1540년 프란시스코 바스케스 데 코로나도가 지휘하는 스페인 탐험대는 멕시코를 출발해 현재 미국의 남서부로 향했다. 이 소문은 결국 근거 없는 것으로 판명되었지만 그래도 다른 사람들은 코로나도를 따라 내륙으로 들어갔다. 후안 데 오냐테Juan de Oñate는 뉴멕시코를 스페인의 영토로 정복했다. 스페인은 1680년 아메리카 원주민들의 저항에 부딪혀 물러났다가 1692년 통치권을 회복했다. 선교회가 남서부 전역에 꾸준히 설립되었고, 일부 선교사들은 개척 탐험에 나섰다. 이 가운데 가장 두드러진 예로는 1776년 프란시스코 도밍게스Francisco Domíngquez와 실베스트레 에스칼란테Sivestre Escalante를 들 수 있다. 같은 후안 바우티스타 데 안자Juan Bautista de Anza는 일단의 식민주의자들과 함께 샌프란시스코에 이르러 서부 내륙에서 해안으로 이어지는 경로를 개척했다. 황금의 공급량은 여전히 미미했지만 스페인은 이곳에 제국을 건설하기 시작했다.

코로나도의 원정
코로나도는 '일곱 개의 황금 도시seven golden cities'가 있다는 소문을 듣고 대규모 원정을 떠났다. 그러나 그가 발견한 것은 원주민 부락과 유목민의 오두막뿐이었다.

육로로 샌프란시스코까지
후안 바우티스타 데 안자가 원정에 나서기 전에는 해로를 이용해 선교회에 물자를 제공했다. 데 안자는 육로를 이용해 몬테레이까지 여행했다가 1774년에 돌아왔다. 1775년 다시 원정길에 오른 그는 1776년 샌프란시스코에 이르렀다.

그랜드 캐니언의 첫 모습
애리조나에서 코로나도는 거대한 강(콜로라도 강)이 있다는 소문의 진상을 조사하기 위해 가르시아 로페스 데 카르데나스Garcia Lopez de Cardenas를 파견했다. 카르데나스와 대원들은 그 강까지 내려가지는 못했지만 대신 유럽인으로는 최초로 그랜드 캐니언을 발견했다.

흥미로운 사실들

프란시스코 바스케스 데 코로나도의 생몰 연대	1510년 스페인에서 출생 1554년 멕시코에서 사망
탐험대의 인원 수	스페인 사람 약 300명과 아메리카 원주민 1,300명
생존한 스페인 사람	약 100명
탐험의 떠나기 전 코로나도의 지위	지방 장관, 대지주
탐험이 끝난 후 코로나도의 지위	장관 직위를 박탈당하고 파산함.

구슬로 장식된 남서부 지방의 이 주머니는 십중팔구 카이오와의 유트 족Ute of Kiowa이 만든 것으로 추정된다.

키노의 선교회

1687년 예수회 선교사 에우세비오 키노는 멕시코의 누에스트라 세뇨라 데 로스 돌로레스Nuestra Senora de los Dolores에 선교소를 세웠다. 그는 이곳을 거점으로 소노라Sonora, 애리조나Arizona, 그리고 바하 캘리포니아에 선교회를 설립했다. 1702년에는 콜로라도 강을 따라 캘리포니아 만에 도착함으로써 바하 캘리포니아가 대다수 사람들의 생각처럼 섬이 아니라 반도라는 사실을 입증하는 등 다양한 업적을 거두었다.

키노는 1692년 애리조나 주 투손Tucson 인근에 산 자비에르 델 바크Mission San Xavier del Bac 성당을 건립했다.

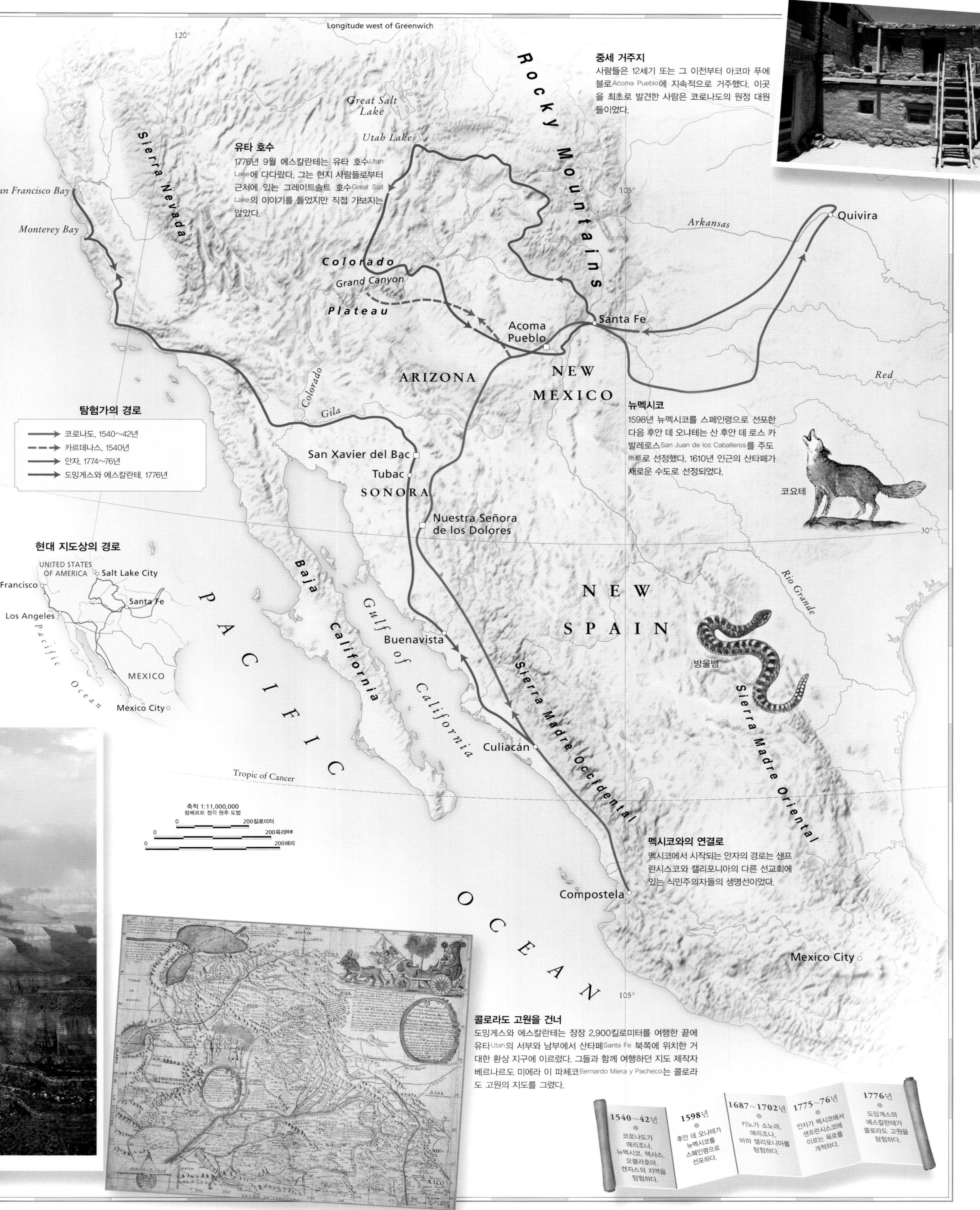
Longitude west of Greenwich
120°
Rocky Mountains
중세 거주지
사람들은 12세기 또는 그 이전부터 아코마 푸에블로Acoma Pueblo에 지속적으로 거주했다. 이곳을 최초로 발견한 사람은 코로나도의 원정 대원들이었다.
Great Salt Lake
Utah Lake
Sierra Nevada
유타 호수
1776년 9월 에스칼란테는 유타 호수Utah Lake에 다다랐다. 그는 현지 사람들로부터 근처에 있는 그레이트솔트 호수Great Salt Lake의 이야기를 들었지만 직접 가보지는 않았다.
San Francisco Bay
Monterey Bay
105°
Arkansas
Quivira
Colorado
Grand Canyon
Plateau
Santa Fe
Acoma Pueblo
ARIZONA
NEW MEXICO
Colorado
Red
Gila
탐험가의 경로
코로나도, 1540~42년
카르데나스, 1540년
안자, 1774~76년
도밍게스와 에스칼란테, 1776년
뉴멕시코
1598년 뉴멕시코를 스페인령으로 선포한 다음 후안 데 오냐테는 산 후안 데 로스 카발레로스San Juan de los Caballeros를 주도州都로 선정했다. 1610년 인근의 산타페가 새로운 수도로 선정되었다.
San Xavier del Bac
Tubac
SONORA
코요테
Nuestra Señora de los Dolores
30°
현대 지도상의 경로
UNITED STATES OF AMERICA
Salt Lake City
Francisco
Santa Fe
Los Angeles
Pacific Ocean
MEXICO
Mexico City
Baja California
Gulf of California
PACIFIC OCEAN
NEW SPAIN
Rio Grande
Buenavista
방울뱀
Sierra Madre Occidental
Sierra Madre Oriental
Culiacán
Tropic of Cancer
축척 1:11,000,000
람베르트 정각 원추 도법
200킬로미터
200육리마일
200해리
멕시코와의 연결로
멕시코에서 시작되는 안자의 경로는 샌프란시스코와 캘리포니아의 다른 선교회에 있는 식민주의자들의 생명선이었다.
Compostela
Mexico City
105°
콜로라도 고원을 건너
도밍게스와 에스칼란테는 장장 2,900킬로미터를 여행한 끝에 유타Utah의 서부와 남부에서 산타페Santa Fe 북쪽에 위치한 거대한 환상 지구에 이르렀다. 그들과 함께 여행하던 지도 제작자 베르나르도 미에라 이 파체코Bernardo Miera y Pacheco는 콜로라도 고원의 지도를 그렸다.
1540~42년
코로나도가 애리조나, 뉴멕시코, 텍사스, 오클라호마, 캔자스의 지역을 탐험하다.
1598년
후안 데 오냐테가 뉴멕시코를 스페인령으로 선포하다.
1687~1702년
키노가 소노라, 애리조나, 바하 캘리포니아를 탐험하다.
1775~76년
안자가 멕시코에서 샌프란시스코에 이르는 육로를 개척하다.
1776년
도밍게스와 에스칼란테가 콜로라도 고원을 탐험하다.

아메리카 원주민과의 관계

아메리카 원주민들은 대개 유럽 탐험가들을 환대하며 그들에게 식량, 물, 정보, 그리고 길잡이를 제공하고 낯선 북아메리카 환경에서 살아남기 위한 다양한 기술을 가르쳐 주었다. 그러나 안타깝게도 일부 유럽 사람들은 이런 환대에 보답하기는커녕 원주민들이 줄 수 있는 것보다 많은 것을 빼앗았다. 그들은 대개 자국 문명이 다른 집단에 비해 우수할 뿐만 아니라 무궁무진해 보이는 땅을 차지할 권리가 있으며, 이방인들을 기독교도로 개종시키는 것이 의무라고 믿었다. 대부분은 다양한 아메리카 원주민의 문화를 존중하고 이해하지 못했다. 떠돌아다니는 수렵 채취인보다 한곳에 정착해 농사를 짓고 가옥에 거주하는 부족들을 더 '문명화되었다'고 평가했다. 그러나 반드시 그렇지는 않았다. 이를 테면 물소 떼를 따라 이동하는 아파치Apaches 족은 훌륭하게 연마한 생존 기술은 물론 세련된 도덕 규범과 차원 높은 영적 믿음을 갖추고 있었다.

다양한 생활방식

아메리카 원주민들의 생활방식은 고향에서 얻을 수 있는 천연자원에 따라 달랐다. 물고기가 풍부한 곳에서는 물고기를 잡았고, 토양이 비옥한 곳에서는 농사를 지었다. 그리고 사냥할 동물이 있는 곳에서는 사냥을 했다. 물고기를 잡거나 농작물을 키우거나 가축을 기르면서 한곳에 정착하는 부족이 있는가 하면, 식량을 따라 이동하면서 방랑 생활을 하는 부족도 있었다.

무역품

아메리카 원주민의 전통 공예는 현지에서 조달할 수 있는 자원을 이용했으며, 이 사실은 대부분 지금까지 변하지 않았다. 원주민들은 장식과 의식뿐만 아니라 일상생활에 사용할 물품을 직접 생산했다. 그리고 바구니, 구슬 세공품, 도자기, 편물, 가죽 제품, 은 제품과 같은 물품을 유럽 사람들에게 건네고, 대부분 말과 마구, 모직 담요, 그리고 무기를 대신 받았다.

나바호Navajo 족은 세공인의 모습이 담긴 이 사진은 1901년에 찍은 것이다.

태평양 북서 해안의 누트카Nootka 부족 사람들은 바구니 제작에 능했다.

21

토지 경작

지금의 미국 남부에 거주하던 일부 아메리카 원주민은 옥수수, 콩, 호박, 서양 호박, 면화, 해바라기, 대마, 담배, 그리고 약초를 재배하는 농부였다. 탐험가들은 이들에게 새로운 농작물을 소개하는 한편 북아메리카의 식물을 유럽으로 가져갔다.

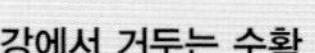

강에서 거두는 수확

북서 해안에 거주하는 부족들은 주로 고기잡이에 의존했지만 농사나 사냥을 보충하기 위해 물고기를 잡기도 했다. 프란시스코 교회 사제 주니페로 세라Junipero Serra는 캘리포니아 원주민들이 물고기와 옷감, 그리고 이와 유사한 제품을 교환하고 싶어 했다고 기록했다.

평원에서 사냥하기
초창기의 스페인 탐험가들은 거대한 들소 무리를 경이로운 눈으로 바라보았다. 평원에 사는 부족들은 수세기 동안 도보로 이동하면서 들소를 사냥했다. 유럽에서 말과 총이 도입되자 사냥 방식이 바뀌었고, 그 결과 1880년 무렵 거대하던 물소 무리는 자취를 감추었다.

살림 도구와 무기
초창기 아메리카 서부 과학 탐험에서 독일의 동식물 연구가 맥시밀런 왕자Prince Maximilian와 동행했던 스위스 화가 칼 보드머Karl Bodmer는 1832년 이 그림을 포함해 아메리카 원주민의 공예품을 묘사한 그림들을 남겼다.

현지 길잡이

탐험가들은 흔히 해당 지역에 대한 아메리카 원주민들의 지식을 이용했다. 이를 테면 1540년대 초반 프란시스코 바스케스 데 코로나도는 신비로운 황금 도시를 찾는 동안 현지 길잡이를 고용했다. 200년이 흐른 뒤 캐나다의 모피상인 피에르 골티에 드 베렌드리에Pierre Gaultier de Verendrye(일명 라 베렌드레La Verendrye)는 아시니보인Assiniboine 족의 안내인을 고용하고 캐나다 서부의 길을 개척하려는 그를 위해 크리 부족민이 그려 준 지도를 이용했다.

귀중한 도움
1804~06년 쇼쇼니Shoshone 족의 한 여인인 새커거위아Sacagawea는 탐험가 메리웨더 루이스Meriwether Lewis, 그리고 윌리엄 클라크William Clark와 동행해 노스다코타North Dakota에서 태평양 사이를 왕복했다. 길잡이와 통역관 역할을 담당했던 그녀는 탐험가들에게 매우 소중한 존재였다.

Amérique Septentrionale.

1811

Guerriers de la Louisiane marchant à l'ennemi.

추적의 대가
1811년 그려진 이 그림은 적을 추적하는 루이지애나의 원주민을 묘사하고 있다. 아메리카 원주민들은 대부분 추적의 대가로서 이를테면 풀밭이나 바위에 남은 흔적을 보고 얼마나 많은 사람과 말이 지나갔는지 알 수 있었다.

북아메리카

오대호의 선교회

16세기 무렵 아시아와 남아메리카에 선교회를 설립한 이후 예수회 수사들(가톨릭 예수회의 일원)은 지금의 캐나다로 관심을 돌렸다. 그들은 우선 포트 로열Port Royal과 퀘벡에 각각 한 군데씩 선교회를 세웠다. 그러나 두 선교회 모두 영국 프로테스탄트 침입자들로부터 공격을 받고 파괴되었다. 1632년 프랑스인들이 퀘벡을 탈환했을 때 예수회 수사들은 자국으로 돌아갔다. 그들은 방대한 지역을 돌아보며 아메리카 원주민들의 언어를 배우고 대개 그들의 부락에서 살았다. 이따금 떠돌아다니는 아메리카 원주민 집단에 합류해 몇 달 동안 함께 여행하면서 설교를 하기도 했다. 1632년부터 1673년까지 예수회 수사들은 연례 보고서인 「제수이트 릴레이션스Jesuit Relations」를 발표해 원주민들과의 만남을 상세하게 묘사했다.

흥미로운 사실들

예수회 수사들이 최초로 캐나다에 도착한 연도	1611년
「제수이트 릴레이션스」 발간 연도	1632~73년
뉴프랑스 최초의 중등 교육 기관	1635년 설립된 퀘벡의 제수이트 칼리지Jesuit College
휴런 족의 거주지인 세인트 마리가 파괴된 시기	1649년
1632년부터 1672년까지 세례를 받은 개종자의 수	1만 6,000명 이상

IHS
AD MAIOREM DEI GLORIAM

예수회의 창시자
예수회를 설립한 사람은 스페인의 군인이던 로욜라의 이그나티우스Ignatius of Loyola이다.

C.W.JEFFERY

선교사들의 만남
캐나다에서 최초로 기독교 선교 활동을 펼친 것은 프란시스코 교회의 레콜레Récollet 분파였다. 예수회가 캐나다 식민지에 대한 독점권을 확보하자 이 그림에서 예수회 수도사를 맞이하고 있는 레콜라 파는 어쩔 수 없이 캐나다를 떠났다.

예수회의 순교자들

1640년대 프랑스와 이로쿼이 족이 전쟁을 치르는 동안 몇몇 선교사들이 순교했다. 최초의 순교자는 1642년에 생포되어 잔인하게 고문을 당하고 13개월 동안 노예로 잡혀 있었던 이사악 조그스Issac Jogues이다. 그는 1646년 도망쳤지만 다시 붙잡혀 목숨을 잃었다. 「제수이트 릴레이션스」는 순교자들의 죽음을 영웅적인 희생으로 묘사했다.

1649년에 그려진 이 그림은 처형을 기다리며 무릎을 꿇고 있는 조그스의 모습이다.

종교적 기지
1639년 소수의 사제들이 세인트 마리Ste. Marie에서 휴런 족에게 선교를 시작했다. 1648년 무렵 이곳은 탄탄한 정착지로 변모했다. 정착지 뒤편으로 1902년과 1925년 예수회 순교자들을 추모하기 위해 세운 순교자들의 전당Martyrs's Shrine이 보인다.

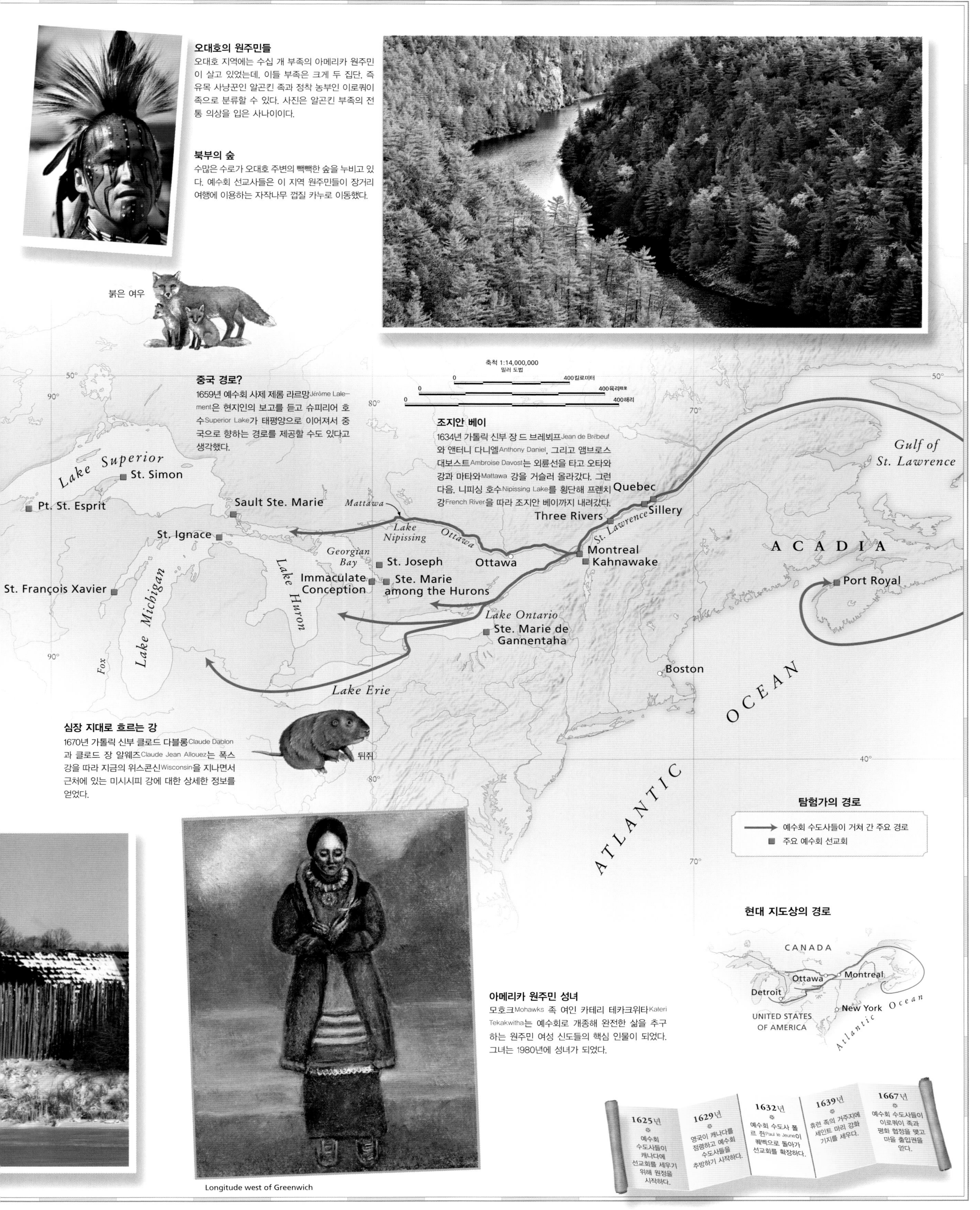

붉은 여우
축척 1:14,000,000
밀러 도법
400킬로미터
400육리마일
400해리
50°
90°
80°
70°
40°
Lake Superior
St. Simon
Pt. St. Esprit
Sault Ste. Marie
Mattawa
Lake Nipissing
Ottawa
St. Ignace
Georgian Bay
St. Joseph
Ottawa
Montreal
Kahnawake
St. François Xavier
Lake Michigan
Lake Huron
Immaculate Conception
Ste. Marie among the Hurons
Lake Ontario
Ste. Marie de Gannentaha
Fox
Lake Erie
Quebec
Sillery
Three Rivers
St. Lawrence
Gulf of St. Lawrence
ACADIA
Port Royal
Boston
ATLANTIC OCEAN
뒤쥐
탐험가의 경로
예수회 수도사들이 거쳐 간 주요 경로
주요 예수회 선교회
현대 지도상의 경로
CANADA
Ottawa
Montreal
Detroit
New York
UNITED STATES OF AMERICA
Atlantic Ocean
Longitude west of Greenwich
1625년 예수회 수도사들이 캐나다에 선교회를 세우기 위해 원정을 시작하다.
1629년 영국이 캐나다를 점령하고 예수회 수도사들을 추방하기 시작하다.
1632년 예수회 수도사 폴 르 죈Paul le Jeune이 퀘벡으로 돌아가 선교회를 확장하다.
1639년 휴런 족의 거주지에 세인트 마리 강화 기지를 세우다.
1667년 예수회 수도사들이 이로쿼이 족과 평화 협정을 맺고 마을 출입권을 얻다.

오대호의 원주민들
오대호 지역에는 수십 개 부족의 아메리카 원주민이 살고 있었는데, 이들 부족은 크게 두 집단, 즉 유목 사냥꾼인 알곤킨 족과 정착 농부인 이로쿼이 족으로 분류할 수 있다. 사진은 알곤킨 부족의 전통 의상을 입은 사나이이다.

북부의 숲
수많은 수로가 오대호 주변의 빽빽한 숲을 누비고 있다. 예수회 선교사들은 이 지역 원주민들이 장거리 여행에 이용하는 자작나무 껍질 카누로 이동했다.

중국 경로?
1659년 예수회 사제 제롬 라르망Jérôme Lalement은 현지인의 보고를 듣고 슈피리어 호수Superior Lake가 태평양으로 이어져서 중국으로 향하는 경로를 제공할 수도 있다고 생각했다.

조지안 베이
1634년 가톨릭 신부 장 드 브레뵈프Jean de Brébeuf와 앤터니 다니엘Anthony Daniel, 그리고 앰브로스 대보스트Ambroise Davost는 외륜선을 타고 오타와 강과 마타와Mattawa 강을 거슬러 올라갔다. 그런 다음, 니피싱 호수Nipissing Lake를 횡단해 프렌치 강French River을 따라 조지안 베이까지 내려갔다.

심장 지대로 흐르는 강
1670년 가톨릭 신부 클로드 다블롱Claude Dablon과 클로드 장 알웨즈Claude Jean Allouez는 폭스 강을 따라 지금의 위스콘신Wisconsin을 지나면서 근처에 있는 미시시피 강에 대한 상세한 정보를 얻었다.

아메리카 원주민 성녀
모호크Mohawks 족 여인 카테리 테카크위타Kateri Tekakwitha는 예수회로 개종해 완전한 삶을 추구하는 원주민 여성 신도들의 핵심 인물이 되었다. 그녀는 1980년에 성녀가 되었다.

북아메리카

뉴프랑스에서 루이지애나까지

17세기 초반 사무엘 드 샹플랭은 노바 스코티아와 퀘벡에 정착지를 세웠다. 이후 점점 더 많은 프랑스 모피상인, 모험가, 그리고 사제들이 서쪽으로 진출해 북아메리카의 지형과 자원에 대한 지식을 전달하고, 뉴프랑스New France로 알려진 프랑스의 영향권을 건설하는 데 일조했다. 17세기 중반 일부 모험가들의 입을 통해 미시시피라는 거대한 강에 대한 소식이 전해졌다. 당시 사람들은 미시시피강에서 대륙을 횡단하거나 중국으로 이어지는 경로를 얻을 수 있을지도 모른다고 생각했다. 1672년 오대호 서부 지역의 소유권을 선포한 프랑스는 영국이나 스페인보다 앞서 미시시피 강을 장악하고 싶었다. 그래서 지금의 중서부를 횡단하는 탐험대를 파견하는 한편, 모험가들에게 성채를 건설하고 프랑스 영토로 선언할 권한을 부여했다.

흥미로운 사실들

1681~82년 라 살La salle이 지휘한 미시시피 원정의 기간	9개월
동원된 배의 수	카누 12~15척
탐험대 인원 수	프랑스인 22명, 원주민 길잡이와 가족 31명
1682년 1월 일리노이의 평균 기온	섭씨 영하 9~1도
탐험 거리	8,000킬로미터

수로
미시간 호수Lake Michigan를 비롯한 수로는 북미 내륙으로 들어가는 가장 쉬운 길이었다.

초기 무역상인
처남 매부지간인 무역상인 피에르 라디송Pierre Radisson(위)과 메다르 슈아르 데 그로세이예르Medard Chouart de Groseilliers는 1654~60년 서부 오대호를 탐험해 풍부한 자원을 발견하고 프랑스의 무역 협정을 강화했다.

루이지애나 점령
1681~82년 르네-로베르 카벨리에 드 라 살Rene-Robert Cavelier de La Salle은 일리노이 강Illinois River에서 멕시코 만까지 미시시피 남부를 탐험했다. 그는 이곳에서 북아메리카 중부 전역을 프랑스 영토로 선언하고, 국왕 루이 14세의 이름을 따서 루이지애나라고 명명했다.

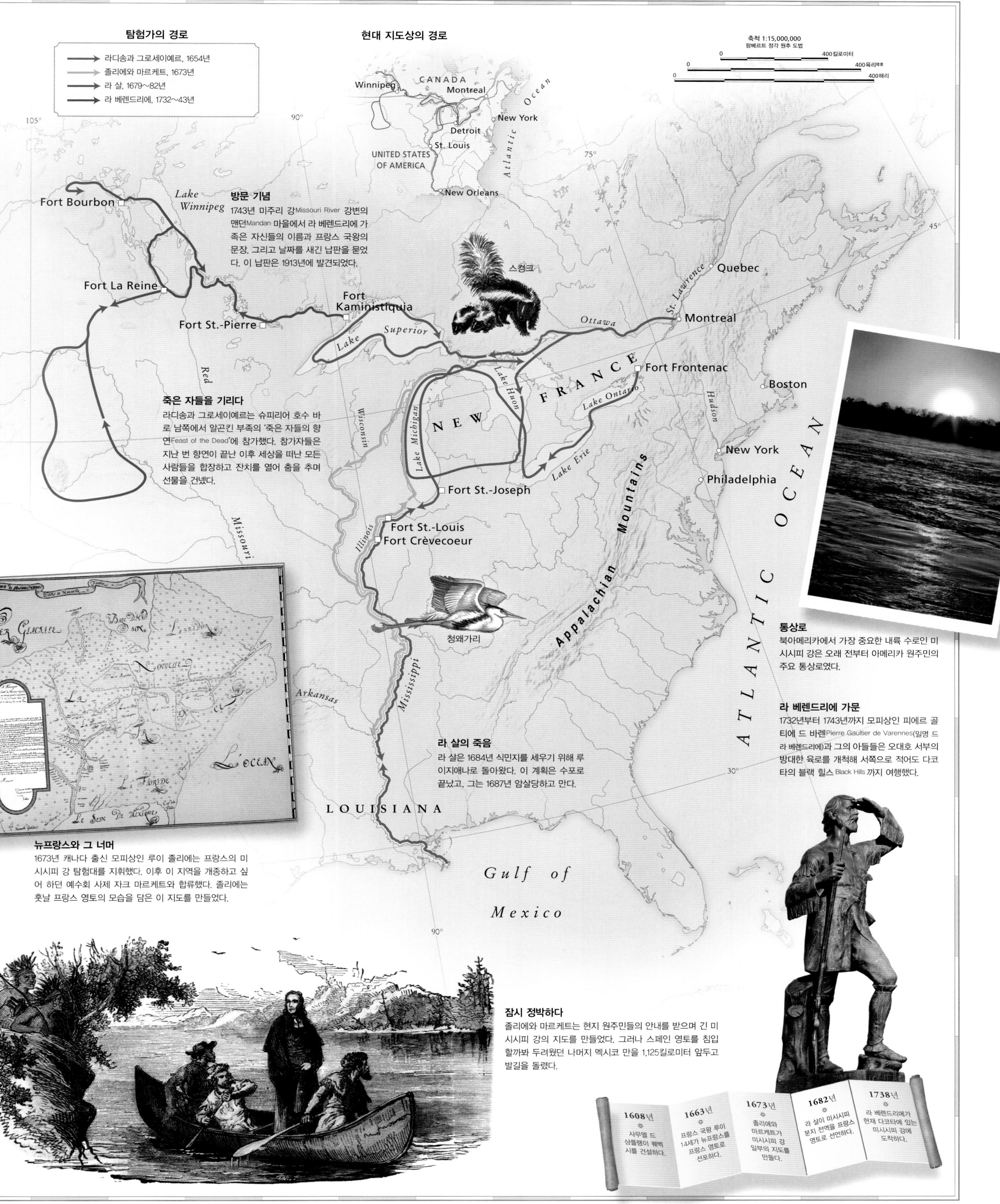
탐험가의 경로
라디송과 그로세이예르, 1654년
졸리에와 마르케트, 1673년
라 살, 1679~82년
라 베렌드리에, 1732~43년
현대 지도상의 경로
CANADA
Winnipeg
Montreal
New York
Detroit
St. Louis
UNITED STATES OF AMERICA
New Orleans
Atlantic Ocean
축척 1:15,000,000
람베르트 정각 원추 도법
0
400킬로미터
0
400육리陸里
0
400해리
105°
90°
75°
45°
30°
90°
Fort Bourbon
Lake Winnipeg
Fort La Reine
Fort St.-Pierre
Fort Kaministiquia
Lake Superior
Red
스컹크
Quebec
St. Lawrence
Montreal
Ottawa
Fort Frontenac
Boston
NEW FRANCE
Lake Huron
Lake Ontario
Lake Michigan
Wisconsin
Hudson
Lake Erie
New York
Philadelphia
Fort St.-Joseph
Fort St.-Louis
Fort Crèvecoeur
Illinois
Missouri
Appalachian Mountains
ATLANTIC OCEAN
청왜가리
Arkansas
Mississippi
LOUISIANA
Gulf of Mexico
1608년
사무엘 드 샹플랭이 퀘벡 시를 건설하다.
1663년
프랑스 국왕 루이 14세가 뉴프랑스를 프랑스 영토로 선포하다.
1673년
졸리에와 마르케트가 미시시피 강 일부의 지도를 만들다.
1682년
라 살이 미시시피 분지 전역을 프랑스 영토로 선언하다.
1738년
라 베렌드리에가 현재 다코타에 있는 미시시피 강에 도착하다.

방문 기념
1743년 미주리 강Missouri River 강변의 맨던Mandan 마을에서 라 베렌드리에 가족은 자신들의 이름과 프랑스 국왕의 문장, 그리고 날짜를 새긴 납판을 묻었다. 이 납판은 1913년에 발견되었다.

죽은 자들을 기리다
라디송과 그로세이예르는 슈피리어 호수 바로 남쪽에서 알곤킨 부족의 '죽은 자들의 향연Feast of the Dead'에 참가했다. 참가자들은 지난 번 향연이 끝난 이후 세상을 떠난 모든 사람들을 합장하고 잔치를 열어 춤을 추며 선물을 건넸다.

통상로
북아메리카에서 가장 중요한 내륙 수로인 미시시피 강은 오래 전부터 아메리카 원주민의 주요 통상로였다.

라 베렌드리에 가문
1732년부터 1743년까지 모피상인 피에르 골티에 드 바렌Pierre Gaultier de Varennes(일명 드 라 베렌드리에)과 그의 아들들은 오대호 서부의 방대한 육로를 개척해 서쪽으로 적어도 다코타의 블랙 힐스 Black Hills 까지 여행했다.

라 살의 죽음
라 살은 1684년 식민지를 세우기 위해 루이지애나로 돌아왔다. 이 계획은 수포로 끝났고, 그는 1687년 암살당하고 만다.

뉴프랑스와 그 너머
1673년 캐나다 출신 모피상인 루이 졸리에는 프랑스의 미시시피 강 탐험대를 지휘했다. 이후 이 지역을 개종하고 싶어 하던 예수회 사제 자크 마르케트와 합류했다. 졸리에는 훗날 프랑스 영토의 모습을 담은 이 지도를 만들었다.

잠시 정박하다
졸리에와 마르케트는 현지 원주민들의 안내를 받으며 긴 미시시피 강의 지도를 만들었다. 그러나 스페인 영토를 침입할까봐 두려웠던 나머지 멕시코 만을 1,125킬로미터 앞두고 발길을 돌렸다.

북아메리카

애팔래치아 산맥을 넘어 서부로

1540년 애팔래치아 산맥을 넘은 최초의 유럽인은 십중팔구 에르난도 데 소토였을 것이다. 그러나 애팔래치아 산맥은 그 이후로도 한 동안 서부 개척의 장벽이었다. 1671년 토머스 배츠Thomas Batts와 로버트 팰럼Robert Fallam은 버지니아Virginia를 출발해 서해로 흘러갈 것으로 추측되는 강을 찾아 애팔래치아 산맥을 넘었다. 2년 후 탐험가 제임스 니덤James Needam과 가브리엘 아서Gabriel Arther는 과감히 애팔래치아 산맥으로 향했다. 그러나 니덤은 아메리카 원주민에게 목숨을 잃었고, 아서는 사로잡혔다. 산맥을 횡단하는 내내 세력이 강한 부족들이 내륙으로 들어가는 길목을 가로막았다. 하지만 그들이 조금씩 물러나자 탐험가들의 행렬이 다시 시작되었다. 크리스토퍼 기스트Christopher Gist는 1750~53년 오하이오 강Ohio River과 켄터키Kentucky를 탐사했으며, 다니엘 분Daniel Boon은 1769~97년 캐롤라이나와 켄터키, 오하이오 사이에 있는 방대한 면적의 애팔래치아 산맥을 탐험하고 정착과 무역의 길을 개척했다.

산 넘어 산
애팔래치아 산맥은 동해안과 내륙까지 이어지는 산봉우리와 계곡의 연속이다. 폭이 160~480킬로미터에 이르는 이 산맥은 동서 횡단의 장벽이었다.

흥미로운 사실들

애팔래치아 산맥의 길이	2,400킬로미터
최대 폭	480킬로미터
최고봉	미첼 산(2,037미터)
유럽인 최초 목격 시기	1540년
산맥의 규모	캐나다의 4개 주와 미국의 18개 주에 걸쳐 있음.

산악용 모자
미국 너구리 한 마리의 가죽으로 만든 이 털모자는 원래 아메리카 원주민의 모자였지만 훗날 개척민들에게 이용되었다.

워싱턴의 길잡이
1750년부터 1753년까지 크리스토퍼 기스트는 조지 워싱턴George Washington의 가족이 운영하던 오하이오 랜드 컴퍼니Ohio Land Company에 근무했다. 훗날 그는 워싱턴의 길잡이로서 그림 오른쪽에 보이는 장차 대통령이 될 사나이의 목숨을 두 번이나 구했다.

체로키 사신들
이 지역에서 가장 규모가 크고 유럽 문화에 가장 먼저 적응한 부족으로 손꼽히는 체로키 부족은 1761년 영국에게 무릎을 꿇었다. 이 그림은 1762년 런던을 공식 방문한 체로키 추장들의 모습이다.

군인 겸 개척자
탐험가가 되기 전에 다니엘 분은 군인이자 사냥꾼으로 활약했다. 그는 애팔래치아 산맥을 두루 여행하면서 캐롤라이나와 버니지아에서 테네시, 켄터키, 오하이오로 이어지는 경로를 발견했다.

초가집
체로키 부족은 30~60채 가량의 가옥으로 부락을 이루며 살았다. 주변에는 방어용 울타리가 쳐 있고, 대개 사당과 사냥터가 있었다. 이 재건축 건물을 보면 해장죽rivercan으로 만든 구조와 초가 지붕으로 집을 짓는 방법을 알 수 있다.

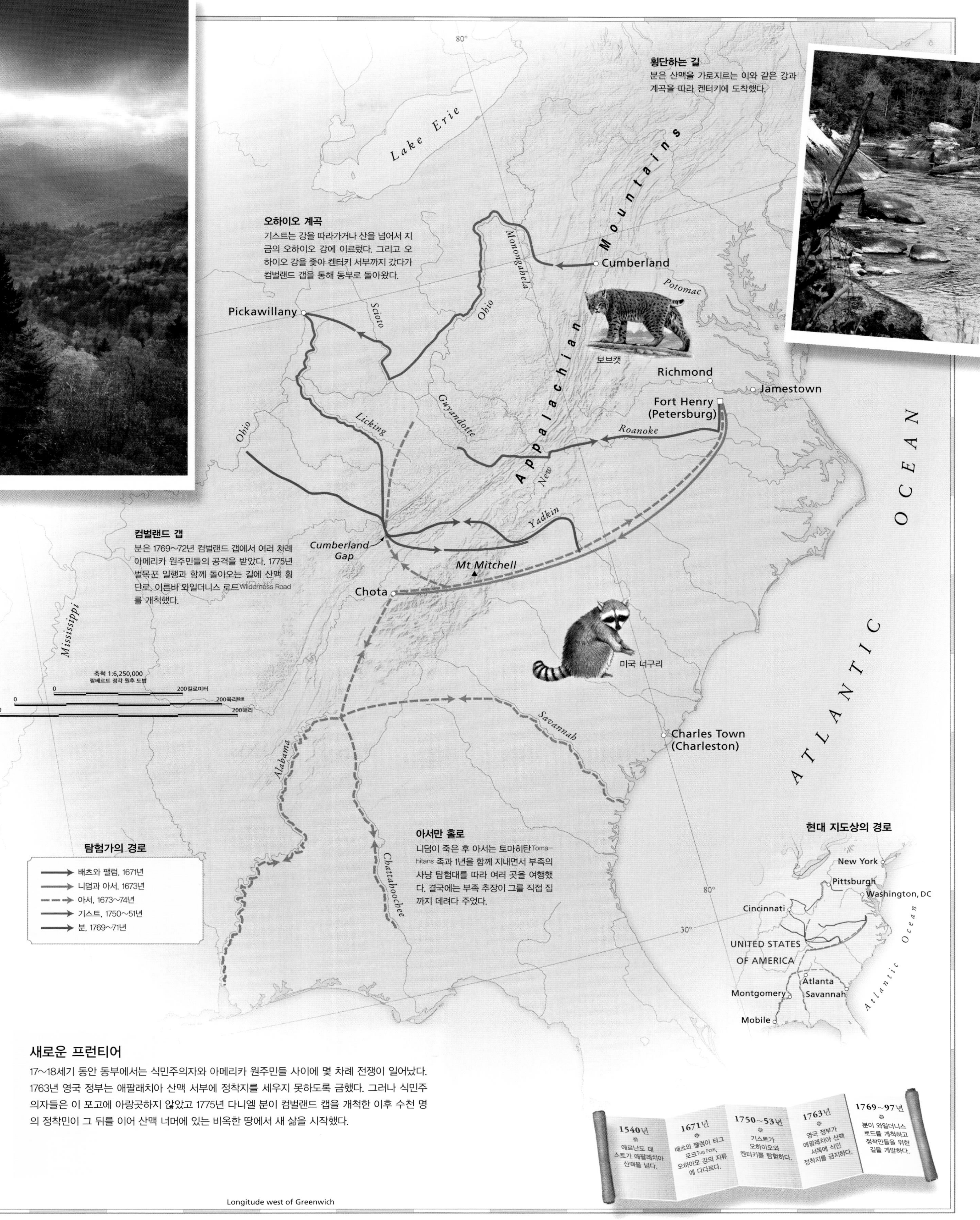
횡단하는 길
분은 산맥을 가로지르는 이와 같은 강과 계곡을 따라 켄터키에 도착했다.
Lake Erie
Appalachian Mountains
오하이오 계곡
기스트는 강을 따라가거나 산을 넘어서 지금의 오하이오 강에 이르렀다. 그리고 오하이오 강을 좇아 켄터키 서부까지 갔다가 컴벌랜드 갭을 통해 동부로 돌아왔다.
Monongahela
Cumberland
Potomac
Pickawillany
Scioto
Ohio
보브캣
Richmond
Jamestown
Fort Henry (Petersburg)
Guyandotte
Licking
Roanoke
Ohio
New
Yadkin
ATLANTIC OCEAN
컴벌랜드 갭
분은 1769~72년 컴벌랜드 갭에서 여러 차례 아메리카 원주민들의 공격을 받았다. 1775년 벌목꾼 일행과 함께 돌아오는 길에 산맥 횡단로, 이른바 와일더니스 로드Wilderness Road를 개척했다.
Cumberland Gap
Mt Mitchell
Chota
Mississippi
미국 너구리
축척 1:6,250,000
람베르트 정각 원추 도법
0 200킬로미터
0 200육리陸里
0 200해리
Savannah
Charles Town (Charleston)
Alabama
Chattahoochee
아서만 홀로
니덤이 죽은 후 아서는 토마히탄Tomahitans 족과 1년을 함께 지내면서 부족의 사냥 탐험대를 따라 여러 곳을 여행했다. 결국에는 부족 추장이 그를 직접 집까지 데려다 주었다.
탐험가의 경로
배츠와 팰럼, 1671년
니덤과 아서, 1673년
아서, 1673~74년
기스트, 1750~51년
분, 1769~71년
현대 지도상의 경로
New York
Pittsburgh
Washington, DC
Cincinnati
UNITED STATES OF AMERICA
Atlanta
Montgomery
Savannah
Mobile
Atlantic Ocean
80°
30°
1540년 에르난도 데 소토가 애팔래치아 산맥을 넘다.
1671년 배츠와 팰럼이 터그 포크Tug Fork, 오하이오 강의 지류에 다다르다.
1750~53년 기스트가 오하이오와 켄터키를 탐험하다.
1763년 영국 정부가 애팔래치아 산맥 서쪽에 식민 정착지를 금지하다.
1769~97년 분이 와일더니스 로드를 개척하고 정착민들을 위한 길을 개발하다.
Longitude west of Greenwich

새로운 프런티어

17~18세기 동안 동부에서는 식민주의자와 아메리카 원주민들 사이에 몇 차례 전쟁이 일어났다. 1763년 영국 정부는 애팔래치아 산맥 서부에 정착지를 세우지 못하도록 금했다. 그러나 식민주의자들은 이 포고에 아랑곳하지 않았고 1775년 다니엘 분이 컴벌랜드 갭을 개척한 이후 수천 명의 정착민이 그 뒤를 이어 산맥 너머에 있는 비옥한 땅에서 새 삶을 시작했다.

북아메리카

상인과 사냥꾼들

1세기 동안 통상로를 통해 멀리 떨어진 아메리카 원주민 부족들이 서로 관계를 맺었고, 아메리카에 도착한 유럽 사람들은 이 네트워크를 바탕삼아 발전했다. 탐험가들은 원주민들이 옷감, 금속 도구, 무기, 브랜디와 모피를 바꾸고 싶어 한다는 사실을 발견했다. 이 사실에 용기를 얻은 사냥꾼과 상인들은 대륙 서부로 탐험을 떠났다. 물론 그들의 목표는 발견이 아니라 무역이었지만 이 과정에 수많은 탐험 경로를 개척했다. 18세기 후반 무렵 모자 산업이 연간 10만 마리의 비버를 잡아야 할 정도로 성장했고, 그 결과 수많은 정착민들이 돈을 벌겠다는 포부를 안고 사냥과 무역에 뛰어들었다. 이 시기에 경쟁 관계에 있던 두 회사, 영국의 허드슨스 베이 컴퍼니Hudson's Bay Company와 프랑스-캐나다 합작 노스웨스트 컴퍼니North West Company는 독점 모피 무역 지역을 건설했다. 두 회사는 치열하게 경쟁했고, 이는 결국 전쟁으로 이어졌다. 그리고 1821년 두 회사는 어쩔 수 없이 허드슨스 베이 컴퍼니라는 명칭으로 합병했다.

노련한 직원
초창기 모피 사냥꾼들은 강인하고 활동적이며 자급자족할 수 있어야 했다. 그들은 대부분 정규 교육을 받지 못한 사람이었지만 이따금 다른 사냥꾼이나 아메리카 원주민들로부터 목공과 생존 기술을 익혔다.

캐나다의 라이벌

허드슨스 베이 컴퍼니는 1670년 런던에 본사를 두고 설립되었으며 초기에는 허드슨 베이 해안과 인근 내륙 지역의 아메리카 원주민들과 거래를 했다. 1세기 후 몬트리올 상인들은 합동으로 노스웨스트 컴퍼니를 세웠다. 이 회사는 아메리카 내륙의 여러 원주민 마을을 중심으로 활약했지만 점차 서쪽으로 태평양, 남쪽으로 어퍼 미시시피Upper Mississippi와 어퍼 미주리Upper Missouri 계곡까지 거래를 확대했다.

물건 다툼
19세기의 이 판화에는 캐나다의 아메리카 원주민들과 거래하기 위해 서로 겨루는 허드슨스 베이와 노스웨스트 컴퍼니 직원들의 모습이 담겨 있다. 이들의 모습에서 두 회사의 치열한 경쟁 관계를 짐작할 수 있다.

기업의 전초 기지
1827년 허드슨 베이 컴퍼니가 세운 포트 랭글리Fort Langley는 무역소 네트워크 가운데 한 곳이다. 전략적으로 프레이저 강Fraiser River 유역에 자리를 잡은 이곳은 원래 그 지역의 물품 보관소였다. 그러나 점차 규모가 커지면서 식민지 브리티시 콜롬비아British Columbia의 중심지가 되었다.

도시의 시조

아프리카 노예인 어머니와 프랑스인 아버지의 아들로 태어난 장 바티스트 푸앙 뒤 사블Jean Baptist Point du Sable은 1765년 무렵 아이티Haiti에서 북아메리카로 이주했다. 그는 미시시피 강 상류로 올라가 모피 무역에 참여했으며 1780년대 시카고 강Chicago River 어귀에 정착했다. 아메리카 원주민 여인과 결혼한 이후 부부가 함께 무역소를 운영하며 16년 동안 프랑스, 아메리카 원주민, 영국 상인들과 거래했다. 그는 훗날 시카고가 되는 그곳에 최초로 영구 정착한 주민으로 생각된다.

푸앙 뒤 사블은 흔히 시카고의 시조라고 일컬어진다.

서부 해안

1820~30년대 흔히 '산사람mountain men'이라고 불리던 사냥꾼과 덫 사냥꾼은 로키 산맥Rocky Mountains과 그 주변 지역을 탐험했다. 이 과정에 어마어마한 양의 비버 모피를 확보하고 이 과정에서 서쪽으로 이어지는 경로를 개척했다. 이보다 훨씬 북쪽에서 활약하는 캐나다의 모피 상인들은 태평양으로 진출해서 해달 모피를 거래하고 무역 기지와 무역소를 설립함으로써 정착지의 토대를 형성했다.

모피에서 얻은 부
존 제이콥 애스터John Jacob Astor는 모피 무역으로 막대한 부를 얻었고, 뉴욕에서 오대호를 거쳐 서부 해안까지 사업을 확장했다. 1810년 퍼시픽 퍼 컴퍼니Pacific Fur Company를 설립했는데, 그의 회사는 한동안 극서 지방에서 노스웨스트 컴퍼니와 경쟁했다.

포트 애스토리아
1810년 애스터는 뉴욕에서 콜롬비아 강 어귀까지 탐험대를 파견했다. 탐험대는 1848년에 제작된 이 석판화에서 묘사된 포트 애스토리아Fort Astoria를 세웠다. 비록 오래가지 않았지만 포트 애스토리아 덕분에 이 지역은 미국의 영토가 되었다.

비버 모자
사람들이 가장 선호하는 모피는 비버 털이었다. 비버 털은 16세기부터 19세기까지 모자 산업에서 폭넓게 이용되었다. 이 광고에는 이처럼 수요가 많은 동물의 모습과 함께 필라델피아에 있는 한 모피 상점의 내부 모습이 담겨 있다.

위험한 직업
모피 무역에 이용되는 경로는 강과 호수였다. 이 그림처럼 물결이 잔잔할 때도 있지만 위험할 때가 더 많았으며, 커다란 인명 피해가 발생하기도 했다. 사냥꾼들은 무거운 짐을 지고 긴 거리를 이동하면서 하루에 최고 18시간까지 일했다.

O. N. THACHER.
WHOLESALE & RETAIL
Hat, Cap & Fur Ware-House
No. Third St. No. 40 Opposite the City Hotel
PHILADELPHIA.

북아메리카

허드슨 베이에서 북극까지

모피 무역 회사들은 경쟁력을 잃지 않기 위해 새로운 아메리카 인디언 부족들과 무역 협상을 맺고 새로운 무역소를 설립함으로써 정기적으로 영역을 확장해야 했다. 그 결과 탐험 영역을 서쪽과 북쪽으로 넓혔다. 1700년대에 들어서는 광물과 같은 다른 자원에 대한 관심 또한 증가했다. 1770년 구리를 찾아 북쪽으로 떠났던 사무엘 헌Samuel Hearne은 유럽인으로는 처음으로 북아메리카에서 북극해를 목격했다. 1778년 서스캐처원 강Saskatchewan River을 거점으로 활동하는 모피상인 피터 폰드Peter Pond는 카누를 타고 북서부로 진출해 애서배스카 호수Lake Athabasca에 무역소를 설립했다. 당시 모피 거래 경쟁자가 목숨을 잃은 2건의 살인 사건이 일어났다. 두 사건에 폰드가 연루되자 그 대신 알렉산더 매켄지Alexander Mackenzie가 파견되었다. 1789년 서부로 떠난 매켄지는 강을 거슬러 올라가 태평양에 이르기를 바랐지만 그가 도착한 곳은 북극해였다. 훗날 그 강은 매켄지의 이름을 따서 매켄지 강이라고 명명되었다.

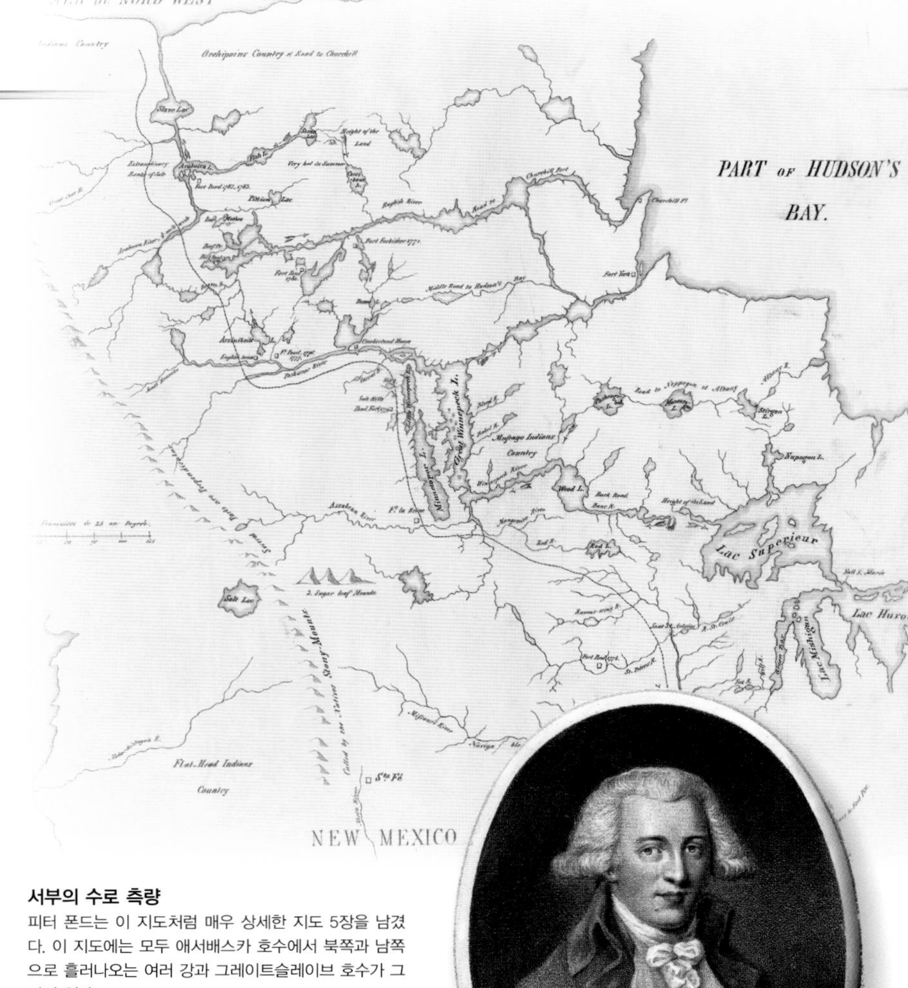
PART of HUDSON'S BAY.
Lac Superieur
Lac Huron
NEW MEXICO

서부의 수로 측량
피터 폰드는 이 지도처럼 매우 상세한 지도 5장을 남겼다. 이 지도에는 모두 애서배스카 호수에서 북쪽과 남쪽으로 흘러나오는 여러 강과 그레이트슬레이브 호수가 그려져 있다.

사무엘 헌
1771년 7월 허드슨스 베이 컴퍼니의 상인 사무엘 헌은 허드슨 베이 북서부의 '배런 랜즈Barren Lands'(불모지라는 의미)를 거쳐 코퍼마인 강을 거슬러 올라갔다. 그 결과 유럽 사람으로는 처음으로 북아메리카의 북부 해안에 도착했다.

흥미로운 사실들	
1789년 매켄지 탐험대의 인원 수	13명
탐험 기간	112일
탐험에 이용된 카누의 수	4척
매켄지 강의 길이	4,240킬로미터
그레이트슬레이브 레이크에서 매켄지 강까지의 거리	1,800킬로미터

북극 캠프
사무엘 헌은 코퍼마인 강Coppermine River 어귀에 케른cairn(기념이나 이정표로 만든 원추형 돌무덤-옮긴이)을 세우고 그 지역을 허드슨스 베이 컴퍼니의 소유지라고 밝혔다. 그는 근처에서 구리 광산을 발견했지만 상업적인 가치가 없는 것으로 밝혀졌다.

알렉산더 매켄지
스코틀랜드 태생의 알렉산더 매켄지는 걸출한 캐나다 모피 상인이자, 통상을 목적으로 삼은 영국의 북아메리카 진출을 강력하게 옹호하는 인물이었다. 1789년 탐험에서 그는 내륙으로 항해하면서 통상로를 개척했다.

그레이트 슬레이브 호수
치페와이언Chippewyan 족 추장 네스타벡Nestabeck은 모피상인 5명과 그들의 아메리카 원주민 아내를 대동하고 여행을 떠났다. 네스타벡과 일행의 사무관인 매켄지는 급류를 타고 슬레이브 강Slave River을 거슬러 올라 그레이트 슬레이브 호수에 다다랐다. 이곳에서 그는 '머스케토우Muskettows 부족'과 '나트Gnatts 부족' 때문에 애를 먹었다.

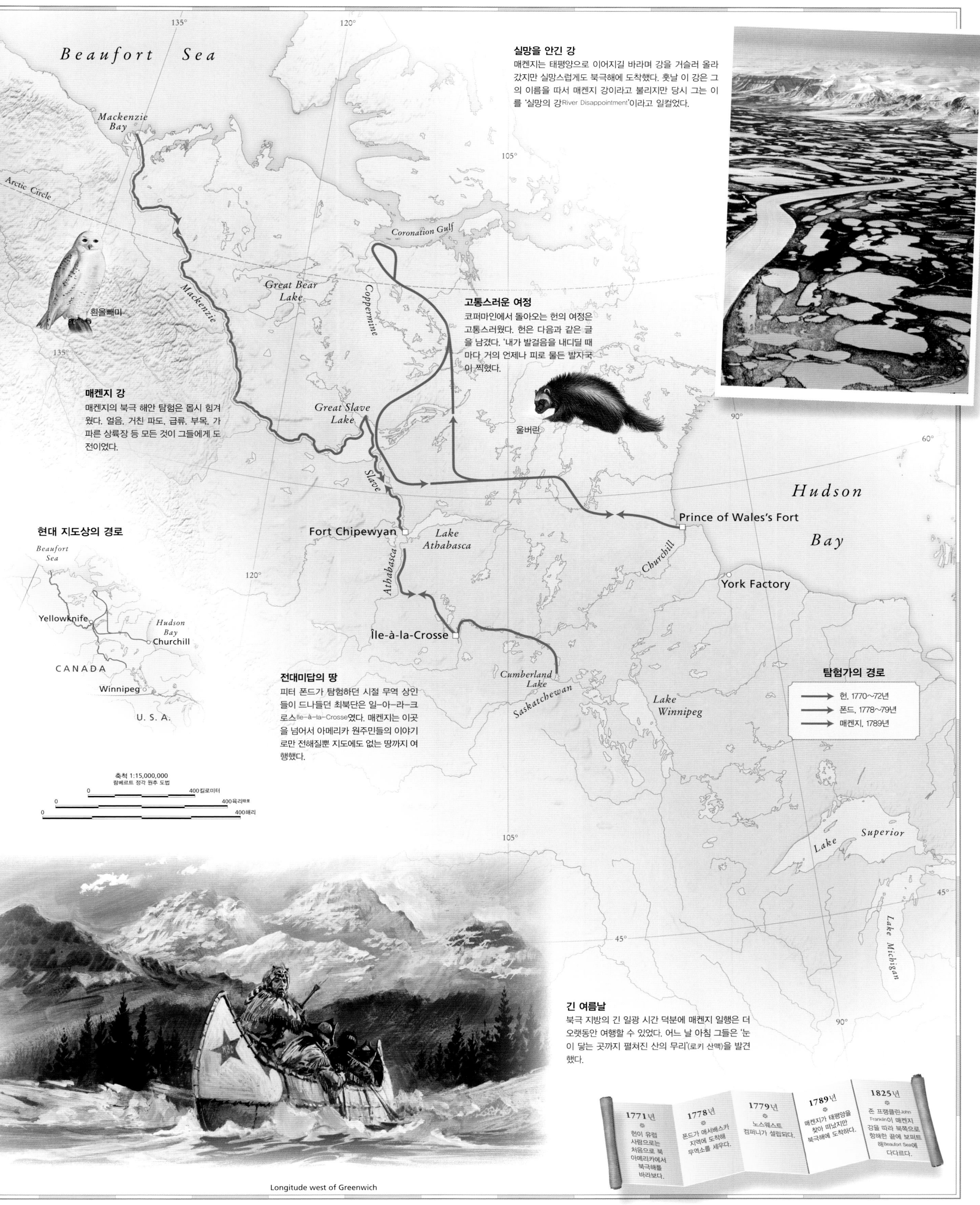

Beaufort Sea
Mackenzie Bay
Arctic Circle
Coronation Gulf
Great Bear Lake
Coppermine
Mackenzie
흰올빼미
실망을 안긴 강
매켄지는 태평양으로 이어지길 바라며 강을 거슬러 올라갔지만 실망스럽게도 북극해에 도착했다. 훗날 이 강은 그의 이름을 따서 매켄지 강이라고 불리지만 당시 그는 이를 '실망의 강River Disappointment'이라고 일컬었다.
고통스러운 여정
코퍼마인에서 돌아오는 헌의 여정은 고통스러웠다. 헌은 다음과 같은 글을 남겼다. '내가 발걸음을 내디딜 때마다 거의 언제나 피로 물든 발자국이 찍혔다.'
매켄지 강
매켄지의 북극 해안 탐험은 몹시 힘겨웠다. 얼음, 거친 파도, 급류, 부목, 가파른 상륙장 등 모든 것이 그들에게 도전이었다.
울버린
Great Slave Lake
Slave
Hudson Bay
Prince of Wales's Fort
Fort Chipewyan
Lake Athabasca
Churchill
York Factory
Athabasca
Île-à-la-Crosse
Cumberland Lake
Saskatchewan
Lake Winnipeg
현대 지도상의 경로
Beaufort Sea
Yellowknife
Hudson Bay
Churchill
CANADA
Winnipeg
U. S. A.
전대미답의 땅
피터 폰드가 탐험하던 시절 무역 상인들이 드나들던 최북단은 일-아-라-크로스Île-à-la-Crosse였다. 매켄지는 이곳을 넘어서 아메리카 원주민들의 이야기로만 전해질뿐 지도에도 없는 땅까지 여행했다.
탐험가의 경로
헌, 1770~72년
폰드, 1778~79년
매켄지, 1789년
축척 1:15,000,000
람베르트 정각 원추 도법
0 400킬로미터
0 400육리陸里
0 400해리
Lake Superior
Lake Michigan
긴 여름날
북극 지방의 긴 일광 시간 덕분에 매켄지 일행은 더 오랫동안 여행할 수 있었다. 어느 날 아침 그들은 '눈이 닿는 곳까지 펼쳐진 산의 무리'(로키 산맥)을 발견했다.
1771년 헌이 유럽 사람으로는 처음으로 북아메리카에서 북극해를 바라보다.
1778년 폰드가 애서배스카 지역에 도착해 무역소를 세우다.
1779년 노스웨스트 컴퍼니가 설립되다.
1789년 매켄지가 태평양을 찾아 떠났지만 북극해에 도착하다.
1825년 존 프랭클린John Franklin이 매켄지 강을 따라 북쪽으로 항해한 끝에 보퍼트 해Beaufort Sea에 다다르다.
Longitude west of Greenwich

북아메리카

북태평양 해안도 만들기

스페인의 서부 해안 탐험은 1540년부터 천천히 증가했다. 그러다가 18세기 중반에 이르러 알래스카에 러시아의 모피 무역소가 설립되었다는 소식이 전해지면서 스페인의 탐험은 최고조에 달했다. 한편 영국은 대서양과 태평양 사이의 북서 항로를 찾기 위해 노력했으며, 이는 1778년 제임스 쿡James Cook의 세 번째 항해의 한 가지 목적이기도 했다. 쿡은 항로를 발견하는 데는 실패했지만 그의 대원들이 중국에서 해달의 모피를 거래함으로써 태평양 북서부의 영국 모피 거래가 시작되었다. 영국 상인들이 누트가 해협Nootka Sound을 왕래하자 스페인은 이에 불만을 품었다. 이로 말미암아 위기가 고조되었고, 1789년 결국 전쟁이 일어났다. 문제를 해결하기 위해 후안 프란시스코 데 라 보데가 이 콰드라Juan Francisco de la Bodega y Quadra와 조지 밴쿠버George Vancouver가 급파되어 회담을 가졌다. 이후 1792부터 1794년까지 밴쿠버는 해안 전체의 해도를 만들어 북서 항로는 북위 60도 이남에는 북서 항로가 존재하지 않는다는 사실을 입증했다.

누트카 사운드
스페인은 1789년 누트카 해협의 해안 전체를 자국의 영토로 선언하고 기지를 세웠다. 얼마 후 스페인 관리 에스테반 호세 마르티네스Esteban José Martinez가 영국의 모피상인 제임스 콜넷James Colnett을 체포하는 사건(일명 누트카 사운드 사건)이 발생하면서 자칫 전쟁으로 이어질 뻔했다.

흥미로운 사실들	
밴쿠버의 1791~95년 탐험에 동원된 선원 수	180명
영국으로 귀국한 선원의 수	175명
태평 북서 해안을 따라 여행한 거리	1만 6,000킬로미터
해도로 그린 해안선	2,700킬로미터
밴쿠버의 일기에 쓰인 단어의 수	약 50만 개

해안 부족들
유럽 사람들은 태평양 북서부에서 문화와 언어가 매우 다른 다양한 인종 집단을 만났다. 이들과의 만남이 항상 평화롭거나 쉽지만은 않았다. 이 사진은 19세기에 제작된 콰키우틀Kwakiutl 족의 가면이다.

사냥하는 무리
1778년 항해에서 쿡의 탐험대는 알래스카 앞바다에서 추위와 고통에 시달렸다. 당시 상황을 묘사한 존 웨버John Webber의 이 그림에는 대원들이 식량으로 잡아먹기 위해 해마에게 총을 쏘는 모습이 담겨 있다.

빨리 배우는 사람
조지 밴쿠버는 쿡이 떠난 두 차례 항해 가운데 한 항해에 동참해 조사를 하고 지도를 만드는 법을 배웠다. 밴쿠버가 태평양 북서부 탐험에서 쿡에 못지않은 성과를 거둔 것으로 판단하건대 그는 훌륭한 학생이었음에 틀림없다.

해안의 모습
밴쿠버는 북서 해안을 세심하게 관찰하면서 수많은 후미, 항로, 섬을 답사하고 상세한 해도를 만들었다. 뿐만 아니라 밴쿠버의 탐험대는 다양한 그림을 남겼는데, 이를테면 수습 사관이었던 존 사이크스John Sykes는 퓨젯 사운드Puget Sound 남부에 있는 레이니어 산Mount Rainier의 모습을 그렸다.

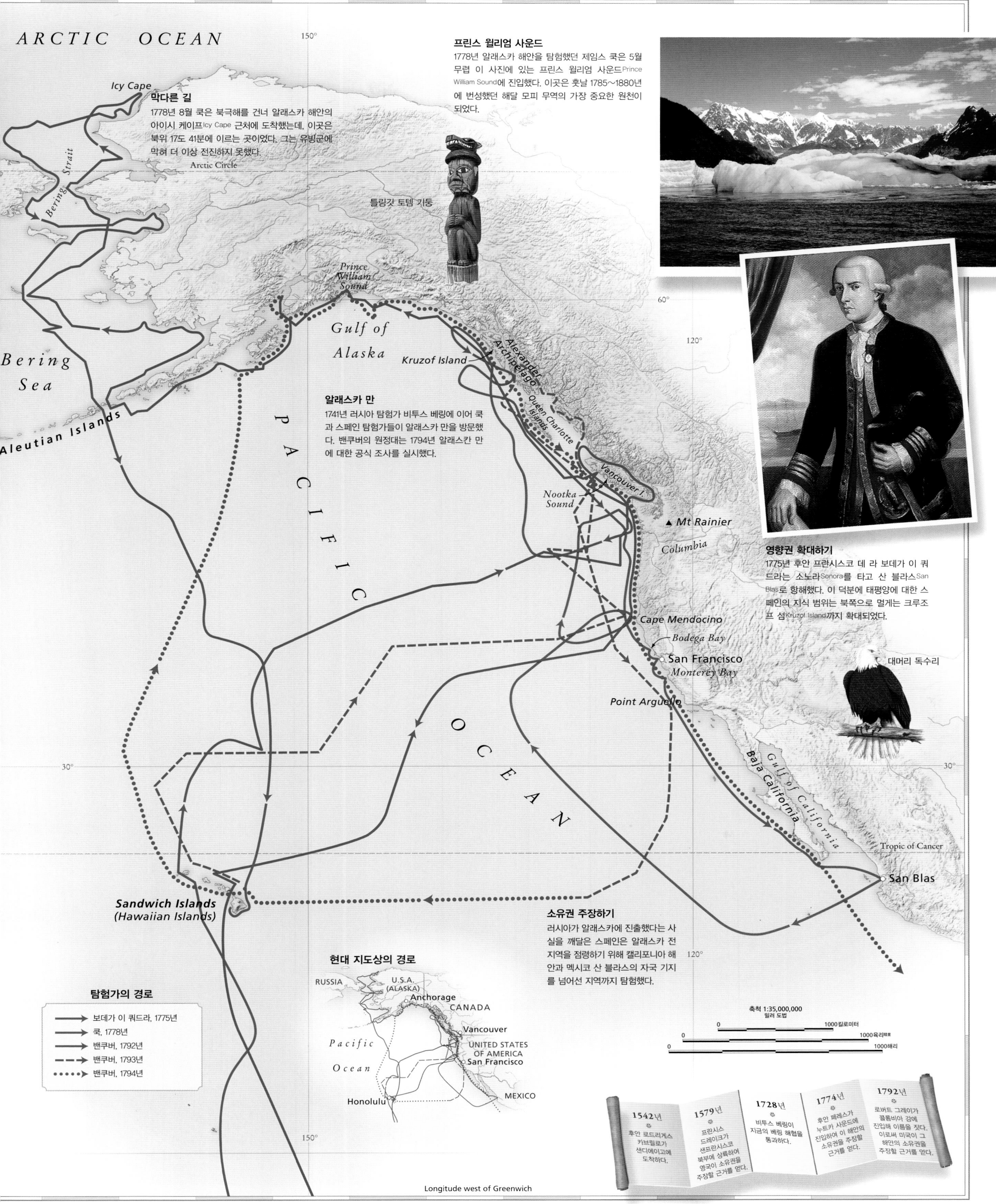
ARCTIC OCEAN
Icy Cape
막다른 길
1778년 8월 쿡은 북극해를 건너 알래스카 해안의 아이시 케이프Icy Cape 근처에 도착했는데, 이곳은 북위 17도 41분에 이르는 곳이었다. 그는 유빙군에 막혀 더 이상 전진하지 못했다.
Arctic Circle
Bering Strait
틀링깃 토템 기둥
프린스 윌리엄 사운드
1778년 알래스카 해안을 탐험했던 제임스 쿡은 5월 무렵 이 사진에 있는 프린스 윌리엄 사운드Prince William Sound에 진입했다. 이곳은 훗날 1785~1880년에 번성했던 해달 모피 무역의 가장 중요한 원천이 되었다.
Prince William Sound
Gulf of Alaska
Kruzof Island
Alexander Archipelago
Bering Sea
Aleutian Islands
알래스카 만
1741년 러시아 탐험가 비투스 베링에 이어 쿡과 스페인 탐험가들이 알래스카 만을 방문했다. 밴쿠버의 원정대는 1794년 알래스카 만에 대한 공식 조사를 실시했다.
Queen Charlotte Islands
Vancouver I.
Nootka Sound
Mt Rainier
Columbia
영향권 확대하기
1775년 후안 프란시스코 데 라 보데가 이 콰드라는 소노라Sonora를 타고 산 블라스San Blas로 항해했다. 이 덕분에 태평양에 대한 스페인의 지식 범위는 북쪽으로 멀게는 크루조프 섬Kruzof Island까지 확대되었다.
PACIFIC OCEAN
Cape Mendocino
Bodega Bay
San Francisco
Monterey Bay
대머리 독수리
Point Arguello
Baja California
Gulf of California
Tropic of Cancer
San Blas
Sandwich Islands (Hawaiian Islands)
소유권 주장하기
러시아가 알래스카에 진출했다는 사실을 깨달은 스페인은 알래스카 전 지역을 점령하기 위해 캘리포니아 해안과 멕시코 산 블라스의 자국 기지를 넘어선 지역까지 탐험했다.
150°
120°
60°
30°
현대 지도상의 경로
RUSSIA
U.S.A. (ALASKA)
Anchorage
CANADA
Vancouver
Pacific Ocean
UNITED STATES OF AMERICA
San Francisco
Honolulu
MEXICO
탐험가의 경로
보데가 이 콰드라, 1775년
쿡, 1778년
밴쿠버, 1792년
밴쿠버, 1793년
밴쿠버, 1794년
축척 1:35,000,000
밀러 도법
0 1000킬로미터
0 1000육리陸里
0 1000해리
1542년 후안 로드리게스 카브릴로가 샌디에이고에 도착하다.
1579년 프란시스 드레이크가 샌프란시스코 북부에 상륙하여 영국이 소유권을 주장할 근거를 얻다.
1728년 비투스 베링이 지금의 베링 해협을 통과하다.
1774년 후안 페레스가 누트카 사운드에 진입하여 이 해안의 소유권을 주장할 근거를 얻다.
1792년 로버트 그레이가 콜롬비아 강에 진입해 이름을 짓다. 이로써 미국이 그 해안의 소유권을 주장할 근거를 얻다.
Longitude west of Greenwich

북아메리카

서부 개척

1793년 알렉산더 매켄지는 캐나다에서 로키 산맥을 횡단하고 강을 따라 해안까지 내려갔다. 당시 서부 내륙에 대해서는 알려진 바가 거의 없었다. 따라서 미국이 1803년 프랑스로부터 루이지애나로 일컬어지는 미시시피 강 서부의 땅을 매입했을 때 토머스 제퍼슨Thomas Jefferson 대통령은 이 지역을 조사하고 태평양으로 이르는 통상로를 발견하기 위해 재빨리 메리웨더 루이스와 윌리엄 클라크를 파견했다. 1806년 제불런 파이크Zebulon Pike는 아칸소 강으로 탐험대를 이끌고 스페인령인 뉴멕시코를 횡단하라는 임무를 맡았다. 무역상인과 다른 모험가들 역시 서부로 진출했다. 1826년 제데디아 스미스Jedediah Smith는 서부로 진출해 유타에 도착했다. 이후 그는 그레이트 베이슨Great Basin과 캘리포니아의 여러 지역을 탐험했다. 존 찰스 프레몽John Chales Frémont은 1842~53년의 연속 탐험에서 새로운 서부 경로를 확립하고, 정착지를 개척했다.

흥미로운 사실들

루이스와 클라크의 탐험 기간	2년 4개월
탐험 거리	1만 7,098킬로미터
탐험대의 총 인원	약 50명
사망한 사람의 수	1명
처음으로 기록한 식물의 수	178종

상세한 기록
루이스와 클라크는 매일 일기를 써서 날씨, 위치, 지형, 자연사, 그리고 특이한 사건과 만남을 기록했다.

거대한 장벽
캐나다 서부의 브리티시 콜롬비아British Columbia로부터 미국 남서부 뉴멕시코까지 이어지는 로키 산맥은 그 길이가 4,830킬로미터가 넘는다. 탐험가들은 점차 로키 산맥의 엄청난 규모를 깨닫기 시작했다.

위대한 조사관

런던에서 태어난 모피상인 데이비드 톰슨David Thompson은 1784년부터 1812년까지 캐나다 서부와 미국 북서부 전역에서 9만 킬로미터가 넘는 길을 여행하면서 약 500만 제곱킬로미터에 이르는 지역을 조사했다. 1814년 그가 그린 서부 캐나다 지도는 매우 상세해서 20세기 초반까지 사용되었다.

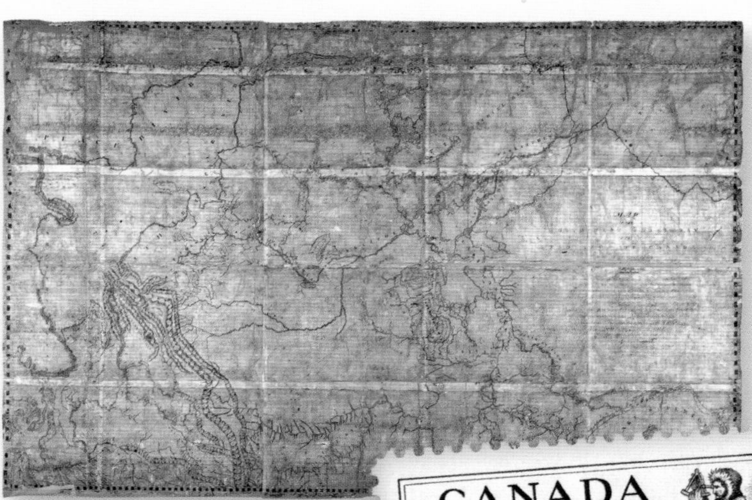

톰슨의 캐나다 서부 지도는 노스웨스트 컴퍼니가 제작한 것이다.

1957년에 발행된 이 우표는 톰슨의 기념 우표이다.

안전한 항로
찰스 러셀Charles Russell의 작품인 이 그림에서 루이스와 클라크의 원정대의 통역관 겸 안내인인 쇼쇼니 족의 한 여성이 치누크 인디언Chinook Indians에게 그들이 평화로운 탐험대라는 사실을 설명하고 있다.

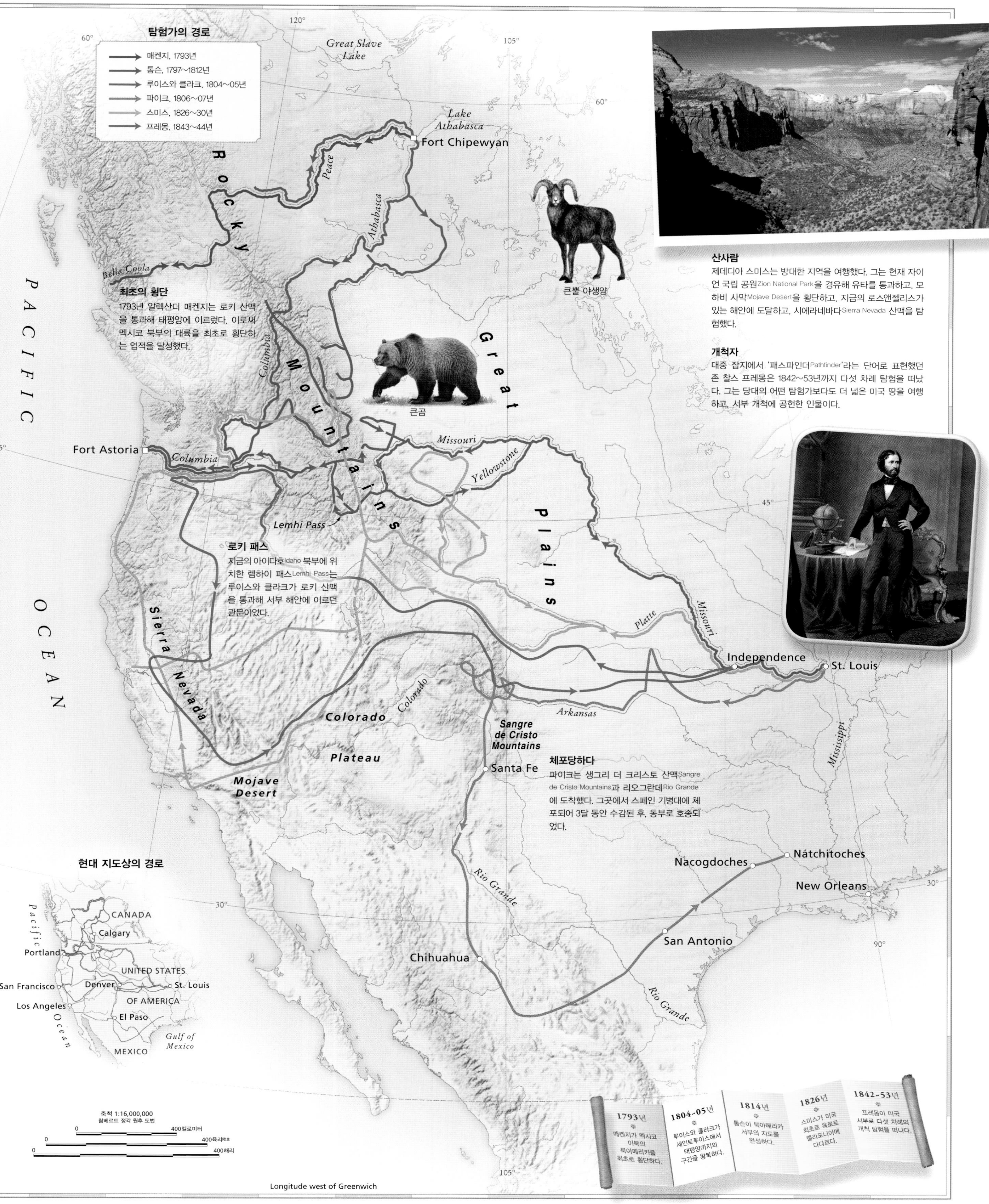
탐험가의 경로
매켄지, 1793년
톰슨, 1797~1812년
루이스와 클라크, 1804~05년
파이크, 1806~07년
스미스, 1826~30년
프레몽, 1843~44년
Great Slave Lake
Lake Athabasca
Fort Chipewyan
Peace
Athabasca
Rocky Mountains
Great Plains
PACIFIC OCEAN
Bella Coola
최초의 횡단
1793년 알렉산더 매켄지는 로키 산맥을 통과해 태평양에 이르렀다. 이로써 멕시코 북부의 대륙을 최초로 횡단하는 업적을 달성했다.
Columbia
큰뿔 야생양
큰곰
Missouri
Yellowstone
Fort Astoria
Lemhi Pass
로키 패스
지금의 아이다호Idaho 북부에 위치한 렘하이 패스Lemhi Pass는 루이스와 클라크가 로키 산맥을 통과해 서부 해안에 이르던 관문이었다.
Sierra Nevada
Platte
Independence
St. Louis
Colorado
Colorado Plateau
Arkansas
Sangre de Cristo Mountains
Santa Fe
Mojave Desert
Mississippi
체포당하다
파이크는 생그리 더 크리스토 산맥Sangre de Cristo Mountains과 리오그란데Rio Grande에 도착했다. 그곳에서 스페인 기병대에 체포되어 3달 동안 수감된 후, 동부로 호송되었다.
Nacogdoches
Nátchitoches
New Orleans
Rio Grande
San Antonio
Chihuahua
현대 지도상의 경로
CANADA
Calgary
Portland
UNITED STATES OF AMERICA
San Francisco
Denver
St. Louis
Los Angeles
El Paso
Pacific Ocean
Gulf of Mexico
MEXICO
축척 1:16,000,000
람베르트 정각 원추 도법
0 400킬로미터
0 400육리陸里
0 400해리
Longitude west of Greenwich
산사람
제데디아 스미스는 방대한 지역을 여행했다. 그는 현재 자이언 국립 공원Zion National Park을 경유해 유타를 통과하고, 모하비 사막Mojave Desert을 횡단하고, 지금의 로스앤젤리스가 있는 해안에 도달하고, 시에라네바다Sierra Nevada 산맥을 탐험했다.
개척자
대중 잡지에서 '패스파인더Pathfinder'라는 단어로 표현했던 존 찰스 프레몽은 1842~53년까지 다섯 차례 탐험을 떠났다. 그는 당대의 어떤 탐험가보다도 더 넓은 미국 땅을 여행하고, 서부 개척에 공헌한 인물이다.
1793년 매켄지가 멕시코 이북의 북아메리카를 최초로 횡단하다.
1804~05년 루이스와 클라크가 세인트루이스에서 태평양까지의 구간을 왕복하다.
1814년 톰슨이 북아메리카 서부의 지도를 완성하다.
1826년 스미스가 미국 최초로 육로로 캘리포니아에 다다르다.
1842~53년 프레몽이 미국 서부로 다섯 차례의 개척 탐험을 떠나다.

Whitney Sc.

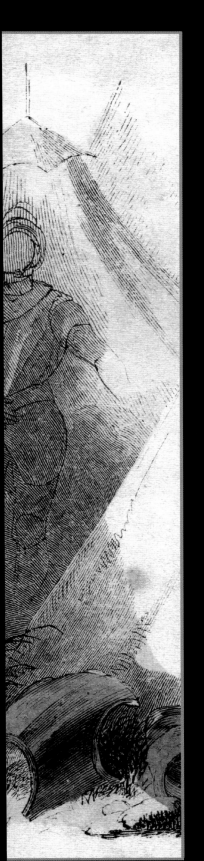

중앙아메리카와 남아메리카

- 바스코 누녜스 데 발보아
- 에르난 코르테스
- 잉카 족
- 페루와 칠레 정복
- 아르헨티나의 세바스찬 캐벗
- 콜롬비아와 베네수엘라
- 오렐라나의 아마존 탐험
- 프란시스 드레이크의 일주
- 오리노코 강 탐험하기
- 케이프 혼 일주하기
- 아마존의 탐험가들
- 알렉산더 폰 훔볼트
- 20세기의 탐험

바스코 누네스 데 발보아

1500년대 초반 스페인 침입자와 원주민 부족의 충돌에 침입자들 사이의 지배권 다툼까지 가세해 파나마 지협은 그야말로 피바다로 변했다. 부를 얻을 수 있다는 가능성에 고무된 비정한 모험가와 정복자들이 몰려들었다. 그 가운데 한 사람이 '바스코 누네스 데 발보아'였다. 1510년 마틴 페르난데스 데 엔시소Martin Fernandez de Enciso의 우라바 만Gulf of Urabá 원정대와 함께 탐험을 한 발보아는 산타 마리아 라 안티구아 델 다리엔Santa Mariá la Antigua del Darién을 건설했다. 이는 아메리카 본토에 건설된 최초의 영구 정착지였다. 1512년 발보아는 황금을 찾아 아트라토 강Atrato River으로 원정대를 이끌었다. 1513년에는 파마나 지협을 건너 태평양에 도착한 최초의 유럽인이 되었다. 그리고 1514년 자신이 세운 아클라Acla에서 조선 재료를 싣고 파나마 지협을 통과한 후, 파나마 만Gulf of Panama을 탐험할 배를 만들었다. 그는 1519년 음모에 휘말려 참수당했다.

바다로 뛰어들다
1513년 발보아는 태평양을 스페인 국왕 페르디난드 2세 Ferdinand II의 영토로 선언했다(발보아는 태평양을 '남해South Sea'라고 불렀다). 그는 이 지점에 도착하기까지 몇몇 아메리카 원주민 부족을 짓밟거나 우호 관계를 맺었으며, 이따금 부족끼리 서로 싸우도록 조종했다.

나무통 안에서 여행하다
히스파니올라에서 7년을 지낸 후 파산한 발보아는 1510년 나무통 안에 숨어 엔시소의 탐험대에 잠입했다. 항해 중에 엔시소에게 발각되었지만 탐험대에 합류해도 좋다는 허락을 받았다.

흥미로운 사실들

1513~14년 발보아의 탐험에 동원된 사람의 수	스페인 사람 190명, 원주민 800명
아클라에서 파나마 지협까지의 거리	75킬로미터
발보아가 파나마 지협을 통과한 횟수	20회(1517~19년)
발보아가 태평양을 목격하고 했던 일	제단을 세우고 십자가를 세웠다.
발보아가 원주민과 싸울 때 이용한 초강력 무기	전투견

UN·CUARTO·DE·BALBOA

동전
파나마는 1904년 처음으로 자국 화폐를 주조했다. 이 동전에 발보아의 옆모습을 새겼으며, 그의 이름을 따서 동전의 이름을 지었다.

발보아의 참수형

발보아는 중앙아메리카에 머무는 동안 그의 친구나 적이 페르디난드 국왕의 환심을 사는지에 따라 왕실의 총애를 얻거나 잃었다. 발보아를 싫어했던 페드라리아스Pedrariias는 발보아로부터 통치권을 인수하라는 국왕의 명을 받고 파견되었다. 발보아가 태평양 해안에 경쟁 세력을 구축할 것을 두려워했던 페드라리아스는 1519년 그를 반역죄로 몰아 참수형에 처했다.

발보아의 처형을 묘사한 몇몇 미술 작품 중의 하나이다. 작품에서는 사형 집행인이 칼을 사용하지만 다른 작품에서는 도끼를 사용한다.

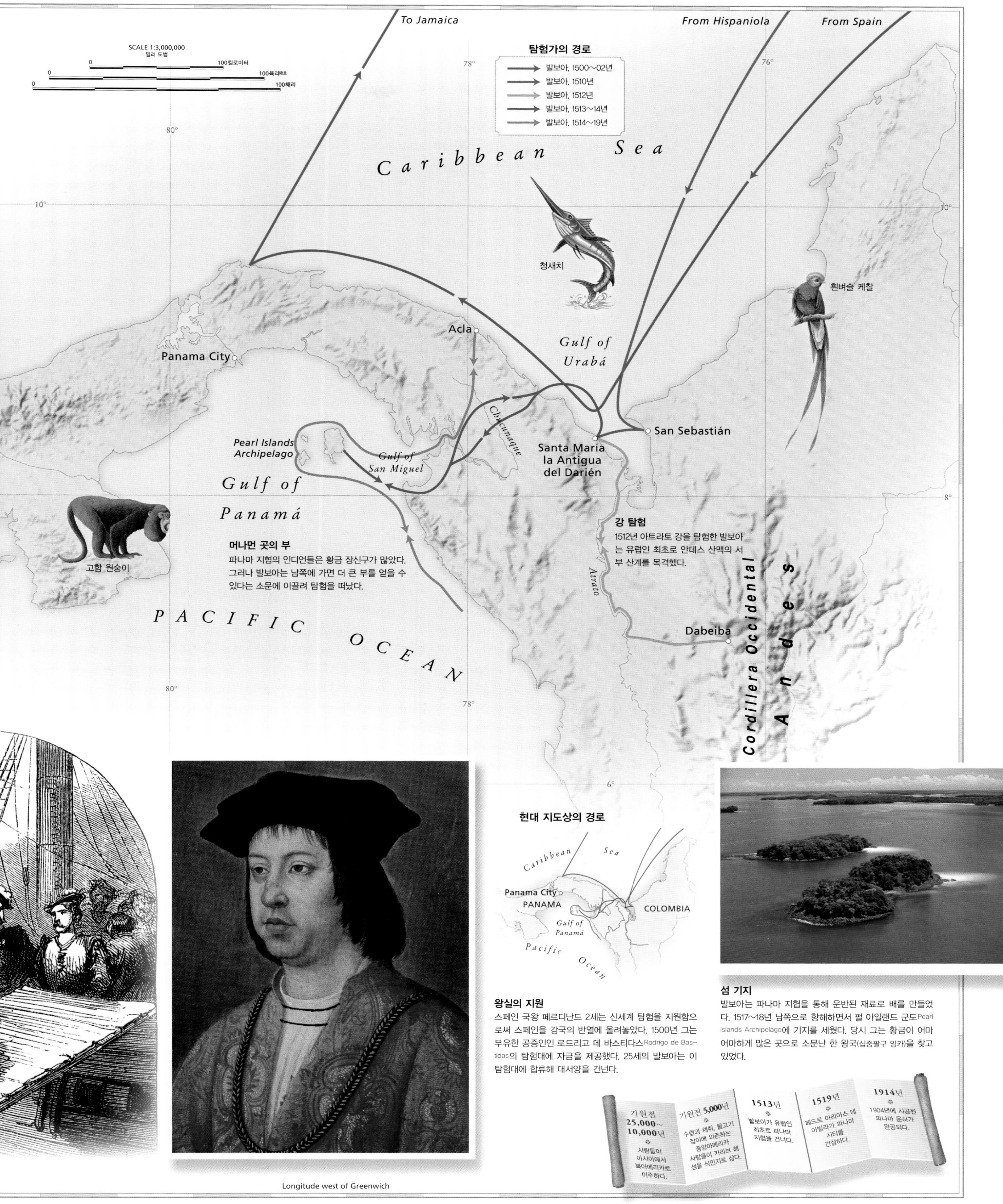
To Jamaica
From Hispaniola
From Spain
SCALE 1:3,000,000
100킬로미터
100육리미터
100해리
탐험가의 경로
발보아, 1500~02년
발보아, 1510년
발보아, 1512년
발보아, 1513~14년
발보아, 1514~19년
Caribbean Sea
청새치
흰벼슬 케찰
Acla
Panama City
Gulf of Urabá
Chucunaque
Pearl Islands Archipelago
Gulf of San Miguel
Santa María la Antigua del Darién
San Sebastián
Gulf of Panamá
고함 원숭이
Atrato
Dabeiba
Cordillera Occidental
Andes
PACIFIC OCEAN
현대 지도상의 경로
Caribbean Sea
Panama City
PANAMA
COLOMBIA
Gulf of Panamá
Pacific Ocean
Longitude west of Greenwich

머나먼 곳의 부
파나마 지협의 인디언들은 황금 장신구가 많았다. 그러나 발보아는 남쪽에 가면 더 큰 부를 얻을 수 있다는 소문에 이끌려 탐험을 떠났다.

강 탐험
1512년 아트라토 강을 탐험한 발보아는 유럽인 최초로 안데스 산맥의 서부 산계를 목격했다.

왕실의 지원
스페인 국왕 페르디난드 2세는 신세계 탐험을 지원함으로써 스페인을 강국의 반열에 올려놓았다. 1500년 그는 부유한 공증인인 로드리고 데 바스티다스Rodrigo de Bastidas의 탐험대에 자금을 제공했다. 25세의 발보아는 이 탐험대에 합류해 대서양을 건넌다.

섬 기지
발보아는 파나마 지협을 통해 운반된 재료로 배를 만들었다. 1517~18년 남쪽으로 항해하면서 펄 아일랜드 군도Pearl Islands Archipelago에 기지를 세웠다. 당시 그는 황금이 어마어마하게 많은 곳으로 소문난 한 왕국(십중팔구 잉카)을 찾고 있었다.

기원전 25,000~10,000년 사람들이 아시아에서 북아메리카로 이주하다.
기원전 5,000년 수렵과 채취, 물고기 잡이에 의존하는 중앙아메리카 사람들이 카리브 해 섬을 식민지로 삼다.
1513년 발보아가 유럽인 최초로 파나마 지협을 건너다.
1519년 페드로 아리아스 데 아빌라가 파나마 시티를 건설하다.
1914년 1904년에 시공된 파나마 운하가 완공되다.

에르난 코르테스

에르난 코르테스Hernán Cortès는 스페인이 통일되어 군주들이 부를 축적하고 영향력을 확장하기 위해 노력하던 시기에 생존한 인물이다. 그는 스페인령 카리브해에서 멕시코까지 소규모 탐험대를 지휘했다. 비록 소수에 불과했지만 그의 탐험대원들은 거대한 아즈텍Aztec 제국을 무너뜨렸다. 이는 그의 대담성, 전략적인 전문 지식, 지적 능력, 총과 말, 그리고 때마침 멕시코 부족에 만연했던 천연두가 모두 어우러져 거둔 성과였다. 그는 뉴스페인New Spain 식민지를 건설해 정부 제도를 확립하고, 새로운 영토를 탐험했으며, 아즈텍 왕국의 도읍지였던 테노치티틀란Tenochititlan에 멕시코 시티Mexico City를 세웠다. 그 뿐만 아니라 탐험대를 이끌고 과테말라Guatemala, 온두라스Honduras, 그리고 바하 캘리포니아로 진출했다. 엄청난 권력과 부를 손에 넣었지만 훗날 스페인 정부의 눈 밖에 났고, 그 바람에 스페인에서 죽음을 맞이했다.

HERNAN CORES

품위 있는 초상화
코르테스는 보병 대령의 아들로 태어났다. 그의 가족은 코르테스가 법조계에 입문하기를 원했지만 코르테스는 결국 새로 '발견된' 아메리카 대륙에서 부를 얻기 위해 길을 떠났다.

멕시코 정복
정복당한 아즈텍의 화가들은 자신들의 역사를 그림으로 남겼다. 그 가운데 이 그림은 멕시코에 상륙하는 코르테스의 병사들과 맞서 싸우는 아즈텍 전사들과 정복자의 모습을 담았다.

흥미로운 사실들	
코르테스의 생몰 연도	1485년 출생, 1547년 사망
자녀 수	적자 6명, 서자 5명
1518년 멕시코를 침입하던 당시 군대의 구성	배 11척과 대원 863명
코르테스가 방문한 신세계의 국가	히스파니올라, 쿠바, 멕시코, 과테말라, 온두라스
유럽인 최초로 목격한 곳	테노치티틀란

아즈텍의 독수리 전사
아즈텍 남자라면 누구나 전투에 참여해야 했다. 아군의 인명을 희생하더라도 적군을 생포하면 명성과 보상을 얻었다. 아즈텍 사람들은 '전투란, 신을 진정시키고 우주를 유지하기 위해 반드시 필요한 일'이라고 믿었다.

말리날리와 코르테스
코르테스는 멕시코에 도착한 직후 아즈텍 언어 나와틀Nahuatl을 구사하는 말리날리Malinali를 만났다. 그녀는 곧 스페인어를 익혀 코르테스의 동반자 겸 통역관 역할을 함으로써 '라 말린체La Malinche'로 일컬어지게 되었다. 이는 멕시코 원주민의 '배신자'라는 뜻을 담고 있는 경멸조의 명칭이었다.

코르테스와 몬테주마 2세
아즈텍 황제 몬테주마 2세Montezuma II는 코르테스를 환영했다. 짐작컨대 황제는 공교롭게도 신왕 케찰코아틀Quetzalcoatl의 해와 날에 도착했던 코르테스가 침입자인지 아니면 신왕인지 확실히 판단하지 못했을 것이다. 이 아즈텍의 그림에는 통역하는 말리날리의 모습이 담겨 있다.

아즈텍 제국의 패배

테노치티틀란에 입성한 코르테스는 불안에 떠는 아즈텍의 여러 속국과 동맹을 맺고, 그 밖의 속국에는 무기를 과시하며 두려움을 심어 주었다. 몬테주마Montezuma는 코르테스를 환영했다. 그러나 이후 폭동이 일어나서 몬테주마가 살해당하자 스페인인들은 줄행랑을 쳤다. 코르테스가 소모전을 펼치는 한편 천연두의 창궐이 참사를 몰고 온 덕분에-스페인 병사들은 대부분 천연두에 면역성이 있었다.-테노치티틀란은 무너졌고, 아즈텍 제국은 멸망했다.

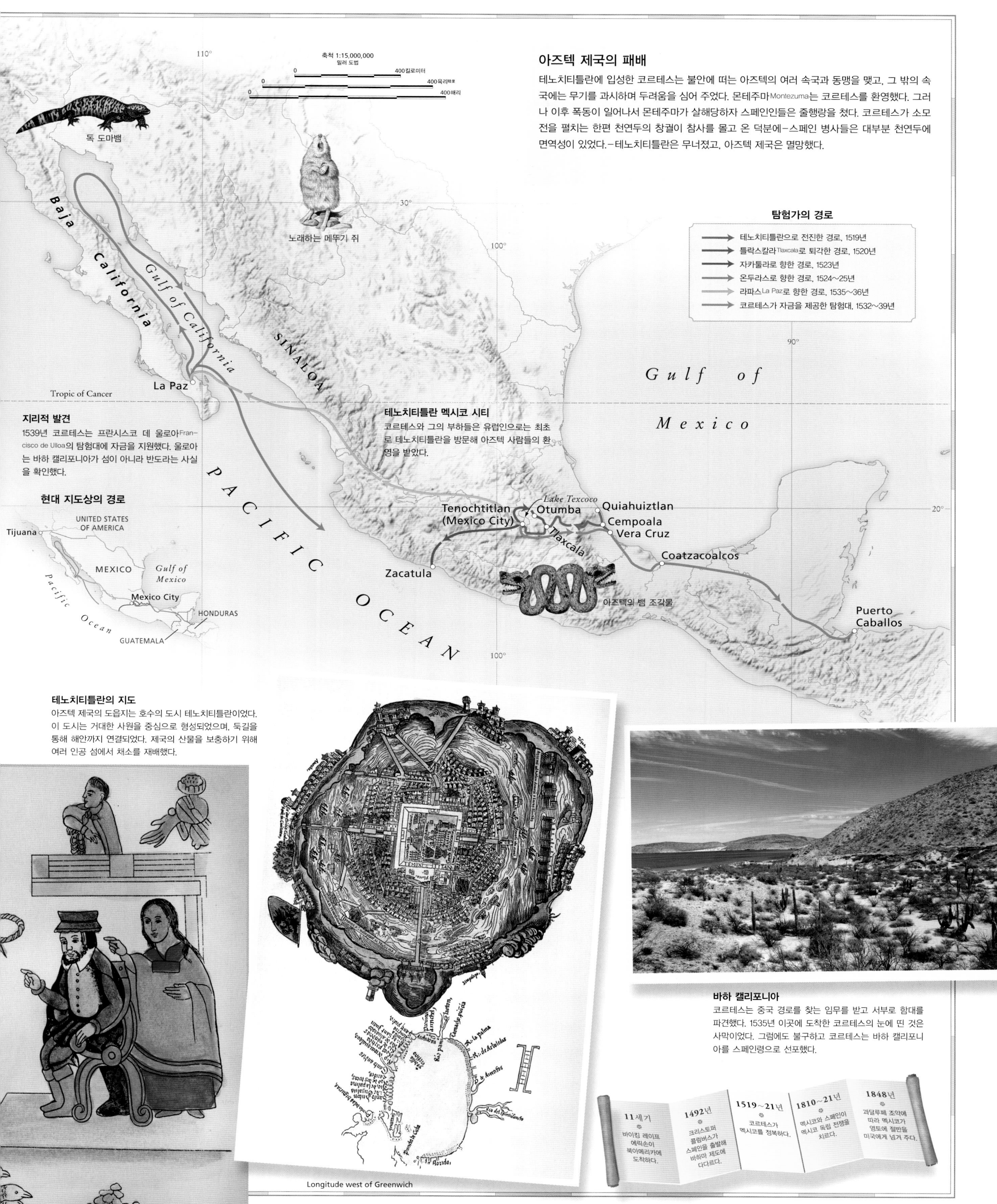

축척 1:15,000,000
일러 도법
400킬로미터
400육리마일
400해리
110°
30°
100°
90°
20°
독 도마뱀
노래하는 메뚜기 쥐
Baja California
Gulf of California
SINALOA
La Paz
Tropic of Cancer
PACIFIC OCEAN
Gulf of Mexico
Tenochtitlan (Mexico City)
Lake Texcoco
Otumba
Quiahuiztlan
Cempoala
Vera Cruz
Tlaxcala
Coatzacoalcos
Zacatula
Puerto Caballos
아즈텍의 뱀 조각물
탐험가의 경로
테노치티틀란으로 전진한 경로, 1519년
틀락스칼라Tlaxcala로 퇴각한 경로, 1520년
자카툴라로 향한 경로, 1523년
온두라스로 향한 경로, 1524~25년
라파스La Paz로 향한 경로, 1535~36년
코르테스가 자금을 제공한 탐험대, 1532~39년
현대 지도상의 경로
Tijuana
UNITED STATES OF AMERICA
MEXICO
Gulf of Mexico
Mexico City
Pacific Ocean
HONDURAS
GUATEMALA
Longitude west of Greenwich
11세기
바이킹 레이프 에릭손이 북아메리카에 도착하다.
1492년
크리스토퍼 콜럼버스가 스페인을 출발해 바하마 제도에 다다르다.
1519~21년
코르테스가 멕시코를 정복하다.
1810~21년
멕시코와 스페인이 멕시코 독립 전쟁을 치르다.
1848년
과달루페 조약에 따라 멕시코가 영토에 절반을 미국에게 넘겨 주다.

테노치티틀란 멕시코 시티

코르테스와 그의 부하들은 유럽인으로는 최초로 테노치티틀란을 방문해 아즈텍 사람들의 환영을 받았다.

지리적 발견

1539년 코르테스는 프란시스코 데 울로아Francisco de Ulloa의 탐험대에 자금을 지원했다. 울로아는 바하 캘리포니아가 섬이 아니라 반도라는 사실을 확인했다.

테노치티틀란의 지도

아즈텍 제국의 도읍지는 호수의 도시 테노치티틀란이었다. 이 도시는 거대한 사원을 중심으로 형성되었으며, 둑길을 통해 해안까지 연결되었다. 제국의 산물을 보충하기 위해 여러 인공 섬에서 채소를 재배했다.

바하 캘리포니아

코르테스는 중국 경로를 찾는 임무를 받고 서부로 함대를 파견했다. 1535년 이곳에 도착한 코르테스의 눈에 띤 것은 사막이었다. 그럼에도 불구하고 코르테스는 바하 캘리포니아를 스페인령으로 선포했다.

잉카 족

잉카 족은 원래 케추아Quechua 말을 사용하며, 안데스 중부의 수도 쿠스코Cuzco 주변에 거주하던 몸집이 작고 호전적인 부족이었다. 그들은 1438~1533년 이웃 부족을 정복하고 흡수함으로써 인구가 600~1,000만에 이르는 제국을 세웠다. 최전성기의 잉카 제국은 안데스 산맥의 대부분과 지금의 에콰도르Ecuador, 페루 Peru, 볼리비아Bolivia, 칠레와 아르헨티나의 일부 지역을 포함해 4,000킬로미터가 넘는 지역까지 세력을 펼쳤다. 잉카는 황제가 귀족 관료제를 바탕으로 지배하는 부유하고, 안정적이며, 매우 체계적인 나라였다. 주요 경제 활동은 농업이었다. 식물 재배의 선구자였던 잉카 족은 까다로운 토양에서 풍작을 얻어내며, 다양한 지형에 70여 종의 작물을 재배했다. 비록 바퀴는 개발하지 못했지만 기술과 건축이 매우 발달했다. 잉카 제국은 매우 발달한 나라였지만 스페인 정복자의 무력을 막아낼 정도로 막강하지는 못했다.

농사의 신
이 도자기 조각은 머리 장식과 옥수수 속대로 장식한 농사의 신을 보여 준다. 잉카 제국의 주식인 옥수수는 잉카인들이 신성시하는 곡식으로, 잉카 치차 맥주chicha beer의 원료이다.

현명한 리더
콜럼버스가 아메리카 대륙을 발견하기 전 시대의 통치자 가운데 사리 분별력이 가장 뛰어난 사람으로 인정받는 잉카 황제 파차쿠티Pachacuti(1438~71년 집권)는 정복과 동맹의 과정을 반복했다. 이 덕분에 그의 잉카 제국은 남아메리카의 강대국으로 자리 잡을 수 있었다.

Pachacuti Yu Pan qui Decimo Ynga.

산 속의 피난처
마추픽추Machu picchu는 해발 2,430킬로미터에 이르는 안데스 산맥의 한 산마루에 위치하고 있었다. 1450년경 파차쿠티의 피난처로 건설된 이곳은 1983년 유네스코 세계 문화유산으로 선정되었다.

정밀한 석조 건축물
잉카 제국에서 가장 훌륭한 기술을 자랑하는 분야는 건축이었다. 쿠스코 근처 사크사우아만 유적지Sacsayhuaman에 있는 이 석조 건축물은 무척 정밀해서 블록 사이에 종이 한 장도 끼울 틈이 없다. 잉카인들은 조를 짜서 굴림대에다 블록을 올리고 비탈길로 밀어 올렸다.

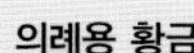

의례용 황금
잉카는 투미tumi(의례용 칼)와 같은 도구와 의복 장식품의 재료로 황금을 이용했다. 해마다 열리는 태양 축제에서 사제들은 투미를 가지고 의례적으로 라마를 죽였다. 황금은 무척 아름다웠지만 잉카인들은 옷감을 더 소중하게 여겼다.

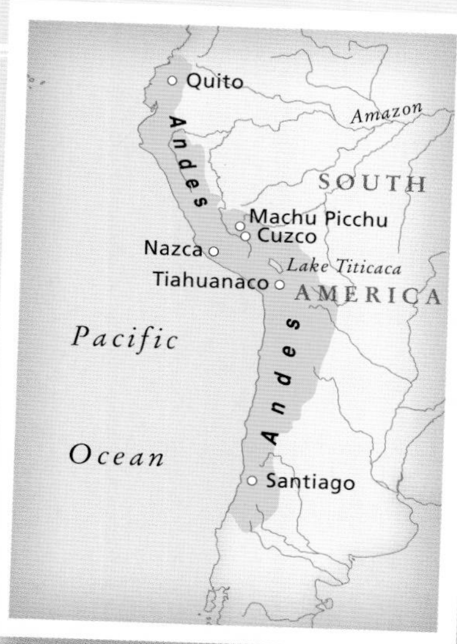
Quito
Amazon
Andes
SOUTH
AMERICA
Machu Picchu
Cuzco
Nazca
Lake Titicaca
Tiahuanaco
Pacific
Ocean
Andes
Santiago

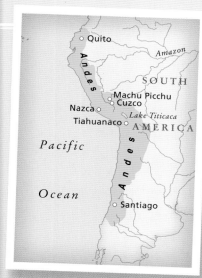

해안 동맹국
안데스 산맥에 걸쳐 있는 잉카 제국은 남아메리카 해안의 거의 절반을 따라 내려가며 형성되어 있었다. 잉카 제국은 훌륭하게 설계한 도로망으로 네 지역을 연결했으며, 언어가 각기 다른 동맹 국가를 정확한 수학을 바탕으로 다스렸다.

약초
잉카인들은 매우 다양한 약초로 질병을 치료했다. 그들은 진통제와 식욕 억제제, 그리고 흥분제로 코카를 이용했다. 키니네가 포함된 기나 나무의 껍질을 갈아서 말라리아 예방약으로 썼다. 항균과 방부 성분을 포함하고 있는 것으로 알려진 후추나무 껍질을 삶아서 온기가 남아 있을 때 붙이면 상처가 빨리 아물었다.

태양 숭배
태양 숭배는 잉카의 종교 생활의 핵심이었다. 잉카인들은 다양한 자연신을 숭배했지만 최고의 신은 태양신인 인티Inti였다. 종교 달력에서 가장 중요한 행사는 9일간의 태양 축제였다.

매듭에 담긴 모든 자료

글이 없었던 잉카인들은 구전에만 의존했다. 그들은 10진법을 이용해 다양한 색상과 길이의 매듭으로 수치 데이터를 보관했다. 그런 매듭의 묶음은 키푸quipus라고 일컬어졌는데 최대 2,000가닥까지 묶을 수 있었다. 키푸카마욕quipucamayoc이라고 부르는 회계사들은 총 수입, 경제 지표, 인구 등 제국의 중요한 통계 수치를 키푸로 기록했다.

키푸카마욕은 잉카의 대학교에 해당하는 기관에서 키푸 사용법을 배웠다.

CŌTADOR MAIOR I TEZORERO
TAVANTIN SVIO QVIPOC
CVRACA CON DOR CHAVA
contador

페루와 칠레 정복

1520년대에 들어 금과 은이 넘치는 남쪽 왕국의 이야기에 현혹된 탐욕스러운 모험가들은 파나마를 출발해 남아메리카의 서부 해안으로 내려갔다. 1513년 바스코 누녜스 데 발보아와 함께 여행했던 프란시스코 피사로는 스페인 국왕으로부터 대규모 페루 원정을 떠나도 좋다는 허락을 받았다. 1531년 에콰도르에 상륙한 그는 페루로 진입하여 카하마르카Kajamarca 시를 점령하고, 잉카 황제 아타우알파를 처형했다. 또 쿠스코로 계속 전진하며 도시를 약탈하고 시민들을 학살하거나 노예로 삼음으로써 세계에서 가장 훌륭한 문명으로 손꼽히는 잉카 문명을 말살했다. 1535년 피사로의 동업자 디에고 데 알마그로Diego de Almagro는 쿠스코에서 안데스 산맥을 따라 칠레로 남하해 부를 얻고자 했지만 실패했다. 1537년 피사로는 쿠스코로 돌아온 알마그로를 즉시 체포해 이듬해에 처형했다. 이로부터 3년 뒤 피사로는 부친과 똑같이 디에고로 불리던 알마그로의 아들에게 암살당했다.

왕의 패배
피사로가 1532년 카하마르카에 도착하자마자 주민들은 모두 피신했고, 아타우알파의 군대가 근처에 진을 치고 있다는 사실을 깨달았다. 아타우알파와 가볍게 무장한 한 분대를 도시로 꾀어낸 피사로는 아타우알파를 체포하고 그의 군대를 학살했다.

2
PTAS
DIEGO
DE
ALMAGRO
CORREOS
ESPAÑA
1964

사라진 눈
한 스페인 우표에 담긴 알마그로의 삽화는 사라진 그의 왼쪽 눈을 그리지 않았다. 알마그로는 1525년 콜롬비아 해안을 탐험할 당시 인디언들과의 전투에서 화살이 박히는 바람에 왼쪽 눈을 잃었다.

흥미로운 사실들

카하마르카 전투에 참전한 스페인 병사의 수	150명
카하마르카 전투에서 전사한 잉카 병사의 수	5,000~1만 명
아타우알파가 몸값으로 내놓은 황금이 가득했던 방의 크기	5×8미터
피사로가 도착할 당시 쿠스코의 인구	20만 명
알마그로 칠레 원정대의 인원 수	스페인인 570명, 인디언 2만 명

아타우알파의 몸값

사로잡힌 잉카의 통치자 아타우알파는 황금에 대한 스페인 사람들의 탐욕을 알아차리고 자신의 몸값을 황금으로 주겠다고 제안했다. 그가 갇혀 있던 방을 가득 채울 만큼 많은 황금이었다. 피사로는 이 제안을 수락했다. 그러나 그는 몸값을 받자마자 약속을 어기고 1533년 7월 아타우알파를 교수형에 처했다.

사슬에 묶인 아타우알파는 피사로와 석방 조건을 협상했다. 그가 몸값으로 약속한 황금은 오늘날의 가치로 환산하면 약 1억 달러에 해당한다.

말을 탄 기수
군마와 총으로 무장한 피사로는 기술과 심리적인 면에서 그와 대적하는 원주민에 비해 훨씬 유리했다. 1531년 에콰도르에 상륙할 당시 그의 말은 37마리였다. 카하마르카에서 그의 군대는 수적 열세를 극복하고 승리를 거두었다.

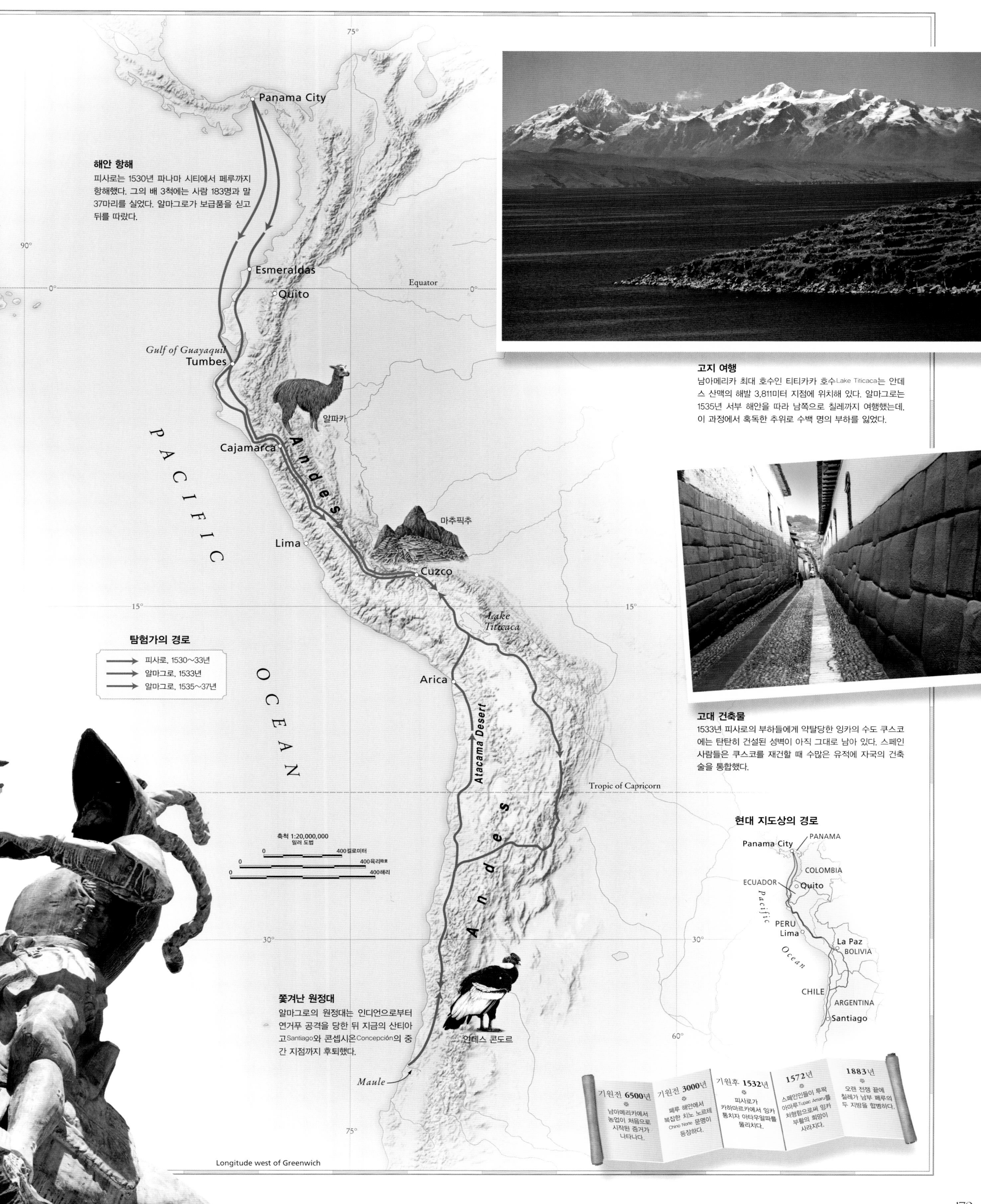

Panama City
Esmeraldas
Quito
Equator
Gulf of Guayaquil
Tumbes
알파카
Cajamarca
PACIFIC OCEAN
Andes
마추픽추
Lima
Cuzco
Lake Titicaca
Arica
Atacama Desert
Tropic of Capricorn
Maule
안데스 콘도르
75°
90°
0°
15°
30°
60°
Longitude west of Greenwich
탐험가의 경로
피사로, 1530~33년
알마그로, 1533년
알마그로, 1535~37년
축척 1:20,000,000
밀러 도법
0 400킬로미터
0 400육리陸里
0 400해리
현대 지도상의 경로
Panama City
PANAMA
COLOMBIA
ECUADOR
Quito
Pacific Ocean
PERU
Lima
La Paz
BOLIVIA
CHILE
ARGENTINA
Santiago
기원전 6500년 남아메리카에서 농업이 처음으로 시작된 증거가 나타나다.
기원전 3000년 페루 해안에서 복잡한 치노 노르테Chino Norte 문명이 등장하다.
기원후 1532년 피사로가 카하마르카에서 잉카 통치자 아타우알파를 물리치다.
1572년 스페인인들이 투팍 아마루Tupac Amaru를 처형함으로써 잉카 부활의 희망이 사라지다.
1883년 오랜 전쟁 끝에 칠레가 남부 페루의 두 지방을 합병하다.

해안 항해
피사로는 1530년 파나마 시티에서 페루까지 항해했다. 그의 배 3척에는 사람 183명과 말 37마리를 실었다. 알마그로가 보급품을 싣고 뒤를 따랐다.

고지 여행
남아메리카 최대 호수인 티티카카 호수Lake Titicaca는 안데스 산맥의 해발 3,811미터 지점에 위치해 있다. 알마그로는 1535년 서부 해안을 따라 남쪽으로 칠레까지 여행했는데, 이 과정에서 혹독한 추위로 수백 명의 부하를 잃었다.

고대 건축물
1533년 피사로의 부하들에게 약탈당한 잉카의 수도 쿠스코에는 탄탄히 건설된 성벽이 아직 그대로 남아 있다. 스페인 사람들은 쿠스코를 재건할 때 수많은 유적에 자국의 건축술을 통합했다.

쫓겨난 원정대
알마그로의 원정대는 인디언으로부터 연거푸 공격을 당한 뒤 지금의 산티아고Santiago와 콘셉시온Concepción의 중간 지점까지 후퇴했다.

아르헨티나의 세바스찬 캐벗

베니스에서 태어났지만 영국에서 성장한 세바스찬 캐벗은 탐험가 존 캐벗의 아들이다. 1526년 젊은 캐벗은 남아메리카 남단을 경유해 아시아에 도착하는 임무를 띠고 스페인 탐험대를 이끌었다. 그러나 남아메리카에 도착하자마자 후안 디아스 데 솔리스Juan Díaz de Solís가 이끌던 탐험대의 생존자들로부터 금과 은이 풍부한 한 왕국(필경 잉카)에 대한 소문을 들었다. 그래서 본래 임무를 포기하고 대신 발견되지 않은 그 왕국을 찾아 플레이트 강River Plate을 거슬러 올라가며 수많은 강을 탐험했다. 1528년 파라나 강Paraná River을 헤치고 전진하던 그는 급류에 밀려 항해를 멈추어야 했다. 인디언들의 계속되는 공격을 받으면서 하류로 내려와 파라과이 강Paraguay River과 베르메호 강Bermejo River의 합류 지점에 도달했다. 1530년 황금을 찾아 떠난 탐험에서 실패하고 스페인으로 돌아왔다. 캐벗은 공식 임무를 저버렸다는 죄로 북아프리카로 추방되었다가 1533년에 사면되었다.

부전자전
세바스찬 캐벗(위)은 짐작컨대 아버지(존 캐벗)와 함께 1497년과 1498년 북아메리카 항해를 떠났을 것이다. 그는 1508년에서 1509년 사이에 북아메리카에서 아시아로 이어지는 북서항로를 발견했다.

알려진 세상
1544년 캐벗은 '세바스찬 캐벗 평면 구형도Sebastian Cabot Planisphere'라는 지도를 만들어 알려진 세상을 기록했다. 이후 발표된 사본에서 이 부분에는 아마존은 물론 캐벗이 탐험한 남아프리카의 여러 강이 그려져 있다.

흥미로운 사실들	
캐벗의 본명	세바스티노 카보토Sebastino Caboto
스페인에서 캐벗이 출발한 지점	산루카르 데 바라메다Sanlúcar de Barrameda
캐벗 탐험대의 인원 수	배 4척에 214명
캐벗이 이끈 기함의 이름	카피타나Capitana 호
캐벗이 쓴 여행기의 수	9개

상륙지
현재 아르헨티나 부에노스아이레스 근처 플레이트 강변의 한 탑은 1527년 4월 캐벗이 상륙한 지점에 세워진 것이다. 캐벗은 이곳에서 멀지 않은 우루과이 강Uruguay River에 요새를 건설했다. 이곳은 현재 우루과이에 세워진 최초의 스페인 정착지이다.

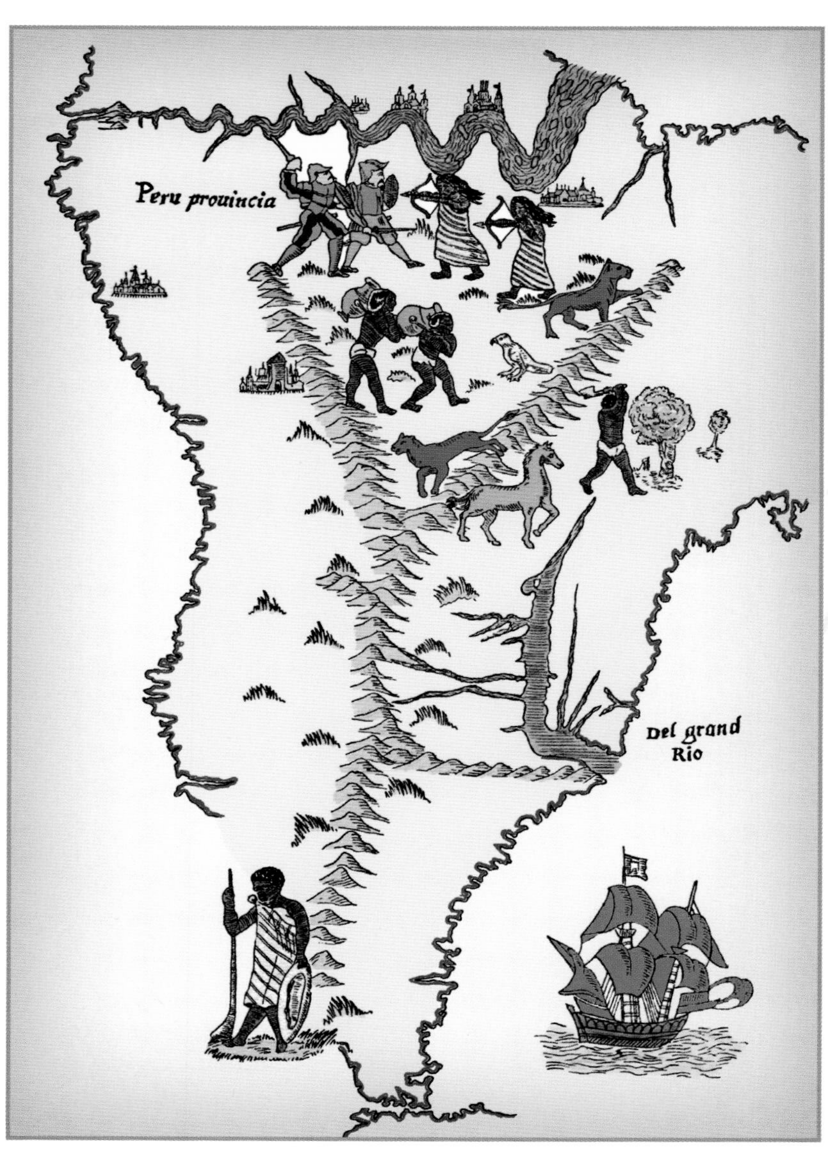
Peru prouincia
Del grand Rio

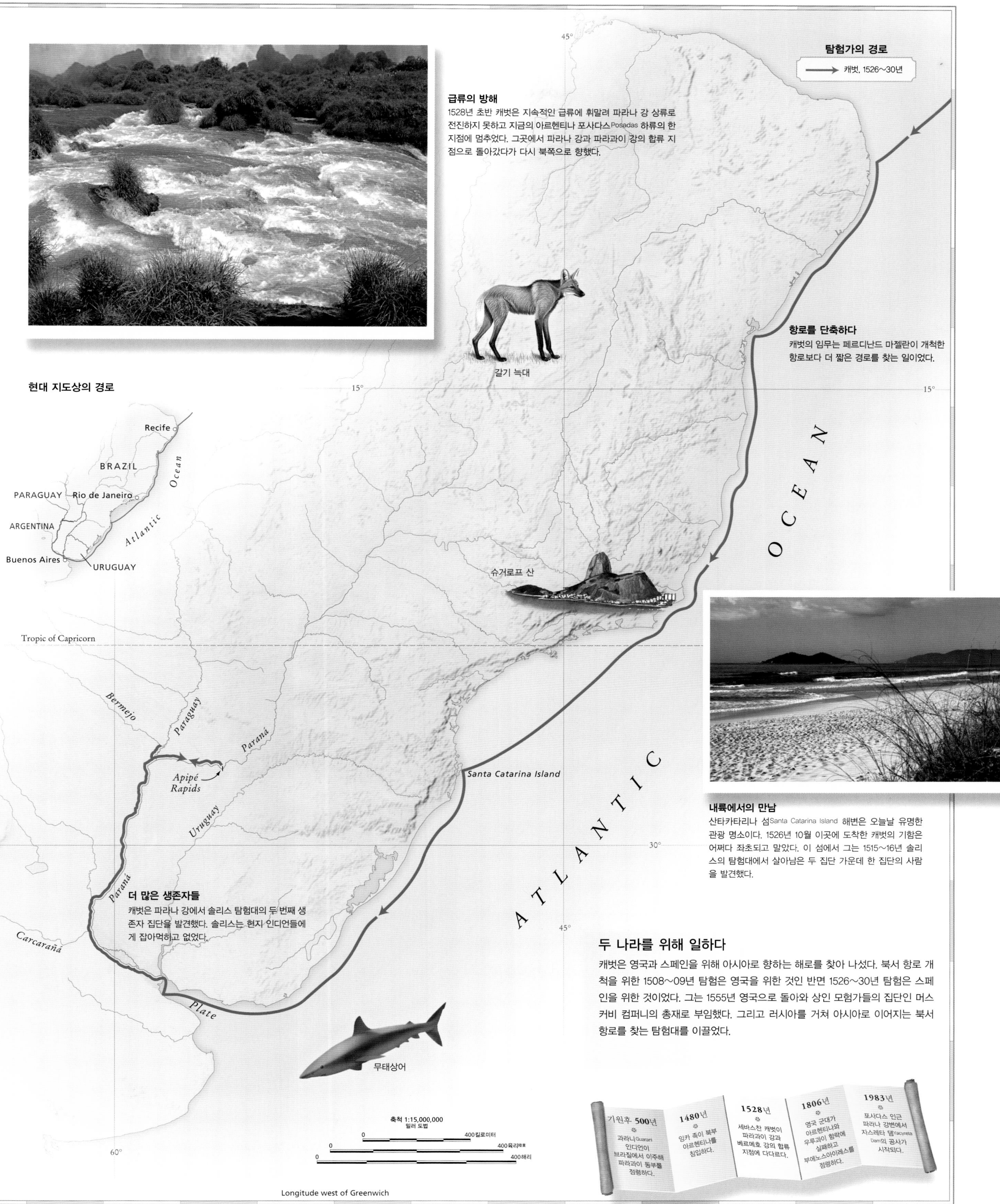
탐험가의 경로
캐벗, 1526~30년
45°
15°
30°
45°
60°
OCEAN
ATLANTIC
Santa Catarina Island
Tropic of Capricorn
Bermejo
Paraguay
Paraná
Apipé Rapids
Uruguay
Paraná
Carcarañá
Plate
갈기 늑대
슈거로프 산
무태상어
현대 지도상의 경로
Recife
BRAZIL
PARAGUAY
Rio de Janeiro
ARGENTINA
Buenos Aires
URUGUAY
Atlantic
Ocean
축척 1:15,000,000
밀러 도법
0
400킬로미터
0
400육리陸里
0
400해리
Longitude west of Greenwich
기원후 500년
과라니Guarani 인디언이 브라질에서 이주해 파라과이 동부를 점령하다.
1480년
잉카 족이 북부 아르헨티나를 침입하다.
1528년
세바스찬 캐벗이 파라과이 강과 베르메호 강의 합류 지점에 다다르다.
1806년
영국 군대가 아르헨티나와 우루과이 함락에 실패하고 부에노스아이레스를 점령하다.
1983년
포사다스 인근 파라나 강변에서 자스레타 댐Yacyreta Dam의 공사가 시작되다.

급류의 방해

1528년 초반 캐벗은 지속적인 급류에 휘말려 파라나 강 상류로 전진하지 못하고 지금의 아르헨티나 포사다스Posadas 하류의 한 지점에 멈추었다. 그곳에서 파라나 강과 파라과이 강의 합류 지점으로 돌아갔다가 다시 북쪽으로 향했다.

항로를 단축하다

캐벗의 임무는 페르디난드 마젤란이 개척한 항로보다 더 짧은 경로를 찾는 일이었다.

내륙에서의 만남

산타카타리나 섬Santa Catarina Island 해변은 오늘날 유명한 관광 명소이다. 1526년 10월 이곳에 도착한 캐벗의 기함은 어쩌다 좌초되고 말았다. 이 섬에서 그는 1515~16년 솔리스의 탐험대에서 살아남은 두 집단 가운데 한 집단의 사람을 발견했다.

더 많은 생존자들

캐벗은 파라나 강에서 솔리스 탐험대의 두 번째 생존자 집단을 발견했다. 솔리스는 현지 인디언들에게 잡아먹히고 없었다.

두 나라를 위해 일하다

캐벗은 영국과 스페인을 위해 아시아로 향하는 해로를 찾아 나섰다. 북서 항로 개척을 위한 1508~09년 탐험은 영국을 위한 것인 반면 1526~30년 탐험은 스페인을 위한 것이었다. 그는 1555년 영국으로 돌아와 상인 모험가들의 집단인 머스커비 컴퍼니의 총재로 부임했다. 그리고 러시아를 거쳐 아시아로 이어지는 북서 항로를 찾는 탐험대를 이끌었다.

콜롬비아와 베네수엘라

바스코 누네스 데 발보아와 프란시스코 피사로의 착취로부터 시작된 황금에 대한 욕망은 1530~40년대 콜롬비아와 베네수엘라에서 최고조에 이르렀다. 이와 같은 열기는 결국 황금의 사나이Gilded man(스페인어로 엘도라도El Dorado라고 함–옮긴이)에 대한 전설을 낳았다. 사람들은 이 황금의 사나이를 일개 사람에서 도시로, 그리고 다시 제국으로 둔갑시켰다. 이 열기에 사로잡힌 사람은 스페인인뿐만 아니었다. 1528년 신성로마제국의 황제이자 스페인 국왕이었던 찰스 5세Charles V가 식민지의 통치권을 아우크스부르크Augsburg의 벨저Welser 금융 가문에게 양도한 이후 독일인들도 베네수엘라로 몰려들기 시작했다. 이들 가운데는 니콜라우스 페더만Nikolaus Fermann, 필리프 폰 후텐Philipp von Hutten, 게오르그 호헤르무트Hohermuth 등이 포함되어 있었다. 엘도라도를 찾아 나선 페더만은 1539년 산타페 데 보고타Santa Fé de Bogotá(지금의 보고타)에 이르렀다. 2년 뒤 곤살로 지메네스 데 케사다Gonzalo Jiménez de Quesada 역시 산타마르타Santa Marta를 출발해 보고타에 도착했으며, 키토Quito를 출발한 세바스티안 데 베날카사르Sebastián de Benalcázar는 이보다 며칠 앞서 도착했다.

곤살로 지메네스 데 케사다
케사다는 1538년 산타페 데 보고타(현재 보고타)를 세웠다. 이보다 한 해 앞서 보고타에 도착했을 때 그는 즉시 금을 찾기 위해 무이스카 인디언들을 정복하기 시작했다.

흥미로운 사실들

안데스 산맥의 평균 폭	450킬로미터
케사다의 1569~72년 탐험대에 참가한 인원 수	스페인인 400명, 인디언 1,100명, 사제 8명
케사다의 원정을 마치고 돌아온 사람의 수	스페인인 64명, 인디언 4명, 사제 2명
보고타에서 과타비타 호수Lake Guatavita까지의 거리	55킬로미터
폰 후텐의 도보 여행에서 벌어진 결정적인 사건	후텐은 오마과Omagua 부족과의 전투에서 부상을 당했다.

성스러운 금속
보고타의 황금 박물관Gold Museum에는 스페인 정복 이전의 시대에 원주민들이 금으로 만든 물품 5만여 가지가 소장되어 있다. 베날카사르는 키토에서 출발한 여행에서 이 그림에 담긴 물건을 획득했다.

엘도라도의 전설

정복자들을 사로잡은 엘도라도 이야기는 현재 보고타 근처의 과타비타 호수에서 무이스카Muisacas 족이 행했던 즉위식에서 유래했을 것이다. 이 의식에서는 새로운 통치자에게 금가루를 뿌리고 호수에서 그를 뗏목을 태워 보내는데, 이때 통치자는 물에다 금으로 된 물건을 던지곤 했다.

테오도르 드 브리Theodore de Bry의 이 판화에는 새로운 통치자에게 끈끈한 물질을 바르고 금가루를 뿌린 뒤 금으로 장식한 뗏목을 태워 보내는 모습이 담겨 있다.

가라앉은 보물
과타비타 호수에 보물이 숨겨져 있다고 믿었던 곤살로의 동생 에르난 페레스 데 케사다Hernán Pérez de Quesada는 1545년 호수에서 물을 빼내려고 시도했다. 35년이 지난 후 안토니오 데 세풀베다Antonio de Sepúlveda는 배수를 시키기 위해 호수 가장자리에 V자 모양의 수로를 팠다.

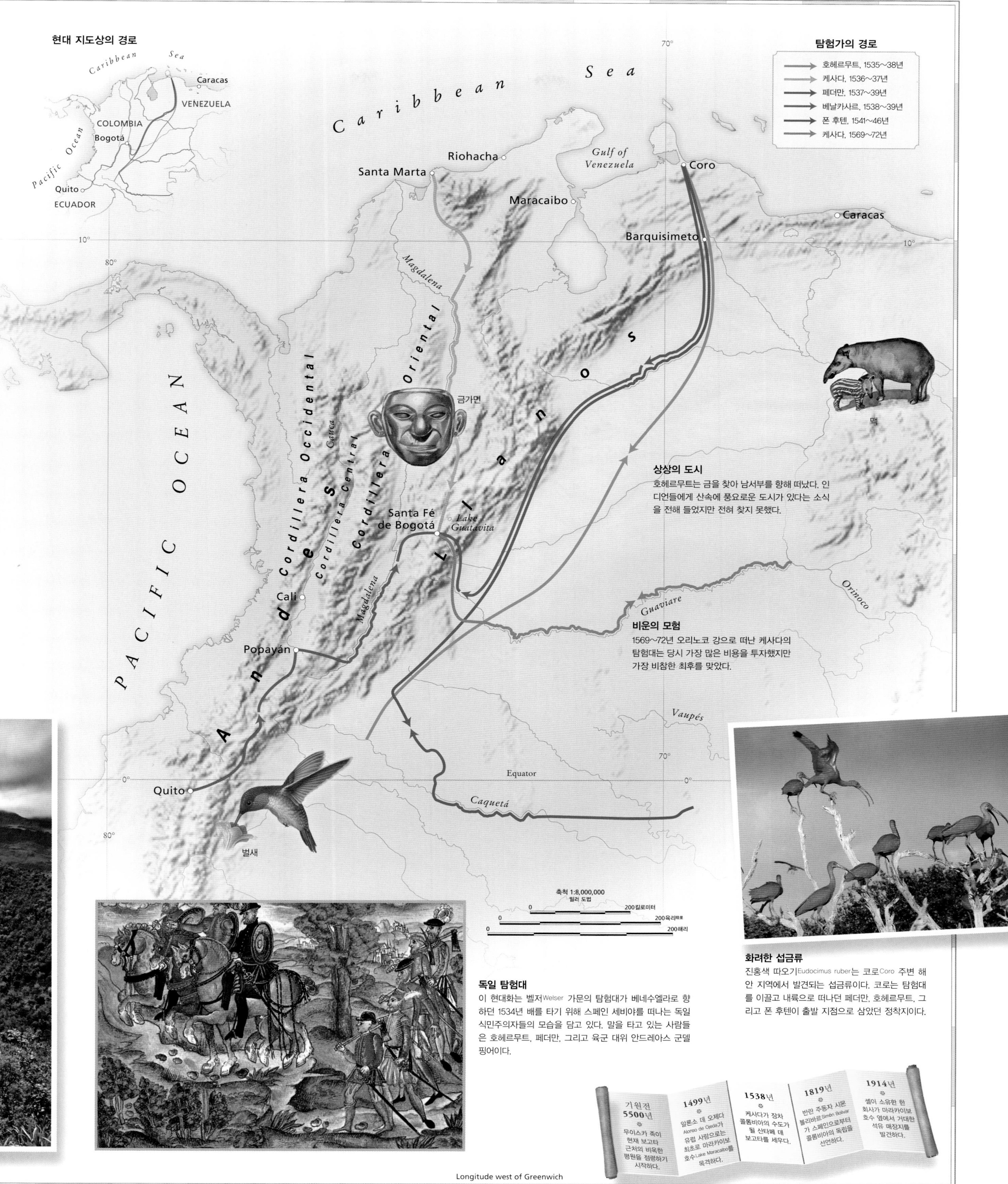
현대 지도상의 경로
Caribbean Sea
Caracas
VENEZUELA
COLOMBIA
Bogotá
Pacific Ocean
Quito
ECUADOR
탐험가의 경로
호헤르무트, 1535~38년
케사다, 1536~37년
페더만, 1537~39년
베날카사르, 1538~39년
폰 후텐, 1541~46년
케사다, 1569~72년
Caribbean Sea
Riohacha
Santa Marta
Gulf of Venezuela
Coro
Maracaibo
Caracas
Barquisimeto
Magdalena
Cordillera Oriental
Cordillera Occidental
Cordillera Central
Cauca
Andes
Llanos
PACIFIC OCEAN
금가면
맥
Santa Fé de Bogotá
Lake Guatavita
Cali
Popayán
Magdalena
Guaviare
Orinoco
Vaupés
Equator
Caquetá
Quito
벌새
70°
80°
10°
0°
축척 1:8,000,000
밀러 도법
0
200킬로미터
0
200육리陸里
0
200해리
Longitude west of Greenwich

상상의 도시
호헤르무트는 금을 찾아 남서부를 향해 떠났다. 인디언들에게 산속에 풍요로운 도시가 있다는 소식을 전해 들었지만 전혀 찾지 못했다.

비운의 모험
1569~72년 오리노코 강으로 떠난 케사다의 탐험대는 당시 가장 많은 비용을 투자했지만 가장 비참한 최후를 맞았다.

독일 탐험대
이 현대화는 벨저Welser 가문의 탐험대가 베네수엘라로 향하던 1534년 배를 타기 위해 스페인 세비야를 떠나는 독일 식민주의자들의 모습을 담고 있다. 말을 타고 있는 사람들은 호헤르무트, 페더만, 그리고 육군 대위 안드레아스 군델핑어이다.

화려한 섭금류
진홍색 따오기Eudocimus ruber는 코로Coro 주변 해안 지역에서 발견되는 섭금류이다. 코로는 탐험대를 이끌고 내륙으로 떠나던 페더만, 호헤르무트, 그리고 폰 후텐이 출발 지점으로 삼았던 정착지이다.

기원전 5500년 무이스카 족이 현재 보고타 근처의 비옥한 평원을 점령하기 시작하다.

1499년 알론소 데 오제다Alonso de Ojeda가 유럽 사람으로는 최초로 마라카이보 호수Lake Maracaibo를 목격하다.

1538년 케사다가 장차 콜롬비아의 수도가 될 산타페 데 보고타를 세우다.

1819년 반란 주동자 시몬 볼리바르Simón Bolívar가 스페인으로부터 콜롬비아의 독립을 선언하다.

1914년 셸이 소유한 한 회사가 마라카이보 호수 옆에서 거대한 석유 매장지를 발견하다.

오렐라나의 아마존 탐험

모든 정복자가 순전히 황금에 매료된 것은 아니었다. 1541년 2월 키노에서 안데스 산맥으로 떠난 프란시스코 데 오렐라나Francisco de Orellana의 목적지는 엘도라도는 물론이고, 이른바 '계피의 땅Land of Cinnamon'이었다. 당시 계피는 황금에 못지않게 진귀한 물건이었다. 중앙아메리카와 페루 원정의 대가인 오렐라나는 프란시스코 피사로의 동생 곤살로가 지휘하는 탐험대에 합류했다. 안데스 산맥을 넘었을 때 탐험대는 계피 나무가 아니라 그와 유사하게 생긴 나무를 발견하고 실망했다. 그들은 산 페드로San Pedro라는 작은 배를 만든 다음, 코카 강Coca River을 따라 나포 강Napo River로 전진했다. 오렐라나는 나포 강에서 식량보다 먼저 배와 10척의 카누를 확보했지만 강을 거슬러 올라갈 수 없었다. 그는 결국 계속 하류를 따라 내려가 큰 바다로 나가기로 결정했다. 오렐라나의 원정대는 쌍돛대 범선 빅토리아 호를 만들어 아마존 강에 도착했다. 이후 강을 항해하는 내내 인디언들과 전투를 치렀고, 마침내 대서양에 다다랐다.

3
PTAS
FRANCISCO
DE
ORELLANA
CORREOS
ESPAÑA
1965
F. N. M. T.

대가의 우표
이 스페인 우표에 실린 오렐라나는 아마존을 따라 내려간 최초의 유럽인이다. 만일 그 이전에 거쳐 간 경로까지 포함시킨다면 그는 남아메리카 대륙을 횡단한 최초의 인물일 것이다. 그의 여행 덕분에 아마존 강 유역의 방대함이 밝혀졌다.

PACIFIC OCEAN
Andes

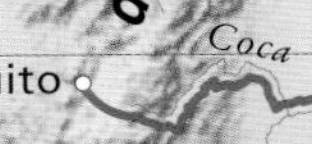
Quito
Coca
Napo
0°
75°

키토로 돌아가다
산 페드로 호가 나포 강을 향해 떠난 후 피사로는 가까스로 키토로 돌아갔다. 그는 오렐라나가 자신을 버리고 떠났다고 비난했다.

흥미로운 사실들	
탐험을 시작할 당시 인원의 수	스페인인 240명, 인디언 4,000명
산 페드로 호에 승선한 오렐라나의 대원 수	57명
피사로와 함께 키노로 돌아간 사람의 수	80명
키노에서 아마존 어귀까지 여행한 거리	4,200킬로미터
키노에서 아마존 어귀까지 여행한 기간	18개월

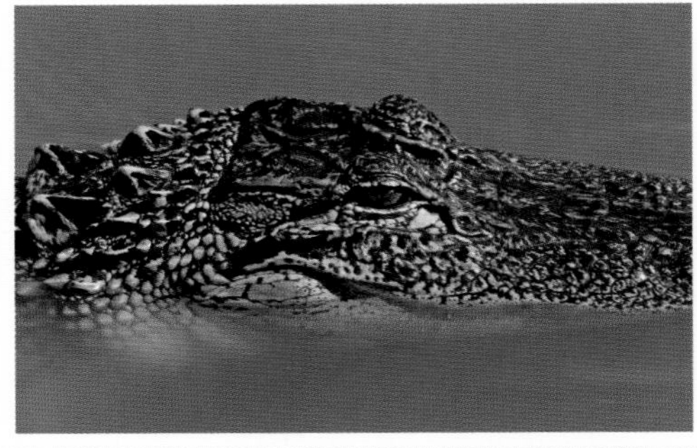

강의 먹이
카이만(아메리카 산 악어—옮긴이)은 아마존 유역에서 흔히 볼 수 있다. 나포 강에서 식량이 다 떨어졌을 무렵 오렐라나 일행은 두꺼비와 뱀 등 카이만이 주로 먹는 먹이까지 잡아먹는 지경에 이르렀다.

정글 속으로
오렐라나와 피사로는 안데스 산맥의 추위로 일행 가운데 4분의 3을 잃은 후 아마존 상류의 우림을 통과했다. 탐험대는 폭우에 온몸이 흠뻑 젖은 채 자귀로 길을 만들어가며 빽빽한 정글을 지났다.

AMERICAE SIVE QVARTAE ORBIS PARTIS NOVA ET EXACTISSIMA DESCRIPTIO

훌륭한 지도
스페인 지도 제작자 디에고 구티에레스Diego Gutierrez는 1562년 오렐라나가 여행에서 얻은 정보를 바탕으로 아메리카 대륙의 정교한 지도를 그렸다. 이는 당대 아메리카 대륙을 판화로 묘사한 것으로는 가장 큰 지도이다.

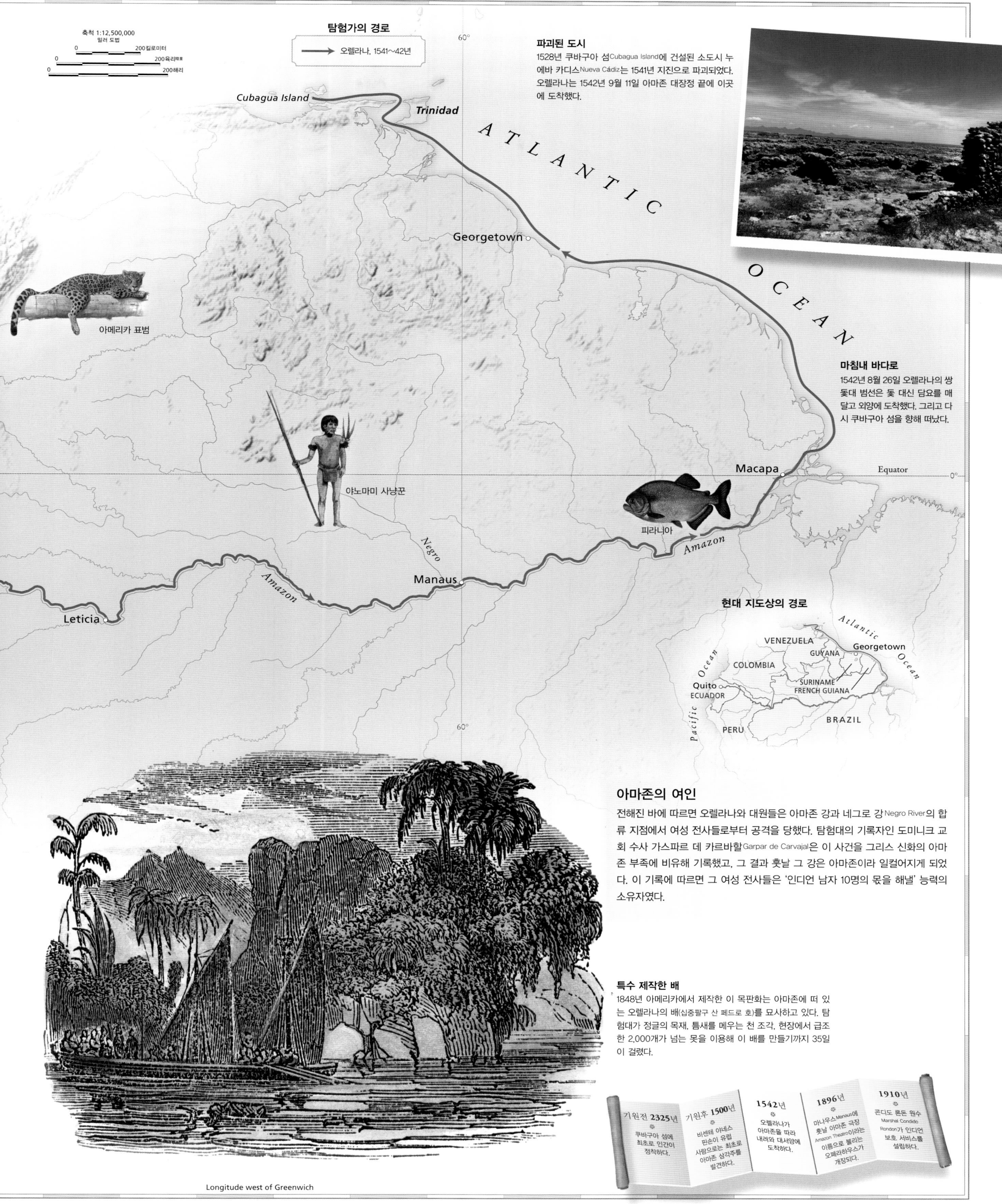
축척 1:12,500,000
밀러 도법
0 200킬로미터
0 200육리陸里
0 200해리
탐험가의 경로
오렐라나, 1541~42년
60°
Cubagua Island
Trinidad
ATLANTIC OCEAN
Georgetown
아메리카 표범
야노마미 사냥꾼
Macapa
Equator
0°
피라니아
Negro
Amazon
Manaus
Amazon
Leticia
현대 지도상의 경로
Atlantic Ocean
VENEZUELA
GUYANA
Georgetown
COLOMBIA
Pacific Ocean
Quito
ECUADOR
SURINAME
FRENCH GUIANA
BRAZIL
PERU
60°
Longitude west of Greenwich
기원전 2325년
쿠바구아 섬에 최초로 인간이 정착하다.
기원후 1500년
비센테 야녜스 핀손이 유럽 사람으로는 최초로 아마존 삼각주를 발견하다.
1542년
오렐라나가 아마존을 따라 내려와 대서양에 도착하다.
1896년
마나우스Manaus에 훗날 아마존 극장Amazon Theatro이라는 이름으로 불리는 오페라하우스가 개장되다.
1910년
콘디도 론돈 원수Marshal Condido Rondon가 인디언 보호 서비스를 설립하다.

파괴된 도시

1528년 쿠바구아 섬Cubagua Island에 건설된 소도시 누에바 카디스Nueva Cádiz는 1541년 지진으로 파괴되었다. 오렐라나는 1542년 9월 11일 아마존 대장정 끝에 이곳에 도착했다.

마침내 바다로

1542년 8월 26일 오렐라나의 쌍돛대 범선은 돛 대신 담요를 매달고 외양에 도착했다. 그리고 다시 쿠바구아 섬을 향해 떠났다.

아마존의 여인

전해진 바에 따르면 오렐라나와 대원들은 아마존 강과 네그로 강Negro River의 합류 지점에서 여성 전사들로부터 공격을 당했다. 탐험대의 기록자인 도미니크 교회 수사 가스파르 데 카르바할Garpar de Carvajal은 이 사건을 그리스 신화의 아마존 부족에 비유해 기록했고, 그 결과 훗날 그 강은 아마존이라 일컬어지게 되었다. 이 기록에 따르면 그 여성 전사들은 '인디언 남자 10명의 몫을 해낼' 능력의 소유자였다.

특수 제작한 배

1848년 아메리카에서 제작한 이 목판화는 아마존에 떠 있는 오렐라나의 배(십중팔구 산 페드로 호)를 묘사하고 있다. 탐험대가 정글의 목재, 틈새를 메우는 천 조각, 현장에서 급조한 2,000개가 넘는 못을 이용해 이 배를 만들기까지 35일이 걸렸다.

프란시스 드레이크의 일주

1577년 항해를 떠날 무렵 프란시스 드레이크Francis Drake는 카리브 해에서 스페인인을 물리친 업적으로 이미 유명한 인물이었다. 새로운 탐험의 목적은 남아메리카 남단을 경유해 아시아로 항해하고, 테라 아우스트랄리스Terra Austalis, 즉 아브라함 오르텔리우스Abraham Ortelius의 1570년 지도책에 실려 있는, 알려지지 않은 남쪽 땅을 찾고, 태평양과 대서양을 연결하는 북부 항로를 조사하는 것이었다. 드레이크는 배 5척과 선원 166명으로 항해를 시작했다. 마젤란 해협을 지나 태평양으로 항해하면서 기함 골든 하인드 호Golden Hind를 제외한 모든 배를 잃었다. 결국 테라 아우스트랄리스를 찾겠다는 희망을 버리고 남아메리카 서부 해안을 따라 북부로 항해하며 약탈 행위를 저질렀다. 그리고 현재 오리건 해안의 케이프 블랑코Cape Blanco 근처에서 북서 항로를 찾지 않기로 결정했다. 대신 남쪽으로 드레이크 베이Drake Bay까지 항해해서 서쪽으로 방향을 바꾼 다음, 아프리카의 희망봉을 거쳐 영국으로 돌아왔다.

기습 공격
드레이크의 탐험대는 칠레 도시 코킴보Coquimbo 근처에서 스페인인 100여 명과 이를 지원하는 인디언 200명으로부터 공격을 당했다. 드레이크가 도착을 할 것이라는 경고를 미리 받은 스페인인들이 식량을 찾기 위해 파견된 드레이크의 일행을 기습적으로 공격한 것이다.

흥미로운 사실들

탐험대가 출발할 당시 배의 수	5척
골든 하인드 호의 무게	150톤
항해에 동행한 드레이크의 친척	토머스(동생), 존(사촌)
태평양을 건너기 전 드레이크가 마지막으로 한 행동	캘리포니아를 영국령으로 선포했다.
드레이크가 귀국하는 길에 얻은 약탈품	50만 파운드(현재 1억 4,000만 달러에 해당)

공해 습격

1579년 초반 드레이크는 평소처럼 전술적 재능과 대담함을 발휘해 스페인의 보물선 누에스트라 세뇨라 데 라 콘셉시온Nuestra Señora de la Concepción(일명 카카푸에고Cacafuego 호)를 나포했다. 드레이크가 뱃전에 나타나자 스페인 선장은 즉시 항복했다.

Caca Fogo.
Caca Plata.

드레이크는 카카푸에고 호로부터 은괴, 은전, 그리고 보석을 압수했다. 에콰도르 앞바다에서 일어난 이 단 한 번의 공격으로 드레이크는 탐험 경비를 충당하고 평생 부유하게 살았다.

일어서라, 프란시스 경
이 드레이크의 동상은 영국 플리머스Plymouth에 의해 세워진 것이다. 그는 영국인으로는 최초로 세계 일주를 마치고 1580년 9월 26일 플리머스에 도착해서 영웅 대접을 받았다. 여왕 엘리자베스 1세Queen Elizabeth I는 11월 플리머스에서 그에게 기사 작위를 수여했다.

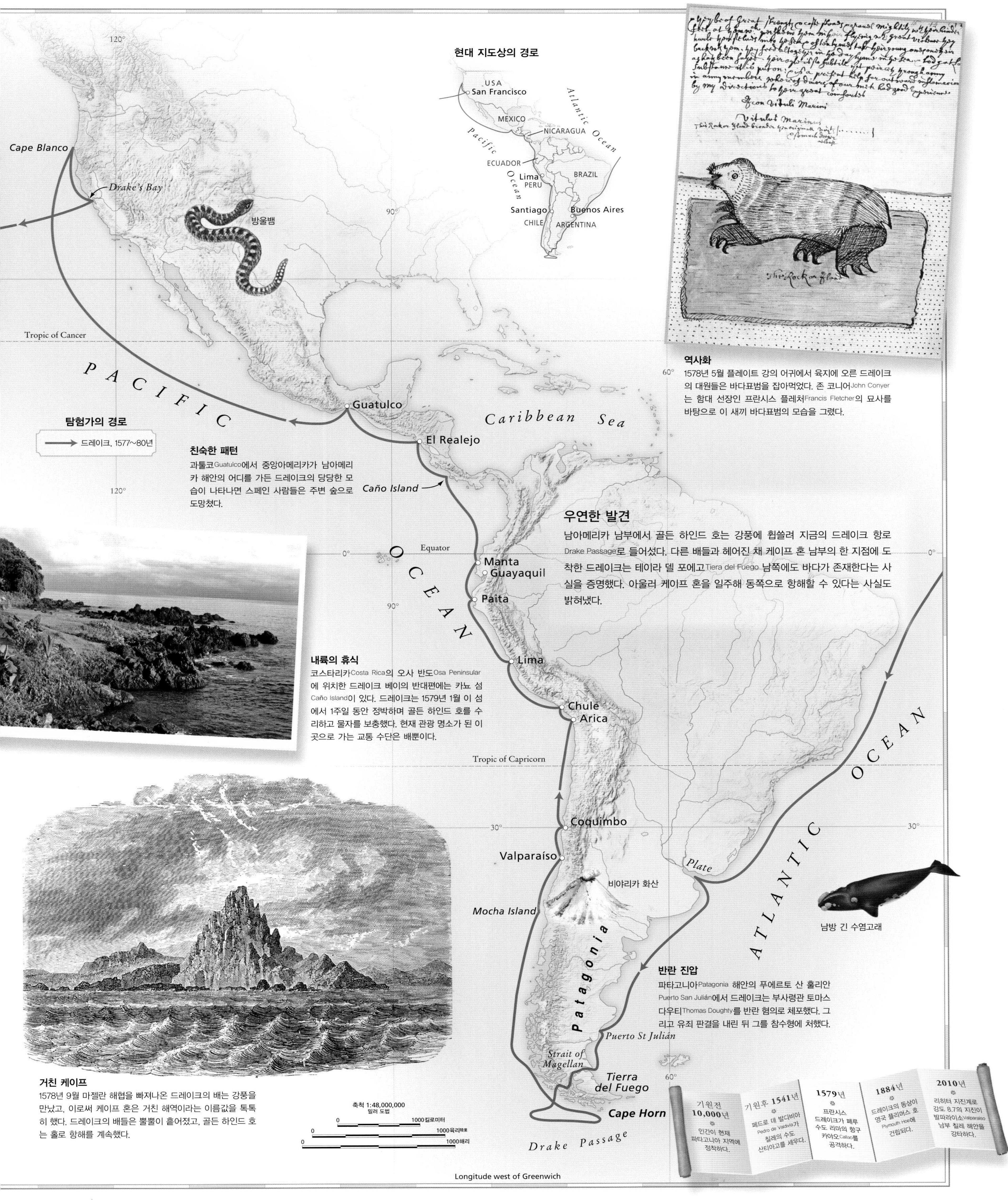
현대 지도상의 경로
USA
San Francisco
MEXICO
NICARAGUA
ECUADOR
Lima
PERU
BRAZIL
Santiago
CHILE
Buenos Aires
ARGENTINA
Pacific Ocean
Atlantic Ocean
Cape Blanco
Drake's Bay
방울뱀
Tropic of Cancer
PACIFIC OCEAN
Guatulco
El Realejo
Caño Island
Caribbean Sea
Equator
Manta
Guayaquil
Paita
Lima
Chule
Arica
Tropic of Capricorn
Coquimbo
Valparaíso
비야리카 화산
Mocha Island
Patagonia
Plate
ATLANTIC OCEAN
남방 긴 수염고래
Puerto St Julián
Strait of Magellan
Tierra del Fuego
Cape Horn
Drake Passage
탐험가의 경로
드레이크, 1577~80년
축척 1:48,000,000
밀러 도법
1000킬로미터
1000육리마로
1000해리
Longitude west of Greenwich
120°
90°
60°
30°
0°
This Rock on Land
기원전 10,000년 인간이 현재 파타고니아 지역에 정착하다.
기원후 1541년 페드로 데 발디비아Pedro de Valdivia가 칠레의 수도 산티아고를 세우다.
1579년 프란시스 드레이크가 페루 수도 리마의 항구 카야오Callao를 공격하다.
1884년 드레이크의 동상이 영국 플리머스 호Plymouth Hoe에 건립되다.
2010년 리히터 지진계로 강도 8.7의 지진이 발파라이소Valparaiso 남부 칠레 해안을 강타하다.

역사화
1578년 5월 플레이트 강의 어귀에서 육지에 오른 드레이크의 대원들은 바다표범을 잡아먹었다. 존 코니어John Conyer는 함대 선장인 프란시스 플레처Francis Fletcher의 묘사를 바탕으로 이 새끼 바다표범의 모습을 그렸다.

친숙한 패턴
과툴코Guatulco에서 중앙아메리카가 남아메리카 해안의 어디를 가든 드레이크의 당당한 모습이 나타나면 스페인 사람들은 주변 숲으로 도망쳤다.

우연한 발견
남아메리카 남부에서 골든 하인드 호는 강풍에 휩쓸려 지금의 드레이크 항로Drake Passage로 들어섰다. 다른 배들과 헤어진 채 케이프 혼 남부의 한 지점에 도착한 드레이크는 테이라 델 푸에고Tierra del Fuego 남쪽에도 바다가 존재한다는 사실을 증명했다. 아울러 케이프 혼을 일주해 동쪽으로 항해할 수 있다는 사실도 밝혀냈다.

내륙의 휴식
코스타리카Costa Rica의 오사 반도Osa Peninsular에 위치한 드레이크 베이의 반대편에는 카뇨 섬Caño Island이 있다. 드레이크는 1579년 1월 이 섬에서 1주일 동안 정박하며 골든 하인드 호를 수리하고 물자를 보충했다. 현재 관광 명소가 된 이곳으로 가는 교통 수단은 배뿐이다.

반란 진압
파타고니아Patagonia 해안의 푸에르토 산 훌리안Puerto San Julián에서 드레이크는 부사령관 토마스 다우티Thomas Doughty를 반란 혐의로 체포했다. 그리고 유죄 판결을 내린 뒤 그를 참수형에 처했다.

거친 케이프
1578년 9월 마젤란 해협을 빠져나온 드레이크의 배는 강풍을 만났고, 이로써 케이프 혼은 거친 해역이라는 이름값을 톡톡히 했다. 드레이크의 배들은 뿔뿔이 흩어졌고, 골든 하인드 호는 홀로 항해를 계속했다.

오리노코 강 탐험하기

엘도라도는 1500년대 내내 탐험가들을 사로잡았으며, 엘도라도가 있는 곳으로 소문이 난 곳은 지금의 오리노코 강 남쪽이었다. 1583~91년 세 차례의 탐험대를 이끌고 오리노코 강으로 떠난 안토니오 데 베리오Antonio de Berrío는 머지않아 그 신비로운 왕국을 발견할 것이라고 확신했다. 1595년 씩씩한 영국 탐험가 월터 롤리 경Sir Walter Raleigh 역시 황금을 찾아 트리니다드에 당도했다. 롤리는 노 젓는 배 5척을 이끌고 오리노코 강을 거슬러 올라가 카로니 강Caroní River에 이르렀다. 하지만 보석을 발견하지 못한 채 귀항했다가 1617년 다시 트리니다드를 찾았다. 일부 동료들은 로렌스 키미스Lawrence Keymis의 지휘하에 오리노코로 모험을 떠났지만 롤리는 병에 걸려 트리니다드에 남았다. 이 원정은 황금을 찾는 데 실패한 것은 물론 롤리의 아들이 스페인인들과의 전투에서 사망하는 등 참사로 끝나고 말았다. 영국으로 돌아온 롤리는 국왕 제임스 1세King James I의 명령을 어기고 해적 활동을 했다는 죄로 곧바로 처형되었다.

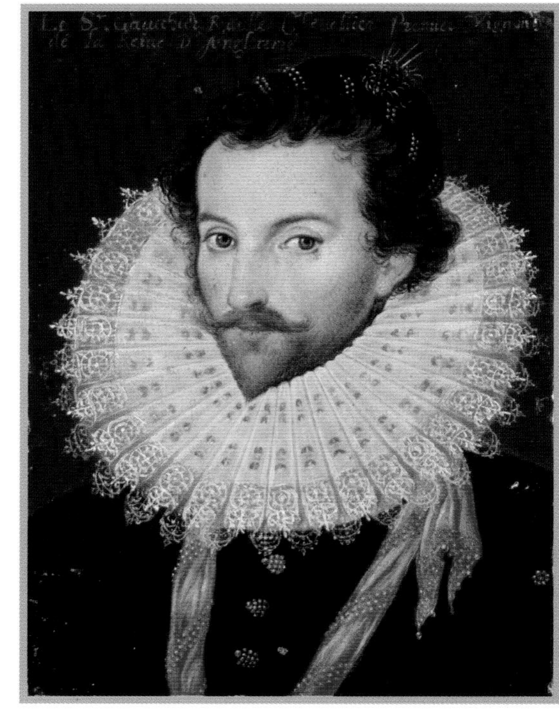

귀족 출신의 탐험가
귀족 출신으로 옥스퍼드에서 교육을 받고 시에 조예가 깊었던 롤리는 엘리자베스 1세의 총애를 받았다(1585년 여왕으로부터 기사 작위를 수여받았다.–옮긴이). 그는 여왕의 시녀 가운데 한 사람과 결혼하는 바람에 여왕의 총애를 잃자 1595년 항해로써 이를 회복하려 했다.

신비로운 도시
베리오를 비롯한 정복자들이 전하는 엘도라도의 이야기는 롤리의 상상력에 불을 지폈다. 그는 엘도라도의 주요 도시인 마노아Manoa가 오리노코 강 남부의 전설적인 파리마 호수Lake Parimá 변에 있을 것이라고 굳게 믿었다.

흥미로운 사실들	
1595년 롤리의 탐험에 동원된 배의 수	4척
1595년 탐험에 동참한 롤리의 친척	조지(사촌), 와트(아들)
오리노코 삼각주를 형성하는 강의 수	16개
1617~18년 롤리의 탐험에 동원된 배의 수	14척
1617~18년 선단의 기함 이름	데스티니Destiny호

이름 없는 배
롤리는 1595년 2월 6일 4척으로 구성된 선단을 이끌고 영국에서 남아메리카로 떠났다. 기함의 이름은 알려지지 않았지만 바크 롤리 호Bark Raleigh였을 것이라는 의견이 있다. 롤리의 부관이었던 조지 기퍼드George Gifford는 라이언스 웰프 호Lion's Whelp에 승선했다.

MANOA odel DORADO.
LACVS SALSVS PARIME.

트리니다드 공격
롤리는 1595년 4월 트리니다드의 스페인 정착지 산호세San José를 공격하는 동안 베리오를 생포했다. 그는 한 달에 걸쳐 그 정착지의 설립자이자 총독인 베리오에게 오리노코 강과 엘도라도의 위치에 대해 심문했다.

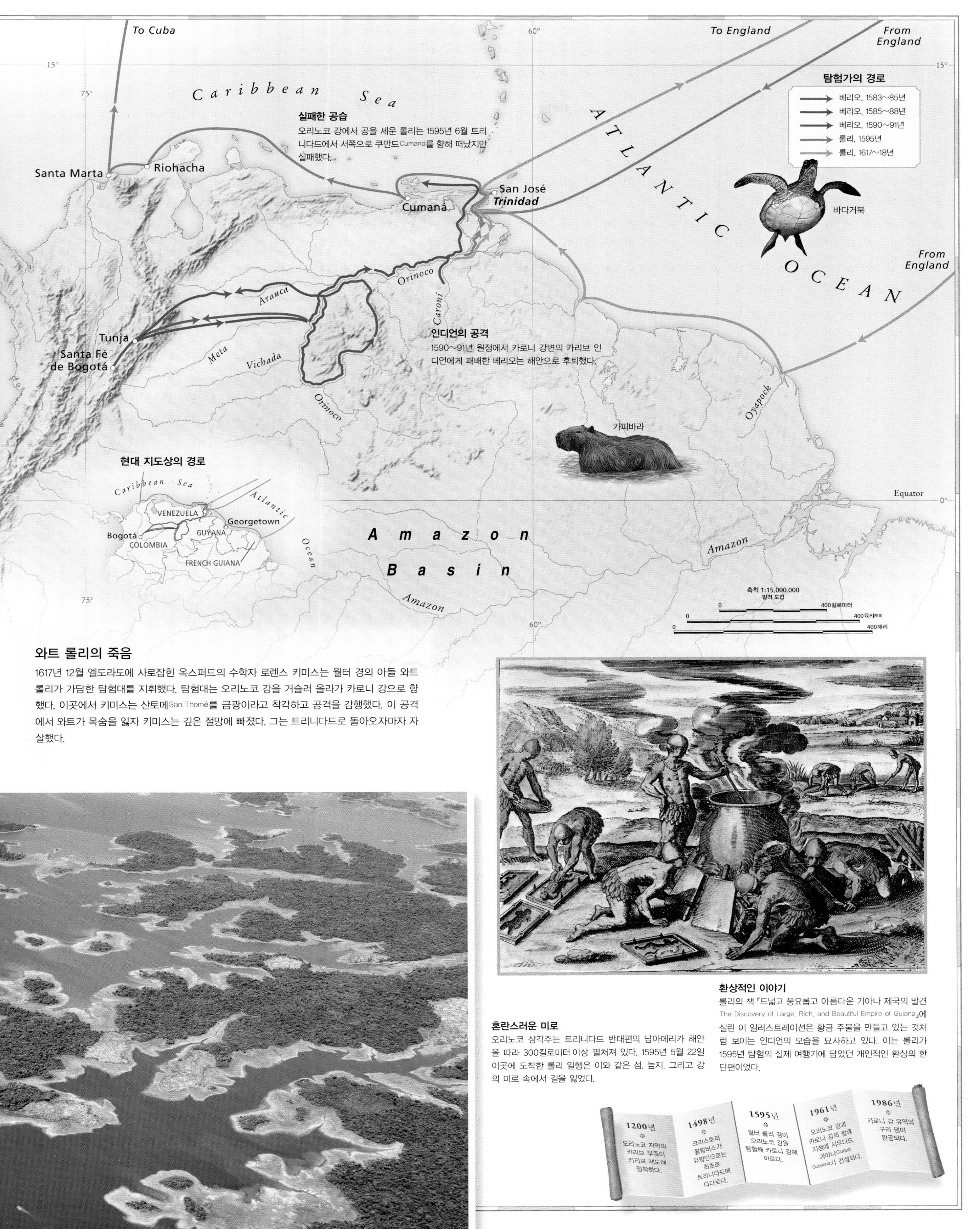

To Cuba
To England
From England
Caribbean Sea
ATLANTIC OCEAN
탐험가의 경로
베리오, 1583~85년
베리오, 1585~88년
베리오, 1590~91년
롤리, 1595년
롤리, 1617~18년
실패한 공습
오리노코 강에서 공을 세운 롤리는 1595년 6월 트리니다드에서 서쪽으로 쿠만드Cumand를 향해 떠났지만 실패했다.
Santa Marta
Riohacha
Cumaná
San José
Trinidad
바다거북
Arauca
Orinoco
Caroni
Tunja
Santa Fé de Bogotá
Meta
Vichada
인디언의 공격
1590~91년 원정에서 카로니 강변의 카리브 인디언에게 패배한 베리오는 해안으로 후퇴했다.
Oyapock
카피바라
현대 지도상의 경로
Caribbean Sea
Atlantic Ocean
VENEZUELA
Georgetown
GUYANA
Bogotá
COLOMBIA
FRENCH GUIANA
Equator
Amazon Basin
Amazon
축척 1:15,000,000
밀러 도법
0 400킬로미터
0 400육리陸里
0 400해리
1200년 오리노코 지역의 카리브 부족이 카리브 제도에 정착하다.
1498년 크리스토퍼 콜럼버스가 유럽인으로는 최초로 트리니다드에 다다르다.
1595년 월터 롤리 경이 오리노코 강을 탐험해 카로니 강에 이르다.
1961년 오리노코 강과 카로니 강의 합류 지점에 시우다드 과야나Ciudad Guayana가 건설되다.
1986년 카로니 강 유역의 구리 댐이 완공되다.

와트 롤리의 죽음

1617년 12월 엘도라도에 사로잡힌 옥스퍼드의 수학자 로렌스 키미스는 월터 경의 아들 와트 롤리가 가담한 탐험대를 지휘했다. 탐험대는 오리노코 강을 거슬러 올라가 카로니 강으로 향했다. 이곳에서 키미스는 산토메San Thomé를 금광이라고 착각하고 공격을 감행했다. 이 공격에서 와트가 목숨을 잃자 키미스는 깊은 절망에 빠졌다. 그는 트리니다드로 돌아오자마자 자살했다.

혼란스러운 미로
오리노코 삼각주는 트리니다드 반대편의 남아메리카 해안을 따라 300킬로미터 이상 펼쳐져 있다. 1595년 5월 22일 이곳에 도착한 롤리 일행은 이와 같은 섬, 늪지, 그리고 강의 미로 속에서 길을 잃었다.

환상적인 이야기
롤리의 책 『드넓고 풍요롭고 아름다운 기아나 제국의 발견 The Discovery of Large, Rich, and Beautiful Empire of Guiana』에 실린 이 일러스트레이션은 황금 주물을 만들고 있는 것처럼 보이는 인디언의 모습을 묘사하고 있다. 이는 롤리가 1595년 탐험의 실제 여행기에 담았던 개인적인 환상의 한 단편이었다.

케이프 혼 일주하기

남아메리카의 최남단인 케이프 혼은 사나운 강풍과 거친 파도, 세찬 해류로 악명이 드높다. 페르디난드 마젤란은 1519~21년 원정에서 대서양에서 태평양으로 항해할 때 케이프 혼을 일주하는 대신 북부로 향하는 한 경로를 택했다(훗날 이 길은 마젤란 해협이라고 일컬어진다.-옮긴이) 1579년에서 1580년까지 페드로 사르미엔토 데 감보아Pedro Sarmiento de Gamboa는 칠레 남부 해안에 대한 광범위한 조사를 실시했다. 하지만 그는 남아메리카 최남단에 이르지는 않았다. 1616년이 되어서야 아시아로 향하던 네덜란드 항해가 야코프 레 마이레Jacob Le Maire와 빌렘 스하우텐Willem Schouten이 케이프 혼을 일주하는 경로를 개척했다. 1세기가 훌쩍 지난 다음, 영국 제독 조지 앤슨George Anson은 남아메리카 서부 해안의 스페인 식민지를 공격하기 위해 7척의 배를 이끌고 케이프 혼을 일주했다. 1914년 파나마 운하가 개통되어 항로가 단축될 때까지 상용 선박은 케이프 혼 경로를 이용했다.

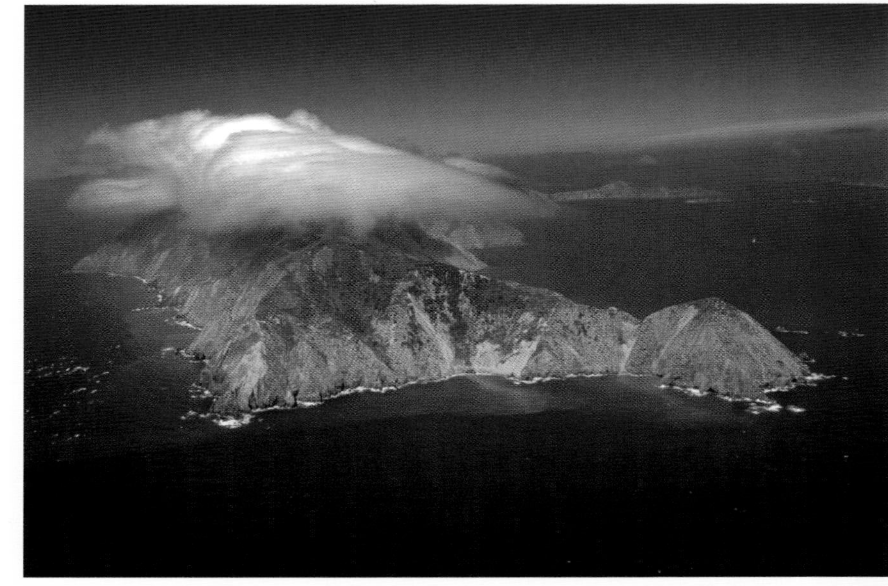

야생의 아름다움
케이프 혼 일대는 섬, 곶, 해협, 그리고 강어귀가 이루는 미로이다. 케이프 혼 자체는 티에라 데 푸에고 군도의 일부인 한 섬에 위치해 있다. 르 마이레는 네덜란드의 도시 덴 후른Den Hoorn으로 케이프의 이름을 지었다.

스페인과의 거래
포르투갈 출신 귀족인 마젤란은 1518년 아시아로 향하는 서부 항로를 개척해달라는 스페인의 제안을 받고 국적을 바꾸었다. 그는 태평양을 횡단한 후 필리핀에서 목숨을 잃었다.

흥미로운 사실들	
마젤란의 본명	페르낭 데 마갈량이스
마젤란이 태평양을 횡단하는 데 걸린 기간	99일
르 마이레의 목적	네덜란드 동인도 회사의 통상로 독점을 무너뜨리기
앤슨이 항해를 시작할 당시 선단에 포함된 배의 수	7척
앤슨이 항해를 마칠 당시 선단에 남은 배의 수	1척

파타고니아 얼음 다리
마젤란은 1520년 파타고니아에서 겨울을 난 뒤 훗날 자신의 이름을 따서 명명될 해협을 항해했다. 마젤란의 배는 항해하는 내내 혹독한 강풍에 시달렸다.

Streto patagonico
Capo deseado
Mare oceano
Capo da le ij m. vir.
Mare pacifico
Porto di santo Juliano
Regione patagonia
Cevo di S.t M.e
Fiume de Johan de Solis

거꾸로 된 지도
이 파타고니아 지도에는 북쪽이 아래에, 마젤란 해협이 위에 표시되어 있다. 이는 탐험대의 기록자로서 마젤란과 동행했던 피가페타Pigafetta가 그린 지도이다.

사망자 수
선원을 많이 잃은 앤슨의 선단은 1741년 후안 페르난데스 제도Juan Fernández Islands에서 전열을 가다듬었다. 하지만 괴혈병으로 인해 배 4척에 배치할 만큼 인원이 충분하지 않았다. 그래서 앤슨은 1척을 버리기로 결정했다.

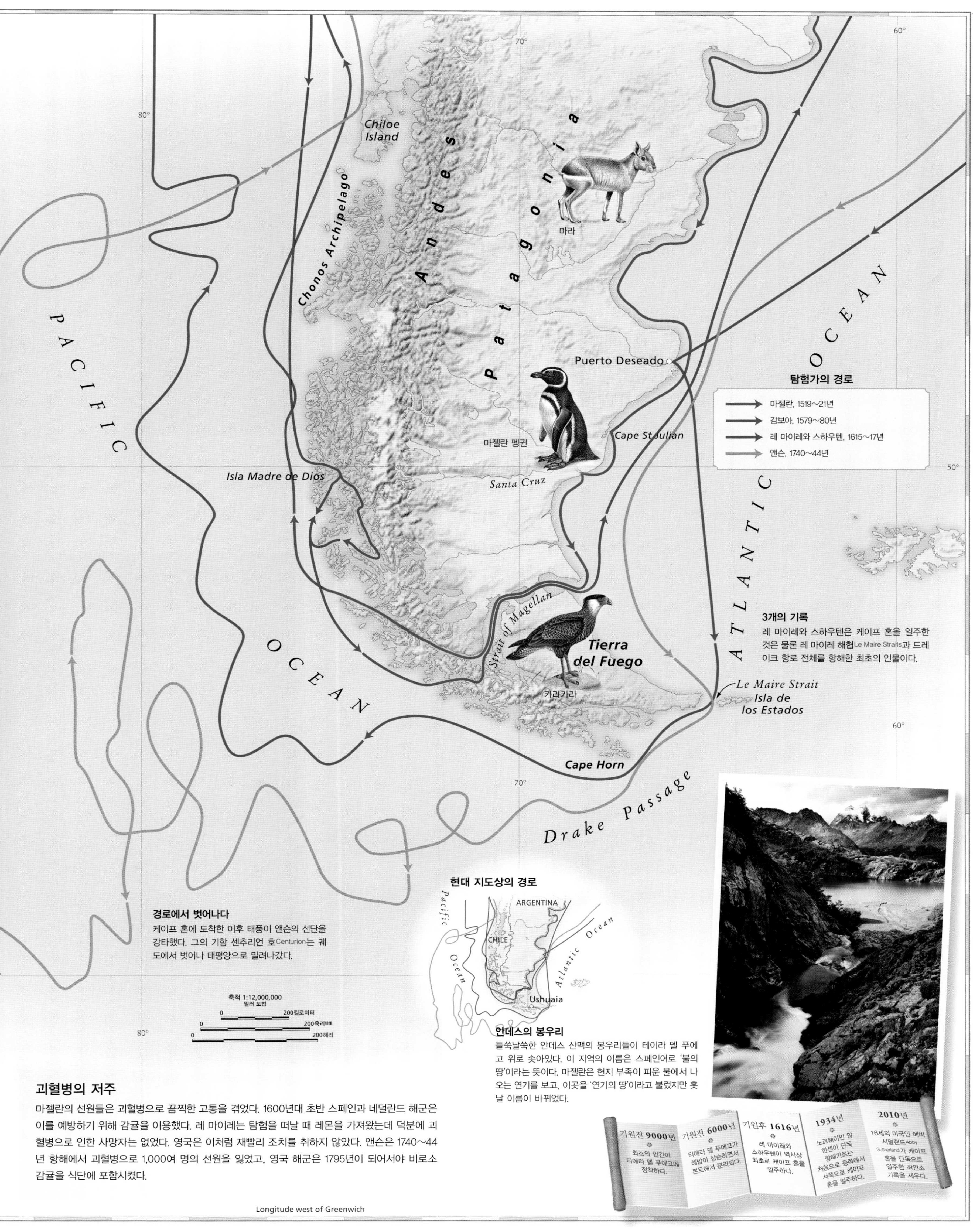
70°
60°
80°
Chiloe Island
Chonos Archipelago
Andes
Patagonia
마라
PACIFIC
OCEAN
Puerto Deseado
마젤란 펭귄
Cape St. Julian
Isla Madre de Dios
Santa Cruz
ATLANTIC
OCEAN
50°
Strait of Magellan
Tierra del Fuego
카라카라
Le Maire Strait
Isla de los Estados
60°
Cape Horn
70°
Drake Passage
탐험가의 경로
마젤란, 1519~21년
캄보아, 1579~80년
레 마이레와 스하우텐, 1615~17년
앤슨, 1740~44년
현대 지도상의 경로
ARGENTINA
CHILE
Pacific Ocean
Atlantic Ocean
Ushuaia
축척 1:12,000,000
밀러 도법
0 200킬로미터
0 200육리陸里
0 200해리
80°
Longitude west of Greenwich
기원전 9000년
최초의 인간이 티에라 델 푸에고에 정착하다.
기원전 6000년
티에라 델 푸에고가 해발이 상승하면서 본토에서 분리되다.
기원후 1616년
레 마이레와 스하우텐이 역사상 최초로 케이프 혼을 일주하다.
1934년
노르웨이인 알 한센이 단독 항해가로는 처음으로 동쪽에서 서쪽으로 케이프 혼을 일주하다.
2010년
16세의 미국인 애비 서덜랜드Abby Sutherland가 케이프 혼을 단독으로 일주한 최연소 기록을 세우다.

3개의 기록

레 마이레와 스하우텐은 케이프 혼을 일주한 것은 물론 레 마이레 해협Le Maire Straits과 드레이크 항로 전체를 항해한 최초의 인물이다.

경로에서 벗어나다

케이프 혼에 도착한 이후 태풍이 앤슨의 선단을 강타했다. 그의 기함 센추리언 호Centurion는 궤도에서 벗어나 태평양으로 밀려나갔다.

안데스의 봉우리

들쑥날쑥한 안데스 산맥의 봉우리들이 테이라 델 푸에고 위로 솟아있다. 이 지역의 이름은 스페인어로 '불의 땅'이라는 뜻이다. 마젤란은 현지 부족이 피운 불에서 나오는 연기를 보고, 이곳을 '연기의 땅'이라고 불렀지만 훗날 이름이 바뀌었다.

괴혈병의 저주

마젤란의 선원들은 괴혈병으로 끔찍한 고통을 겪었다. 1600년대 초반 스페인과 네덜란드 해군은 이를 예방하기 위해 감귤을 이용했다. 레 마이레는 탐험을 떠날 때 레몬을 가져왔는데 덕분에 괴혈병으로 인한 사망자는 없었다. 영국은 이처럼 재빨리 조치를 취하지 않았다. 앤슨은 1740~44년 항해에서 괴혈병으로 1,000여 명의 선원을 잃었고, 영국 해군은 1795년이 되어서야 비로소 감귤을 식단에 포함시켰다.

아마존의 탐험가들

프란시스코 데 오렐라나가 아마존을 따라 내려온 지 1세기가 지나서 스페인과 포르투갈은 이 지역을 정복하기 위해 전략적인 노력을 기울였다. 1638년 포르투갈 육군 장교 페드로 데 테제이라Pedro de Teixeira는 유럽인 최초로 아마존을 거슬러 올라 키노까지 탐험했다. 이처럼 포르투갈이 자국의 영역을 침입하자 몹시 놀란 스페인 정부는 테제이라를 돌려보냈다. 한편 1500년대 중반부터 아마존 지역에서 활발히 활동하던 선교사들은 꾸준히 인디언들을 개종시키고 스페인과 포르투갈의 약탈로부터 그들을 보호했다. 이 가운데 한 선교사인 사무엘 프리츠Samuel Fritz는 1689년부터 1692년까지 양방향으로 아마존을 탐험했다. 1700년대 계몽 시대 동안 자연의 기적으로 가득한 이 지역은 과학계의 관심을 받을 수밖에 없었다. 1743년 샤를 마리 데 라 콩다민Charles Marie de La Condamine은 과학자로는 최초로 아마존에 도착했다. 알프레드 러셀 월리스Alfred Russel Wallace와 헨리 월터 베이츠Henry Walter Bates가 그의 뒤를 따랐는데 이 가운데 베이츠는 1800년대 중반 아마존을 탐험했다.

포르투갈의 반격
테제이라의 모험이 시작된 벨렘Belém에 그의 동상은 건설되었다. 테제이라의 탐험대는 상류로부터 스페인 사제 2명과 군인 4명이 내려오자 이에 맞서기 위해 결성된 것이었다. 이 탐험대는 당시 상류로 거슬러 올라가는 탐험대로는 최대 규모였다.

곤충 전문가
베이츠(위)는 월리스와 함께 그리고 단독으로 아마존을 탐험하면서 곤충 표본을 수집했다. 그는 일부 나비가 위험한 동물의 흉내를 내며, 포식자를 물리친다는 사실에 주목했다. 현재 이 속임수는 '베이츠 의태Batesian mimicry'라고 일컬어진다.

흥미로운 사실들

아마존 분지의 면적	700만 제곱킬로미터
아마존 지류의 수	1,100개 이상
테제이라 탐험대의 인원 수	1,200명
테제이라의 목적	아마존 강을 포르투갈의 영토로 선언하기 위해
아마존 강에서 라콩다민이 이동한 평균 속도	하루에 72킬로미터

불친절한 동물

아마존 지역의 일부 동물은 인간을 괴롭힐 능력을 갖추고 있다. 이 가운데 가장 위험한 동물로는 베이츠의 카누를 공격했던 아나콘다를 꼽을 수 있다. 그 뿐만 아니라 아메리카 표범, 카이만, 전기뱀장어, 피라니아 등도 피해야 할 동물이다. 아마존에 서식하는 3,000만 종의 곤충 가운데 가장 위험한 것은 단연 '모기'이다. 모기는 초기 탐험가들에 전염병을 옮기고 말라리아를 감염시켰다.

아마존 강 유역에는 378종의 파충류가 서식하고 있으며, 이 중 대다수가 치명적인 독을 품고 있다. 범람원에서는 우기에 홍수가 일어나는 동안 육지에 서식하는 뱀들이 나무로 올라간다.

수포로 끝난 노력
월리스의 배는 1852년 해로를 통해 브라질에서 영국으로 돌아오는 도중 침몰하고 말았다. 이 와중에 월리스는 아마존에서 수집한 표본과 메모를 모두 잃어버렸다. 하지만 이에 굴하지 않고 1854년 아시아로 떠난 그는 다윈과는 독자적으로 진화 이론을 개발했다.

일 중독 과학자
라 콩다민은 아마존 대장정을 시작한 초기에 발사 나무 뗏목을 타고 마라뇽 강Marañón River을 내려갔다. 그는 이 과정에서 줄곧 관찰하고, 측정하고, 시험하고, 기록하고, 지도를 그리며 헌신적인 과학자의 면모를 보였다.

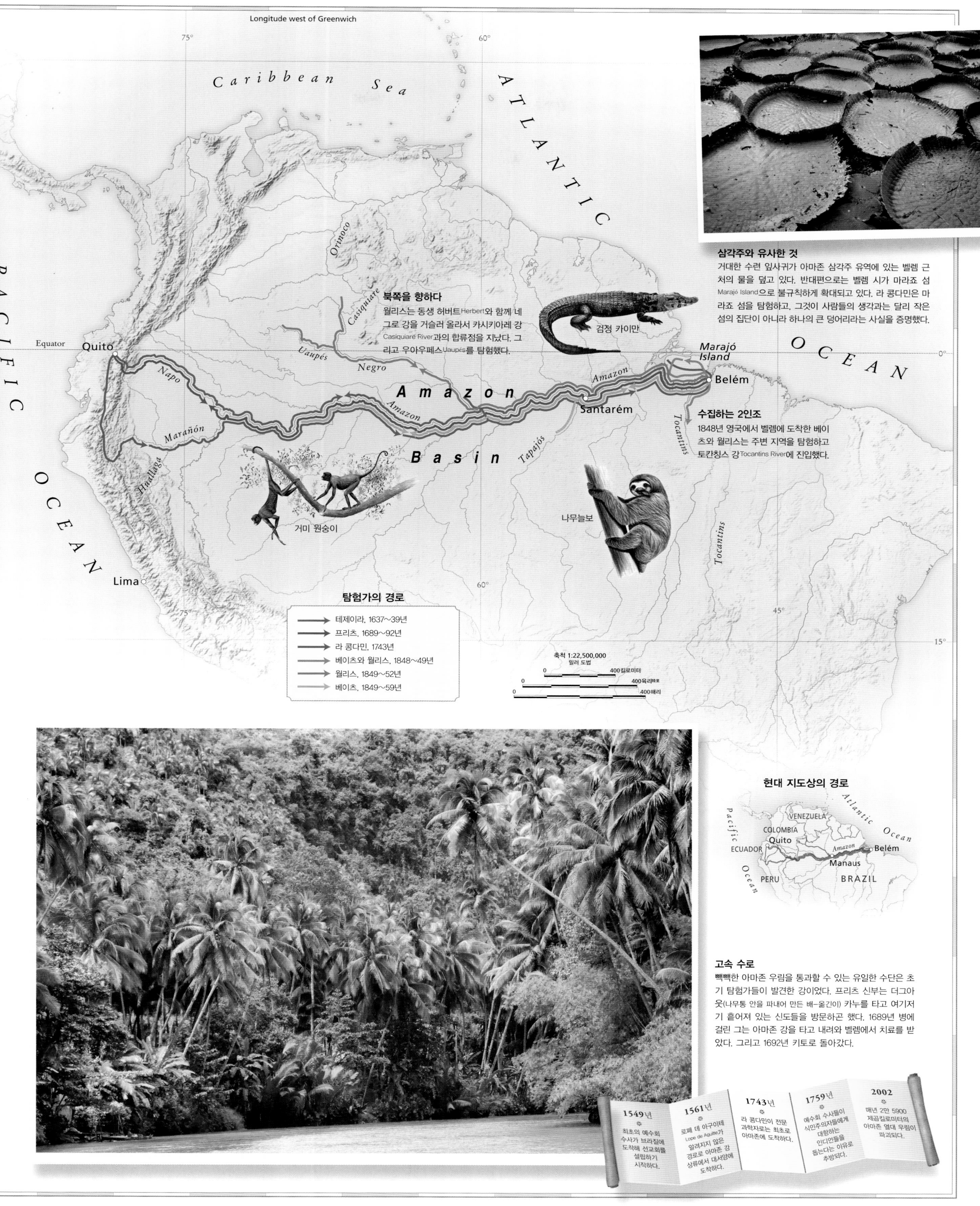

Longitude west of Greenwich
75°
60°
Caribbean Sea
ATLANTIC OCEAN
PACIFIC OCEAN
Orinoco
Casiquiare
Equator
Quito
Uaupés
Negro
Napo
Amazon
Amazon Basin
Marañón
Huallaga
Tapajós
Santarém
Marajó Island
Belém
Tocantins
0°
검정 카이만
거미 원숭이
나무늘보
Lima
60°
75°
45°
15°
탐험가의 경로
테제이라, 1637~39년
프리츠, 1689~92년
라 콩다민, 1743년
베이츠와 월리스, 1848~49년
월리스, 1849~52년
베이츠, 1849~59년
축척 1:22,500,000
밀러 도법
0 400킬로미터
0 400육리陸里
0 400해리
현대 지도상의 경로
Pacific Ocean
Atlantic Ocean
VENEZUELA
COLOMBIA
Quito
ECUADOR
Amazon
Belém
Manaus
PERU
BRAZIL

북쪽을 향하다
월리스는 동생 허버트Herbert와 함께 네그로 강을 거슬러 올라서 카시키아레 강Casiquiare River과의 합류점을 지났다. 그리고 우아우페스Uaupés를 탐험했다.

삼각주와 유사한 것
거대한 수련 잎사귀가 아마존 삼각주 유역에 있는 벨렘 근처의 물을 덮고 있다. 반대편으로는 벨렘 시가 마라죠 섬Marajó Island으로 불규칙하게 확대되고 있다. 라 콩다민은 마라죠 섬을 탐험하고, 그것이 사람들의 생각과는 달리 작은 섬의 집단이 아니라 하나의 큰 덩어리라는 사실을 증명했다.

수집하는 2인조
1848년 영국에서 벨렘에 도착한 베이츠와 월리스는 주변 지역을 탐험하고 토칸칭스 강Tocantins River에 진입했다.

고속 수로
빽빽한 아마존 우림을 통과할 수 있는 유일한 수단은 초기 탐험가들이 발견한 강이었다. 프리츠 신부는 더그아웃(나무통 안을 파내어 만든 배-옮긴이) 카누를 타고 여기저기 흩어져 있는 신도들을 방문하곤 했다. 1689년 병에 걸린 그는 아마존 강을 타고 내려와 벨렘에서 치료를 받았다. 그리고 1692년 키토로 돌아갔다.

1549년
최초의 예수회 수사가 브라질에 도착해 선교회를 설립하기 시작하다.

1561년
로페 데 아구이레Lope de Aguitte가 알려지지 않은 경로로 아마존 강 상류에서 대서양에 도착하다.

1743년
라 콩다민이 전문 과학자로는 최초로 아마존에 도착하다.

1759년
예수회 수사들이 식민주의자들에게 대항하는 인디언들을 돕는다는 이유로 추방되다.

2002
매년 2만 5900 제곱킬로미터의 아마존 열대 우림이 파괴되다.

알렉산더 폰 훔볼트

탐험가, 과학자, 엔지니어, 언어학자, 철학자였던 알렉산더 폰 훔볼트는 인간의 지식을 증가시킨 공헌을 인정받아 '최후의 위대한 박식가last great universal man'라는 칭호를 얻었다. 물론 아시아를 탐험하기도 했지만 그는 1799~1804년 남아메리카와 중앙아메리카 탐험으로 가장 유명하다. 이 탐험에서 9,650킬로미터를 이동하며 그 지역을 연구했다. 찰스 다윈Charles Darwin은 그를 '역사상 가장 위대한 과학 탐험가the greatest scientific traveler who ever lived'라고 일컬었다. 1799년 프랑스 식물학자 아이메 봉플랑Aime Bonpland과 함께 베네수엘라에 도착한 훔볼트는 오리노코 강을 탐험하고 찰스 마리 드 라 콩다민의 이론이 옳다는 것을 확인했다. 라 콩다민은 오리노코 강이 카시키아레 강과 네그로 강을 통해 아마존 강과 연결된다는 주장을 발표한 바 있다. 1801년부터 1802년까지 훔볼트와 봉플랑은 콜롬비아, 에콰도르, 페루를 두루 여행하고 안데스 산맥을 다섯 차례 넘었으며, 키토 근처의 화산 침보라조 산Mount Chimborazo을 등반해 높이를 측정했다. 1803년 두 사람은 멕시코에서 아즈텍 역사를 연구하고, 여러 화산을 등반하고, 식물을 수집했다.

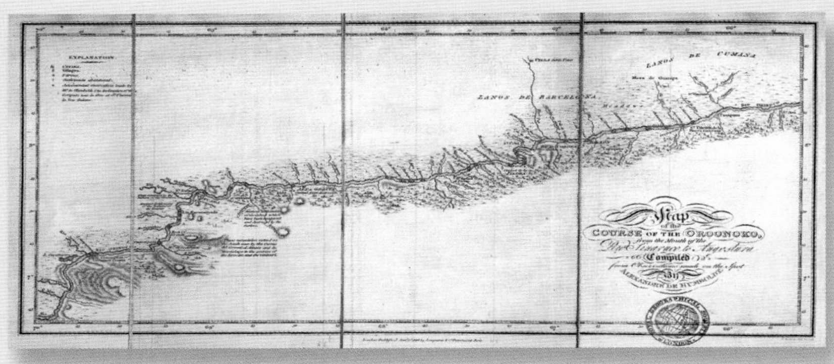

오리노코 강의 경로
훔볼트의 라틴아메리카 여행기에 실린 이 지도는 시나루코 강Cinaruco River과 안고스투라Angostura(지금의 시우다드 볼리바르Ciudad Bolivar—옮긴이) 사이에 오리노코 강을 표시했다. 훔볼트는 아푸레 강Apure과 오리노코 강이 합류하는 지점에서 오리노코 강의 폭은 3,701미터라고 기록했다.

젊은 박식가
1769년 베를린에서 육군 대위의 아들로 태어난 훔볼트는 상업, 언어, 해부학, 지질학, 천문학, 생물학을 공부했다. 그리고 약관 20세에 생애 최초로 과학 탐험(라인 강Rhine River 상류)에 참가했다.

침보라조 산 등반

1802년 키노 주변을 탐험하는 동안 훔볼트와 봉플랑은 당시 세계 최고봉으로 생각되던 침보라조 화산(6,268미터)을 오르기로 결정했다. 두 사람은 5,610미터에 이르렀지만 악천후와 고산병으로 등반을 포기했다. 이 고도에 이른 기록은 30년 동안 깨지지 않았다.

이 일러스트레이션에서 가던 걸을 멈추고 꽃을 꺾는 사나이는 십중팔구 훔볼트일 것이다. 과학적으로 수많은 업적을 거두었지만 훔볼트는 자신의 최대 위업을 침보라조 산 등반이라고 생각했다.

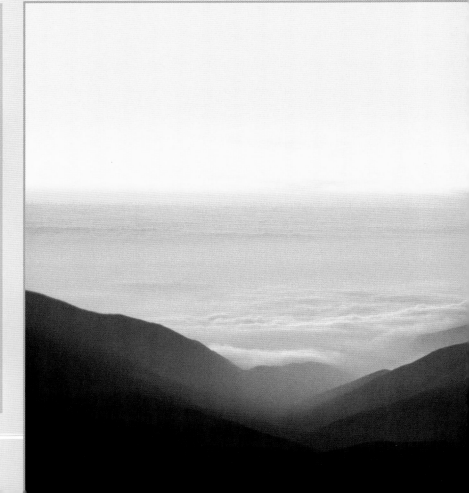

흥미로운 쿠라레

2종의 아마존 덩굴 식물에서 갈라져 나온 쿠라레는 호흡 근육을 마비시켜 목숨을 빼앗는 강력한 근육 이완제이다. 훔볼트는 쿠라레의 조제법을 연구하는 한편, 소량을 직접 삼킴으로써 소화만 되면 쿠라레가 해롭지 않다는 사실을 입증했다. 1940년대부터 쿠라레는 서양 의학의 마취제로 사용되었지만, 훗날 부작용이 적은 약제로 대체되었다.

아마존 인디언들은 쿠라레가 포함된 넝쿨의 껍질을 깎아낸 다음, 미지근한 물에 깎아낸 껍질을 담가 진액을 수지 상태가 될 때까지 끓인 후 화살촉에 바른다.

다양한 연구

훔볼트는 고온 다습한 우림에서 눈 덮인 안데스 산맥의 봉우리에 이르기까지 여러 곳을 돌아다니며 오리노코 강변의 인디언 부족을 연구하고, 수성의 자오선 통과를 기록하고, 잉카 부족의 케추아 언어를 배우는 데 폭넓은 지적 능력을 두루 발휘했다.

Philadelphia
NORTH AMERICA
폰 훔볼트, 1799~1804년
훔볼트 해류
Gulf of Mexico
Havana
Atlantic Ocean
Acapulco
Caribbean Sea
Caracas
Pacific Ocean
Bogotá
Quito
Mt Chimborazo
Guayaquil
SOUTH AMERICA
Lima

만족할 줄 모르는 수집가들

이 일러스트레이션은 수많은 생물학 표본에 둘러 싸여 있는 훔볼트(서 있는 사람)와 봉플랑을 묘사하고 있다. 그들은 6,000가지가 넘는 건조 식물 표본과 압축 식물 표본, 그리고 약 3,000종의 새로운 식물에 대한 기록을 가지고 유럽으로 돌아왔다. 이는 그때까지 알려진 종보다 2배나 많은 것이었다.

거래한 설치류

세계 최대의 설치류인 카피바라는 무게가 최대 65킬로그램에 이르며 수영을 매우 잘한다. 훔볼트는 오리노코 강에서 카피바라를 연구하고 전기뱀장어로 고통스러운 실험을 했다.

한류

훔볼트는 페루의 태평양 연안 기후를 연구하고 해안을 따라 흐르는 차가운 해류 때문에 해안에 안개가 끼고 건조하다는 정확한 결론을 내렸다. 현재 이 해류는 '훔볼트 해류'라고 일컬어진다.

20세기의 탐험

20세기 초반부터 탐험가와 모험가들은 점점 복잡해지는 기술을 이용해 대륙의 더욱 깊은 곳까지 탐사했다. 그들의 탐험은 대부분 현실주의와 이상주의가 적절히 혼합된 동기에서 시작되었지만 잃어버린 문명에 대한 집착 또한 한 요인이 되었다. 브라질의 군사 엔지니어 칸디도 론돈Cândido Rondon은 1900년대 초반 마투 그로수Matto Grosso에서 수천 킬로미터를 탐험했으며, 두 번에 걸쳐 탐험대를 이끌고 아마존 강 어귀에 도착했다. 이 가운데 한 탐험에는 미국 대통령 시어도어 루스벨트Theodore Roosevelt가 동행했다. 1907~25년 미국인 의사 알렉산더 해밀턴 라이스Alexander Hamilton Rice는 아마존 북부와 북서부의 지류들을 체계적으로 조사했다. 라이스가 마지막 탐험을 마친 직후, 전 육군 대위 퍼시 해리슨 포셋Percy Harrison Fawcett은 브라질 중부에서 실종되었다. 33년이 지난 후 또 다른 영국인 로빈 핸버리 테니슨Robin Hanbury Tenison은 지프를 몰고 남아메리카에서 가장 폭이 넓은 지점을 횡단했다. 이후 1964년과 1965년에는 고무보트를 타고 오리노코 강에서 플레이트 강까지 탐험했다.

포셋의 꿈
포셋은 정부의 조사 업무를 시작으로 볼리비아, 파라과이, 브라질 등지를 거의 20년 동안 탐험한 결과, 브라질 내륙에 수정 건물이나 조각상 등과 함께 발견되지 않은 고대 인디언 문명이 있다고 확신하게 되었다.

흥미로운 사실들	
브라질 다우트 강River of Doubt의 현재 이름	루스벨트 강Roosevelt River 또는 리오 테오도로Rio Theodoro 강
마데이라 강Madeira River의 길이	3,250킬로미터
라이스가 탐험한 총 면적	130만 제곱킬로미터
핸버리 테니슨의 1964~65년 탐험에 소요된 기간	8개월
핸버리 테니슨이 1964~65년 탐험에서 이동한 거리	9,650킬로미터

현대의 르네상스 사나이

치과의사, 동식물 연구가, 작가, 사진작가, 탐험가인 베네수엘라 태생의 찰스 브루어 카리아스Charles Brewer Carías는 베네수엘라의 미개척지를 향해 200여 회가 넘는 탐험을 떠났다. 2002년 그가 발견한 세계 최대 규암 동굴을 포함해 27종의 식물, 파충류, 곤충이 그의 이름을 따서 명명되었다. 현재 엘도라도의 위치를 파악했다고 확신하고, 엘도라도 탐험을 계획하고 있다.

지프 횡단
핸버리 테니슨(위)은 1958년 리처드 메이슨Richard Mason과 함께 지프를 몰고 남아메리카의 가장 폭이 넓은 지점을 횡단했다. 부족한 도로, 잦은 고장, 그리고 적대적인 인디언을 극복하고 이룩한 값진 성공이었다.

강 장애물
핸버리 테니슨과 메이슨의 1958년 탐험에서 큰 장애물은 아라과이아 강Araguaria River이었다. 두 사람은 뗏목을 만들어서 지프를 싣고 방대한 내륙 섬 바나날Bananal까지 이동했다.

라이스의 무전기
1924~25년 브라질 북부의 브랑코 강Branco River과 우라리코에라 강Uraricera River을 조사하는 동안 라이스는 이 무전기 세트를 이용해 플로트 수상 비행기와 통신했다. 탐험대는 이 비행기를 타고 1만 9,000킬로미터가 넘는 땅의 상공을 날았다.

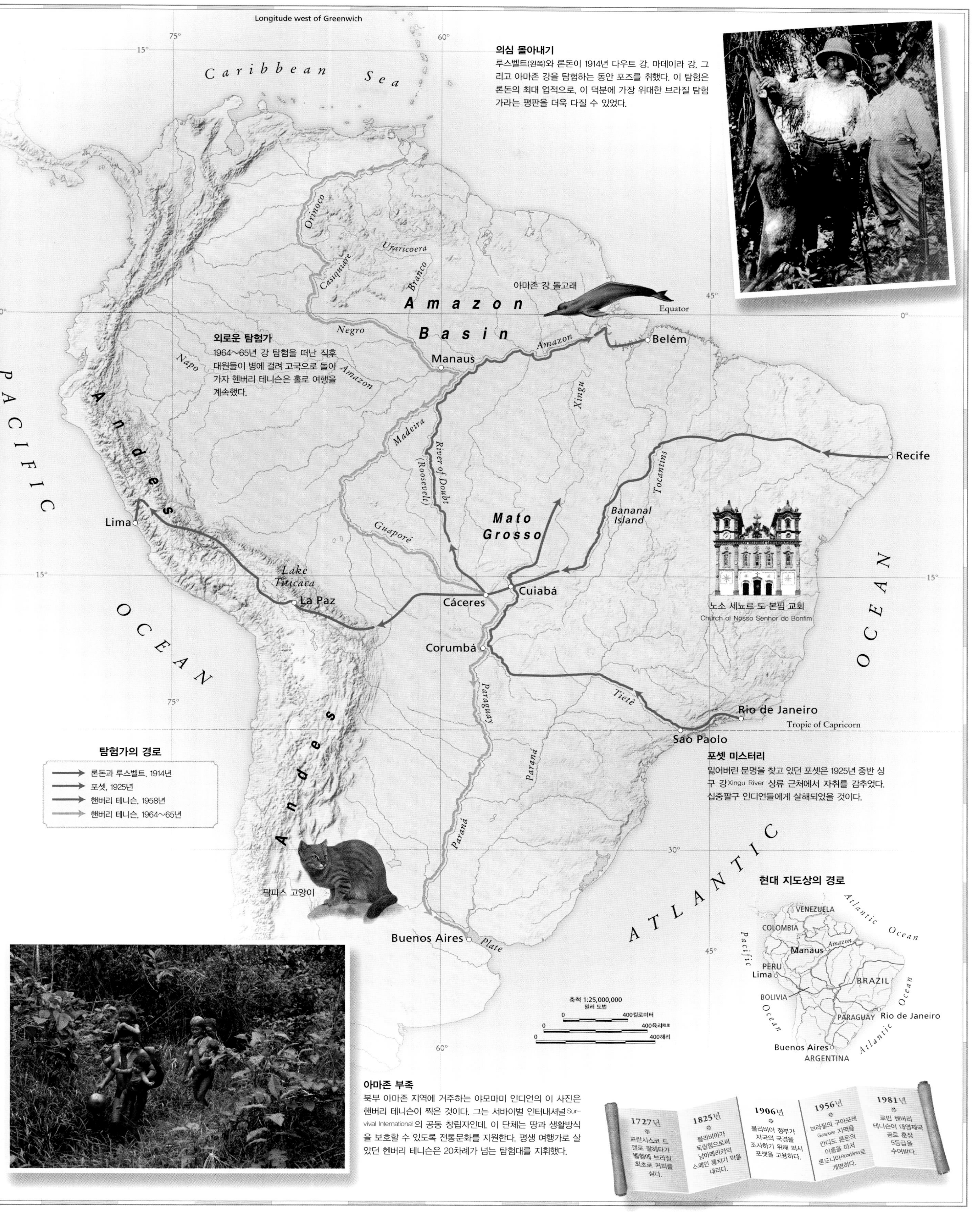

Longitude west of Greenwich
Caribbean Sea
PACIFIC OCEAN
ATLANTIC OCEAN
Amazon Basin
Mato Grosso
Andes
Orinoco
Uraricoera
Branco
Casiquiare
Negro
Napo
Amazon
Madeira
River of Doubt (Roosevelt)
Xingu
Tocantins
Guaporé
Bananal Island
Lake Titicaca
Paraguay
Paraná
Tietê
Plate
Equator
Tropic of Capricorn
Manaus
Belém
Recife
Lima
La Paz
Cáceres
Cuiabá
Corumbá
Rio de Janeiro
Sao Paolo
Buenos Aires
아마존 강 돌고래
노소 세뇨르 도 본핌 교회
Church of Nosso Senhor do Bonfim
팜파스 고양이
탐험가의 경로
론돈과 루스벨트, 1914년
포셋, 1925년
핸버리 테니슨, 1958년
핸버리 테니슨, 1964~65년
현대 지도상의 경로
VENEZUELA
COLOMBIA
PERU
BOLIVIA
BRAZIL
PARAGUAY
ARGENTINA
Pacific Ocean
Atlantic Ocean
축척 1:25,000,000
밀러 도법
0 400킬로미터
0 400육리陸里
0 400해리
1727년 프란시스코 드 멜로 팔헤타가 벨렘에 브라질 최초로 커피를 심다.
1825년 볼리비아가 독립함으로써 남아메리카의 스페인 통치가 막을 내리다.
1906년 볼리비아 정부가 자국의 국경을 조사하기 위해 퍼시 포셋을 고용하다.
1956년 브라질의 구아포레Guapore 지역을 칸디도 론돈의 이름을 따서 론도니아Rondônia로 개명하다.
1981년 로빈 헨버리 테니슨이 대영제국 공로 훈장 5등급을 수여받다.

의심 몰아내기
루스벨트(왼쪽)와 론돈이 1914년 다우트 강, 마데이라 강, 그리고 아마존 강을 탐험하는 동안 포즈를 취했다. 이 탐험은 론돈의 최대 업적으로, 이 덕분에 가장 위대한 브라질 탐험가라는 평판을 더욱 다질 수 있었다.

외로운 탐험가
1964~65년 강 탐험을 떠난 직후 대원들이 병에 걸려 고국으로 돌아가자 헨버리 테니슨은 홀로 여행을 계속했다.

포셋 미스터리
잃어버린 문명을 찾고 있던 포셋은 1925년 중반 싱구 강Xingu River 상류 근처에서 자취를 감추었다. 십중팔구 인디언들에게 살해되었을 것이다.

아마존 부족
북부 아마존 지역에 거주하는 야모마미 인디언의 이 사진은 핸버리 테니슨이 찍은 것이다. 그는 서바이벌 인터내셔널Survival International의 공동 창립자인데, 이 단체는 땅과 생활방식을 보호할 수 있도록 전통문화를 지원한다. 평생 여행가로 살았던 헨버리 테니슨은 20차례가 넘는 탐험대를 지휘했다.

오스트레일리아의 탐험가인 존 호록스John Horrocks는 새로운 식민지에서 경작할 수 있는 땅을 찾아 나선 수많은 사람 가운데 한 명이었다. 화가 사무엘 길Samuel Gill은 1846년 그의 탐험에 동행해 「9월 1일 사막의 캠프Camp in the Desert, Sept. 1st」라는 그림을 그렸다.

PART 2 1500년대부터 1900년대까지

오스트레일리아와 태평양

- 폴리네시아 디아스포라
- 유럽의 초기 태평양 항해
- 오스트레일리아와 뉴질랜드의 발견
- 오스트레일리아 서부 해안의 초기 탐험
- 쿡 이전의 태평양 탐험
- 제임스 쿡의 항해
- 오스트레일리아 해안도 만들기
- 남부 오스트레일리아 탐험
- 탐험가의 자취를 따라
- 중부와 서부의 사막 탐험하기
- 뉴질랜드

폴리네시아 디아스포라

약 4,500년 전에 오스트로네시안 이주민(디아스포라diaspora)이 타이완Taiwan을 떠나 남동쪽으로 이동했다. 일부 사람들은 필리핀을 지나 뉴기니의 북부 해안을 거친 다음 니어 오세아니아Near Oceania(뉴브리튼New Britain)과 솔로몬 제도Solomons에 정착했다. 섬 사이의 거리가 더욱 멀어지자 이들의 전진 속도는 느려졌다. 그러나 약 3,000년 전 와카아웃리거 카누가 개발되면서 리모트 오세아니아Remote Oceania(바누아투Vanuatu, 뉴칼레도니아New Caledonia, 피지Fiji, 사모아Samoa, 통가Tonga)까지 항해할 수 있었다. 2단계 디아스포라는 약 2,000년 전에 일어났다. 이때 프로토 폴리네시안Proto-Polynesians이 동쪽으로 타히티Tahiti와 마르키즈 제도Marquesas Islands까지 이동했다. 그리고 마지막으로 동쪽으로는 라파 누이Rapa Nui(이스터 섬Easter Island), 북쪽으로는 하와이, 그리고 남서쪽으로는 뉴질랜드의 아오테아로아Aotearoa까지 진출했다. 이와 같은 디아스포라가 일어났다는 증거로는 DNA가 동일하고 언어학적인 유사성과 공통적인 문화적 관습이 존재한다는 점을 제시할 수 있다.

라피타 토기
톱니무늬가 그려진 수제 토기의 조각은 뉴브리튼과 사모아에서 발견되는데 이로써 두 지역이 같은 전통을 물려받았다는 사실을 확인할 수 있다. 뉴칼레도니아의 라피타Lapita에서 최초로 발견되었기 때문에 그 섬의 이름을 따서 '라피타 토기'라고 일컬어진다. 약 2,000년 전 라피타 토기의 생산이 중단된 이후 폴리네시아에서는 토기가 생산되지 않았다.

ASIA
Taiwan
Tropic of Cancer
c. 2500 BC
Philippines
c. 2000 BC
Equator
Indonesia
현대 지도상의 경로
Taipei
Honolulu
PHILIPPINES
Saipan
Pacific Ocean
INDONESIA
Port Moresby
AUSTRALIA
Suva
Noumea
Papeete
Sydney
Wellington
NEW ZEALAND
Tropic of Capricorn
AUSTRALIA

흥미로운 사실들	
태평양을 구성하는 광역의 수	3개(폴리네시아, 멜라네시아, 미크로네시아)
폴리네시아 집단에 속한 언어의 수	약 35가지
대양으로 횡단할 때 타이티에서 하와이까지 거리	4,300킬로미터
와카를 복제한 호쿨레아Hokule'a의 길이	18.7미터
라파 누이이스터 섬 모아이Moai의 평균 무게	14.2톤

라파 누이(이스터 섬)
윌리엄 호지William Hodge는 라파 누이의 모아이(조각상)와 아후(플랫폼)를 그림에 담았다. 라파 누이는 폴리네시아 사람들이 정착한 최동단 지역이다. 유럽 사람들이 라파 누이에 도착할 무렵, 주민들은 항해하는 법을 모두 잊어버린 상태였다.

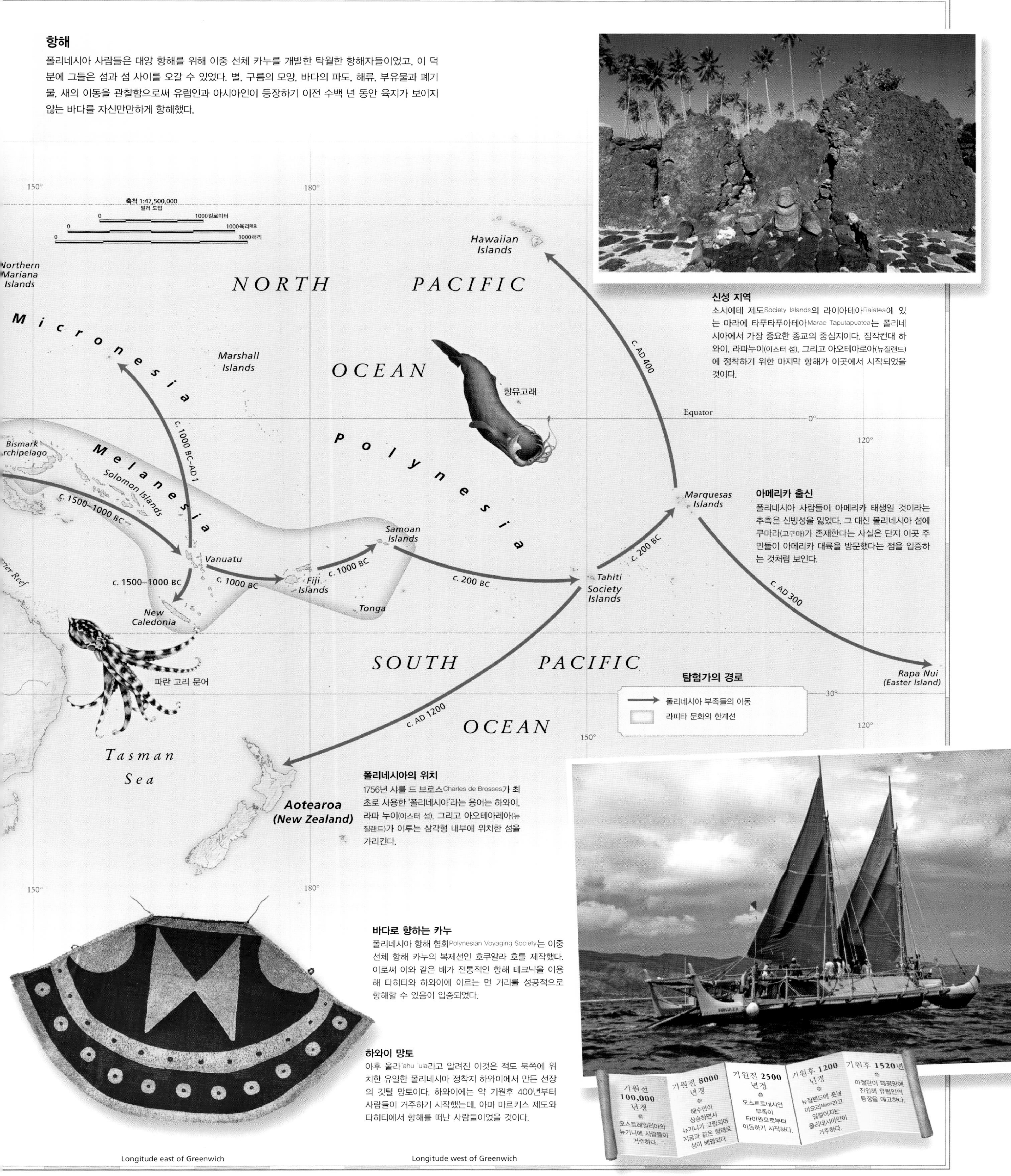
축척 1:47,500,000
일러 도법
0 1000킬로미터
0 1000육리
0 1000해리
150°
180°
Hawaiian Islands
Northern Mariana Islands
NORTH PACIFIC OCEAN
Micronesia
Marshall Islands
향유고래
c. AD 400
c. 1000 BC–AD1
Equator
0°
120°
Bismark Archipelago
Melanesia
Solomon Islands
c. 1500–1000 BC
Polynesia
Marquesas Islands
Samoan Islands
Vanuatu
c. 1000 BC
c. 200 BC
c. 1500–1000 BC
c. 1000 BC
Fiji Islands
c. 200 BC
Tahiti
Society Islands
c. AD 300
Tonga
New Caledonia
파란 고리 문어
SOUTH PACIFIC OCEAN
Rapa Nui (Easter Island)
탐험가의 경로
폴리네시아 부족들의 이동
라피타 문화의 한계선
30°
c. AD 1200
150°
120°
Tasman Sea
Aotearoa (New Zealand)
HOKULEA
기원전 100,000년경
오스트레일리아와 뉴기니에 사람들이 거주하다.
기원전 8000년경
해수면이 상승하면서 뉴기니가 고립되어 지금과 같은 형태로 섬이 배열되다.
기원전 2500년경
오스트로네시안 부족이 타이완으로부터 이동하기 시작하다.
기원후 1200년경
뉴질랜드에 훗날 마오리Maori라고 일컬어지는 폴리네시아인이 거주하다.
기원후 1520년
마젤란이 태평양에 진입해 유럽인의 등장을 예고하다.
Longitude east of Greenwich
Longitude west of Greenwich

항해

폴리네시아 사람들은 대양 항해를 위해 이중 선체 카누를 개발한 탁월한 항해자들이었고, 이 덕분에 그들은 섬과 섬 사이를 오갈 수 있었다. 별, 구름의 모양, 바다의 파도, 해류, 부유물과 폐기물, 새의 이동을 관찰함으로써 유럽인과 아시아인이 등장하기 이전 수백 년 동안 육지가 보이지 않는 바다를 자신만만하게 항해했다.

신성 지역
소시에테 제도Society Islands의 라이아테아Raiatea에 있는 마라에 타푸타푸아테아Marae Taputapuatea는 폴리네시아에서 가장 중요한 종교의 중심지이다. 짐작건대 하와이, 라파누이(이스터 섬), 그리고 아오테아로아(뉴질랜드)에 정착하기 위한 마지막 항해가 이곳에서 시작되었을 것이다.

아메리카 출신
폴리네시아 사람들이 아메리카 태생일 것이라는 추측은 신빙성을 잃었다. 그 대신 폴리네시아 섬에 쿠마라(고구마)가 존재한다는 사실은 단지 이곳 주민들이 아메리카 대륙을 방문했다는 점을 입증하는 것처럼 보인다.

폴리네시아의 위치
1756년 샤를 드 브로스Charles de Brosses가 최초로 사용한 '폴리네시아'라는 용어는 하와이, 라파 누이(이스터 섬), 그리고 아오테아레아(뉴질랜드)가 이루는 삼각형 내부에 위치한 섬을 가리킨다.

바다로 향하는 카누
폴리네시아 항해 협회Polynesian Voyaging Society는 이중 선체 항해 카누의 복제선인 호쿠알라 호를 제작했다. 이로써 이와 같은 배가 전통적인 항해 테크닉을 이용해 타히티와 하와이에 이르는 먼 거리를 성공적으로 항해할 수 있음이 입증되었다.

하와이 망토
아후 울라'ahu 'ula라고 알려진 이것은 적도 북쪽에 위치한 유일한 폴리네시아 정착지 하와이에서 만든 선장의 깃털 망토이다. 하와이에는 약 기원후 400년부터 사람들이 거주하기 시작했는데, 아마 마르키스 제도와 타히티에서 항해를 떠난 사람들이었을 것이다.

유럽의 초기 태평양 항해

1513년 바스코 누녜스 데 발보아가 파나마에서 태평양을 목격하고 1521년 페르디난드 마젤란이 유럽 최초로 태평양을 횡단한 후, 스페인 사람들은 마레 델 서드Mare del Sud라고 일컬어지는 지역의 통제권을 장악하기 위해 재빨리 움직였다. 탐험대원들은 땅과 부를 찾아 멕시코와 페루를 떠났다. 아메리카 대륙과 필리핀 사이의 경로가 개척되었고, 이 경로를 따라 항해하던 갈레온(15~17세기에 사용되던 스페인의 대형 범선-옮긴이)은 프란시스 드레이크 같은 사략선 선장私掠船(전시에 적의 상선을 나포할 수 있는 허가를 받은 민간 무장선-옮긴이)의 표적이 되었다. 알바로 데 멘다냐 데 네이라Álvaro de Mendaña de Neira와 페드로 페르난데스 데 퀴로스Pedro Fernándes de Quiros는 지도를 정확히 그리지는 못했지만 마르키즈, 바누아투, 그리고 솔로몬 제도를 방문했다. 17세기 초반 네덜란드 동인도 회사는 자바 바타비아Batavia에 기지를 설립함으로써 스페인의 지배권에 도전했고, 빌렘 슈하우텐과 아이작 레 마이레와 같은 네덜란드 항해자들은 동쪽으로부터 침투하기 시작했다.

전설적인 황금의 땅
알바로 데 멘다냐 데 네이라는 황금이 풍부한 것으로 알려진 남부 대륙, 즉 테라 아우스탈리스로 두 차례 항해를 떠났다. 그는 1568년 솔로몬 제도, 바누아투, 그리고 산타크루스에 도착했으며, 1595년 이곳에서 세상을 떠났다.

흥미로운 사실들	
태평양의 크기	1억 6,800만 제곱킬로미터
태평양이 차지하는 비율	30퍼센트
이름의 유래	1520년 마젤란이 마르 파시피코Mar Pacifico라는 이름을 지음.
섬의 수	2만 5,000개 이상
마닐라 갈레온 무역이 지속된 기간	1565~1821년

바누아투에 잠시 체류하다
멘다냐와 퀴로스 일행은 모두 에스피리투산토Espiritu Santo(퀴로스는 바누아투라고 불렀다.) 부족과 충돌한 다음 재빨리 길을 떠났다.

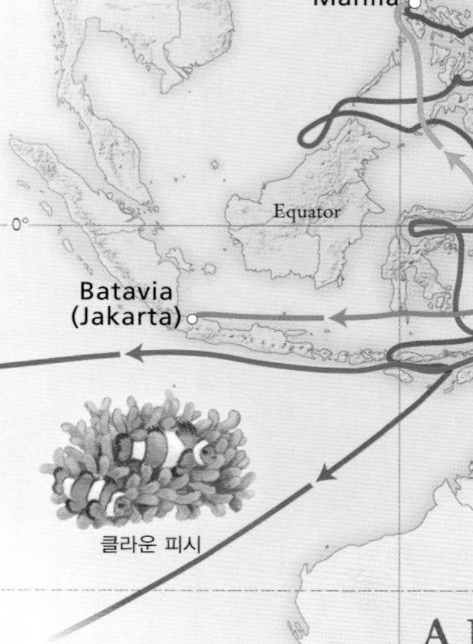
ASIA
Tropic of Cancer
Manila
Philippines
Equator
Batavia (Jakarta)
New Guinea
Torres Strait
Solomon Islands
Tropic of Capricorn
AUSTRALIA
수상 가옥
클라운 피시

키리바티를 지나
퀴로스는 서풍을 타고 아메리카로 돌아가기 위해 바누아투에서 북쪽으로 항해했다. 그는 현재 키리바티Kiribati의 일부인 길버트 제도Gilbert Islands를 지나 부타리타리Butaritari 섬에 상륙했다.

지원을 얻지 못하다
페드로 페르난데스 데 퀴로스는 1595년 멘다냐와 함께 항해한 다음 1605년 독자적으로 탐험대를 이끌었다. 하지만 후속 탐험을 위한 지원을 확보하지 못한 채 1615년 파나마에서 사망했다.

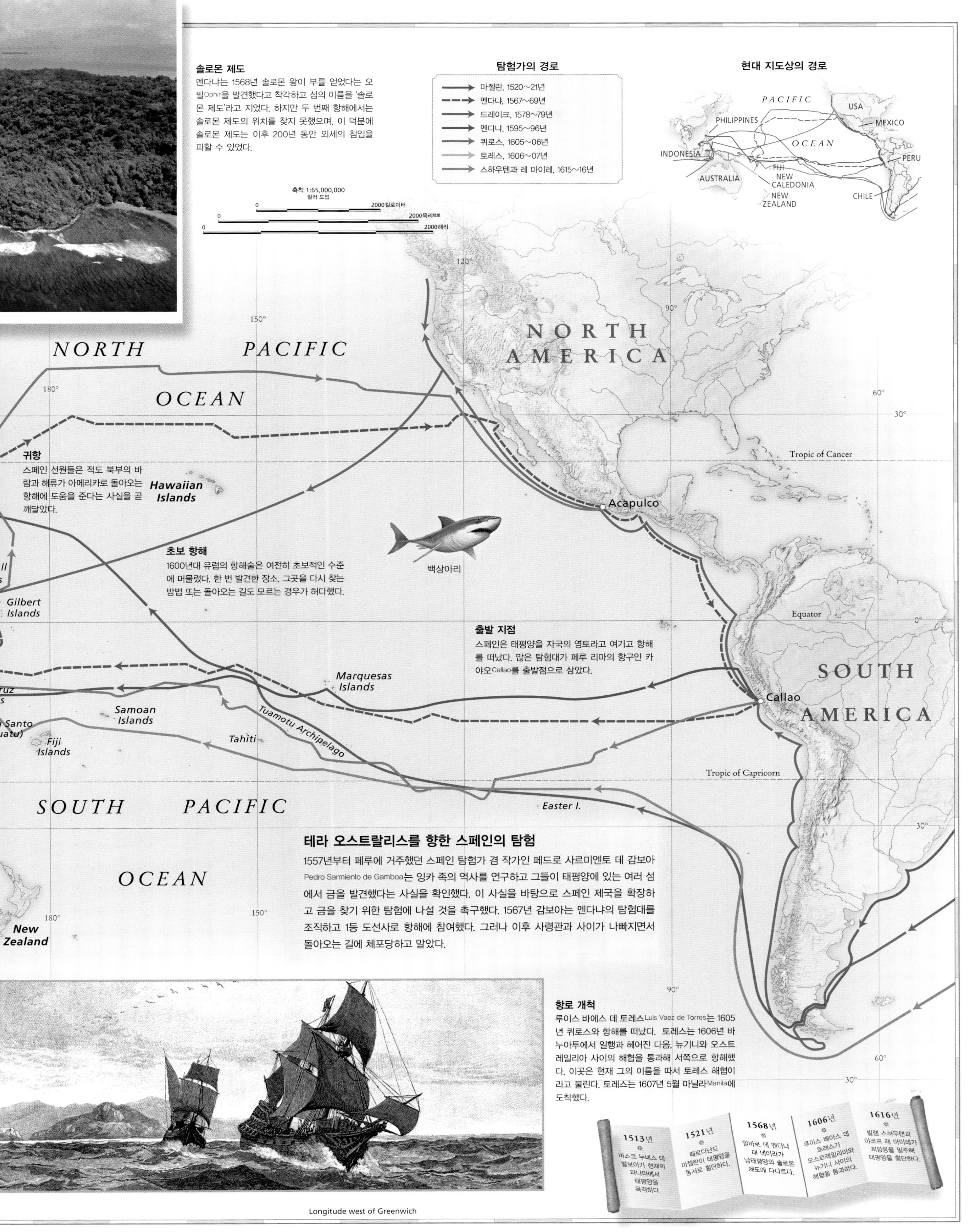

탐험가의 경로
마젤란, 1520~21년
멘다냐, 1567~69년
드레이크, 1578~79년
멘다냐, 1595~96년
퀴로스, 1605~06년
토레스, 1606~07년
스하우텐과 레 마이레, 1615~16년
현대 지도상의 경로
PACIFIC OCEAN
PHILIPPINES
USA
MEXICO
INDONESIA
PERU
FIJI
NEW CALEDONIA
AUSTRALIA
NEW ZEALAND
CHILE
축척 1:65,000,000
밀러 도법
0
2000킬로미터
2000육리陸里
2000해리
120°
150°
180°
90°
60°
30°
0°
NORTH PACIFIC OCEAN
NORTH AMERICA
Hawaiian Islands
Tropic of Cancer
Acapulco
백상아리
Gilbert Islands
Equator
Marquesas Islands
SOUTH AMERICA
Callao
Samoan Islands
Tuamotu Archipelago
Tahiti
Fiji Islands
Tropic of Capricorn
Easter I.
SOUTH PACIFIC OCEAN
New Zealand
Longitude west of Greenwich

솔로몬 제도

멘다냐는 1568년 솔로몬 왕이 부를 얻었다는 오빌Ophir을 발견했다고 착각하고 섬의 이름을 '솔로몬 제도'라고 지었다. 하지만 두 번째 항해에서는 솔로몬 제도의 위치를 찾지 못했으며, 이 덕분에 솔로몬 제도는 이후 200년 동안 외세의 침입을 피할 수 있었다.

귀항

스페인 선원들은 적도 북부의 바람과 해류가 아메리카로 돌아오는 항해에 도움을 준다는 사실을 곧 깨달았다.

초보 항해

1600년대 유럽의 항해술은 여전히 초보적인 수준에 머물렀다. 한 번 발견한 장소, 그곳을 다시 찾는 방법 또는 돌아오는 길도 모르는 경우가 허다했다.

출발 지점

스페인은 태평양을 자국의 영토라고 여기고 항해를 떠났다. 많은 탐험대가 페루 리마의 항구인 카야오Callao를 출발점으로 삼았다.

테라 오스트랄리스를 향한 스페인의 탐험

1557년부터 페루에 거주했던 스페인 탐험가 겸 작가인 페드로 사르미엔토 데 감보아Pedro Sarmiento de Gamboa는 잉카 족의 역사를 연구하고 그들이 태평양에 있는 여러 섬에서 금을 발견했다는 사실을 확인했다. 이 사실을 바탕으로 스페인 제국을 확장하고 금을 찾기 위한 탐험에 나설 것을 촉구했다. 1567년 감보아는 멘다냐의 탐험대를 조직하고 1등 도선사로 항해에 참여했다. 그러나 이후 사령관과 사이가 나빠지면서 돌아오는 길에 체포당하고 말았다.

항로 개척

루이스 바에스 데 토레스Luis Vaez de Torres는 1605년 퀴로스와 항해를 떠났다. 토레스는 1606년 바누아투에서 일행과 헤어진 다음, 뉴기니와 오스트레일리아 사이의 해협을 통과해 서쪽으로 항해했다. 이곳은 현재 그의 이름을 따서 토레스 해협이라고 불린다. 토레스는 1607년 5월 마닐라Manila에 도착했다.

1513년
바스코 누네스 데 발보아가 현재의 파나마에서 태평양을 목격하다.

1521년
페르디난드 마젤란이 태평양을 동서로 횡단하다.

1568년
알바로 데 멘다나 데 네이라가 남태평양의 솔로몬 제도에 다다르다.

1606년
루이스 베아스 데 토레스가 오스트레일리아와 뉴기니 사이의 해협을 통과하다.

1616년
빌렘 스하우텐과 야코프 레 마이레가 희망봉을 일주해 태평양을 횡단하다.

오스트레일리아와 뉴질랜드의 발견

네덜란드 상인들은 16세기 후반부터 말라카와 몰루카 제도에서 포르투갈 사람들을 몰아내기 시작했다. 1602년 네덜란드 동인도 회사가 설립되면서 네덜란드인들은 무역 활동을 조정하고, 특히 바타비아에 본사를 세운 이후 동쪽으로 영향력을 확대했다. 네덜란드 사람들은 이곳을 거점으로 북쪽에 있는 일본까지 연구했지만 이내 남쪽으로 관심을 돌렸다. 1606년 빌렘 얀손Willem Janszoon의 탐험대를 포함해 수많은 탐험대가 뉴홀랜드New Holland(오스트레일리아)에 이르렀다. 1642년 네덜란드 동인도 회사는 아벨 태즈먼Abel Tasman에게 그 지역을 심층적으로 조사하라는 임무를 맡겼다. 태즈먼은 뉴홀랜드가 남쪽에 있는 더 큰 땅덩어리와 연결되지 않은 거대 섬이라는 사실을 증명하고, 유럽인으로는 최초로 뉴질랜드와 통가에 도착했다. 그러나 1644년 태즈먼이 북부 오스트레일리아로 항해한 이후 네덜란드는 탐험에 대한 흥미를 잃었고, 대신 동인도에서 자국의 입지를 다지는 데 주력했다.

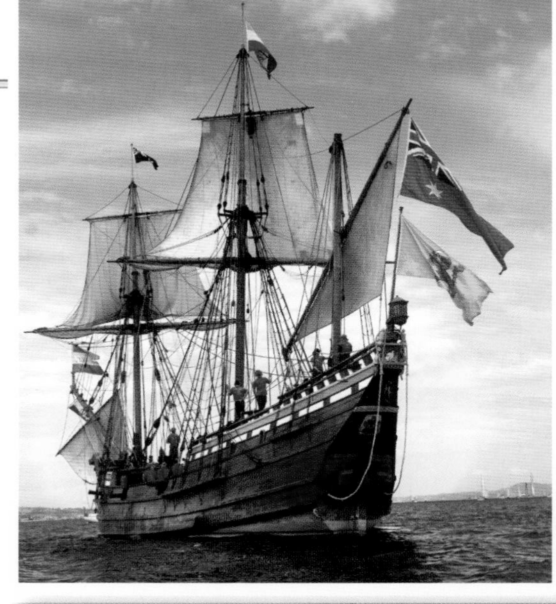

비둘기의 비행
빌렘 얀손은 1605년 11월 무역할 기회를 찾아 20미터의 배 도이켄 호Duyken(작은 비둘기라는 의미-옮긴이)를 타고 반다Banda의 반탐Bantam에서 오스트레일리아를 향해 떠났다. 도이켄 호를 복제한 이 배는 2000년에 진수되었다.

Borneo

Batavia (Jakarta)

120° 105° 15° 30° 120°

오스트레일리아로 귀항
1644년 태즈먼의 두 번째 항해 덕분에 오스트레일리아 북부 해안과 뉴기니 남부 해안의 윤곽을 그릴 수 있었다. 태즈먼은 토레스 해협 횡단을 시도하지 않았다.

탐험가의 경로
- 얀손, 1605~06년
- 태즈먼, 1642~43년
- 태즈먼, 1644년

흥미로운 사실들	
1642~43년 아벨 태즈먼의 탐험대에 동원된 배	헴스케르크Heemskerck, 제한Zeehaen
1등 도선사	프랑코이 야곱슨 비셔Francoijs Jacobszoon Visscher
총 선원 수	110명
항해 거리	2만 9,000킬로미터
항해 기간	10개월

가족 초상화
아벨 태즈먼은 1640년대 네덜란드 동인도 회사 대표로서 남서 태평양 탐험대를 두 차례 지휘했다. 야곱 게리츠 코이프Jacob Gerritz Cuyp가 그린 이 초상화는 태즈먼과 그의 아내, 그리고 딸의 모습을 담은 것으로 추정된다.

반 디멘스 랜드 Van Dieman's Land
1642년 12월 뉴홀랜드 남단에 상륙한 태즈먼은 네덜란드 동인도 회사 총재 안토니 반 디멘Antony Van Diemen의 이름을 따서 이곳의 이름을 지었다. 훗날 이곳은 태즈먼의 이름을 따서 '태즈메이니아Tasmania'라고 불리게 된다.

폭력 사태
1642년 태즈먼은 유럽 최초로 뉴질랜드에 이르러 서부 해안 대부분 지역의 해도를 만들었다. 그러나 마오리 족과의 충돌에서 부하 4명을 잃고, 더 이상 상륙을 시도하지 않았다.

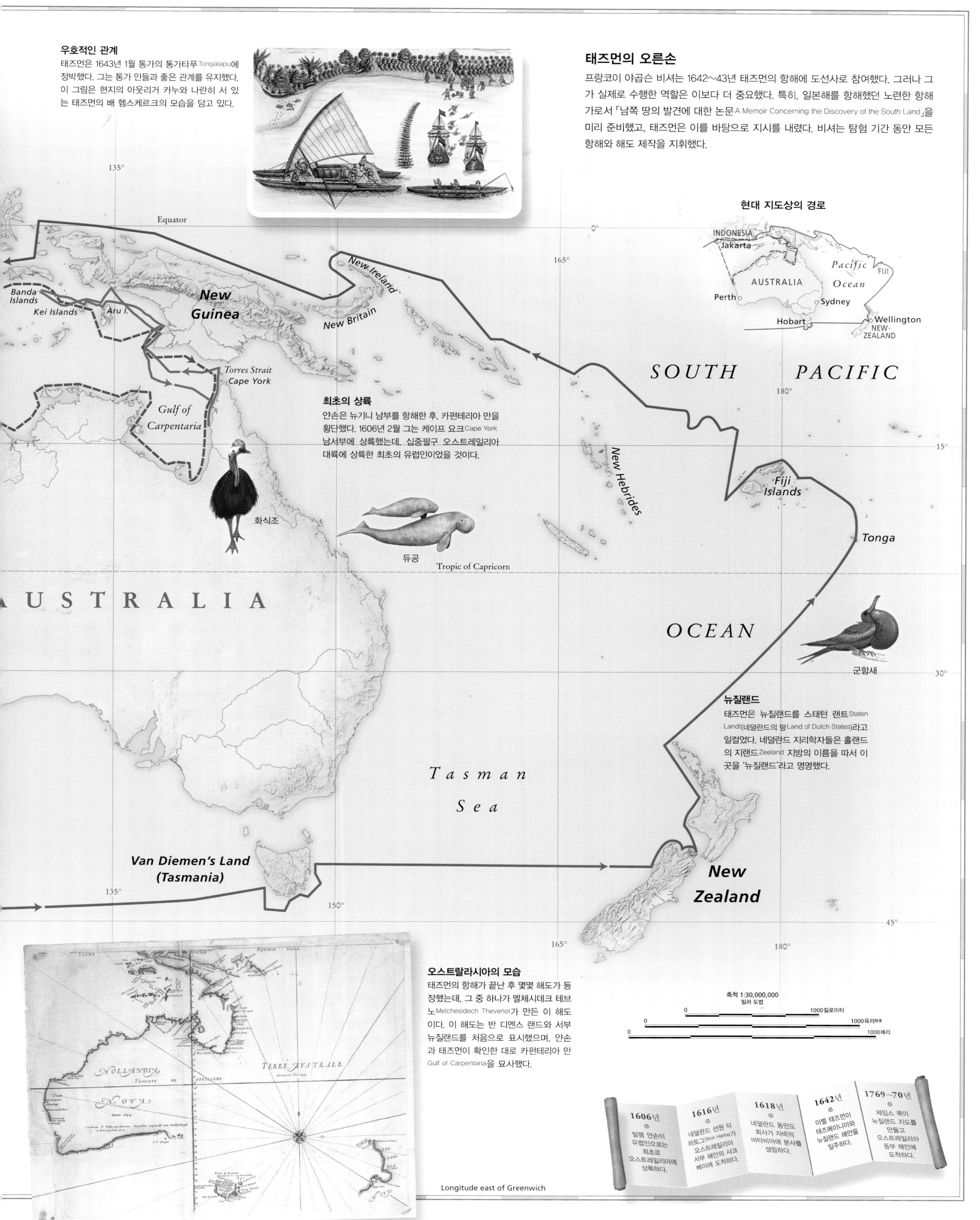

135°
Equator
0°
165°
New Ireland
New Britain
Banda Islands
Kei Islands
Aru I.
New Guinea
Torres Strait
Cape York
Gulf of Carpentaria
SOUTH PACIFIC
180°
15°
New Hebrides
Fiji Islands
Tonga
화식조
듀공
Tropic of Capricorn
AUSTRALIA
OCEAN
군함새
30°
Tasman Sea
Van Diemen's Land (Tasmania)
135°
150°
New Zealand
45°
165°
180°
현대 지도상의 경로
INDONESIA
Jakarta
AUSTRALIA
Pacific Ocean
FIJI
Perth
Sydney
Hobart
Wellington
NEW ZEALAND
TERRE AVSTRALE
HOLLANDIA NOVA
축척 1:30,000,000
밀러 도법
0
1000킬로미터
0
1000육리陸里
0
1000해리
Longitude east of Greenwich
1606년
빌렘 안손이 유럽인으로는 최초로 오스트레일리아에 상륙하다.
1616년
네덜란드 선원 딕 하토그Dirck Hartog가 오스트레일리아 서부 해안의 샤크 베이에 도착하다.
1618년
네덜란드 동인도 회사가 자바의 바타비아에 본사를 설립하다.
1642년
아벨 태즈먼이 태즈메이니아와 뉴질랜드 해안을 일주하다.
1769~70년
제임스 쿡이 뉴질랜드 지도를 만들고 오스트레일리아 동부 해안에 도착하다.

우호적인 관계
태즈먼은 1643년 1월 통가의 통가타푸Tongatapu에 정박했다. 그는 통가 인들과 좋은 관계를 유지했다. 이 그림은 현지의 아웃리거 카누와 나란히 서 있는 태즈먼의 배 헴스케르크의 모습을 담고 있다.

태즈먼의 오른손

프랑코이 야콥슨 비셔는 1642~43년 태즈먼의 항해에 도선사로 참여했다. 그러나 그가 실제로 수행한 역할은 이보다 더 중요했다. 특히, 일본해를 항해했던 노련한 항해가로서 「남쪽 땅의 발견에 대한 논문A Memoir Concerning the Discovery of the South Land」을 미리 준비했고, 태즈먼은 이를 바탕으로 지시를 내렸다. 비셔는 탐험 기간 동안 모든 항해와 해도 제작을 지휘했다.

최초의 상륙
얀손은 뉴기니 남부를 항해한 후, 카펀테리아 만을 횡단했다. 1606년 2월 그는 케이프 요크Cape York 남서부에 상륙했는데, 십중팔구 오스트레일리아 대륙에 상륙한 최초의 유럽인이었을 것이다.

뉴질랜드
태즈먼은 뉴질랜드를 스태턴 랜트Staten Landt(네덜란드의 땅Land of Dutch States)라고 일컬었다. 네덜란드 지리학자들은 홀랜드의 지랜드Zeeland 지방의 이름을 따서 이 곳을 '뉴질랜드'라고 명명했다.

오스트랄라시아의 모습
태즈먼의 항해가 끝난 후 몇몇 해도가 등장했는데, 그 중 하나가 멜체시데크 테브노Melchesidech Thevenot가 만든 이 해도이다. 이 해도는 반 디멘스 랜드와 서부 뉴질랜드를 처음으로 표시했으며, 얀손과 태즈먼이 확인한 대로 카펀테리아 만Gulf of Carpentaria을 묘사했다.

오스트레일리아 서부 해안의 초기 탐험

네덜란드 사람들이 탐험에 나섰던 초기 목적은 새로운 시장을 개척하는 일이었다. 그들은 자국을 출발해 동인도에 이르는 항해에서 초기에는 포르투갈의 항로를 이용했다. 이는 희망봉을 일주하고 아프리카 해안을 거슬러 올라간 다음, 인도양을 횡단하는 경로였다. 1611년 헨드릭 브로위Hendrik Brouwer는 이보다 더 빠른 남부 항로를 발견했다. 그는 뉴홀랜드(오스트레일리아) 서부 해안과 가까운 항로로 항해하다가 북쪽으로 방향을 바꾸었다. 1616년 딕 하토그는 최초로 서부 해안에 상륙했다. 이후 발견과 상륙이 여러 차례 계속되었고, 특히 1627년 프랑수아 티센Francois Thijssen은 더욱 체계적인 조사를 실시했다. 1600년대 후반 영국은 뉴홀랜드로 눈길을 돌렸고, 선원 윌리엄 댐피어William Dampier가 그곳을 두 차례 방문했다. 그러나 오스트레일리아 바다는 그리 호락호락하지 않았고, 그 결과 해안에는 수많은 난파선이 널려 있었다.

최초의 도착 기록
1616년 10월 25일 딕 하토그의 배 엔트라흐트 호Eendracht는 수많은 섬을 발견했지만 모두 무인도였다. 그는 지금의 딕 하토그 섬에 정박했다. 본토는 '엔트라흐트 랜드'라고 일컬어졌다.

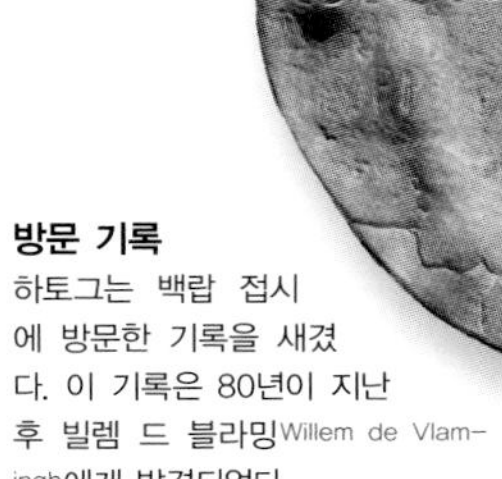

방문 기록
하토그는 백랍 접시에 방문한 기록을 새겼다. 이 기록은 80년이 지난 후 빌렘 드 블라밍Willem de Vlamingh에게 발견되었다.

흥미로운 사실들	
윌리엄 댐피어의 두 번째 항해에 동원된 배	HMS 로벅HMS Roebuck 호
선원 수	50명
출발과 도착 날짜	1699년 1월 14일 영국 출발, 1700년 8월 6일 샤크베이 도착
항해한 오스트레일리아 해안의 길이	1,600킬로미터
HMS 로벅 호가 침몰한 다음 섬에 상륙한 날짜	1701년 2월 24일

바타비아의 난파

브로위 항로Brouwer Route는 선박이 항해하기에 위험한 곳이었다. 1629년 6월 4일 바타비아 호는 아브롤로스 제도Abrolhos Islands에서 난파했다. 바타비아의 사령관 프랑수아 펠사어르François Pelsaert는 도움을 청하기 위해 보트를 타고 자바 바타비아로 향했다. 그가 배로 돌아왔을 때 생존자 120명은 이미 폭도들에게 모두 살해당한 상태였다. 펠사어르는 폭도들을 대부분 처형함으로써 지체 없이 잔인하게 보복한 다음, 바타비아로 돌아왔다.

『비운의 배 바타비아 호The Unlucky Ship Batavia』에 담긴 프랑수아와 펠사어르의 대학살 장면

샤크 베이
오스트레일리아 서부 해안에서 가장 큰 만인 샤크 베이는 영국의 윌리엄 댐피어가 2차 뉴홀랜드 탐험에서 지은 이름이다. 그는 이곳에서 무척 다양한 오스트레일리아 야생생물의 모습을 글과 그림으로 남기고 잡아먹기도 했다.

WILLIAM DAMPIER

윌리엄 댐피어
해적이자 탐험가, 그리고 과학자였던 윌리엄 댐피어는 세계를 3번 일주했다. 그는 이후 과학 탐험의 선구자로 인정받았다.

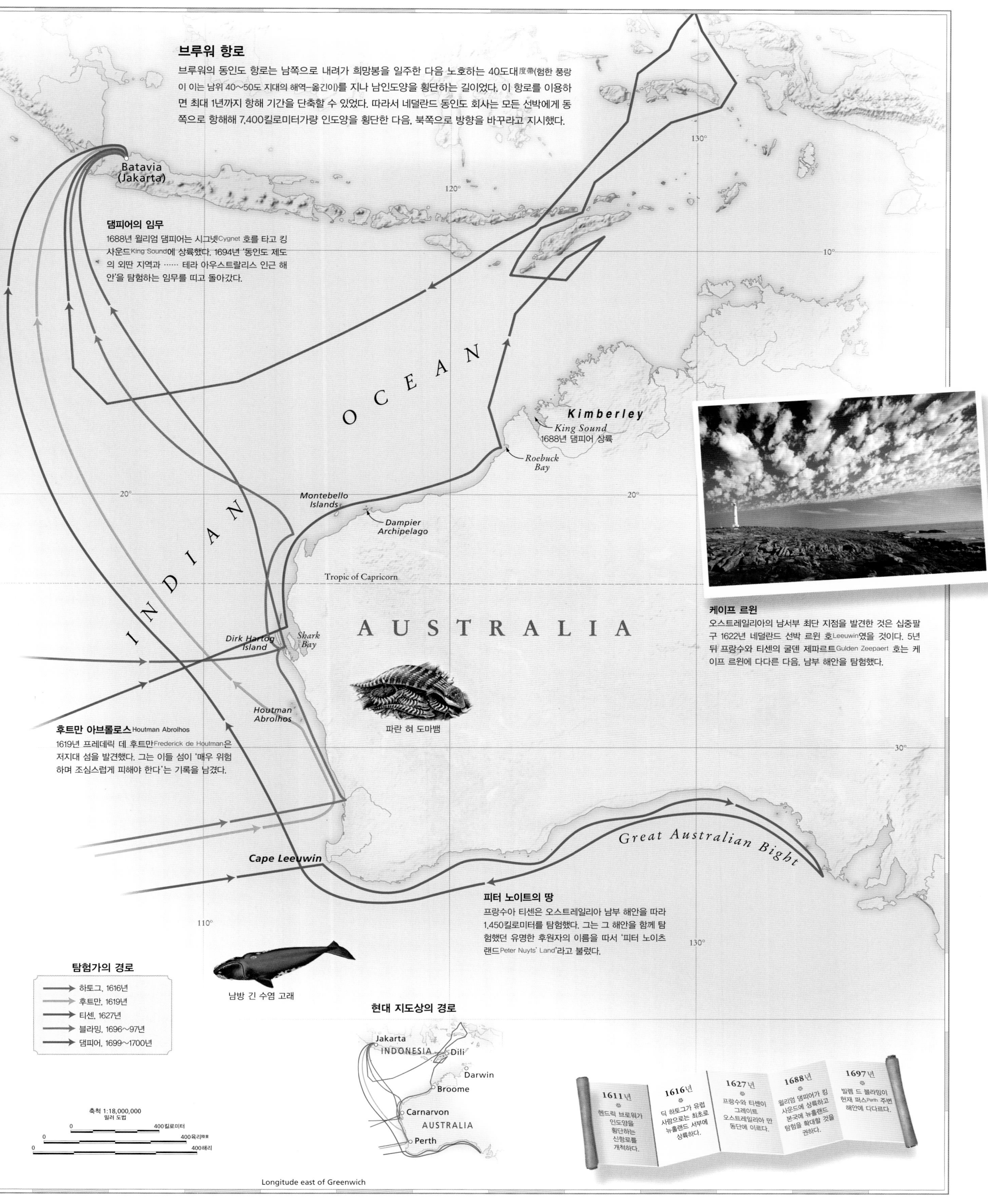
브루워 항로
브루워의 동인도 항로는 남쪽으로 내려가 희망봉을 일주한 다음 노호하는 40도대度帶(험한 풍랑이 이는 남위 40~50도 지대의 해역–옮긴이)를 지나 남인도양을 횡단하는 길이었다. 이 항로를 이용하면 최대 1년까지 항해 기간을 단축할 수 있었다. 따라서 네덜란드 동인도 회사는 모든 선박에게 동쪽으로 항해해 7,400킬로미터가량 인도양을 횡단한 다음, 북쪽으로 방향을 바꾸라고 지시했다.
Batavia
(Jakarta)
120°
130°
10°
댐피어의 임무
1688년 윌리엄 댐피어는 시그넷Cygnet 호를 타고 킹 사운드King Sound에 상륙했다. 1694년 '동인도 제도의 외딴 지역과 …… 테라 아우스트랄리스 인근 해안'을 탐험하는 임무를 띠고 돌아갔다.
INDIAN OCEAN
Kimberley
King Sound
1688년 댐피어 상륙
Roebuck
Bay
20°
Montebello
Islands
Dampier
Archipelago
Tropic of Capricorn
AUSTRALIA
Dirk Hartog
Island
Shark
Bay
Houtman
Abrolhos
파란 혀 도마뱀
케이프 르윈
오스트레일리아의 남서부 최단 지점을 발견한 것은 십중팔구 1622년 네덜란드 선박 르윈 호Leeuwin였을 것이다. 5년 뒤 프랑수와 티센의 굴덴 제파르트Gulden Zeepaert 호는 케이프 르윈에 다다른 다음, 남부 해안을 탐험했다.
후트만 아브롤로스Houtman Abrolhos
1619년 프레데릭 데 후트만Frederick de Houtman은 저지대 섬을 발견했다. 그는 이들 섬이 '매우 위험하며 조심스럽게 피해야 한다'는 기록을 남겼다.
30°
Great Australian Bight
Cape Leeuwin
피터 노이트의 땅
프랑수아 티센은 오스트레일리아 남부 해안을 따라 1,450킬로미터를 탐험했다. 그는 그 해안을 함께 탐험했던 유명한 후원자의 이름을 따서 '피터 노이츠 랜드Peter Nuyts' Land'라고 불렀다.
110°
130°
탐험가의 경로
하토그, 1616년
후트만, 1619년
티센, 1627년
블라밍, 1696~97년
댐피어, 1699~1700년
남방 긴 수염 고래
현대 지도상의 경로
Jakarta
INDONESIA
Dili
Darwin
Broome
Carnarvon
AUSTRALIA
Perth
1611년
헨드릭 브로워가 인도양을 횡단하는 신항로를 개척하다.
1616년
딕 하토그가 유럽 사람으로는 최초로 뉴홀랜드 서부에 상륙하다.
1627년
프랑수와 티센이 그레이트 오스트레일리아 만 동단에 이르다.
1688년
윌리엄 댐피어가 킹 사운드에 상륙하고 본국에 뉴홀랜드 탐험을 확대할 것을 권하다.
1697년
빌렘 드 블라밍이 현재 퍼스Perth 주변 해안에 다다르다.
축척 1:18,000,000
밀러 도법
0 400킬로미터
0 400육리陸里
0 400해리
Longitude east of Greenwich

쿡 이전의 태평양 탐험

아벨 태즈먼의 탐험이 끝난 뒤 남태평양에 대한 네덜란드의 관심은 줄어들었다. 1721~23년 야곱 로게벤Jacob Roggeveen의 탐험으로 태평양에 대한 지식은 많이 증가했지만 이것이 최후의 전성기였다. 1700년대 무렵 유럽의 탐험은 새로운 시대를 맞이하면서 무역뿐만 아니라 과학적인 호기심이 탐험가들을 자극한 한편 기술 혁신 덕분에 장거리 항해가 더욱 쉬워졌다. 1740~44년 조지 앤슨George Anson이 지휘한 영국 탐험의 주요 목표는 물론 스페인의 태평양 제국을 타도하는 것이었지만 이 항해로 그 지역은 다시금 관심의 대상으로 떠올랐다. 1763년 7년 전쟁Seven Years' War이 끝난 후 영국과 프랑스는 과학 탐험 항해에서 또 다시 겨루게 되었다. 존 바이런John Byron, 사무엘 윌리스Samuel Wallis, 필립 케이터릿Philip Cateret, 루이 앙투안 드 부갱빌Louis Antoine de Bourgainville 등이 태평양 항해의 선봉에 나섰다.

이스터 섬
1722년 부활절에 한 섬에 도착한 야곱 로게벤은 그 섬의 이름을 '이스터 섬'이라고 지었다. 이스터 섬은 태평양의 폴리네시아 식민지의 동단이며, 이후 사람들은 이 섬의 신비로운 조각상에 매료되었다.

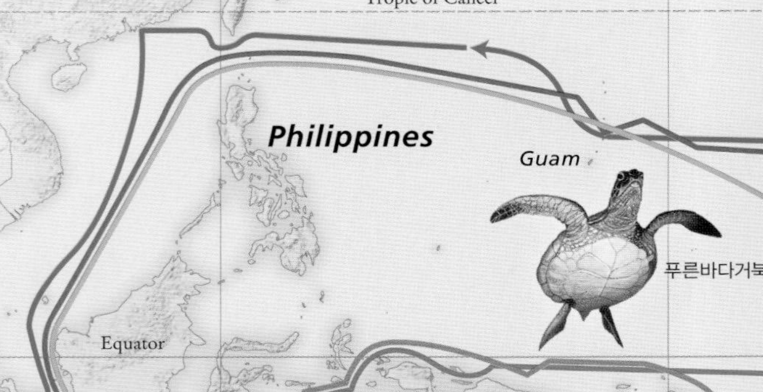
Tropic of Cancer
Philippines
Guam
푸른바다거북
Equator

흥미로운 사실들

사무엘 윌리스의 배	HMS 돌핀HMS Dolphine 호
배의 길이	34미터
선원의 수	160명
항해 기간	637일
중요한 발견	타히티, 1767년 6월 18일에 도착

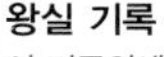

회사 간의 경쟁
로게벤의 항해는 바타비아에서 끝났다. 로게벤의 배는 서인도 제도로 진출하던 네덜란드 동인도 회사에게 붙잡혀 바타비아에 억류되었다.

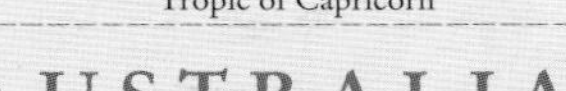
AUSTRALIA

왕실 기록
이 지구의에는 조지 앤슨의 일주 항로가 기록되어 있다. 이는 조지 애덤스George Adams가 국왕 조지 3세King George III를 위해 만든 한 쌍의 지구의 가운데 하나이다. 앤슨은 금과 은을 실은 스페인 갈레온 선을 나포했지만 선원 1,900명 가운데 1,400명을 질병으로 잃고 말았다.

화려한 경력
앤슨은 영국의 국고를 채우는 공적을 세운 뒤 승승장구하면서 마침내 영국 최초의 해군 제독이 되었다. 행정관으로도 뛰어났던 그는 영국 해군을 대대적으로 개혁했다.

타히티의 돌핀 호
1767년 사무엘 윌리스는 남쪽 대륙Southern Continent을 찾아 태평양을 횡단하는 도중 타히티 섬을 발견했다. 그와 원주민의 첫 만남은 폭력 사태로 변했고, 그의 배인 돌핀 호는 공격하는 카누들을 향해 포격을 가했다.

Longitude east of Greenwich

괴혈병과 그 밖의 위험

태평양 탐험가들을 가로막은 중대한 장애물은 질병, 초보적인 항해술, 바닷바람, 해류 등이었다. 신선한 과일과 채소의 결핍으로 말미암아 발생하는 괴혈병은 단시간에 수많은 선원들의 목숨을 앗아갔다. 항해 중에 경도를 확인할 믿을 만한 방법이 없었기 때문에 1,600킬로미터 정도의 오차가 발생할 수 있었다. 아울러 탁월풍(일정 기간의 바람을 평균하였을 때 특정 풍향의 출현 빈도가 높은 바람-옮긴이)과 탁월 해류 때문에 항해할 수 있는 지역 또한 비교적 좁았다.

태평양의 프랑스인

월리스가 타히티에 도착하고 2년이 지난 후 루이 앙투안 드 부갱빌이 지휘하는 프랑스 선박 2척이 타히티에 이르렀다. 그 섬에 매료된 프랑스인들은 그곳을 그리스 사랑의 여신 아프로디테Aphrodite가 태어난 신비로운 땅의 이름을 따서 '시테라Cythera'라고 불렀다.

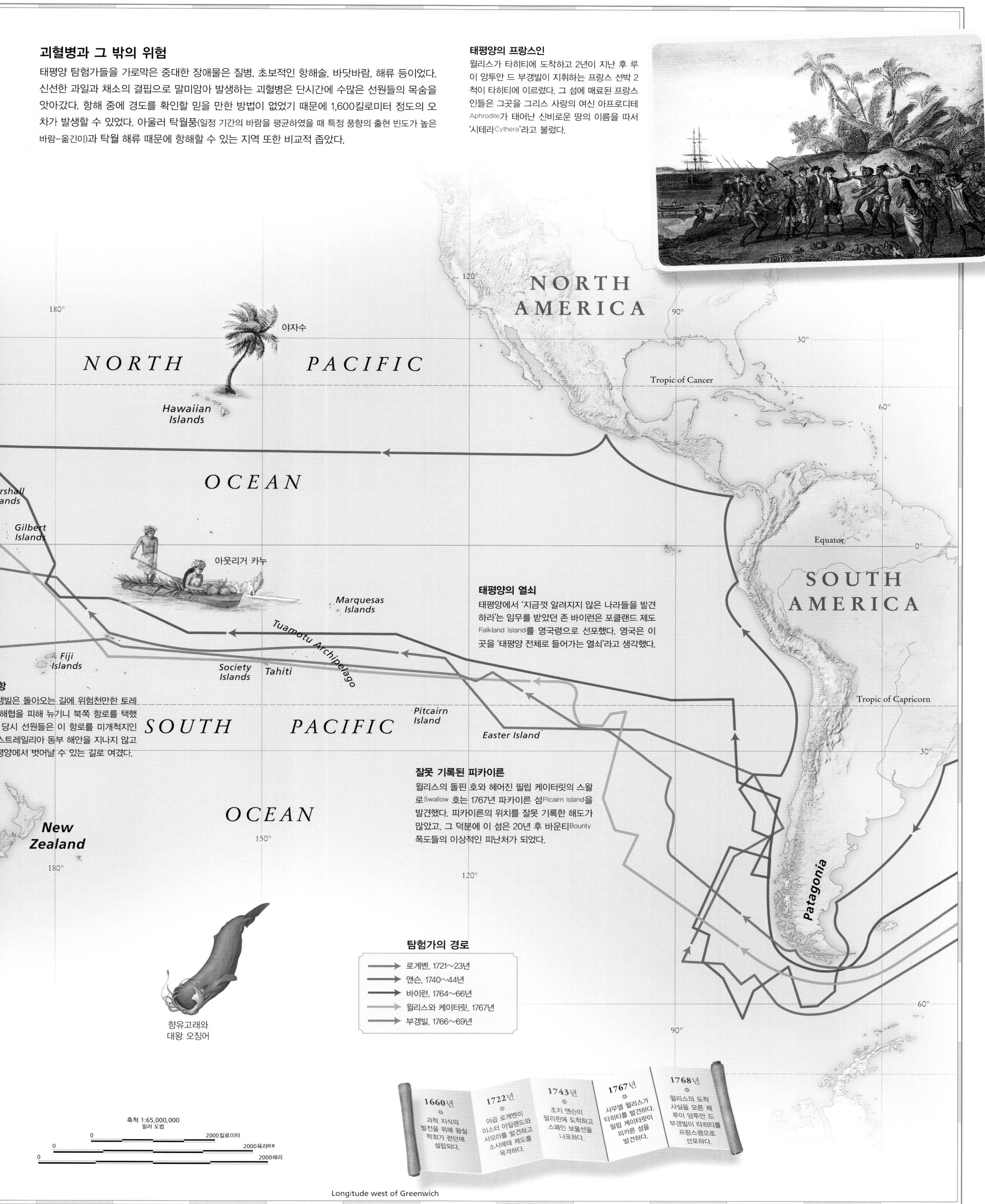
NORTH AMERICA
NORTH
PACIFIC
OCEAN
야자수
Hawaiian Islands
Marshall Islands
Gilbert Islands
아웃리거 카누
Marquesas Islands
Tuamotu Archipelago
Fiji Islands
Society Islands
Tahiti
Pitcairn Island
Easter Island
SOUTH
PACIFIC
OCEAN
New Zealand
SOUTH AMERICA
Patagonia
Tropic of Cancer
Equator
Tropic of Capricorn
180°
150°
120°
90°
60°
30°
0°
향유고래와 대왕 오징어
축척 1:65,000,000
밀러 도법
2000킬로미터
2000육리
2000해리
Longitude west of Greenwich

항

갱빌은 돌아오는 길에 위험천만한 토레 해협을 피해 뉴기니 북쪽 항로를 택했 . 당시 선원들은 이 항로를 미개척지인 스트레일리아 동부 해안을 지나지 않고 평양에서 벗어날 수 있는 길로 여겼다.

태평양의 열쇠

태평양에서 '지금껏 알려지지 않은 나라들을 발견하라'는 임무를 받았던 존 바이런은 포클랜드 제도Falkland Island를 영국령으로 선포했다. 영국은 이 곳을 '태평양 전체로 들어가는 열쇠'라고 생각했다.

잘못 기록된 피카이른

월리스의 돌핀 호와 헤어진 필립 케이터릿의 스왈로Swallow 호는 1767년 파카이른 섬Picairn Island을 발견했다. 피카이른의 위치를 잘못 기록한 해도가 많았고, 그 덕분에 이 섬은 20년 후 바운티Bounty 폭도들의 이상적인 피난처가 되었다.

탐험가의 경로

- 로게벤, 1721~23년
- 앤슨, 1740~44년
- 바이런, 1764~66년
- 월리스와 케이터릿, 1767년
- 부갱빌, 1766~69년

1660년 과학 지식의 발전을 위해 왕실 학회가 런던에 설립되다.

1722년 야곱 로게벤이 이스터 아일랜드와 사모아를 발견하고 소시에테 제도를 목격하다.

1743년 조지 앤슨이 필리핀에 도착하고 스페인 보물선을 나포하다.

1767년 사무엘 월리스가 타히티를 발견하다. 필립 케이터릿이 피카른 섬을 발견하다.

1768년 월리스의 도착 사실을 모른 채 루이 앙투안 드 부갱빌이 타히티를 프랑스령으로 선포하다.

제임스 쿡의 항해

농부의 아들로 태어난 제임스 쿡James Cook은 영국 동부 해안에서 석탄선의 선원으로 일하며 성장기를 보냈다. 26살에 유능한 선원으로 영국 해군에 입대하면서 타고난 지도 제작자로 명성을 얻었다. 1768년 대위로 진급한 다음 개조 석탄선 HM 바크 인데버HM Bark Endeavor 호의 태평양 과학 탐험을 지휘했다. 이 탐험에 성공하고 두 차례 항해를 마친 후 대령 함장으로 진급했다. 이는 그와 같은 출신의 군인으로는 대단한 성공이었다. 쿡의 태평양 탐험은 신화와 미스터리를 사실과 정확한 지도로 바꾸어 놓았고, 전문성과 원주민들에 대한 존중심에 새로운 기준을 세웠다. 특히 프랑스와 스페인을 비롯한 다른 국가의 탐험가들이 쿡의 뒤를 이어 태평양으로 떠났다. 하지만 쿡의 성공적인 탐험으로 말미암아 일부 사람들의 말처럼 지도에 남은 몇몇 빈자리를 채우는 일 이외에 할 일이 거의 없었다.

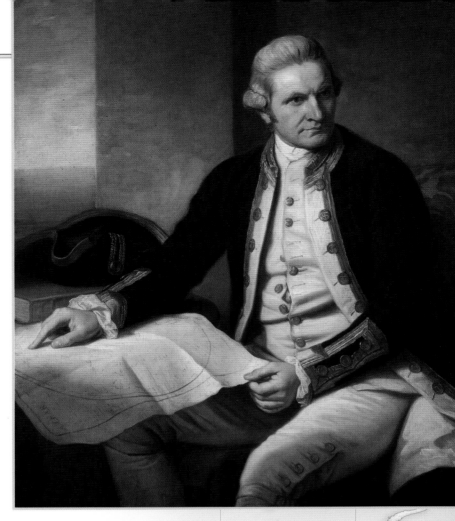

위대한 항해가
유명 학회의 화가인 너대니얼 댄스Nathaniel Dance가 그린 이 초상화는 대령 함장의 군복을 입은 쿡의 모습을 담고 있다. 그는 남빙양Southern Ocean의 지도를 들고 당당하게 오스트레일리아를 가리키고 있다.

흥미로운 사실들	
첫 항해에 소요된 기간	1,052일
첫 항해에서 지도로 그린 해안선	8,000킬로미터
총 선원 수	96명
질병과 사고로 사망한 사람의 수	40명
괴혈병 사망자 수	0명

축척 1:140,000,000
밀러 도법
0 2000킬로미터
0 2000육리
0 2000해리

Plymouth
EUROPE
Tropic of Cancer
AFRICA
Equator
INDIA
Tropic of Capricorn
Cape Town
OCEAN
Antarctic Circ
ANTARCTICA
Longitude east of Greenwic

탐험가의 경로
- 쿡, 1768~71년
- 쿡, 1772~75년
- 쿡, 1776~79년

황새치

실전 경험이 없는 지리학자와 가상의 땅

최초의 남태평양 항해에서 사람들의 입에 회자되던 남쪽 대륙이 발견되지 않자 일부 지리학자들은 단순히 남쪽으로 더 내려가야 이 대륙을 발견할 수 있을 것이라고 주장했다. 쿡은 두 번째 탐험에서 인간이 갈 수 있는 최남단에 이르며, 세계를 일주함으로써 이들의 주장이 완전히 틀렸음을 단번에 증명했다. 이 놀라운 항해가 그의 최대 업적이라고 해도 과언이 아닐 것이다.

초기 표본
쿡의 1차 탐험 대원들은 1770년 7월 북동부 오스트레일리아에서 이 캥거루를 총으로 잡아 그 가죽을 가지고 영국으로 돌아갔다. 조지 스텁스George Stubbs의 그림으로 제작한 이 판화가 항해 일지에 포함되어 있었다.

남극을 향해
쿡은 2차 항해에서 남위 71도 10분까지 내려갔다가 단단한 얼음에 막혀 더 이상 전진하지 못했다. 설령 그 너머에 땅이 있었다고 하더라도 십중팔구 사람이 살지 않는 곳이었을 것이다.

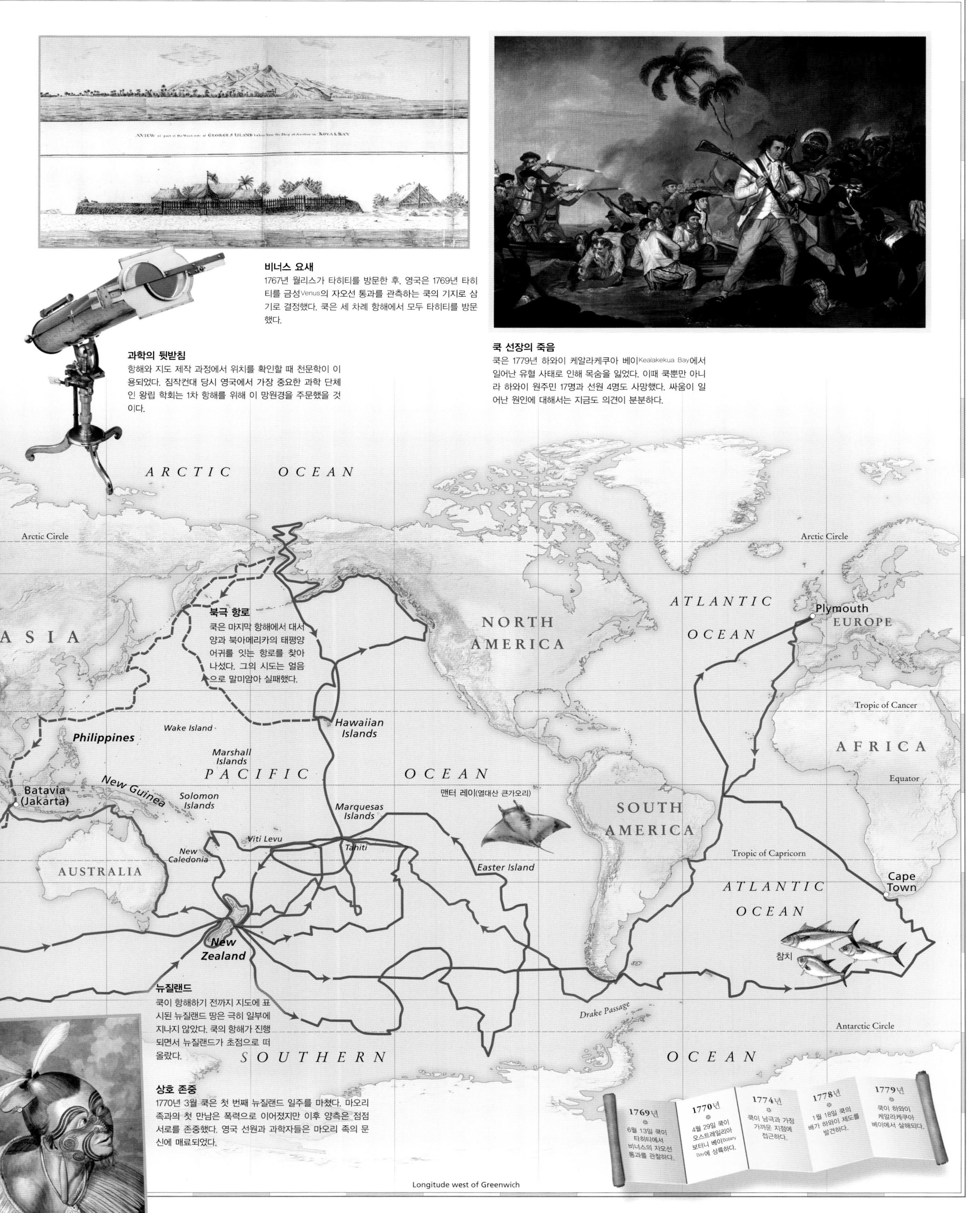
ARCTIC OCEAN
Arctic Circle
ASIA
북극 항로
쿡은 마지막 항해에서 대서양과 북아메리카의 태평양 어귀를 잇는 항로를 찾아 나섰다. 그의 시도는 얼음으로 말미암아 실패했다.
NORTH AMERICA
ATLANTIC OCEAN
Plymouth
EUROPE
Tropic of Cancer
AFRICA
Equator
Wake Island
Philippines
Hawaiian Islands
Marshall Islands
PACIFIC OCEAN
Batavia (Jakarta)
New Guinea
Solomon Islands
Marquesas Islands
맨터 레이(열대산 큰가오리)
SOUTH AMERICA
Viti Levu
Tahiti
New Caledonia
AUSTRALIA
Easter Island
Tropic of Capricorn
ATLANTIC OCEAN
Cape Town
New Zealand
참치
Drake Passage
Antarctic Circle
SOUTHERN OCEAN
1769년
6월 13일 쿡이 타히티에서 비너스의 자오선 통과를 관찰하다.
1770년
4월 29일 쿡이 오스트레일리아 보터니 베이Botany Bay에 상륙하다.
1774년
쿡이 남극과 가장 가까운 지점에 접근하다.
1778년
1월 18일 쿡의 배가 하와이 제도를 발견하다.
1779년
쿡이 하와이 케알라케쿠아 베이에서 살해되다.
Longitude west of Greenwich

비너스 요새
1767년 월리스가 타히티를 방문한 후, 영국은 1769년 타히티를 금성Venus의 자오선 통과를 관측하는 쿡의 기지로 삼기로 결정했다. 쿡은 세 차례 항해에서 모두 타히티를 방문했다.

쿡 선장의 죽음
쿡은 1779년 하와이 케알라케쿠아 베이Kealakekua Bay에서 일어난 유혈 사태로 인해 목숨을 잃었다. 이때 쿡뿐만 아니라 하와이 원주민 17명과 선원 4명도 사망했다. 싸움이 일어난 원인에 대해서는 지금도 의견이 분분하다.

과학의 뒷받침
항해와 지도 제작 과정에서 위치를 확인할 때 천문학이 이용되었다. 짐작컨대 당시 영국에서 가장 중요한 과학 단체인 왕립 학회는 1차 항해를 위해 이 망원경을 주문했을 것이다.

뉴질랜드
쿡이 항해하기 전까지 지도에 표시된 뉴질랜드 땅은 극히 일부에 지나지 않았다. 쿡의 항해가 진행되면서 뉴질랜드가 초점으로 떠올랐다.

상호 존중
1770년 3월 쿡은 첫 번째 뉴질랜드 일주를 마쳤다. 마오리 족과의 첫 만남은 폭력으로 이어졌지만 이후 양측은 점점 서로를 존중했다. 영국 선원과 과학자들은 마오리 족의 문신에 매료되었다.

오스트레일리아와 태평양

오스트레일리아 해안도 만들기

1788년 뉴홀랜드 보터니 베이에 영국의 유형수 식민지가 설립되었다가 이내 해안을 따라 위쪽에 있는 포트 잭슨Port Jackson, 시드니로 옮겨졌다. 이 식민지가 성장하고 번영하기 위해서는 정확한 해안 지도와 천연자원에 대한 지식이 필요했다. 1795년 두 젊은 해군 장교 매튜 플린더스Mattew Flinders와 조지 배스George Bass가 일련의 소형 보트 항해를 시작했다. 그들은 태즈메이니아 섬을 개발하고 배스 해협Bass Strait에서 포트 잭슨으로 향하는 항로를 단축했다. 영국과 마찬가지로 뉴홀랜드의 전략적 잠재력에 관심이 있었던 프랑스는 1800년 니콜라스 보딘Nicholas Baudin이 이끄는 과학 탐험대를 파견했다. 이듬해 영국 해군은 플린더스에게 HM 슬루프 인베스티게이터 호HM Sloop Investigator의 지휘권을 맡겼다. 이 기간 동안 플린더스와 보딘은 뉴홀랜드 경계선을 따라가면서 수많은 동식물의 모습을 기록했다.

펜던트 초상화
매튜 플린더스는 1803년 사상 최초로 오스트레일리아 일주를 끝냈다. 그는 프랑스령 모리셔스French Mauritius에서 체포되어 6년간 투옥되었다가 1810년 영국으로 돌아갔다.

흥미로운 사실들

플린더스의 배인 슬루프 인베스티게이터 호의 길이	30.5미터
과학자와 고용인	10명
1802~03년 일주에 소요된 기간	323일
수집한 식물 표본	4,000가지
훗날 플린더스의 이름을 따서 명명된 장소	100군데 이상

무역의 도구
플린더스는 여행할 때마다 펜, 나침반, 망원경을 가지고 다녔다.

식물의 제국
1800년 무렵까지 최소한 400종의 오스트레일리아 식물이 기록되었다. 플린더스의 자연사 화가 페르디난드 바우어Ferdinand Bauer는 거의 2,000점에 달하는 오스트레일리아 동식물의 그림을 남겼다.

기항지, 미래의 도시들

과학은 탐험의 주요 요인으로 자리 잡았고, 플린더스와 보딘의 탐험 역시 과학을 집중적으로 초점을 맞추었다. 그러나 플린더스에게는 영국 식민지의 발전을 위해 필요한 항구, 강, 바다의 경로를 찾는 일 또한 이에 못지않게 중요했다. 그는 30년 동안 항해하면서 태즈메이니아, 멜버른Melbourne, 아들레이드Adelaide, 올버니Albany에 정착지를 세웠다.

킹 조지 사운드
남서부 오스트레일리아의 위치한 킹 조지 사운드의 이 풍경화는 플린더스의 풍경 화가인 윌리엄 웨스톨William Westall이 그린 작품이다. 이곳은 1791년 조지 밴쿠버에게 발견되었다.

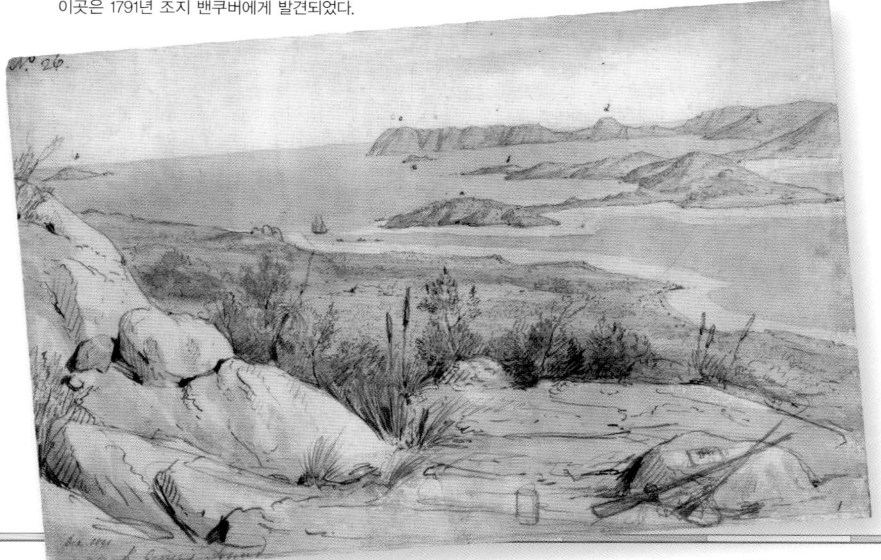

짧은 만남

1802년 4월 8일 남부 오스트레일리아 해안을 따라 동쪽으로 항해하던 플린더스는 서쪽으로 항해하던 니콜라스 보딘의 탐험대와 마주쳐 몹시 놀랐다. 플린더스는 이후 지금의 아들레이드의 남동쪽에 위치한 그곳을 인카우터 베이Encounter Bay(만남의 베이)라고 불렀다. 보딘은 플린더스가 이미 남부 해안을 조사했다는 사실에 실망스러워했지만 플린더스에게 배스 해협에 대한 추가 정보를 제공할 수 있었다.

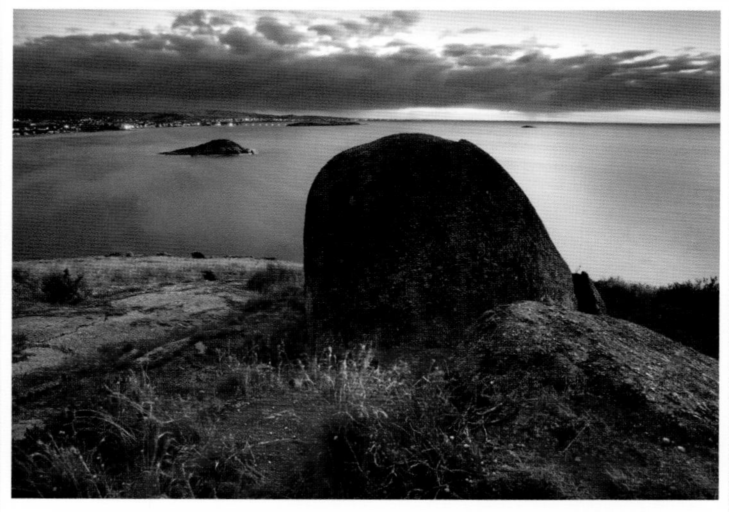

화강암 갑岬이 오스트레일리아 남부 인카운터/엔카운터 베이 주변을 둘러싸고 있다.

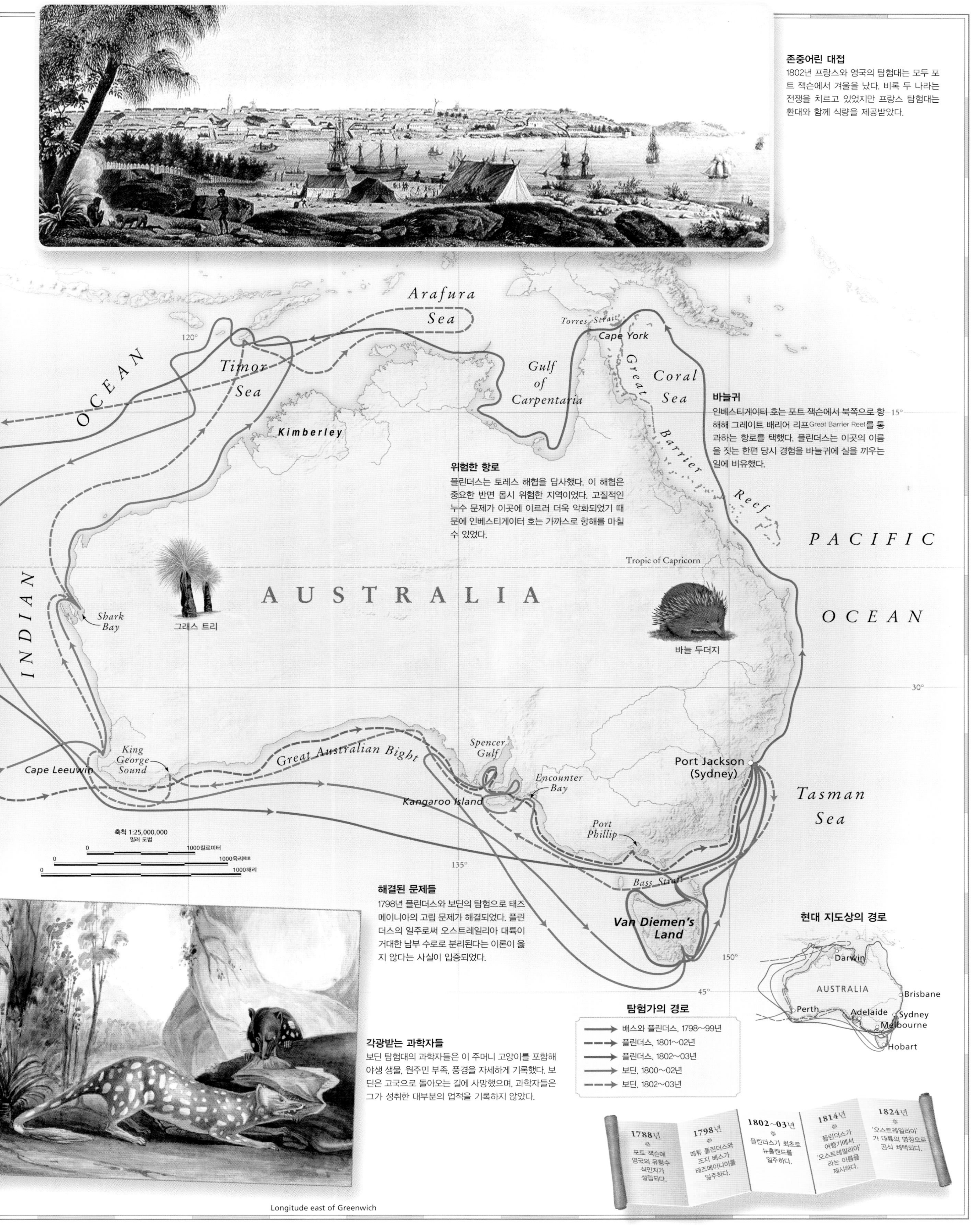
Arafura Sea
Timor Sea
OCEAN
Kimberley
Torres Strait
Cape York
Gulf of Carpentaria
Coral Sea
Great Barrier Reef
PACIFIC OCEAN
Tropic of Capricorn
AUSTRALIA
INDIAN
Shark Bay
그래스 트리
바늘 두더지
King George Sound
Cape Leeuwin
Great Australian Bight
Spencer Gulf
Encounter Bay
Kangaroo Island
Port Jackson (Sydney)
Tasman Sea
Port Phillip
Bass Strait
Van Diemen's Land
120°
135°
150°
15°
30°
45°
축척 1:25,000,000
밀러 도법
0 1000킬로미터
0 1000육리마르
0 1000해리
현대 지도상의 경로
Darwin
AUSTRALIA
Brisbane
Perth
Adelaide
Sydney
Melbourne
Hobart
탐험가의 경로
배스와 플린더스, 1798~99년
플린더스, 1801~02년
플린더스, 1802~03년
보딘, 1800~02년
보딘, 1802~03년
1788년
포트 잭슨에 영국의 유형수 식민지가 설립되다.
1798년
매튜 플린더스와 조지 배스가 태즈메이니아를 일주하다.
1802~03년
플린더스가 최초로 뉴홀랜드를 일주하다.
1814년
플린더스가 여행기에서 '오스트레일리아'라는 이름을 제시하다.
1824년
'오스트레일리아'가 대륙의 명칭으로 공식 채택되다.
Longitude east of Greenwich

존중어린 대접
1802년 프랑스와 영국의 탐험대는 모두 포트 잭슨에서 겨울을 났다. 비록 두 나라는 전쟁을 치르고 있었지만 프랑스 탐험대는 환대와 함께 식량을 제공받았다.

바늘귀
인베스티게이터 호는 포트 잭슨에서 북쪽으로 항해해 그레이트 배리어 리프Great Barrier Reef를 통과하는 항로를 택했다. 플린더스는 이곳의 이름을 짓는 한편 당시 경험을 바늘귀에 실을 끼우는 일에 비유했다.

위험한 항로
플린더스는 토레스 해협을 답사했다. 이 해협은 중요한 반면 몹시 위험한 지역이었다. 고질적인 누수 문제가 이곳에 이르러 더욱 악화되었기 때문에 인베스티게이터 호는 가까스로 항해를 마칠 수 있었다.

해결된 문제들
1798년 플린더스와 보딘의 탐험으로 태즈메이니아의 고립 문제가 해결되었다. 플린더스의 일주로써 오스트레일리아 대륙이 거대한 남부 수로로 분리된다는 이론이 옳지 않다는 사실이 입증되었다.

각광받는 과학자들
보딘 탐험대의 과학자들은 이 주머니 고양이를 포함해 야생 생물, 원주민 부족, 풍경을 자세하게 기록했다. 보딘은 고국으로 돌아오는 길에 사망했으며, 과학자들은 그가 성취한 대부분의 업적을 기록하지 않았다.

남부 오스트레일리아 탐험

영국은 포트 잭슨의 유형수 식민지에게 문제를 일으키지 말고 자급자족하라는 요구를 제시했다. 유형수 식민지는 도무지 넘기 어려울 것처럼 보이는 서쪽의 장벽, 즉 그레이트디바이딩 레인지Great Dividing Range에 갇힌 채 25년 동안 몹시 어려움을 겪었다. 처음 50년 동안 성공적인 탐험이란 생존했다는 의미였으며, 그러기 위해서는 장애물을 극복하고 오스트레일리아 동부에 위치한 광활한 목초지로 향하는 길을 찾아야 했다. 진정한 의미의 탐험은 조지 블랙스랜드Gregory Blaxland, 윌리엄 웬트워스William Wentworth, 윌리엄 로슨William Lawson이 3주 동안 도보로 '디바이드Divide' 산맥을 넘었던 1813년에야 비로소 시작되었다. 이후 20년 동안 존 옥슬리John Oxley는 라클런 강Rachlan River을 탐험했고, 앨런 커닝엄Allen Cunningham은 판도라 경로Pandora's Pass를 발견해 북쪽으로 향하는 길을 열었다. 해밀턴 흄Hamilton Hume과 윌리엄 호벨William Hovell은 남쪽 경로를 닦았다. 아울러 찰스 스트럿Charles Strut은 서쪽으로 흐르는 강에 관한 수수께끼를 풀었고, 토머스 미첼Thomas Michell은 서부 빅토리아Victoria의 풍부한 목초 지역으로 진출했다.

WILLIAM CHARLES WENTWORTH
EXPLORER N.S.W.
BLAXLAND
GREGORY BLAXLAND
EXPLORER
1813
LIEUTENANT LAWSON
EXPLORER N.S.W.

성공적의 3인조
디바이드 산맥은 25년 동안 유형수 식민지를 고립시켰다. 아마 추어 탐험가 블랙스랜드, 웬트워스, 로슨은 이 산맥을 횡단해 서부 평원의 목초지로 향하는 길목의 주된 장벽을 제거했다. 이 목초지는 식민지의 생존을 위해 반드시 필요한 요소였다.

흥미로운 사실들	
식민지가 '디바이드' 때문에 고립되었던 기간	25년
산맥 서쪽의 직접적인 장벽	통과할 수 없는 습지
블랙스랜드, 웬트워스, 로슨이 여행한 거리	93킬로미터
커닝엄이 개척한 리버풀 평야Liverpool Plain의 면적	1만 2,000제곱킬로미터
스트럿이 탐험한 머럼비지 강Murumbidgee River의 길이	1,609킬로미터

XLE
V EVAN
A D
MAY 17
1817

옥슬리가 표시한 나무
존 옥슬리와 조지 에반스George Evans는 서부에 위치한 강의 경로를 추적하려면 반드시 거쳐야 했던 서부 목초지의 면적을 파악하기로 결정했다. 이후 두 사람은 맥쿼리 강Macquarie River과 러클런 강을 발견했지만 드넓은 늪지에 가로막혀 더 이상 전진하지 못했다.

Murray
35°
Adelaide
Lake
Alexandrina
Encounter
Bay

머럼비지 강
내해가 존재한다고 굳게 믿었던 스트럿은 머럼비지 강을 추적하고 머리 강Murray River을 거친 다음, 남빙양에 이르렀다. 서쪽으로 흐르는 강과 관련된 수수께끼가 해결되자 곧이어 무단 점유자들이 뒤따라 이동했다.

깜짝 만남
미첼은 1830년대에 세 차례의 내륙 여행을 떠났다. 그는 달링 강Darling River과 머리 강이 합류 지점을 지나서 서부 빅토리아의 드넓은 목초지를 발견했다. 그는 이곳을 '오스트레일리아 펠릭스Australia Felix'라고 이름지었다. 포틀랜드 베이Portland Bay에서는 태즈메이니아의 헨티Hentys 부족을 발견하고 깜짝 놀랐다.

소중한 수원

오스트레일리아는 연간 강우량이 10인치 미만인 지역이 40퍼센트에 이르기 때문에 목축은 물의 이용 가능성에 제한을 받았다. 대찬정 분지 Great Artesian Basin 가 오스트레일리아의 23퍼센트를 차지하고 있으며, 보유 수량은 6만 5,000제곱킬로미터에 이른다. 이 물은 그레이트디바이딩 레인지의 유거수에서 제공된다. 1878년부터 중부와 북부 오스트레일리아의 방목과 유목은 이 물에 의존했다.

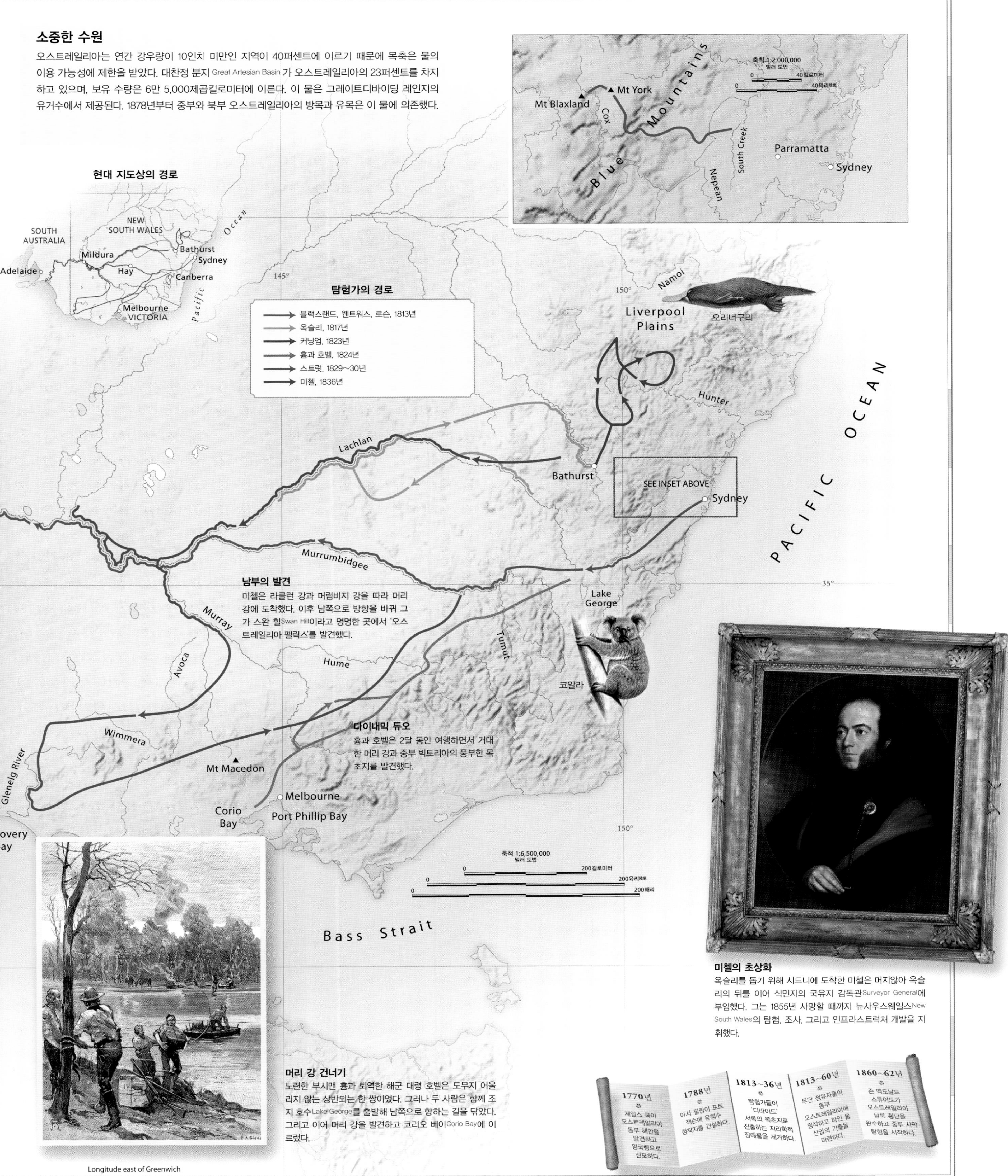

현대 지도상의 경로
SOUTH AUSTRALIA
NEW SOUTH WALES
Ocean
Pacific
Mildura
Bathurst
Sydney
Adelaide
Hay
Canberra
Melbourne
VICTORIA
탐험가의 경로
블랙스랜드, 웬트워스, 로슨, 1813년
옥슬리, 1817년
커닝엄, 1823년
흄과 호벨, 1824년
스트럿, 1829~30년
미첼, 1836년
145°
150°
35°
Mt Blaxland
Mt York
Cox
Blue Mountains
South Creek
Nepean
Parramatta
Sydney
Namoi
Liverpool Plains
오리너구리
Hunter
Lachlan
Bathurst
SEE INSET ABOVE
Sydney
PACIFIC OCEAN
Murrumbidgee
Murray
Lake George
Tumut
Avoca
Hume
코알라
Wimmera
Glenelg River
Mt Macedon
Melbourne
Corio Bay
Port Phillip Bay
Bass Strait
축척 1:6,500,000
200킬로미터
200육리마로
200해리
Longitude east of Greenwich
1770년 제임스 쿡이 오스트레일리아 동부 해안을 발견하고 영국령으로 선포하다.
1788년 아서 필립이 포트 잭슨에 유형수 정착지를 건설하다.
1813~36년 탐험가들이 '디바이드' 서쪽의 목초지로 진출하는 지리학적 장애물을 제거하다.
1813~60년 무단 점유자들이 동부 오스트레일리아에 정착하고 파인 울 산업의 기틀을 마련하다.
1860~62년 존 맥도날드 스튜어트가 오스트레일리아 남북 횡단을 완수하고 중부 사막 탐험을 시작하다.

남부의 발견

미첼은 라클런 강과 머럼비지 강을 따라 머리 강에 도착했다. 이후 남쪽으로 방향을 바꿔 그가 스완 힐Swan Hill이라고 명명한 곳에서 '오스트레일리아 펠릭스'를 발견했다.

다이내믹 듀오

흄과 호벨은 2달 동안 여행하면서 거대한 머리 강과 중부 빅토리아의 풍부한 목초지를 발견했다.

머리 강 건너기

노련한 부시맨 흄과 퇴역한 해군 대령 호벨은 도무지 어울리지 않는 상반되는 한 쌍이었다. 그러나 두 사람은 함께 조지 호수Lake George를 출발해 남쪽으로 향하는 길을 닦았다. 그리고 이어 머리 강을 발견하고 코리오 베이Corio Bay에 이르렀다.

미첼의 초상화

옥슬리를 돕기 위해 시드니에 도착한 미첼은 머지않아 옥슬리의 뒤를 이어 식민지의 국유지 감독관Surveyor General에 부임했다. 그는 1855년 사망할 때까지 뉴사우스웨일스New South Wales의 탐험, 조사, 그리고 인프라스트럭처 개발을 지휘했다.

탐험가의 자취를 따라

1860년대 오스트레일리아 오지의 탐험가들과 무단 점유자들 사이에는 미묘한 차이가 있었다. 무단 점유자들은 동부 오스트레일리아 전역의 목초지를 대부분 차지하고 있었다. 이따금 '탐험가'와 '무단 점유자'는 함께 이동했지만 전자는 기록을 남기고 탐험가로 인정받은 반면, 무단 점유자들은 기록을 완성할 시간이나 관심이 전혀 없었다. 간혹 노년에 이르러 그때껏 유럽인들이 가지 않은 땅으로 진출하는 과정, 척박한 환경으로 겪은 어려움, 고립, 그리고 완전히 개인적인 경험을 기록하는 무단 점유자가 등장했다. 일부 무단 점유자는 소와 양을 이끌고 오스트레일리아를 횡단하는 대단한 업적으로 이름을 날리기도 했다. 무단 점유자와 식민 정부가 충돌하면서 토지 정책이 정치에 지대한 영향을 미치게 되었다. 1850년 이후 정부가 토지 확보에 대한 무단 점유자들의 권리를 인정하기 시작하자 무단 점유자들은 강력한 정치 세력으로 탈바꿈했다. 이로 말미암아 금광에서 돌아와 농업에 종사하려던 사람들은 어려움을 겪었다. 무단 점유자들이 이용 가능한 토지를 장악하고 있던 터라 좁은 면적이라도 비옥한 토지를 확보할 수 없었다.

F.&A. JARDINE

프랭크와 알렉산더 자딘
1864~65년 자딘 형제(위)는 소 250마리를 몰고 보웬Bowen에서 케이프 요크 반도Cape York Peninsula까지 퀸즐랜드Queensland를 횡단했다. 그들은 적대적인 아보리진Aborigines(오스트레일리아 원주민-옮긴이)의 공격과 같은 끊임없는 위험을 무릅쓰고 지도에도 없는 강의 미로를 헤쳐 나갔다.

전설적인 가문
듀랙Durack 가문은 1860년대 퀸즐랜드에다 소의 제국을 세웠다. 1880년대 초반 패트릭 듀랙Patrick Durack은 소몰이를 지휘하고 4,828킬로미터를 횡단해 킴벌리Kimberley 지역에 이르렀다. 그의 아들 마이클(아래)은 1886년 그 소몰이에 합류했다.

19개 주

1822년 존 비기John Bigge 장관은 뉴사우스웨일스 정착지의 '혼란'을 통제하라는 명령을 내렸다. 그 결과 랄프 달링Darling 총독은 국유지 감독관 토머스 미첼에게 시드니 주변에서 약 160킬로미터 반경에 있는 '19개 주Nineteen Counties'를 조사하는 임무를 맡겼다. 1828년 달링은 이 지역을 '정착지의 한계'로 선포했다. 그러나 무단 점유자들은 이미 통제 지역을 벗어난 땅에 정착한 상태였다. 그 결과 토지 관리의 위기가 시작되었고, 이 위기는 1900년대까지 계속되었다.

토끼 전염병

1859년 토머스 오스틴Thomas Austin은 '놀이 삼아' 토끼 24마리를 풀어놓았다. 아마 그는 토끼의 전염병이 대륙 전체의 토지를 파괴한 사실을 알고 무척 놀랐을 것이다. 이 역병은 1890년대 경기 침체를 일으키는 한 요인이 되었다. 왕립 위원회Royal Commission는 수천 킬로미터에 이르는 토끼 울타리를 설치함으로써 전염병의 확산을 막으려고 안간힘을 썼다. 그러나 1950년대 토끼에게 치명적인 바이러스성 질환인 점액종증이 발생했다.

오스틴은 빅토리아 주 윈첼시Winchelsea 근처의 바원 파크Barwon park에 처음으로 토끼를 풀어놓았다.

공격을 당하다
무단 점유자들의 주변에는 위험과 역경이 끊이지 않았다. 아보리진의 문화에 대한 존중심과 이해가 부족했던 탓에 무단 점유자와 아보리진의 충돌이 끊이지 않았다. 그 결과 식민지가 설립된 후 100년 동안 식민주의자 2,500명과 아보리진 2만 5,000명이 목숨을 잃었다.

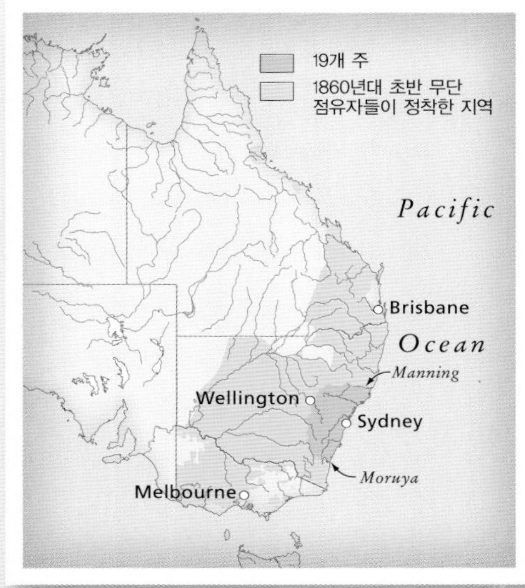
19개 주
1860년대 초반 무단 점유자들이 정착한 지역
Pacific
Ocean
Brisbane
Manning
Wellington
Sydney
Moruya
Melbourne

초기 정착지
1860년대 무렵 무단 점유자들은 19개 주를 벗어나 거주지를 확장하면서 이미 남동부 퀸즐랜드, 뉴사우스웨일스의 동부, 그리고 대부분의 서부 빅토리아 지역에 정착한 상태였다.

찬정공
토지 이용에 가장 큰 걸림돌은 물의 이용 가능성이었다. 오스트레일리아 영토 가운데 3분의 1 이하에서 수많은 찬정 분지가 발견되면서 약 3,000개의 찬정공을 시추하기에 이르렀다. 이로써 목초지와 가축의 이동 경로에 물을 제공할 수 있었다.

터커박스 바이올린
외지고 위험한 환경에서 살아남을 수 있을 것인지의 여부는 무단 점유자들의 적응과 혁신 능력에 좌우되었다. 얼마 되지 않는 여가 시간은 거의 가족 오락에 투자했는데, 이때에도 그들의 창의력이 여실히 드러났다.

무단 점유자의 농가
식민지의 기본적인 문제는 토지 소유권이었다. 불법 무단 점유자가 그랬듯이 영국 정부는 '주인 없는 땅waste land'을 나라의 소유로 선포했다. 랄프 달링 총독은 정착민들이 19개 주에서 벗어나지 못하도록 막으려 했지만, 무단 점유자들은 용케도 합법적인 경계선을 벗어난 목초지에 정착했다.

중부와 서부의 사막 탐험하기

19세기 중반 무단 점유자들이 동부 목초지의 대부분을 차지했지만, 중부의 사막에서는 이렇다 할 보상을 발견하지 못하자 탐험에 대한 열정이 점차 식어갔다. 그러나 식민 정부는 탐험의 또 다른 가치를 발견했다. 그것은 '북부의 영토'를 점령하고 대륙 횡단 전신선을 통해 세계로 연결되는 수단을 장악하는 일'이었다. 빅토리아는 로버트 버크Robert Burke와 윌리엄 윌스William Wills가 이끄는 탐험대를 지원한 반면, 사우스오스트레일리아는 존 맥두얼 스튜어트John McDouall Stewart를 지원했다. 이 경쟁에서 버크와 윌스는 상처뿐인 승리를 거두었고, 이들은 1861년 돌아오는 길에 목숨을 잃었다. 1862년 스튜어트는 여섯 번째 시도에서 아들레이드에서 북부 해안까지 대륙을 횡단하는 데 성공함으로써 1872년 전신선을 개설할 길을 닦았다. 그 '선'은 서부 해안과 건조한 중부 지역 사이를 여행하는 탐험가, 특히 존과 알렉산더 포레스트John and Alexander Forrest, 피터 워버턴Peter Warburton, 어네스트 가일스Earnest Giles를 위한 안전망이나 다름없었다.

포레스트가 '라인'을 발견하다
국유지 감독관으로서 세 차례나 오스트레일리아 사막 지대를 횡단했던 존 포레스트는 서부에서 가장 성공한 전문 조사관 겸 탐험가이다. 그는 서부를 적극적으로 지원한 덕분에 식민지와 본국의 정계에서 경력을 쌓을 수 있었다.

흥미로운 사실들	
버크와 윌스가 사망한 위치	쿠퍼 크릭Cooper Creek
스튜어트가 오스트레일리아의 지리적 중심점에 선 날짜	1860년 4월 22일
오버랜드 텔레그래프 라인Overland Telegraph Line의 길이	3,200킬로미터
아들레이드에 최초로 해외 전신이 도착한 날짜	1872년 4월 22일
오스트레일리아 중서부에 위치한 깁슨 사막의 면적	15만 5,000제곱킬로미터

피츠로이 강
국유지 감독관인 존 포레스트의 동생 알렉산더 포레스트는 1879년 탐험에서 피츠로이 강Fitzroy River을 탐험했다. 그는 듀랙 가문과 같은 정착민들에게 킴벌리 지역에서 발견된 중대한 사실을 전달했다.

성공적인 횡단
노련한 부시맨이자 조사관인 스튜어트는 1862년 6월 마침내 오스트레일리아 북부 해안에 다다랐다. 스튜어트의 여행기에 담긴 이 일러스트레이션에서 그는 챔버스 베이Chambers Bay의 해안선에 깃발을 꽂고 있다.

오버랜드 텔레그래프 라인

오스트레일리아를 횡단하려는 식민지 간의 경쟁을 부추긴 것은 유럽과의 전신 통신망을 지배하고 오스트레일리아를 고립 상태에서 벗어나게 하려는 소망이었다. 찰스 토드Charles Todd의 지휘하에 다윈Darwin에서 포트 오거스타Port Augusta 사이에 3,200킬로미터에 이르는 전신선을 건설하기까지 2년이 걸렸다. 그 '라인'은 목초지를 북부로 확장하는 과업을 지원하는 자원과 사막 탐험의 기준점이 되었다.

OVERLAND TELEGRAPH LINE
BARROW CREEK STATION

배로 크릭Barrow Creek의 중계소는 '라인'을 따라 건설된 11개 중계소 가운데 하나이다.

버크와 윌스

1860~61년 버크와 윌스는 최초로 오스트레일리아 횡단에 성공했지만, 이는 어느 모로 보나 재앙이었다. 두 탐험가는 돌아오는 길에 모두 목숨을 잃었는데, 이는 리더십의 실패, 잘못된 결정, 그리고 오지 환경에 대한 지식 부족 때문이었다. 오스트레일리아의 탐험 가운데 그토록 막대한 관심을 받으며 엄청난 비용을 쏟아붓고 그토록 성과가 적었던 탐험은 이전에도, 이후에도 찾아볼 수 없다.

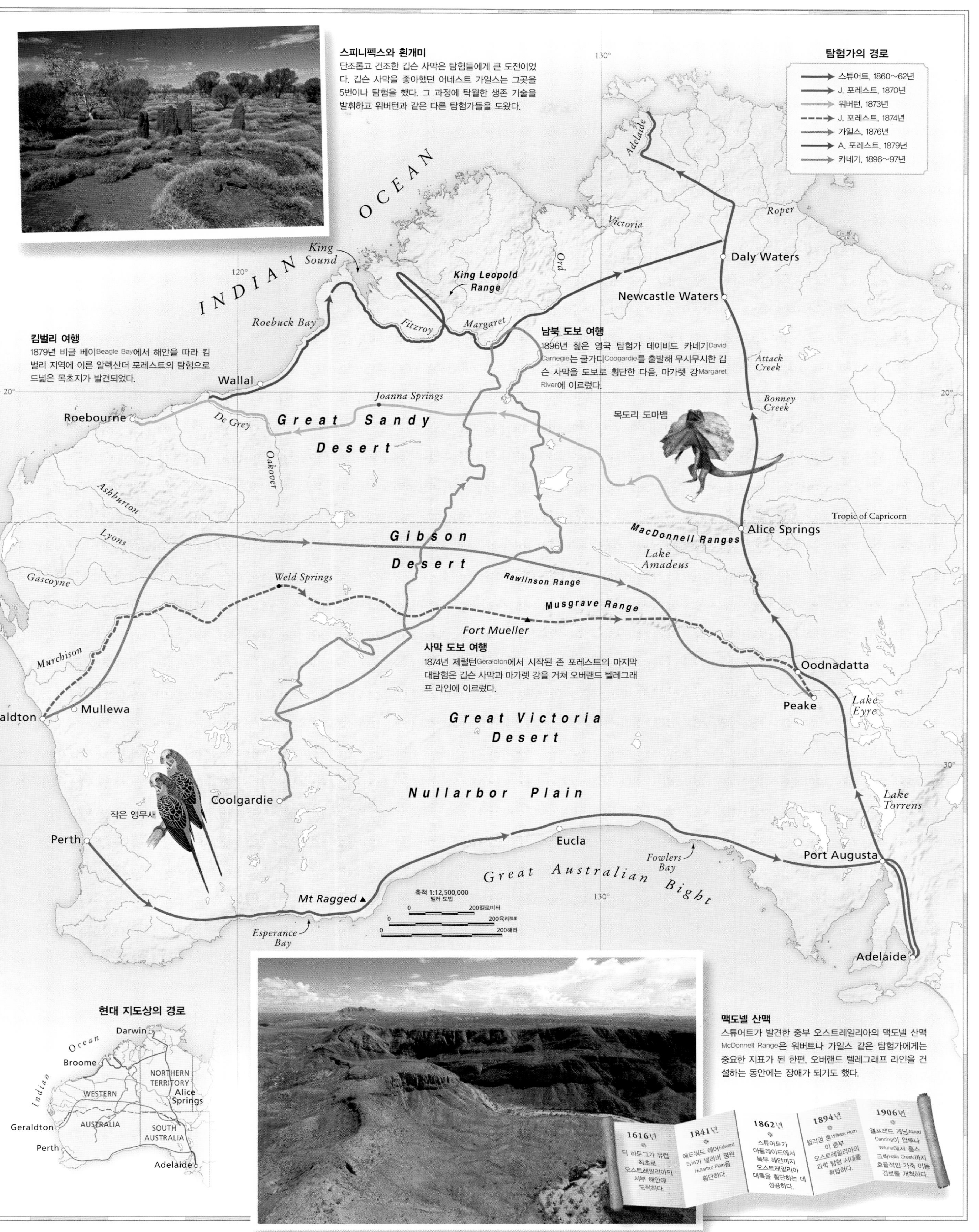
탐험가의 경로
스튜어트, 1860~62년
J. 포레스트, 1870년
워버턴, 1873년
J. 포레스트, 1874년
가일스, 1876년
A. 포레스트, 1879년
카네기, 1896~97년
INDIAN OCEAN
130°
120°
20°
30°
Adelaide
Victoria
Roper
King Sound
King Leopold Range
Ord
Daly Waters
Newcastle Waters
Roebuck Bay
Fitzroy
Margaret
Attack Creek
Bonney Creek
Wallal
Roebourne
Joanna Springs
De Grey
Great Sandy Desert
Oakover
Ashburton
Lyons
Gascoyne
Tropic of Capricorn
MacDonnell Ranges
Alice Springs
Lake Amadeus
Gibson Desert
Rawlinson Range
Weld Springs
Musgrave Range
Fort Mueller
Murchison
Oodnadatta
Peake
Lake Eyre
Geraldton
Mullewa
Great Victoria Desert
Nullarbor Plain
Coolgardie
Lake Torrens
Perth
Eucla
Fowlers Bay
Port Augusta
Great Australian Bight
Mt Ragged
축척 1:12,500,000
람베르트 도법
200킬로미터
200마일
200해리
Esperance Bay
Adelaide
현대 지도상의 경로
Darwin
Indian Ocean
Broome
NORTHERN TERRITORY
WESTERN AUSTRALIA
Alice Springs
SOUTH AUSTRALIA
Geraldton
Perth
Adelaide
1616년
딕 하토그가 유럽 최초로 오스트레일리아의 서부 해안에 도착하다.
1841년
에드워드 에어Edward Eyre가 널라버 평원Nullarbor Plain을 횡단하다.
1862년
스튜어트가 아들레이드에서 북부 해안까지 오스트레일리아 대륙을 횡단하는 데 성공하다.
1894년
윌리엄 혼William Horn이 중부 오스트레일리아의 과학 탐험 시대를 확립하다.
1906년
앨프레드 캐닝Alfred Canning이 윌루나Wiluna에서 홀스 크릭Halls Creek까지 효율적인 가축 이동 경로를 개척하다.

스피니펙스와 흰개미
단조롭고 건조한 깁슨 사막은 탐험들에게 큰 도전이었다. 깁슨 사막을 좋아했던 어네스트 가일스는 그곳을 5번이나 탐험을 했다. 그 과정에 탁월한 생존 기술을 발휘하고 워버턴과 같은 다른 탐험가들을 도왔다.

킴벌리 여행
1879년 비글 베이Beagle Bay에서 해안을 따라 킴벌리 지역에 이른 알렉산더 포레스트의 탐험으로 드넓은 목초지가 발견되었다.

남북 도보 여행
1896년 젊은 영국 탐험가 데이비드 카네기David Carnegie는 쿨가디Coolgardie를 출발해 무시무시한 깁슨 사막을 도보로 횡단한 다음, 마가렛 강Margaret River에 이르렀다.

목도리 도마뱀

사막 도보 여행
1874년 제럴턴Geraldton에서 시작된 존 포레스트의 마지막 대탐험은 깁슨 사막과 마가렛 강을 거쳐 오버랜드 텔레그래프 라인에 이르렀다.

작은 앵무새

맥도넬 산맥
스튜어트가 발견한 중부 오스트레일리아의 맥도넬 산맥McDonnell Range은 워버트나 가일스 같은 탐험가에게는 중요한 지표가 된 한편, 오버랜드 텔레그래프 라인을 건설하는 동안에는 장애가 되기도 했다.

뉴질랜드

특정한 탐험가들을 떠올릴 수 있는 세계 다른 지역과는 달리 뉴질랜드의 탐험은 거의 알려지지 않은 무수한 여행가들의 노력이 합쳐진 결과였다. 1642년 아벨 태즈먼이 발견하고, 1769~70년 제임스 쿡이 지도로 만들었던 뉴질랜드에서 유럽인의 영구 점령이 시작된 것은 1814년이었다. 이때 사무엘 마스던Samuel Marsden은 베이 오브 아일랜즈Bay of Islands에서 복음을 전했다. 초창기에 노스 아일랜드North Island를 탐험한 사람은 마스던의 후계자들이었다. 순회 선교사였던 이들은 1850년 무렵 내륙 지방의 지형을 대부분 확인했다. 유럽인의 대규모 이주는 1839년부터 시작되었으며, 몇 년 만에 장차 뉴질랜드의 도시가 될 대다수 지역의 기틀이 마련되었다. 그러나 사우스아일랜드South Island, 눈 덮인 산맥과 나무가 빽빽해 접근할 수 없는 계곡이 있는 탐험은 한층 더 어려운 도전 과제였고, 그 결과 한 세대 동안 누구에게도 뒤지지 않는 업적을 거두는 탐험가들이 탄생했다.

흥미로운 사실들	
최초로 뉴질랜드의 지도가 출판된 시기	1696년
뉴질랜드에서 태어난 최초의 유럽인	1815년 토머스 킹Thomas King
바퀴 달린 차량을 위한 도로가 최초로 건설된 시기	1820년(왕가로아Whangaroa에)
19세기에 영국~뉴질랜드 항해에 걸린 최단 기간	4개월
유럽 사람들이 정착한 이후 감소한 마오리 부족 인구	52퍼센트

우정의 선물
이 마오리 족의 펜던트는 막강한 나푸이Ngapuhi의 추장 티토레Titore가 HMS 버팔로HMS Buffalo 호의 사령관 F.W.R 새들러F.W.R Sadler에게 선사한 것이다. HMS 버팔로 호는 오스트레일리아 시드니와 베이 오브 아일랜즈를 정기적으로 왕복하던 해군 보급선이었다.

인쇄업자에서 탐험가로 변신하다
윌리엄 콜렌소William Colenso는 1834년 파이히아Paihia에서 선교 인쇄소를 운영하기 위해 뉴질랜드로 이주했다. 선교에 대한 열정과 자연사에 대한 관심에 사로잡힌 그는 이후 12년 동안 머물면서 노스아일랜드의 길을 개척했다.

사무엘 마스던의 선교

요크셔Yorkshire 출신의 감리교 신자 사무엘 마스던은 1814년 오스트레일리아에서 베이오브아일랜즈에 도착해 뉴질랜드 최초의 유럽 영구 정착지를 설립했다. 마오리 언어를 구사한 최초의 유럽 사람으로 손꼽히는 그는 70대에 이르기까지 꾸준히 뉴질랜드를 탐험했다. 다른 사람들이 그의 뒤를 좇아 폭넓은 선교회의 네트워크를 연결하는 길을 닦았다.

마스던이 사재를 털어 구입한 자신의 배인 액티브Active 호에서 내리고 있다.

No 20
Mr Brewster
View of Haast's Pass looking North from the Fish River

하스트 고개
지질학자 율리우스 폰 하스트Julius von Haast는 1862~63년 마오리 부족이 티오라-파테아Tiora-Patea라고 일컫는 고개를 통과해 거대한 서던 알프스 산맥Southern Alps을 넘었다. 지금까지도 오타고Otago와 서부 해안을 연결하는 자동차 도로는 하스트 고개Haast Pass뿐이다.

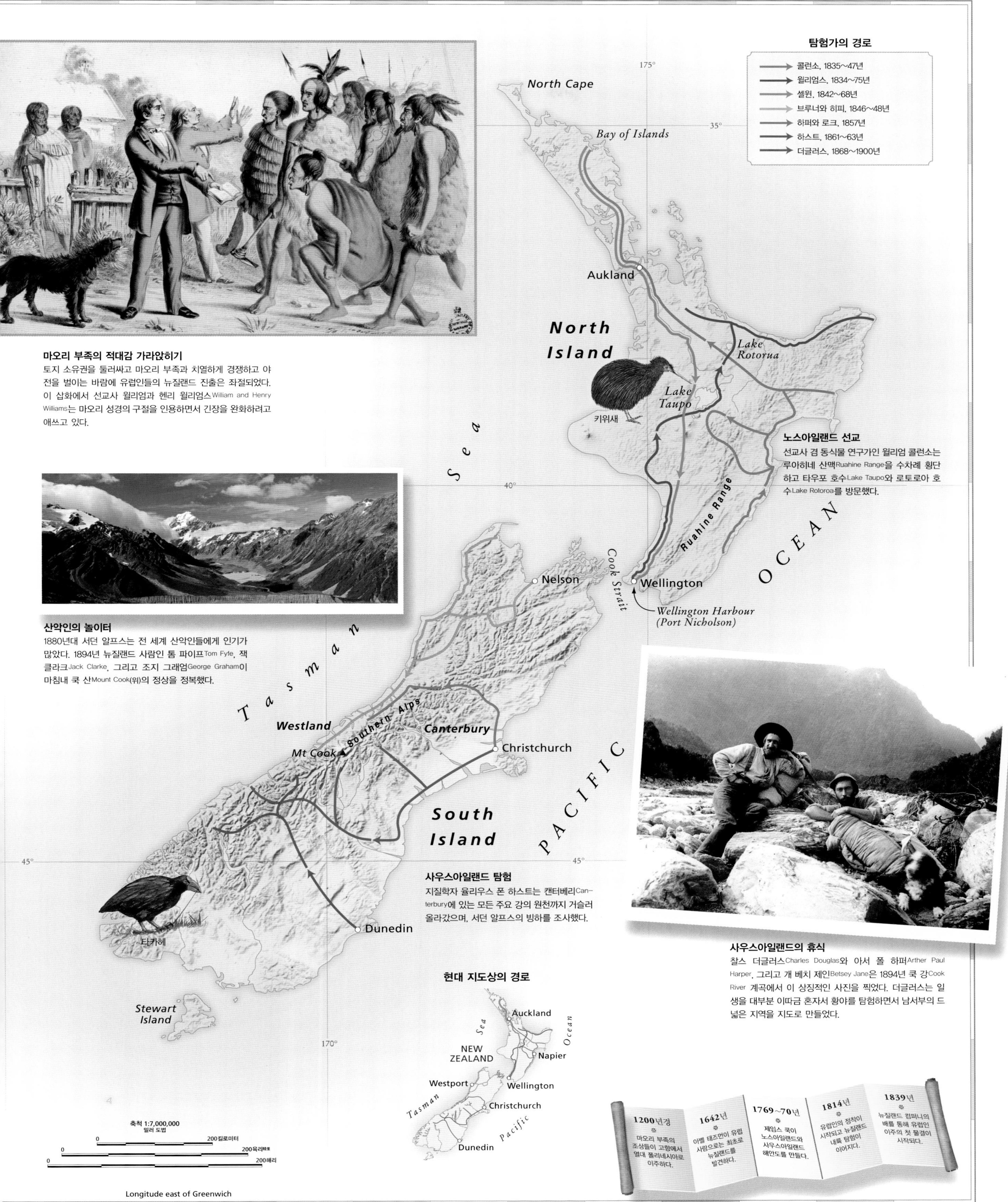

탐험가의 경로
콜런소, 1835~47년
윌리엄스, 1834~75년
셀윈, 1842~68년
브루너와 히피, 1846~48년
하퍼와 로크, 1857년
하스트, 1861~63년
더글러스, 1868~1900년
North Cape
Bay of Islands
Aukland
North Island
Lake Rotorua
Lake Taupo
키위새
Ruahine Range
Cook Strait
Wellington
Wellington Harbour (Port Nicholson)
Nelson
Tasman Sea
PACIFIC OCEAN
Westland
Southern Alps
Canterbury
Mt Cook
Christchurch
South Island
Dunedin
타카헤
Stewart Island
175°
35°
40°
45°
170°
현대 지도상의 경로
Auckland
NEW ZEALAND
Napier
Westport
Wellington
Christchurch
Dunedin
Sea
Ocean
Tasman
Pacific
축척 1:7,000,000
밀러 도법
200킬로미터
200육리마일
200해리
Longitude east of Greenwich
1200년경 마오리 부족의 조상들이 고향에서 열대 폴리네시아로 이주하다.
1642년 아벨 태즈먼이 유럽 사람으로는 최초로 뉴질랜드를 발견하다.
1769~70년 제임스 쿡이 노스아일랜드와 사우스아일랜드 해안도를 만들다.
1814년 유럽인의 정착이 시작되고 뉴질랜드 내륙 탐험이 이어지다.
1839년 뉴질랜드 컴퍼니의 배를 통해 유럽인 이주의 첫 물결이 시작되다.

마오리 부족의 적대감 가라앉히기
토지 소유권을 둘러싸고 마오리 부족과 치열하게 경쟁하고 야전을 벌이는 바람에 유럽인들의 뉴질랜드 진출은 좌절되었다. 이 삽화에서 선교사 윌리엄과 헨리 윌리엄스William and Henry Williams는 마오리 성경의 구절을 인용하면서 긴장을 완화하려고 애쓰고 있다.

산악인의 놀이터
1880년대 서던 알프스는 전 세계 산악인들에게 인기가 많았다. 1894년 뉴질랜드 사람인 톰 파이프Tom Fyfe, 잭 클라크Jack Clarke, 그리고 조지 그래엄George Graham이 마침내 쿡 산Mount Cook(위)의 정상을 정복했다.

노스아일랜드 선교
선교사 겸 동식물 연구가인 윌리엄 콜런소는 루아히네 산맥Ruahine Range을 수차례 횡단하고 타우포 호수Lake Taupo와 로토로아 호수Lake Rotoroa를 방문했다.

사우스아일랜드 탐험
지질학자 율리우스 폰 하스트는 캔터베리Canterbury에 있는 모든 주요 강의 원천까지 거슬러 올라갔으며, 서던 알프스의 빙하를 조사했다.

사우스아일랜드의 휴식
찰스 더글러스Charles Douglas와 아서 폴 하퍼Arthur Paul Harper, 그리고 개 베치 제인Betsey Jane은 1894년 쿡 강Cook River 계곡에서 이 상징적인 사진을 찍었다. 더글러스는 일생을 대부분 이따금 혼자서 황야를 탐험하면서 남서부의 드넓은 지역을 지도로 만들었다.

최후의 영역

PART 3 최후의 영역

극지방 탐험

- 북동 항로
- 북서 항로 탐사하기
- 북서 항로 정복
- 북극
- 장비와 식량
- 초기의 남극 대륙 탐험
- 남극 대륙 해안도 만들기
- 남극
- 남극 대륙 조사하기

북동 항로

빠르게는 11세기부터 러시아 북부의 정착민과 무역업자들은 북극해 동부를 지나는 항로가 있을지도 모른다는 가능성에 관심을 기울였다. 16세기에 이르러 휴 윌로비와 빌렘 바렌츠를 비롯한 유럽 사람들이 북서 항로 탐사에 합류했다. 하지만 바렌츠, 윌로비 등 많은 탐험가들이 기후와 밀집한 유빙 때문에 항로 발견에 실패했다. 1879년에야 비로소 과학 탐험대를 이끌던 아돌프 에리크 노르덴스크욜드Adolf Erik Nordenskiöld가 북동 항로 또는 북극해 항로를 항해했다. 이후 항로는 주로 러시아 쇄빙선들이 개척했는데 그 가운데 보리스 빌키츠스키Boris Vil'kitskiy, 1915년 최초의 동서 횡단 여행을 마친 알렉산드르 콜차크Aleksandre Kolchak, 그리고 1932년 싱글 시즌 횡단에 성공한 블라디미르 보로닌Vladimir Voronis의 선단이 유명하다.

Norwegian Sea
SCANDINAVIA
Karlskrona
Arctic Circle
Murmansk
EUROPE
White Sea
Barents Sea
Archangel
Moscow
Ural Mountains

윌로비의 운명
윌로비와 선원들은 바르지나 강Varzina River 어귀에서 얼음에 갇혀 아사했다. 1년 뒤 동사한 그들의 시체가 발견되었다.

흥미로운 사실들	
북동 항로를 정복한 최초의 탐험가	아돌프 에리크 노르덴스크욜드
배	증기 바크형 범선 베가Vega 호
탐험 기간	1878~79년
항해한 일수	393일
항해 거리	약 5,556킬로미터

북극의 폭풍 속에서 길을 잃다
런던 상인들로부터 후원을 받은 영국 탐험가 휴 윌로비는 1553년 북동 항로를 찾아 떠났다. 폭풍에 휘말려 선단의 다른 배들과 헤어진 윌로비와 선원들은 바렌츠 해변에서 목숨을 잃었다.

장애물
카라 해Kara Sea와 바렌츠 해의 경계선에 위치한 노보야 젬리야 군도는 험준한 내륙과 혹독한 기후로 유명하다. 이 섬은 북동 항로를 항해하려던 초기 탐험가들에게 큰 장애물이었다.

빌렘 바렌츠의 죽음
네덜란드 탐험가 빌렘 바렌츠는 1594~97년 항로를 정복하기 위해 세 차례 항해를 떠났다. 3차 항해에서 그와 대원들은 노보야 젬리야에서 겨울을 보냈다. 그 섬을 떠난 후 7일째 되던 날 바렌츠는 항해 도중에 사망했다.

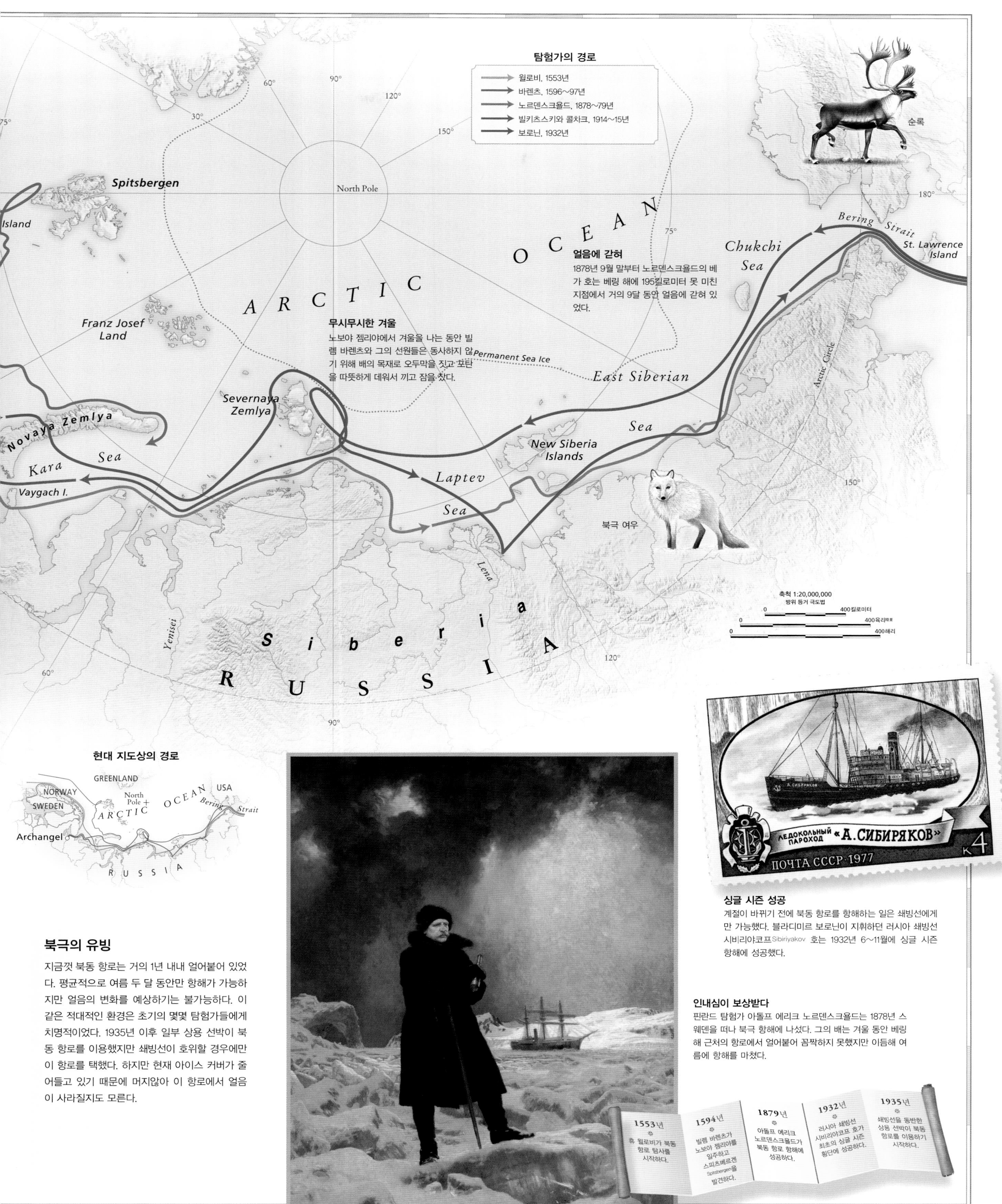

탐험가의 경로
윌로비, 1553년
바렌츠, 1596~97년
노르덴스크욀드, 1878~79년
빌키츠스키와 콜차크, 1914~15년
보로닌, 1932년
순록
North Pole
Spitsbergen
Island
Franz Josef Land
ARCTIC OCEAN
Permanent Sea Ice
Severnaya Zemlya
Novaya Zemlya
Kara Sea
Vaygach I.
Laptev Sea
New Siberia Islands
East Siberian Sea
Chukchi Sea
Bering Strait
St. Lawrence Island
Arctic Circle
북극 여우
Lena
Yenisei
Siberia
RUSSIA
축척 1:20,000,000
방위 등거 극도법
400킬로미터
400육리마일
400해리
현대 지도상의 경로
GREENLAND
NORWAY
SWEDEN
North Pole
ARCTIC OCEAN
USA
Bering Strait
Archangel
RUSSIA
ЛЕДОКОЛЬНЫЙ ПАРОХОД «А.СИБИРЯКОВ»
ПОЧТА СССР 1977
К4

무시무시한 겨울

노보야 젬리야에서 겨울을 나는 동안 빌렘 바렌츠와 그의 선원들은 동사하지 않기 위해 배의 목재로 오두막을 짓고 코탄을 따뜻하게 데워서 끼고 잠을 잤다.

얼음에 갇혀

1878년 9월 말부터 노르덴스크욀드의 베가 호는 베링 해에 195킬로미터 못 미친 지점에서 거의 9달 동안 얼음에 갇혀 있었다.

북극의 유빙

지금껏 북동 항로는 거의 1년 내내 얼어붙어 있었다. 평균적으로 여름 두 달 동안만 항해가 가능하지만 얼음의 변화를 예상하기는 불가능하다. 이 같은 적대적인 환경은 초기의 몇몇 탐험가들에게 치명적이었다. 1935년 이후 일부 상용 선박이 북동 항로를 이용했지만 쇄빙선이 호위할 경우에만 이 항로를 택했다. 하지만 현재 아이스 커버가 줄어들고 있기 때문에 머지않아 이 항로에서 얼음이 사라질지도 모른다.

싱글 시즌 성공

계절이 바뀌기 전에 북동 항로를 항해하는 일은 쇄빙선에게만 가능했다. 블라디미르 보로닌이 지휘하던 러시아 쇄빙선 시비리야코프Sibiriyakov 호는 1932년 6~11월에 싱글 시즌 항해에 성공했다.

인내심이 보상받다

핀란드 탐험가 아돌프 에리크 노르덴스크욀드는 1878년 스웨덴을 떠나 북극 항해에 나섰다. 그의 배는 겨울 동안 베링 해 근처의 항로에서 얼어붙어 꼼짝하지 못했지만 이듬해 여름에 항해를 마쳤다.

1553년 휴 윌로비가 북동 항로 탐사를 시작하다.

1594년 빌렘 바렌츠가 노보야 젬리야를 일주하고 스피츠베르겐Spitsbergen을 발견하다.

1879년 아돌프 에리크 노르덴스크욀드가 북동 항로 항해에 성공하다.

1932년 러시아 쇄빙선 시비리야코프 호가 최초의 싱글 시즌 횡단에 성공하다.

1935년 쇄빙선을 동반한 상용 선박이 북동 항로를 이용하기 시작하다.

북서 항로 탐사하기

유럽의 탐험가들은 16세기부터 대서양과 태평양을 연결하는 북서 항로를 찾아 꾸준히 캐나다 북극해Canadian Arctic로 떠났다. 그러나 이 지역의 얼어붙은 섬의 미로를 항해하려는 초기의 시도는 실망이나 비극으로 끝나고 말았다. 19세기 초반 영국 해군은 수익 잠재성이 높은 무역 항로를 발견하는 일에 주력했다. 1818년 영국은 데이비드 버컨David Buchan과 존 프랭클린John Franklin, 그리고 존 로스John Ross와 윌리엄 에드워드 패리William Edward Parry의 지휘하에 북극으로 선박을 파견했다. 1845년 여전히 항로의 위치를 파악하지 못한 해군은 당시 극지방 탐험의 대가였던 프랭클린에게 지휘를 맡기고, 또 다른 탐험대를 파견했다. 프랭클린의 배가 돌아오지 못하자 여러 차례 수색대와 탐험대를 결성했다. 이 과정에서 수많은 생명과 배를 잃었지만, 이러한 노력 덕분에 마침내 로버트 맥클루어가 북서 항로를 발견하고, 그 지역의 상세한 지도를 만들었다.

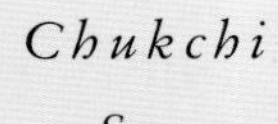
Chukchi
Sea

Bering Strait
Icy Cape
Point Barrow
ALASKA
Arctic Circle
165°
150°

새로운 접근로
영국을 출발해 남아메리카를 경유한 이후 로버트 맥클루어는 서쪽에서 항로에 접근했다. 이 항로를 횡단함으로써 아메리카 대륙을 일주한 최초의 인물이 되었다.

북극 토끼

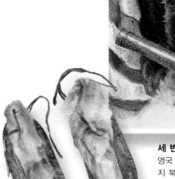

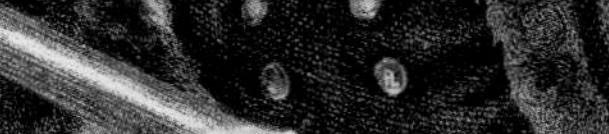

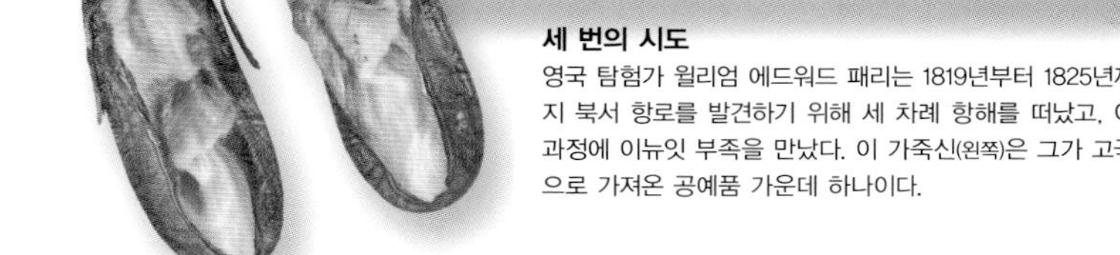

세 번의 시도
영국 탐험가 윌리엄 에드워드 패리는 1819년부터 1825년까지 북서 항로를 발견하기 위해 세 차례 항해를 떠났고, 이 과정에 이누잇 부족을 만났다. 이 가죽신(왼쪽)은 그가 고국으로 가져온 공예품 가운데 하나이다.

북극에 익숙한
존 프랭클린은 북서 항로를 개척하기 위해 세 차례 북극 탐험에 참여했으며, 1845년 3차 탐험에서 목숨을 잃었다. 당시 그가 실종되자 북극 역사상 가장 오랜 기간 동안 수색 작업이 진행되었다.

끊임없이 변화하는 미로
북부 캐나다는 섬과 해협으로 이루어진 미로이며, 대부분의 지역은 1년 내내 얼어붙어 있다. 북서 항로 중에는 어떤 해에는 항해가 가능했지만 이듬해에는 그렇지 않은 경우도 있다.

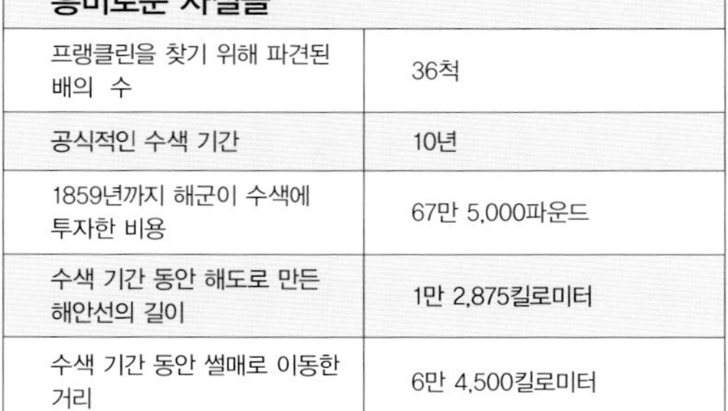

흥미로운 사실들	
프랭클린을 찾기 위해 파견된 배의 수	36척
공식적인 수색 기간	10년
1859년까지 해군이 수색에 투자한 비용	67만 5,000파운드
수색 기간 동안 해도로 만든 해안선의 길이	1만 2,875킬로미터
수색 기간 동안 썰매로 이동한 거리	6만 4,500킬로미터

끝나지 않은 미스터리

프랭클린 일행의 운명은 오늘날까지도 미스터리로 남아 있다. 현대에 이르러 킹 윌리엄 섬King William Island과 비치 섬Beechey Island에 있는 일부 선원의 무덤을 발굴한 결과 그들의 사망 원인이 납 중독일지도 모른다는 사실이 드러났다. 일부는 사람들에게 잡아먹혔을 가능성이 있지만 프랭클린을 포함한 대다수 선원의 시체는 지금까지 발견되지 않았다.

비치 섬에서 프랭클린 탐험대의 대원 무덤이 발견되었다.

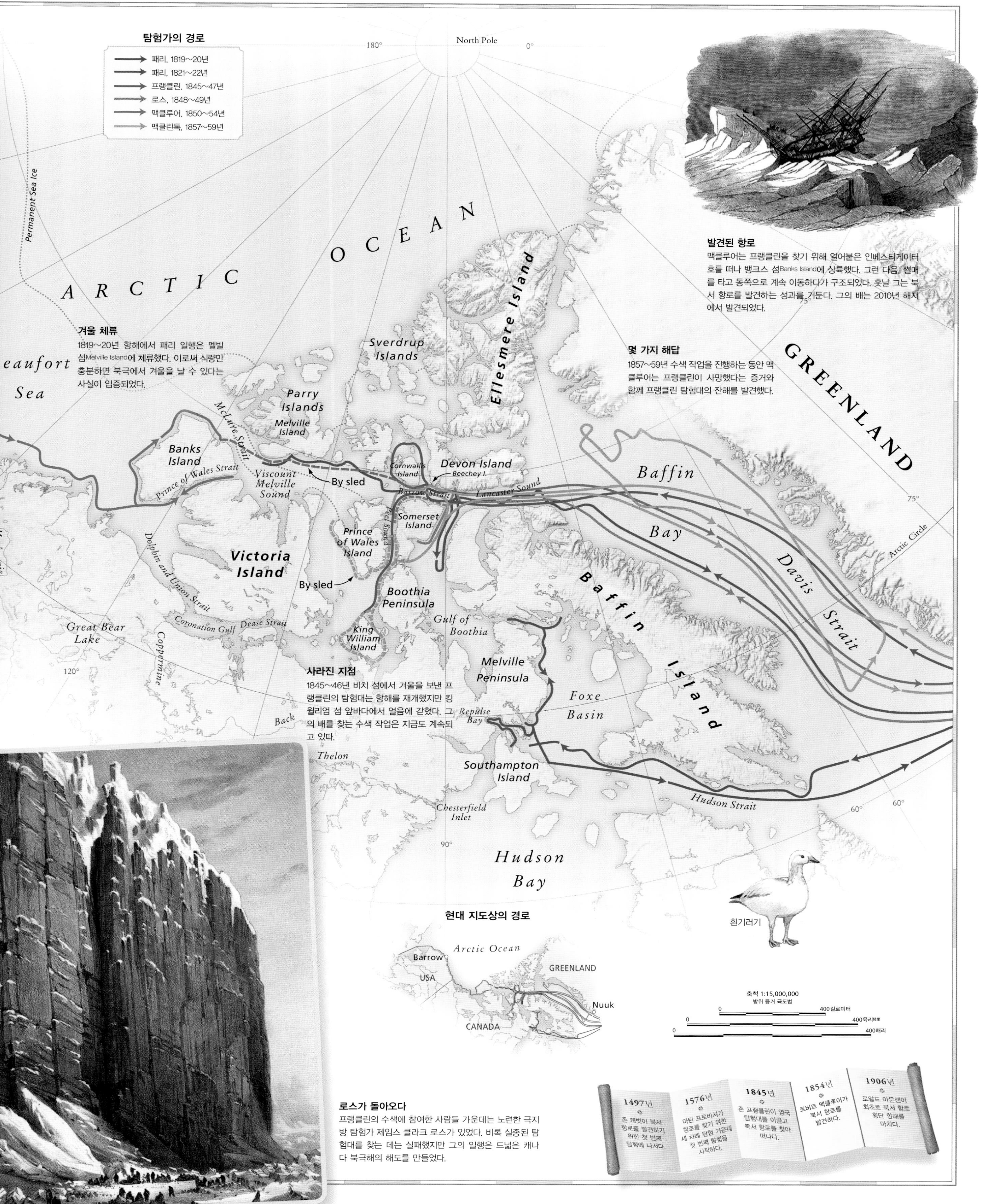
탐험가의 경로
패리, 1819~20년
패리, 1821~22년
프랭클린, 1845~47년
로스, 1848~49년
맥클루어, 1850~54년
맥클린톡, 1857~59년
North Pole
180°
0°
Permanent Sea Ice
ARCTIC OCEAN
Beaufort Sea
겨울 체류
1819~20년 항해에서 패리 일행은 멜빌 섬Melville Island에 체류했다. 이로써 식량만 충분하면 북극에서 겨울을 날 수 있다는 사실이 입증되었다.
Sverdrup Islands
Ellesmere Island
Parry Islands
Melville Island
McClure Strait
Banks Island
Prince of Wales Strait
Viscount Melville Sound
By sled
Cornwallis Island
Devon Island
Beechey I.
Barrow Strait
Lancaster Sound
Somerset Island
Peel Sound
Prince of Wales Island
Victoria Island
By sled
Boothia Peninsula
Dolphin and Union Strait
Coronation Gulf
Dease Strait
Great Bear Lake
Coppermine
King William Island
Gulf of Boothia
120°
사라진 지점
1845~46년 비치 섬에서 겨울을 보낸 프랭클린의 탐험대는 항해를 재개했지만 킹 윌리엄 섬 앞바다에서 얼음에 갇혔다. 그의 배를 찾는 수색 작업은 지금도 계속되고 있다.
Back
Thelon
Melville Peninsula
Repulse Bay
Foxe Basin
Southampton Island
Chesterfield Inlet
90°
Hudson Bay
Hudson Strait
Baffin Island
Baffin Bay
Davis Strait
GREENLAND
Arctic Circle
75°
60°
발견된 항로
맥클루어는 프랭클린을 찾기 위해 얼어붙은 인베스티게이터 호를 떠나 뱅크스 섬Banks Island에 상륙했다. 그런 다음, 썰매를 타고 동쪽으로 계속 이동하다가 구조되었다. 훗날 그는 북서 항로를 발견하는 성과를 거둔다. 그의 배는 2010년 해저에서 발견되었다.
몇 가지 해답
1857~59년 수색 작업을 진행하는 동안 맥클루어는 프랭클린이 사망했다는 증거와 함께 프랭클린 탐험대의 잔해를 발견했다.
흰기러기
현대 지도상의 경로
Arctic Ocean
Barrow
USA
GREENLAND
Nuuk
CANADA
축척 1:15,000,000
방위 등거 극도법
0
400킬로미터
0
400육리陸里
0
400해리
로스가 돌아오다
프랭클린의 수색에 참여한 사람들 가운데는 노련한 극지방 탐험가 제임스 클라크 로스가 있었다. 비록 실종된 탐험대를 찾는 데는 실패했지만 그의 일행은 드넓은 캐나다 북극해의 해도를 만들었다.
1497년
존 캐벗이 북서 항로를 발견하기 위한 첫 번째 탐험에 나서다.
1576년
마틴 프로비셔가 항로를 찾기 위한 세 차례 탐험 가운데 첫 번째 탐험을 시작하다.
1845년
존 프랭클린이 영국 탐험대를 이끌고 북서 항로를 찾아 떠나다.
1854년
로버트 맥클루어가 북서 항로를 발견하다.
1906년
로알드 아문센이 최초로 북서 항로 횡단 항해를 마치다.

북서 항로 정복

노르웨이 탐험가 로알드 아문센Roald Amundsen은 어린 시절부터 북서 항로 개척에 매료되었다. 1897~99년 벨기카Belgica 탐험에서 남극에 도착한 후, 그는 자신의 탐험대를 이끌고 북서 항로를 통과할 만한 경험을 충분히 쌓았다고 믿었다. 그의 탐험대는 1903년 6월에 출발했다. 10월 무렵 그와 대원 6명은 킹 윌리엄 섬의 남부 해안에서 얼음에 갇히게 되었다. 그들은 거의 2년 동안 그 지역을 탐험하고 과학적인 연구를 진행한 후, 서쪽으로 항해를 재개했다. 보퍼트 해에 도착한 그들은 다시 얼음에 갇혔지만 아문센은 썰매를 타고 800킬로미터 떨어진 알래스카 이글 Eagle 에 도착했다. 그곳에서 전신으로 노르웨이 언론에 항해에 성공했음을 알렸다. 1906년 8월 그들은 놈Nome과 태평양에 이르렀다. 여전히 북서 항로는 이후 50년 동안 사실상 이용할 수 없었지만, 2007년 북극이 온난해지면서 항해가 가능해졌다.

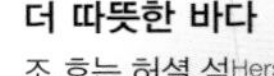

더 따뜻한 바다
조 호는 허셜 섬Herschel Island 근처에서 두 번째로 얼음에 갇혔다가 알래스카 바다로 빠져 나왔다. 북쪽으로 항해하던 고래잡이 어선을 만나는 순간 아문센은 여정을 완수할 것이라는 사실을 깨달았다.

Chukchi
Sea
Bering Strait
Nome
Icy Cape
Barrow
165°

Yukon
ALASKA
Arctic Circle
이글루

150°

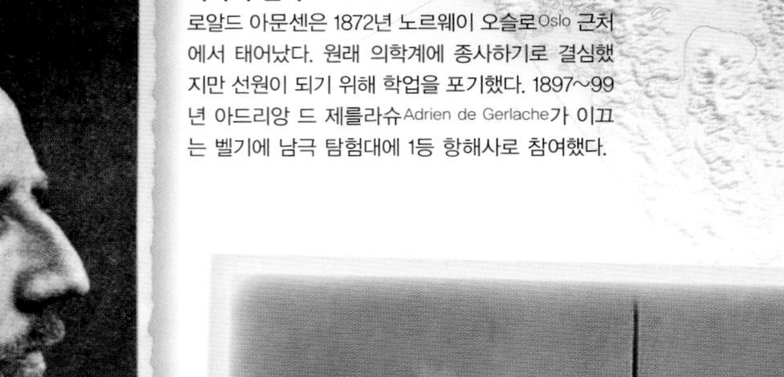
By sled
Eagle
135°

바다의 변화
로알드 아문센은 1872년 노르웨이 오슬로Oslo 근처에서 태어났다. 원래 의학계에 종사하기로 결심했지만 선원이 되기 위해 학업을 포기했다. 1897~99년 아드리앙 드 제를라슈Adrien de Gerlache가 이끄는 벨기에 남극 탐험대에 1등 항해사로 참여했다.

흥미로운 사실들	
아문센의 배	조Gjoa 호
탐험대의 인원 수	7명
탐험 기간	7년
조 헤이븐Gjoa Haven에서 얼음에 갇혀 있던 기간	680일
썰매로 이동한 거리	2,600킬로미터

정예 탐험대
아문센의 탐험대는 정선된 대원으로 구성되었다. 그들은 과학적인 관찰과 사냥에 능숙한 것은 물론, 튼튼하고 자급자족할 능력을 갖추고 있었다. 인원이 비교적 적었으므로 수송 물자 또한 더 적었다.

소형 선박
조 호는 아문센이 태어나던 해 노르웨이에서 건조된 길이 21미터의 슬루프형 범선이다. 청어 잡이 어선으로 사용되던 이 배는 얼음으로 막힌 좁은 수로를 항해하기에 이상적인 경흘수선(견인 능력이 작고 얕은 물에서 작업할 수 있는 선박-옮긴이)이었다.

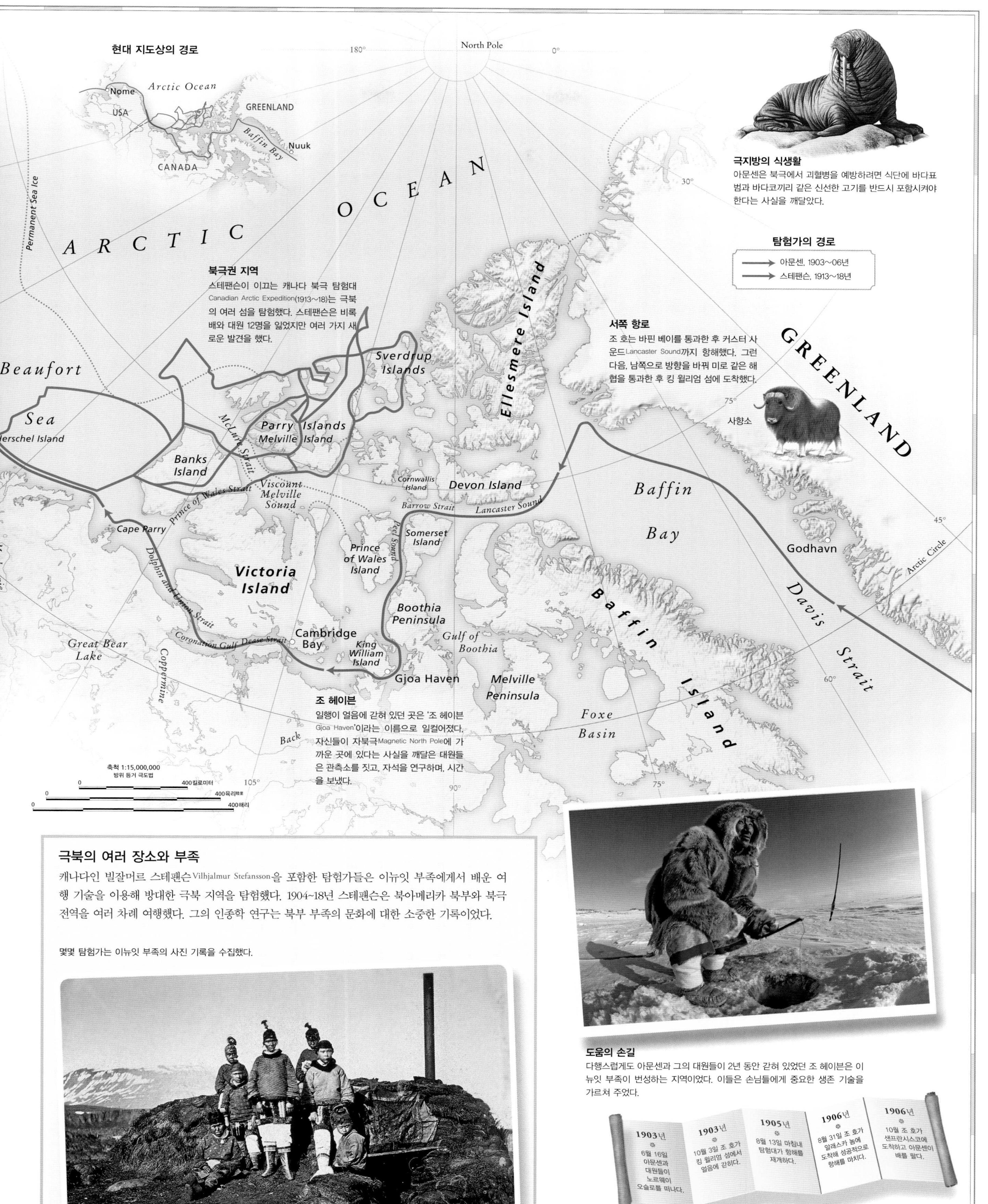
현대 지도상의 경로
Arctic Ocean
Nome
USA
GREENLAND
Baffin Bay
Nuuk
CANADA
North Pole
180°
0°
30°
45°
60°
75°
90°
105°
ARCTIC OCEAN
Permanent Sea Ice
Beaufort Sea
Herschel Island
Banks Island
Mclure Strait
Parry Islands
Melville Island
Sverdrup Islands
Ellesmere Island
GREENLAND
Viscount Melville Sound
Prince of Wales Strait
Cape Parry
Cornwallis Island
Devon Island
Barrow Strait
Lancaster Sound
Baffin Bay
Godhavn
Davis Strait
Arctic Circle
Somerset Island
Peel Sound
Prince of Wales Island
Victoria Island
Dolphin and Union Strait
Boothia Peninsula
Gulf of Boothia
Baffin Island
Cambridge Bay
Coronation Gulf
Dease Strait
King William Island
Gjoa Haven
Melville Peninsula
Great Bear Lake
Coppermine
Back
Foxe Basin
사향소
탐험가의 경로
아문센, 1903~06년
스테팬슨, 1913~18년
축척 1:15,000,000
방위 등거 극도법
0 400킬로미터
0 400육리마일
0 400해리
1903년
6월 16일 아문센과 대원들이 노르웨이 오슬로를 떠나다.
1903년
10월 3일 조 호가 킹 윌리엄 섬에서 얼음에 갇히다.
1905년
8월 13일 마침내 탐험대가 항해를 재개하다.
1906년
8월 31일 조 호가 알래스카 놈에 도착해 성공적으로 항해를 마치다.
1906년
10월 조 호가 샌프란시스코에 도착하고 아문센이 배를 팔다.

극지방의 식생활
아문센은 북극에서 괴혈병을 예방하려면 식단에 바다표범과 바다코끼리 같은 신선한 고기를 반드시 포함시켜야 한다는 사실을 깨달았다.

북극권 지역
스테팬슨이 이끄는 캐나다 북극 탐험대Canadian Arctic Expedition(1913~18)는 극북의 여러 섬을 탐험했다. 스테팬슨은 비록 배와 대원 12명을 잃었지만 여러 가지 새로운 발견을 했다.

서쪽 항로
조 호는 바핀 베이를 통과한 후 커스터 사운드Lancaster Sound까지 항해했다. 그런 다음, 남쪽으로 방향을 바꿔 미로 같은 해협을 통과한 후 킹 윌리엄 섬에 도착했다.

조 헤이븐
일행이 얼음에 갇혀 있던 곳은 '조 헤이븐Gjoa Haven'이라는 이름으로 일컬어졌다. 자신들이 자북극Magnetic North Pole에 가까운 곳에 있다는 사실을 깨달은 대원들은 관측소를 짓고, 자석을 연구하며, 시간을 보냈다.

극북의 여러 장소와 부족

캐나다인 빌잘머르 스테팬슨Vilhjalmur Stefansson을 포함한 탐험가들은 이뉴잇 부족에게서 배운 여행 기술을 이용해 방대한 극북 지역을 탐험했다. 1904~18년 스테팬슨은 북아메리카 북부와 북극 전역을 여러 차례 여행했다. 그의 인종학 연구는 북부 부족의 문화에 대한 소중한 기록이었다.

몇몇 탐험가는 이뉴잇 부족의 사진 기록을 수집했다.

도움의 손길
다행스럽게도 아문센과 그의 대원들이 2년 동안 갇혀 있었던 조 헤이븐은 이뉴잇 부족이 번성하는 지역이었다. 이들은 손님들에게 중요한 생존 기술을 가르쳐 주었다.

북극

19세기 중반까지도 북극은 여전히 지리학의 미스터리였다. 일부 사람들은 북극이 광활한 북극 외양의 한복판에 있다고 믿었다. 사실 콘스탄틴 핍스Constantine Phipps와 윌리엄 에드워드 패리 같은 초기 탐험가들은 극북 지역이 얼음이 없을 것이라고 예상했지만 결코 뚫고 지나갈 수 없는 유빙을 발견하게 된다. 이후 탐험가들은 더욱 철저하게 탐험에 준비했다. 1893년 프리드쇼프 난센Fridtjof Nansen은 얼음의 압력을 견딜 수 있는 프람Fram 호를 타고 항해를 떠났다. 그는 시베리아를 출발해 북극을 통과하는 데 북극해의 해류를 이용할 수 있기를 바랐다. 1909년 미국의 라이벌 탐험가 로버트 피어리Robert Peary와 프레더릭 쿡Frederick Cook은 모두 북극에 이르렀다고 주장했지만 그들의 주장은 지금도 의혹의 대상이 되고 있다. 물론 이후 오랫동안 비행기가 북극을 횡단하기는 했지만 60년이 지나서야 비로소 영국인 월리 허버트Wally Herbert가 역사상 최초로 논란의 여지가 없이 얼어붙은 북극해를 통해 북극에 도착했다.

콘스탄틴 핍스
1773년 영국 탐험가 콘스탄틴 핍스는 레이스호스Racehorse 호와 카르카스Carcass 호를 이끌고 북극 탐험을 시도했다. 하지만 얼음에 가로막혀 스발바르Svalbard의 북쪽으로 전진하지 못했다. 핍스의 탐험 대원 중에는 어린 호레이쇼 넬슨Horatio Nelson이 포함되어 있었다.

흥미로운 사실들	
월리 허버트의 탐험대가 여행한 거리	5,825킬로미터
북극해를 횡단하는 데 걸린 기간	476일
탐험대의 인원 수	4명
탐험대에 동원된 개의 수	40마리
횡단한 기압 마루의 수	약 2만 1,000개

영국의 북극 탐험대
1875년 영국 탐험가 조지 네어스는 세계 최초로 그린란드와 엘즈미어 섬 사이를 지나 북쪽으로 항해했지만 얼음에 가로막히고 말았다.

북극 대토론

1909년 단 이틀 사이에 미국 탐험가 프레더릭 쿡과 로버트 피어리는 각자 최초로 북극에 도달했다고 발표했다. 훗날 쿡의 주장은 거짓으로 밝혀졌다. 기록과 실제 항해가 일치하지 않는 부분이 많은 것으로 판단하건대 현재 피어리의 주장 또한 전반적으로 신빙성이 떨어진다고 판단된다.

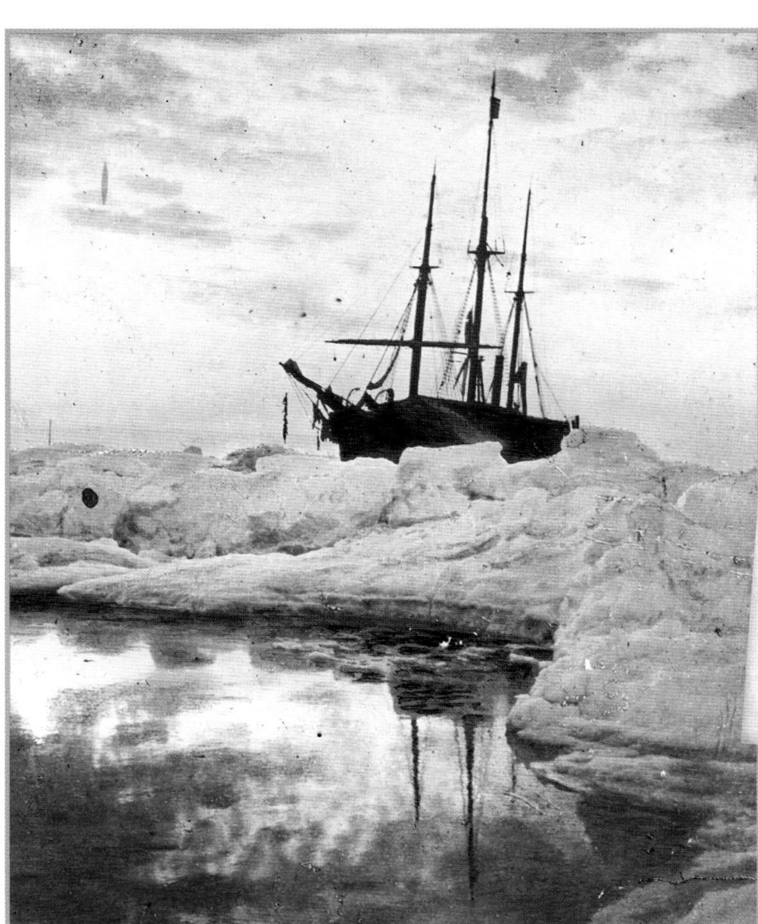

수요 증가
난센의 특별 보강된 경흘수선 프람 호는 극지방 항해에 이상적인 선박이었다. 난센의 항해가 끝난 후 이 배는 아문센의 성공적인 남극 탐험 등 다른 극지방의 항해에 이용되었다.

Le Petit Journal
SUPPLÉMENT ILLUSTRÉ
PÔLE NORD
LA CONQUÊTE DU PÔLE NORD
Le docteur Cook et le commandant Peary s'en disputent la gloire

국제적인 관심
1909년 로버트 피어리와 프레더릭 쿡의 주장에 대한 찬반 논란으로 말미암아 전 세계 언론에 풍자만화와 논평이 실리는 등 국제적으로 센세이션이 일어났다.

북극의 피어리?
피어리는 북극해에서 몇 년을 보낸 후, 1909년 4월 6일 세 번째 시도에서 북극에 이르렀다고 주장했다. 이 사진은 그 증거로 제시된 것이다.

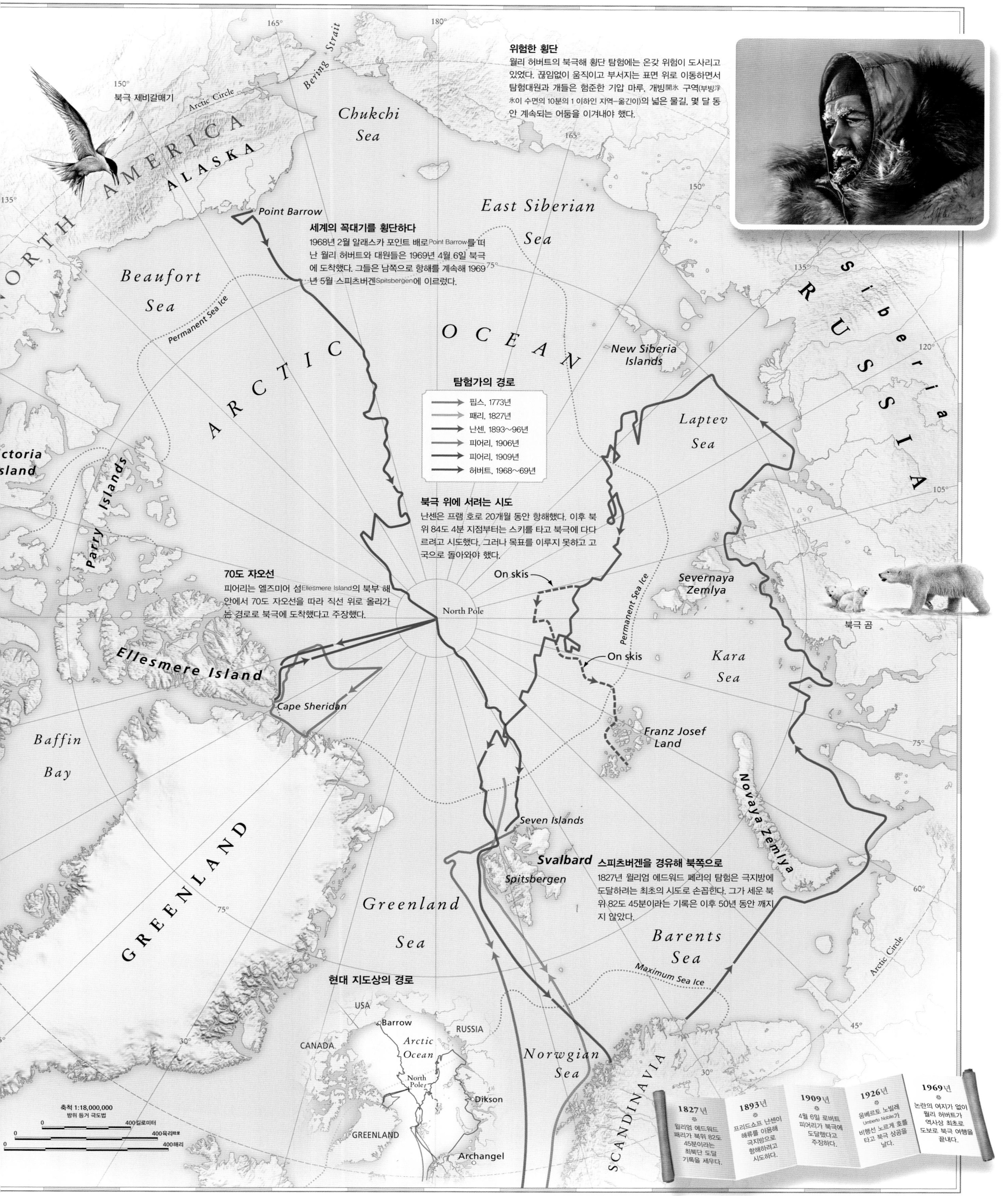
위험한 횡단
윌리 허버트의 북극해 횡단 탐험에는 온갖 위험이 도사리고 있었다. 끊임없이 움직이고 부서지는 표면 위로 이동하면서 탐험대원과 개들은 험준한 기압 마루, 개빙開氷 구역(부빙浮氷이 수면의 10분의 1 이하인 지역-옮긴이)의 넓은 물길, 몇 달 동안 계속되는 어둠을 이겨내야 했다.
세계의 꼭대기를 횡단하다
1968년 2월 알래스카 포인트 배로Point Barrow를 떠난 윌리 허버트와 대원들은 1969년 4월 6일 북극에 도착했다. 그들은 남쪽으로 항해를 계속해 1969년 5월 스피츠버겐Spitsbergen에 이르렀다.
탐험가의 경로
핍스, 1773년
패리, 1827년
난센, 1893~96년
피어리, 1906년
피어리, 1909년
허버트, 1968~69년
북극 위에 서려는 시도
난센은 프램 호로 20개월 동안 항해했다. 이후 북위 84도 4분 지점부터는 스키를 타고 북극에 다다르려고 시도했다. 그러나 목표를 이루지 못하고 고국으로 돌아와야 했다.
70도 자오선
피어리는 엘즈미어 섬Ellesmere Island의 북부 해안에서 70도 자오선을 따라 직선 위로 올라가는 경로로 북극에 도착했다고 주장했다.
스피츠버겐을 경유해 북쪽으로
1827년 윌리엄 에드워드 패리의 탐험은 극지방에 도달하려는 최초의 시도로 손꼽힌다. 그가 세운 북위 82도 45분이라는 기록은 이후 50년 동안 깨지지 않았다.
현대 지도상의 경로
USA
Barrow
RUSSIA
CANADA
Arctic Ocean
North Pole
Dikson
GREENLAND
Archangel
북극 제비갈매기
북극 곰
NORTH AMERICA
ALASKA
Arctic Circle
Bering Strait
Chukchi Sea
East Siberian Sea
Point Barrow
Beaufort Sea
Permanent Sea Ice
ARCTIC OCEAN
New Siberia Islands
Siberia
RUSSIA
Laptev Sea
Victoria Island
Parry Islands
On skis
Severnaya Zemlya
North Pole
Ellesmere Island
Cape Sheridan
Kara Sea
Franz Josef Land
Baffin Bay
Novaya Zemlya
Seven Islands
Svalbard
Spitsbergen
GREENLAND
Greenland Sea
Barents Sea
Maximum Sea Ice
Norwgian Sea
SCANDINAVIA
축척 1:18,000,000
방위 등거 극도법
400킬로미터
400마일
400해리
1827년
윌리엄 에드워드 패리가 북위 82도 45분이라는 최북단 도달 기록을 세우다.
1893년
프리드쇼프 난센이 해류를 이용해 극지방으로 항해하려고 시도하다.
1909년
4월 6일 로버트 피어리가 북극에 도달했다고 주장하다.
1926년
움베르토 노빌레Umberto Nobile가 비행선 노르게 호를 타고 북극 상공을 날다.
1969년
논란의 여지가 없이 윌리 허버트가 역사상 최초로 도보로 북극 여행을 끝내다.

장비와 식량

북극과 남극의 초기 탐험가들은 곧 극한의 환경에 적응하기 위해 특수한 옷, 이동 수단, 장비가 필요하다는 사실을 깨달았다. 프리드쇼프 난센, 로버트 피어리, 로알드 아문센 같은 일부 탐험가들은 북극에서 이뉴잇 부족과 함께 거주하면서 사냥과 생존 테크닉을 익히고, 이뉴잇 부족의 전통적인 모피 옷을 입고, 개를 이용해 썰매를 끄는 등 많은 도움을 받았다. 그 결과 이들은 다른 동시대 사람들보다 더 멀리 더 편안하게 여행할 수 있었다. 환경에 맞춰 장비를 개조한 사람들이 가장 큰 성공을 거두었다. 얼음에 대비해 배를 보강하는 과정이 반드시 필요했다. 난센은 이 분야의 개척자로서, 프램 호를 유빙에 견디게 하는 것은 물론 유빙 위로 뜰 수 있도록 설계했다. 아울러 가벼운 썰매와 난로, 그리고 썰매의 돛으로 활용할 수 있는 텐트를 만들었다. 스노슈즈와 고글 같은 물품도 극지방 여행에 필수적이었다.

이뉴잇 부족에게 배우기

수많은 탐험가들이 대가를 치르며 배웠듯이 식생활이 특히 중요했다. 비타민 C 부족으로 일어나는 괴혈병은 극지방 여행가들을 괴롭히는 공통적인 골칫거리였다. 이후 탐험가들은 북극 원주민인 이뉴잇 부족으로부터 신선한 고기, 생선, 그리고 고래 지방 등 생존에 필수적인 영양소를 공급하는 음식을 먹어야 한다는 중요한 교훈을 얻었다. 뿐만 아니라 탐험가들은 이뉴잇 부족과 함께 지내며 혹한의 세계에서 어떻게 사냥하고, 옷을 입고, 여행해야 하는지를 배웠다.

이뉴잇 부족의 사냥꾼이 얼음에 낚시를 하기 위한 구멍을 내고 있다.

필수품

단열이 되는 부드러운 장화를 신으면 동상, 물집, 종기–몹시 추운 환경에서는 치유되기까지 더 오랜 시간이 걸린다–를 최대한 예방할 수 있었다. 얼굴을 단단히 감싸는 두건과 커다란 털장갑은 극심한 추위를 막아 주었다. 보안경은 설맹雪盲(눈의 표면에서 반사되는 강한 일광 때문에 일시적으로 눈이 먼 상태– 옮긴이)의 위험을 줄여 주었다.

복장

탐험가들에게 적절한 복장은 동상, 노출, 그리고 체온 저하를 예방하기 위한 필수적인 요소였다. 모직 외투와 방수복을 포함한 초기 탐험가들의 복장은 대부분 단열과 방풍에 적합하도록 디자인되었지만 항상 효과적이지는 않았다. 로버트 팰컨 스콧Robert Falcon Scott의 남극 탐험대원들이 착용한 복장은 따뜻했지만 땀을 증발시키지 못했다. 이는 썰매를 끄는 사람들에게는 큰 문제였다. 옷이 땀에 젖으면 흔히 얼어서 부서지기 때문이었다. 아문센과 피어리 같은 현명한 탐험가들은 물개 가죽 장화, 늑대나 개 가죽 파카, 그리고 북극곰 모피 바지 등 이뉴잇 부족 스타일의 모피 옷을 선택했다.

자력으로
아문센과 피어리는 가능할 때마다 개썰매를 이용한 반면 허스키를 다룬 경험이 전혀 없었던 섀클턴Shackleton과 스콧 같은 탐험가들은 속도가 느리고 에너지 소모도 많은 인간 썰매(자신들이 직접 끄는 썰매)를 택했다.

개의 힘
이뉴잇 부족은 개썰매가 북극의 가장 효과적인 이동 수단이라는 사실을 이미 오래 전에 깨달았다. 그들은 썰매에다 허스키 부대를 두 줄의 평행선이나 부채꼴 대형으로 묶곤 했다.

이동 수단

극지방의 얼어붙은 지형은 특히 탐험가와 항해자들에게 큰 도전이었다. 대빙 보강對氷補強을 하지 않은 선박은 쉽게 부서졌으며, 도보 여행가들은 깊이 쌓인 눈밭에서 허둥대거나 바람에 이리저리 밀려서 갈피를 잡을 수 없는 얼음을 헤쳐 나가야 했다. 스키, 스노슈즈, 가볍고 유연한 썰매를 이용하면 이동하기가 훨씬 쉬웠다. 이뉴잇 부족처럼 개썰매를 이용하는 방법을 택한 것은 극지방 탐험에서 가장 획기적인 사건이었다.

한정된 식단의 위험
식량을 현명하게 선택하지 못하는 탐험가들이 많았다. 스콧의 1910~13년 탐험대는 초콜릿, 육포, 비스킷 등 한정된 음식만 먹은 결과 영양실조와 괴혈병에 시달렸다. 이 사진에서 그들이 먹다 남은 식량을 확인할 수 있다.

항해 도구
모든 극지방 탐험에서는 노련한 탐험가는 물론 육분의, 해시계, 크로노미터(천문학이나 항해 분야에 쓰는 정밀 시계-옮긴이) 등과 같은 항해 도구가 매우 중요한 요소였다. 이 사분의는 1875~76년 영국 북극 탐험에서 조지 스트롱 네어스George Strong Nares가 이용하던 것이다.

극지방 탐험

초기의 남극 대륙 탐험

테라 아우스트랄리스 인코그니타Terra Australis Incognita, 즉 '미지의 남쪽 대륙' 이라는 개념을 처음으로 소개한 사람은 그리스 철학자 아리스토텔레스였으며, 15~18세기에 이르러서도 이 땅이 표시된 유럽 지도가 많았다. 1772년 영국 해군은 탐험가 제임스 쿡에게 이 남쪽 땅을 찾도록 명령했다. 3년 동안 남극을 발견하지 못한 쿡은 남쪽 대륙의 존재를 의심하면서 돌아왔다. 하지만 야생 생물이 가득한 바다가 있다는 쿡의 보고를 들은 바다표범과 고래를 잡는 어선들은 그의 뒤를 따르기로 결심했다. 그리고 사냥터를 찾아 떠난 탐험에서 그들은 그때껏 알려지지 않았던 수많은 섬을 발견했다. 1821년 바다표범잡이 존 데이비스John Davis는 남극 대륙에 최초로 상륙함으로써 1년 전 러시아 해군 대장 파비안 폰 벨링스하우젠Fabian von Bellingshausen, 영국 탐험가 에드워드 브랜스필드Edward Bransfield, 영국 바다표범잡이 너대니얼 파머Nathaniel Palmer의 남극 대륙 목격담이 사실임을 입증했다.

얼음 장벽
거대한 유빙 지역이 남극 바다를 가득 메우고 있다. 이처럼 위험한 환경과 거친 남빙양 때문에 초기 탐험가들은 남극 대륙을 발견하지 못했다. 오늘날에도 남극으로 항해하려면 특수 보강된 선박이 필요하다.

흥미로운 사실들	
1819~21년 항해에서 파비안 폰 벨링스하우젠이 동원한 배	보스토크Vostok 호와 미르니Mirnyi 호
장교와 선원의 수	190명
탐험대가 여행한 거리	91,851킬로미터
항해한 기간	751일
도착한 최남단	남위 69도 21분 28초

남극 침략
테라 아우스트랄리스를 찾기 위해 대규모 탐험을 하는 동안 영국 탐험가이자 항해가, 그리고 지도 제작자인 제임스 쿡은 몇 번이고 남극권 아래로 내려가곤 했다. 그는 남위 71도 10분에 도착했지만 얼음에 막혀 더 이상 전진하지 못했다.

얼어붙은 남극을 그린 최초의 그림
화가 윌리엄 호지스William Hodges는 제임스 쿡의 남극 탐험대의 일원이었다. 그가 그린 남극 빙산의 모습은 쿡의 여행기에 실렸으며, 이는 최초로 발표된 극지방의 모습이었다.

바다표범잡이와 고래잡이

바다표범잡이와 고래잡이들은 풍요로운 사냥터를 찾겠다는 포부를 안고 머나 먼 남빙양으로 떠났다. 사우스셰틀랜드South Shetland 같은 지역에서 바다표범의 수가 급격히 줄어들자 일부 사냥꾼들은 더 남쪽으로 내려갔다. 미국의 바다표범잡이 존 데이비스는 1821년 2월 7일 남극 반도Antarctic Peninsula의 휴즈 베이Hughes Bay에서 최초로 남극 대륙에 상륙했다.

1800년대 남빙양 고래잡이와 바다표범잡이는 돈을 많이 벌 수 있는 한편 위험한 직업이었다.

대담무쌍한 사냥꾼
영국 항해가 겸 바다표범잡이 제임스 웨들James Weddell은 새로운 바다표범 사냥터를 찾아 남극으로 세 차례 항해를 떠났다. 사우스오크니 제도South Orkney Islands를 지난 후에는 육지가 나타나지 않자 남빙양이 남극까지 이어진다는 결론을 내렸다.

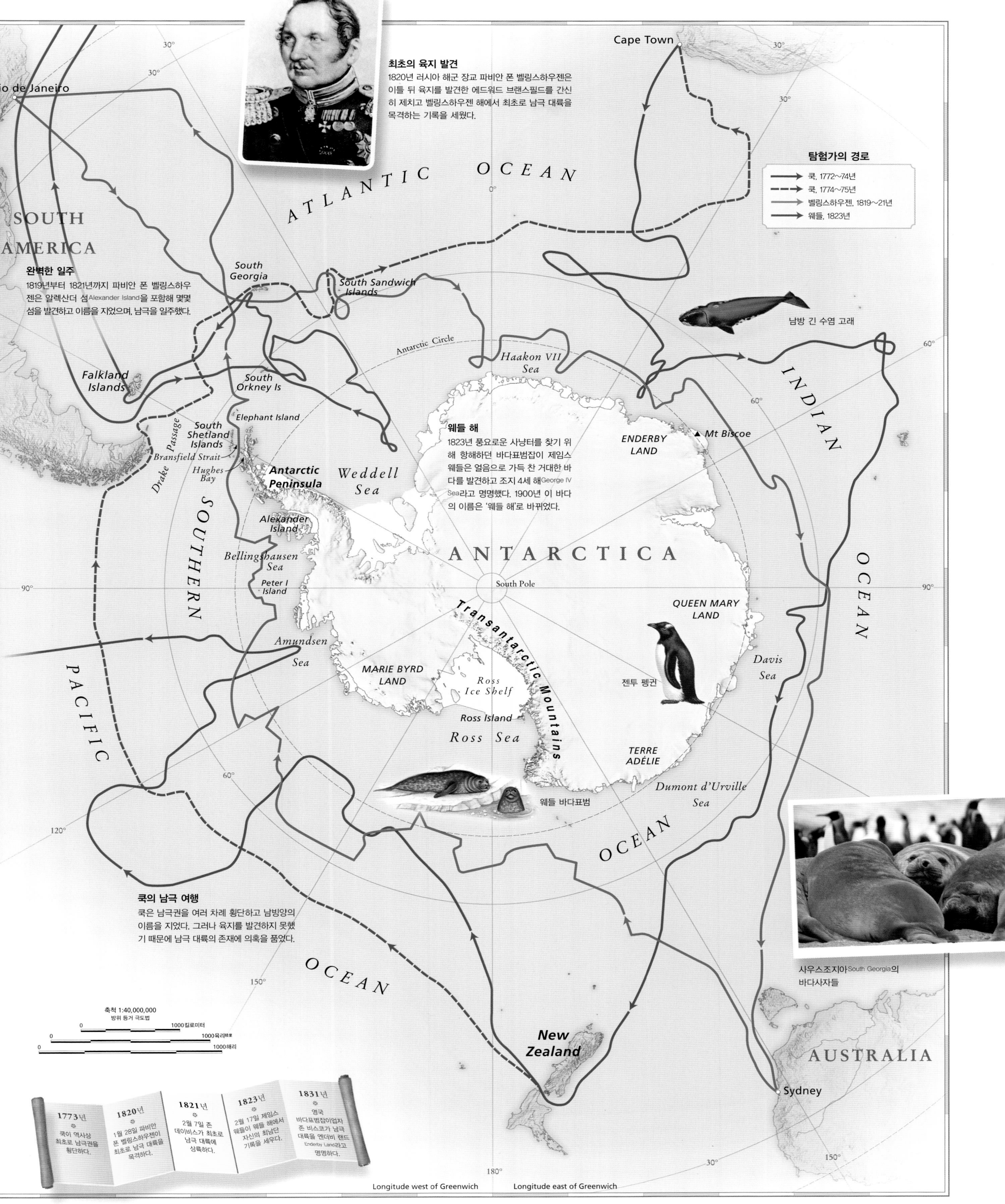

최초의 육지 발견
1820년 러시아 해군 장교 파비안 폰 벨링스하우젠은 이틀 뒤 육지를 발견한 에드워드 브랜스필드를 간신히 제치고 벨링스하우젠 해에서 최초로 남극 대륙을 목격하는 기록을 세웠다.
탐험가의 경로
쿡, 1772~74년
쿡, 1774~75년
벨링스하우젠, 1819~21년
웨들, 1823년
완벽한 일주
1819년부터 1821년까지 파비안 폰 벨링스하우젠은 알렉산더 섬Alexander Island을 포함해 몇몇 섬을 발견하고 이름을 지었으며, 남극을 일주했다.
웨들 해
1823년 풍요로운 사냥터를 찾기 위해 항해하던 바다표범잡이 제임스 웨들은 얼음으로 가득 찬 거대한 바다를 발견하고 조지 4세 해George IV Sea라고 명명했다. 1900년 이 바다의 이름은 '웨들 해'로 바뀌었다.
쿡의 남극 여행
쿡은 남극권을 여러 차례 횡단하고 남빙양의 이름을 지었다. 그러나 육지를 발견하지 못했기 때문에 남극 대륙의 존재에 의혹을 품었다.
남방 긴 수염 고래
젠투 펭귄
웨들 바다표범
사우스조지아South Georgia의 바다사자들
Cape Town
Rio de Janeiro
SOUTH AMERICA
ATLANTIC OCEAN
INDIAN OCEAN
SOUTHERN OCEAN
PACIFIC OCEAN
South Georgia
South Sandwich Islands
Falkland Islands
South Orkney Is
Elephant Island
South Shetland Islands
Bransfield Strait
Drake Passage
Hughes Bay
Antarctic Peninsula
Weddell Sea
Alexander Island
Bellingshausen Sea
Peter I Island
Amundsen Sea
Antarctic Circle
Haakon VII Sea
ENDERBY LAND
Mt Biscoe
ANTARCTICA
South Pole
Transantarctic Mountains
QUEEN MARY LAND
MARIE BYRD LAND
Ross Ice Shelf
Ross Island
Ross Sea
TERRE ADÉLIE
Dumont d'Urville Sea
Davis Sea
New Zealand
AUSTRALIA
Sydney
30°
0°
60°
90°
120°
150°
180°
축척 1:40,000,000
방위 등거 극도법
0 1000킬로미터
0 1000육리陸里
0 1000해리
1773년 쿡이 역사상 최초로 남극권을 횡단하다.
1820년 1월 28일 파비안 폰 벨링스하우젠이 최초로 남극 대륙을 목격하다.
1821년 2월 7일 존 데이비스가 최초로 남극 대륙에 상륙하다.
1823년 2월 17일 제임스 웨들이 웨들 해에서 자신의 최남단 기록을 세우다.
1831년 영국 바다표범잡이업자 존 비스코가 남극 대륙을 엔더비 랜드Enderby Land라고 명명하다.
Longitude west of Greenwich
Longitude east of Greenwich

남극 대륙 해안도 만들기

19세기 들어 탐험가와 고래잡이업자들의 목격담에 따라 국가 차원의 대규모 남극 탐험이 이어졌다. 이 탐험의 목적은 모두 과학과 전략에 관련된 자료를 최대한 많이 수집하는 일이었다. 그 결과 1840년대에는 영국, 프랑스, 미국이 저마다 영토의 소유권을 주장하기 위해 남빙양으로 모여들면서 치열한 경쟁이 펼쳐졌다. 이 과정에서 중대한 발견이 이루어졌다. 미국 해군 장교 찰스 윌크스Charles Wilkes는 한 대륙을 발견하고 최대 규모라고 주장했다. 쥘 뒤몽 뒤르빌Jules Dumont d'Urville은 남극 대륙의 일부를 자국의 영토로 확보했다. 영국 탐험가 제이스 클라크 로스James Clark Ross는 로스 해Ross Sea의 여러 섬과 중요한 해안선의 해도를 만들었다. 훗날 탐험가 아드리앙 드 제를라슈와 에리히 폰 드리갈스키Erich von Drygalski는 남극에서 겨울을 보내면서 선두적인 과학 연구를 실시했다.

뒤몽 뒤르빌
프랑스 항해가 쥘 뒤몽 뒤르빌은 태평양 대장정을 마친 후 자남극South Magnetic Pole을 발견하기 위해 남극으로 향했다.

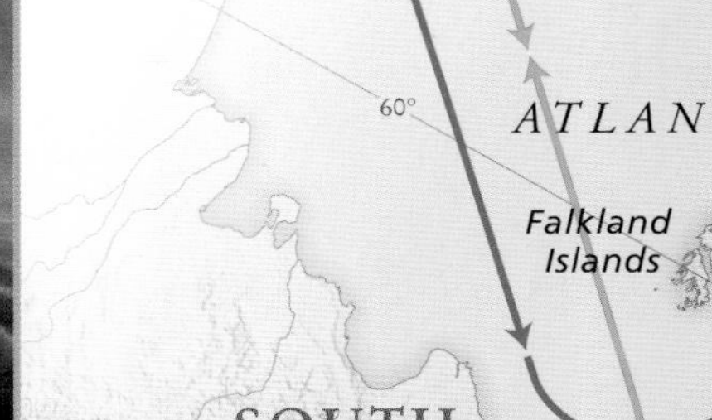

60°
ATLANTI
Falkland Islands
SOUTH AMERICA
Drake

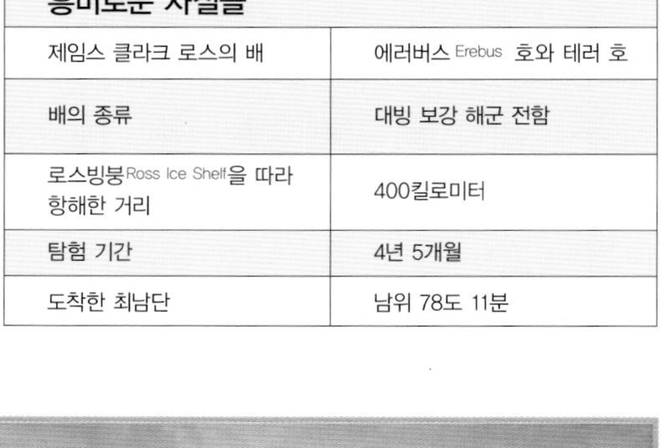

흥미로운 사실들	
제임스 클라크 로스의 배	에러버스 Erebus 호와 테러 호
배의 종류	대빙 보강 해군 전함
로스빙붕Ross Ice Shelf을 따라 항해한 거리	400킬로미터
탐험 기간	4년 5개월
도착한 최남단	남위 78도 11분

과학 기록
진정한 의미에서 '과학' 탐험가인 뒤몽 뒤르빌은 해도와 지도를 완성하고 수백 종의 표본과 견본을 수집하며, 그 지역과 관련된 새로운 중요 정보를 제공했다.

미국 탐구 탐험대
1838년 찰스 윌크스는 태평양과 남양South Seas을 조사하고 탐험하기 위해 선박 4척으로 구성된 전대를 지휘했다. 윌크스는 기함 빈센스Vincennes 호를 타고 유빙을 향해 남쪽과 서쪽으로 방향을 바꾸며 항해했다. 이 과정에서 몇 차례 육지를 발견했다.

로스의 남극 발견
1831년 자북극을 발견한 뒤 1839년 제임스 클라크 로스는 자남극을 발견하기를 바라며 남극으로 떠났다. 비록 목표는 이루지 못했지만 로스 해(오른쪽), 로스 빙붕, 그리고 로스 섬Ross Island 등을 발견했다.

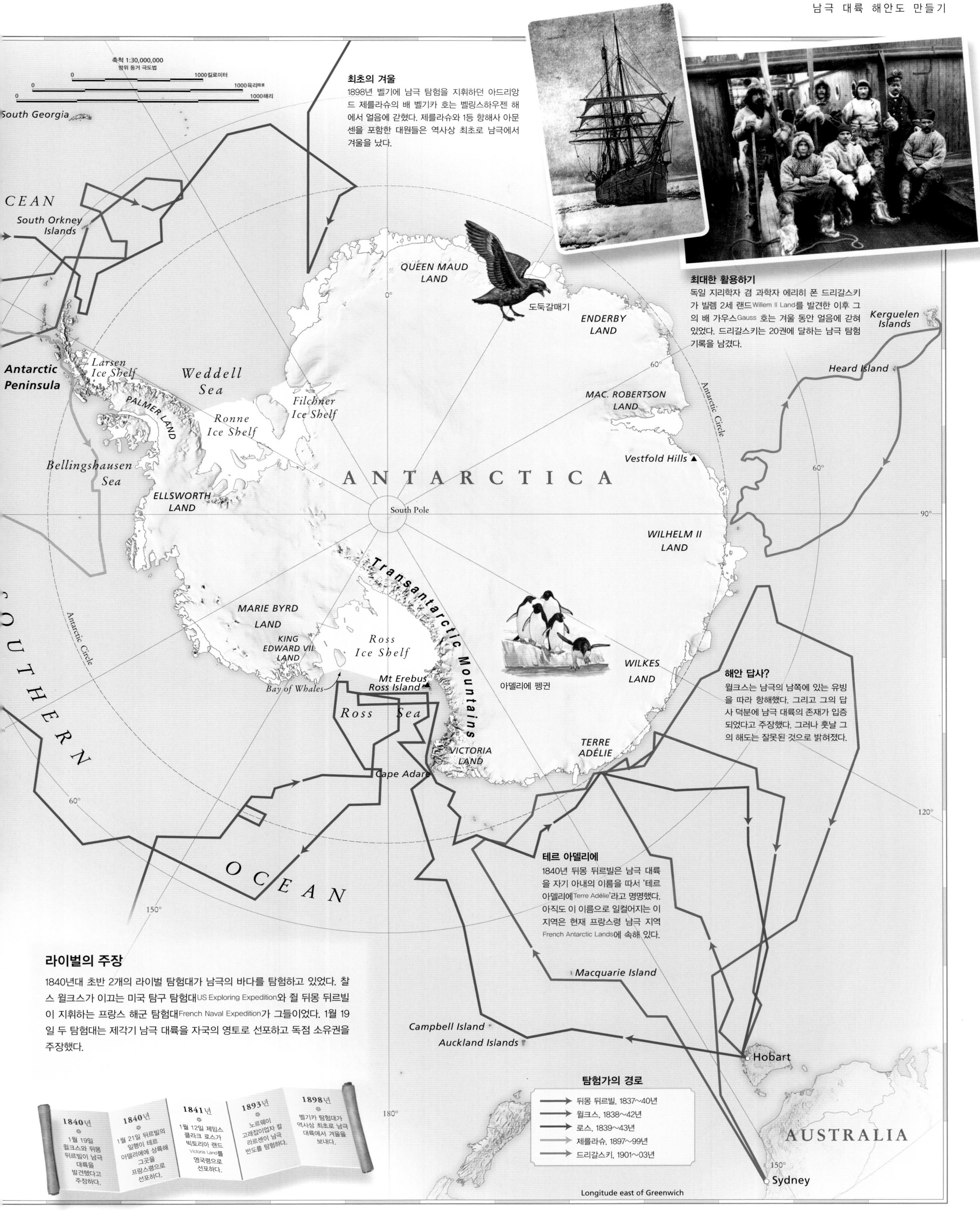

축척 1:30,000,000
방위 등거 극도법
0 1000킬로미터
0 1000육리陸里
0 1000해리
South Georgia
CEAN
South Orkney Islands
Antarctic Peninsula
Larsen Ice Shelf
Weddell Sea
PALMER LAND
Ronne Ice Shelf
Filchner Ice Shelf
Bellingshausen Sea
ELLSWORTH LAND
QUEEN MAUD LAND
0°
도둑갈매기
ENDERBY LAND
Kerguelen Islands
Heard Island
60°
MAC. ROBERTSON LAND
Antarctic Circle
Vestfold Hills
60°
ANTARCTICA
South Pole
90°
WILHELM II LAND
Transantarctic Mountains
MARIE BYRD LAND
KING EDWARD VII LAND
Ross Ice Shelf
Bay of Whales
Mt Erebus
Ross Island
아델리에 펭귄
WILKES LAND
Ross Sea
VICTORIA LAND
TERRE ADÉLIE
Cape Adare
SOUTHERN OCEAN
Antarctic Circle
60°
120°
150°
Macquarie Island
Campbell Island
Auckland Islands
Hobart
180°
AUSTRALIA
150°
Sydney
Longitude east of Greenwich

최초의 겨울

1898년 벨기에 남극 탐험을 지휘하던 아드리앙 드 제를라슈의 배 벨기카 호는 벨링스하우젠 해에서 얼음에 갇혔다. 제를라슈와 1등 항해사 아문센을 포함한 대원들은 역사상 최초로 남극에서 겨울을 났다.

최대한 활용하기

독일 지리학자 겸 과학자 에리히 폰 드리갈스키가 빌렘 2세 랜드Willem II Land를 발견한 이후 그의 배 가우스Gauss 호는 겨울 동안 얼음에 갇혀 있었다. 드리갈스키는 20권에 달하는 남극 탐험 기록을 남겼다.

해안 답사?

윌크스는 남극의 남쪽에 있는 유빙을 따라 항해했다. 그리고 그의 답사 덕분에 남극 대륙의 존재가 입증되었다고 주장했다. 그러나 훗날 그의 해도는 잘못된 것으로 밝혀졌다.

테르 아델리에

1840년 뒤몽 뒤르빌은 남극 대륙을 자기 아내의 이름을 따서 '테르 아델리에Terre Adélie'라고 명명했다. 아직도 이 이름으로 일컬어지는 이 지역은 현재 프랑스령 남극 지역French Antarctic Lands에 속해 있다.

라이벌의 주장

1840년대 초반 2개의 라이벌 탐험대가 남극의 바다를 탐험하고 있었다. 찰스 윌크스가 이끄는 미국 탐구 탐험대US Exploring Expedition와 쥘 뒤몽 뒤르빌이 지휘하는 프랑스 해군 탐험대French Naval Expedition가 그들이었다. 1월 19일 두 탐험대는 제각기 남극 대륙을 자국의 영토로 선포하고 독점 소유권을 주장했다.

탐험가의 경로

- 뒤몽 뒤르빌, 1837~40년
- 윌크스, 1838~42년
- 로스, 1839~43년
- 제를라슈, 1897~99년
- 드리갈스키, 1901~03년

1840년 1월 19일 윌크스와 뒤몽 뒤르빌이 남극 대륙을 발견했다고 주장하다.

1840년 1월 21일 뒤르빌의 일행이 테르 아델리에에 상륙해 그곳을 프랑스령으로 선포하다.

1841년 1월 12일 제임스 클라크 로스가 빅토리아 랜드Victoria Land를 영국령으로 선포하다.

1893년 노르웨이 고래잡이업자 칼 라르센이 남극 반도를 탐험하다.

1898년 벨기카 탐험대가 역사상 최초로 남극 대륙에서 겨울을 보내다.

남극

남극 대륙이 발견된 후 수많은 탐험가들의 마음을 사로잡은 것은 남극이었다. 영국은 1901~04년 로버트 팰컨 스콧이 지휘하고 어네스트 섀클턴이 합류했던 영국 남극 탐험대를 결성함으로써 선두 주자로 나섰다. 남극을 향해 떠난 스콧, 섀클턴, 에드워드 윌슨Edward Wilson은 최남단에 도착하는 기록을 세웠다. 1907년 섀클턴은 다시 님로드Nimrod 탐험대를 이끌고 남극으로 향했다. 그리고 대원들을 대표해 남극을 160킬로미터 앞둔 곳까지 내려갔다가 돌아왔다. 스콧은 1910년 남극을 점령하겠다는 포부를 안고 테라 노바Terra Nova 탐험대와 함께 섀클턴의 뒤를 따랐다. 그러는 동안 마지막 순간에 이르러 로알드 아문센도 자신과 똑같은 목표를 세운 사실을 깨달았다. 1912년 1월 12일 스콧은 남극에 도착했지만 아문센이 그를 앞질렀다는 사실을 발견했다. 망연자실한 채 고국으로 향했던 스콧의 일행은 돌아오는 길에 모두 목숨을 잃었다.

흥미로운 사실들	
아문센의 출발 지점	프램하임, 웨일스 베이
이동 수단	개썰매
탐험 대원의 수	5명
여행한 거리	2,993킬로미터
여행 기간	99일

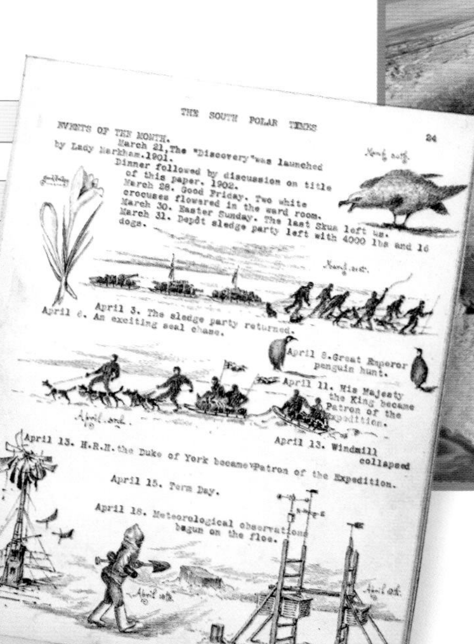

THE SOUTH POLAR TIMES 24

EVENTS OF THE MONTH.
March 21, The "Discovery" was launched by Lady Markham. 1901.
Dinner followed by discussion on title of this paper. 1902.
March 28. Good Friday. Two white crocuses flowered in the ward room.
March 30. Easter Sunday. The last Skua left us.
March 31. Depôt sledge party left with 4000 lbs and 16 dogs.
April 3. The sledge party returned.
April 6. An exciting seal chase.
April 8. Great Emperor penguin hunt.
April 11. His Majesty the King became Patron of the Expedition.
April 13. Windmill collapsed
April 13. H.R.H. the Duke of York became Patron of the Expedition.
April 15. Term Day.
April 18. Meteorological observations begun on the floe.

겨울의 소일거리
1902년 스콧의 배 디스커버리Discovery 호가 맥머도McMurdo에서 얼음에 갇혀 있는 동안 탐험대원들은 게임을 하거나 '내부 잡지in-house magazines'인 「남극 타임스South Polar Times」를 만들며 즐겁게 소일했다.

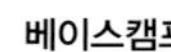

베이스캠프
제임스 클라크 로스의 1839~43년 탐험 보고서에서 용기를 얻은 섀클턴과 아문센, 그리고 스콧은 이 사진에서 에러버스 산Mount Erebus 앞에 보이는 로스 빙붕을 남극 여행의 출발점으로 선택했다.

더욱 면밀한 관찰
1902년 2월 4일 로버트 팰컨 스콧은 로스 빙붕 너머의 내륙을 목격했다. 그리고 과학 연구를 실시하기 위해 밧줄로 묶은 열기구 타고 200m나 올라갔다. 섀클턴이 뒤이어 최초로 남극을 공중에서 촬영했다.

섀클턴이 몰래 다가가다
님로드 탐험대와 함께 남극을 다시 찾기 전 섀클턴은 스콧의 디스커버리 베이스를 이용하지 않겠다는 계약서에 서명했다. 하지만 상황이 위험해지자 섀클턴은 약속을 어기고 근처에 이 오두막을 지었다.

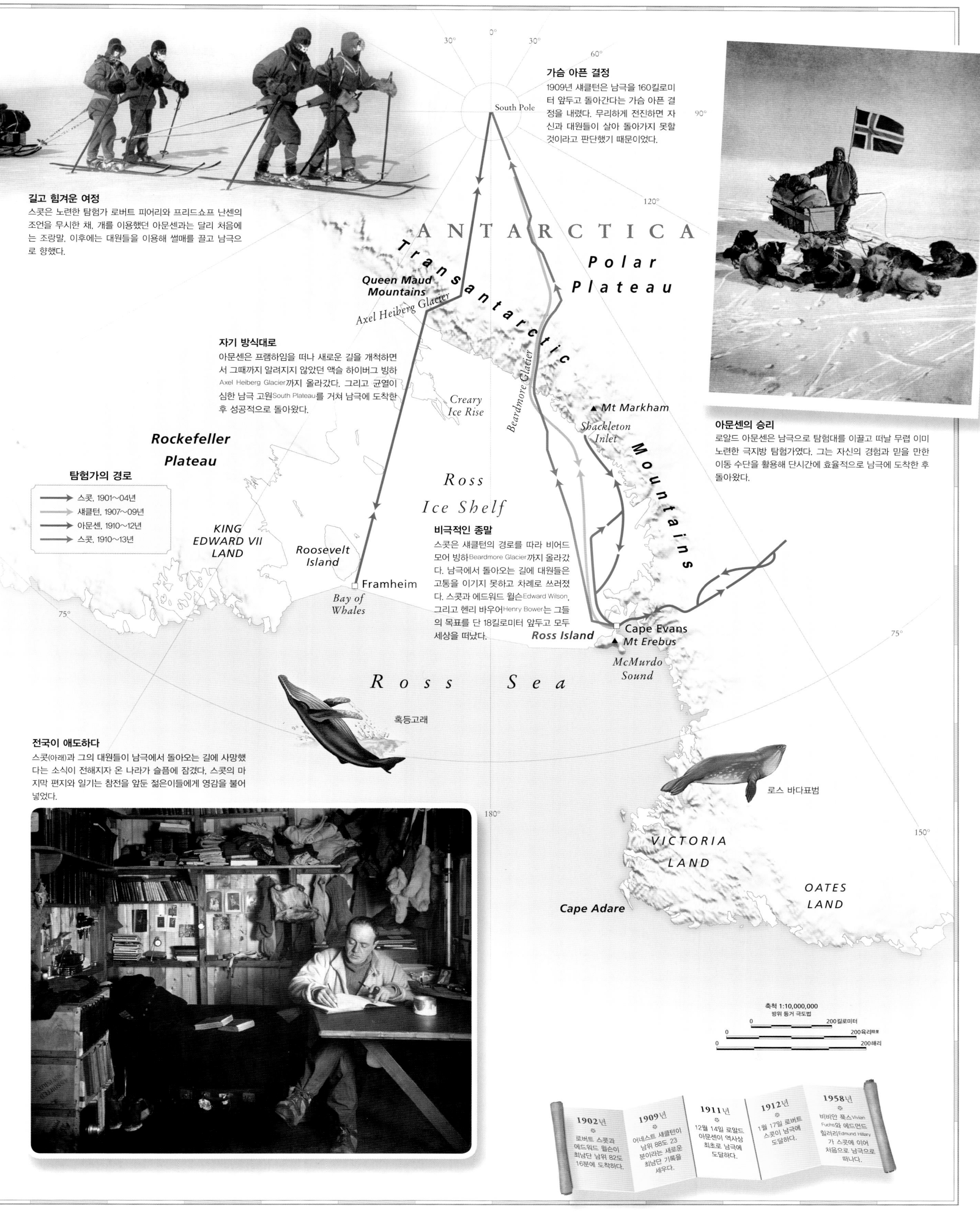

South Pole
ANTARCTICA
Transantarctic Mountains
Polar Plateau
Queen Maud Mountains
Axel Heiberg Glacier
Beardmore Glacier
Creary Ice Rise
Mt Markham
Shackleton Inlet
Rockefeller Plateau
Ross Ice Shelf
KING EDWARD VII LAND
Roosevelt Island
Framheim
Bay of Whales
Ross Island
Cape Evans
Mt Erebus
McMurdo Sound
Ross Sea
혹등고래
로스 바다표범
VICTORIA LAND
OATES LAND
Cape Adare
탐험가의 경로
스콧, 1901~04년
섀클턴, 1907~09년
아문센, 1910~12년
스콧, 1910~13년
축척 1:10,000,000
방위 등거 극도법
0 200킬로미터
0 200육리陸里
0 200해리
1902년 로버트 스콧과 에드워드 윌슨이 최남단 남위 82도 16분에 도착하다.
1909년 어네스트 섀클턴이 남위 88도 23분이라는 새로운 최남단 기록을 세우다.
1911년 12월 14일 로알드 아문센이 역사상 최초로 남극에 도달하다.
1912년 1월 17일 로버트 스콧이 남극에 도달하다.
1958년 비비안 푹스Vivian Fuchs와 에드먼드 힐러리Edmund Hillary가 스콧에 이어 처음으로 남극으로 떠나다.

길고 힘겨운 여정
스콧은 노련한 탐험가 로버트 피어리와 프리드쇼프 난센의 조언을 무시한 채, 개를 이용했던 아문센과는 달리 처음에는 조랑말, 이후에는 대원들을 이용해 썰매를 끌고 남극으로 향했다.

가슴 아픈 결정
1909년 섀클턴은 남극을 160킬로미터 앞두고 돌아간다는 가슴 아픈 결정을 내렸다. 무리하게 전진하면 자신과 대원들이 살아 돌아가지 못할 것이라고 판단했기 때문이었다.

자기 방식대로
아문센은 프램하임을 떠나 새로운 길을 개척하면서 그때까지 알려지지 않았던 액슬 하이버그 빙하Axel Heiberg Glacier까지 올라갔다. 그리고 균열이 심한 남극 고원South Plateau를 거쳐 남극에 도착한 후 성공적으로 돌아왔다.

아문센의 승리
로알드 아문센은 남극으로 탐험대를 이끌고 떠날 무렵 이미 노련한 극지방 탐험가였다. 그는 자신의 경험과 믿을 만한 이동 수단을 활용해 단시간에 효율적으로 남극에 도착한 후 돌아왔다.

비극적인 종말
스콧은 섀클턴의 경로를 따라 비어드모어 빙하Beardmore Glacier까지 올라갔다. 남극에서 돌아오는 길에 대원들은 고통을 이기지 못하고 차례로 쓰러졌다. 스콧과 에드워드 윌슨Edward Wilson, 그리고 헨리 바우어Henry Bower는 그들의 목표를 단 18킬로미터 앞두고 모두 세상을 떠났다.

전국이 애도하다
스콧(아래)과 그의 대원들이 남극에서 돌아오는 길에 사망했다는 소식이 전해지자 온 나라가 슬픔에 잠겼다. 스콧의 마지막 편지와 일기는 참전을 앞둔 젊은이들에게 영감을 불어넣었다.

극지방 탐험

남극 대륙 조사하기

비록 남극 도착을 목표로 삼은 탐험대가 많았지만 일부 탐험가들은 남극 대륙에 남은 미지의 땅을 발견하고 과학 연구를 실시하는 일에 더 관심이 많았다. 일례로 노르웨이 출신 오스트레일리아인인 탐험가 카스턴 보치그레빈크Carstern Borchgrevink를 들 수 있다. 그는 1898년부터 1900년까지 서던 크로스 탐험대Southern Cross Expedition를 이끌었다. 이 탐험대는 역사상 최초로 남극 대륙에 해안 기지를 세우고 로스 빙붕에서 썰매 여행을 했다. 오스트레일리아 탐험가 겸 지질학자 더글러스 모슨Douglas Mawson은 사실상 미지의 땅이던 조지 5세 랜드와 테르 아델리에를 탐험하기로 결정했다. 1914년 어네스트 섀클턴은 자신의 경험을 바탕으로 최초로 남극 대륙을 횡단할 계획을 세웠다. 그러나 이 목표는 그의 배 인듀어런스Endurance 호가 비극적으로 침몰함으로써 좌절되었다. 그러나 1958년 비비안 푸크와 에드먼드 힐러리가 마침내 남극 대륙 횡단에 성공한다.

독특한 항해

1914년 섀클턴은 야심 찬 대영 제국 남극 횡단 원정Imperial Trans-Antarctic Expedition에서 인듀어런스 호를 타고 남극 대륙으로 향했다. 1915년 11월 인듀어런스 호가 침몰하는 바람에 탐험대는 유빙에 좌초되었다. 대원들은 썰매 위에다 구명 보트 3척과 물자를 싣고 빙산면까지 전진한 후 엘리펀트 섬Elephant Island으로 향해했다. 섀클턴은 일행을 섬에 남겨둔 채 동료 5명과 함께 구명보트인 제임스 캐어드James Caird 호를 타고 독특한 항해에 올랐다. 그는 사우스조지아까지 1,300킬로미터를 이동한 후 도움을 청했다.

인듀어런스 호는 얼음에 갇혔다가 부서졌다. 대원들이 썰매에 구명 보트를 싣고 직접 끌고 있다.

흥미로운 사실들	
1955~58년 남극 횡단 탐험대의 지휘자	비비안 푸크
참여한 국가의 수	5개국(영국, 뉴질랜드, 미국, 오스트레일리아, 남아프리카 공화국)
주요 이동 수단	트랙터와 스노캣Sno-Cat 모터 썰매
여행 기간	99일
여행 거리	3,473킬로미터

오래 남은 건물

카스턴 보치그레빈크는 1899년 2월 케이프 어데어Cape Adare에 조립식 건물로 베이스캠프 리들리Camp Ridley를 세웠다. 비록 보수 상태는 형편없지만 이 건물은 아직 그곳에 남아 있다.

CHATSWOOD

오스트레일리아 남극 탐험대

더글러스 모슨의 대원들은 오스트레일리아에서 가장 가까운 남극 대륙의 해안선을 탐험하고 해도를 작성할 계획을 세웠다. 그들은 기후가 험한 케이프 데니슨Cape Denison에 베이스를 세우고 '눈보라의 집'이라는 별명을 지었다.

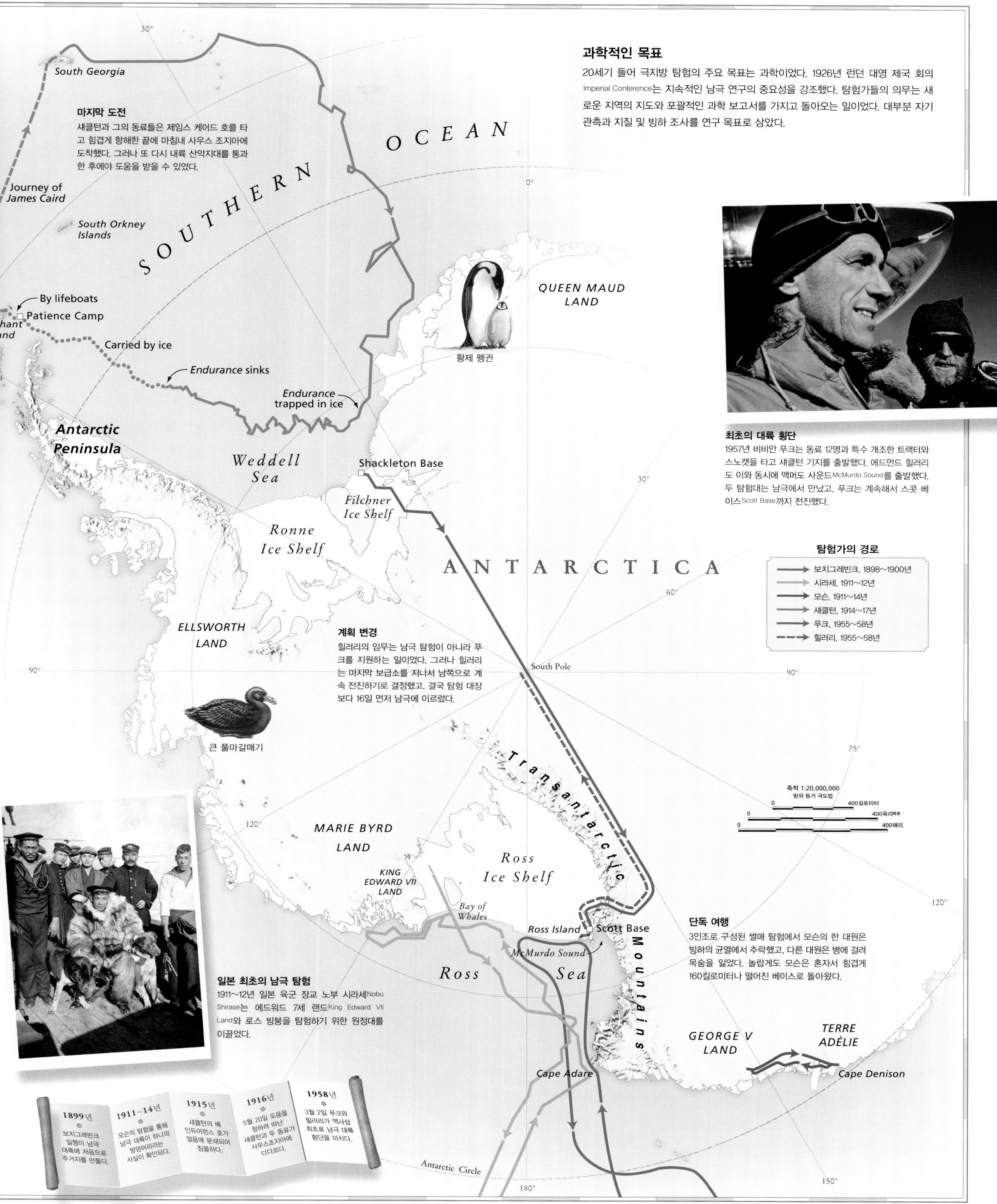
30°
South Georgia
Journey of James Caird
South Orkney Islands
SOUTHERN OCEAN
0°
By lifeboats
Patience Camp
Carried by ice
Endurance sinks
Endurance trapped in ice
QUEEN MAUD LAND
황제 펭귄
Antarctic Peninsula
Weddell Sea
Shackleton Base
Filchner Ice Shelf
Ronne Ice Shelf
30°
ANTARCTICA
60°
ELLSWORTH LAND
90°
South Pole
90°
큰 풀마갈매기
Transantarctic Mountains
75°
120°
MARIE BYRD LAND
Ross Ice Shelf
KING EDWARD VII LAND
Bay of Whales
Ross Island
Scott Base
McMurdo Sound
Ross Sea
120°
GEORGE V LAND
TERRE ADÉLIE
Cape Adare
Cape Denison
Antarctic Circle
180°
150°
탐험가의 경로
보치그레빈크, 1898~1900년
시라세, 1911~12년
모슨, 1911~14년
섀클턴, 1914~17년
푸크, 1955~58년
힐러리, 1955~58년
축척 1:20,000,000
방위 등거 극도법
0
400킬로미터
0
400육리陸里
0
400해리
1899년
보치그레빈크 일행이 남극 대륙에 처음으로 주거지를 만들다.
1911~14년
모슨의 탐험을 통해 남극 대륙이 하나의 땅덩어리라는 사실이 확인되다.
1915년
섀클턴의 배 인듀어런스 호가 얼음에 분쇄되어 침몰하다.
1916년
5월 20일 도움을 청하러 떠난 섀클턴과 두 동료가 사우스조지아에 다다르다.
1958년
3월 2일 푸크와 힐러리가 역사상 최초로 남극 대륙 횡단을 마치다.

과학적인 목표

20세기 들어 극지방 탐험의 주요 목표는 과학이었다. 1926년 런던 대영 제국 회의Imperial Conference는 지속적인 남극 연구의 중요성을 강조했다. 탐험가들의 의무는 새로운 지역의 지도와 포괄적인 과학 보고서를 가지고 돌아오는 일이었다. 대부분 자기 관측과 지질 및 빙하 조사를 연구 목표로 삼았다.

마지막 도전

섀클턴과 그의 동료들은 제임스 케어드 호를 타고 힘겹게 항해한 끝에 마침내 사우스 조지아에 도착했다. 그러나 또 다시 내륙 산악지대를 통과한 후에야 도움을 받을 수 있었다.

최초의 대륙 횡단

1957년 비비안 푸크는 동료 12명과 특수 개조한 트랙터와 스노캣을 타고 섀클턴 기지를 출발했다. 에드먼드 힐러리도 이와 동시에 맥머도 사운드McMurdo Sound를 출발했다. 두 탐험대는 남극에서 만났고, 푸크는 계속해서 스콧 베이스Scott Base까지 전진했다.

계획 변경

힐러리의 임무는 남극 탐험이 아니라 푸크를 지원하는 일이었다. 그러나 힐러리는 마지막 보급소를 지나서 남쪽으로 계속 전진하기로 결정했고, 결국 탐험 대장보다 16일 먼저 남극에 이르렀다.

단독 여행

3인조로 구성된 썰매 탐험에서 모슨의 한 대원은 빙하의 균열에서 추락했고, 다른 대원은 병에 걸려 목숨을 잃었다. 놀랍게도 모슨은 혼자서 힘겹게 160킬로미터나 떨어진 베이스로 돌아왔다.

일본 최초의 남극 탐험

1911~12년 일본 육군 장교 노부 시라세Nobu Shirase는 에드워드 7세 랜드King Edward VII Land와 로스 빙붕을 탐험하기 위한 원정대를 이끌었다.

H. L. ETTMAN & Co.
Importers of SPO
AND
NO. 11 NORTH SEVENTH ST.
ST. LOUIS,
U.S.A.
W.J.H.TAYLOR
DEFENDER
ZENORA
LONE STAR

해저 탐험하기

GES
HAMOIS.

- 항해도
- 해저 및 육상 전신 케이블
- 해양 탐험
- 심해 탐험의 도구
- 유인 잠수정

해저 탐험하기

항해도

항해도의 발전은 항해 도구의 발전을 그대로 반영했다. 멀리 떨어진 목적지에 도착하기 위해 해안선을 따라갔던 선원들은 기록된 수로지를 이용하는 한편 바다에서 보이는 해안의 특성을 그린 스케치의 도움을 받았다. 드넓은 외양을 건너야 했던 태평양 섬 주민들은 파도, 별, 그리고 새의 비행을 바탕으로 항해를 하는 교육 도구를 개발했다. 유럽에서는 나침반이 소개되면서 이른바 포르톨라노 해도가 등장했다. 이 해도에는 항구 사이의 항정선(나침반 방위, 나침반의 자침이 가리키는 북쪽을 기준으로 한 방위–옮긴이)이 나타나 있었기 때문에 해안, 만, 그리고 모래톱의 지도를 만드는 일이 가능해졌다. 크로노미터가 발명되면서 선원들이 눈에 보이는 기준점이 없어도 경도를 파악할 수 있었다. 현대에는 레이더와 위성을 이용한 위치 확인 시스템global positioning systems, GPS이 등장했고, 이를 바탕으로 배의 항로를 육지와 관련해 보여 주는 전자 해도가 개발되었다.

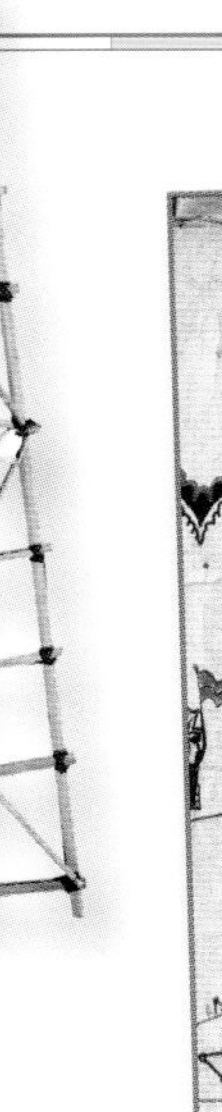

폴리네시아 봉해도
문어文語가 없는 사회라면 구두 지시를 통해 항해 지식을 전달해야 한다. 폴리네시아 주민들은 '봉해도stick charts' 같은 교육 도구를 이용했다. 이 해도는 격자를 가로지르는 곡선 봉선으로 섬 주변의 파도 형태를 나타냈다.

흥미로운 사실들	
유럽에 나침반이 소개된 시기	1190년 이전
건식 나침반의 등장	1300년경
크로노미터의 발명	1761년
최초로 레이더를 항해에 이용한 시기	1935년
일반 GPS의 등장	1996년

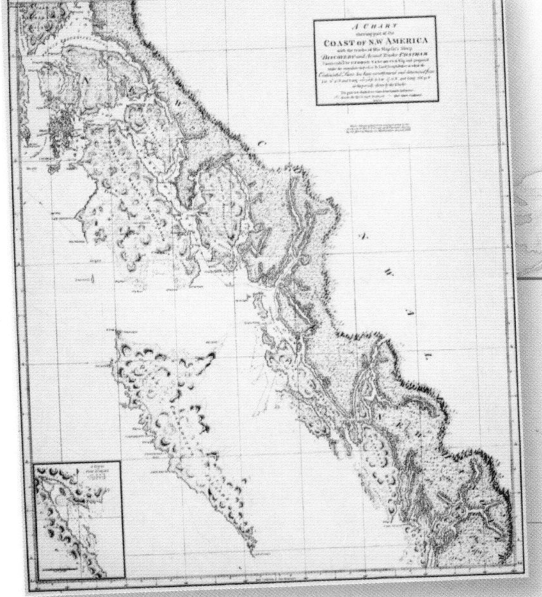

탁월한 정확성
1792~94년까지 영국 선원 조지 밴쿠버는 북아메리카 태평양 해안을 상세히 조사했다. 1798년에 발표된 이 지도는 매우 정확했기 때문에 이후 프랑스, 독일, 스페인, 그리고 러시아판으로 출판되었다.

NORTH AMERICA
PACIFIC
Equator
OCEAN
SOUTH AMERICA

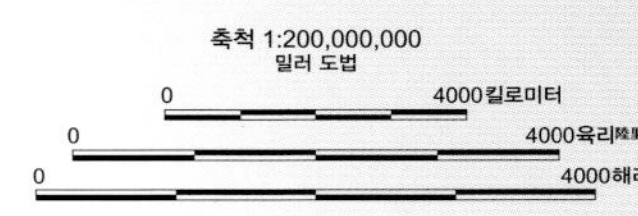

축척 1:200,000,000
밀러 도법
0
4000킬로미터
0
4000육리陸里
0
4000해리

지식의 통합
1513년 오스만투르크의 사령관 피리 레이스Piri Reis는 수세기 동안 축적된 해양 지식을 통합해 세계 지도를 만들었다. 아메리카 대륙을 최초로 기록한 이 지도는 아프리카와 남아메리카의 정확한 위도상 위치를 표시했다는 점에서 한층 돋보였다.

포르톨라노 해도
14세기 들어 여행가들의 목격담을 바탕으로 포르톨라노 해도가 제작되었다. 이 해도는 해안선과 그 특성을 사실적으로 표현했다. 발견의 시대Age of Discovery에 포르투갈과 스페인은 이런 지도를 일급 비밀로 취급했다.

미지의 땅으로 항해하기
항해가 헨리가 포르투갈 선박을 남쪽의 아프리카 해안을 따라 파견했던 15세기에는 훈련병들이 참고할 지도가 없었고, 따라서 우세풍에 대한 자신들의 지식 이외에는 믿을 만한 도구가 거의 없었다.

TROPICVS CANCRI
AEQVINOCTIALIS
TROPICVS CAPRICORNI

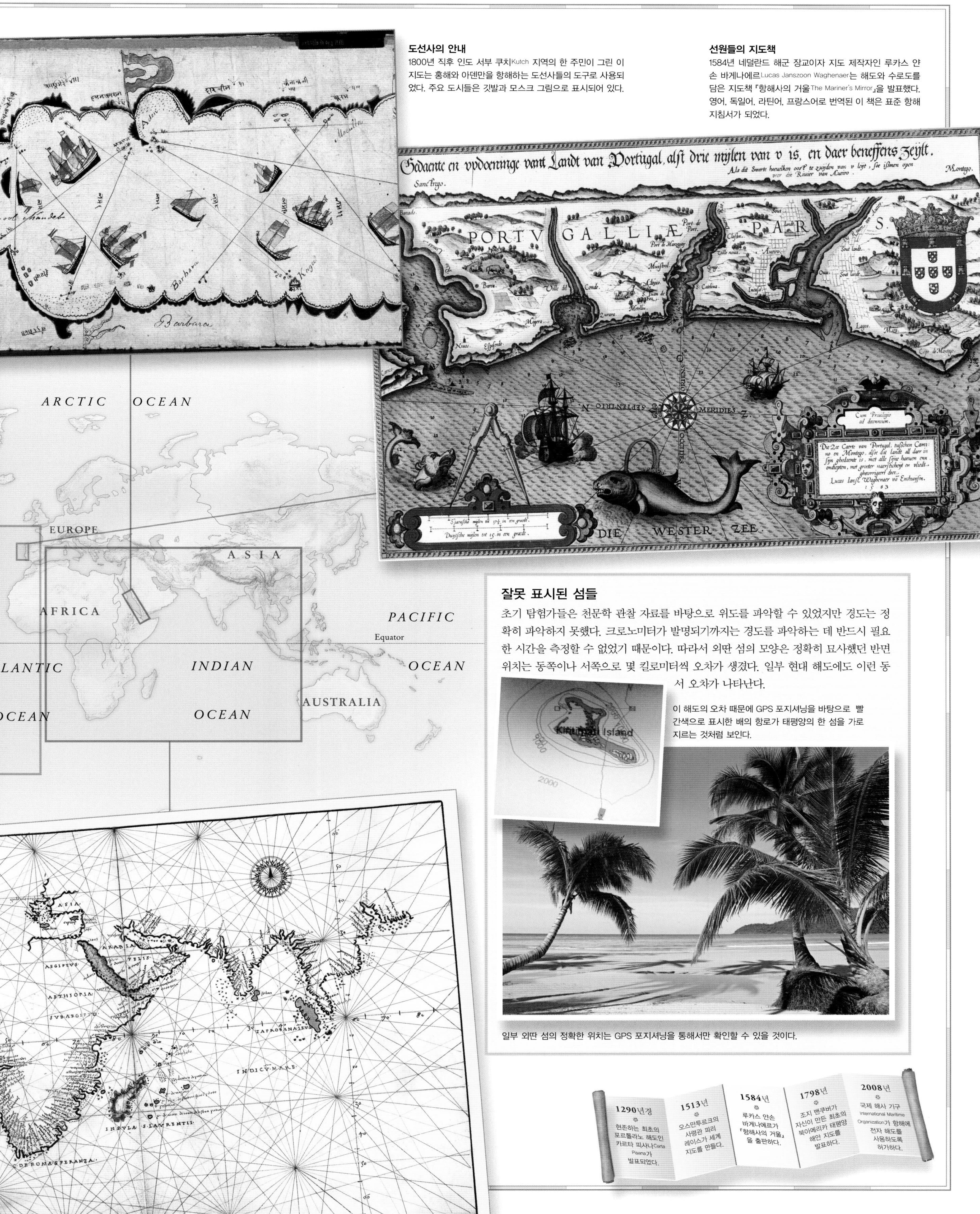
ARCTIC OCEAN
EUROPE
ASIA
AFRICA
PACIFIC
Equator
ATLANTIC
INDIAN
OCEAN
AUSTRALIA
OCEAN
OCEAN
Gedaente en vpdoeninge vant Landt van Portugal, alst drie mijlen van v is, en daer beneffens zeylt.
PORTVGALLIÆ PARS
DIE WESTER ZEE
Kiritimati Island

도선사의 안내
1800년 직후 인도 서부 쿠치Kutch 지역의 한 주민이 그린 이 지도는 홍해와 아덴만을 항해하는 도선사들의 도구로 사용되었다. 주요 도시들은 깃발과 모스크 그림으로 표시되어 있다.

선원들의 지도책
1584년 네덜란드 해군 장교이자 지도 제작자인 루카스 얀손 바게나에르Lucas Janszoon Waghenaer는 해도와 수로도를 담은 지도책 『항해사의 거울The Mariner's Mirror』을 발표했다. 영어, 독일어, 라틴어, 프랑스어로 번역된 이 책은 표준 항해 지침서가 되었다.

잘못 표시된 섬들

초기 탐험가들은 천문학 관찰 자료를 바탕으로 위도를 파악할 수 있었지만 경도는 정확히 파악하지 못했다. 크로노미터가 발명되기까지는 경도를 파악하는 데 반드시 필요한 시간을 측정할 수 없었기 때문이다. 따라서 외딴 섬의 모양은 정확히 묘사했던 반면 위치는 동쪽이나 서쪽으로 몇 킬로미터씩 오차가 생겼다. 일부 현대 해도에도 이런 동서 오차가 나타난다.

이 해도의 오차 때문에 GPS 포지셔닝을 바탕으로 빨간색으로 표시한 배의 항로가 태평양의 한 섬을 가로지르는 것처럼 보인다.

일부 외딴 섬의 정확한 위치는 GPS 포지셔닝을 통해서만 확인할 수 있을 것이다.

1290년경
현존하는 최초의 포르톨라노 해도인 카르타 피사나Carta Pisana가 발표되었다.

1513년
오스만투르크의 사령관 피리 레이스가 세계 지도를 만들다.

1584년
루카스 얀손 바게나에르가 『항해사의 거울』을 출판하다.

1798년
조지 밴쿠버가 자신이 만든 최초의 북아메리카 태평양 해안 지도를 발표하다.

2008년
국제 해사 기구International Maritime Organization가 항해에 전자 해도를 사용하도록 허가하다.

해저 탐험하기

해저 및 육상 전신 케이블

19세기에 해저 및 육상 전신 케이블의 발명은 그때껏 지도에 기록되지 않았던 수많은 지역에 대한 지식을 증가시키는 데 중대한 역할을 했다. 해저 케이블을 부설하려면 전담 탐험대가 심해를 조사해야 했다. 반면 산, 사막 정글을 통과하는 목시선目視線을 연결하도록 설계된 육상 케이블을 부설할 때면 조사대가 미리 새로운 지역의 지도를 작성하고 이따금 과거에는 알려지지 않았던 부족을 만나야 했다. 1840년부터는 전신망이 급속도로 성장했고, 1860년 무렵에는 유럽의 대부분 지역과 북아메리카 동부의 여러 주까지 확대되었다. 그리고 케이블 부설용 특수 선박이 등장하면서 1870년 무렵부터 해저 전신망이 지금은 상상할 수도 없는 속도로 확대되었다. 그 결과 단 3년 만에 유럽과 인도, 오스트레일리아, 그리고 극동 지방이 서로 연결되었다.

케이블 클로즈업
초창기의 해저 케이블과 지하 케이블은 대개 타르를 칠한 대마와 황마의 혼합체에 철이나 강철 전선을 씌운 다음 구타페르카로 절연하여 만들었다. 구타페르카는 가장 많이 쓰이는 천연 라텍스로 바다 생물의 공격을 견딜 수 있다.

새로운 역할
1858년 세계 최대 선박으로 진수된 그레이트 이스턴 호는 여객선으로는 상업적으로 실패했다. 1864년 이 배는 태평양 횡단 케이블을 설치하는 용도로 개조되었다. 1874년까지 이 배가 설치한 케이블은 5만 킬로미터에 이른다.

흥미로운 사실들	
1896년 전 세계 전신 케이블의 길이	40만 킬로미터
그레이트 이스턴Great Eastern 호의 운항 선원	500명
1865년 대서양 횡단 전신의 최소 비용	100달러
오스트레일리안 오버랜드 전신 케이블을 지탱하는 목주의 수	4만 개

케이블 부설하기
그레이트 이스턴 호는 갑판 아래에 있는 거대한 수평 케이블 탱크 3대에서 케이블을 풀었다. 이 3가지 탱크에는 무게가 6,350톤에 이르는 4,610킬로미터의 케이블이 감겨 있었다.

정착의 중심지
한 구역의 전신선에서 다음 전신선까지 메시지를 전달하려면 수동으로 작동되는 중계국이 필요했다. 오스트레일리아 앨리스 스프링스Alice Springs(아래)처럼 대개 외진 장소에 위치한 중계국은 이따금 주거의 중심지로 발전했다.

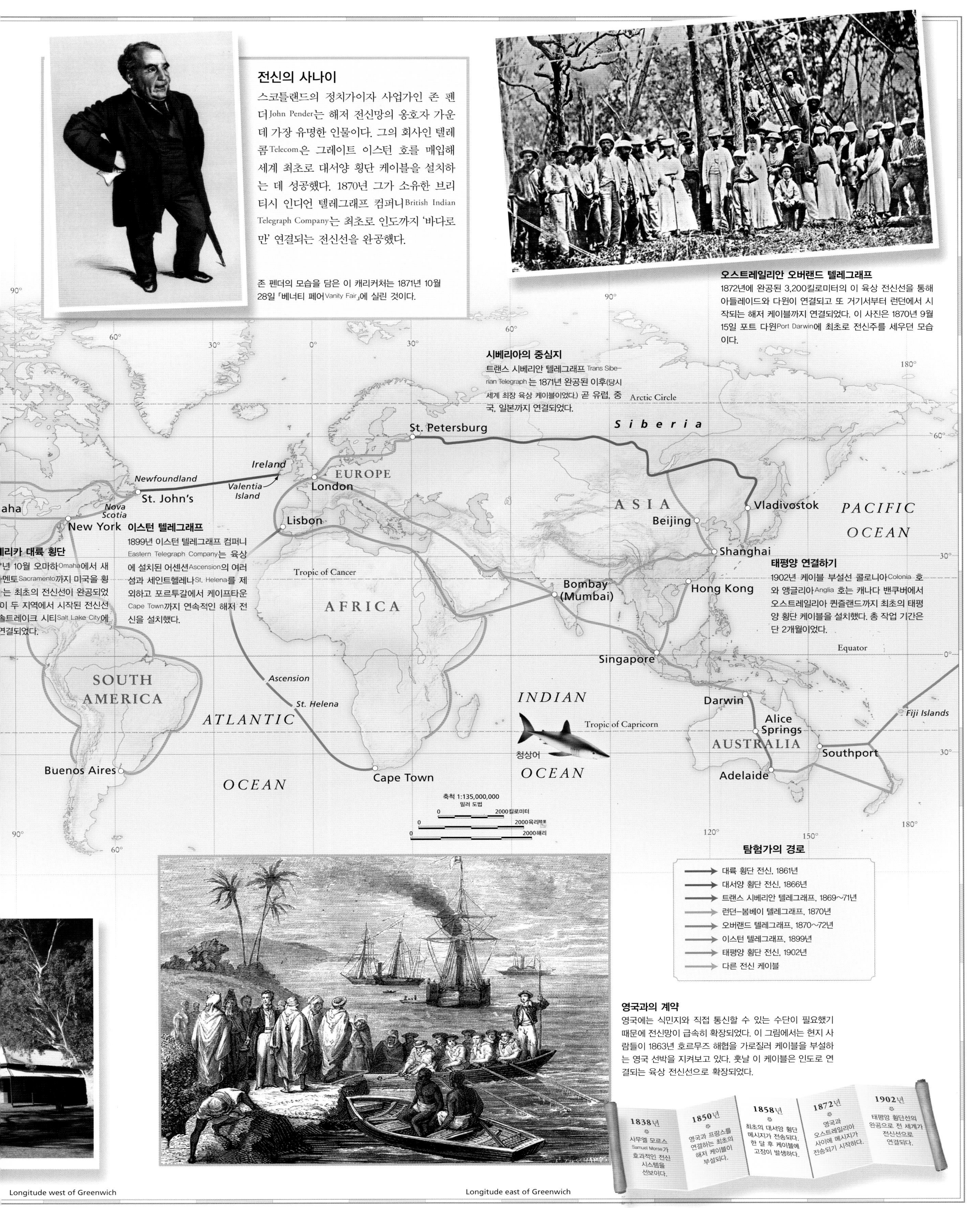

90°
60°
30°
0°
30°
60°
90°
180°
60°
30°
0°
30°
180°
120°
150°
90°
60°
Arctic Circle
St. Petersburg
Siberia
Ireland
Newfoundland
Valentia Island
St. John's
EUROPE
London
ASIA
Vladivostok
PACIFIC OCEAN
aha
Nova Scotia
New York
Lisbon
Beijing
Shanghai
Tropic of Cancer
Bombay (Mumbai)
Hong Kong
AFRICA
Equator
Singapore
SOUTH AMERICA
Ascension
St. Helena
INDIAN
Darwin
Fiji Islands
ATLANTIC
Tropic of Capricorn
Alice Springs
AUSTRALIA
Southport
청상어
Buenos Aires
Cape Town
OCEAN
Adelaide
OCEAN
축척 1:135,000,000
일러 도법
2000킬로미터
2000육리마일
2000해리
대륙 횡단 전신, 1861년
대서양 횡단 전신, 1866년
트랜스 시베리안 텔레그래프, 1869~71년
런던-봄베이 텔레그래프, 1870년
오버랜드 텔레그래프, 1870~72년
이스턴 텔레그래프, 1899년
태평양 횡단 전신, 1902년
다른 전신 케이블
1838년
사무엘 모르스Samuel Morse가 효과적인 전신 시스템을 선보이다.
1850년
영국과 프랑스를 연결하는 최초의 해저 케이블이 부설되다.
1858년
최초의 대서양 횡단 메시지가 전송되다. 한 달 후 케이블에 고장이 발생하다.
1872년
영국과 오스트레일리아 사이에 메시지가 전송되기 시작하다.
1902년
태평양 횡단선의 완공으로 전 세계가 전신선으로 연결되다.
Longitude west of Greenwich
Longitude east of Greenwich

전신의 사나이

스코틀랜드의 정치가이자 사업가인 존 펜더John Pender는 해저 전신망의 옹호자 가운데 가장 유명한 인물이다. 그의 회사인 텔레콤Telecom은 그레이트 이스턴 호를 매입해 세계 최초로 대서양 횡단 케이블을 설치하는 데 성공했다. 1870년 그가 소유한 브리티시 인디언 텔레그래프 컴퍼니British Indian Telegraph Company는 최초로 인도까지 '바다로만' 연결되는 전신선을 완공했다.

존 펜더의 모습을 담은 이 캐리커처는 1871년 10월 28일 「베너티 페어Vanity Fair」에 실린 것이다.

오스트레일리안 오버랜드 텔레그래프

1872년에 완공된 3,200킬로미터의 이 육상 전신선을 통해 아들레이드와 다윈이 연결되고 또 거기서부터 런던에서 시작되는 해저 케이블까지 연결되었다. 이 사진은 1870년 9월 15일 포트 다윈Port Darwin에 최초로 전신주를 세우던 모습이다.

시베리아의 중심지

트랜스 시베리안 텔레그래프 Trans Siberian Telegraph 는 1871년 완공된 이후(당시 세계 최장 육상 케이블이었다.) 곧 유럽, 중국, 일본까지 연결되었다.

이스턴 텔레그래프

1899년 이스턴 텔레그래프 컴퍼니 Eastern Telegraph Company는 육상에 설치된 어센션Ascension의 여러 섬과 세인트헬레나St. Helena를 제외하고 포르투갈에서 케이프타운Cape Town까지 연속적인 해저 전신을 설치했다.

…리카 대륙 횡단

…년 10월 오마하Omaha에서 새…멘토Sacramento까지 미국을 횡…는 최초의 전신선이 완공되었…이 두 지역에서 시작된 전신선…솔트레이크 시티Salt Lake City에 …연결되었다.

태평양 연결하기

1902년 케이블 부설선 콜로니아Colonia 호와 앵글리아Anglia 호는 캐나다 밴쿠버에서 오스트레일리아 퀸즐랜드까지 최초의 태평양 횡단 케이블을 설치했다. 총 작업 기간은 단 2개월이었다.

탐험가의 경로

영국과의 계약

영국에는 식민지와 직접 통신할 수 있는 수단이 필요했기 때문에 전신망이 급속히 확장되었다. 이 그림에서는 현지 사람들이 1863년 호르무즈 해협을 가로질러 케이블을 부설하는 영국 선박을 지켜보고 있다. 훗날 이 케이블은 인도로 연결되는 육상 전신선으로 확장되었다.

해저 탐험하기

해양 탐험

물론 먼 해안에 다다르기 위해 대양 항해를 택했지만 탐험가들이 바다 자체에 관심을 기울인 것은 19세기 중반부터였다. 이는 해저 전신망의 확장과 무관하지 않았다. 전신망을 확장하려면 대양과 해저에 대한 정확한 지식이 필요했기 때문이다. 국가에서 결성한 최초의 해양 탐험대는 1872년 HMS 챌린저HMS Challenger 호를 타고 떠난 영국 탐험대였다. 곧이어 다른 연구 선박들이 대양을 횡단하며 완전히 새로운 세상을 발견했다. 이들은 대양의 엄청난 깊이와 대양에 서식하는 가장 독특한 형태의 생물체를 세상에 알렸다. 바다에 대한 지식이 증가하면서 탐험대의 관심은 대양의 깊이, 침전물, 그리고 생물 형태에 대한 연구에서 해류, 수괴, 파도, 조수를 포함한 해양 환경 자체에 대한 조사로 바뀌었다.

왕실의 연구

심해 탐험은 정부나 왕실의 후원에 의존해야 했다. 포르투갈의 카를로스 1세Carlos I(1863~1908년)는 탐험에 참여하고 직접 연구 보고서를 발표했다. 모나코Monaco의 왕자 앨버트 1세Prince Albert I(1848~1922년)는 자국 선박을 위한 도구를 발명하고 모나코의 해양 연구소Oceanographic Institute를 설립했다.

모나코의 왕자 앨버트 1세

모나코의 해양 연구소는 지금도 중요한 해양 연구 기관이다.

선구적인 항해

개조한 영국 콜베트함(다른 배들을 공격으로부터 보호하는 소형 호위함-옮긴이)인 HMS 챌린저 호는 심해 연구를 목적으로 삼은 최초의 원정을 떠났다. 이 배는 1,606일에 이르는 탐험 기간 가운데 713일을 바다에서 보냈다.

NORTH AMERIC

Tropic of Cancer

PACIFIC

Equator

OCEAN

Tropic of Capricorn

Antarctic Circle

흥미로운 사실들

영국 챌린저 호의 탐험 기간	3년 5개월 3일
이동한 거리	12만 7,584킬로미터
가장 깊은 수심	8,184미터
확인된 새로운 종의 수	4,717종
최종 보고서의 분량	2만 9,500페이지

무수한 변종

챌린저 호의 보고서에서 발췌한 이 페이지는 탐험대가 기록한 생물체의 작은 부분을 보여 준다. 이는 방산충류(수천 가지 형태로 존재하는 골격을 형성하는 동물 플랑크톤-옮긴이)이며, 현재 일부 방산충류는 챌린제리아Challengeria라고 일컬어진다.

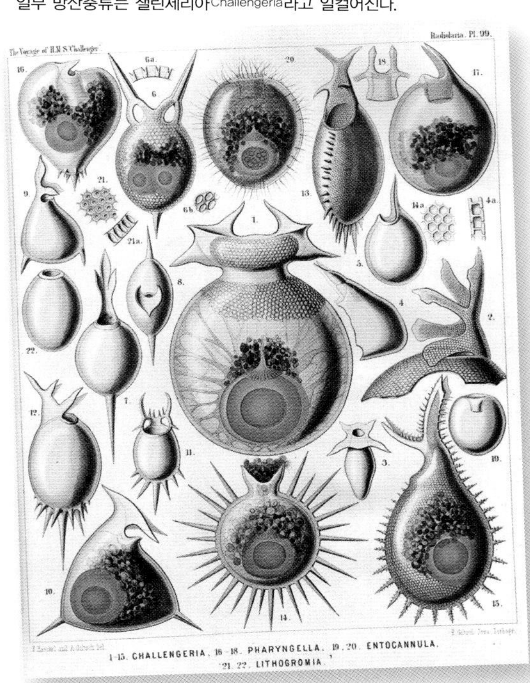
Radiolaria. Pl. 99.
1-15. CHALLENGERIA. 16-18. PHARYNGELLA. 19, 20. ENTOCANNULA.
21, 22. LITHOGROMIA.

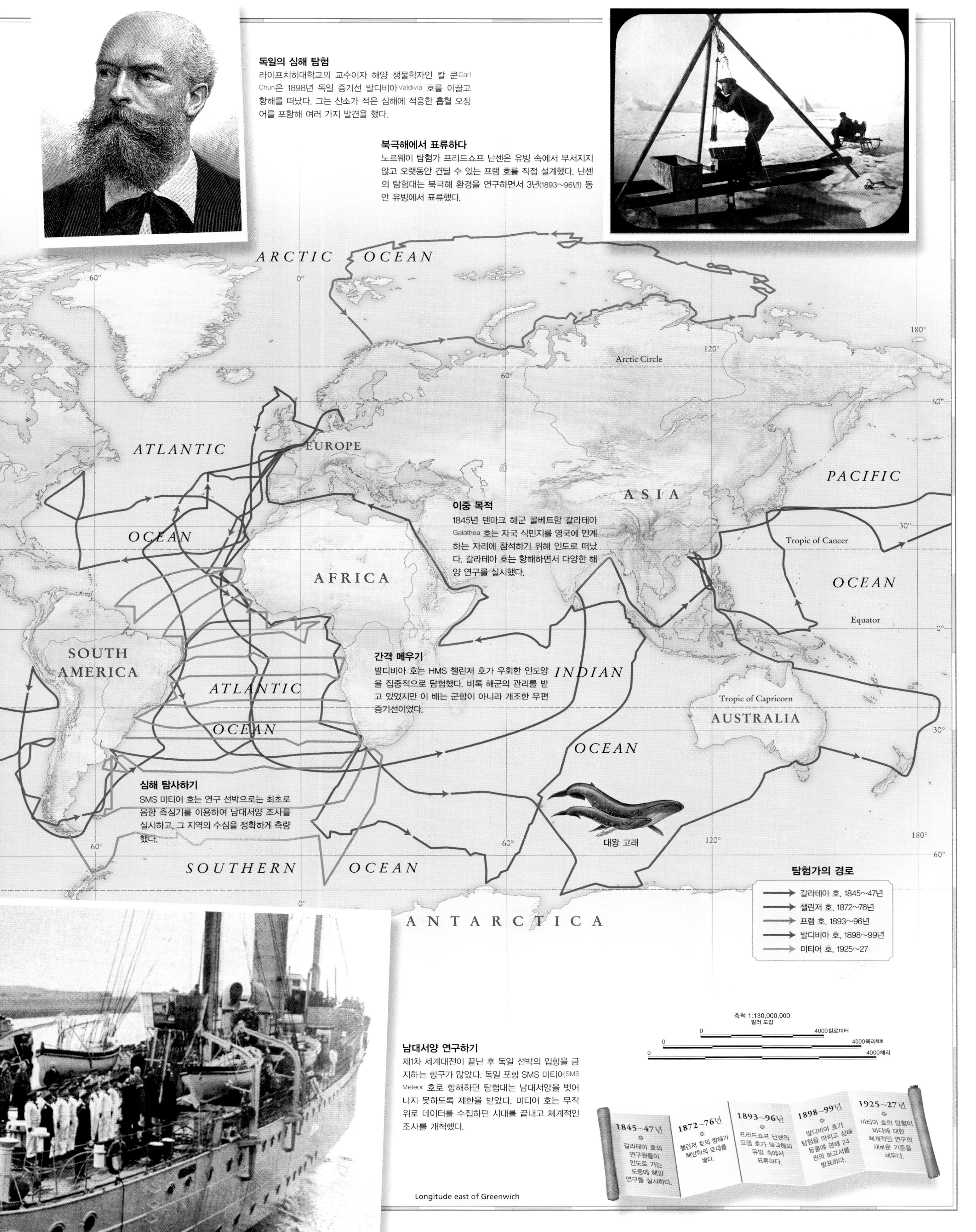
ARCTIC OCEAN
ATLANTIC OCEAN
EUROPE
ASIA
AFRICA
PACIFIC OCEAN
SOUTH AMERICA
ATLANTIC OCEAN
INDIAN OCEAN
AUSTRALIA
SOUTHERN OCEAN
ANTARCTICA
Arctic Circle
Tropic of Cancer
Equator
Tropic of Capricorn
60°
0°
120°
180°
30°
대왕 고래
탐험가의 경로
갈라테아 호, 1845~47년
챌린저 호, 1872~76년
프램 호, 1893~96년
발디비아 호, 1898~99년
미티어 호, 1925~27
축척 1:130,000,000
밀러 도법
0 4000킬로미터
0 4000육리陸里
0 4000해리
1845~47년
갈라테아 호의 연구원들이 인도로 가는 도중에 해양 연구를 실시하다.
1872~76년
챌린저 호의 항해가 해양학의 토대를 쌓다.
1893~96년
프리드쇼프 난센의 프램 호가 북극해의 유빙 속에서 표류하다.
1898~99년
발디비아 호가 탐험을 마치고 심해 동물에 관해 24권의 보고서를 발표하다.
1925~27년
미티어 호의 탐험이 바다에 대한 체계적인 연구의 새로운 기준을 세우다.
Longitude east of Greenwich

독일의 심해 탐험
라이프치히대학교의 교수이자 해양 생물학자인 칼 쿤Carl Chun은 1898년 독일 증기선 발디비아Valdivia 호를 이끌고 항해를 떠났다. 그는 산소가 적은 심해에 적응한 흡혈 오징어를 포함해 여러 가지 발견을 했다.

북극해에서 표류하다
노르웨이 탐험가 프리드쇼프 난센은 유빙 속에서 부서지지 않고 오랫동안 견딜 수 있는 프램 호를 직접 설계했다. 난센의 탐험대는 북극해 환경을 연구하면서 3년(1893~96년) 동안 유빙에서 표류했다.

이중 목적
1845년 덴마크 해군 콜베트함 갈라테아Galathea 호는 자국 식민지를 영국에 인계하는 자리에 참석하기 위해 인도로 떠났다. 갈라테아 호는 항해하면서 다양한 해양 연구를 실시했다.

간격 메우기
발디비아 호는 HMS 챌린저 호가 우회한 인도양을 집중적으로 탐험했다. 비록 해군의 관리를 받고 있었지만 이 배는 군함이 아니라 개조한 우편 증기선이었다.

심해 탐사하기
SMS 미티어 호는 연구 선박으로는 최초로 음향 측심기를 이용하여 남대서양 조사를 실시하고, 그 지역의 수심을 정확하게 측량했다.

남대서양 연구하기
제1차 세계대전이 끝난 후 독일 선박의 입항을 금지하는 항구가 많았다. 독일 포함 SMS 미티어SMS Meteor 호로 항해하던 탐험대는 남대서양을 벗어나지 못하도록 제한을 받았다. 미티어 호는 무작위로 데이터를 수집하던 시대를 끝내고 체계적인 조사를 개척했다.

해저 탐험하기

심해 탐험의 도구

19세기 중반 최초의 해양 연구자들이 이용할 수 있는 도구는 깊이를 측정하기 위해 전선에 매단 추와 어망뿐이었다. 20세기 초에 이르러 해류를 파악하고, 표본수를 수집하고, 심해의 온도를 측정할 수 있는 기계적인 도구들이 개발되었다. 곧이어 음향 측심기가 등장하면서 그때껏 표본 채취기와 저인망을 이용해 표본을 수집해야 했던 지질학자들은 소나sound navigation and ranging(음향 표정 장치 音響標定裝置를 의미하며 좁게는 수중 음파 탐지기, 음향 탐신기 등의 의미로 쓰인다—옮긴이)를 이용해 대양저를 꿰뚫을 수 있었다. 컴퓨터, 무선 데이터 전송기, 그리고 원격 탐사의 발명으로 바야흐로 해양 탐사 분야에 대변혁이 일어났다. 그 결과 오늘날에는 배를 바다에 파견하지 않고도 대양의 물리적인 특성을 탐사할 수 있게 되었다. 생물학자들은 지금도 해양 조사선을 이용해 정보를 수집해야 하지만 현대의 전자 공학 덕분에 시간과 공간에 구애받지 않고 그물과 저인망을 조절할 수 있다.

해저 관찰에 소리 이용하기

광선은 바다 깊은 곳까지 뚫고 들어갈 수 없는 반면 음선은 광선이 공기 속에서 이동하는 것과 마찬가지로 수중에서도 이동할 수 있다. 그뿐만 아니라 표면에 부딪치면 반사되고 침전물에 의해 굴절된다. 과학자들은 음원을 이용해서 소리가 음원까지 반사되는 시간을 측정함으로써 대양의 깊이를 파악하고, 그 결과 해저의 모습을 그릴 수 있다. 여러 차례 소리가 돌아온다면 이는 침전물의 다양한 층에서 소리가 반사된다는 것을 의미한다.

-25
-50
-80
-110
-140
-170
-200
-225
-241

소나를 통해 마리아나 제도에 있는 모그Maug 칼데라 호수의 3차원 이미지를 만들었다.

표본 수집하기

해양 생물학자들은 150년 동안 심해에서 표본을 수집했다. 그러나 지금도 알려지지 않은 해양 생물체가 수천 종에 이른다. 과거 연구원들은 이와 같은 생물체를 확인하기 위해 개인의 지식과 식별 지침서에 실린 종에 대한 묘사에 의존하는 수밖에 없었다. 오늘날 생물학자들은 인터넷과 위성을 이용해 항해 도중에도 해양 생물체의 온라인 데이터베이스를 참고할 수 있다.

심해에서 그물치기
극지방 조사 쇄빙선 힐리Healy 호 얼음으로 덮인 보퍼트 해에서 멀티네트를 끌어올리고 있다. 멀티네트는 몇 개의 플랑크톤 그물이 포함되어 있는데, 이는 이 배에서 케이블로 명령을 전달함으로써 특정한 깊이에서 펼치거나 닫을 수 있다.

분류와 확인 작업
해양 조사선에서 잡아 올린 내용물을 분류하려면 훌륭한 직관력과 많은 지식이 필요하다. 모든 종을 정확히 확인함으로써 그 데이터를 바탕으로 수학적인 모형을 만들 수 있다. 이 모형은 어장을 지속으로 관리하는 데 이용된다.

측정하기

대양 환경의 물리적·화학적 상태를 묘사하기 위해 과학자들은 온도, 염도, 산소, 영양분, 미량 원소를 측정한다. 해발과 조수를 측정할 때는 검조기檢潮器를 이용하는 한편, 계류 장치에 부착한 유속계流速計로는 대양의 운동을 측정한다. 기계 장치와 위성을 이용하면 배로 접근할 수 없는 지역의 해면 온도, 해발, 얼음 두께, 클로로필, 그리고 플랑크톤 수치를 파악할 수 있다.

원격 조종

연구원들은 투광 조명등과 카메라를 장착한 원격 조종 도구를 이용해 선상에서 해저를 연구한다. 케이블로 내려 보내는 다른 도구에는 음원이 달려 있어서 대양저와 대양 내부를 음향으로 조사할 수 있다.

아르고 플로트

아르고 플로트Argo float는 소형 자동 측정 기구로서 10일마다 수심 2킬로미터까지 가라앉았다가 떠오른다. 이 기구는 올라오면서 온도와 염도를 측정하고 측정 결과를 위성을 통해 연구소로 전송한다.

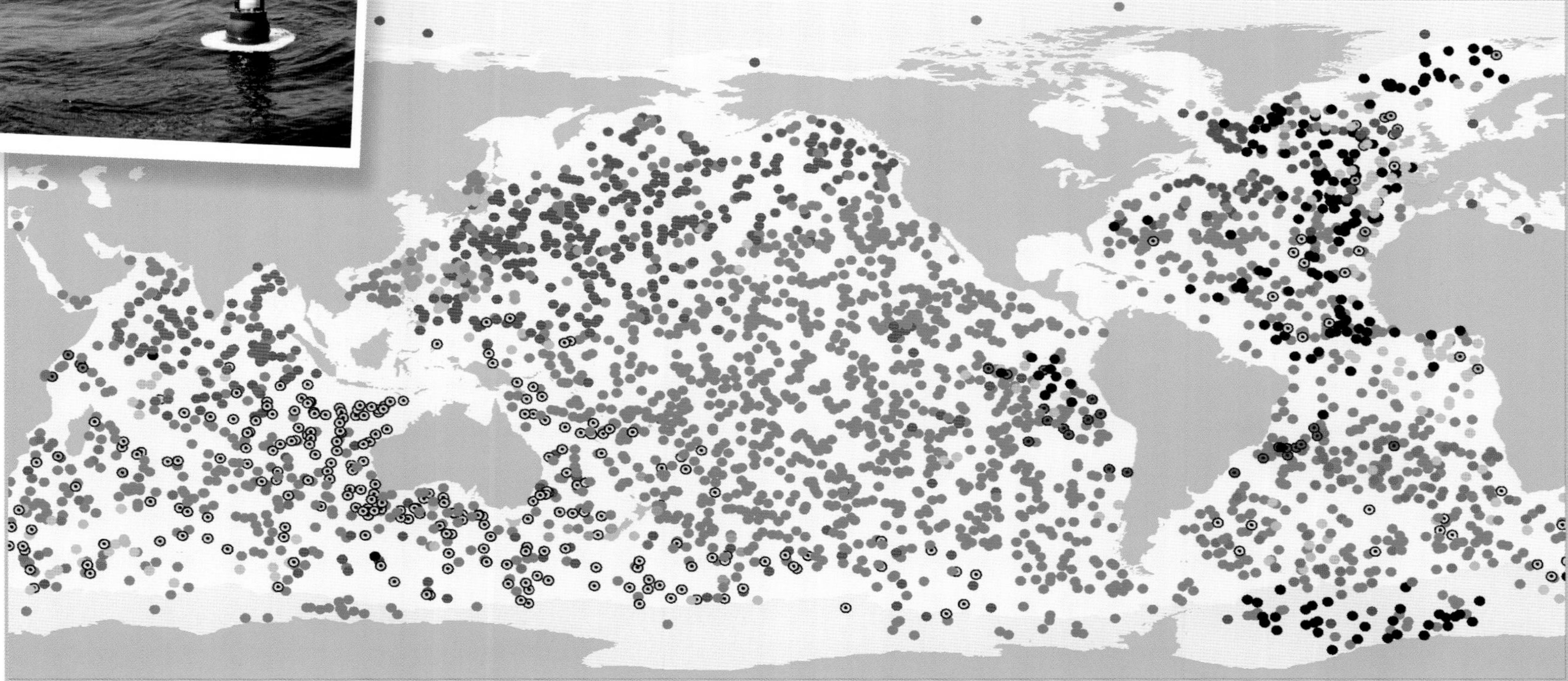

세계적인 연구

여러 나라에서 장치한 약 3,000개의 아르고 플로트가 세계 전역으로 데이터를 제공한다. 이 데이터를 바탕으로 연구원들은 우선 기후 변화에 대양이 미치는 영향을 관찰한다. 이 지도에서 2009년 4월 아르고 플로트의 분포를 확인할 수 있다.

- 아르헨티나(11)
- 오스트레일리아(224)
- 브라질(10)
- 캐나다(118)
- 칠레(10)
- 중국(31)
- 에콰도르(3)
- 유럽 연합(17)
- 프랑스(156)
- 가봉(2)
- 독일(177)
- 인도(72)
- 아일랜드(7)
- 일본(320)
- 케냐(4)
- 한국(90)
- 모리셔스(2)
- 네덜란드(25)
- 뉴질랜드(9)
- 노르웨이(4)
- 폴란드(1)
- 러시아 연방(2)
- 스페인(2)
- 영국(115)
- 미국(1,849)

유인 잠수정

태고 때부터 사람들은 대양의 표면 아래에는 무엇이 있을지 몹시 궁금해 했다. 과거 잠수종과 잠수복의 등장으로 사람들은 해안 지역의 수중 세계를 약간 엿볼 수 있었다. 레오나르도 다빈치의 잠수함을 비롯해 항해가 가능한 초기의 잠수함은 군사적인 목적으로 설계된 것이었다. 1624년 네덜란드 발명가 코르넬리스 드레벨Cornelius Drebbel은 영국 해군을 위해 잠수함을 개발했는데 이 잠수함은 3시간 동안 잠수해서 수심 4~5미터까지 내려갈 수 있었다. 20세기 들어 다양한 종류의 잠수정이 개발되어 가장 깊은 대양의 탐험이 가능해졌다. 물론 유인 잠수정이 과학과 대양 관리에 참여하지만 오늘날 심해 연구는 대부분 원격 조종 기구와 무인 수중 장치를 이용한다.

또 다른 세상의 창문
아리스토텔레스에 따르면 알렉산더 대왕은 유리로 만든 잠수종을 타고 바다로 내려갔다. 이 이야기를 묘사한 이 15세기의 일러스트레이션에는 고양이와 닭과 함께 떠난 왕의 모습이 담겨 있다.

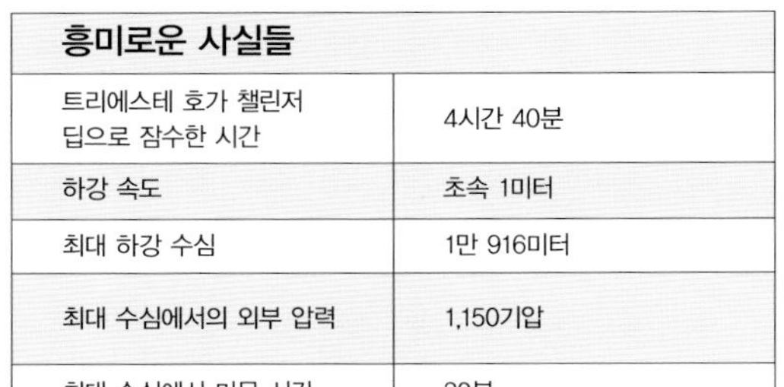

흥미로운 사실들	
트리에스테 호가 챌린저 딥으로 잠수한 시간	4시간 40분
하강 속도	초속 1미터
최대 하강 수심	1만 916미터
최대 수심에서의 외부 압력	1,150기압
최대 수심에서 머문 시간	20분

바다 아래에, 얼음 아래에
1958년 여름 원자력 잠수함 USS 노틸러스USS Nautilus 호는 최초로 북극해를 횡단하는 업적을 달성했다. 같은 해 겨울 USS 스케이트USS Skate 호는 이 항해를 되풀이했으며, 이 사진에서 볼 수 있듯이 북극의 얼음을 뚫고 상승했다.

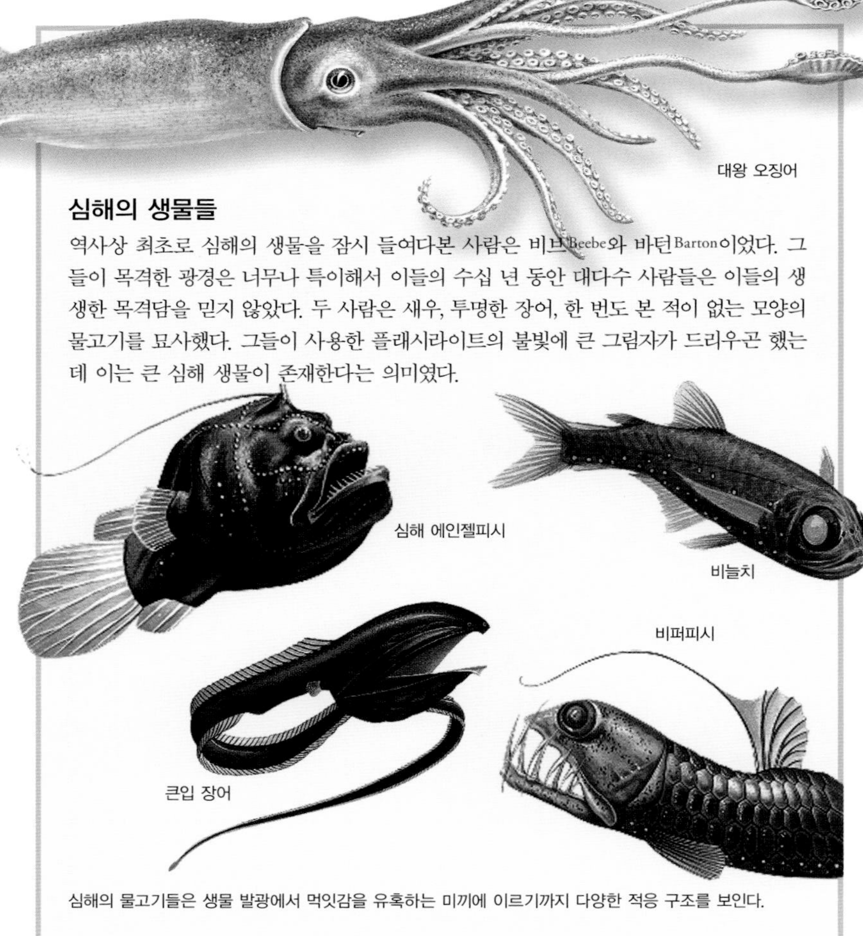
대왕 오징어
심해 에인젤피시
비늘치
비퍼피시
큰입 장어

심해의 생물들

역사상 최초로 심해의 생물을 잠시 들여다본 사람은 비브Beebe와 바턴Barton이었다. 그들이 목격한 광경은 너무나 특이해서 이들의 수십 년 동안 대다수 사람들은 이들의 생생한 목격담을 믿지 않았다. 두 사람은 새우, 투명한 장어, 한 번도 본 적이 없는 모양의 물고기를 묘사했다. 그들이 사용한 플래시라이트의 불빛에 큰 그림자가 드리우곤 했는데 이는 큰 심해 생물이 존재한다는 의미였다.

심해의 물고기들은 생물 발광에서 먹잇감을 유혹하는 미끼에 이르기까지 다양한 적응 구조를 보인다.

비브와 바턴
해양 생물학자 윌리엄 비브William Beebe(왼쪽)가 엔지니어 오티스 바턴이 설계하고 제작한 잠수구인 바티스피어Batysphere 옆에 서 있다. 비브와 바턴은 1934년 버뮤다 앞바다에서 케이블을 수심 923미터까지 내려갔다.

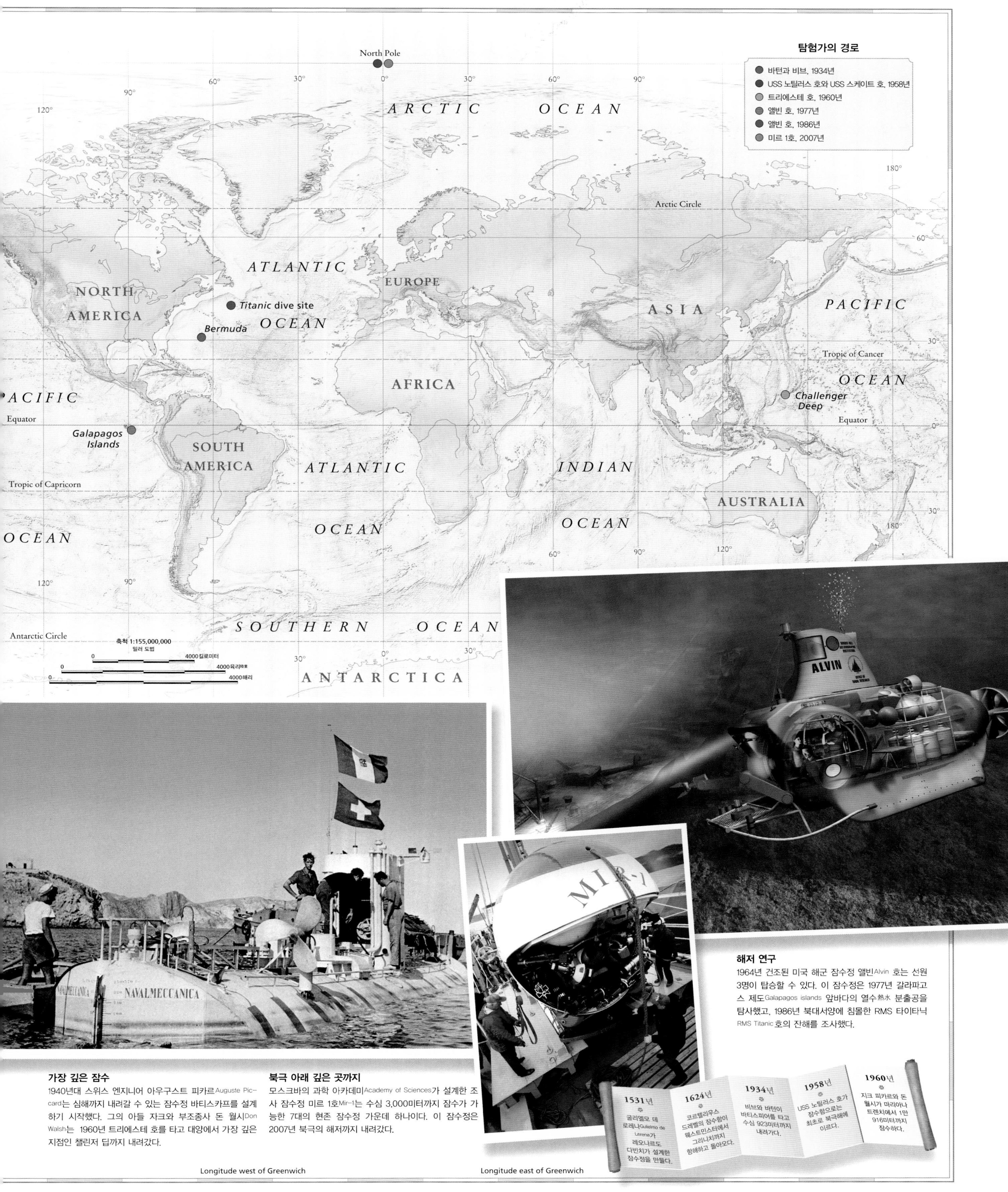
탐험가의 경로
바턴과 비브, 1934년
USS 노틸러스 호와 USS 스케이트 호, 1958년
트리에스테 호, 1960년
앨빈 호, 1977년
앨빈 호, 1986년
미르 1호, 2007년
North Pole
ARCTIC OCEAN
Arctic Circle
ATLANTIC OCEAN
NORTH AMERICA
EUROPE
ASIA
AFRICA
SOUTH AMERICA
AUSTRALIA
ANTARCTICA
PACIFIC OCEAN
INDIAN OCEAN
SOUTHERN OCEAN
Titanic dive site
Bermuda
Galapagos Islands
Challenger Deep
Tropic of Cancer
Equator
Tropic of Capricorn
Antarctic Circle
축척 1:155,000,000
밀러 도법
4000킬로미터
4000육리陸里
4000해리
ALVIN
MIR-1
NAVALMECCANICA
Longitude west of Greenwich
Longitude east of Greenwich
1531년
굴리엘모 데 로레나Gulieimo de Lerena가 레오나르도 다빈치가 설계한 잠수정을 만들다.
1624년
코르넬리우스 드레벨의 잠수함이 웨스트민스터에서 그리니치까지 항해하고 돌아오다.
1934년
비브와 바턴이 바티스피어를 타고 수심 923미터까지 내려가다.
1958년
USS 노틸러스 호가 잠수함으로는 최초로 북극해에 이르다.
1960년
지크 피카르와 돈 월시가 마리아나 트렌치에서 1만 916미터까지 잠수하다.

해저 연구

1964년 건조된 미국 해군 잠수정 앨빈Alvin 호는 선원 3명이 탑승할 수 있다. 이 잠수정은 1977년 갈라파고스 제도Galapagos islands 앞바다의 열수熱水 분출공을 탐사했고, 1986년 북대서양에 침몰한 RMS 타이타닉RMS Titanic 호의 잔해를 조사했다.

가장 깊은 잠수

1940년대 스위스 엔지니어 아우구스트 피카르Auguste Piccard는 심해까지 내려갈 수 있는 잠수정 바티스카프를 설계하기 시작했다. 그의 아들 자크와 부조종사 돈 월시Don Walsh는 1960년 트리에스테 호를 타고 대양에서 가장 깊은 지점인 챌린저 딥까지 내려갔다.

북극 아래 깊은 곳까지

모스크바의 과학 아카데미Academy of Sciences가 설계한 조사 잠수정 미르 1호Mir-1는 수심 3,000미터까지 잠수가 가능한 7대의 현존 잠수정 가운데 하나이다. 이 잠수정은 2007년 북극의 해저까지 내려갔다.

이 그림은 앨런 친처Alan Chinchar가 계획 중이던 우주 정거장 프리덤Space Station Freedom을 묘사하고 있다. 그림의 뒤편으로 지구가 보인다. 1990년대 초반 국제적인 과업으로 계획되었던 이 우주 정거장에는 3개의 연구실과 주거 모듈이 포함될 예정이었다.

PART 3 최후의 영역

우주 탐험

- 우주 경쟁이 시작되다
- 로봇의 태양계 항해
- 아폴로 호 이전의 인간의 우주 탐험
- 달 위의 발자국
- 우주 정거장에서 생활하기

우주 경쟁이 시작되다

물론 우주 탐험이 인류에 여러모로 이롭지만 하지만 우주 탐험이 시작된 원인은 미국과 소련의 치열한 이념 투쟁이었다. 이 두 나라의 정부는 제2차 세계대전 당시에는 협력했지만 1945년 이후 일어난 일련의 사건–이를 테면 베를린 장벽, 공수작전, 핵무기 경쟁, 베트남 전쟁 등–으로 말미암아 이른바 냉전이라는 투쟁이 시작되고 심화되었다. 한편 이런 위기가 고조되는 가운데 세계 과학계는 1957~58년 국제 지구 물리 관측년International Geophysical Year을 실시하고 인공위성을 발사해 지구 지형도를 만들자는 안건을 제의했다. 이에 대한 반응으로 미국과 소련은 제각기 우주 로켓을 발사했다. 러시아는 1957년 10월 인류 역사상 최초로 스푸트니크 1호Sputnik 1를 발사하는 데 성공했다. 미국은 1958년 2월 익스플로러 1호Explorer 1로 대응했다. 이후 10년 동안 양국은 이른바 우주에서 서로 경쟁하였다.

러시아 우주 개발의 지지자
스푸트니크 1호의 발사 로켓을 고안한 설계가 겸 관리자 세르게이 코로레프Sergei Korolev가 이 사진에서 시험 비행에서 귀환한 개를 안고 있다. 1966년 코로레프가 향년 59세로 돌연사하는 바람에 소련의 개발 계획은 무산되고 말았다.

흥미로운 사실들	
생산된 V–2 로켓의 수	약 6,000기
러시아 바이코누르Baikonur 우주선 발사 기지의 면적	1만 1,000제곱킬로미터
스푸트니크 1호의 무게	83.6킬로미터
케이프커내버럴Cape Canaveral 시험 발사대의 길이	8,000킬로미터 이상
미국 해군이 개발한 바이킹Viking 로켓의 고도	219킬로미터

루나 2호
1959년 9월 14일 달과 충돌한 루나 2호는 이로써 다른 천체와 접촉한 최초의 우주선이 되었고, 러시아는 이 사건을 기념해 우표를 발행했다. 이 우주선의 기구에서는 달의 자기장이 감지되지 않았다.

익스플로러 1호
윌리엄 피커링William Pickering(왼쪽)과 제임스 밴 앨런James van Allan(가운데), 그리고 베르너 폰 브라운Wernher von Braun이 미국 최초의 위성을 들고 있다. 이 세 사람은 익스플로러 1호의 상단, 과학 도구, 추진 로켓을 개발한 핵심 과학자이다.

달의 이면

루나 3호는 1959년 10월 7일 최초로 달 이면의 모습을 담기 시작했다. 달로 직접 비행하는 대신 지구 주변을 타원형 궤도로 돌아서 달 표면을 찍을 수 있는 거리인 약 65,200킬로미터 안으로 진입했다. 그리고 200밀리미터와 500밀리미터 렌즈를 장착한 35밀리미터 카메라로 사진을 찍었다.

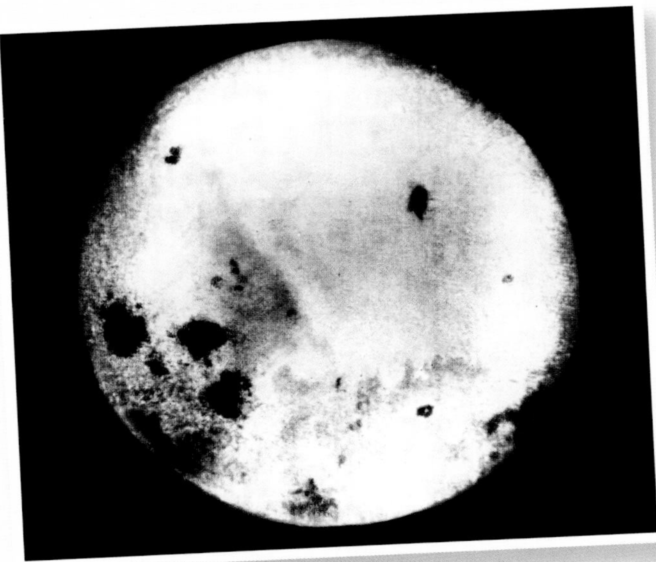

루나 3호는 그 전까지는 보이지 않았던 달 표면의 70퍼센트를 카메라에 담아 29장의 사진을 찍었다.

스푸트니크 1호

스푸트니크 1호는 1957년 10월 4일 카자흐스탄Kazakhstan 바이코누르 코스모드롬Baikonur Cosmodrome에서 R-7 세미오르카Semyorka 로켓으로 발사되었다. 한 때 쓸쓸한 기차역이었던 바이코누르는 52개 발사대가 설치되고 최대 10만 명에 이르는 주민이 거주하는 곳으로 탈바꿈했다.

케이프커내버럴, 플로리다

NASA는 케네디 우주 센터를 건설하기 위해 공군 미사일 스트 센터 옆에 대규모의 부지를 매입했다. 1964년 이 서는 36층 건물인 NASA 우주선 조립 빌딩Vehicle Asser Building(오른쪽 위)이 한창 건설되는 중이었다. 오른쪽에 일 로Missile Row가 보인다.

1926년
미국 물리학자 로버트 고다드 박사가 최초의 액체 추진 로켓을 발사하다.

1942년
베르너 폰 브라운이 지휘하는 페네뮌데Peenemunde 팀이 최초의 V-2 로켓을 발사하다.

1957년
소련이 스푸트니크 2호를 발사하다. 이 인공위선은 약 200일 동안 궤도를 돌았다.

1967년
아폴로 4 미션이 진행되는 동안 3단 새턴 V 로켓이 처음으로 비행을 시작하다.

1975
미국-소
아폴로-
테스트 프
상징적
우주
종

우주 탐험

로봇의 태양계 항해

우주 탐험을 직접 떠나기 전에 인간은 자동 우주선을 통해 달과 행성의 지형을 파악해야 했다. 하지만 미국과 소련 양국은 우주 경쟁의 압박감이 고조되는 가운데에도 이 과정이 안타까울 정도로 지지부진하다고 판단했다. 최초의 심深우주 발사(파이오니아 0, 1958년 8월)부터 최초로 성공(1959년 루나 2호)을 거두기까지 두 나라는 내리 아홉 번의 실패를 맛보았다. 이후 경착륙, 연착륙, 달 궤도의 테크닉을 익힌 엔지니어들이 이를 행성 미션에 응용했다. 사실 NASA는 이전에 실시했던 레인저 문Ranger Moon 탐사를 바탕으로 마리나Mariner 행성 우주선을 개조했다. 하지만 성공률이 향상되기 시작한 것은-레인저 7호가 달과 충돌하기에 앞서 멋진 사진을 찍었던-1964년부터였다. 사실 1960년대 후반에 이르러서는 로봇 미션 분야에서 좋은 소식이 나쁜 소식을 훨씬 앞지르게 되었다.

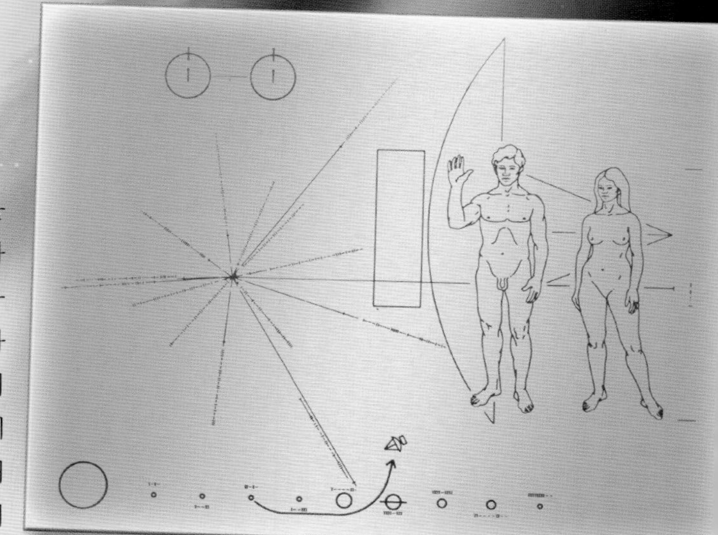

파이오니아 명판
최초로 태양계를 벗어난 인공적인 문체인 파이오니아 10호와 11호는 15×23센티미터의 금도금 알루미늄 명판을 싣고 있다. 이 명판에는 그것을 만든 종, 그들이 사는 행성, 그리고 발사된 날짜(1972년 3월과 1973년 4월)가 적혀 있다.

대장정
1977~89년까지 보이저 2호Voyager 2는 목성, 토성, 천왕성, 해왕성, 그리고 이들 행성의 여러 위성 사이를 누볐다. 훗날 헬리오스피어heliosphere(이 사진에서 파란색으로 나타나 있는 태양계 주변의 자기 '버블')에 진입해 데이터를 수집했다.

흥미로운 사실들	
서베이어 5호Surveyor 5에서 찍은 달 사진	2만 18장
마리나 6호가 화성에서 감지한 이산화탄소	98퍼센트
루나 16호가 보낸 달 토양의 무게	105그램
마리나 9호가 지도로 나타낸 화성의 비율	86퍼센트
루노호트 2호Lunokhod 2 월면차의 무게	840킬로그램

NASA의 발족

NASA는 1958년 10월 1일 국립 항공 자문 위원회National Advisory Committee for Aeronautics, NACA와 오하이오 주 클리블랜드, 서니베일Sunnyvale, 그리고 캘리포니아의 에드워즈 공군 기지Edwards Air Force Base에 위치한 이 위원회의 설비를 흡수해 운영을 시작했다. 1915년에 설립된 NASA는 우주 비행은 물론 초음속 및 극초음속 비행에 커다란 공헌을 했다.

NASA

1958년 워싱턴 DC H 스트리트 1520번지의 돌리 메디슨 하우스Dolly Maison house에서 NASA 본부가 문을 열었다. 그리고 1959년 NASA의 독특한 로고가 승인을 받았다.

인간 대 로봇
1960년대 아폴로 호의 개발 비용이 높아지고 로봇 미션이 향상되면서 NASA 내 탐험의 필요성, 비용, 안전성에 대한 의문이 제기되었다. 효율성과 효과를 이유로 션을 선호하는 과학자들이 증가했다. 반면 우주 탐험 지지자들은 흥미진진함과 간 탐험을 선호했다. 이후 이 두 진영 사이에는 긴장감이 조성되었다.

바이킹 1호

화성의 생물체를 탐사하던 바이킹 1호Viking 1의 착륙선은 1976년 화성에 착륙해 토양 표본을 수집했다(오른쪽 아랫부분의 파헤쳐진 부분에 주목). 분석 결과 생명체의 필수 성분인 유기 화합물은 발견되지 않았다.

제트 추진 엔진 연구소

짐작컨대 세계 최고의 행성 과학 센터인 제트 추진 엔진 연구소Jet Propulsion Laboratory, JPL는 1944년 미국 육군의 장거리 로켓 계약을 바탕으로 캘리포니아 패서디나Pasadena에 설립되었다. 1958년 NASA가 발족되면서 이 연구소는 연구 분야를 행성 탐험으로 바꾸었다.

먼 지구

아폴로 미션의 착륙 지점 아홉 군데를 표시하기 위해 설계된 루너 오비터 1호Lunar Orbiter 1(1966년 발사)는 최초로 달에서 바라본 지구의 상징적인 이미지(이 사진에서는 선명도를 높이기 위해 파란색 듀오톤으로 표현했다.)를 포함해 207장의 이미지를 찍었다.

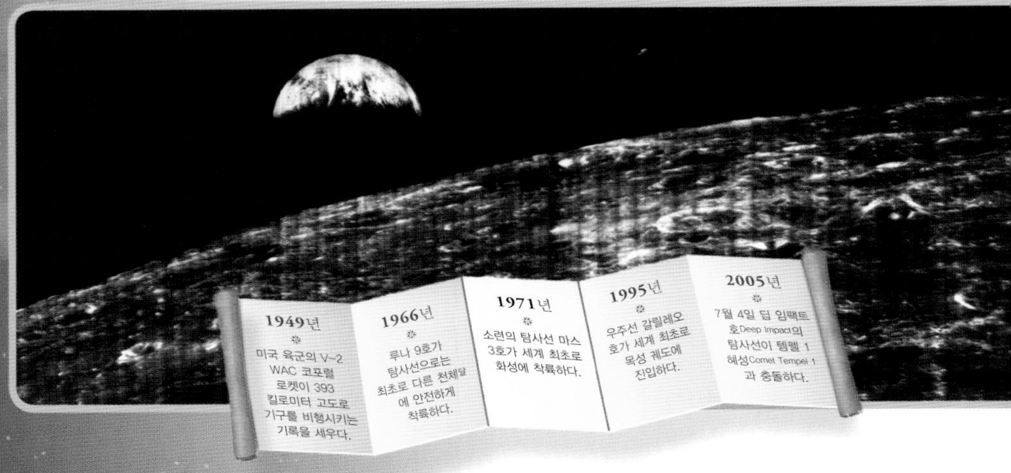
1949년
미국 육군의 V-2 WAC 코포럴 로켓이 393 킬로미터 고도로 기구를 비행시키는 기록을 세우다.
1966년
루나 9호가 탐사선으로는 최초로 다른 천체달에 안전하게 착륙하다.
1971년
소련의 탐사선 마스 3호가 세계 최초로 화성에 착륙하다.
1995년
우주선 갈릴레오호가 세계 최초로 목성 궤도에 진입하다.
2005년
7월 4일 딥 임팩트호Deep Impact의 탐사선이 템펠 1 혜성Comet Tempel 1과 충돌하다.

아폴로 호 이전의 인간의 우주 탐험

1961~66년 우주 경쟁은 절정에 이르렀다. 이 기간 동안의 탐험은 주로 인류 최초의 획기적인 업적을 세우고, 우주선과 로켓을 개발하며, 우주 경쟁의 마지막 단계가 무엇인지 파악하는 일이었다. 미국은 머큐리Mercury 프로그램이 진행되는 동안 내내 명예를 얻기 위한 경쟁에서 뒤져 있었다. 러시아가 인류 최초로 우주선을 발사하고 궤도에 진입했을 뿐만 아니라 최소 2명의 대원을 파견하고 우주 유영을 시도했기 때문이었다. 그러나 제미니Gemini 프로그램으로 판도가 바뀌었다. NASA는 새로운 2석 캡슐과 타이탄 2호Titan 2 우주 로켓을 개발함으로써 랑데부와 도킹을 실행하고, 실제로 우주 유영을 하며, 장기 비행을 수행할 수 있었다. 이는 아폴로 호가 성공을 거두기 위해 반드시 필요한 요소였다. 짐작컨대 무엇보다 중요한 사실은 우주 경쟁의 결승선(달 착륙)을 결정함으로써 결국 미국이 승리의 조건을 정의했다는 점이었다.

우주 유영을 하는 소련인

알렉세이 레오노프Alexei Loenov는 1965년 세계 최초로 우주 유영을 마쳤지만 우주복이 변형되면서 목숨을 잃을 뻔했다. 그는 가까스로 보슈코트의 에어로크를 비집고 들어간 후 우주복에서 산소를 방출한 후 캡슐로 다시 들어갔다.

흥미로운 사실들

앨런 셰퍼드가 머큐리 준 궤도 비행을 수행한 시간	15분
처녀 비행 당시 머큐리 캡슐의 무게	1,280킬로그램
처녀 비행 당시 제미니 캡슐의 무게	3,226킬로그램
보슈코드 1호Voshkod 1의 대원 구성	3명(1차)
제미니 7호의 장기 미션	14일

1991
ПОЧТА СССР
Ю.А.Гагарин

우주 경쟁의 영웅

소련 우주 비행사 유리 가가린Yuri Gagarin은 1961년 4월 12일 인류 최초의 우주 비행에 성공했다. 1991년 그의 궤도 비행을 기념해 이 우표가 발행되었다. 가가린은 1968년 미르 15호의 훈련 도중 일어난 사고에서 때이른 죽음을 맞이했다.

머큐리 7호

최초의 미국 우주 비행사들. (앞줄 왼쪽부터 오른쪽으로) 월터 쉬라Walter Schirra, 도널드 슬레이턴Donald Slayton, 존 글렌 John Glenn, 스콧 카펜터Scott Carpenter(뒷줄 왼쪽부터 오른쪽으로) 앨런 셰퍼드, 구스 그리섬Gus Grissom, 고든 쿠퍼Gordon Gooper. 이들은 모두 군 장교로 계속 복무했다.

케네디의 우주 비전

처음에 케네디는 우주 탐험에 그다지 열의를 보이지 않았다. 그러나 소련이 1961년 최초의 유인 우주선을 발사한 이후 그는 달 탐험을 채택하고 의회에서 다음과 같이 말했다. "우리가 절반밖에 가지 못한다고 하더라도 …… 내가 판단하기에 전혀 가지 않는 것보다는 낫습니다."

존 F. 케네디 대통령이 1961년 의회 연설에서 1960대 말까지 달에 착륙했다가 돌아온다는 목표를 발표하고 있다.

우주 비행 관제 센터
이 사진에서 볼 수 있듯이 제미니 프로그램이 실시 중이던 1965년 휴스턴에 우주 비행 관제 센터가 설립되어 우주 비행을 관찰했다. 캘리포니아 에드워즈의 NASA 비행 연구 센터NASA Flight Research Center는 실험 우주선을 지지하기 위해 이 관제 센터를 설립할 것을 제안했다.

미국 최초의 우주 유영
1965년 6월 제미니 4호 미션에서 NASA는 미국 최초의 우주 유영Extravehicular activities, EVA을 실시했다. 이 유영은 길이 7.6미터의 제대를 묶은 채 22분 동안 계속되었다. 해치를 여닫는 일이 우주 비행사의 최대 난관이었다.

우주 비행사 선발 기준

초창기 미국 우주 비행사의 신체 조건은 나이 40세 미만, 신장 180센티미터 이하, 몸무게 81.5킬로그램 이하였다. 공학 학사 학위, 1,500시간 비행 기록, 그리고 제트 엔진 자격증을 갖추어야 했다. 군대 시험 조종사 학교를 마쳐야 한다는 조건이 삭제되지 않았다면 닐 암스트롱Neil Armstrong이나 버즈 올드린Buzz Aldrin은 우주 비행사가 되지 못했을 것이다.

우주에서의 만남
1965년 12월 제미니 6호와 7호는 최초의 우주 랑데부에 성공해 30센티미터 떨어진 상태에서 5시간 넘게 함께 비행했다. 이들의 비행으로 달 궤도의 랑데부를 계획할 수 있었으며, 훗날 아폴로의 루나 모듈과 지령 모듈이 달 궤도 랑데부에 성공했다.

1957년
러시아 개 라이카가 생물체로는 최초로 궤도에 진입하다.

1962년
존 글렌이 5시간 동안 계속된 미국 최초의 궤도 비행을 마치다.

1966년
제미니 8호의 닐 암스트롱과 데이비드 스콧이 최초의 우주 랑데부와 도킹에 성공하다.

1966년
제미니 12호에 승선한 버즈 올드린이 5시간 반 동안 우주 유영을 하다.

1970년
NASA가 예산과 일정 문제로 아폴로 18, 19, 20호 계획을 취소하다.

달 위의 발자국

미국 대통령이 1960년대가 끝나기 전까지 달에 착륙할 것이라며 공언한 목표는 역사상 가장 대담한 탐험의 사명이었다. NASA는 이 도전을 성취하기 위해 두 가지 중대한 결정을 내렸다. 첫째 NASA 과학자 존 후볼트John Houbolt가 제안한 단순한 비행 설계를 채택했다. 우주 비행사들은 캡슐과 달 모듈을 결합한 우주 비행선을 타고 달을 향해 떠나서 궤도에 진입하고, 달 모듈을 분리하고, 캡슐로 돌아와 귀환할 예정이었다. 둘째 공군으로부터 두 가지 성공적인 관리 관행을 차용했다. 모든 개발 단계가 중복되는 동시 발생concurrency과 모든 프로그램의 세부 사항을 중앙에서 통제하는 시스템인 형상 관리configuration managing가 그것이었다. 아울러 NASA는 공군 장군 사무엘 필립스Samuel Phillips를 아폴로 프로그램의 책임자로 선택했다. 이따금 간과되기도 하지만 케네디 대통령의 사명을 성취할 수 있었던 것은 후볼트와 필립스의 공헌 덕분이었다.

아폴로 11호 발사
강력한 새턴 5호 로켓이 1969년 6월 16일 케네디 우주 센터 39A 구역에서 발사되고 있다. 새턴 5호의 높이와 무게는 각각 110.6미터와 약 290만 킬로그램이었다.

흥미로운 사실들

닐 암스트롱, 버즈 올드린, 마이클 콜린스 탄생 연도	1930년
아폴로 11호이 가져온 달 표본의 무게	22킬로그램
아폴로 11호 발사를 지켜본 관객	100만
아폴로의 최초 유인 미션	아폴로 7호(1968년 10월)
아폴로의 최장기 미션	아폴로 17호(13일)

유명한 관객
전 미국 대통령 린든 존슨Lyndon Johnson(왼쪽)과 부통령 스피로 애그뉴Spiro Agnew가 아폴로 11호의 이륙을 지켜보고 있다. 당시 부통령이었던 존슨은 케네디 대통령을 대신해 달 착륙 이니셔티브의 정치적·기술적 가능성을 조사하는 과정에 결정적인 역할을 담당했다.

시험대
1961~64년 앨라배마 주 NASA 마셜 우주 비행 센터Marshall Space Flight Center에 기저 부분의 두께가 모두 40피트 12미터에 이르는 네 개의 탑이 세워졌다. 완공된 구조물은 추진 로켓 새턴 5호의 발사에서 발생하는 340만 킬로그램의 추력을 견뎌냈다.

1865년
작가 쥘 베른Jules Verne이 가상의 달나라 여행을 묘사하다.
1968년
아폴로 8호가 계획대로 지구 궤도를 돌지 않고 대신 달을 일주하다.
1969년
아폴로 11호가 달에 이르러 착륙하고 지구로 귀환함으로써 케네디의 도전을 완수하다.
1970년
달로 향하는 도중 산소 탱크가 폭발함으로써 아폴로 13호가 비참한 최후를 맞이할 뻔하다.
2007~2009년
중국 달 궤도선 창어 1호가 달의 전체 표면을 조사하다.

티커 테이프 퍼레이드
1969년 8월 13일 뉴욕은 역사상 최대 규모의 퍼레이드로 아폴로 11호의 승무원들을 환영했다. 올드린은 당시를 다음과 같이 묘사했다. "감정의 무한한 소닉 붐. 색종이 조각이 흩날리고, 사람들이 소리를 질렀다…… 어느 순간 내 눈에서 눈물이 흘렀다."

달의 기념물

1959년 루나 2호가 불시착한 것을 시작으로 2009년 분화구 관찰과 관측 위성Lunar Crater Observation and Sensing Satellite, LCROSS의 충돌이 일어나기까지 달에는 달 모듈 강하대, 아폴로 15, 16, 17호의 착륙선, 그리고 루나 20호의 잔재와 같은 물체들이 쌓여 갔다. 그곳에는 약 72가지의 파손되거나 폐기된 물품이 있는데, 그 무게가 대략 3만 6,860킬로그램에 달한다.

달에 찍힌 버즈 올드린의 장화 자국은 아폴로 11호의 역사적인 착륙 이후 생긴 최초의 발자국 가운데 하나로 손꼽힌다.

아폴로 1호의 비극

1967년 1월 27일 구스 그리섬, 에드워드 화이트Edward White, 그리고 로저 채피Roger Chaffee가 발사대에서 모의실험을 하던 도중 아폴로 1호의 캡슐이 불길에 휩싸였다. 이들은 캡슐에 갇힌 채 모두 질식사했다. 전기 배선 이상으로 대원들이 흡입하던 순수 산소가 점화된 것으로 보인다. 이 사건으로 아폴로 호는 10개월 동안 발사되지 못했고, NASA와 당시 국장 제임스 웹James Webb의 평판에 먹칠을 했다.

달 기지
아폴로의 전 시스템이
두는 데 중추적인 역
달 모듈은 착륙에 이
의 강하대/엔진과 지
돌아오기 위한 상반의
진으로 구성되어 있었

우주 정거장에서 생활하기

우주 정거장이라는 개념은 이미 오래 전부터 등장했다. 이는 아마 대중문화와 연관이 있기 때문일 것이다. 1920년대부터 회자되기는 했지만 우주 정거장에 대한 대중적인 관심의 씨앗은 1952년 우주 비행 전문 잡지 「콜리어Collier」가 발행되면서 뿌리를 내리기 시작했다. 베르너 폰 브라운은 미래의 탐험에서 우주 정거장이 담당할 역할에 대한 에세이를 발표했다. 그러나 거대한 바퀴와 살로 구성된 우주선을 묘사한 체슬리 본스텔Chesley Bonestell의 일러스트레이션은 브라운의 에세이를 무색하게 만들었다. 월트 디즈니Walt Disney는 우주 여행이라는 개념에 매료되어 1950년대 디즈니랜드의 텔레비전 특집에서 「콜리어」 잡지를 바탕으로 세 에피소드를 만들었다. 이 디즈니 프로그램을 시청한 일부 아이들은 본스텔의 영상을 결코 잊지 못했다. 수십 년 후 그들은 엔지니어로 NASA나 항공 산업에 입문해 국제 우주 정거장International Space Station, ISS과 같은 실제 유인 위성을 설계하는 과정에 공헌했다.

스페이스 크레인
국제 우주 정거장ISS에 설치된 캐나담 2Canadarm 2가 2005년 콜롬비아Columbia 호 사고가 발생한 이후 최초로 우주 비행사 스티브 로빈슨Stephen Robinson을 들어올렸다. 길이가 약 18미터에 무게가 1,642킬로그램인 캐나담 2Canadam 2는 이 우주 정거장의 주요 부품을 조립했다.

흥미로운 사실들

미르Mir의 탐험 횟수	28회
2011년 완공시까지 ISS로 떠난 탐험 횟수	30회
ISS의 규모	길이 51미터 넓이 109미터 높이 20미터
ISS의 무게	37만 킬로그램
ISS의 파트너들	미국, 유럽 우주 기구, 러시아, 일본, 캐나다

우주에서의 결합
새로운 우주 정거장을 위한 파트너십을 준비하기 위해 러시아와 미국은 1995~98년 미국의 우주 비행사 7명에게 미르 호의 조종을 맡기는 한편, 러시아 우주 비행사 7명을 우주 왕복선에 탑승시킬 계획을 세웠다. 이 사진은 1995년 아틀란티스Atlantis 호와 도킹하는 미르 19호의 모습이다.

우주 왕복선 사고들

ISS 계획은 두 건의 우주 왕복선 참사로 말미암아 중단되었다. 한 사고는 우주 정거장의 미래에 대한 우려를 일으켰으며, 다른 한 사고는 우주 정거장의 건설이 30개월 동안 중단되는 결과를 초래했다. 챌린저 호는 1986년 1월 28일 플로리다에서 발사된 지 1분 만에 폭발했다. 콜롬비아 호는 2003년 2월 1일 재진입을 시도하던 도중 날개 부분의 장애로 파괴되었다. 이 두 번의 참사에서 총 14명이 목숨을 잃었다.

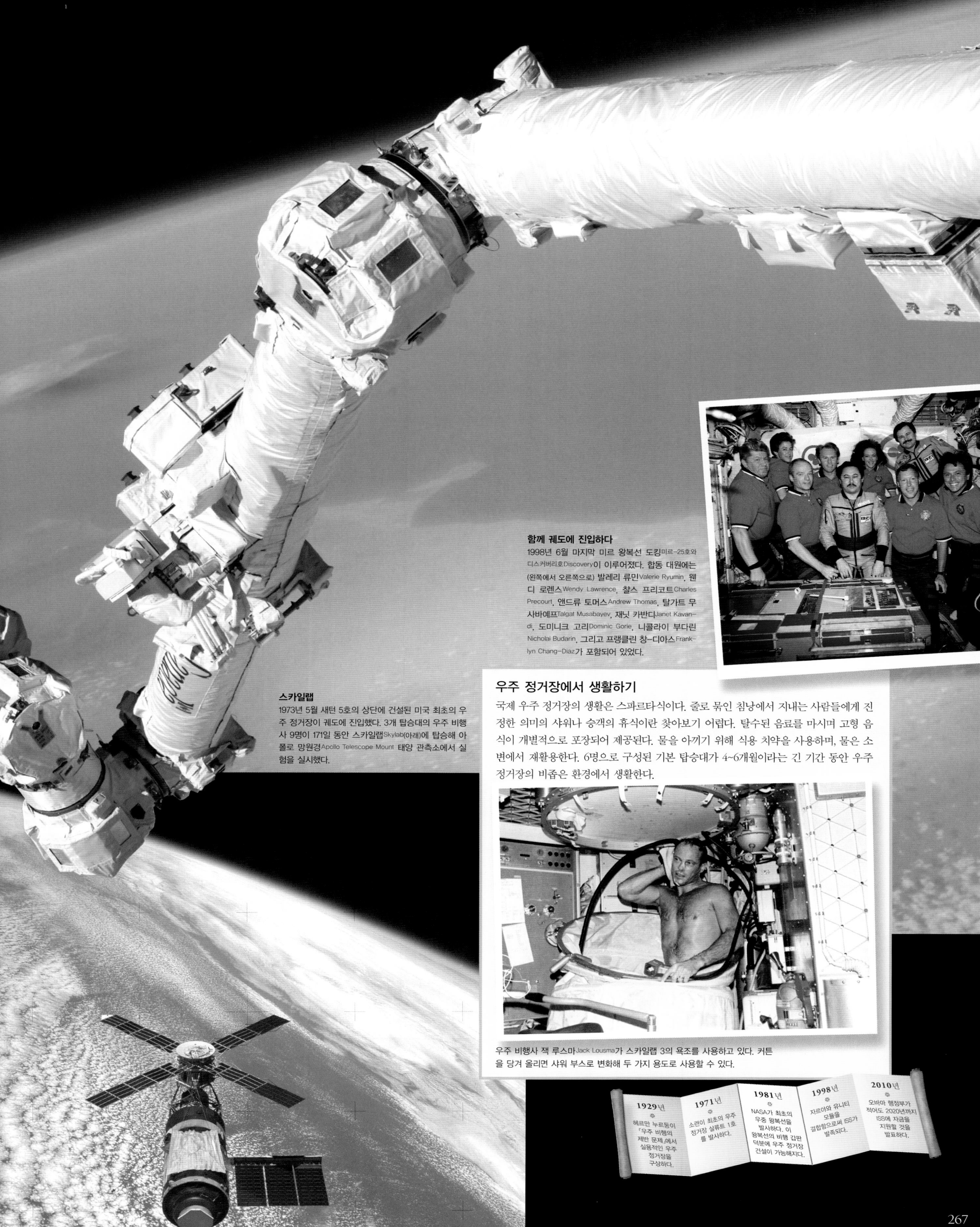

함께 궤도에 진입하다
1998년 6월 마지막 미르 왕복선 도킹미르-25호와 디스커버리호Discovery이 이루어졌다. 합동 대원에는 (왼쪽에서 오른쪽으로) 발레리 류민Valerie Ryumin, 웬디 로렌스Wendy Lawrence, 찰스 프리코트Charles Precourt, 앤드류 토머스Andrew Thomas, 탈가트 무사바예프Talgat Musabayev, 재닛 카반디Janet Kavandi, 도미니크 고리Dominic Gorie, 니콜라이 부다린Nicholai Budarin, 그리고 프랭클린 창-디아스Franklyn Chang-Diaz가 포함되어 있었다.

스카일랩
1973년 5월 새턴 5호의 상단에 건설된 미국 최초의 우주 정거장이 궤도에 진입했다. 3개 탑승대의 우주 비행사 9명이 171일 동안 스카일랩Skylab(아래)에 탑승해 아폴로 망원경Apollo Telescope Mount 태양 관측소에서 실험을 실시했다.

우주 정거장에서 생활하기

국제 우주 정거장의 생활은 스파르타식이다. 줄로 묶인 침낭에서 지내는 사람들에게 진정한 의미의 샤워나 승객의 휴식이란 찾아보기 어렵다. 탈수된 음료를 마시며 고형 음식이 개별적으로 포장되어 제공된다. 물을 아끼기 위해 식용 치약을 사용하며, 물은 소변에서 재활용한다. 6명으로 구성된 기본 탑승대가 4~6개월이라는 긴 기간 동안 우주 정거장의 비좁은 환경에서 생활한다.

우주 비행사 잭 루스마Jack Lousma가 스카일랩 3의 욕조를 사용하고 있다. 커튼을 당겨 올리면 샤워 부스로 변화해 두 가지 용도로 사용할 수 있다.

1929년
헤르만 누르둥이 「우주 비행의 제반 문제」에서 실용적인 우주 정거장을 구상하다.

1971년
소련이 최초의 우주 정거장 살류트 1호를 발사하다.

1981년
NASA가 최초의 우중 왕복선을 발사하다. 이 왕복선의 비행 갑판 덕분에 우주 정거장 건설이 가능해지다.

1998년
자르야와 유니티 모듈을 결합함으로써 ISS가 발족되다.

2010년
오바마 행정부가 적어도 2020년까지 ISS에 자금을 지원할 것을 발표하다.

함으로써 유인 우주 탐험이 다시금 활기를 띠게 되었다. 러시아 연방 우주 기구Russian Federal Space Agency는 우주 왕복선이 폐기된 이후 미국에 발사 서비스를 제공한 것은 물론 재생 우주선에 대한 연구를 진행했다. 중국 국립 우주 기구China National Space Administration는 2003, 2005, 2008년에 유인 비행, 그리고 2007, 2009, 2010년에 자동 달 조사를 실시했다. 한편 유럽 우주 기구는 복잡한 로봇 탐험을 실행하고 인도 우주 연구 기구Indian Space Research Organization는 2016년까지 유인 궤도 미션을 수행할 것을 발표했다.

스피처 우주 망원경

2003년 적외선 스펙트럼을 관찰할 목적으로 NASA가 제작한 84센티미터 크기의 스피처Spitzer 망원경은 멀게는 블랙홀과 은하계 충돌, 가깝게는 행성 형성과 항성의 탄생을 보여 주었다. 이 망원경은 천문 물리학자 라이만 스피처Lyman Spitzer의 이름을 따서 명명되었다.

허블 망원경의 수리

우주 비행사 제프리 호프먼Jeffrey Hoffman과 스토리 모스그레이브Story Musgrave는 1993년 첫 번째 허블 우주 망원경의 서비스 미션에서 광시야 행성 카메라를 설치했다. 이후 1997, 1999, 2002, 2009년에 망원경을 재차 방문했다.

아레스 1호

2009년 8월 조립된 NASA의 아레스 1호Ares 1 로켓은 같은 해 10월 처녀 시험 비행에 성공했다. 2010년 컨스텔레이션Constellation 프로젝트가 취소되면서 아레스 1의 발사가 무산되었다.

흥미로운 사실들

NASA의 2011~15년 예산	1,000억 달러
2011년 왕복 선단이 폐기될 무렵 우주 왕복 비행 횟수	134~135회
2013년 폐기될 때까지 허블 망원경을 사용한 기간	23년
러시아 연방 우주 기구의 별칭	로스코모스Roscomos
유럽 우주 기구에 가입한 국가의 수	(2010년 현재) 18개국

미국 우주 프로그램의 미래

버락 오바마Barrack Obama 대통령은 과거에는 시도하지 않았던 목적지를 바탕으로 미국 행정부의 일부 우주 정책을 세우는 한편 선구적인 기술 개발에 더욱 주력하기로 결정했다. 2010년 그는 케네디 우주 센터에서 다음과 같이 말했다. '우리가 찾고 있는 것은 똑같은 길을 계속 가는 것이 아닙니다. 우리는 NASA의 획기적인 발전과 변혁적인 의제를 원합니다.'

CAPE CANAVERAL
AIR FORCE STATION

2010년 4월 15일 버락 오바마 대통령은 대규모 연설을 앞두고 빌 넬슨Bill Nelson(오른쪽)과 함께 케네디 우주 센터에 도착했다.

1989년
조지 H. W. 부시 대통령이 우주 탐험 이니셔티브에서 달과 화성의 유인 미션을 제안하다.
2003년
중국 국립 우주 기구가 최초의 유인 우주 비행을 시작하다.
2014년
NASA가 허블의 후신인 제임스 웹 우주 망원경의 발사 예정 시기를 2014년으로 정하다.
2016년
인도 우주 연구 기구가 유인 궤도 미션의 목표 연도를 2016년으로 결정하다.
2030년대 중반
미국이 화성 궤도에 우주 비행사를 진입시킬 시기를 이 무렵으로 예상하다.

콘Cone 성운
2002년 허블 우주 망원경 수리 미션에서 설치된 첨단 조사 카메라Advanced Camera for Surveys는 항성을 형성하는 이 엄청난 기체와 먼지 기둥의 모습을 담았다. 약 2,500광년 떨어진 외뿔소자리Monoceros 별자리에 위치한 이 기둥은 그 길이가 7광년에 이른다.

미국 탐험 착륙선
2004년 스피릿Spirit과 오퍼튜니티Opportunity가 화성에 도달했다. 2006년 6월 스피릿은 구세프 분화구Gusev Crator에서 이 이미지를 전송했다. 모래투성이의 비탈길에 장차 운석이 될 두 물체가 보인다. 스피릿은 2009년 운항을 중단했고 2010년 3월 통신이 두절되었다.

1795년 존 매키John Mckee가 펜실베이니아 주 머농거힐라 강Monongahela River과 야커게이니 강Youghiogheny River의 합류 지점에 건설한 매키즈포트McKeespor는 1830년까지 작은 마을이었다. 이후 그 지역은 탄광업에 힘입어 급속도로 성장했다. 이 그림은 1893년 작품이며, 2년 뒤 이곳은 도시로 면모했다.

참고자료

100인의 짧은 전기

아래에 실린 탐험가들의 간략한 전기는 철저한 인물 탐구가 아니다. '100명의 위인', '가장 대담무쌍한 100명의 인물' 또는 '다른 범주의 최상 인물'을 다룬 것도 아니다. 이 글은 단지 그들이 세운 업적 덕분에 이 지도책에서 언급한 300명 가운데 일부 인물에 대한 사소한 이야기다. 그들은 다양한 시대에 탐험을 했다. 그들은 세계의 다양한 지역으로 모험을 떠났다. 그들은 육지, 바다, 강 또는 하늘로 여행을 다녔다. 일부는 여행을 하던 도중에 목숨을 잃었고, 또 일부는 여행의 후유증으로 인해 세상을 떠났다. 명성이나 악명을 드높인 인물이 있는가 하면 사람들의 기억 속에서 사라진 인물도 있다. 어떤 사람은 여행을 그만 두었고, 또 어떤 사람은 평생 동안 탐험을 계속했다. 그러나 이들은 모두 인류가 집이라고 일컫는 우주에서 이 작은 일부의 모습을 그리는 데 어떤 식으로든 공헌한 인물들이다.

가스파르 데 포르톨라(1722/23~84)는 스페인 군인 겸 식민 행정관이다. 바하(로어) 캘리포니아에서 알타(어퍼) 캘리포니아까지 육상 탐험대를 지휘해 처음으로 북부 아메리카 서해안에 스페인의 정착지를 건설했다. 1767년 캘리포니아 총독으로 임명되었다. 2년 후 프란시스칸 주니페로 세라Franciscan Junípero Serra가 참여한 일행을 이끌고 샌디에고와 몬테레이에 도착했다. 곧이어 이곳에 선교회가 설립되었다. 탐험 대원들은 또한 샌프란시스코 베이를 목격했다. 1776~84년 포르톨라는 뉴스페인(멕시코) 나부의 푸에블라Puebla의 총독이 되었다(150페이지 참조).

구스타프 나흐티갈(1834~85)는 독일 군의관이자 탐험가이다. 1868년 북아프리카로 여행하면서 탐험가 프리드리히 로플스를 만났다. 로플스는 프러시아의 빌헬름 황제로부터 보르누 술탄을 위한 선물을 가지고 사하라 사막을 횡단하라는 임무를 받은 터였다. 나흐티갈은 로플스와 합류해 1870년 보르누에 도착했다. 그곳에서 3년 동안 머물며 주변 지역을 탐험했다. 1873년 카르툼에 도착함으로써 남부 사하라의 동서 횡단에 성공한 최초의 유럽인이 되었다. 1880년대 나흐티갈은 아프리카 서해안 영토를 독일령으로 합병하는 데 일조했다. 아이보리 코스트Ivory Coast 앞바다에서 사망했다(120페이지 참조).

니콜라스 보딘(1754~1803)는 프랑스 해군 장교, 탐험가, 지도 제작자, 수로학자, 그리고 동식물 연구가이다. 1793년과 1798년 사이 인도네시아, 극동, 카리브, 남아메리카 북동 해안에 파견된 수많은 과학 탐험대를 지휘했다. 1800년대에는 나폴레옹이 계획한 프랑스의 해군 및 과학 탐험대를 오스트레일리아까지 이끌었다. 이 탐험대에는 최신 과학 장비와 과학자 24명이 포함되어 있었다. 배 2척을 나누어 탄 탐험대는 오스트레일리아 서부와 태즈메이니아 남해안의 넓은 지역을 지도로 만들고, 일부 캥거루의 종을 포함해 수천 가지 동식물의 표본을 수집했다. 프랑스로 돌아오는 길에 모리셔스에서 사망했다(212페이지 참조).

니콜라이 프르제발스키(1839~88)는 러시아 육군 장교, 지리학자, 탐험가, 그리고 동식물 연구가이다. 16살에 입대해서 1867년 이르쿠츠크Irkutsk에 배치된 다음, 동부 시베리아를 탐험하며 동식물 표본을 수집했다. 1870년 러시아 지리학회의 후원을 받아 티베트 라사로 향하는 네 차례의 탐험 가운데 1차 탐험을 시작했다. 비록 이 목표는 이루지 못했지만 프르제발스키의 여행은 중앙아시아에 대한 지리학적 지식을 포함해 과학적인 정보를 증가시키는 데 일조했다. 그가 발견한 새로운 종 가운데 야생마가 포함되어 있는데, 이 말은 그의 이름을 따서 명명되었다. 다섯 번째 탐험 도중에 장티푸스로 사망했다(102페이지 참조).

니콜로 데 콘티(1395경~1469)는 베니스의 상인으로 아시아를 두루 여행하고 여행기를 남긴 최초의 유럽인으로 손꼽힌다. 지도 제작과 탐험에 지대한 영향을 미쳤다. 당시 이슬람 세계는 유럽 사람들을 달가워하지 않았기 때문에 콘티는 1419년 변장을 하고 탐험길에 올랐다. 시리아, 이라크를 통과하는 통상로를 따라 인도, 실론, 미얀마, 수마트라, 자바, 참파(베트남)까지 전진했다. 돌아오는 길에 카이로를 경유했지만 그곳에서 두 아이와 아내를 전염병으로 잃었다. 1441년 길을 떠난 지 22년 만에 이탈리아에 도착했다(64페이지 참조).

다니엘 분(1734~1820)은 미국의 개척자이자 탐험가이다. 1775년 애팔래치아 산맥을 넘어 지금의 켄터키로 이어지는 길을 열었다. 이때 그는 컴벌랜드 갭Cumberland Gap을 통과하는 경로를 택했다. 현지 아메리카 원주민인 쇼니Shawnee 족은 유럽인들의 진출을 가로막으며, 분을 생포해 한동안 구금했다. 분은 미국 혁명 전쟁에서 민병대 장교로 활약했다. 훗날 버지니아 의원으로 선출되었고, 토지 투기에도 손을 대었지만 실패했다(160페이지 참조).

더글러스 모슨(1882~1958)는 오스트레일리아 지질학자이자 남극 탐험가이다. 그는 1907~09년 어네스트 섀클턴의 탐험대와 함께 남극에 도착했다. 이 원정에서 최초로 에레보스 산Mount Erebus을 등반했다. 1911년에는 오스트레일리아 남극 탐험대 지휘관으로서 두 대원과 함께 커먼웰스 베이Commonwealth Bay를 출발해 개썰매를 타고 남극을 탐험했다. 돌아오는 길에 동료들이 목숨을 잃는 바람에 홀로 장장 160킬로미터를 힘겹게 이동했다. 그를 데려갈 배를 기다리며 또 다시 남극에서 겨울을 보냈다. 1914년 오스트레일리아로 돌아와 영웅으로 환대를 받았다. 훗날 남극을 다시 찾아 항공 조사를 실시했다(242페이지 참조).

데이비드 리빙스턴(1813~73)는 스코틀랜드 출신으로, 1841년 선교사로 활동하기 위해 아프리카에 도착해 여생의 대부분을 그곳에서 보냈다. 1849~51년 베추아날란드Bechuanaland를 출발해 탐험하는 동안 지금의 보츠와나에 있는 응가미 호수에 이르렀다. 이후 중앙아프리카 내륙을 탐험해 빅토리아 호수를 발견했다. 1858~64년 잠베지 강 탐험을 끝냈고, 1871년 나일 강의 원천을 찾아 탕가니카 호수 변의 우지지에 도착했다. 헨리 모턴 스탠리와 함께 이 호수의 북단을 탐험했다. 병에 걸려 사망할 때까지 나일 강의 원천을 찾기 위해 탐험을 계속했다(122페이지 참조).

데이비드 카네기(1871~1900)는 영국 탐험가로 서부 오스트레일리아를 두루 여행했다. 1892년 오스트레일리아에 도착한 그는 쿨가디Coolgadie와 칼굴리Kalgoorlie에서 금을 찾아 다녔지만 실패했다. 북부를 향해 쿨가디를 출발한 뒤 149일 동안 장장 2,300킬로미터에 이르는 미지의 지역을 횡단한 후 홀스 크릭에 이르렀다. 훌륭한 목초지나 황금을 찾으려했지만 허사였다. 물 부족과 험난한 지형으로 말미암아 모진 고통을 겪으며, 육로를 통해 쿨가디에 돌아왔다. 잠시 영국에 머문 뒤 나이지리아에서 공무원으로 근무하다 독화살에 맞아 사망했다(218페이지 참조).

레이프 에릭슨(970~1020)는 노르웨이 탐험가 겸 선원이며, 십중팔구 캐나다 뉴펀들랜드에서 북아메리카에 상륙한 최초의 유럽인이었을 것으로 짐작된다. 그린란드에 정착지를 설립하기도 했다. 훗날 기독교를 개종하고 포교를 목표로 그린란드까지 탐험했다(42페이지 참조).

로도비코 데 바르테마(1458경~1517)는 이탈리아 건축가 겸 작가이다. 6년에 걸쳐 중동, 아프리카, 동남아시아를 여행하고 여행기 『루드비코 데 바르테마의 기행Itinerario』을 발표했다. 그의 여행기는 사람들에게 널리 읽히면서 지대한 영향을 미쳤다. 1503년 다마스쿠스에 도착한 바르테마는 메카까지 하지 카라반에 합류해 유럽인으로는 최초로 메디나에 입성했다. 아덴에서 기독교 스파이라는 혐의로 잠시 투옥되었다. 이후 지금의 소말리아와 오만에 이르렀다가 페르시아 만과 인도까지 항해했다. 그가 동남아시아까지 갔는지에 대해서는 지금도 의견이 분분하지만 이 지역에 대한 그의 보고는 대부분 정확하고 유용했다(76페이지 참조).

로버트 맥클루어(1807~73)는 영국 해군 장교 겸 북극 탐험가로 1848~49년 제임스 클라크 로스의 탐험대에 가담했다. 이는 1845년 북서 항로를 찾던 도중 실종된 존 프랭클린 경을 찾기 위해 결성된 탐험대였다. 1850년 프랭클린의 탐험대를 찾기 위한 두 번째 시도에서 맥클루어는 희망봉과 베링 해협을 경유해 캐나다 북극해의 섬에 도착했다. 배가 얼음에 갇히는 바람에 썰매를 타고 탐험했다. 1853년 동쪽에서 떠난 썰매 대원들과 마주쳤는데, 이들은 프랭클린을 찾아 대서양 해안을 출발한 탐험대의 일원이었다. 동쪽으로 항해한 끝에 영국에 도착한 맥클루어는 북서 항로가 존재한다는 사실을 입증한 공로로 유명 인사가 되었다(228페이지 참조).

로버트 모팻(1795~1883)는 1817년 남아프리카 공화국 케이프타운Cape Town에 도착한 스코틀랜드 선교사이자 탐험가이다. 이후 50년 동안 모팻은 탐험과 선교 활동을 결합해서 유럽인으로는 최초로 지금의 보츠와나를 탐험하고 칼라하리 사막 주변 지역을 조사했다. 런던에 머무는 동안 남아프리카 여행기를 썼다. 이때 데이비드 리빙스턴을 만나 남아프리카 선교에 아내 메리와 함께 참여하라고 설득했다. 리빙스턴은 그의 제안을 수락했을 뿐만 아니라 1845년 역시 메리라는 이름을 가졌던 모팻의 여덟 번째 딸과 결혼했다. 모팻과 아내는 1870년 영국으로 돌아와 사망할 때까지 살았다(124페이지 참조).

로버트 버크(1821~61)는 아일랜드 모험가로, 1860년 W.J. 윌리스와 오스트레일리아 대륙을 남북으로 횡단한 후 돌아왔다. 낙타 26마리와 함께 떠난 그들은 준비를 철저하게 했지만 예기치 못한 지체, 원활하지 못한 커뮤니케이션, 그리고 오스트레일리아에 대한 지식의 부족으로 어려움을 겪었다. 버크와 윌리스는 이런 역경에도 굴하지 않고 북부 해안의 늪지에 도착한 뒤 귀로에 올랐다. 그러나 현지 정보에 어두웠던 두 사람과 대부분의 대원은 물과 식량을 조달하지 못하고 목숨을 잃었다. 유일한 생존자 존 킹John King은 아보리진 부족민에게 구조되었다가 한 수색 대원에게 발견되었다(218페이지 참조).

로버트 팰컨 스콧(1868~1912)은 비운의 남극 탐험대를 이끌었던 영국 해군 장교이자 탐험가이다. 스콧은 영국 해군에서 꾸준히 승승장구한 이후 1901~04년 영국 국립 남극 탐험대British National South Pole Expedition의 지휘를 맡았다. 이 원정에서 스콧, 어네스트 섀클턴, 에드워드 윌슨은 남극을 향해 육로로 여행했다. 이 원정은 비록 실패했지만 대담했던 섀클턴의 1907년 남극 원정에서 영감을 얻은 스콧은 1910

년 테라 노바 원정대Terra Nova Expedition와 함께 다시 남극 대륙을 찾았다. 그의 일행은 1912년 1월 12일 남극에 도착했지만 로알드 아문센의 원정대가 한 달 전에 그곳을 다녀갔음을 깨닫게 되었다. 스콧과 네 대원은 돌아와는 길에 사망했다(240페이지 참조).

로빈 핸버리 테니슨(1936~)은 아일랜드 탐험가로서 아프리카, 유럽, 그리고 특히 남아메리카를 탐험했다. 1958년 옥스퍼드 재학생 리처드 메이슨과 함께 지프를 타고 가장 폭이 넓은 지점으로 남아메리카 대륙을 동서로 횡단했다. 그러나 길이 거의 없었던 테라 아라구아이아 강Araguaria River 강변에 이르렀을 때는 뗏목을 만들어 지프를 싣고 건넜다. 1964~65년 항해에서는 동력 고무 보트를 이용해 대륙 북쪽에서 남쪽의 부에노스아이레스까지 강으로 이동했다. 핸버리 테니슨은 많은 여행기를 발표했다(196페이지 참조).

로알드 아문센(1872~1928)는 노르웨이 탐험가로 세계 최초로 남극을 정복하고 북서 항로로 항해했다. 1897~98년 벨기에 남극 탐험대Belgian Antarctic Expedition의 일원으로 극지방 탐험의 경험을 쌓으며, 최초로 남극에서 겨울을 보냈다. 1906년 북서 항로를 개척한 후 아문센은 북극을 목표로 삼았다. 1910년 북극으로 항해를 떠났지만 로버트 스콧의 영국 남극 탐험대를 물리칠 목적으로 남극으로 항로를 바꾸었다. 치밀하게 계획을 세우고 썰매 개를 노련하게 활용함으로써 1911년 12월 14일 목표를 달성했다(230, 240페이지 참조).

루이 앙투안 드 부갱빌(1729~1811)는 프랑스 육군 장교이자 탐험가였으며 훗날 해군 장교가 되었다. 군에서 출중한 경력을 쌓는 동안 캐나다에서 7년을 복무했다. 퀘벡이 몰락하자 쫓겨난 프랑스인들을 위해 새로운 땅을 찾아 나섰다. 포클랜드 원정을 지휘하고 작은 식민지를 세웠지만 얼마 못 가서 스페인에 양도해야 했다. 1766년에는 세계 일주 항해를 떠났다. 2척의 배에 많은 과학자들을 태우고 떠난 그는 1769년에 프랑스인으로는 최초로 세계 일주를 끝냈다. 훗날 해군에 입대해 영국과 전투를 치르고 해군 중장까지 진급했다(208페이지 참조).

르네-로베르 카벨리에 드 라 살(1643~87)은 프랑스 출신 모피 상인이자 북아메리카 탐험가이다. 프랑스의 영향력을 확대하겠다고 결심하고 오대호 지역을 여러 차례 탐험했다. 그는 미시시피 강을 항해할 목적으로 그리퐁 호Griffon를 건조했지만, 모피를 운송하던 길에 폭풍을 만나 흔적도 없이 사라졌다. 당시 그는 카누를 타고 탐험하던 중이었다. 1682년 라 살은 미시시피 강 어귀까지 탐험한 뒤 강 전역을 프랑스령으로 선포했다. 1684년 프랑스에서 멕시코 만까지 대규모 식민 원정대를 이끌었다. 하지만 불운이 겹치면서 결국 반기를 든 동료 탐험가에게 살해당하고 말았다(158페이지 참조).

르네-아우구스트 카이예(1799~1838)는 프랑스 모험가이다. 젊은 시절 세네갈까지 여행했으며, 훗날 시에라리온Sierra Leone에서 인디고 공장을 운영했다. 프랑스 지리학회는 카이예에게 프랑스 최초로 팀북투를 탐험하는 대가로 1만 프랑을 제안했다. 1827년 카이예는 아랍 여행가로 가장하고 서부 아프리카 해안을 출발했다. 니제르 강 상류를 지났을 무렵 병에 걸리는 바람에 다섯 달 동안 탐험이 지체되었다. 그러나 1828년 여행을 재개해 같은 해 4월 팀북투에 도착했다. 그곳에서 단 2주일을 머문 다음, 프랑스로 돌아왔다. 프랑스 지리학회는 그에게 합당한 보상을 제공했다. 1830년 카이예의 탐험을 묘사한 3권의 여행기가 발표되었다(120페이지 참조).

리처드 버튼(1821~90)는 아시아와 아프리카 여행 경험 그리고 언어 능력으로 가장 유명해진 영국 학자 겸 군인이다. 파키스탄, 에티오피아, 소말리아를 탐험하고 메카를 방문한 후 왕립 지리학회의 후원을 받아 존 해닝 스피크와 '우지지 해'(탕가니카 호수)를 찾아 나섰다. 이 탐험에서 스피크는 일시적으로 시력과 청력을 잃었고, 버튼은 걷지 못했다. 이들은 1858년 탕가니카 호수에 이르렀으며, 1년 뒤 런던으로 돌아왔다. 스피크는 버튼이 몸져 누워 있는 동안 빅토리아 호수에서 나일 강의 원천을 발견했다고 주장했지만 버튼은 이를 지지하지 않았다. 그는 세상을 떠나는 날까지 탐험을 계속했다(128페이지 참조).

리처드 챈슬러(?~1556)는 스코틀랜드 탐험가 겸 항해가이다. 중국으로 이어지는 북서 항로를 찾기 위한 영국의 최초 탐험에서 1등 항해사로 활약했다. 휴 윌로비가 이끄는 탐험대의 배 3척은 노르웨이 앞바다에서 폭풍을 만나 뿔뿔이 흩어졌다. 윌로비가 탄 배와 다른 한 척의 배는 바르지나 강으로 피했다. 그러나 그곳에서 얼음에 갇히는 바람에 선원들은 추위와 굶주림으로 목숨을 잃었다. 챈슬러의 배는 지금의 아르한겔스크Arkhangel나 근처 콜모그로Colmogro에 이르렀다. 모스크바 왕궁에 초대를 받은 챈슬러는 영국 대표로서 이반 테리블Ivan Terrible과 무역 협정을 맺었다(88페이지 참조).

마르코 폴로(1254~1324)는 베니스 상인 겸 여행가이다. 아시아, 특히 중국을 두루 여행하고 그의 여행기『동방견문록Il Milione』를 통해 아시아에 대한 유럽인의 관심을 불러일으켰다. 1271년에 이미 중국과 무역 관계를 맺었던 아버지 니콜로와 숙부 마테오를 따라 처음으로 동양을 향해 떠났다. 몽골 통치자 쿠빌라이 칸의 사신으로 임명된 마르코는 외교 임무를 띠고 남중국, 미얀마, 자바, 그리고 인도로 파견되었다. 1295년 이탈리아로 돌아온 후 베니스와 제노바 사이에 해상 전투가 일어나는 바람에 수감되었다. 감옥에 있는 동안 작가였던 동료 수감자를 시켜『동방견문록Il Milione』을 썼다. 1299년 석방되어 베니스에 정착했다(48페이지 참조).

마테오 리치(1552~1610)는 이탈리아 예수회 선교사로, 중세 이후 처음으로 베이징에 선교회를 설립했다. 로마의 한 예수회 대학에 재학한 후 극동 지방의 선교 활동에 자원했다. 중국의 언어와 풍습을 배웠던 마카오를 기점으로 해서 20년에 걸쳐 중국 본토까지 진출했다. 1600년 베이징에 선교회를 설립해도 좋다는 허가를 받았으며, 이후 10년 동안 중국 북부를 두루 여행했다. 중국어로 몇 권의 책을 발표해 중국 지식인들에게 호평을 받은 뒤 베이징에서 사망했다(92페이지 참조).

마틴 프로비셔(1535/39~94)은 영국 선원 겸 탐험가이다. 아시아로 향하는 북서 항로를 찾기 위해 북아메리카로 세 차례 항해를 떠났다. 15척을 이끌고 떠난 최대 규모의 3차 원정에서 그때껏 '프로비셔 베이'라고 일컬어지던 지역에 도착했다. 그곳에 정착지를 세우려고 했지만 겨울동안 얼음에 갇힐까 두려워 서둘러 영국으로 돌아왔다. 프로비셔는 훗날 프란시스 드레이크와 함께 항해를 떠났으며, 몇 차례 소규모 선단을 지휘했다. 사략선 선장으로서 프랑스와 스페인의 선박을 나포했다. 프랑스 연안의 포트 크로존Fort Crozon에서 스페인 군대를 공격하던 도중 부상을 입고 사망했다(146페이지 참조).

매튜 플린더스(1774~1814)는 영국 해군 장교, 항해가, 지도 제작자, 그리고 탐험가로, 1795년 오스트레일리아까지 항해했다. 소형 배를 타고 동부 해안 지역을 탐험하고 해도를 만든 후 남쪽으로 더 내려가라는 명령을 받았다. 배스 해협을 통과해 태즈메이니아가 섬이라는 사실을 확인했다. 1801~03년 인베스티게이터 호의 지휘관으로서 오스트레일리아 해안 전체를 조사하고 대륙을 일주했다. 1803년 영국으로 돌아오는 길에 모리셔스의 프랑스인들에게 1810년까지 억류되어 있었다.『테라 아우스트랄리스 여행Voyage to Terre Australis』에 자신의 여행담을 담았다. 그러나 건강이 악화되는 바람에 출간되기 전에 세상을 떠나고 말았다(212페이지 참조).

멍고 파크(1771~1806)는 스코틀랜드 외과 의사 겸 탐험가로, 아프리카 연합 탐험대에 선발되었다. 이는 서부 아프리카에 위치한 니제르 강의 수수께끼를 풀기 위해 조직된 탐험대였다. 서부 아프리카 내륙을 횡단하는 1795~97년의 탐험에서 파크는 극복하기 어려운 여러 가지 장애물에 부딪쳤다. 말라리아로 시달리는 동안 무슬림 부족에게 붙잡혀 수감되었다. 하지만 몇 달 뒤 도망쳐서 세구Segou 지역의 니제르 강에 도착했다. 125킬로미터 정도의 강을 따라가다 되돌아옴으로써 그것이 동쪽으로 흐른다는 사실을 입증했다. 자신의 모험담을 담아 발표한 여행기는 베스트셀러가 되었다. 1805년 바다까지 니제르 강을 추적하기 위해 서부 아프리카로 돌아왔다. 하지만 강어귀를 800킬로미터 앞둔 지점에서 급류를 만나 익사하고 말았다(116페이지 참조).

메리웨더 루이스(1774~1809)는 미국 육군 장교이자 탐험가이다. 탐험대를 이끌고 역사상 최초로 북아메리카를 횡단해 태평양에 다다랐다. 버지니아 주 샬로트빌Charlotteville 인근에서 태어난 루이스는 가까운 친구인 토머스 제퍼슨 대통령의 비서관이 되었다. 제퍼슨은 루이스를 태평양 통상로를 개척하기 위한 탐험대의 지휘관으로 임명했다. 윌리엄 클라크를 공동 지휘관으로 삼아 1803년에 출발한 루이스는 보트를 타고 미시시피 강을 거슬러 올라가 로키 산맥을 넘어 1805년 11월 콜롬비아 강Columbia River을 거쳐 태평양에 도착했다. 루이스와 클라크 탐험대는 1806년 세인트루이스로 돌아왔다. 루이지애나 주지사로 임명된 루이스는 1809년 원인을 알 수 없는 총격 사건에 휘말려 세상을 떠났다(168페이지 참조).

바르톨로뮤 디아스(1450~1500)는 포르투갈 항해가 겸 탐험가로, 1487년 2척의 배를 이끌고 항해를 떠났다. 그의 목적은 디오고 캉이 이르렀던 지점을 넘어 아프리카 서부 해안을 따라 항해하는 것이었다. 유럽인으로는 최초로 희망봉을 일주한 뒤 디아스는 1488년 6월 아프리카 남동 해안에 위치한 그레이트 피시 강의 어귀에 도착했다. 그러나 불안해 하던 선원들 때문에 어쩔 수 없이 방향을 바꾸었다. 1500년 디아스와 그의 배는 페드로 알바레스 카브랄과 함께 브라질로 항해하던 도중 실종되었다(60페이지 참조).

바스코 누녜스 데 발보아(1475~1519)는 스페인 탐험가 겸 정복자이다. 그는 유럽인으로는 최초로 신세계에서 태평양을 목격했다. 1510년 우라바 만Gulf of Urabá에 이르러 정착지 산타 마리아 라 안티구아 델 다리엔Santa Maria la Antigua del Darién을 세우고 주로 금을 찾기 위한 탐험을 시작했다. 정글로 덮인 파나마 지협을 횡단해 태평양에 도착한 후 그곳을 스페인령으로 선포했다. 이후로도 탐험을 계속하다 식민지의 새로운 총독이 서부 해안에 발보아 자신의 권력 기반을 구축하려고 계획한다는 혐의로 체포되었다. 반역죄로 재판을 받고 참수형에 처해졌다(172페이지 참조).

바스코 다 가마(1468/69~1524)는 포르투갈 항해가로, 유럽인 최초로 희망봉을 경유해 인도로 향하는 항해를 지휘했다. 1497년 7월 출발한 다 가마는 12월에 희망봉을 일주하고 아프리카 동부 해안을 거슬러 올라 말린디에 도착했다. 그곳에서 함대를 안내할 도선사를 고용해 인도양을 횡단했다. 인도에서는 그다지 인정받지 못했지만 1499년 리스본으로 돌아와서는 환대를 받았다. 신항로 덕분에 포르투갈이 수익성이 좋은 향료 무역에 참여하고 동양 식민지화를 시작할 수 있었기 때문이다. 1502~03년 인도로 돌아가 1524년 포르투갈 총독으로 부임했다. 그러나 몇 달 뒤 그곳에서 세상을 떠나고 만다(62페이지 참조).

버니 러벳 캐머런(1844~94)는 영국 해군 장교로, 1872년 동부 아프리카로 왕립 지리학회 원정대를 지휘했다. 이는 얼마 전 헨리 모턴 스탠리가 찾은 데이비드 리빙스턴을 지원하기 위한 탐험이었다. 캐머런은 동부 연안의 바가모요Bagamoyo에서 내륙으로 들어섰지만 우냔옘베Unyanyembe(타보라Tabora)에 도착했을 때 리빙스턴이 세상을 떠났다는 소식을 들었다. 탕가니카 호숫가의 우지지 강까지 계속 전진한 다음 리빙스턴의 일부 소지품을 회수했다. 그리고 서쪽으로 콩고와 앙골라를 통과하고 벵겔라Benguela에 도착했다. 이로써 아프리카 대륙을 동서 횡단한 최초의 유럽인이 되었다. 영국으로 돌아온 그는 왕립 지리학회 창립자 메달을 받고 중앙아프리카에 대한 전문가로 자문 역할을 했다(126페이지 참조).

비비안 푸크(1908~99)은 영국 지질학자로, 1957~58년 영연방 남극 횡단 탐험대British Commonwealth Trans-Antarctic Expedition를 지휘해 세계 최초로 남극 대륙을 횡단하는 데 성공했다. 대학을 졸업한 직후 그린란드와 동부 아프리카 탐험대에 참여했다. 이후 포클랜드 제도 보호령 조사Falkland Islands Dependencies Survey(현재 영국 남극 조사British Antarctic Survey)에 합류해 남극 조사의 책임자로 일했다. 남극 횡단 탐험대는 99일 동안 필히너 빙붕Filchner Ice Shelf에서 로스 섬까지 여행하면서 스노캣 트랙터와 공중 지원을 이용했다(242페이지 참조).

비투스 베링(1681~1741)는 덴마크 항해가 겸 탐험가로 러시아 해군에서 복무했다. 러시아의 피터 1세는 그에게 시베리아 해안을 탐험해 아시아와 북아메리카 대륙이 연결되었는지 확인하라는 임무를 맡겼다. 1728년 캄차카 반도를 출발한 베링은 북쪽으로 향해 두 대륙 사이의 해협을 통과했다. 1741년 두 번째 항해에서 알래스카 만으로 진입해 코디액 섬과 알류샨 열도를 발견했다. 베링 섬에서 난파한 베링과 선원 18명은 괴혈병으로 사망한 뒤, 그 섬에 묻혔다(96페이지 참조).

빌렘 바렌츠(1550경~97)은 네덜란드 항법사 겸 도선사로 북극해를 탐험한 최초의 유럽 사람으로 손꼽힌다. 바렌츠 해는 그의 이름에서 따온 명칭이다. 1594년 북서항로를 찾기 위해 최초의 북극 여행길에 올라 노바야 젬르야Novaya Zemlya에 도착했다. 두 번째 항해에서 실패를 겪은 이후 1596년 세 번째 항해를 시작했다. 이 항해에서 스피츠버겐 제도를 발견했으며, 또 다시 노바야 젬르야에 이르렀다. 배가 얼음 속에 갇히는 바람에 바렌츠와 선원들은 어쩔 수 없이 그 섬에서 겨울을 지내야만 했다. 마침내 얼음이 녹자 보트를 타고 탈출했다. 그러나 바렌츠는 괴혈병으로 목숨을 잃고 수장되었다(226페이지 참조).

빌잘머르 스테팬슨(1879~1962)는 캐나다 출신 미국 탐험가이다. 캐나다 북극해를 두루 탐험하고 지형도를 만들고 그 지역의 환경과 주민들을 연구했다. 1906~07년 캐나다 북서부의 이뉴잇 족과 함께 생활하고 1908~1912년에는 동물학자 루돌프 M. 앤더슨과 함께 캐나다 북극 해안의 사람과 야생 생물을 조사했다. 그가 지휘했던 1913~18년 캐나다 북극 탐험대에서 스테팬슨은 지도에도 없는 캐나다 북극해 군도의 무수한 섬을 발견하고 북극권에서 연거푸 겨울을 보냄으로써 기록을 세웠다(230페이지 참조).

사무엘 드 샹플랭(1567~1635)는 프랑스 항해가, 탐험가, 과학자, 그리고 퀘벡의 설립자이다. 그는 무역소를 세울 장소를 물색하기 위해 뉴프랑스Canada로 파견되었다. 세인트로렌스 어귀 근처 펀디 베이에 정착지를 세웠지만 곧이어 상류 쪽으로 더 올라간 한 장소를 정착지로 선택했다. 북부 바다로 이어지는 경로를 찾아 그 지역을 두루 탐험하고 남쪽으로 멀게는 케이프 코드에 이르는 해안의 해도를 만들었다. 프랑스와 퀘벡을 오가다가 1632년 마지막으로 퀘벡으로 돌아와 세상을 떠났다(144페이지 참조).

사무엘 헌(1745~92)은 영국 선원, 모피 상인, 탐험가이다. 유럽 최초로 북아메리카를 육로로 횡단해 북극해에 이르렀다. 1776년 수습 사관으로 영국 해군에서 10년 동안 복무한 후 허드슨 베이 컴퍼니에 입사했다. 그는 탐험대를 이끌고 구리가 풍부하다는 강 계곡을 찾아 허드슨 베이에 위치한 프린스 오브 웨일스 포트의 기지를 출발했다. 세 번째 탐험에서 그 강을 찾는 데 성공했다. 비록 강에서 많은 구리를 발견하지는 못했지만 그는 그곳의 이름을 '코퍼마인'이라고 지었다. 이후 그 강을 따라 북극해에 다다랐다(164페이지 참조).

사무엘 화이트 베이커(1821~93)는 엔지니어로, 젊은 시절 탐험가로서 이름을 날리겠다고 결심했다. 모리셔스와 실론에서 각각 2년과 8년을 보내고 1855년 아내가 세상을 떠난 후에는 발칸 반도를 여행했다. 그곳에서 플로렌스 폰 사스Florence von Sass를 만나 결혼했다. 1861년 부부가 함께 카이로와 수단에서 나일 강의 원천을 연구했다. 사무엘 베이커는 1865년 영국으로 돌아오자마자 기사 작위를 수여받은 한편 왕립 지리학회와 프랑스 지리학회로부터 금메달을 받았다. 1869년 에드워드 12세가 이집트를 여행할 때 부부가 함께 동반했다(128페이지 참조).

세바스찬 캐벗(1474/76~1557)은 존 캐벗의 아들로, 영국 브리스틀에서 성장했다. 1508년 아시아 북부 항로를 개척하는 임무를 맡아 북아메리카로 향했다. 영국으로 돌아오기 전 십중팔구 북부 래브라도에 도착했을 것이다. 1526년 스페인의 몰루카 원정에 참가한 그는 네 척의 배를 지휘하며 스페인을 떠났다. 남아메리카에 도착하지마자 원래 임무를 포기하고 금과 은을 찾아 플레이트 강에서 상류 쪽으로 여러 강을 탐험했다. 현재 우루과이와 아르헨티나에 두 개의 작은 정착지를 세웠다. 1530년 스페인으로 돌아오는 즉시 공식 임무를 저버렸다는 죄로 체포되었지만, 훗날 사면되었다(180페이지 참조).

스벤 헤딘(1865~1962)는 스웨덴 탐험가이자 지리학자, 그리고 고고학자이다. 중앙아시아, 티베트, 중국을 두루 여행하며 이전에는 지도에 표시되지 않았던 여러 지역의 지도를 만들고 사라진 도시들을 찾았다. 1893~97년의 도보 여행에서 유럽인으로는 최초로 타클라마칸 사막을 횡단했다. 두 번째 탐험에서 타림 분지, 티베트, 카슈미르를 거쳐 캘커타에 다다랐다. 훗날 헤딘은 티베트 전역을 도보로 여행하면서 강 체계의 지도를 만들고 겨울철에 티베트 고원을 횡단했다. 1927~35년 대규모 중국-스웨덴 탐험대를 이끌고 남서부 중국의 고비 사막을 횡단했다(106페이지 참조).

아돌프 에리크 노르덴스크욜드(1832~1901)는 핀란드에서 태어나 스웨덴에서 교육을 받은 지질학자이다. 1878~79년 세계 최초로 북동 항로를 개척했다. 이보다 앞서 그는 광물학 교수가 되었고, 스피츠버겐과 서부 그린란드로 몇 차례 탐험을 떠났고, 시베리아 북부 카라 해를 횡단하는 예비 항해를 마쳤다. 1880년 스웨덴으로 돌아오자마자 남작 작위를 수여받고, 북서 항로 개척 과정을 담은 여행기 5권을 완성했다(226페이지 참조).

아메리고 베스푸치(1451~1512)는 유럽의 남아메리카 초기 탐험에 참여한 이탈리아 상인 겸 항해가로, 남아메리카가 아시아의 일부가 아니라는 사실을 깨달은 최초의 인물로 손꼽힌다. 이탈리아의 명문 메디치 가문의 대표로서 세비야에 파견된 후 1499년 스페인의 한 남아메리카 탐험대에 합류했다. 이 탐험에서 북부 해안을 조사하고 아마존 강에 진입했다. 이후 포르투갈 탐험대에 가담해 1502년 브라질의 리우데자네이루를 발견하고 그곳의 이름을 지었다. 1507년 지도 제작자 마르틴 발데제뮐러가 그의 이름을 따서 아메리카 대륙을 명명한 사실이 가장 유명하다(72페이지 참조).

아벨 태즈먼(1603~59)은 태즈메이니아와 뉴질랜드를 발견한 네덜란드 항법자이다. 1642년 네덜란드 동인도 회사를 대표해 바타비아(자카르타)를 출발한 그는 모리셔스를 경유해 인도양을 횡단했다. 이후 남쪽과 동쪽으로 방향을 바꿔 태즈메이니아에 도착했다. 그 섬을 네덜란드 동인도 회사의 총독의 이름을 따서 '반 디먼스 랜드'라고 명명했다. 그런 다음, 뉴질랜드까지 항해하고 바타비아로 돌아가는 길에 유럽인으로는 최초로 피지를 발견했다. 1644년 두 번째 항해에서 바타비아에서 동쪽으로 항해해 뉴기니에 도착했다. 그곳에서 다시 남쪽을 방향을 바꾸어 오스트레일리아 북부와 서부 해안 대부분 지역의 해도를 만들었다(204페이지 참조).

알렉산더 폰 훔볼트(1769~1859)은 독일의 과학자, 엔지니어, 언어학자, 철학자로, 찰스 다윈은 그를 '세계에서 가장 위대한 과학 탐험가'라고 말했다. 1799~1804년 남아메리카와 중앙아메리카 여행으로 가장 유명하다. 이 탐험에서 그는 프랑스 식물학자 에이메 봉플랑과 동행해 베네수엘라, 콜롬비아, 에콰도르, 페루 그리고 멕시코를 탐험했다. 지칠 줄 모르는 지적 호기심의 소유자였던 훔볼트는 오리노코 강변의 원주민 부족, 리마의 수성 자오선 통과, 페루 연안 해류의 움직임, 또는 잉카인들의 케추아 언어에 대한 연구에서도 똑같은 열정을 발휘했다. 거의 30년 넘게 기록한 그의 연구 결과는 20권에 달했다. 훗날 러시아와 시베리아를 두루 여행했다(194페이지 참조).

알바로 데 멘다냐 데 네이라(1541~96)는 스페인 항해가로, 1567년 테라 아우스트랄리스를 발견하고 태평양에 식민지를 건설하는 임무를 띠고 페루를 출발했다. 하지만 그가 발견한 것은 대륙이 아니라 산재된 섬들이었다. 그는 이 섬들을 솔로몬 왕의 이름을 따서 '솔로몬 제도'라고 명명했다. 1569년 남은 식량이 많지 않았던 터라 멘다냐의 선단은 고생 끝에 페루로 돌아왔다. 1595년 또 다시 페루를 출발해 산타크루스 섬에 도착했고, 그곳에 정착지를 세웠다. 이 새로운 식민지는 적대적인 현지인들, 질병, 치열한 전투에 시달렸다. 멘다냐는 말라리아로 사망했고, 그의 시신은 필리핀으로 이송되어 매장되었다(202페이지 참조).

알폰소 데 알부르케르케(1453~1515)는 군사령관이었다. 그의 탐험으로 간헐적으로 퍼져 있던 포르투갈의 주둔지는 홍해와 동아프리카에서 남중국해와 향료 제도(몰루카 제도)에 이르는 제국으로 변모했다. 1503년 알부르케르케는 인도로 항해해 코친에 요새를 건설했다. 1506년부터 1508년까지 아프리카 동부 해안과 아라비아 반도에 늘어선 아랍의 항구를 정복하고 인도로 항해해 총독 관저를 점령했다. 고아와 말라카를 각각 1510년과 1511년에 함락하고, 1515년에는 페르시아 만 동단에 있는 오르무즈 섬을 재점령했다. 같은 해 고아 해안 앞바다에서 세상을 떠났다(82페이지 참조).

앙투안 다바디에(1810~97)은 프랑스 과학자로, 브라질 과학 탐험을 마친 후 역시 과학자이던 동생, 아르노 미셸 다바디와 함께 에티오피아로 떠났다. 형제는 나일 강의 원천을 찾아 남부 지역을 두루 탐험하면서 자연사, 지리학, 고고학, 지리학에 관한 자료를 수집하고 기록했다. 앙투안의 연구 결과는 논란의 대상이 되었고, 일부만 발표되었다. 그러나 후대의 탐험가들이 그가 옳았음을 입증한 덕분에 프랑스 지리학회와 과학 아카데미로부터 인정을 받았다(114페이지 참조).

앤터니 젠킨스(1526경~1611)는 영국의 상인 겸 여행가, 그리고 탐험가이다. 그는 중국으로 이어지는 육상 통상로를 개척하기 위해 머스커비 컴퍼니를 대표해 러시아와 중앙아시아를 여행했다. 1557~60년 모스크바와 노브고로드에 도착한 다음, 카스피 해와 부하라까지 여행했다. 이후 탐험에서는 모스크바를 출발해 페르시아에 다다랐다. 비록 중국에는 도달하지 못했지만 젠킨스의 여행 덕분에 중앙아시아 지도에 남았던 중요한 빈 공간이 채워졌고, 영국과 페르시아가 최초로 접촉하게 되었다. 그는 부하라를 방문한 최초의 영국인으로 손꼽힌다(88페이지 참조).

야곱 로게벤(1659~1729)은 항해가로, 홀랜드에게 변호사로 일하다 훗날 동인도 제국(인도네시아)에서 네덜란드 행정관으로 근무했다. 62세가 되던 1721년 네덜란드 서인도 회사로부터 3척의 배를 지휘해 테라 아우스트랄리스를 찾으라는 임무를 맡았다. 로게벤의 선단은 케이프 혼을 일주한 후 폭풍에 휘말려 어쩔 수 없이 남쪽으로 방향을 바꾸었다. 도중에 빙산을 만나 남쪽 먼 바다에 얼음으로 가득한 땅이 있다는 사실을 확인했다. 북쪽으로 향하다가 다시 서쪽으로 방향을 바꾼 후 유럽인으로는 최초로 이스터 섬에 상륙했다. 계속해서 소시에테 제도와 사모아를 발견한 후, 1723년 홀랜드로 돌아왔다(208페이지 참조).

어네스트 섀클턴(1874~1922)는 1914~16년 대영 제국 남극 횡단 원정대의 지휘관으로 가장 이름이 난 남극 탐험가이다. 이 원정을 떠나기 전 그는 1914년 최초로 남극 대륙을 횡단했던 탐험을 포함해 두 차례 원정에 참여했다. 웨들 해에서 대륙으로 진입해 남극을 경유하고 맥머도 사운드의 베이스캠프까지 도보로 여행할 계획이었다. 불운과 거의 비극에 가까운 일이 겹쳐 힘겨운 탐험을 계속했다. 결국 얼음에 몇 달 동안 갇혀 있다가 자신의 배 인듀어런스 호를 잃은 뒤 작은 오픈 보트를 타고 사우스조지아에 구조를 청하는 남다른 경험을 했다(240, 242페이지 참조).

에르난도 데 소토(1496/97~1542)는 스페인 정복자 겸 탐험가이다. 북아메리카 남동부 내륙 지방으로 파견된 한 탐험대를 지휘했다. 중앙아메리카 노예무역으로 부를 얻었으며, 1530~33년 잉카 제국을 무너뜨린 프란시스코 피사로의 탐험에 가담했다. 1539년 플로리다에 상륙해 황금을 찾아 군대를 이끌고 북부로 향했다가 서쪽으로 방향을 바꾸었다. 이 과정에 유럽인으로는 최초로 애팔래치아 산맥을 횡단하고 1541년 5월 미시시피 강을 발견했다. 그러나 데 소토 일행은 대부분 부를 얻지 못한 채 아메리카 원주민의 공격과 질병으로 목숨을 잃었고, 소토는 열병으로 쓰러졌다(148페이지 참조).

에르난 코르테스(1484~1547)은 스페인 정복자로 쿠바 정복에 가담했다. 이후 대규모 멕시코 원정대를 지휘할 예정이었지만 마지막 순간에 지휘관으로부터 해고를 당했다. 하지만 명령을 거부하고 과감히 탐험에 나섰다. 11척의 배를 이끌고 유카탄 반도 해안을 따라 항해한 후, 지금의 베라크루스에 정착지를 세웠다. 내륙으로 진출하면서 몇몇 원주민 부족과 제휴를 맺었다. 코르테스의 군대는 멕시코 제2의 도시 초루라Cholura에서 수천 명을 학살한 후, 수도인 테노치티틀란(현재 멕시코시티)에 이르렀다. 1519년 이 도시를 점령하고 아즈텍 왕국의 왕 몬테주마를 인질로 붙잡았다(174페이지 참조).

예로페이 하바로프(1610경~?)은 러시아 코사크 탐험가로, 탐험가와 모험가들을 위한 동부 시베리아 경로를 개척했다. 카바로프는 아무르 강 탐험에 관심을 기울이기 전에 농업, 운송, 모피 무역으로 재산을 모았다. 1649년 사재를 털어 조직한 탐험대를 이끌고 아무르 강 북단 지점에 이르렀다. 1650년 두 번째 탐험에서 아무르 강 하류로 내려가 요새를 건설하고 현지 주민들을 무자비하게 진압했다. 훗날 잔혹 행위와 권력 남용으로 체포되었지만 결국 방면되었다. 하급 귀족 직위와 함께 시베리아로 돌아가라는 명령을 받았다(90페이지 참조).

예르마크 티모페예비치(?~1585)는 코사크의 사령관으로 우랄 산맥 동부를 거쳐 시베리아로 이르는 러시아 최초의 탐험대를 이끌었다. 이로써 모피 상인들에게 야생 동물이 풍부한 지역으로 향하는 길을 열어 주었다. 부유한 스트로가노프는 하천 침입자 집단의 수장인 그를 고용해 동부 부족들로부터 가문의 무역 활동을 보호하는 임무를 맡겼다. 1581년 예르마크는 무장 세력 1,600명을 이끌고 우랄 산맥을 횡단하고, 몽골 통치자 쿠춤 칸의 마지막 보루인 시비르Sibir를 점령했다. 1585년 이르티시 강Irtish River에서 부족민들과 싸우던 도중 갑옷의 무게 때문에 물밑으로 가라앉아 익사했다(90페이지 참조).

요한 루드빅 부르크하르트(1784~1817)은 스위스의 동양학자로 1808년 아프리카 연합의 중앙아메리카 탐험에 참여했다. 여행을 준비하는 과정에서 시리아로 떠나 알레포에서 아랍어를 배웠다. 1812년 사해Dead Sea로 여행함으로써 현대 유럽인으로는 최초로 고대 도시 페트라를 방문했다. 이듬해 계속해서 카이로로 떠난 그는 고대 사원 아부심벨을 발견했다. 1814년에는 상인으로 가장하고 누비안 사막을 횡단한 후, 수단에 이르렀다. 메카에서 3달을 지낸 후 카이로로 돌아왔다. 하지만 중앙아프리카를 탐험하겠다는 원래 포부를 이루지 못한 채 이질로 사망했다(118페이지 참조).

월리 허버트(1934~2007)는 영국 탐험가이자, 작가, 그리고 화가이다. 1968~69년 영국 북극 횡단 탐험대의 지휘관으로서 논란의 여지가 없는 최초의 북극 횡단을 완수하고, 북극 만년설의 표면 횡단에 최초로 성공했다. 1950년대 후반과 1960년대 초반 허버트는 약 11만 7,000제곱킬로미터에 이르는 남극 대륙 지역의 지도를 만들었다. 스코트와 아문센의 남극 경로 가운데 일부를 다시 추적했다. 그 뿐만 아니라 오토 스베르드루프Otto Sverdrup와 프레더릭 쿡Frederick Cook의 북극 경로를 따라갔다. 1968~69년 북극 횡단 탐험에서 허버트는 16개월 동안 5,825킬로미터를 이동했다(232페이지 참조).

월터 롤리(1552/54~1618)는 영국의 조정 신하, 작가, 항해가로 한때 엘리자베스 1세의 총애를 받아 1584년에 기사 작위를 수여받았다. 버지니아를 식민화하는 초기 단계에 참여했다. 1595년 엘도라도를 찾아 오리노코 강으로 원정을 떠났지만 실패했다. 1603년 즉위한 제임스 1세James I는 1616년까지 반역죄로 월터를 투옥했다. 1617년 2차 오리노코 탐험을 떠났다. 탐험하던 도중 스페인 정착지를 공격하다가 아들 와트가 목숨을 잃었다. 제임스 국왕은 스페인인들을 회유하기 위해 그를 처형했다(188페이지 참조).

윌리엄 댐피어(1651~1715)은 영국의 항해가, 모험가, 탐험가, 과학자이며, 역사상 최초로 세계를 세 차례 일주했다. 댐피어는 1683년 영국을 출발해 케이프 혼을 일주한 다음, 1688년 오스트레일리아 북서부에 이르렀다. 그리고 1691년 첫 번째로 일주를 마쳤다. 1699년 영국 해군의 과학 탐험대를 지휘하며 다시 오스트레일리아를 방문했다. 1707년 영국 상인들을 위한 사략선 항해를 이끌며 두 번째 일주를 마쳤다. 1708~11년 사략선 선장 우즈 로저스Woods Rogers의 항해사로서 세 번째 일주를 완수했다(206페이지 참조).

윌리엄 바핀(1584~1622)은 영국의 항해가, 항법사, 그리고 지도 제작자로, 정확한 위도 측정, 천문학 연구, 그리고 조수에 대한 지식으로 유명했다. 수년 동안 북극해에서 어선단과 지낸 후, 1615년 북서 항로를 찾기 위한 항해의 도선사로 임명되었다. 2세기가 지난 지금도 믿을 만한 자료로 인정받을 만큼 매우 정확한 관찰 결과를 기록했다. 두 번째 탐험에서 데이비스 해협과 함께 바빈 만을 항해했다. 훗날 페르시아 만과 홍해에서 조사를 실시했다. 페르시아 만에서 일어난 영국-페르시아 군과 포르투갈 군대의 전투에서 전사했다(146페이지 참조).

윌리엄 비브(1877~1962)은 미국 생물학자, 탐험가, 자연사 전문 연사 겸 작가이다. 초창기에는 조류를 중심으로 여행기를 쓰고 연구하고 글을 발표했다. 1920년대에는 뉴질랜드 동물학 학자들을 갈라파고스 제도까지 호송했다. 이후 심해 잠수에 흥미를 느낀 그는 잠수모를 쓰고 여러 차례 잠수를 했다. 오티스 바턴과 함께 심해 탐사용 잠수기인 잠수구를 개발한 뒤 1934년 버뮤다 해안에서 수심 923미터까지 내려갔다. 비브는 카리브 해에 계속 거주하면서 매입한 부동산을 연구소로 만들었다. 트리니다드에서 사망했다(254페이지 참조).

윌리엄 에드워드 패리(1790~1855)는 영국 해군 소장으로 북극 정복 탐험을 포함해 영국의 북극해 탐험대를 여러 차례 지휘했다. 20살 무렵 스피츠버겐 주변 해상의 프리깃함에서 근무했다. 1818년 존 로스 경과 함께 떠난 북극 탐험에 실패한 이후 1819~25년 북서 항로를 개척하기 위해 세 차례 탐험을 떠났다. 이 과정에 그의 대원들은 멜빌 섬에서 한 해 겨울을 보냈다. 1827년 영국 탐험대를 이끌고 북극으로 떠난 그는 북위 82도 45분에 도착했다가 돌아왔다. 이 기록은 49년 동안 깨지지 않았다(228, 232페이지 참조).

윌리엄 콜런소(1811~99)은 영국 식물학자, 인쇄업자, 탐험가 겸 기독교 선교사이다. 1838년 뉴질랜드에 도착한 그는 식물학자와 교회 선교 협회의 일원으로 활발하게 활동하면서 마오리 어판 신약을 출간할 계획을 세웠다. 세 차례 대규모 원정을 진행하는 동안 마오리 부족 사회를 기독교로 개종시킬 목적으로 마오리 부족 안내인들과 중부 노스아일랜드를 탐험했다. 그의 식물 수집품은 뉴질랜드 태생 식물로는 처음으로 영국의 큐 왕립식물원Kew Gardens에 기록되었다(220페이지 참조).

이븐 바투타(1304~68/69)은 아랍 여행가로 탕헤르Tangier에서 태어났다. 거의 40년 동안 다녔던 수많은 여행을 『릴라Rihla, 여행기』에 기록했다. 남쪽으로는 모잠비크, 북쪽으로는 카스피 해의 북부 해안, 동쪽으로는 인더스 밸리에 이르기까지 알려진 세상의 대부분을 여행했다. 뿐만 아니라 인도와 동남아시아를 두루 돌아보았다. 아라비아 반도와 북아프리카로 돌아온 다음에는 사르디니아Sardinia와 안달루시아Andalusia를 방문하고 메카에 네 차례나 입성했다. 모로코 페즈Fez에서 말년을 보냈다(50페이지 참조).

자크 카르티에(1493~1557)는 프랑스 선원으로 1534년 금과 북서 항로를 찾는 임무를 맡아 북아메리카 원정대를 지휘했다. 뉴펀들랜드 해안을 거쳐 세인트로렌스 만으로 진입했으며, 그곳에서 주민들로부터 '사게네이'라고 일컬어지는 황금의 땅에 대해 전해 들었다. 두 번째 원정을 떠난 카르티에는 세인트로렌스 강을 거슬러 올라가며 사게네이를 찾았지만 실패했다. 현재 퀘벡 시 근처에 있는 스타다코나Stadacona에서 겨울을 지냈다. 3차 원정에서 세인트로렌스를 탐험하면서 정착지를 세우고 광물 표본을 얻었다. 이 표본을 프랑스로 전달했지만 황철광으로 판명되었다(144페이지 참조).

장 바티스트 마르샹(1863~1934)는 프랑스 육군 장교로 수단 남부 지역을 프랑스에 합병할 목적으로 중앙아프리카를 횡단하는 탐험대를 지휘했다. 1896년 아프리카 서부 해안의 로앙고Loango를 떠난 탐험대는 처음에는 육로로 이동하다가 나중에는 보트로 콩고 강을 거슬러 올라갔다. 수단에서 수심이 낮아지자 마르샹 일행은 소형 증기선을 포함한 수송 물자를 끌고 나일 강을 향해 늪지를 통과했다. 1898년 마르샹은 나일 강변의 버려진 이집트 요새인 파쇼다(코독)에 프랑스 국기를 올렸다. 하지만 영국인들로 말미암아 영토 확장의 목표가 좌절되자 동쪽으로 이동했다. 그리고 1899년 에티오피아를 경유해 프랑스 식민지 지부티Djibouti까지 아프리카 대륙 횡단을 마쳤다(132페이지 참조).

제임스 그랜트(1772~1833)는 영국 육군 장교로 1860년 존 해닝 스피크의 동부 아프리카 원정대에 참여했다. 이는 나일 강의 원천을 찾았다는 스피크의 주장을 확인하기 위한 여행이었다. 비록 탐험대 지휘관은 스피크였지만 그랜트는 독자적으로 일부 조사를 실시했다. 뛰어난 화가였던 그는 식물 표본의 스케치를 그렸다. 1863년 두 사람은 영국으로 돌아왔고, 이듬해 스피크는 사망했다. 이후 그랜트는 스피크의 여행기의 보충이라 할 수 있는 『아프리카 여행A Walk Across Africa』를 발간했다. 1864년 왕립 지리학회 후원자가 수여하는 메달을 받았고, 1866년 배스 훈장Companion of the Order of the Bath을 받았다(128페이지 참조).

제임스 브루스(1730~94)는 스코틀랜드 출신으로 1763년 영국 총영사로 임명되었다. 그는 알제리Algeria, 크레타Crete, 시리아를 두루 돌아보고 나일 강의 원천을 찾기 위해 아스완까지 여행했다. 터키 선원으로 가장한 채 여러 사막을 횡단한 다음 마침내 홍해 해안에 도착했다. 이후 내륙을 도보로 여행하며 타나 호수에 이르러 주변 지역을 탐험했다. 런던으로 돌아오는 길에 사실이라고 믿기 어려울 만큼 대단한 경험을 했다고 생각했다. 그래서 스코틀랜드에 있는 가족의 사유지에 은둔하며 여러 권의 여행기를 썼다. 이 여행기는 그가 돌아온 지 16년이 지난 다음에야 발표되었다(112페이지 참조).

제임스 쿡(1728~79)는 영국 항해가로, 세 차례의 태평양 개척 탐험을 지휘했다. 바크 석탄선에서 도제 생활을 마친 후 영국 해군에 입대해 7년 전쟁에 참전했다. 1768년 금성의 자오선 통과를 관찰하고 테라 아우스트랄리스를 찾는 임무를 맡은 그는 왕립학회 과학자들을 이끌고 타이티로 떠났다. 이 탐험에서 뉴질랜드 대부분과 오스트레일리아 동부 지역의 지도를 만들었다. 1772~75년 항해에서는 아메리카 대륙을 일주한 한편 3차 항해에서는 북아메리카 북서 해안을 탐험했지만 북서 항로를 찾는 데는 실패했다. 하와이를 경유해 고국으로 돌아오던 도중 케알라케쿠아 베이에서 일어난 하와이 주민과의 충돌에서 목숨을 잃었다(166, 210, 236페이지 참조).

조셉 톰슨(1858~95)는 스코틀랜드 지질학자이자 탐험가이다. 1879년 왕립 지리학회의 중동부 아프리카 탐험에 참여한 그는 지휘관이 사망하자 탐험대를 이끌었다. 톰슨은 탕가니카 호수 근처에서 수많은 발견을 하고, 유럽 최초로 루크와 호수에 이르렀다. 도보 여행으로 마사이 부족의 땅을 통과할 때는 의심이 가득한 부족민에게 파티 묘기와 실내 게임을 소개하면서 환심을 샀다. 돌아오는 길에는 들소에게 받힌 부상에다 이질까지 겹쳐 해먹에 실려 이동했다. 1884년 영국으로 돌아온 후 왕립 지리학회 설립자 메달의 최연소 수상자가 되었다(126, 138페이지 참조).

조지 앤슨(1697~1762)는 영국 해군 장교였다. 영국과 스페인이 남아메리카와 다른 지역에서 통상권을 놓고 경쟁하던 시기에 앤슨은 7척의 배를 이끌고 남아메리카로 떠나 스페인 항구를 급습했다. 위험천만한 항해를 마친 후 케이프 혼을 일주했다. 남아메리카 서부 해안을 따라 북쪽으로 항해하다가 도중에 만난 스페인 선박들을 함락했다. 심각한 타격을 입은 함대를 이끌고 마리아나와 마카오로 항해를 계속했다. 필리핀 해에서 스페인 보물선 1척을 점령하고 영국으로 돌아왔다. 해군에서 복무하다 세상을 떠나기 전 해에 제독이 되었다(190, 208페이지 참조).

존 데이비스(1550경~1605)은 영국 탐험가 겸 항해가로, 대서양에서 아시아까지 이어지는 북서 항로를 찾아 몇 차례 항해를 떠났다. 세 번째 항해를 하던 1587년 그는 현재 그의 이름을 따서 명명된 해협을 통과했지만 태평양으로 이어지는 항로를 찾지는 못했다. 1591~93년 항해에서 마젤란 해협을 통과하려고 시도했지만 악천후 때문에 동쪽으로 밀려 남대서양에 이르렀다. 그곳에서 역사상 최초로 포클랜드 제도를 발견하고 기록으로 남겼다. 동인도로 떠난 마지막 항해에서 해적과 충돌이 일어나 목숨을 잃었다(146, 236페이지 참조).

존 캐벗(1455~99)은 이탈리아 출신의 항해가 겸 탐험가이다. 1495년 가족과 함께 브리스틀에 정착했고, 곧이어 헨리 7세로부터 대서양을 건너 서쪽으로 항해하라는 임무를 받았다. 북아메리카 동부 해안에 도착한 후 그곳이 아시아라고 믿었다. 1498년 이전에 발견된 해안을 조사하는 한편, 그곳이 아시아라는 사실을 확인하겠다는 목표를 세우고 재차 항해를 떠났다. 항해 도중 규모가 작았던 그의 함대는 극심한 폭풍을 만났다. 이 가운데 적어도 1척은 아일랜드에 도착했지만 그가 탄 배는 실종되었다(70페이지 참조).

존 프랭클린(1789~1847년)은 영국 북극 탐험의 선구자로 1801~03년 매튜 플린더스의 오스트레일리아 일주에 동참했다. 1805년 트라팔가Trafalga 전투에 참전하고 1818년 최초로 북극을 탐험했다. 1819~22년과 1825~27년 캐나다 북극해의 육로 탐험대를 지휘했다. 반 디멘스 랜드(태즈메이니아)의 총독을 지낸 이후 1845년 영국 북서 항로 탐험대의 지휘관으로 임명되었다. 그의 선단이 실종되자 수많은 구조 탐험대가 파견되었고, 그 결과 캐나다 북부 북극해 섬을 통과하는 항로를 발견하고 프랭클린과 그의 선원들이 얼음에 갇힌 후에 사망했다는 증거를 확보했다(228페이지 참조).

존 해닝 스피크(1827~64)은 영국 해군 장교로, 리처드 버튼의 소말리아 탐험에 참여했다. 2년 후 또 다시 우지지 강(탕가니카 호수)을 찾아 떠난 두 사람은 1858년 그곳을 발견했다. 스피크는 혼자 탐험을 계속해서 빅토리아 호수에 이르렀다. 1859년 영국으로 돌아와 나일 강의 원천을 찾았다고 주장했는데, 이 일로 말미암아 버튼과 불화가 생겼다.
1860년 자신의 주장을 증명하기 위해 제임스 그랜트와 동부 아프리카를 다시 찾았다. 1863년 두 사람이 증거를 제시했지만 버튼은 여전히 냉담했다. 1864년 문제를 해결하기 위해 양측이 참석하는 회담을 준비했지만 스피크는 하루 전날 총격을 당해 사망했다(128페이지 참조).

쥘 뒤몽 뒤르빌(1790~1842)은 식물학에 관심이 많은 선원이자 탐험가였다. 1822~25년 코킬Coquille 호의 부사령관으로 세계를 일주하는 동안 식물과 곤충을 수집하고 기록하라는 임무를 받았다. 그리고 1827년에는 아스트롤라베 호를 타고 태평양을 탐험했고, 10년 뒤 남극 지역을 탐험하는 임무를 맡았다. 남극 대륙으로 두 차례 탐험을 떠났다. 1차 탐험에서 남위 60도 아래로 항해하던 도중 선원들이 괴혈병과 이질로 모진 고통을 겪었다. 두 번째 탐험에서는 남위 64도 아래로 항해해 테르 아들리에에 상륙했다. 이곳에서 그는 그곳의 이름을 짓고 암석을 수집했다. 이후 해군 소장으로 진급하고 프랑스 지리학회로부터 금메달을 수여받았다(238페이지 참조).

지오반니 다 베라짜노(1485/86~1528)는 이탈리아의 항해가로, 북아메리카 동부 해안을 최초로 조사한 사람으로 손꼽힌다. 피렌체Florence에서 태어나 1506년 무렵 프랑스 디에프Dieppe에 정착했다. 1524년 프랑스 왕실의 후원을 얻어 지금의 노스캐롤라이나에 있는 케이프 피어에 최초로 상륙했다. 뉴펀들랜드까지 해안을 따라 내려감으로써 유럽 최초로 뉴욕 항과 나라간세트 베이Narragansett Bay를 목격했다. 그리고 태평양이 캐롤라이나 아우터 뱅크스Carolina Outer Banks를 바로 지난 지점에 있다고 주장했으며, 이후 100년 동안 지도 제작자들은 이 견해를 수용했다(142페이지 참조).

찰스 윌크스(1798~1897)는 미국 해군 장교로서 1838년 한 탐험대의 지휘를 맡았다. 이 탐험대의 목표는 미국의 고래잡이 어선과 상용 선박을 위해 남극의 해도를 만드는 한편 태평양과 아메리카 북서 해안의 여러 섬을 탐험하는 일이었다. 거의 2년이 흐른 뒤 윌크스는 함께 떠난 6척 가운데 2척만 이끌고 돌아왔다. 나머지 배는 난파했거나 손상이 심해서 팔아야 했다. 그러나 이 탐험대는 미국 정부가 후원한 최초의 세계 일주에 성공했으며, 아울러 과학적으로도 대단한 업적을 달성했다. 윌크스가 만든 남태평양 섬의 해도는 100년이 지난 후에도 사용되었다. 그는 왕립 지리학회 설립자의 메달을 수여받았다(238페이지 참조).

찰스(칼) 안데르손(1827~67)는 스웨덴 출신 동식물 연구가 겸 사냥꾼으로, 1850년과 1851년 영국 과학자 프랜시스 갤턴과 함께 남·서 아프리카(나미비아)를 탐험했다. 몇 년 뒤 갤턴은 떠났지만 안데르손은 계속 남기로 결정했다. 그리고 거의 10년 동안 상아를 얻기 위한 사냥을 하고 야생 생물을 연구하면서 남부 아프리카 내륙을 탐험했다. 현재 보츠와나에 있는 응가미 호수에 대해 쓴 그의 책은 대성공을 거두었다. 몇 년 동안 무역업에 종사하다 병을 얻은 안데르손은 현지 조류에 대한 방대한 연구인 두 번째 책을 쓰는 데 모든 시간을 투자했다. 병마에 시달리는 몸을 이끌고 북쪽으로 마지막 여행을 떠난 뒤 앙골라에서 말라리아와 이질로 사망했다(130페이지 참조).

크리스토퍼 콜럼버스(1451~1506)는 이탈리아 항해가 겸 탐험가로, 스페인이 후원한 카리브 해 원정을 여러 차례 지휘하며 아메리카 대륙의 유럽 식민화를 위한 길을 닦았다. 첫 항해(1492~93)에서 콜럼버스는 바하마 제도, 쿠바, 그리고 히스파니올라에 상륙했고, 히스파니올라에 라 나비다드La Navidad라는 정착지를 세웠다. 카리브 해 2차 항해(1493~96)에서는 탐험 지역을 넓히고, 라 나비다드로 식민주의자들을 수송했다. 3, 4차 항해(1498~1500, 1502~04)에서는 히스파니올라로 돌아갔다가 중앙아메리카와 남아메리카 해안을 탐험했다. 아시아로 향하는 서부 항로를 발견한다는 본래 목적은 성취하지 못했다(66페이지 참조).

토머스 미첼(1792~1855)는 조사관 겸 탐험가로, 1829년 오스트레일리아 식민지 뉴사우스웨일스의 도로와 교량 건설을 감독하는 임무를 맡았다. 또 이전에는 알려지지 않았던 영토로 몇 차례 탐험을 떠났다. 1836년 달링 강과 머리 강을 따라 새로운 땅을 개척하고 현재 빅토리아 주State of Victoria의 비옥한 서부 지역을 횡단해 남부 해안에 도착했다. 곧이어 정착민의 행렬이 이어지면서 이 지역은 귀중한 목초 지대로 변모했다. 미첼은 『동부 오스트레일리아 내륙의 세 차례 탐험Three Expedition into the Interior of Eastern Australia』에 자신의 연구 결과를 담아 1838년에 출판했다(214페이지 참조).

파비안 폰 벨링스하우젠(1778~1852)은 에스토니아 출신의 독일인이다. 그는 젊은 장교 시절 이반 크루센스턴Ivan Krusenstern의 지휘하에 세계를 일주했다. 1819년 발견되지 않은 남쪽 대륙을 찾아 러시아 남빙양 해군 원정대를 지휘했다. 같은 해 7월 2척의 배를 이끌고 핀란드 만Gulf of Finland에 위치한 크론시타트Kronstadt를 떠난 그는 남위 60도 이하의 남극 대륙을 일주하며 2년을 보냈다. 1821년 7월 크론시타트로 돌아와 대륙 빙붕을 최초로 목격했다. 그의 보고서와 여행기는 널리 발표되지 않았고, 1940년대까지 그의 업적은 거의 알려지지 않았다(236페이지 참조).

페드로 알바레스 카브랄(1467/69~1519/20)는 포르투갈 항해가 겸 탐험가이다. 1500년 13척의 배를 이끌고 리스본을 출발해 바스코 다 가마의 인도 항로를 따라갔다. 중계료를 지불하지 않기 위해 공급업자들로부터 직접 향료를 매입할 예정이었다. 대서양에서 남아메리카 북부 해안에 도착한 다음 그곳을 포르투갈령으로 선포했다. 그는 계속해서 희망봉을 경유해 캘리컷에 도착했다. 그리고 그곳에서 향료를 직접 무역하려고 노력하다가 현지 아랍 상인들에게 반감을 샀다. 이로 말미암아 발생한 폭력 사태에서 아랍 선단과 캘리컷 지역을 공격했다. 이후 코친에서 향료를 싣고 포르투갈로 돌아온 그는 큰 수익을 남기고 향료를 판매했다(74페이지 참조).

페드로 파에스(1564~1622)는 스페인 출신 예수회 선교사로 24살에 인도의 고아로 파견되었다. 다시 에티오피아로 배치되어 이동하던 중에 터키 해적에게 납치되었다. 예멘에 7년 동안 포로로 잡혀 있다가 풀려나자마자 고아로 돌아갔다. 그리고 다시 7년이 흐른 뒤 드디어 에티오피아에 도착했다. 아랍어에 유창했던 파에스는 선교 활동을 펼쳤고, 수도원을 세울 부지를 수여받았다. 10년 동안 에티오피아를 두루 여행하면서 타나 호수로 흘러들어가는 샘, 즉 블루 나일의 원천을 발견했다. 에티오피아 곤다르Gondar에서 말라리아로 사망했다(112페이지 참조).

페로 다 코빌라(1450경~1524경)은 포르투갈 여행가이다. 포르투갈 국왕 주앙 2세로부터 중동을 경유해 인도로 향하는 경로를 조사하는 한편, 동부 아프리카의 어느 지역으로 추정되던 전설적인 기독교 왕 프레스터 존Prester John의 땅을 찾으라는 임무를 받았다. 1487년 길을 떠난 코빌랴는 지중해를 통과해 알렉산드리아에 상륙했다. 이후 카이로에 이르렀다가 홍해를 거쳐 인도 서부 해안에 도착했다. 돌아오는 항해에서 아프리카 동부 해안을 탐험하고 아덴 북쪽으로 방향을 바꾸었다. 앞서 떠난 탐험에서 아랍어를 배웠던 그는 변장한 채 성공적으로 여행을 마쳤다. 순례자로 가장해 유럽인으로는 최초로 메카에 입성했다. 훗날 에티오피아에서 세상을 떠났다(64페이지 참조).

페르디난드 마젤란(1480~1521)는 포르투갈 귀족 출신 항해가로 세계 최초로 세계 일주에 나섰다. 1504~13년 마젤란은 포르투갈의 인도와 동인도 제도 원정에 가담했다. 1517년 스페인을 대표해 아시아로 이어지는 서부 항로를 개척하겠다고 제안했다. 1519년 배 5척을 이끌고 세비야를 출발해 남아메리카 남단까지 항해했다. 그곳에서 그의 선단은 폭풍우에 시달리며 해협을 지나 태평양으로 진출했다. 훗날 이 해협은 그의 이름을 따서 명명되었다. 선원들이 괴혈병과 굶주림으로 쓰러지는 가운데 마젤란은 필리핀에 도착했지만 섬 주민들과의 싸움에서 목숨을 잃었다. 그의 선단에서 남은 배 1척은 1522년 포르투갈로 돌아왔다(85, 190페이지 참조).

프란시스 드레이크(1540경~96)는 해군 장군이자 탐험가로, 영국인으로서는 최초로 세계를 일주했다. 열여덟 살에 선원이 된 드레이크는 스페인령 메인Spanish Maine에서 혁혁한 공을 세우며 경험을 쌓았다. 1573년 파나마 지협을 횡단해 태평양을 목격한 최초의 영국인이 되었다. 1577~80년 서쪽으로 세계를 일주했다. 비록 명령받은 대로 테라 아우스트랄리스와 북서항로를 발견하지는 못했지만 라틴아메리카 서부 해안과 태평양의 스페인 정착지를 약탈하는 데는 성공했다. 1588년 스페인 함대를 물리치는 데 중추적인 역할을 담당한 일을 포함해 스페인과의 싸움에서 더 많은 공을 쌓은 덕분에 엘리자베스 시대 영국 최고의 뱃사람이라는 그의 명성이 더욱 탄탄해졌다(186페이지 참조).

프란시스코 데 오렐라나(1511~46)는 스페인 정복자, 식민 행정관, 그리고 역사상 최초로 아마존 강 전체를 따라 내려간 탐험가이다. 1541년 프란시스코 피사로의 동생 곤살로의 지휘하에 에콰도르 안데스 산맥을 횡단하던 탐험대에 합류했다. 산맥을 넘은 다음 탐험대를 떠난 그는 배를 타고 아마존의 한 지류를 따라 내려갔다. 그리고 1542년 8월 마침내 대서양 어귀에 다다랐다. 3년 후 강 상류로 거슬러 올라가기 위해 아마존 삼각주로 돌아갔다. 그러나 원류를 찾기도 전에 병에 걸려 사망했다(184페이지 참조).

프란시스코 바스케스 데 코로나도(1510~54)는 스페인에서 태어나 25살이 되던 해 멕시코로 떠났다. 뉴스페인의 한 지방인 뉴갈리시아New Galicia의 총독이 되었다. 소문으로 전해지던 북부의 어마어마하게 부유한 도시들을 찾아 탐험을 떠났지만 고된 여행 끝에 과장된 소문이었음을 깨닫게 되었다. 부상에서 회복되자마자 다시 부를 찾아 출발한 그는 멀게는 지금의 네브래스카Nebraska와 캔자스Kansas 주 경계선까지 이르렀다. 그러나 그를 맞이한 것은 소박한 미국 원주민 마을뿐이었다. 뉴갈리시아로 돌아오자마자 탐험 도중에 저지른 행위 때문에 기소되었지만 훗날 사면되었다(150페이지 참조).

프란시스코 피사로(1476~1541)는 1530~33년 페루 정복에 성공한 스페인 정복자이다. 1502년 스페인을 떠난 후 거의 30년 동안 카리브 해, 파나마, 그리고 남아메리카 태평양 연안 탐험에 참가했다. 1531년 에콰도르에 상륙한 다음, 1533년 잉카 황제 아타우알파를 처형함으로써 잉카 제국을 파괴했다. 계속해서 전진한 끝에 1535년 지금의 페루 수도인 리마를 건설했다. 1538년 영토 분쟁 문제로 동료 지휘관 디에고 데 알마그로를 처형했다. 3년 후 알마그로의 지지자들은 이에 대한 보복으로 피사로를 암살했다(178페이지 참조).

프랜시스 갤턴(1822~1911)는 탐험가 겸 과학자로, 1850년 왕립 지리학회로부터 남서아프리카(나미비아) 원정대를 이끌라는 임무를 받았다. 갤턴과 스웨덴 사냥꾼 칼 안데르손은 월비스베이에서 에토샤 판까지 도보 여행을 한 뒤, 응가미 호수를 목표로 동쪽으로 방향을 바꾸었다. 그 호수는 한 해 전 리빙스턴이 사라진 장소였다. 그들은 오늘날의 보츠와나 국경에 이르렀다가 월비스베이로 돌아왔다. 1852년 영국으로 돌아오자마자 갤턴은 왕립 지리학회로부터 금메달, 프랑스 지리학회로부터 은메달을 받았다. 그의 두 번째 책 『여행의 기술』은 베스트셀러가 되었고, 여러 차례 증쇄되었다(130페이지 참조).

프랜시스 영허즈번드(1863~1942)는 영국 육군 장교 겸 탐험가이다. 중앙아시아와 동부 아시아로 여러 차례 파견되어 이 지역에 대한 지식 향상에 크게 공헌했다. 1887년 베이징을 출발해 고비 사막을 횡단하고 카슈가르에 도착했다. 그런 다음 지도에도 없던 무스타그 패스Mustagh Pass(5,800미터)를 넘어 카슈미르로 진입했다. 1889년에는 라다크와 카라코람을 탐험했다. 이듬해 중국령 투르크스탄Chinese Turkestan에 이르렀다가 파미르Pamirs 고원을 거쳐 돌아왔다. 1904년 티베트의 영국 감독관으로서 영국에 유리한 무역 협정을 맺기 위해 군대를 이끌고 라사로 떠났던 원정은 매우 유명하다. 이 공을 인정받아 기사 작위를 받았다(102페이지 참조).

프리드쇼프 난센(1861~1930)는 노르웨이 출신으로, 그린란드를 횡단한 최초의 탐험가이다. 또 1895년 북극 탐험과 방호복과 강화 선박 등 탐험을 한층 발전시킨 기술 혁신 도구로 유명하다. 1893~95년 강화 선박의 하나인 프램 호를 타고 북극 유빙 사이를 항해한 뒤 개썰매를 타고 북극으로 향했다. 당시 최고위도 기록이었던 북위 86도 14분에서 되돌아왔다. 훌륭한 동물학자로도 인정받았던 난센은 훗날 해양학에 관심을 돌려 몇 차례 획기적인 연구 항해를 떠났다. 1921년 국제 연맹 난민 고등 판무관League of Nations High Commissioner for Refugees으로 임명되었고, 1922년 노벨 평화상을 수상했다(232페이지 참조).

플로렌스 베이커(1845~1916), 헝가리에서 태어난 플로렌스 폰 사스는 어린 나이에 부모를 여의고 불가리아 비딘의 백인 노예 경매의 판매 대상이 되었다. 그곳에서 사무엘 베이커의 눈에 띄었다. 두 사람은 함께 도망쳐 탐험가의 삶을 시작했고 훗날 결혼했다. 에드워드 2세와 함께 이집트를 여행하던 도중 베이커 부부는 나일 강 상류를 합병하고 노예무역을 억제하기 위한 군사 원정을 지휘해달라는 요청을 받았다. 1871년 성공적으로 임무를 완수한 후 베이커 부부는 3년 동안 그곳에 남아 남부를 탐험했다. 1873년 영국에 정착하기 위해 돌아간 후 탐험이 아닌 여행을 즐겼다(128페이지 참조).

피에르 라디송(1636~1710)는 캐나다에서 프랑스와 영국 양국을 대표해 활약했던 프랑스 출신 모피 상인 겸 탐험가이다. 1651년 당시 뉴프랑스라고 일컬어지던 지역에 도착했다. 1년 후 이로쿼이 부족에게 사로잡혀 18개월 동안 함께 생활했다. 잠시 프랑스로 돌아간 다음 캐나다로 돌아와 처남인 메다르 슈아르 그로세이예르와 함께 5대호 지역의 모피 무역 탐험에 가담했다. 훗날 두 사람은 영국을 위해 일하기로 결정하고, 허드슨스 베이 컴퍼니의 설립을 도왔다. 라디송은 허드슨 베이에 포트넬슨Fort Nelson이라는 무역소를 설립했다. 은퇴한 후 영국에서 허드슨 베이 컴퍼니의 연금으로 생활했다(158페이지 참조).

하트셉수트(기원전 1508~1458)는 이집트 파라오로 기원전 1470년 홍해 남단 주변에 위치한 푼트의 땅에서 금, 은, 몰약나무, 유향, 계피, 그 밖의 진귀한 일상품을 구하기 위해 탐험대를 조직했다. 하트셉수트의 한 장군 네시Nehsi가 지휘한 그 탐험대는 삼나무로 만든 배 5척으로 구성되었고, 각 배에는 30명의 노잡이가 있었다. 이 탐험은 대성공을 거두었고 이로써 하트셉수트는 평생 명성을 드날렸다. 테베 근처에 그녀를 기리는 데르 엘-바흐리에 사원이 있다(24페이지 참조).

헨리 모턴 스탠리(1841~1904)은 영국 출신 미국 기자 겸 탐험가이다. 웨일스에서 서자로 내어나 구민원에서 어린 시절을 보냈다. 1859년 미국으로 이주한 후 1867년 기자로 활약하기 시작했다. 「뉴욕 헤럴드」로부터 아프리카에서 실종된 데이비드 리빙스턴을 찾으라는 임무를 받고 파견된 일은 그에게 큰 행운이었다. 스탠리는 1871년 탕가니카 호수 근처 우지지에서 리빙스턴을 만났다. 훗날 콩고 강을 항해하는 탐험에서 콩고 민주 공화국Congo Free State을 세우고 수단에서 곤경에 처한 에민 파샤를 도왔다. 1895년 영국 의원으로 선출되었으며, 1899년에는 기사 작위를 수여받았다(126, 128, 134, 136페이지 참조).

헨리 허드슨(1570?~1611)는 영국 항해가 겸 탐험가로, 아시아로 향하는 북극 항로를 찾아 여러 차례 항해를 떠났다. 두 번의 시도에서 영국을 출발해 북쪽으로 올라갔지만 유빙을 만나 포기했다. 1609년 북서 항로를 찾아 서쪽으로 항해했던 세 번째 시도에서는 결국 북아메리카 동부 해안에 도착했다. 그곳에서 뉴욕 항구로 진입해 허드슨 강을 탐험했다. 1610~11년 또 다시 북서 항로를 찾아 얼어붙은 허드슨 베이에서 겨울을 지냈다. 얼음이 녹자 동상, 괴혈병, 굶주림에 시달리던 허드슨의 대원들은 반란을 일으켰다. 그들은 허드슨을 보트에 태워 떠내려 보냈다(146페이지 참조).

후안 로드리게스 카브릴로(1498경~1543)은 포르투갈 항해가로 스페인을 대표해 항해를 떠나 북아메리카 서부 해안을 탐험했다. 뉴스페인(멕시코)을 출발한 다음 허드슨 베이까지 이어지는 북서 항로를 찾기 위해 현재의 캘리포니아까지 거슬러 올라갔다. 그의 배는 북쪽으로 멀게는 몬테레이 카운티 케이프 산마르틴에 이르렀다. 처음에는 샌프란시스코 베이 어귀를 우회했지만 돌아오는 길에는 샌프란시스코 만에 진입했다. 그는 뉴멕시코에 도착하기 전에 일어난 사고로 인해 사망했다(150페이지 참조).

휴 클래퍼턴(1788~1827)는 영국 해군 장교이다. 1821~25년 니제르 강의 경로를 확인하기 위한 월터 우드니Walter Oudney의 보르누(지금의 나이지리아) 탐험대에 참여했다. 트리폴리에서 사하라 사막을 횡단한 클래퍼턴과 우드니는 차드 호수 지역에서 니제르 강을 향해 출발했다. 우드니는 카노에서 사망했지만 클래퍼턴은 여행을 계속했다. 소코토에 도착했지만 그곳 통치자의 저지로 더 이상 전진하지 못했다. 1825년 트리폴리를 거쳐 영국으로 돌아왔다. 곧바로 또 다른 탐험대를 조직해 니제르 강을 찾아 나섰다. 이번에는 배냉 만Bight of Benin을 출발점으로 삼아 북쪽으로 향한 뒤 니제르 강을 건너 소코토까지 전진했다. 하지만 니제르 강으로 돌아오지 못하고 소코토에서 이질로 사망했다(116페이지 참조).

기원전 1400년경

여제 하트셉수트가 테베를 출발해 현재 에리트레아로 추정되는 '푼트의 땅'에 이르는 탐험을 후원했다.

기원전 500년경

카르타고인 한노와 히밀코가 아프리카 해안을 탐험했다.

기원전 450년경

그리스의 뱃사람 에우티메네스가 아프리카 서부 해안을 따라 남쪽으로 향하는 역사상 최초의 여행길에 올라 지금의 카메룬 인근 지역에 이르렀다.

기원전 320년경

마살리아의 피테아스가 영국, 툴레(아이슬란드), 노르웨이 해안, 발트 해까지 대장정을 떠났다가 육로를 통해 지중해로 돌아왔다.

기원전 326년경

알렉산더 대왕과 그의 병사들이 현재 파키스탄의 히다스페스 강에 다다랐다.

기원후 1490년경

D. JOÃO II

포르투갈의 주앙 2세가 지중해와 인도양을 잇는 통상로를 탐험하기 위해 페로 다 코빌라를 파견했다. 코빌라는 무어 인 상인으로 변장하고 메카에 입성했다.

기원후 1488년

포르투갈인 바르톨로뮤 디아스는 동쪽으로 항해해 희망봉을 일주하고 인도 항로를 개척했다.

기원후 1450년경

항해가 헨리의 후원을 받은 길 에안네스와 디오고 고메스는 서부 아프리카 해안을 탐험하고 많은 새로운 지역을 포르투갈령으로 선포했다.

기원후 1492년

크리스토퍼 콜럼버스는 최초로 유럽 원정대를 이끌고 남아메리카에 상륙했다.

기원후 1494년

토르데시야스 조약은 대서양 서부에 스페인과 포르투갈의 영토를 구분하는 경계선을 결정했다.

기원전 1400년경에서 기원후 1505년경까지

탐험의 타임라인

탐험의 발전 과정에는 매혹적인 이야기가 담겨 있다. 사람들은 미지의 바다를 향한 과거의 모험을 바탕으로 해안선, 해류, 안전한 정박지에 대한 정보를 점진적으로 축적했다. 훗날 여행가들은 전해오는 이야기에서 용기를 얻어 더 먼 곳까지 탐험했다. 이따금 상인들은 무역을 하고 싶다는 소망에 이끌려 탐험을 떠났고, 탐험에서 돌아온 상인들의 경험담 덕분에 지리학적인 지식이 크게 증가했다. 한 세기가 바뀔 때마다 과학, 기술, 항해 도구, 조선술, 그리고 탐험가들을 위한 다른 이기가 발전했다. 이 페이지와 다른 페이지의 연대기는 탐험의 모험 정신 때문에 흔히 몇 년 동안 이역만리에서 지낸 몇 가지 사례를 담고 있다. 아울러 새로운 방향으로 모험을 떠나도록 다른 사람들에게 용기를 불어넣은 개척자들의 이야기를 전하고 있다.

기원전 **130**년경

한 무제가 사신 장건을 중국 서부로 파견했다. 정화의 원정으로 실크로드가 발달하였다.

기원전 **50**년경

마우레타니아의 유바 2세가 북서부 아프리카를 두루 탐험하고 카나리아 제도에 이르러 그 이름을 지었다.

기원후 **100**년

불교가 인도에서 북쪽으로 중국까지 전파되었다.

기원후 **250**년경

중국 불교 순례자들이 최초로 인도를 방문했다.

기원후 **860**년경

바이킹이 북대서양을 탐험하고 뉴펀들랜드에 상륙했으며, 아이슬란드에 정착지를 세웠다.

기원후 **1275~92**년

베네치아 사람인 마르코 폴로가 쿠빌라이 칸의 사신으로 넓은 지역을 여행했다.

기원후 **1405~33**년

중국 황제를 섬기던 무슬림 해군 장군 정화는 일곱 차례의 탐험 원정을 떠나 방대한 지역을 여행했다.

기원후 **1497**년

바스코 다 가마는 디아스의 경로를 따라 인도양을 횡단하고 고아와 캘리컷에 상륙했다.

기원후 **1497**년

존 캐벗은 영국을 출발해 뉴펀들랜드에 이르렀지만 그곳을 아시아라고 생각했다.

기원후 **1500**년

페드로 알바레스 카브랄은 대서양을 통과해 인도로 가는 도중 남아메리카 대륙에 상륙하고, 브라질을 포르투갈의 영토로 선포했다.

기원후 **1505**년경

베네치아 사람인 로도비코 데 바르테마는 이따금 변장한 채로 중동, 인도, 아시아를 두루 여행했다. 그는 희망봉을 경유해 유럽으로 돌아왔다.

정복과 탐험 기원후 1500년부터 2000년까지

	아시아	아프리카	중앙아메리카와 남아메리카	북아메리카
1500	**1511년** 알폰소 데 알부르케르케가 말라카를 정복하고 포르투갈의 해외 전초기지의 하나로 추가했다. **1521년** 마젤란이 희망봉을 일주해 태평양을 횡단하고 필리핀에 도착했다. **1557~64년** 영국인 앤터니 젠킨스가 러시아를 두루 여행하고 동쪽으로 멀게는 부하라에 이르렀다.		**1513년** 바스코 누네스 데 발보아가 파나마 해협을 횡단하고 태평양을 스페인 영토로 선언했다. **1528년** 세바스찬 캐벗이 플레이트 강을 따라 탐험한 뒤 파라과이 강과 베르메호 강의 합류 지점에 이르렀다. **1542년** 프란시스코 데 오렐라나가 아마존 강줄기를 따라 내려가면서 남아메리카 대륙을 횡단했다. **1578~79년** 프란시스 드레이크가 세계를 서쪽으로 일주하는 동안 남아메리카 해안을 따라 항해했다. **1595년** 월터 롤리가 황금을 찾기 위해 오리노코 강을 거슬러 올라가다가 카로니 강과의 합류 지점에 도착했다.	**1513년** 후안 폰세 데 레온이 플로리다를 스페인 영 선포하고 식민지를 세우려고 노력했다. **1524~25년** 지오반니 다 베라짜노가 케이프 피어 북부 노바 스코티아까지 동부 해안을 조사했다. **1541년** 애팔래치아 산맥을 최초로 횡단한 에르난 소토가 미시시피 강을 발견했다. **1576~78년** 마틴 프로비셔가 북서 항로를 찾아 라 도 해를 세 차례 항해했다. **1587년** 영국 식민주의자들이 노스캐롤라이나 로아 섬에 식민지를 세웠지만 오래가지 못했다.
1600	**1697년** 러시아의 코사크 사람인 세미온 데흐네브가 남쪽으로 베링 해를 통과해 태평양까지 항해했다.		**1617~18년** 월터 롤리가 황금을 찾기 위한 두 번째 탐험대를 이끌고 오리노코 강에 도착했지만 실패했다. **1638년** 포르투갈 육군 장교 페드로 데 테제이라가 유럽 최초로 아마존 강을 거슬러 올라갔다. **1689~92년** 오스트리아 예수회 수사 사무엘 프리츠가 아마존 강을 상하로 왕복했다.	**1608년** 사무엘 드 샹플랭이 무역소를 세웠고, 훗 곳이 퀘벡 시로 발전했다. **1632년** 예수회 선교사들이 오대호 지역 전역에 선 를 세우기 시작했다. **1654~60년** 모피 거래상인 피에르 라디송과 그로 예르가 오대호를 통과하는 교역로를 개척했다. **1673년** 루이 졸리에와 자크 마르케트가 미시시 을 탐험해 강 삼각주에서 1,125킬로미터 떨어진 에 이르렀다. **1682년** 르네-로베르 카벨리에 드 라 살이 미시시 지 전역(루이지애나)을 프랑스령으로 선포했다.
1700	**1714년** 러시아인 블라디미르 아틀라소프가 캄차카 반도의 서해안과 내륙 일부 지방을 탐험했다. **1741년** 예수회 선교사인 이폴리토 데시데리 신부가 델리에서 라사까지 여행한 뒤 라사에서 5년 동안 머물렀다.	**1770년** 제임스 브루스가 당시 블루 나일의 원천으로 생각되던 곳을 발견했다. **1797년** 멍고 파크가 니제르 강을 탐험하고 그 경로에 관한 중대한 정보를 얻었다.	**1743년** 샤를 마리 데 라 콩다민이 전문 과학자로는 최초로 아마존 강을 탐험했다. **1769년** 제임스 쿡이 남태평양 탐험 중에 케이프 혼을 일주하고 티에라 델 푸에고에 상륙했다. **1799년** 알렉산더 폰 훔볼트와 프랑스 식물학자 아이메 봉플랑이 베네수엘라에 도착하여 북부 해안을 탐험했다.	**1738년** 모피 거래상인 라 베렌드리에 가문이 다코 의 미시시피 강에 도착했다. **1750~53년** 크리스토퍼 기스트가 애팔래치아 산 횡단하고 오하이오 강과 켄터키를 탐험했다. **1769년** 가스파르 데 포르톨라가 바하 캘리포니아 험하고 현재의 캘리포니아 해안에 스페인 정착지 립했다. **1789년** 알렉산더 매켄지가 그레이트 슬레이브 호 서 매킨지 강을 따라 북극해에 다다랐다. **1792~94년** 조지 밴쿠버가 앨라스카에서 캘리포 까지 북서 해안을 면밀히 조사했다.
1800	**1819년** 알렉세이 키리코프와 비투스 베링이 시베리아와 알래스카 사이의 해협(베링 해협)을 항해했다. **1866년** 레지스-에바리스트 윅과 조셉 가베가 헤이추우이Heichoui에서 라사까지 여행하고 이후 칸톤에 정착했다. **1878년** 윌리엄 무어크로프트William Moorcroft가 카라코람과 히말라야 산맥을 두루 여행했다.	**1809~17년** 요한 루드빅 부르크하르트가 메카, 메디나, 페트라를 여행하고 누비안 사막을 횡단했다. **1821년** 휴 클래퍼턴이 트리폴리에서 탐험대를 이끌고 사하라 사막을 횡단해 차드 호수, 카노 그리고 소코토에 다다랐다. **1828년** 르네-아우구스트 카이예가 탕헤르에서 팀북투까지 여행했다. 그는 이 신비로운 도시에 이른 최초의 프랑스인이다. **1869년** 구스타프 나흐티갈이 사하라 사막에 진입해 보르누 제국을 거친 다음, 동쪽으로 나일 강까지 이르렀다. **1871년** 영국 출신 미국 기자 헨리 모턴 스탠리가 실종되었던 데이비드 리빙스턴 박사를 찾았다. **1873년** 데이비드 리빙스턴을 돕기 위해 동부 아프리카에 도착한 버니 러벳 캐머런이 리빙스턴이 사망한 사실을 알게 되었다. **1881년** 네덜란드 탐험가 주안 마리아 슈베르가 나일 강과 블루 나일을 거슬러 올라 광범위한 지역을 여행했다. **1891년** 이탈리아 탐험가 비토리오 보테고가 소말리아와 에티오피아의 연속 탐험을 시작했다.	**1800~04년** 알렉산더 폰 훔볼트와 아이메 봉플랑이 콜롬비아, 에콰도르, 페루, 멕시코를 두루 여행했다. **1848~59년** 헨리 베이츠와 알프레드 월리스가 아마존 강을 합동으로, 그리고 각자 탐험했다.	**1804~05년** 메리웨더 루이스와 윌리엄 클라크가 트루이스에서 태평양까지 왕복 여행을 마쳤다. **1826~30년** '산사람' 제데이아 스미스가 유타, 모 사막, 시에라네바다, 로키 산맥을 탐험했다. **1842~53년** 존 찰스 프레몽이 미국 서부로 다섯 례 도보 여행을 함으로써 방대한 정착지를 개척했
1900			**1914년** 칸디도 론돈과 시어도어 루스벨트가 다우트, 마데이라, 그리고 아마존 강을 탐험했다. **1925년** 영국 육군 장교 퍼시 포셋이 잃어버린 문명을 찾는 도중 브라질 중부에서 실종되었다. **1958년** 핸버리 테니슨과 리처드 메이슨이 가장 폭이 넓은 지점으로 남아메리카를 동서로 횡단했다. **1964~65년** 핸버리 테니슨이 동력 고무 보트를 타고 오리노코 강에서 플레이트 강 어귀까지 여행했다.	
2000				

오스트레일리아와 태평양	극지방	해저 탐험	우주 탐험	
521년 페르디난드 마젤란이 유럽인으로는 최초로 태평양을 횡단했다. **568년** 스페인인 알바로 데 멘다냐 데 네이라가 솔로몬 도를 포함해 남태평양을 탐험했다.	**1553년** 북서항로를 찾아 영국을 떠난 휴 윌로비가 바렌츠 해에 다다랐다. **1587년** 존 데이비스가 그린란드 동부 해안을 따라 북쪽으로 항해하면서 북극해를 횡단했다. **1596년** 윌리엄 바렌츠가 자신의 세 번째 북극해 항해에서 스발바르를 발견하고 노바야 젬리야에 도착했다.	**1531년** 이탈리아인 굴리엘모 데 로레나가 세계 최초로 효과적인 잠수정을 만들었다.		**1500**
16년 딕 하토그가 오스트레일리아 해안을 목격한 뒤 쪽으로 방향을 바꿔 바타비아까지 여행했다. **42년** 네덜란드인 아벨 태즈먼이 태즈메이니아 남부 안과 뉴질랜드 서부 해안의 해도를 만들었다. **88년** 오스트레일리아를 두 차례 여행한 윌리엄 대 어가 첫 번째 여행에서 서부 해안의 킹 사운드에 상 했다.	**1615년** 로버트 바이럿과 윌리엄 바핀이 북쪽으로 항해를 떠나 캐나다 북극해에서 바핀 베이를 통과한 후 북위 77도 45분에 이르렀다.	**1624년** 코르텔리우스 드레벨이 영국 해군을 위해 잠수함을 건조했다. 이 잠수함은 3시간 동안 잠수했다.		**1600**
22년 야콥 로게벤이 부활절에 도착한 태평양 동부에 치한 한 섬의 이름을 '이스터 섬'이라고 지었다. **70년** 세 차례의 대규모 항해 가운데 1차 항해에서 제임 쿡이 오스트레일리아 대륙의 동부 해안에 상륙했다.	**1773년** 제임스 쿡이 남극 대륙을 일주하고 세계 최초로 남극해의 남쪽으로 항해했다.			**1700**
13년 오스트레일리아 대륙의 탐험가들이 시드니 서쪽 위치한 산맥을 횡단할 수 있는 길을 찾았다. **39년** 유럽 사람들이 영구적으로 정착하기 위해 뉴질드로 이주하고, 두 섬을 조금씩 탐험하기 시작했다. **62년** 존 맥도날드 스튜어트가 오스트레일리아를 남으로 횡단함으로써 오버랜드 텔레그래프 라인의 경를 개척했다. **74년** 국유지 조사관 겸 오스트레일리아 사막 탐험가 존 포레스트가 마지막 대규모 원정을 마쳤다. **94년** 뉴질랜드 사람 3명이 최초로 뉴질랜드 사우스 일랜드에서 쿡 산의 정상에 올랐다.	**1821년** 바다표범잡이업자인 존 데이비스가 역사상 최초로 휴즈 베이에서 남극 대륙에 상륙했다. **1854년** 프랭클린 원정대를 찾아 떠난 로버트 맥클루어가 배와 썰매를 타고 북서 항로를 횡단했다. **1879년** 아돌프 에리크 노르덴스크욜드가 베가 호를 타고 탐험가로는 최초로 북동 항로를 횡단했다. **1898년** 아드리앙 드 제를라슈의 벨기에 남극 탐험대가 세계 최초로 남극해에서 겨울을 보냈다.	**1866년** 그레이트 이스턴 호가 최초의 해저 대서양 횡단 전신선을 부설했다. **1872년** 영국 선박 챌린저 호가 심해 연구를 목적으로 삼은 최초의 원정을 떠났다. **1893~96년** 프리드쇼프 난센이 3년 동안 유빙 속을 표류하며 북극해를 탐험했다.	**1865년** 작가 쥘 베른이 판타지 소설 『지상에서 달까지 From the Earth to the Moon』에서 달나라 여행을 상상했다.	**1800**
	1910~11년 로알드 아문센이 로버트 스콧보다 먼저 남극에 도착했다. 스콧 일행은 돌아오는 길에 모두 사망했다. **1918년** 빌잘머르 스테팬슨이 캐나다 북극권의 방대한 지역을 조사했다. **1932년** 러시아 쇄빙선 시비르야코프 호가 세계 최초로 한 계절 만에 북동 항로를 항해했다. **1958년** 비비안 푸크가 에드먼드 힐러리의 지원을 받아 세계 최초로 남극 대륙을 육로로 횡단하는 데 성공했다. **1969년** 월리 허버트가 논란의 여지 없이 세계 최초로 북극을 정복하고 북극해를 횡단했다.	**1902년** 해저 태평양 횡단 전신선이 완공되어 전 세계가 전신선으로 연결되었다. **1925~27년** 독일 선박 미티어 호가 남대서양을 항해하면서 체계적인 해양학 조사 분야를 개척했다. **1958년** 잠수함 USS 노틸러스 호가 세계 최초로 얼음 아래로 북극해를 횡단했다. **1986년** 미국 해군 잠수정 앨빈 호가 북대서양 심해에서 타이타닉 호의 잔해를 조사했다.	**1929년** 로켓 엔지니어 헤르만 누르둥이 우주 정거장에서 생활하는 모습을 상상한 책을 발표했다. **1957년** 소련이 최초의 인공위성 스푸트니크 1호를 발사했다. 미국이 1958년 익스플로러 1호를 발사했다. **1969년** 아폴로 11호가 달에 착륙해 대원들과 함께 안전하게 지구로 귀환했다. **1998년** 과학 연구 시설인 국제 우주 정거장 건설을 시작했다.	**1900**
			2003년 콜롬비아 호가 파괴되면서 1981년 시작되었던 우주 왕복 프로그램이 일시적으로 중단되었다.	**2000**

찾아보기

ㄱ

ㄴ

ㄷ

ㄹ

ㅅ

ㅇ

ㅈ

ㅊ

ㅋ

ㅌ

ㅍ

ㅎ

기타